6년간 아무도 깨지 못한 기록

합격자 수 1위 에듀윌

KRI 한국기록원 2016, 2017, 2019년 공인중개사 최다 합격자 배출 공식 인증 (2022년 현재까지 업계 최고 기록)

에듀윌을 선택한 이유는 분명합니다

합격자 수 수직 상승
1,800%

명품 강의 만족도
99%

베스트셀러 1위
45개월 (3년 9개월)

4년 연속 소방공무원 교육
1위

에듀윌 소방공무원을 선택하면
합격은 현실이 됩니다.

합격자 수 1,800%* 수직 상승!
매년 놀라운 성장

에듀윌 공무원은 '합격자 수'라는 확실한 결과로 증명하며
지금도 기록을 만들어 가고 있습니다.

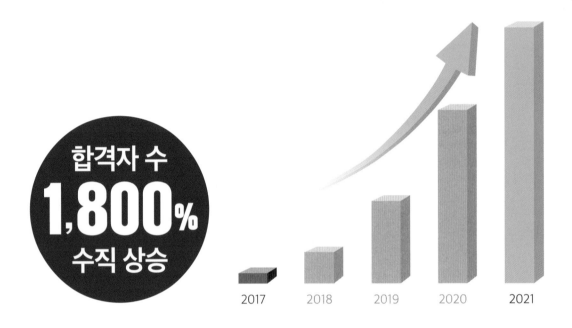

합격자 수
1,800%
수직 상승

2017   2018   2019   2020   2021

합격자 수를 폭발적으로 증가시킨 독한 소방 평생패스

합격 시 0원 최대 100% 환급	+	합격할 때까지 전 강좌 무제한 수강	+	전문 학습매니저의 1:1 코칭 시스템

※ 환급내용은 상품페이지 참고. 상품은 변경될 수 있음.

상품
페이지

누적 판매량 230만 부* 돌파!
45개월* 베스트셀러 1위 교재

합격비법이 담겨있는 교재!
합격의 차이를 직접 경험해 보세요

에듀윌 공무원 교재 라인업

9급공무원

7급공무원

경찰공무원

소방공무원

계리직공무원

군무원

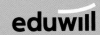

강의 만족도 99%*
명품 강의

 에듀윌 공무원 전문 교수진!
합격의 차이를 직접 경험해 보세요

합격자 수 1,800%* 수직 상승으로 증명된 합격 커리큘럼

독한 시작		독한 회독		독한 기출요약		독한 문풀		독한 파이널
기초 + 기본이론	▶	심화이론 완성	▶	핵심요약 + 기출문제 파악	▶	단원별 문제풀이	▶	동형모의고사 + 파이널

2023 개편시험 완벽대비
소방 합격 명품 교수진

 소방학원 1위* 에듀윌 소방
강의 만족도 99%*

* 2022 대한민국 브랜드만족도 소방학원 교육 1위 (한경비즈니스)
* 소방공무원 대표 교수진 2020년 12월 강의 만족도 평균

2021 공무원 수석 합격자* 배출!
합격생들의 진짜 합격스토리

에듀윌 강의·교재·학습시스템의 우수성을
2021년도에도 입증하였습니다!

에듀윌 커리큘럼을 따라가며 기출 분석을 반복한 결과 7.5개월 만에 합격

권○혁 지방직 9급 일반행정직 최종 합격

샘플 강의를 듣고 맘에 들었는데, 가성비도 좋아 에듀윌을 선택하게 되었습니다. 특히, 공부에 집중하기 좋은 깔끔한 시설과 교수님께 바로 질문할 수 있는 환경이 좋았습니다. 학원을 다니면서 에듀윌에서 무료로 제공하는 온라인 강의를 많이 활용했습니다. 늦게 시작했기 때문에 처음에는 진도를 따라가기 위해서 활용했고, 그 후에는 기출 분석을 복습하기 위해 활용했습니다. 마지막에 반복했던 기출 분석은 합격에 중요한 영향을 미쳤던 것 같습니다.

고민없이 에듀윌을 선택, 온라인 강의 반복 수강으로 합격 완성

박○은 국가직 9급 일반농업직 최종 합격

공무원 시험은 빨리 준비할수록 더 좋다고 생각해서 상담 후 바로 고민 없이 에듀윌을 선택했습니다. 과목별 교재가 동일하기 때문에 한 과목당 세 교수님의 강의를 모두 들었습니다. 심지어 전년도 강의까지 포함하여 강의를 무제한으로 들었습니다. 덕분에 중요한 부분을 알게 되었고 그 부분을 집중적으로 먼저 외우며 공부할 수 있었습니다. 우울할 때에는 내용을 아는 활기찬 드라마를 틀어놓고 공부하며 위로를 받았는데 집중도 잘되어 좋았습니다.

체계가 잘 짜여진 에듀윌은 합격으로 가는 최고의 동반자

김○욱 국가직 9급 출입국관리직 최종 합격

에듀윌은 체계가 굉장히 잘 짜여져 있습니다. 만약, 공무원이 되고 싶은데 아무것도 모르는 초시생이라면 묻지 말고 에듀윌을 선택하시면 됩니다. 에듀윌은 기초·기본이론부터 심화이론, 기출문제, 단원별 문제, 모의고사, 그리고 면접까지 다 챙겨주는, 시작부터 필기합격 후 끝까지 전부 관리해 주는 최고의 동반자입니다. 저는 체계적인 에듀윌의 커리큘럼과 하루에 한 페이지라도 집중해서 디테일을 외우려고 노력하는 습관 덕분에 합격할 수 있었습니다.

다음 합격의 주인공은 당신입니다!

더 많은
합격스토리

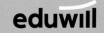

회원 가입하고
100% 무료 혜택 받기

가입 즉시, 공무원 공부에 필요한 모든 걸 드립니다!

혜택 1 초시생을 위한 합격교과서 제공

※ 에듀윌 홈페이지 ⋯ 직렬 사이트 선택(소방공무원)
⋯ 상단 '초시생 클릭' 버튼 선택 ⋯ 초시생 필수 입문서 신청하기

혜택 2 초보 수험생 필수 기초강의 제공

※ 에듀윌 홈페이지 ⋯ 직렬 사이트 선택(소방공무원)
⋯ 상단 '초시생 클릭' 버튼 선택
⋯ 쌩기초 특강 신청 후 '나의 강의실'에서 확인 (7일 수강 가능)

혜택 3 전 과목 기출문제 해설강의 제공

※ 에듀윌 홈페이지 ⋯ 직렬 사이트 선택
⋯ 상단 '학습자료' 메뉴를 통해 수강
(최신 3개년 주요 직렬 기출문제 해설강의 제공)

합격의 시작은 잘 만든 입문서로부터

에듀윌 소방 합격교과서

무료배포
선착순 100명

무료배포
이벤트

* 배송비 별도 / 비매품

1초 합격예측
모바일 성적분석표

1초 안에 '클릭' 한 번으로 성적을 확인하실 수 있습니다!

활용 GUIDE

실시간 성적분석 방법!

STEP 1
QR 코드
스캔

▶

STEP 2
모바일
OMR 입력

▶

STEP 3
자동채점 &
성적분석표 확인

STEP 1

QR 코드 스캔

- 교재의 QR 코드를 모바일로 스캔 후 에듀윌 회원 로그인
- QR 코드 하단의 바로가기 주소로도 접속 가능

STEP 2

모바일 OMR 입력

- 회차 확인 후 '응시하기' 클릭
- 모바일 OMR에 답안 입력
- 문제풀이 시간까지 측정 가능

STEP 3

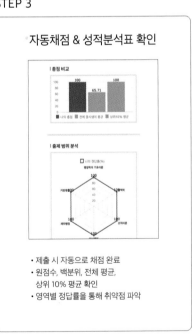

자동채점 & 성적분석표 확인

- 제출 시 자동으로 채점 완료
- 원점수, 백분위, 전체 평균, 상위 10% 평균 확인
- 영역별 정답률을 통해 취약점 파악

※ 본 서비스는 에듀윌 공무원 교재(연도별, 회차별 문항이 수록된 교재)를 구입하는 분에게 제공됨.

3회독 완성 회독 플래너로 학습 계획을 수립하고 학습 결과를 기록해보세요.

소방공무원 7개년 기출PACK 3회독 플래너

1회독

과목	연도	날짜	점수	적정 풀이시간
소방학개론	2022	☐ 월 일	점	18분/ 분 초
	2021	☐ 월 일	점	16분/ 분 초
	2020	☐ 월 일	점	15분/ 분 초
	2019	☐ 월 일	점	15분/ 분 초
	2018 하	☐ 월 일	점	14분/ 분 초
	2018 상	☐ 월 일	점	16분/ 분 초
	2017 하	☐ 월 일	점	15분/ 분 초
	2017 상	☐ 월 일	점	15분/ 분 초
	2016	☐ 월 일	점	16분/ 분 초

과목	연도	날짜	점수	적정 풀이시간
소방관계법규	2022	☐ 월 일	점	18분/ 분 초
	2021	☐ 월 일	점	17분/ 분 초
	2020	☐ 월 일	점	18분/ 분 초
	2019	☐ 월 일	점	18분/ 분 초
	2018 하	☐ 월 일	점	18분/ 분 초
	2018 상	☐ 월 일	점	17분/ 분 초
	2017 하	☐ 월 일	점	16분/ 분 초
	2017 상	☐ 월 일	점	16분/ 분 초
	2016	☐ 월 일	점	17분/ 분 초

과목	연도	날짜	점수	적정 풀이시간
행정법총론	2022	☐ 월 일	점	18분/ 분 초
	2021	☐ 월 일	점	19분/ 분 초
	2020	☐ 월 일	점	18분/ 분 초
	2019	☐ 월 일	점	16분/ 분 초
	2018 하	☐ 월 일	점	16분/ 분 초
소방위 행정법	2021	☐ 월 일	점	18분/ 분 초
	2020	☐ 월 일	점	18분/ 분 초
	2019	☐ 월 일	점	17분/ 분 초
	2018	☐ 월 일	점	17분/ 분 초

2회독

과목	연도	날짜	점수	적정 풀이시간
소방학개론	2022	☐ 월 일	점	18분/ 분 초
	2021	☐ 월 일	점	16분/ 분 초
	2020	☐ 월 일	점	15분/ 분 초
	2019	☐ 월 일	점	15분/ 분 초
	2018 하	☐ 월 일	점	14분/ 분 초
	2018 상	☐ 월 일	점	16분/ 분 초
	2017 하	☐ 월 일	점	15분/ 분 초
	2017 상	☐ 월 일	점	15분/ 분 초
	2016	☐ 월 일	점	16분/ 분 초

과목	연도	날짜	점수	적정 풀이시간
소방관계법규	2022	☐ 월 일	점	18분/ 분 초
	2021	☐ 월 일	점	17분/ 분 초
	2020	☐ 월 일	점	18분/ 분 초
	2019	☐ 월 일	점	18분/ 분 초
	2018 하	☐ 월 일	점	18분/ 분 초
	2018 상	☐ 월 일	점	17분/ 분 초
	2017 하	☐ 월 일	점	16분/ 분 초
	2017 상	☐ 월 일	점	16분/ 분 초
	2016	☐ 월 일	점	17분/ 분 초

과목	연도	날짜	점수	적정 풀이시간
행정법총론	2022	☐ 월 일	점	18분/ 분 초
	2021	☐ 월 일	점	19분/ 분 초
	2020	☐ 월 일	점	18분/ 분 초
	2019	☐ 월 일	점	16분/ 분 초
	2018 하	☐ 월 일	점	16분/ 분 초
소방위 행정법	2021	☐ 월 일	점	18분/ 분 초
	2020	☐ 월 일	점	18분/ 분 초
	2019	☐ 월 일	점	17분/ 분 초
	2018	☐ 월 일	점	17분/ 분 초

3회독

과목	연도	날짜	점수	적정 풀이시간	
소방학 개론	2022	월 일	점	18분/	분 초
	2021	월 일	점	16분/	분 초
	2020	월 일	점	15분/	분 초
	2019	월 일	점	15분/	분 초
	2018 하	월 일	점	14분/	분 초
	2018 상	월 일	점	16분/	분 초
	2017 하	월 일	점	15분/	분 초
	2017 상	월 일	점	15분/	분 초
	2016	월 일	점	16분/	분 초

과목	연도	날짜	점수	적정 풀이시간	
소방 관계 법규	2022	월 일	점	18분/	분 초
	2021	월 일	점	17분/	분 초
	2020	월 일	점	18분/	분 초
	2019	월 일	점	18분/	분 초
	2018 하	월 일	점	18분/	분 초
	2018 상	월 일	점	17분/	분 초
	2017 하	월 일	점	16분/	분 초
	2017 상	월 일	점	16분/	분 초
	2016	월 일	점	17분/	분 초

과목	연도	날짜	점수	적정 풀이시간	
행정법 총론	2022	월 일	점	18분/	분 초
	2021	월 일	점	19분/	분 초
	2020	월 일	점	18분/	분 초
	2019	월 일	점	16분/	분 초
	2018 하	월 일	점	16분/	분 초
소방위 행정법	2021	월 일	점	18분/	분 초
	2020	월 일	점	18분/	분 초
	2019	월 일	점	17분/	분 초
	2018	월 일	점	17분/	분 초

시험 전 self check

과목	연도	날짜	점수	적정 풀이시간	
소방학 개론	2022	월 일	점	18분/	분 초
	2021	월 일	점	16분/	분 초
	2020	월 일	점	15분/	분 초
	2019	월 일	점	15분/	분 초
	2018 하	월 일	점	14분/	분 초
	2018 상	월 일	점	16분/	분 초
	2017 하	월 일	점	15분/	분 초
	2017 상	월 일	점	15분/	분 초
	2016	월 일	점	16분/	분 초

과목	연도	날짜	점수	적정 풀이시간	
소방 관계 법규	2022	월 일	점	18분/	분 초
	2021	월 일	점	17분/	분 초
	2020	월 일	점	18분/	분 초
	2019	월 일	점	18분/	분 초
	2018 하	월 일	점	18분/	분 초
	2018 상	월 일	점	17분/	분 초
	2017 하	월 일	점	16분/	분 초
	2017 상	월 일	점	16분/	분 초
	2016	월 일	점	17분/	분 초

과목	연도	날짜	점수	적정 풀이시간	
행정법 총론	2022	월 일	점	18분/	분 초
	2021	월 일	점	19분/	분 초
	2020	월 일	점	18분/	분 초
	2019	월 일	점	16분/	분 초
	2018 하	월 일	점	16분/	분 초
소방위 행정법	2021	월 일	점	18분/	분 초
	2020	월 일	점	18분/	분 초
	2019	월 일	점	17분/	분 초
	2018	월 일	점	17분/	분 초

에듀윌이
너를
지지할게
ENERGY

처음에는 당신이 원하는 곳으로
갈 수는 없겠지만,
당신이 지금 있는 곳에서
출발할 수는 있을 것이다.

– 작자 미상

2023

에듀윌 소방공무원

7개년 기출PACK

기출문제편

소방학개론/소방관계법규/행정법총론

이 책의
200% 활용법

1
소방전용 기출문제집

소방시험은 소방직만의 출제 특성이 있습니다. 본 교재는 학습의 부담만 늘리는 타 직렬의 기출문제는 싹 제외하고, 오직 소방공무원 기출문제만을 수록하여 소방공무원 시험 대비에 최적화하였습니다. 기출문제를 과목별로 풀이하면서 소방시험에 대한 감각을 높이시기 바랍니다.

2
연도별 기출문제집

단원별 기출문제집이 기본 개념을 진도별로 정리하는 데 유리하다면, 연도별 기출문제집은 해마다 달라지는 시험의 난도와 미묘하게 변하는 출제의 흐름을 파악할 수 있습니다. 기출문제의 본질적인 출제의 핵심은 같지만, 매회 출제되는 빈출 개념과 문제 배열의 습득 등 세부적인 시험 대비를 위해서는 연도별 기출문제 풀이가 효과적입니다. 실제 시험처럼 연습하면서 실전 감각을 키우시기 바랍니다.

3
다각도 기출분석

'기출문제'는 시험을 예측하고 대비할 수 있는 기준입니다. 즉, 출제의 기준이 되는 객관적 데이터로서, 본 교재는 '출제자 – 학습자'의 관점에서 기출문제를 다각도로 분석하였습니다. 출제자의 관점에서 모든 문항의 영역을 분석하고, 문항별 오답률을 통해 학습자의 풀이 패턴을 분석하였습니다. 또한 상세한 해설과 회독 플래너 구성으로 학습자의 효율적인 학습을 도모하였습니다. 단순히 기출문제를 풀고 정답을 체크하는 데 그치는 것이 아니라, 기출 분석 데이터를 기반으로 전략적인 기출 풀이 훈련을 하시기 바랍니다.

4
무료 해설강의

전 과목 최근 3개년(2022~2020) 무료 해설강의를 통해 보다 정확한 이해와 학습이 가능합니다. 소방 전문 교수진의 명쾌한 해설강의로 출제의 핵심을 스피드하게 정리하고 틀린 문제는 왜 틀렸는지 확인하여 정확하게 이해하시기 바랍니다.

무료 합격팩

에듀윌 합격앱 ▶

① 기출지문OX 문제풀이 APP

- 에듀윌 합격앱 접속 또는 옆의 QR코드 스캔
- 하단 딱풀 메뉴에서 기출OX 선택
- 과목과 PART를 선택하여 퀴즈 풀기

※ 무료이용 후 7일이 지나면 교재 구매 인증이 필요합니다.

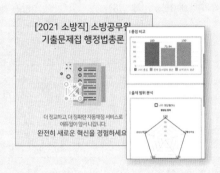

② 1초 합격예측! 모바일 성적분석표

- 교재 내 회차별 QR코드 스캔 ▶ 에듀윌 회원 로그인
- 회차 확인 후 '응시하기' 클릭 ▶ 모바일 OMR에 답안 입력
- 답안 제출 시 자동채점 완료 ▶ 성적분석표 확인

※ 기출문제편 각 회차의 QR코드를 스캔 후 사용해 주세요.

복원 기출 다운로드 ▶

③ 전 과목 복원 기출 1회분 PDF

- 에듀윌 도서몰(book.eduwill.net) 접속 또는 옆의 QR코드 스캔
- 상단 탭에서 '도서자료실 〉 부가학습자료' 클릭
- 검색란에 '소방공무원 7개년 기출PACK' 검색
- 전 과목 복원 기출문제 다운로드

강좌 수강하기 ▶

④ 3개년(2022~2020) 무료 해설강의

- 에듀윌 도서몰(book.eduwill.net) 접속 또는 옆의 QR코드 스캔
- 상단 탭에서 '동영상 강의실' 클릭
- 검색란에 '소방 기출해설특강' 검색
- 과목별 해설강좌 수강하기

합격을 위해 미리 준비하는

소방공무원
시험 정보

시험 전형

- **시험일정**

  매년 4월 초 연 1회 진행

  ※ 추가채용이 있을 경우 하반기에 시행

- **응시 연령**

구분	계급	연령	생년월일
공채	소방사	18세 이상 40세 이하	2005.12.31.~1982.1.1.
경채	소방사·교·장	20세 이상 40세 이하	2003.12.31.~1982.1.1.
	소방위·경	23세 이상 40세 이하	2000.12.31.~1982.1.1.

시험 과목

구분		필기시험 과목	검정 과목
공채		소방학개론, 소방관계법규, 행정법총론	영어, 한국사
경채	일반분야	소방학개론, 소방관계법규	
	구급분야	소방학개론, 응급처치학개론	
	화학분야	소방학개론, 화학개론	
	정보통신	소방학개론, 컴퓨터일반	

시험 절차

인터넷 접수(119gosi.kr)
원서 접수
＞
1단계(50%)
필기시험
＞
2단계(25%)
체력시험
＞

3단계(면접 시 기초자료)
인·적성, 신체검사
＞
4단계(25%)
면접시험
＞
최종 합격자 결정

자격증 등 소지자 가점비율				
분야	가점비율	5퍼센트	3퍼센트	1퍼센트
소방 업무 관련 분야		1. 소방 관련 국가기술자격 중 기술사 · 기능장 2. 1급~4급 항해사 · 기관사 · 운항사 3. 운송용 조종사, 사업용 조종사, 항공교통관제사, 항공정비사, 운항관리사 4. 잠수기능장 5. 의사, 변호사 6. 소방시설관리사 7. 초경량비행장치 실기평가 조종자 증명을 받은 사람	1. 소방 관련 국가기술자격 중 기사 2. 5급 또는 6급 항해사 · 기관사 3. 응급구조사(1급), 간호사 4. 소방안전교육사 5. 초경량비행장치 지도조종자 증명을 받은 사람	1. 소방 관련 국가기술자격 중 산업기사 · 기능사 2. 소형선박 조종사, 잠수산업기사, 잠수기능사 3. 「도로교통법」에 따른 제1종 대형면허, 제1종 특수면허 중 대형견인차면허 4. 응급구조사(2급) 5. 초경량비행장치 조종자 증명을 받은 사람(제1종 및 제2종 무인동력비행장치에 관한 조종자 증명으로 한정한다)
사무 관리 분야			컴퓨터활용능력 1급	컴퓨터활용능력 2급
한국어 능력검정시험		1. 한국실용글쓰기검정 750점 이상 2. KBS한국어능력시험 770점 이상 3. 국어능력인증시험 162점 이상	1. 한국실용글쓰기검정 630점 이상 2. KBS한국어능력시험 670점 이상 3. 국어능력인증시험 147점 이상	1. 한국실용글쓰기검정 550점 이상 2. KBS한국어능력시험 570점 이상 3. 국어능력인증시험 130점 이상
외국어 능력 검정 시험	영어		1. TOEIC 800점 이상 2. TOEFL IBT 88점 이상 3. TOEFL PBT 570점 이상 4. TEPS 720점 이상 5. New TEPS 399점 이상 6. TOSEL(advanced) 780점 이상 7. FI FX 714점 이상 8. PELT(main) 304점 이상 9. G-TELP Level 2 75점 이상	1. TOEIC 600점 이상 2. TOEFL IBT 57점 이상 3. TOEFL PBT 489점 이상 4. TEPS 500점 이상 5. New TEPS 268점 이상 6. TOSEL(advanced) 580점 이상 7. FLEX 480점 이상 8. PELT(main) 242점 이상 9. G-TELP Level 2 48점 이상
	일본어		1. JLPT 2급(N2) 2. JPT 650점 이상	1. JLPT 3급(N3, N4) 2. JPT 550점 이상
	중국어		1. HSK 8급 2. 신(新) HSK 5급 (210점 이상)	1. HSK 7급 2. 신(新) HSK 4급 (195점 이상)

*한국어능력검정시험 · 외국어능력검정시험의 경우 해당 채용시험의 면접시험일을 기준으로 2년 이내의 성적에 대해서만 가점을 인정한다. 가점을 위하여 필요한 자료의 제출기한은 해당 채용시험의 면접시험일까지로 한다.

최신 시험의 흐름을 한눈에 파악하는
3개년
기출 지문 분석

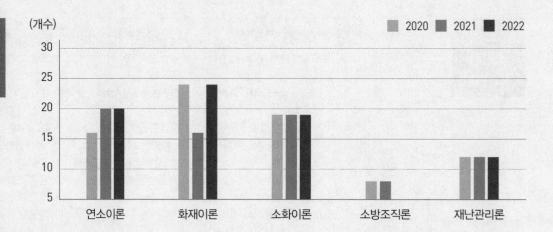

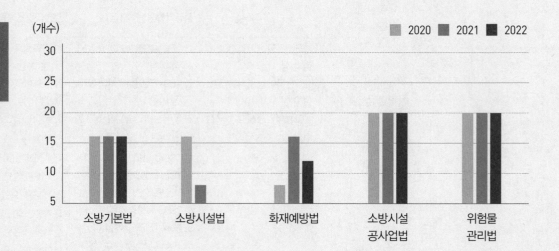

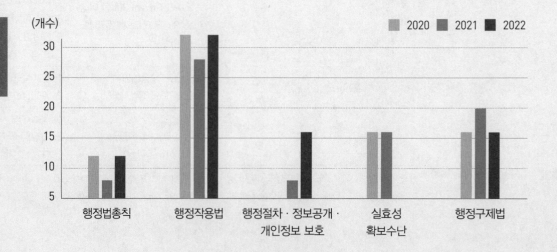

■ 소방학개론 대표 키워드

※ 이슈문제는 모두정답, 중복정답 등 논란이 된 문제의 키워드를 의미합니다.

구분	연소이론	화재이론	소화이론	소방조직론	재난관리론
2022	• 인화점 • 최소산소농도 • 폭발	• 화재가혹도 • 위험물 • 화재 건수의 결정 이슈문제	• 알코올형포 소화약제 • 옥내소화전설비 • 이산화탄소 소화설비		• 현장조치 행동매뉴얼 • 재난관리 단계별 활동 • 분산관리방식
2021	• 연기 • 블레비 현상 • 연소속도	• 백 드래프트 • 특수화재 • 실내화재의 진행과정 이슈문제	• 소화설비 • 피난구조설비 • 물 소화약제	• 소방조직의 기본원리	• 긴급구조 현장지휘 • 재난사태 선포 • 재난관리 단계별 활동
2020	• 물질별 위험도 • 연소의 조건 • 연기유동의 발생원인	• 화재조사 및 보고규정 • 주수소화 • 화재하중	• 경보설비 • 소방시설의 분류 • 소화설비	• 소방의 발전과정	• 재난관리체계 • 재난의 분류 • 재난관리 단계별 활동

■ 소방관계법규 대표 키워드

구분	소방기본법	소방시설법	화재예방법	소방시설공사업법	위험물관리법
2022	• 소방자동차 전용구역 • 소방기술민원센터 신규출제 • 소방용수시설 설치	• 성능위주설계 • 방염성능기준	• 과태료 • 화재예방강화지구 지정	• 감리원의 배치 • 착공신고 • 소방시설업의 등록	• 자체소방대 • 위험물의 저장 및 취급의 제한
2021	• 119 종합상황실 신규출제 • 안전원의 업무 • 소방활동 종사명령	• 소방시설의 자체점검	• 화재의 예방조치 • 관리의 권원이 분리 된 특정소방대상물	• 감리 • 공사의 하자보수 • 시공	• 정기점검, 정기검사 • 위험물의 저장 및 취급의 제한
2020	• 생활안전활동 • 소방기본법 정의 • 종합계획의 수립 등	• 소방시설기준 적용특례 • 특정소방대상물에 설 치하는 소방시설 관리	• 화재의 예방조치 • 특정소방대상물의 소방안전관리	• 하도급의 제한 • 완공검사 • 위반사항에 대한 조치	• 위험물안전관리자 • 벌칙 • 정의

■ 행정법총론 대표 키워드

구분	행정법총칙	행정작용법	행정절차 · 정보공개 · 개인정보 보호	실효성 확보수단	행정구제법
2022	• 법치행정원리 신규출제 • 신뢰보호의 원칙 • 사인의 공법행위	• 행정의 자동화작용 • 취소 · 철회 · 변경 • 행정행위의 부관	• 개인정보 보호법 • 정보공개제도 • 절차의 하자와 치유	• 행정벌	• 국가배상 • 보상금증감소송 • 행정소송의 대상적격
2021	• 행정법의 법원 • 행정법의 일반원칙	• 허가 • 행정행위의 효력 • 행정계획	• 행정응원 • 단체소송	• 행정형벌 • 강제집행 • 행정조사	• 국가배상 • 행정심판위원회 • 당사자소송
2020	• 시효 • 행정법의 일반원칙	• 기속행위, 재량행위 • 공법상 계약 • 행정지도	• 의견청취절차	• 질서위반행위규제법 • 즉시강제	• 사정판결 신규출제 • 취소소송 • 국가배상

이 책의
구성

플래너

기출문제편

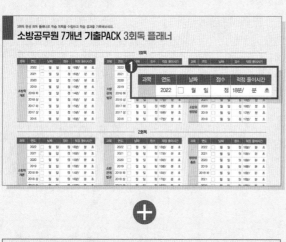

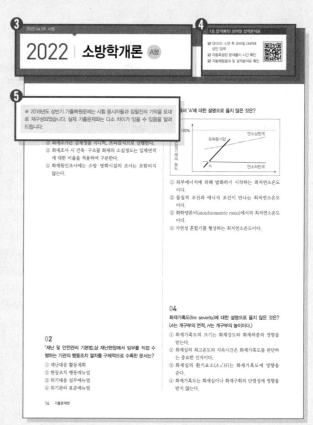

❶ 3회독 플래너

문제풀이 전 학습 계획을 세우고, 계획한 날짜에 맞춰 학습 진행 및 학습 결과를 기록할 수 있습니다.

❷ 시험 전 Self check

시험 전 최종 점검을 통해 완벽한 마무리가 가능합니다.

❸ 연도별 기출문제 수록

최신 기출문제 순으로 소방학개론, 소방관계법규는 7개년 기출문제를 행정법총론은 5개년 기출문제를 수록하였습니다.

❹ 1초 합격예측! 모바일 성적분석표

QR코드 스캔 후 모바일 OMR에 답안을 입력하면, 자동측정된 문제풀이 시간과 자동채점결과를 편리하게 확인할 수 있습니다.

❺ 복원 기출문제 수록

비공개로 시행된 기출문제는 소방 전문 집필진이 실제 기출문제와 최대한 비슷한 유형과 난이도로 복원하여 수록하였습니다.

정답과 해설편

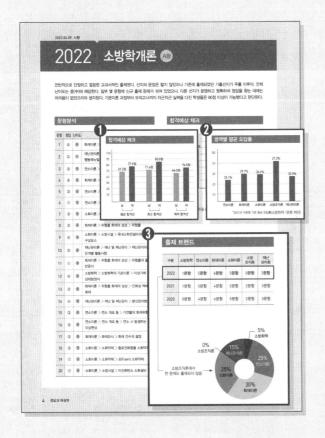 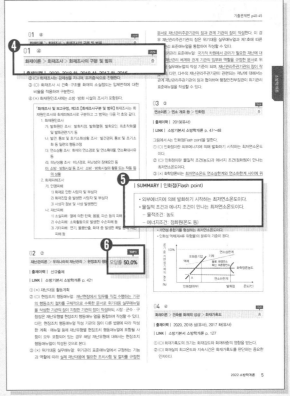

❶ 합격예상 체크

실제 시험의 합격선을 확인하고 과목별 합격점수를 통해 합격을 예측해볼 수 있습니다.

❷ 영역별 평균 오답률

회차마다 영역별 평균 오답률을 통해 어려웠던 영역을 확인할 수 있습니다.

❸ 출제 트렌드 분석

최근 3개년(2022~2020) 기출 분석을 기준으로 변화하는 출제경향을 파악할 수 있습니다.

❹ 개념 카테고리

풀이 과정에서 모르는 개념이나 헷갈리는 개념은 개념 카테고리를 통해 빠른 연계학습이 가능합니다.

❺ SUMMARY

개념 확인이 필요한 문항은 SUMMARY로 정리하였습니다. 비교가 필요한 부분은 표로, 이해가 필요한 부분은 보충자료를 수록하여 개념을 정확하게 짚어갈 수 있습니다.

❻ 문항별 오답률 수록

전 문항 오답률을 수록하고, 오답률이 높은 오답률 TOP 3 문항을 표시하여 회독 시 고난도 문제 위주로 복습할 수 있도록 장치하였습니다.

소방학개론

FIRE FIGHTER

2022.04.09. 시행

2022 | 소방학개론 A형

1초 합격예측! 모바일 성적분석표
☑ QR코드 스캔 후 모바일 OMR에 답안 입력
☑ 자동측정된 문제풀이 시간 확인
☑ 자동채점결과 및 성적분석표 확인

01

소방기관에서 실시하는 화재조사에 대한 일반적인 설명으로 옳지 않은 것은?

① 화재조사는 관계 공무원이 화재사실을 인지하는 즉시 실시한다.
② 화재조사는 강제성을 지니며, 프리즘식으로 진행한다.
③ 화재조사 시 건축·구조물 화재의 소실정도는 입체면적에 대한 비율을 적용하여 구분한다.
④ 화재원인조사에는 소방·방화시설의 조사는 포함되지 않는다.

02

「재난 및 안전관리 기본법」상 재난현장에서 임무를 직접 수행하는 기관의 행동조치 절차를 구체적으로 수록한 문서는?

① 재난대응 활동계획
② 현장조치 행동매뉴얼
③ 위기대응 실무매뉴얼
④ 위기관리 표준매뉴얼

03

그림에서 'A'에 대한 설명으로 옳지 않은 것은?

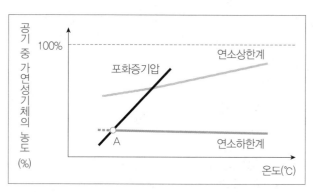

① 외부에너지에 의해 발화하기 시작하는 최저연소온도이다.
② 물질적 조건과 에너지 조건이 만나는 최저연소온도이다.
③ 화학양론비(stoichiometric ratio)에서의 최저연소온도이다.
④ 가연성 혼합기를 형성하는 최저연소온도이다.

04

화재가혹도(fire severity)에 대한 설명으로 옳지 않은 것은? (A는 개구부의 면적, H는 개구부의 높이이다.)

① 화재가혹도의 크기는 화재강도와 화재하중의 영향을 받는다.
② 화재실의 최고온도와 지속시간은 화재가혹도를 판단하는 중요한 인자이다.
③ 화재실의 환기요소($A\sqrt{H}$)는 화재가혹도에 영향을 준다.
④ 화재가혹도는 화재실이나 화재구획의 단열성에 영향을 받지 않는다.

05

메틸알코올(CH$_3$OH)의 최소산소농도(MOC: Minimum Oxygen Concentration, %)로 옳은 것은? (CH$_3$OH의 연소상한계는 37%, 연소범위의 상·하한 폭은 30%이다.)

① 5.0
② 8.5
③ 10.5
④ 14.0

06

폭발에 대한 일반적인 설명으로 옳은 것은?

① 아세틸렌과 산화에틸렌은 분해폭발을 일으키기 쉬운 물질이다.
② 상온에서 탱크에 저장된 중유가 유출되면 자유공간중 기운폭발이 일어난다.
③ 밀폐공간에서 조연성가스가 폭발범위를 형성하면 점화원에 의해 가스폭발이 일어난다.
④ 다량의 고온물질이 물속에 투입되었을 때 물의 갑작스러운 상변화에 의한 폭발현상을 반응폭주라 한다.

07

가연성 물질의 화재 시 소화방법으로 옳은 것은?

① 탄화칼슘은 물을 분무하여 소화한다.
② 아세톤은 알코올형포 소화약제로 소화한다.
③ 나트륨은 할론 소화약제로 소화한다.
④ 마그네슘은 이산화탄소 소화약제로 소화한다.

08

위험물에 대한 일반적인 설명으로 옳은 것은?

① 제1류 위험물 중 질산염류는 연소속도가 빨라 폭발적으로 연소한다.
② 제3류 위험물 중 황린은 가열, 충격, 마찰에 의해 분해되어 산소가 발생하므로 가연물과의 접촉을 피한다.
③ 제4류 위험물 중 제1석유류는 인화점 및 연소하한계가 낮아 적은 양으로도 화재의 위험이 있다.
④ 제5류 위험물 중 유기과산화물은 공기 중에 노출되거나 수분과 접촉하면 발화의 위험이 있다.

09

자동기동방식의 펌프가 수원의 수위보다 높은 곳에 설치된 옥내소화전설비의 구성요소를 있는 대로 모두 고른 것은?

㉠ 기동용수압개폐장치	㉡ 릴리프밸브
㉢ 동력제어반	㉣ 솔레노이드밸브
㉤ 물올림장치	

① ㉠, ㉡, ㉤
② ㉢, ㉣, ㉤
③ ㉠, ㉡, ㉢, ㉣
④ ㉠, ㉡, ㉢, ㉤

10

「재난 및 안전관리 기본법」상 재난관리의 대비단계 관리 사항을 있는 대로 모두 고른 것은?

㉠ 국가재난관리기준의 제정·운용
㉡ 재난 예보·경보체계 구축·운영
㉢ 재난안전분야 종사자 교육
㉣ 재난안전통신망의 구축·운영

① ㉠, ㉡
② ㉠, ㉣
③ ㉠, ㉡, ㉣
④ ㉡, ㉢, ㉣

11

위험물과 물이 반응할 때 발생하는 가스로 옳지 않은 것은?

	위험물		가스
①	탄화알루미늄	–	아세틸렌
②	인화칼슘	–	포스핀
③	수소화알루미늄리튬	–	수소
④	트리에틸알루미늄	–	에테인

12

800℃, 1기압에서 황(S) 1kg이 공기 중에서 완전 연소할 때 발생되는 이산화황의 발생량(m^3)은? (단, 황(S)의 원자량은 32, 산소(O)의 원자량은 16이며, 이상기체로 가정한다.)

① 2.00 ② 2.35
③ 2.50 ④ 2.75

13

중질유화재 시 무상주수를 함으로써 기대할 수 있는 소화효과로 올바르게 묶인 것은?

① 질식소화, 부촉매소화
② 질식소화, 유화소화
③ 유화소화, 타격소화
④ 피복소화, 타격소화

14

재난관리 방식 중 분산관리에 대한 일반적인 설명으로 옳지 않은 것은?

① 재난의 종류에 따라 대응방식의 차이와 대응계획 및 책임기관이 각각 다르게 배정된다.
② 재난 시 유관기관 간의 중복적 대응이 있을 수 있다.
③ 재난의 발생 유형에 따라 소관부처별로 업무가 나뉜다.
④ 재난 시 유사한 자원동원 체계와 자원유형이 필요하다.

15

가연성 물질의 화재 위험성에 대한 설명으로 옳은 것은?

① 비열, 연소열, 비점이 작거나 낮을수록 위험하다.
② 증발열, 연소열, 연소속도가 크거나 빠를수록 위험하다.
③ 표면장력, 인화점, 발화점이 작거나 낮을수록 위험하다.
④ 비중, 압력, 융점이 크거나 높을수록 위험하다.

16

기체상 연료노즐에서의 연소에 대한 일반적인 설명으로 옳은 것을 있는 대로 모두 고른 것은?

> ㉠ 역화는 연료의 연소속도가 분출속도보다 빠를 때 불꽃이 연료 노즐 속으로 빨려 들어가 연료노즐 속에서 연소하는 현상이다.
> ㉡ 선화는 불꽃이 연료노즐 위에 들뜨는 현상으로 연료노즐에서 연료기체의 연소속도가 분출속도보다 느릴 때 발생하는 현상이다.
> ㉢ 황염은 분출하는 기체연료와 공기의 화학양론비에서 공기량이 적을 때 발생한다.
> ㉣ 연료노즐에서 흐름이 난류(turbulent)인 경우, 확산연소에서 화염의 높이는 분출 속도에 비례한다.

① ㉠, ㉡ ② ㉢, ㉣
③ ㉠, ㉡, ㉢ ④ ㉠, ㉡, ㉢, ㉣

17 변형

화재피해조사 산정기준 중 화재건수를 결정하는 기준에 대한 설명으로 옳지 않은 것은?

① 동일범이 아닌 각기 다른 사람에 의한 방화, 불장난은 동일 대상물에서 발화했더라도 각각 별건의 화재로 한다.
② 동일 소방대상물의 발화점이 2개소 이상이 있는 누전점이 동일한 누전에 의한 화재는 1건의 화재로 한다.
③ 화재범위가 2 이상의 관할구역에 걸친 화재에 대해서는 각 관할하는 소방서에서 별건의 화재로 한다.
④ 동일 소방대상물의 발화점이 2개소 이상이 있는 지진, 낙뢰 등 자연현상에 의한 다발화재는 1건의 화재로 한다.

18

할로겐화합물 소화약제가 갖추어야 할 일반적인 조건으로 옳지 않은 것은?

① 독성이 적을수록 좋다.
② 지구 온난화에 끼치는 영향이 적을수록 좋다.
③ 대기 중에 잔존 시간이 길수록 좋다.
④ 오존층 파괴에 끼치는 영향이 적을수록 좋다.

19

포(foam)에 대한 일반적인 설명으로 옳은 것은?

① 불화단백포 및 수성막포는 표면하 주입방식에 사용할 수 있다.
② 불소를 함유하고 있는 합성계면활성제포는 친수성이므로 유동성과 내유성이 좋다.
③ 단백포는 유동성은 좋으나, 내화성은 나쁘다.
④ 알코올형포 사용 시 비누화현상이 일어나면 소화능력이 떨어진다.

20

이산화탄소소화설비에 대한 일반적인 설명으로 옳지 않은 것은?

① 기동용기의 가스는 압력스위치 및 자동폐쇄장치를 작동시키는 역할을 한다.
② 저장용기는 직사광선 및 빗물이 침투할 우려가 없는 곳에 설치한다.
③ 전역방출방식에서 환기장치는 이산화탄소가 방사되기 전에 정지되어야 한다.
④ 전역방출방식에서는 음향경보장치와 방출표시등이 필요하다.

2021 | 소방학개론 A형

01

「재난 및 안전관리 기본법」상 재난현장에서 시·군·구 긴급 구조통제단장의 긴급구조 현장지휘사항을 모두 고른 것은?

> ㉠ 재난현장에서 인명의 탐색·구조
> ㉡ 추가 재난의 방지를 위한 응급조치
> ㉢ 사상자의 응급처치 및 의료기관으로의 이송
> ㉣ 긴급구조에 필요한 물자의 관리

① ㉠, ㉡
② ㉠, ㉡, ㉢
③ ㉡, ㉢, ㉣
④ ㉠, ㉡, ㉢, ㉣

02

화재 시 발생하는 연기(Smoke)에 대한 설명으로 옳지 않은 것은?

① 연기의 수직 이동속도는 수평 이동속도보다 빠르다.
② 연기의 감광계수가 증가할수록 가시거리는 짧아진다.
③ 중성대는 실내화재 시 실내와 실외의 온도가 같은 면을 의미한다.
④ 굴뚝효과는 건축물의 내부와 외부의 온도차에 의해 내부의 더운 공기가 상승하는 현상이다.

03

소화설비에 대한 설명으로 옳은 것은?

① 산·알칼리 소화기는 가스계 소화기로 분류된다.
② CO_2 소화설비는 화재감지기, 선택밸브, 방출표시등, 압력스위치 등으로 구성된다.
③ 슈퍼바이저리 패널(Supervisory Panel)은 습식 스프링클러설비의 구성요소이다.
④ 순환배관은 옥내소화전설비의 펌프 체절운전 시 수온 하강 방지를 위해 설치한다.

04

우리나라 소방역사에 대한 설명으로 옳은 것만을 모두 고른 것은?

> ㉠ 고려시대에는 소방(消防)을 소재(消災)라 하였으며, 화통도감을 신설하였다.
> ㉡ 조선시대 세종 8년에 금화도감을 설치하였다.
> ㉢ 1915년에 우리나라 최초 소방본부인 경성소방서를 설치하였다.
> ㉣ 1945년에 중앙소방위원회 및 중앙소방청을 설치하였다.

① ㉠, ㉡
② ㉠, ㉡, ㉢
③ ㉡, ㉢, ㉣
④ ㉠, ㉡, ㉢, ㉣

05

백 드래프트(Back Draft)에 대한 설명으로 옳은 것은?

① 불완전연소에 의해 발생된 일산화탄소가 가연물로 작용하여 폭발하는 현상이다.
② 화재진압 시 지붕 등 상부를 개방하는 것보다 출입문을 먼저 개방하는 것이 효과적인 전술이다.
③ 밀폐된 실내에서 발생되는 현상으로, 출입문을 한 번에 완전히 개방하여 연기를 일순간에 배출해야 폭발력을 억제할 수 있다.
④ 연료지배형 화재가 진행되고 있는 공간에 산소가 일시적으로 다량 공급됨에 따라 가연성가스가 폭발적으로 연소하는 현상이다.

06

위험물의 종류에 따른 소화방법으로 옳지 않은 것은?

① 제1류 위험물인 알칼리금속의 과산화물은 물을 사용한다.
② 제2류 위험물인 마그네슘은 건조사를 사용한다.
③ 제3류 위험물인 알킬알루미늄은 건조사를 사용한다.
④ 제4류 위험물인 알코올은 내알코올포(泡, foam)를 사용한다.

07

「화재조사 및 보고규정」상 특수화재에 해당하지 않는 것은?

① 외국공관 및 그 사택의 화재
② 이재민 100명 이상 발생 화재
③ 특수사고, 방화 등 화재원인이 특이하다고 인정되는 화재
④ 철도, 항구에 매어 둔 외항선, 항공기, 발전소 및 변전소의 화재

08

「재난 및 안전관리 기본법」에 대한 내용이다. (   ) 안에 들어갈 용어로 옳은 것은?

> (가)은 대통령령으로 정하는 재난이 발생하거나 발생할 우려가 있는 경우 사람의 생명·신체 및 재산에 미치는 중대한 영향이나 피해를 줄이기 위하여 긴급한 조치가 필요하다고 인정하면 (나)의 심의를 거쳐 (다)을/를 선포할 수 있다.

	(가)	(나)	(다)
①	중앙재난안전대책 본부장	안전정책조정위원회	재난사태
②	행정안전부장관	중앙안전관리위원회	재난사태
③	중앙재난안전대책 본부장	중앙안전관리위원회	특별재난지역
④	행정안전부장관	안전정책조정위원회	특별재난지역

09

소방조직의 원리에 해당하지 않는 것은?

① 조정의 원리
② 계층제의 원리
③ 명령분산의 원리
④ 통솔범위의 원리

10

블레비(BLEVE: Boiling Liquid Expanding Vapor Explosion) 현상의 특징으로 옳지 않은 것은?

① 액화가스저장탱크에서 일어날 수 있다는 점에서는 증기운 폭발과 같다.
② 액화가스저장탱크에서 물리적 폭발이 순간적으로 화학적 폭발로 이어지는 현상이다.
③ 블레비의 규모는 파열 시 액체의 기화량에는 차이가 있으나 탱크의 용량에 따른 차이는 없다.
④ 직접 열을 받은 부분이 액화가스저장탱크의 인장 강도를 초과할 경우 기상부에 면하는 지점에서 파열하게 된다.

11

포혼합장치 중 펌프 프로포셔너(Pump Proportioner) 방식에 해당하는 것은?

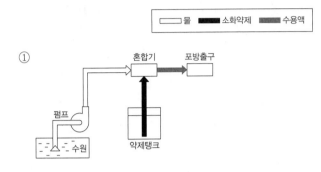

①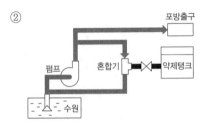

②

③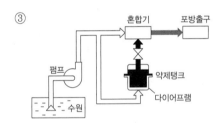

④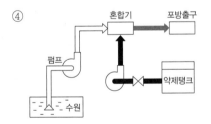

12

「재난 및 안전관리 기본법」상 재난관리단계별 조치사항의 연결이 옳지 않은 것은?

① 예방단계 – 재난방지시설의 관리
② 대비단계 – 재난현장 긴급통신수단의 마련
③ 대응단계 – 특별재난지역의 선포
④ 복구단계 – 피해조사 및 복구계획 수립·시행

13

최소산소농도(MOC: Minimum Oxygen Concentration)에 대한 설명으로 옳지 않은 것은?

① 연소상한계에 의해 최소산소농도가 결정된다.
② 연소할 때 화염이 전파되는 데 필요한 임계산소농도를 말한다.
③ 완전연소반응식의 산소 몰수에 의해 최소산소농도가 결정된다.
④ 프로판(C_3H_8) 1몰(mol)이 완전 연소하는 데 필요한 최소 산소농도는 10.5%이다.

14

1기압, 20℃인 조건에서 메탄(CH_4) 2m^3가 완전연소하는 데 필요한 산소의 부피는 몇 m^3인가?

① 2
② 3
③ 4
④ 5

15

연소속도에 영향을 미치는 요인을 모두 고른 것은?

> ㉠ 가연성 물질의 종류
> ㉡ 촉매의 존재 유무와 농도
> ㉢ 공기 중 산소량
> ㉣ 가연성 물질과 산화제의 당량비

① ㉠, ㉡
② ㉠, ㉡, ㉢
③ ㉡, ㉢, ㉣
④ ㉠, ㉡, ㉢, ㉣

16

폭발에 대한 설명으로 옳지 않은 것은?

① 폭연은 폭굉보다 폭발압력이 낮다.
② 분해폭발은 산소에 관계없이 단독으로 발열 분해반응을 하는 물질에서 발생한다.
③ 물리적 폭발은 물질의 상태(기체·액체·고체)가 변하거나 온도, 압력 등 조건의 변화에 따라 발생한다.
④ 중합폭발은 가연성 액체의 무적(霧滴, mist)이 일정 농도 이상으로 조연성 가스 중에 분산되어 있을 때 착화하여 발생한다.

17

소화방법에 대해 옳은 설명만을 모두 고른 것은?

> ㉠ 질식소화는 일반적으로 공기 중 산소농도를 낮추어 소화하는 방법을 말한다.
> ㉡ 냉각소화가 가능한 약제로는 물, 강화액, CO_2, 할론 등이 있다.
> ㉢ 피복소화는 비중이 물보다 큰 비수용성 유류화재 시 무상주수하여 소화하는 방법을 말한다.
> ㉣ 부촉매소화는 가스화재 시 가스공급을 차단하여 소화하는 방법을 말한다.

① ㉠, ㉡
② ㉠, ㉡, ㉢
③ ㉡, ㉢, ㉣
④ ㉠, ㉡, ㉢, ㉣

18

물 소화약제에 대한 설명으로 옳은 것은?

① 질식소화 작용은 기대하기 어렵다.
② 분무상으로 방사 시 B급 화재 및 C급 화재에도 적응성이 있다.
③ 물은 비열과 기화열 값이 작아 냉각소화 효과가 우수하다.
④ 수용성 가연물질인 알코올, 에테르, 에스테르 등으로 인한 화재에는 적응성이 없다.

19

피난구조설비에 대한 설명으로 옳지 않은 것은?

① 인공소생기란 호흡부전상태인 사람에게 인공호흡을 시켜 환자를 보호하거나 구급하는 기구이다.
② 피난구유도등이란 피난구 또는 피난경로로 사용되는 출입구를 표시하여 피난을 유도하는 등을 말한다.
③ 복도통로유도등이란 피난통로가 되는 복도에 설치하는 통로유도등으로서 피난구의 방향을 명시하는 것을 말한다.
④ 구조대란 사용자의 몸무게에 의하여 자동으로 하강하고 내려서면 스스로 상승하여 연속적으로 사용할 수 있는 무동력 피난기구를 말한다.

20

실내화재의 진행과정을 설명한 내용으로 옳지 않은 것은?

① 발화기 - 건물 내의 가구 등이 독립연소하고 있으며 다른 동(棟)으로의 연소위험은 없다.
② 성장기 - 화재의 진행이 급속히 이루어지고 개구부에서는 검은 연기가 분출된다.
③ 최성기 - 산소가 부족하여 연소되지 않은 가스가 다량 발생된다.
④ 감퇴기 - 지붕이나 벽체, 대들보나 기둥도 무너져 떨어지고 열 발산율은 증가하기 시작한다.

01

가연물의 화학적 연쇄반응 속도를 줄여 소화하는 방법으로 옳은 것은?

① 다량의 물을 주수하여 소화한다.
② 할론 소화약제를 사용하여 소화한다.
③ 연소물이나 화원을 제거하여 소화한다.
④ 에멀션(Emulsion) 효과를 이용하여 소화한다.

02

물 소화약제 첨가제 중 주요 기능이 물의 표면장력을 작게 하여 심부화재에 대한 적응성을 높여 주는 것은?

① 부동제   ② 증점제
③ 침투제   ④ 유화제

03

가연성 가스 중 위험도가 가장 큰 물질은? (단, 연소범위는 메탄 5%~15%, 에탄 3%~12.4%, 프로판 2.1%~9.5%, 부탄 1.8%~8.4%이다)

① 메탄   ② 에탄
③ 프로판   ④ 부탄

04

우리나라 소방 역사에 대한 설명으로 옳지 않은 것은?

① 조선 시대인 1426년(세종 8년) 금화도감이 설치되었다.
② 일제강점기인 1925년 최초의 소방서가 설치되었다.
③ 미군정 시대인 1946년 중앙소방위원회가 설치되었다.
④ 대한민국 정부 수립 이후인 1948년 「소방법」이 제정·공포되었다.

05

스프링클러설비의 리타딩 체임버(Retarding Chamber)의 기능으로 옳은 것은?

① 역류방지   ② 가압송수
③ 오작동방지   ④ 동파방지

06

소방시설의 분류와 해당 소방시설의 종류가 옳게 연결된 것은?

① 소화설비 – 옥내소화전설비, 포 소화설비, 간이스프링클러설비
② 경보설비 – 자동화재속보설비, 자동화재탐지설비, 제연설비
③ 소화용수설비 – 상수도소화용수설비, 소화수조, 연결살수설비
④ 소화활동설비 – 시각경보기, 연결송수관설비, 무선통신보조설비

07

「화재조사 및 보고규정」상 내용으로 옳지 않은 것은?

① 방화는 중요화재에 해당한다.
② 화재조사에는 화재원인조사와 화재피해조사가 있다.
③ 화재조사는 관계 공무원이 화재 사실을 인지하는 즉시 실시하여야 한다.
④ 화재현장에서 부상을 당한 후 72시간 이내에 사망한 경우에는 당해 화재로 인한 사망자로 본다.

08

우리나라 소방행정에 관한 설명으로 옳은 것은?

① 미군정 시대에는 소방행정을 경찰에서 분리하여 자치소방행정체제를 도입하였다.
② 1972년 전국 시·도에 소방본부를 설치·운영하고 광역소방행정체제로 전환하였다.
③ 소방공무원은 공무원 분류상 경력직 공무원 중 특수경력직 공무원에 해당한다.
④ 소방공무원의 징계 중 경징계에는 정직, 감봉, 견책이 있다.

09

화재에 대한 옳은 설명을 모두 고른 것은?

> ㉠ 낮은 산소분압에서 화재가 발생하였을 때 초기에 화염 없이 일어나는 연소를 훈소연소라 한다.
> ㉡ 목조건축물 화재는 유류나 가스 화재와는 달리 일반적으로 무염착화 없이 발염착화로 이어진다.
> ㉢ A급 화재는 일반화재로 면화류, 합성수지 등의 가연물에 의한 화재를 말한다.
> ㉣ 전소란 건물의 70% 이상이 소실된 화재를 말한다.

① ㉠, ㉡　　　　　　② ㉢, ㉣
③ ㉠, ㉡, ㉢　　　　④ ㉠, ㉢, ㉣

10

화재진압 시 주수소화에 적응성 있는 위험물로 옳은 것은?

① 황화린
② 질산에스테르류
③ 유기금속화합물
④ 알칼리금속의 과산화물

11

폭발에 대한 설명으로 옳지 않은 것은?

① 증기폭발은 폭발물질의 물리적 상태에 따른 분류 중 기상폭발에 해당한다.
② 폭굉은 연소반응으로 발생한 화염의 전파 속도가 음속보다 빠른 것을 말한다.
③ 블레비(BLEVE)는 액화가스저장탱크 등에서 외부열원에 의해 과열되어 급격한 압력 상승의 원인으로 파열되는 현상이며, 폭발의 분류 중 물리적 폭발에 해당한다.
④ 폭발은 물리적·화학적 변화의 결과로 발생된 급격한 압력 상승에 의한 에너지가 외계로 전환되는 과정에서 파열, 폭음 등을 동반하는 현상을 말한다.

12

「재난 및 안전관리 기본법」상 우리나라 재난관리체계에 관한 설명으로 옳지 않은 것은?

① 재난 및 안전관리에 관한 중요 정책을 심의하기 위하여 국무총리 소속으로 중앙안전관리위원회를 둔다.
② 대통령령으로 정하는 대규모 재난의 대응·복구를 총괄하기 위하여 행정안전부에 중앙재난안전대책본부를 둔다.
③ 소방서는 인명구조, 응급처치 등 긴급 조치를 담당하는 긴급구조지원기관에 해당한다.
④ 시·군·구 재난안전대책본부장은 시장·군수·구청장이며, 시·군·구 긴급구조통제단장은 소방서장이다.

13

「재난 및 안전관리 기본법」상 재난의 분류가 다른 하나는?

① 「감염병의 예방 및 관리에 관한 법률」에 따른 감염병의 확산
② 황사로 인하여 발생하는 재해
③ 환경오염사고로 인하여 발생하는 대통령령으로 정하는 규모 이상의 피해
④ 「미세먼지 저감 및 관리에 관한 특별법」에 따른 미세먼지 등으로 인한 피해

14

「재난 및 안전관리 기본법」상 재난관리에 관한 내용으로 옳은 것은?

① 예방 – 재난 발생을 사전에 방지하기 위하여 매년 재난대비훈련계획을 수립하고, 관계 기관과 합동으로 재난대비훈련을 실시한다.
② 대비 – 재난을 효율적으로 관리하기 위하여 재난유형에 따라 위기관리 매뉴얼을 작성·운용한다.
③ 대응 – 재난 피해지역을 재해 이전 상태로 회복시키기 위하여 피해상황을 조사하고, 자체복구계획을 수립·시행한다.
④ 복구 – 재난의 수습활동을 효율적으로 하기 위하여 재난관리자원의 비축·관리 및 긴급통신수단을 마련한다.

15

고발포인 제2종 기계포의 팽창비에 해당하는 것은?

① 10배 이상 20배 이하
② 100배 이상 200배 이하
③ 300배 이상 400배 이하
④ 500배 이상 600배 이하

16

바닥 면적이 200m²인 구획된 창고에 의류 1,000kg, 고무 2,000kg이 적재되어 있을 때 화재하중은 약 몇 kg/m²인가? (단, 의류, 고무, 목재의 단위 발열량은 각각 5,000kcal/kg, 9,000kcal/kg, 4,500kcal/kg이고, 창고 내 의류 및 고무 외의 기타 가연물은 존재하지 않으며, 화재 시 완전연소로 가정한다.)

① 15.56
② 20.56
③ 25.56
④ 30.56

17

화재가혹도에 관한 설명으로 옳지 않은 것은?

① 화재가혹도란 화재발생으로 당해 건물과 내부 수용재산 등을 파괴하거나 손상을 입히는 정도를 말한다.
② 최고온도는 화재가혹도의 질적 개념으로 화재강도와 관련이 있다.
③ 지속시간은 화재가혹도의 양적 개념으로 화재하중과 관련이 있다.
④ 화재가혹도에 영향을 미치는 환기요소는 개구부 면적의 제곱근에 비례하고 개구부 높이에 비례한다.

18

고층건축물에서 연기유동을 일으키는 요인을 모두 고른 것은?

| ㉠ 부력효과 | ㉡ 바람에 의한 압력차 |
| ㉢ 굴뚝효과 | ㉣ 공기조화설비의 영향 |

① ㉠, ㉡
② ㉠, ㉢
③ ㉡, ㉢, ㉣
④ ㉠, ㉡, ㉢, ㉣

19

연소에 대한 설명으로 옳지 않은 것은?

① 액체가연물의 인화점은 액면에서 증발된 증기의 농도가 연소하한계에 도달하여 점화되는 최저온도이다.
② 연소하한계가 낮고 연소범위가 넓을수록 가연성 가스의 연소위험성이 증가한다.
③ 액체가연물의 연소점은 점화된 이후 점화원을 제거하여도 자발적으로 연소가 지속되는 최저온도이다.
④ 파라핀계 탄화수소화합물의 경우 탄소수가 적을수록 발화점이 낮아진다.

20

제4류 위험물에 대한 설명으로 옳지 않은 것은?

① 물보다 가볍고 물에 녹지 않는 것이 많다.
② 일반적으로 부도체 성질이 강하여 정전기 축적이 쉽다.
③ 발생 증기는 가연성이며, 증기비중은 대부분 공기보다 가볍다.
④ 사용량이 많은 휘발유, 경유 등은 연소하한계가 낮아 매우 인화하기 쉽다.

2019 | 소방학개론 A형

01

소방시설의 종류에 따른 분류가 옳게 짝지어진 것은?

① 경보설비 – 비상조명등
② 소화설비 – 연소방지설비
③ 피난구조설비 – 비상방송설비
④ 소화활동설비 – 비상콘센트설비

02

다음 특성에 해당하는 소화약제는?

- 소화 후 소화약제에 의한 오손이 없고, 비전도성이다.
- 장기보존이 용이하고, 추운 지방에서도 사용 가능하다.
- 자체 압력으로 방출이 가능하고, 불연성 기체로서 주된 소화효과는 질식효과이다.

① 이산화탄소 소화약제
② 산 알칼리 소화약제
③ 포 소화약제
④ 할로겐화합물 소화약제

03

화재 용어 중 화재실의 단위시간당 축적되는 열의 양을 의미하는 것은?

① 훈소
② 화재하중
③ 화재강도
④ 화재가혹도

04

포 소화설비에서 펌프의 토출관에 압입기를 설치하여 포 소화약제 압입용 펌프로 포 소화약제를 압입시켜 혼합하는 방식은?

① 라인 프로포셔너(Line Proportioner)
② 펌프 프로포셔너(Pump Proportioner)
③ 프레셔 프로포셔너(Pressure Proportioner)
④ 프레셔사이드 프로포셔너(Pressure Side Proportioner)

05

존스(Jones)의 재해분류 중 기상학적 재해가 아닌 것은?

① 번개
② 폭풍
③ 쓰나미
④ 토네이도

06

위험물의 종류에 따른 일반적 성상을 나타낸 것으로 옳은 것은?

① 산화성 고체는 환원성 물질이며 황린과 철분을 포함한다.
② 인화성 액체는 전기 전도체이며 휘발유와 등유를 포함한다.
③ 가연성 고체는 불연성 물질이며 질산염류와 무기과산화물을 포함한다.
④ 자기반응성 물질은 연소 또는 폭발을 일으킬 수 있는 물질이며 유기과산화물, 질산에스테르류를 포함한다.

07

위험물 지정수량이 다른 하나는?

① 탄화칼슘
② 과염소산
③ 마그네슘
④ 금속의 인화물

08

다음은 제1석유류에 대한 설명이다. ( ) 안에 들어갈 내용으로 옳은 것은?

> 제1석유류는 아세톤, 휘발유 그 밖에 1기압에서 (㉠)이 섭씨 (㉡)도 미만인 것이다.

	㉠	㉡
①	발화점	21
②	발화점	25
③	인화점	21
④	인화점	25

09

해방 이후의 소방조직 변천과정을 과거부터 현재까지 옳게 나열한 것은?

> ㉠ 중앙에는 중앙소방위원회를 두고, 지방에는 도 소방위원회를 두어 독립된 자치소방제도를 시행하였다.
> ㉡ 소방행정이 경찰행정 사무에 포함되어 시·군까지 일괄적으로 관리하는 국가소방체제로 전환되었다.
> ㉢ 서울과 부산은 소방본부를 설치하였고, 다른 지역은 국가소방체제로 국가소방과 자치소방의 이원화시기였다.
> ㉣ 소방사무가 시·도 사무로 전환되어 전국 시·도에 소방본부가 설치되었다.

① ㉠→㉡→㉢→㉣   ② ㉠→㉡→㉣→㉢
③ ㉡→㉠→㉢→㉣   ④ ㉡→㉠→㉣→㉢

10

연료지배형 화재와 환기지배형 화재에 대한 설명으로 옳지 않은 것은?

① 환기지배형 화재는 공기공급이 충분하지 않으므로 불완전연소가 심하다.
② 연료지배형 화재는 공기공급이 충분한 조건에서 발생한 화재가 일반적이다.
③ 연료지배형 화재는 주로 큰 창문이나 개방된 공간에서, 환기지배형 화재는 내화구조 및 콘크리트 지하층에서 발생하기 쉽다.
④ 일반적으로 플래시오버 전에는 환기지배형 화재가, 이후에는 연료지배형 화재가 지배적이다.

11

「재난 및 안전관리 기본법」상 중앙안전관리위원회와 안전정책조정위원회에 대한 설명으로 옳지 않은 것은?

① 중앙안전관리위원회는 국무총리 소속으로 국무총리가 위원장이다.
② 중앙안전관리위원회는 재난사태의 선포에 관한 사항을 심의하고, 안전정책조정위원회는 특별재난지역의 선포에 관한 사항을 심의한다.
③ 안전정책조정위원회는 중앙위원회에 상정될 안건을 사전에 검토한다.
④ 안전정책조정위원회 위원장은 행정안전부장관이 된다.

12

다음 중 HPO_3가 일반 가연물질인 나무, 종이 등의 표면에 피막을 이루어 공기 중의 산소를 차단하는 방진작용과 관련이 있는 것은?

① 제1종 분말 소화약제
② 제2종 분말 소화약제
③ 제3종 분말 소화약제
④ 제4종 분말 소화약제

13

「재난 및 안전관리 기본법」상 긴급구조에 대한 설명으로 옳지 않은 것은?

① 중앙긴급구조통제단의 단장은 행정안전부장관이 된다.
② 시·도 긴급구조통제단의 단장은 소방본부장이 된다.
③ 시·군·구 긴급구조통제단의 단장은 소방서장이 된다.
④ 재난현장에서는 시·군·구 긴급구조통제단장이 긴급구조활동을 지휘한다.

14

가연성 가스를 공기 중에서 연소시키고자 할 때 공기 중의 산소농도가 증가하면 발생되는 현상으로 맞는 것만을 모두 고른 것은?

> ㉠ 연소속도가 빨라진다.
> ㉡ 발화점이 높아진다.
> ㉢ 화염의 온도가 높아진다.
> ㉣ 폭발범위가 좁아진다.
> ㉤ 점화에너지가 작아진다.

① ㉠, ㉡, ㉣ ② ㉠, ㉢, ㉣
③ ㉠, ㉢, ㉤ ④ ㉡, ㉢, ㉤

15

다음 설명에 해당하는 연소가스는?

> 청산가스라고도 하며, 인체에 대량 흡입되면 헤모글로빈과 결합되지 않고도 질식을 유발할 수 있다.

① 암모니아(NH_3) ② 시안화수소(HCN)
③ 이산화황(SO_2) ④ 일산화탄소(CO)

16

불활성기체 소화약제의 표기와 화학식의 연결이 옳지 않은 것은?

① IG － 01 － Ar
② IG － 100 － N_2
③ IG － 541 － N_2: 52%, Ar: 40%, Ne: 8%
④ IG － 55 － N_2: 50%, Ar: 50%

17

스프링클러설비 중 감지기와 연동하여 작동하는 것만을 모두 고른 것은?

> ㉠ 습식 스프링클러
> ㉡ 건식 스프링클러
> ㉢ 준비작동식 스프링클러
> ㉣ 일제살수식 스프링클러
> ㉤ 부압식 스프링클러

① ㉠, ㉡, ㉢ ② ㉠, ㉣, ㉤
③ ㉡, ㉢, ㉣ ④ ㉢, ㉣, ㉤

18

20℃, 1기압의 프로판(C_3H_8) $1m^3$를 완전연소시키는 데 필요한 20℃, 1기압의 산소 부피는 얼마인가?

① $1m^3$ ② $3m^3$
③ $5m^3$ ④ $7m^3$

19

화재조사활동 중 소방본부 종합상황실이 소방청의 종합상황실에 보고해야 하는 화재에 해당하지 않는 것은?

① 사망자가 6명 발생한 화재
② 사상자가 11명 발생한 화재
③ 재산피해액이 70억원 발생한 화재
④ 이재민이 50명 발생한 화재

20

가연성 액체의 인화점에 대한 설명으로 옳은 것은?

① 증기가 연소범위의 하한계에 이르러 점화되는 최저온도
② 증기가 발생하기 시작하는 최저온도
③ 물질이 자체의 열만으로 착화하는 최저온도
④ 발생한 화염이 지속적으로 연소하는 최저온도

1초 합격예측! 모바일 성적분석표

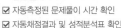

☑ QR코드 스캔 후 모바일 OMR에 답안 입력
☑ 자동측정된 문제풀이 시간 확인
☑ 자동채점결과 및 성적분석표 확인

01

우리나라 소방의 발전과정에 대한 설명 중 옳지 않은 것은?

① 최초의 소방관서는 금화도감이다.
② 일제강점기에 최초의 소방서가 설치되었다.
③ 갑오개혁 이후 '소방'이라는 용어를 처음 사용하였다.
④ 대한민국 정부수립과 동시에 소방본부가 설치되었다.

02

민간소방조직의 설치에 관한 설명으로 옳지 않은 것은?

① 주유취급소에는 위험물안전관리자를 선임해야 한다.
② 소방안전관리대상물에는 소방안전관리자를 선임해야 한다.
③ 소방업무를 체계적으로 보조하기 위해 의용소방대를 설치한다.
④ 제4류 위험물을 저장·취급하는 제조소에는 반드시 자체소방대를 설치해야 한다.

03

화재예방, 소방활동 또는 소방훈련을 위하여 사용되는 소방신호에 해당하는 것은?

① 대응신호　　　　② 경계신호
③ 복구신호　　　　④ 대비신호

04

제5류 위험물의 소화대책으로 옳지 않은 것은?

① 외부로부터의 산소 유입을 차단한다.
② 화재 초기에는 다량의 물로 냉각소화하는 것이 효과적이다.
③ 항상 안전거리를 유지하고 접근할 때에는 엄폐물을 이용한다.
④ 밀폐된 공간에서 화재 시 공기호흡기를 착용하여 질식되지 않도록 주의한다.

05

재난관리의 단계별 주요 활동 중 '긴급통신수단 구축'이 해당되는 단계로 옳은 것은?

① 대응단계　　　　② 대비단계
③ 예방단계　　　　④ 복구단계

06

다음은 「재난 및 안전관리 기본법」상 특별재난지역의 선포와 관련된 내용이다. ( ) 안에 들어갈 내용으로 옳은 것은?

> (㉠)은(는) 대통령령으로 정하는 규모의 재난이 발생하여 특별한 조치가 필요하다고 인정하거나 지역대책본부장의 요청이 타당하다고 인정하는 경우에는 (㉡)의 심의를 거쳐 해당 지역을 특별재난지역으로 선포할 것을 대통령에게 건의할 수 있다.

	㉠	㉡
①	중앙재난안전대책본부장	안전정책조정위원회
②	중앙안전관리위원회	중앙사고수습본부
③	중앙안전관리위원회	중앙재난안전대책본부장
④	중앙재난안전대책본부장	중앙안전관리위원회

07

〈보기〉에서 표면연소에 해당하는 것을 옳게 고른 것은?

┤ 보기 ├
- ㉠ 숯
- ㉡ 목탄
- ㉢ 코크스
- ㉣ 플라스틱

① ㉠, ㉡, ㉢
② ㉠, ㉡, ㉣
③ ㉠, ㉢, ㉣
④ ㉡, ㉢, ㉣

08

자연발화가 되기 쉬운 가연물의 조건으로 옳은 것은?

① 발열량이 적다.
② 표면적이 작다.
③ 열전도율이 낮다.
④ 주위 온도가 낮다.

09

다음과 관계있는 연소생성가스로 옳은 것은?

질소 함유물인 열경화성 수지 또는 나일론 등의 연소 시 발생하고, 냉동시설의 냉매로 많이 쓰이고 있으므로 냉동 창고 화재 시 누출가능성이 크며, 허용 농도는 25ppm 이다.

① 포스겐($COCl_2$)
② 암모니아(NH_3)
③ 일산화탄소(CO)
④ 시안화수소(HCN)

10

다음은 열의 전달 형태에 대한 설명이다. (   ) 안에 들어갈 내용으로 옳은 것은?

가. 일반적으로 화재의 초기단계에서 열의 전달은 (㉠) 에 기인한다.
나. 화재 시 연기가 위로 향하는 것이나 화로(火爐)에 의해 실내의 공기가 따뜻해지는 것은 (㉡)에 의한 현상이다.

	㉠	㉡
①	전도	대류
②	복사	전도
③	전도	비화
④	대류	전도

11

다음 설명에 해당하는 것은?

가연성 고체의 미분이 공기 중에 부유하고 있을 때에 어떤 점화원에 의해 에너지가 주어지면 폭발하는 현상을 말한다.

① 가스폭발
② 분무폭발
③ 분해폭발
④ 분진폭발

12

소화약제로 팽창질석 또는 팽창진주암을 사용하였을 때, 적응성이 가장 좋은 화재로 옳은 것은?

① 일반화재
② 전기화재
③ 금속화재
④ 가스화재

13

위험물안전관리법령상 위험물의 분류 중 가연성 고체가 아닌 것은?

① 황린
② 적린
③ 유황
④ 황화린

14

제1류 위험물의 일반적 성질에 대한 설명으로 옳지 않은 것은?

① 불연성 물질이다.
② 강력한 환원제이다.
③ 대부분 무기화합물이다.
④ 다른 가연물의 연소를 돕는 지연성 물질이다.

15 변형

「화재조사 및 보고규정」상 화재원인조사의 범위에 해당하지 않는 것은?

① 화재보험 가입 여부 등의 상황
② 소방·방화시설의 활용 또는 작동 등의 상황
③ 피난경로, 피난상의 장애요인 등의 상황
④ 화재의 연소경로 및 연소확대물, 연소확대사유 등의 상황

16

다음 설명에 해당하는 소화방법으로 옳은 것은?

> 일반적으로 공기 중의 산소농도 21%를 15% 이하로 희석하거나 저하시키면 연소 중인 가연물은 산소의 양이 부족하여 연소가 중단된다.

① 냉각소화
② 질식소화
③ 제거소화
④ 유화소화

17

제3종 분말 소화약제에 대한 설명으로 옳지 않은 것은?

① 백색으로 착색되어 있다.
② ABC급 분말 소화약제라고도 부른다.
③ 주성분은 제1인산암모늄($NH_4H_2PO_4$)이다.
④ 현재 생산되고 있는 분말 소화약제의 대부분을 차지하고 있다.

18

〈보기〉에서 폐쇄형 스프링클러헤드를 사용하는 방식을 옳게 고른 것은?

┌─────────────── 보기 ├───────────────┐
| ㉠ 습식 | ㉡ 건식 |
| ㉢ 일제살수식 | ㉣ 준비작동식 |
└──────────────────────────────────┘

① ㉠, ㉡, ㉢
② ㉠, ㉡, ㉣
③ ㉠, ㉢, ㉣
④ ㉡, ㉢, ㉣

19

포 소화약제의 혼합방식 중 펌프와 발포기의 중간에 설치된 벤츄리(Venturi) 관의 벤츄리(Venturi) 작용에 의하여 포 소화약제를 흡입·혼합하는 것은?

① 라인 프로포셔너(Line Proportioner)
② 펌프 프로포셔너(Pump Proportioner)
③ 프레셔 프로포셔너(Pressure Proportioner)
④ 프레셔 사이드 프로포셔너(Pressure Side Proportioner)

20

열감지기의 종류가 아닌 것은?

① 보상식
② 정온식
③ 광전식
④ 차동식

2018 | 상반기 소방학개론

소방학개론

※ 2018년도 상반기 기출복원문제는 시험 응시자들과 집필진의 기억을 토대로 재구성되었습니다. 실제 기출문제와는 다소 차이가 있을 수 있음을 알려드립니다.

01

화재의 발생으로 건물 내 수용재산 및 건물 자체에 손상을 입히는 정도를 나타내는 용어로 옳은 것은?

① 화재하중
② 화재강도
③ 화재가혹도
④ 위험도

02

재난 현장의 긴급구조 현장지휘 내용으로 옳지 않은 것은?

① 추가 재난의 방지를 위한 응급조치
② 긴급구조지원기관 및 자원봉사자 등에 임무 부여
③ 사상자의 응급처치 의료기관 이송
④ 재난관리책임기관 및 긴급구조지원기관의 인력·장비의 배치와 운용

03

다음은 강화액 소화약제에 대한 설명이다. (   ) 안에 들어갈 내용으로 옳은 것은?

> 탄산칼륨을 함유한 강화액은 (   )로 인해 부촉매 소화효과를 가진다.

① K^+
② CO_3^{2-}
③ H^+
④ OH^-

04

마그네슘(Mg) 24g을 완전연소하기 위해 필요한 산소량은 얼마인가? [단, 마그네슘(Mg)의 원자량은 24g, 산소(O)의 원자량은 16g이다.]

① 8
② 16
③ 24
④ 32

05

폭연에서 폭굉으로 발전할 수 있는 폭굉 유도거리가 짧아지는 조건으로 옳지 않은 것은?

① 관의 내경이 클수록 폭굉 유도거리가 짧아진다.
② 압력이 높을수록 폭굉 유도거리가 짧아진다.
③ 연소속도가 큰 가스일수록 폭굉 유도거리가 짧아진다.
④ 관내가 좁아지거나 관내 표면이 거칠수록 폭굉 유도거리가 짧아진다.

06

물질의 연소방정식으로 옳은 것은?

① $C + O_2 \rightarrow CO_2$
② $N_2 + O_2 \rightarrow NO$
③ $2NH_3 + O_2 \rightarrow 3H_2O + 2NO_2$
④ $2HCN + O_2 \rightarrow H_2O + N_2 + 2CO_2$

07

「화재조사 및 보고규정」상 화재원인조사의 내용으로 옳지 않은 것은?

① 소실피해 조사
② 발화원인 조사
③ 소방·방화시설 등 조사
④ 연소상황 조사

08

연기에 대한 설명으로 옳은 것은?

① 연기는 수평방향보다 수직방향으로 더 빠르게 이동한다.
② 연기에는 증기, 연소가스 고체미립자 등과 고체, 액체, 기체 성분을 포함하고 있다.
③ 화재 시 건물 내외의 압력차는 연기유동에 영향이 없다.
④ 감광계수는 가시거리에 비례하는 특성이 있다.

09

염소산염류에 대한 설명으로 옳지 않은 것은?

① 제1류 위험물에 해당한다.
② 지정수량은 50kg이다.
③ 산화성 액체이다.
④ 가열·충격·강산과의 혼합으로 폭발한다.

10

역화가 일어나는 조건으로 옳지 않은 것은?

① 연소속도보다 가스 분출속도가 빠를 때
② 혼합가스의 압력이 비정상적으로 낮을 때
③ 버너가 과열되었을 때
④ 노즐의 부식 등으로 분출 구멍이 커졌을 때

11

소방의 역사적 발전과정에 대한 옳은 설명을 모두 고른 것은?

> ㉠ 세종 8년에 금화도감이 설치되었다.
> ㉡ 일제시대에는 상비소방수 제도가 있었다.
> ㉢ 정부수립 후 1958년에 「소방법」이 제정되었다.
> ㉣ 2004년에 소방방재청이 신설되었다.

① ㉠, ㉡
② ㉠, ㉡, ㉢
③ ㉠, ㉡, ㉣
④ ㉠, ㉡, ㉢, ㉣

12

화재조사의 용어 설명으로 옳은 것은?

① '최초착화물'이란 연소가 확대되는 데 있어 결정적 영향을 미친 가연물을 말한다.
② '동력원'이란 발화에 관련된 불꽃 또는 열을 발생시킨 기기 또는 장치나 제품을 말한다.
③ '발화요인'이란 발화의 최초원인이 된 불꽃 또는 열을 말한다.
④ '잔가율'이란 화재 당시에 피해물의 재구입비에 대한 현재가의 비율을 말한다.

13

불활성기체 소화약제 중 IG-541에 대한 설명으로 옳지 않은 것은?

① 사람이 상주하는 곳으로 최대허용설계농도를 초과하는 장소에는 사용을 금지하고 있다.
② 할론이나 분말 소화제와 같은 부촉매 소화효과를 갖는다.
③ 오존층 파괴지수(ODP)가 0이다.
④ IG-541은 질소 52%, 아르곤 40%, 이산화탄소 8%로 이루어진 혼합 소화약제이다.

14

0℃ 1기압(atm)인 밀폐된 지하실에서 화재가 발생하였다. 화재로 인해 화재실의 온도가 400℃로 증가하였다. 화재로 인한 공기와 연기의 평균 분자량은 동일하고, 모두 이상기체로 거동하게 될 때, 화재로 인해 화재실의 압력은 몇 배 증가하는가? (소수점 둘째자리에서 반올림한다.)

① 2.1
② 2.3
③ 2.5
④ 2.7

15

위험물의 유형별 소화방법에 대한 설명으로 옳은 것을 모두 고른 것은?

> ㉠ 제1류 위험물 중 무기과산화물은 마른 모래 등을 사용한 질식소화가 적합하다.
> ㉡ 제2류 위험물 중 철분, 황화린은 주수소화가 가장 적합하다.
> ㉢ 제3류 위험물 중 황린을 제외한 3류 위험물은 주수소화가 적합하다.
> ㉣ 제5류 위험물은 다량의 물을 이용한 주수소화는 적합하지 않다.

① ㉠
② ㉠, ㉡
③ ㉠, ㉡, ㉢
④ ㉡, ㉢, ㉣

16

다음 빈칸에 들어갈 내용으로 옳은 것은?

> • (㉠)는 점화원이 될 우려가 있는 부분을 용기 내에 넣고 불연성 가스인 보호기체를 용기의 내부에 넣어 줌으로써 용기 내부에는 압력이 발생하여 외부로부터 폭발성 가스가 침입하지 못하도록 한 구조이다.
> • (㉡)는 정상운전 중에 폭발성 가스 또는 증기에 점화원이 될 전기불꽃, 아크 또는 고온 부분 등의 발생을 방지하기 위하여 기계적·전기적 구조상 또는 온도 상승에 대해서 특히 안전도를 증가시킨 구조이다.
> • (㉢)는 전기 기기의 불꽃 또는 고온이 발생하는 부분을 절연유 속에 넣고 기름 면 위에 존재하는 폭발성 가스 또는 증기에 인화될 우려가 없도록 한 구조이다.

	㉠	㉡	㉢
①	내압방폭구조	본질안전증가방폭구조	유입방폭구조
②	압력방폭구조	안전증가방폭구조	유입방폭구조
③	압력방폭구조	본질안전증가방폭구조	유입방폭구조
④	내압방폭구조	안전증가방폭구조	압력방폭구조

17

공기 중 산소농도가 20%일 때 이산화탄소를 방사해서 산소농도가 10%가 되었다면, 이때 이산화탄소의 농도는?

① 50%
② 25%
③ 20%
④ 15%

18

다음 중 소방시설에 대한 옳은 설명을 모두 고른 것은?

> ㉠ 소화활동설비에는 연소방지설비, 제연설비, 비상콘센트설비, 비상경보설비 등이 있다.
> ㉡ 소화용수설비에는 상수도소화용수설비, 소화수조, 저수조, 정화조가 있다.
> ㉢ 피난구조설비 중 피난기구에는 피난사다리, 구조대, 완강기가 있다.
> ㉣ 소화설비에는 소화기구, 자동소화장치, 옥내소화전설비, 스프링클러설비 등이 있다.

① ㉠, ㉡
② ㉠, ㉢
③ ㉢, ㉣
④ ㉠, ㉡, ㉢, ㉣

19

소방공무원의 징계에서 중징계에 해당하지 않는 것은?

① 파면
② 해임
③ 정직
④ 견책

20

연소가스에 대한 설명으로 옳지 않은 것은?

① 포스겐은 폴리염화비닐(PVC), 수지류 등이 연소할 때 발생한다.
② 이산화질소는 냄새가 자극적인 적갈색의 기체로서 아질산가스라고도 한다.
③ 황화수소는 고무나 동물의 털 등이 연소할 때 발생하는 무색의 기체이다.
④ 염화수소는 석유 제품, 유지류 등이 연소할 때 발생하는 연소 생성물로 맹독성 가스이다.

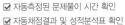

2017 | 하반기 소방학개론

※ 2017년도 하반기 기출복원문제는 시험 응시자들과 집필진의 기억을 토대로 재구성되었습니다. 실제 기출문제와는 다소 차이가 있을 수 있음을 알려드립니다.

01

건물화재 시 연기는 인명손실과 피난 등, 소방대의 활동에 가장 장애가 되는 요인이다. 이 연기 제어 방법으로 옳지 않은 것은?

① 연소
② 희석
③ 배기
④ 차단

02

양초와 가장 유사한 연소 형태를 보이는 것은?

① 섬유
② 나프탈렌
③ 히드라진 유도체
④ 목탄

03

화재의 발생으로 건물 내 수용재산 및 건물 자체에 손상을 입히는 정도를 나타내는 용어로, '최고온도×연소(지속)시간'으로 구하며 화재심도라고도 하는 것은?

① 화재강도
② 탄화심도
③ 화재가혹도
④ 화재하중

04

천장제트흐름(Ceiling Jet Flow)에 대한 설명으로 옳지 않은 것은?

① 화재 플럼의 부력에 의하여 발생하며 천장면을 따라 빠르게 흐르는 기류를 말한다.
② 화원의 크기와 위치, 화원에서 천장까지의 높이에 영향을 받는다.
③ 스프링클러헤드와 화재감지기는 천장제트흐름 현상의 영향 범위를 피하여 부착한다.
④ 흐름의 두께는 천장에서 화염까지 높이의 5 ~ 12% 내외 정도 범위이다.

05

부촉매소화효과를 기대하기 힘든 물질은 무엇인가?

① 강화액 소화약제
② 할로겐화합물 소화약제
③ 수성막포
④ 제3종 분말 소화약제

06

제1류 위험물에 대한 설명으로 옳은 것은?

① 산화성 고체이며 대부분 물에 잘 녹는 특성이 있다.
② 가연성 고체로서 강산화제로 작용을 한다.
③ 무기과산화물은 주수를 통한 냉각소화가 적합하다.
④ 과산화수소, 과염소산, 질산, 유기과산화물이 제1류 위험물에 해당한다.

07

질식소화에 대한 설명으로 옳은 것은?

① 연소가 진행되고 있는 연소물을 냉각하여 온도를 떨어뜨림으로써 불을 끄는 방법이다.

② 가연물을 제거하여 연소현상을 제어하는 방법이다.

③ 화염이 발생하는 연소반응을 주도하는 라디칼을 제거하여 중단시키는 방법이다.

④ 연소의 물질조건 중 하나인 산소의 공급을 차단하여 소화의 목적을 달성하는 방법이다.

08

화재원인조사의 범위에 해당하지 않는 것은?

① 화재의 연소경로 및 연소확대물, 연소확대사유 등

② 소화활동 중 사용된 물로 인한 피해

③ 화재의 발견·통보 및 초기소화 등 일련의 과정

④ 소방·방화시설의 활용 또는 작동 등의 상황

09

연기감지기에 해당하는 것은?

① 광전식 분리형 감지기

② 보상식 분포형 감지기

③ 차동식 분포형 감지기

④ 정온식 분포형 감지기

10

다음이 설명하는 소방조직의 원리로 옳은 것은?

> 특정 사안에 대한 결정에 있어서 의사결정 과정에서는 개인의 의견이 참여되지만, 결정을 내리는 것은 개인이 아닌 소속 기관의 장이다.

① 계선의 원리

② 업무조정의 원리

③ 계층제의 원리

④ 명령통일의 원리

11

소방공무원은 「국가공무원법」상 어디에 속하는가?

① 특정직 공무원   ② 별정직 공무원

③ 특수경력직 공무원   ④ 일반직 공무원

소방학개론

12

재난관리활동 중 재난현장에서 재산 및 인명보호를 위해 소방이 주도적인 역할을 하는 단계는?

① 예방   ② 대비

③ 복구   ④ 대응

13

자연재난에 해당하지 않는 것은?

① 화산폭발

② 가축전염병의 확산

③ 낙뢰

④ 소행성의 추락

14

긴급구조에 대한 설명으로 옳지 않은 것은?

① '긴급구조'란 재난이 발생할 우려가 현저하거나 재난이 발생하였을 때에 국민의 생명·신체 및 재산을 보호하기 위하여 긴급구조기관과 긴급구조지원기관이 하는 인명구조, 응급처치, 그 밖에 필요한 모든 긴급한 조치를 말한다.

② 긴급구조통제단장은 재난 현장에서 긴급구조활동에 대한 지휘를 한다.

③ '긴급구조기관'이란 행정안전부·소방본부 및 소방서를 말한다. 다만, 해양에서 발생한 재난의 경우에는 행정안전부·지방해양경찰청 및 해양경찰서를 말한다.

④ '긴급구조지원기관'이란 긴급구조에 필요한 인력·시설 및 장비, 운영체계 등 긴급구조능력을 보유한 기관이나 단체로서 대통령령으로 정하는 기관과 단체를 말한다.

15

다음 중 위험물의 지정수량이 바르게 연결된 것은?

① 중크롬산염류 – 10kg
② 알킬리튬 – 10kg
③ 니트로화합물 – 100kg
④ 질산 – 100kg

16

최소점화에너지(M.I.E)에 대한 설명으로 옳지 않은 것은?

① 온도가 높아지면 분자 간 운동이 활발해지므로 최소점
   화에너지(M.I.E)가 감소한다.
② 압력이 높아지면 분자 간 거리가 가까워지므로 최소점
   화에너지(M.I.E)가 감소한다.
③ 가연성 가스의 조성이 화학양론적 농도 부근일 경우 최
   소점화에너지(M.I.E)는 최저가 된다.
④ 열전도율이 높으면 최소점화에너지(M.I.E)가 감소한다.

17

외부에서 액화가스탱크에 열이 가해져 액체가 비등하면서
내부의 압력이 상승하여 용기가 파열되는 현상을 무엇이라
고 하는가?

① 보일오버   ② 블레비
③ 플래시오버   ④ 슬롭오버

18

표준상태에서 공기 중 산소농도(부피비)가 21%일 때, 메테
인(CH_4)이 완전연소하는 데 필요한 이론공기량은 메테인
(CH_4)이 차지하는 체적의 몇 배인가?

① 약 2배   ② 약 2.5배
③ 약 7배   ④ 약 9.5배

19

표준 상태에서 할론(Halon) 1301 소화약제가 공기 중으로
방사되어 균일하게 혼합되어 있을 때, 할론(Halon) 1301의
기체 비중은 얼마인가? (단, 공기의 분자량은 29g, F의 원자
량은 19g, Br의 원자량은 80g이고, 소수점 셋째자리에서 반
올림한다.)

① 2.76   ② 4.92
③ 5.14   ④ 9.34

20

공동현상(Cavitation)의 대책으로 옳지 않은 것은?

① 흡입관의 길이를 짧게 하거나 배관의 굴곡부를 줄인다.
② 펌프의 흡입 측 수두를 낮게 하여 마찰손실을 줄인다.
③ 펌프의 설치높이를 수원보다 낮게 설치한다.
④ 흡입관의 구경을 작게 한다.

2017 | 상반기 소방학개론

1초 합격예측! 모바일 성적분석표

☑ QR코드 스캔 후 모바일 OMR에 답안 입력
☑ 자동측정된 문제풀이 시간 확인
☑ 자동채점결과 및 성적분석표 확인

소방학개론

※ 2017년도 상반기 기출복원문제는 시험 응시자들과 집필진의 기억을 토대로 재구성되었습니다. 실제 기출문제와는 다소 차이가 있을 수 있음을 알려드립니다.

01

불소계 계면활성제이며, 분말과 겸용하면 7~8배 정도 소화효과를 높일 수 있는 포 소화약제는?

① 단백포
② 합성계면활성제포
③ 수성막포
④ 내알코올포

02

연소생성물에 대한 설명으로 옳지 않은 것은?

① 포스겐은 독성허용농도가 0.1ppm으로 맹독성 가스이다.
② 염화수소는 금속에 대한 강한 부식성이 있다.
③ 일산화탄소는 가연물의 완전연소 시 발생하며, 비가연성 가스이다.
④ 시안화수소는 질소를 함유한 가연물의 불완전연소 시 발생하며, 청산가스라고도 한다.

03

가연성 물질의 구비조건으로 옳은 것은?

① 열전도율이 작아야 한다.
② 활성화 에너지가 커야 한다.
③ 흡열반응을 보여야 한다.
④ 불연성 가스이어야 한다.

04

가연성 기체의 분출속도가 연소속도보다 빨라서 불꽃이 버너의 염공에 정착하지 못하고 떨어지면서 꺼지는 현상을 무엇이라 하는가?

① 불완전연소
② 블로우 오프
③ 선화
④ 역화

05

플래시오버와 백 드래프트에 대한 설명으로 옳은 것은?

① 플래시오버는 충격파가 없고, 백 드래프트는 충격파가 있다.
② 플래시오버는 산소의 공급으로 발생하고, 백 드래프트는 복사열의 공급으로 발생한다.
③ 플래시오버는 산소의 부족으로 발생하고, 백 드래프트는 가연성 가스의 부족으로 발생한다.
④ 플래시오버는 화재 종기에 발생하고, 백 드래프트는 화재 초기에 발생한다.

06

내화구조 건축물의 최성기에 나타나는 현상으로 옳지 않은 것은?

① 개구부로부터 검은색 연기가 분출하고, 연기의 농도가 진하다.
② 연기의 발생은 감소하지만, 화염의 분출은 많아진다.
③ 연소가 가장 왕성한 상태로, 유리창이 파괴되어 화염의 분출이 증가한다.
④ 강한 복사열이 발생하여 이웃한 건물로의 연소위험이 커진다.

07

정부수립 이후 초창기(1948~1970)의 소방조직체제로 옳은 것은?

① 이원적 소방체제   ② 국가소방체제

③ 자치소방체제   ④ 행정소방체제

08

「재난 및 안전관리 기본법」상 특별재난지역 선포권자는 누구인가?

① 대통령   ② 소방청장

③ 소방본부장   ④ 시·도지사

09

시·도 긴급구조통제단장과 시·군·구 긴급구조통제단장의 응급조치사항에 해당하지 않는 것은?

① 진화에 관한 응급조치

② 해당 지역에 소재하는 행정기관 소속 공무원의 비상소집

③ 긴급수송 및 구조수단의 확보

④ 현장지휘통신체계의 확보

10

폭연과 폭굉에 대한 설명으로 옳은 것은?

① 폭연은 화염의 전파속도가 음속보다 빠르고, 폭굉은 화염의 전파속도가 음속보다 느리다.

② 폭연은 에너지 전달이 충격파에 의해 나타나고, 폭굉은 일반적인 열 전달과정을 통해 나타난다.

③ 폭연은 온도, 압력, 밀도가 화염 면에서 불연속적이고, 폭굉은 온도, 압력, 밀도가 화염 면에서 연속적이다.

④ 폭연은 에너지 방출속도가 물질 전달속도에 영향을 받고, 폭굉은 에너지 방출속도가 물질 전달속도에 기인하지 않고 공간의 압축으로 인하여 아주 짧다.

11

다음에서 설명하는 소화원리로 옳은 것은?

> 일반적으로 공기 중 산소량을 감소시켜 산소공급을 차단하거나 산소의 농도를 15% 이하로 낮추어 소화시키는 원리를 말한다.

① 질식소화   ② 부촉매소화

③ 제거소화   ④ 유화소화

12

다음 중 자연발화의 종류가 아닌 것은?

① 흡착열   ② 융해열

③ 분해열   ④ 중합열

13

다음 중 위험도가 가장 큰 것은?

① 일산화탄소   ② 수소

③ 아세틸렌   ④ 이황화탄소

14

전기화재의 직접적인 원인에 해당하지 않는 것은?

① 누전   ② 지락

③ 과전류   ④ 역기전력

15

다음 중 화재의 분류가 옳은 것은?

① 일반화재 – B급　　② 유류화재 – D급

③ 전기화재 – C급　　④ 금속화재 – E급

16

위험물에 대한 설명으로 옳지 않은 것은?

① 제1류 위험물 – 불연성 물질로서 가열, 충격에 의해 산소를 방출하는 강산화성 고체이다.

② 제2류 위험물 – 마그네슘, 유황, 적린은 주수에 의한 냉각소화가 가능하다.

③ 제3류 위험물 – 자연발화의 위험성이 있는 것을 말한다.

④ 제5류 위험물 – 자기 자신이 산소를 함유하고 있는 자기반응성 물질이다.

17

다음이 설명하는 소화약제로 옳은 것은?

> A급·B급·C급 화재에 적응성이 있으며, 담홍색으로 착색되어 있다. 주성분은 제1인산암모늄이다.

① 제1종 분말 소화약제

② 제2종 분말 소화약제

③ 제3종 분말 소화약제

④ 제4종 분말 소화약제

18

바닥면적이 $10m^2$인 창고에 5kg의 고무가 저장되어 있다. 이때 화재하중은 얼마인가? (단, 목재의 단위발열량은 4,500kcal/kg, 고무의 단위발열량은 9,000kcal/kg이다.)

① $1kg/m^2$　　② $2kg/m^2$

③ $3kg/m^2$　　④ $4kg/m^2$

19

다음에서 설명하는 스프링클러설비의 종류로 옳은 것은?

> 화재 발생 시 감지기에 의해 화재를 감지하여 유수검지장치 1차 측의 물이 배관을 따라 이동한 후 2차 측 폐쇄형 스프링클러헤드가 열에 따라 개방되는 방식이다.

① 습식 스프링클러설비

② 건식 스프링클러설비

③ 준비작동식 스프링클러설비

④ 일제살수식 스프링클러설비

20

다음 중 자동화재탐지설비의 구성요소가 아닌 것은?

① 수신기　　② 감지기

③ 음향장치　　④ 송신기

2016 | 소방학개론

※ 2016년도 기출복원문제는 시험 응시자들과 집필진의 기억을 토대로 재구성되었습니다. 실제 기출문제와는 다소 차이가 있을 수 있음을 알려드립니다.

01

2급 응급구조사의 업무범위에 해당하지 않는 것은?

① 산소 투여
② 기본 심폐소생술
③ 자동심장충격기를 이용한 규칙적 심박동의 유도
④ 인공호흡기를 이용한 호흡유지

02

플래시오버 지연 소방전술에 해당하지 않는 것은?

① 공기차단 지연방식
② 배연 지연방식
③ 제거소화 지연방식
④ 냉각 지연방식

03

물분무 등 소화설비에 해당하는 것은?

① 스프링클러 소화설비
② 캐비닛형 자동소화장치
③ 이산화탄소 소화설비
④ 옥내소화전설비

04

자연재난으로 볼 수 없는 것은?

① 홍수
② 환경오염사고
③ 조수
④ 화산활동

05

화재발생사실을 통보하는 기계 기구에 해당하지 않는 것은?

① 누전경보기
② 단독경보형감지기
③ 통합감시설비
④ 무선통신보조설비

06

역화현상이 일어나는 원인으로 옳지 않은 것은?

① 연소속도보다 가스분출속도가 빠른 경우
② 가연성 가스의 양이 적은 경우
③ 노즐이 부식되어 분출 구멍이 커지는 경우
④ 버너가 과열된 경우

07

가연물의 구비 조건으로 옳지 않은 것은?

① 활성화 에너지 값이 작아야 한다.
② 산소친화력이 높아야 한다.
③ 열전도도가 높아야 한다.
④ 발열량이 높아야 한다.

08

「재난 및 안전관리 기본법」에 따른 긴급구조기관으로 옳지 않은 것은?

① 경찰청　　　　　　② 소방청
③ 해양경찰청　　　　④ 소방본부

09

포 소화약제 중 저발포 및 고발포로 사용할 수 있는 소화약제는 무엇인가?

① 불화단백포　　　　② 합성계면활성제포
③ 내알코올포　　　　④ 수성막포

10

대기 중 대량의 가연성 액체 유출에 의해 발생된 증기와 공기가 혼합해서 가연성 기체가 형성되어 폭발하는 현상을 무엇이라 하는가?

① 보일오버　　　　　② 블레비
③ 슬롭오버　　　　　④ 증기운폭발

11

제2류 위험물 중 주수소화가 가능한 물질은 무엇인가?

① 금속분　　　　　　② 철분
③ 마그네슘　　　　　④ 적린

12

화재 진압, 경계, 구조, 구급 등의 활동을 하기 위한 조직의 일원에 해당하는 사람은?

① 의용소방대　　　　② 자위소방대
③ 소방안전관리자　　④ 위험물안전관리자

13

분말 소화약제의 소화효과로 옳지 않은 것은?

① 질식효과　　　　　② 냉각효과
③ 방사열 차단효과　　④ 희석효과

14

계급의 순서가 옳은 것은?

① 소방총감 - 소방준감 - 소방정감 - 소방정 - 소방감
② 소방총감 - 소방감 - 소방준감 - 소방정 - 소방정감
③ 소방총감 - 소방준감 - 소방정 - 소방감 - 소방정감
④ 소방총감 - 소방정감 - 소방감 - 소방준감 - 소방정

15

중앙긴급구조통제단에 대한 설명 중 옳지 않은 것은?

① 중앙긴급구조통제단의 단장은 행정안전부장관이다.
② 중앙통제단은 소방청에 설치한다.
③ 중앙통제단의 구성·기능 및 운영에 필요한 사항은 대통령령으로 정한다.
④ 중앙통제단장은 긴급구조를 위하여 필요하면 긴급구조지원기관 간의 공조체제를 유지하기 위하여 관계 기관·단체의 장에게 소속 직원의 파견을 요청할 수 있다.

16

소화 적응성에 따른 표시색상과 화재의 종류가 옳게 연결된 것은?

① A급 – 청색 – 일반화재
② B급 – 무색 – 금속화재
③ C급 – 청색 – 전기화재
④ D급 – 백색 – 가스화재

17

건물화재 시 실내와 실외의 정압이 같아지는 경계면을 무엇이라고 하는가?

① 중심점　　　　　② 중성대
③ 삼중점　　　　　④ 안전대

18

「화재조사 및 보고규정」에서 화재원인조사의 범주에 속하지 않는 것은?

① 발화원인조사
② 인명피해조사
③ 피난상황조사
④ 발견·통보 및 초기 소화상황조사

19

다음 중 소방시설의 종류가 다른 하나는?

① 상수도소화용수설비
② 비상콘센트설비
③ 연결송수관설비
④ 제연설비

20

건축물의 70%가 소실되었을 때 소실 정도에 따른 화재분류로 옳은 것은?

① 전소　　　　　② 반소
③ 부분소　　　　　④ 즉소

소방관계법규

2022.04.09. 시행

1초 합격예측! 모바일 성적분석표

2022 | 소방관계법규 A형

☑ QR코드 스캔 후 모바일 OMR에
  답안 입력
☑ 자동측정된 문제풀이 시간 확인
☑ 자동채점결과 및 성적분석표 확인

01 변형

「화재의 예방 및 안전관리에 관한 법률 시행령」상 화재예방강화지구의 관리에 대한 설명이다. (   ) 안에 들어갈 내용으로 옳은 것은?

• 소방관서장은 화재예방강화지구 안의 소방대상물의 위치·구조 및 설비 등에 대한 화재안전조사를 연 (㉠)회 이상 실시하여야 한다.
• 소방관서장은 화재예방강화지구 안의 관계인에 대하여 소방에 필요한 훈련 및 교육을 연 (㉡)회 이상 실시할 수 있다.
• 소방관서장은 소방에 필요한 훈련 및 교육을 실시하고자 하는 때에는 화재예방강화지구 안의 관계인에게 훈련 또는 교육 (㉢)일 전까지 그 사실을 통보하여야 한다.

	㉠	㉡	㉢
①	1	1	5
②	1	1	10
③	2	2	5
④	2	2	10

02

「소방기본법 시행령」상 소방기술민원센터의 설치·운영 기준으로 옳지 않은 것은?

① 소방청장 및 본부장은 각 소방서에 소방기술민원센터를 설치·운영한다.
② 소방기술민원센터는 소방기술민원과 관련된 현장 확인 및 처리업무를 수행한다.
③ 소방기술민원센터는 소방기술민원과 관련된 질의회신집 및 해설서 발간의 업무를 수행한다.
④ 소방기술민원센터는 소방시설, 소방공사와 위험물 안전관리 등과 관련된 법령해석 등의 민원을 처리한다.

03

「소방기본법」 및 같은 법 시행령상 소방자동차 전용구역 등에 대한 내용으로 옳지 않은 것은?

① 소방자동차 전용구역의 설치 기준·방법, 방해행위의 기준, 그 밖에 필요한 사항은 대통령령으로 정한다.
② 전용구역에 주차하거나 전용구역에의 진입을 가로막는 등의 방해행위를 한 자에게는 200만원 이하의 과태료를 부과한다.
③ 「건축법 시행령」 별표 1 제2호 가목의 아파트 중 세대수가 100세대 이상인 아파트의 건축주는 소방활동의 원활한 수행을 위하여 공동주택에 소방자동차 전용구역을 설치하여야 한다.
④ 「건축법 시행령」 별표 1 제2호 라목의 기숙사 중 3층인 기숙사가 하나의 대지에 하나의 동(棟)으로 구성되고, 「도로교통법」 제32조 또는 제33조에 따라 정차 또는 주차가 금지된 편도 2차선 이상의 도로에 직접 접하여 소방자동차가 도로에서 직접 소방활동이 가능한 경우 소방자동차 전용구역 설치대상에서 제외한다.

04

「소방기본법 시행규칙」상 소방용수시설 및 비상소화장치의 설치기준으로 옳지 않은 것은?

① 비상소화장치의 설치기준에 관한 세부 사항은 소방청장이 정한다.
② 소방청장은 설치된 소방용수시설에 대하여 소방용수표지를 보기 쉬운 곳에 설치하여야 한다.
③ 소방호스 및 관창은 소방청장이 정하여 고시하는 형식승인 및 제품검사의 기술기준에 적합한 것으로 설치한다.
④ 비상소화장치함은 소방청장이 정하여 고시하는 성능인증 및 제품검사의 기술기준에 적합한 것으로 설치한다.

05 변형

「화재의 예방 및 안전관리에 관한 법률 시행령」 별표 9의 과태료 부과 개별기준에 대한 내용 중 위반행위의 횟수에 따라 가중된 과태료 부과 처분의 금액으로 옳은 것은?

위반행위	과태료 금액(만원)		
	1회	2회	3회 이상
특수가연물의 저장 및 취급의 기준을 위반한 경우	㉠	㉡	㉢

	㉠	㉡	㉢
①	100	200	200
②	100	200	300
③	100	100	100
④	200	200	200

06 변형

「소방시설 설치 및 관리에 관한 법률 시행령」상 소방시설 중 소화활동설비로 옳지 않은 것은?

① 제연설비, 연결송수관설비
② 비상콘센트설비, 연결살수설비
③ 무선통신보조설비, 연소방지설비
④ 연결송수관설비, 비상조명등설비

07 변형

「소방시설 설치 및 관리에 관한 법률 시행령」상 성능위주설계를 해야 하는 특정소방대상물의 범위로 옳지 않은 것은?

① 연면적 3만m² 이상인 공항시설에 해당하는 특정소방대상물
② 하나의 건축물에 「영화 및 비디오물의 진흥에 관한 법률」 제2조 제10호에 따른 영화상영관이 10개 이상인 특정소방대상물
③ 50층 이상(지하층은 제외한다)이거나 지상으로부터 높이가 200m 이상인 아파트 등
④ 30층 이상(지하층을 포함한다)이거나 지상으로부터 높이가 100m 이상인 특정소방대상물(아파트 등은 제외한다)

08 변형

「소방시설 설치 및 관리에 관한 법률 시행령」상 방염성능기준으로 옳지 않은 것은?

① 불꽃에 의하여 완전히 녹을 때까지 불꽃의 접촉 횟수는 3회 이상일 것
② 탄화(炭化)한 면적은 50cm² 이내, 탄화한 길이는 20cm 이내일 것
③ 소방청장이 정하여 고시한 방법으로 발연량(發煙量)을 측정하는 경우 최대연기밀도는 500 이하일 것
④ 버너의 불꽃을 제거한 때부터 불꽃을 올리며 연소하는 상태가 그칠 때까지 시간은 20초 이내이며, 버너의 불꽃을 제거한 때부터 불꽃을 올리지 아니하고 연소하는 상태가 그칠 때까지 시간은 30초 이내일 것

09 변형

「화재의 예방 및 안전관리에 관한 법률」 및 같은 법 시행령, 시행규칙상 화재안전조사의 방법·절차 등에 대한 설명으로 옳지 않은 것은?

① 소방관서장은 화재안전조사를 마친 때에는 그 조사결과를 관계인에게 서면 또는 구두로 통지할 수 있다.
② 소방관서장은 화재안전조사를 하려면 사전에 관계인에게 조사대상, 조사기간 및 조사사유 등을 우편 등으로 알려야 한다.
③ 화재안전조사의 연기를 승인한 경우라도 연기기간이 끝나기 전에 연기사유가 없어졌거나 긴급히 조사를 하여야 할 사유가 발생하였을 때에는 관계인에게 통보하고 화재안전조사를 할 수 있다.
④ 화재안전조사의 연기를 신청하려는 자는 화재안전조사 시작 3일 전까지 연기신청서에 화재안전조사를 받기가 곤란함을 증명할 수 있는 서류를 첨부하여 소방관서장 등에게 제출하여야 한다.

소방관계법규

10 변형

「소방시설 설치 및 관리에 관한 법률 시행령」상 특정소방대상물의 관계인이 특정소방대상물의 규모·용도 및 수용인원 등을 고려하여 갖추어야 하는 소방시설의 기준에 대한 내용으로 옳은 것은?

① 지하가 중 터널로서 길이가 500m인 터널에는 옥내소화전설비를 설치하여야 한다.

② 아파트 등 및 오피스텔의 모든 층에는 주거용 주방자동소화장치를 설치하여야 한다.

③ 물류터미널을 제외한 창고시설로 바닥면적 합계가 3천m²인 경우에는 모든 층에 스프링클러설비를 설치하여야한다.

④ 근린생활시설 중 조산원 및 산후조리원으로서 연면적 600m² 이상인 시설은 간이스프링클러설비를 설치하여야 한다.

11

「소방시설공사업법」상 소방시설업 등록의 결격사유에 해당하지 않는 사람은?

① 피성년후견인

② 등록하려는 소방시설업 등록이 취소된 날부터 3년이 지난 사람

③ 「소방기본법」에 따른 금고 이상의 형의 집행유예를 선고받고 그 유예기간 중에 있는 사람

④ 「위험물안전관리법」에 따른 금고 이상의 실형을 선고받고, 그 집행이 끝나거나(집행이 끝난 것으로 보는 경우를 포함한다) 면제된 날부터 1년이 지난 사람

12

「소방시설공사업법 시행령」 별표 4 소방공사 감리원의 배치기준 및 배치기간에 따라 복합건축물(지하 5층, 지상 35층 규모)인 특정소방대상물 소방시설 공사현장의 소방공사 책임감리원으로 옳은 것은?

① 특급감리원 중 소방기술사

② 특급감리원 이상의 소방공사 감리원(기계분야 및 전기분야)

③ 고급감리원 이상의 소방공사 감리원(기계분야 및 전기분야)

④ 중급감리원 이상의 소방공사 감리원(기계분야 및 전기분야)

13

「소방시설공사업법 시행령」상 소방시설공사의 착공신고대상으로 옳지 않은 것은?

① 창고시설에 스프링클러설비의 방호구역을 증설하는 공사

② 공동주택에 자동화재탐지설비의 경계구역을 증설하는 공사

③ 위험물 제조소에 할로겐화합물 및 불활성기체 소화설비를 신설하는 공사

④ 업무시설에 옥내소화전설비(호스릴 옥내소화전설비를 포함한다)를 신설하는 공사

14

「소방시설공사업법」에서 규정한 용어의 정의로 옳지 않은 것은?

① "소방시설공사업"이란 설계도서에 따라 소방시설을 신설, 증설, 개설, 이전 및 정비하는 영업을 말한다.

② "소방시설설계업"이란 소방시설공사에 기본이 되는 공사계획, 설계도면, 설계 설명서, 기술계산서 및 이와 관련된 서류를 작성하는 영업을 말한다.

③ "발주자"란 소방시설의 설계, 시공, 감리 및 방염을 소방시설업자에게 도급한 자 및 도급받은 공사를 하도급하는 자를 말한다.

④ "소방공사감리업"이란 소방시설공사에 관한 발주자의 권한을 대행하여 소방시설공사가 설계도서와 관계 법령에 따라 적법하게 시공되는지를 확인하고, 품질·시공 관리에 대한 기술지도를 하는 영업을 말한다.

15

「소방시설공사업법」상 소방시설업의 등록, 휴·폐업과 소방시설업자의 지위승계에 대한 내용으로 옳지 않은 것은?

① 특정소방대상물의 소방시설공사 등을 하려는 자는 업종별로 자본금, 기술인력 등 행정안전부령으로 정하는 요건을 갖추어 시·도지사에게 소방시설업을 등록하여야 한다.

② 소방시설업자가 사망하여 그 상속인이 종전의 소방시설업자의 지위를 승계하려는 경우에는 그 상속일, 양수일 또는 합병일부터 30일 이내에 행정안전부령으로 정하는 바에 따라 그 사실을 시·도지사에게 신고하여야 한다.

③ 소방시설업자는 소방시설업을 폐업하는 때에는 행정안전부령으로 정하는 바에 따라 시·도지사에게 신고하여야 하고 폐업신고를 받은 시·도지사는 소방시설업 등록을 말소하고 그 사실을 행정안전부령으로 정하는 바에 따라 공고하여야 한다.

④ 「민사집행법」에 따른 경매에 따라 소방시설업자의 소방시설의 전부를 인수한 자가 종전의 소방시설업자의 지위를 승계하려는 경우에는 그 인수일부터 30일 이내에 행정안전부령으로 정하는 바에 따라 그 사실을 시·도지사에게 신고하여야 한다.

16

「위험물안전관리법 시행규칙」상 관계인이 예방규정을 정하여야 하는 제조소 등에 대한 기준이다. (   ) 안에 들어갈 내용으로 옳은 것은?

- 지정수량의 (㉠)배 이상의 위험물을 취급하는 제조소
- 지정수량의 (㉡)배 이상의 위험물을 저장하는 옥내저장소
- 지정수량의 (㉢)배 이상의 위험물을 저장하는 옥외저장소
- 지정수량의 (㉣)배 이상의 위험물을 저장하는 옥외탱크저장소

	㉠	㉡	㉢	㉣
①	10	150	100	200
②	50	150	100	200
③	10	100	150	200
④	50	100	150	250

17

「위험물안전관리법 시행령」상 다량의 위험물을 저장·취급하는 제조소 등에서 자체소방대를 설치하여야 하는 사업소로 옳지 않은 것은?

① 최대수량의 합이 지정수량의 3천배 이상인 제4류 위험물을 취급하는 제조소

② 최대수량의 합이 지정수량의 3천배 이상인 제4류 위험물을 취급하는 일반취급소

③ 최대수량이 지정수량의 50만배 이상인 제4류 위험물을 저장하는 옥내탱크저장소

④ 최대수량이 지정수량의 50만배 이상인 제4류 위험물을 저장하는 옥외탱크저장소

18

「위험물안전관리법 시행령」 별표 1에서 규정한 내용으로 옳지 않은 것은?

① 유황: 순도가 60중량퍼센트 이상인 것을 말한다.

② 인화성고체: 고형알코올 그 밖에 1기압에서 인화점이 섭씨 40도 미만인 고체를 말한다.

③ 철분: 철의 분말로서 53μm의 표준체를 통과하는 것이 50중량퍼센트 미만인 것을 말한다.

④ 가연성고체: 고체로서 화염에 의한 발화의 위험성 또는 인화의 위험성을 판단하기 위하여 고시로 정하는 시험에서 고시로 정하는 성질과 상태를 나타내는 것을 말한다.

19

「위험물안전관리법 시행규칙」상 위험물 제조소의 표지 및 게시판에 대한 내용으로 옳지 않은 것은?

① 게시판은 한 변의 길이가 0.3m 이상, 다른 한 변의 길이가 0.6m 이상인 직사각형으로 한다.

② 제4류 위험물에 있어서는 적색바탕에 백색문자로, "화기엄금"을 표시한다.

③ 알칼리금속의 과산화물은 청색바탕에 백색문자로, "물기엄금"을 표시한다.

④ 인화성고체에 있어서는 적색바탕에 백색문자로, "화기주의"를 표시한다.

20

「위험물안전관리법 시행규칙」상 옥외탱크저장소의 위치·구조 및 설비 기준에 대한 설명으로 옳지 않은 것은?

① 저장 또는 취급하는 위험물의 최대수량이 지정수량의 500배 이하인 경우 보유 공지너비는 5m 이상으로 해야 한다.

② 옥외탱크저장소 중 그 저장 또는 취급하는 액체위험물의 최대수량이 100만ℓ 이상의 것을 특정옥외탱크저장소라 한다.

③ 밸브 없는 통기관의 지름은 30mm 이상으로 하고 끝부분은 수평면보다 45도 이상 구부려 빗물 등의 침투를 막는 구조로 한다.

④ 압력탱크(최대상용압력이 대기압을 초과하는 탱크를 말한다) 외의 탱크는 충수시험, 압력탱크는 최대상용압력의 1.5배의 압력으로 10분간 실시하는 수압시험에서 각각 새거나 변형되지 아니하여야 한다.

2021 | 소방관계법규 A형

01 변형

「화재의 예방 및 안전관리에 관한 법률」 및 같은 법 시행령상 화재의 예방조치 등으로 옳지 않은 것은?

① 소방관서장은 보관기간이 종료되는 때에는 보관하고 있는 옮긴 물건을 매각하여야 한다.

② 옮긴 물건의 보관기간은 소방관서의 게시판에 공고하는 기간의 종료일 다음 날부터 7일로 한다.

③ 옮긴 물건을 보관하는 경우에는 그 날부터 14일 동안 소방관서의 게시판에 그 사실을 공고하여야 한다.

④ 시·도지사는 매각되거나 폐기된 옮긴 물건의 소유자가 보상을 요구하는 경우에는 보상금액에 대하여 소유자와 협의를 거쳐 이를 보상하여야 한다.

02

「소방기본법 시행규칙」상 소방용수시설의 설치기준으로 옳은 것은?

① 소방용호스와 연결하는 소화전의 연결금속구의 구경은 40mm로 할 것

② 공업지역인 경우 소방대상물과 수평거리를 100m 이하가 되도록 할 것

③ 저수조에 물을 공급하는 방법은 상수도에 연결하여 수동으로 급수되는 구조일 것

④ 급수탑의 개폐밸브는 지상에서 0.8m 이상 1.5m 이하의 위치에 설치하도록 할 것

03

「소방기본법」상 119 종합상황실의 설치 및 운영목적에 대한 내용으로 옳지 않은 것은?

① 상황관리

② 대응계획 실행 및 평가

③ 현장 지휘 및 조정·통제

④ 정보의 수집·분석과 판단·전파

04

「소방기본법」상 한국소방안전원이 수행하는 업무에 대한 내용으로 옳지 않은 것은?

① 소방기술과 안전관리에 관한 인허가 업무

② 소방기술과 안전관리에 관한 각종 간행물 발간

③ 소방기술과 안전관리에 관한 교육 및 조사·연구

④ 화재예방과 안전관리의식 고취를 위한 대국민 홍보

05

「소방기본법」상 소방활동 종사명령에 대한 설명으로 옳지 않은 것은?

① 소방본부장 또는 소방서장은 화재현장에서 소방활동 종사명령을 할 수 있다.

② 소방활동 종사명령은 관할구역에 사는 사람 또는 그 현장에 있는 사람을 대상으로 할 수 있다.

③ 소방활동에 종사한 사람은 소방본부장 또는 소방서장으로부터 소방활동의 비용을 지급받을 수 있다.

④ 소방본부장 또는 소방서장은 소방활동에 필요한 보호장구를 지급하는 등 안전을 위한 조치를 하여야 한다.

06 변형

「화재의 예방 및 안전관리에 관한 법률」및 같은 법 시행령상 관리의 권원이 분리된 특정소방대상물로 옳지 않은 것은?

① 판매시설 중 도매시장 및 소매시장
② 지하가
③ 복합건축물로서 연면적 2만m² 이상인 것
④ 지하층을 제외한 층수가 11층 이상인 복합건축물

07 변형

「소방시설 설치 및 관리에 관한 법률 시행령」상 소방용품 중 경보설비를 구성하는 제품 또는 기기로 옳지 않은 것은?

① 수신기　　　　　② 감지기
③ 누전차단기　　　④ 가스누설경보기

08 변형

「소방시설 설치 및 관리에 관한 법률 시행령」상 간이스프링 클러설비를 설치하여야 하는 특정소방대상물로 옳지 않은 것은?

① 교육연구시설 내에 합숙소로서 연면적 100m² 이상인 경우 모든 층
② 근린생활시설 중 의원, 치과의원 및 한의원으로서 입원실이 있는 시설
③ 근린생활시설 중 근린생활시설로 사용하는 부분의 바닥면적 합계가 1천m² 이상인 것은 모든 층
④ 숙박시설 중 생활형 숙박시설로서 해당 용도로 사용되는 바닥면적의 합계가 600m² 이상인 것

09 변형

「소방시설 설치 및 관리에 관한 법률 시행규칙」상 종합점검에 대한 설명으로 옳은 것은?

① 소방시설관리업자만 할 수 있다.
② 소방시설 등의 작동점검은 포함하지 않는다.
③ 건축물의 사용승인일이 속하는 다음 달에 실시한다.
④ 스프링클러설비가 설치된 특정소방대상물은 종합점검을 받아야 한다.

10 변형

「화재의 예방 및 안전관리에 관한 법률 시행규칙」상 소방안전관리대상물의 관계인이 피난시설의 위치, 피난경로 또는 대피요령이 포함된 피난유도안내정보를 근무자 또는 거주자에게 정기적으로 제공해야 하는 방법으로 옳지 않은 것은?

① 연 1회 피난안내교육을 실시하는 방법
② 분기별 1회 이상 피난안내방송을 실시하는 방법
③ 피난안내도를 층마다 보기 쉬운 위치에 게시하는 방법
④ 엘리베이터, 출입구 등 시청이 용이한 지역에 피난안내 영상을 제공하는 방법

11

「소방시설공사업법」 및 같은 법 시행령, 시행규칙상 공사감리에 관한 내용으로 옳은 것은?

① 감리업자가 감리원을 배치하였을 때에는 소방본부장 또는 소방서장의 동의를 받아야 한다.

② 소방본부장 또는 소방서장은 특정소방대상물에 대해서 감리업자를 공사감리자로 지정하여야 한다.

③ 지하층을 포함한 층수가 16층 이상으로서 300세대 이상인 아파트에 대한 소방시설 공사는 상주공사감리 대상이다.

④ 상주공사감리 대상인 경우 소방시설용 배관을 설치하거나 매립하는 때부터 완공검사증명서를 발급받을 때까지 소방공사감리현장에 감리원을 배치하여야 한다.

12

「소방시설공사업법」에 규정한 내용으로 옳지 않은 것은?

① 특정소방대상물의 관계인 또는 발주자는 소방시설공사 등을 도급할 때에는 해당 소방시설업자에게 도급하여야 한다.

② 소방본부장이나 소방서장은 완공검사나 부분완공검사를 하였을 때에는 완공검사증명서나 부분완공검사증명서를 발급하여야 한다.

③ 관계인은 하자보수기간에 소방시설의 하자가 발생하였을 때에는 공사업자에게 그 사실을 알려야 하며, 통보를 받은 공사업자는 7일 이내에 하자를 보수하거나 보수 일정을 기록한 하자보수계획을 관계인에게 서면으로 알려야 한다.

④ 소방시설업의 등록을 한 후 정당한 사유 없이 1년이 지날 때까지 영업을 시작하지 아니하거나 계속하여 1년 이상 휴업함으로써 그 이용자에게 불편을 줄 때에는 영업정지처분을 갈음하여 2억원 이하의 과징금을 부과할 수 있다.

13

「소방시설공사업법 시행규칙」상 소방기술과 관련된 자격·학력 및 경력의 인정범위에 관한 내용으로 옳은 것은?

① 소방공무원으로서 3년간 근무한 경력이 있는 사람은 중급감리원의 업무를 수행할 수 있다.

② 학사학위를 취득한 후 소방 관련 업무를 10년간 수행한 사람은 특급기술자 업무를 수행할 수 있다.

③ 소방시설관리사 자격을 취득한 후 소방 관련 업무를 3년간 수행한 사람은 특급기술자 업무를 수행할 수 있다.

④ 소방설비기사 기계 분야 자격을 취득한 후 소방 관련 업무를 8년간 수행한 사람은 해당 분야 특급감리원의 업무를 수행할 수 있다.

14

「소방시설공사업법」상 소방공사감리업자의 업무범위로 옳지 않은 것은?

① 완공된 소방시설 등의 성능시험

② 소방시설 등의 설치계획표의 적법성 검토

③ 소방시설 등 설계 변경사항의 적합성 검토

④ 설계업자가 작성한 시공 상세도면의 적합성 검토

15

「소방시설공사업법」 및 같은 법 시행령상 소방공사업자는 소방기술자를 소방공사현장에 배치하는 것이 원칙이지만, 발주자가 서면으로 승낙하는 경우에는 해당 공사가 중단된 기간 동안 소방기술자를 공사현장에 배치하지 않을 수 있도록 되어 있는 예외사항이 있다. 다음 중 예외사항으로 옳지 않은 것은?

① 발주자가 공사 중단을 요청하는 경우

② 소방공사감리원이 공사 중단을 요청하는 경우

③ 민원 또는 계절적 요인 등으로 해당 공정의 공사가 일정 기간 중단된 경우

④ 예산 부족 등 발주자의 책임 있는 사유 또는 천재지변 등 불가항력으로 공사가 일정 기간 중단된 경우

16

「위험물안전관리법 시행규칙」상 옥외탱크저장소의 위치·구조 및 설비의 기준에 관한 내용이다. 빈칸에 들어갈 숫자로 옳은 것은?

> 가. 지정수량의 650배를 저장하는 옥외탱크저장소의 보유공지는 (㉠)m 이상이다.
> 나. 펌프설비의 주위에는 너비 (㉡)m 이상의 공지를 보유해야 한다. 다만, 방화상 유효한 격벽을 설치하는 경우와 제6류 위험물 또는 지정수량의 (㉢)배 이하 위험물의 옥외저장탱크의 펌프설비에 있어서는 그러하지 아니하다.

	㉠	㉡	㉢
①	3	3	20
②	3	5	10
③	5	3	10
④	5	5	20

17

「위험물안전관리법 시행규칙」상 제조소의 환기설비의 기준에 대한 설명으로 옳지 않은 것은?

① 환기는 기계배기방식으로 할 것
② 환기구는 지상 2m 이상의 높이에 루푸팬 방식으로 설치할 것
③ 바닥면적이 90m²일 경우 급기구의 면적은 450cm² 이상으로 할 것
④ 급기구는 낮은 곳에 설치하고 가는 눈의 구리망 등으로 인화방지망을 설치할 것

18

「위험물안전관리법 시행령」 및 같은 법 시행규칙상 위험물의 성질과 품명이 옳지 않은 것은?

① 가연성 고체: 적린, 금속분
② 산화성 액체: 과염소산, 질산
③ 산화성 고체: 요오드산염류, 과요오드산
④ 자연발화성 및 금수성 물질: 황린, 아조화합물

19

「위험물안전관리법 시행령」상 정기점검대상인 저장소로 옳지 않은 것은?

① 옥내탱크저장소
② 지하탱크저장소
③ 이동탱크저장소
④ 암반탱크저장소

20

「위험물안전관리법 시행규칙」상 제조소 등에 설치하는 소방시설 설치에 대한 내용으로 옳지 않은 것은?

① 제조소 등에는 화재발생 시 소화가 곤란한 정도에 따라 그 소화에 적응성이 있는 소화설비를 설치하여야 한다.
② 제조소 등에는 화재발생 시 소방공무원이 화재를 진압하거나 인명구조활동을 할 수 있도록 소화활동설비를 설치하여야 한다.
③ 주유취급소 중 건축물의 2층 이상의 부분을 점포·휴게음식점 또는 전시장의 용도로 사용하는 것과 옥내주유취급소에는 피난설비를 설치하여야 한다.
④ 지정수량의 10배 이상의 위험물을 저장 또는 취급하는 제조소 등(이동탱크저장소 제외)에는 화재발생 시 이를 알릴 수 있는 경보설비를 설치하여야 한다.

2020 | 소방관계법규 A형

소방관계법규

01

「소방기본법」상 소방대의 생활안전활동으로 옳지 않은 것은?

① 단전사고 시 비상전원 또는 조명 공급
② 소방시설 오작동 신고에 따른 조치활동
③ 위해동물, 벌 등의 포획 및 퇴치활동
④ 끼임, 고립 등에 따른 위험제거 및 구출활동

02

「소방기본법」상 소방업무에 관한 종합계획의 수립·시행 등에 대한 설명이다. (　　) 안에 들어갈 내용으로 옳은 것은?

> (　가　)은 화재, 재난·재해, 그 밖의 위급한 상황으로부터 국민의 생명·신체 및 재산을 보호하기 위하여 소방업무에 관한 종합계획을 (　나　)마다 수립·시행하여야 하고, 이에 필요한 재원을 확보하도록 노력하여야 한다.

	(가)	(나)
①	소방청장	3년
②	소방청장	5년
③	행정안전부장관	3년
④	행정안전부장관	5년

03 변형

「화재의 예방 및 안전관리에 관한 법률 시행령」상 보일러 등의 위치·구조 및 관리와 화재예방을 위하여 불의 사용에 있어서 지켜야 하는 사항으로, 용접 또는 용단 작업장에서 지켜야 할 사항이다. (　　) 안에 들어갈 내용으로 옳은 것은? (단, 「산업안전보건법」 제38조의 적용을 받는 사업장의 경우에는 적용하지 아니한다.)

> • 용접 또는 용단 작업자로부터 (　가　) 이내에 소화기를 갖추어 둘 것
> • 용접 또는 용단 작업장 주변 (　나　) 이내에는 가연물을 쌓아두거나 놓아두지 말 것. 다만, 가연물의 제거가 곤란하여 방지포 등으로 방호조치를 한 경우는 제외한다.

	(가)	(나)
①	반경 5m	반경 10m
②	반경 6m	반경 12m
③	직경 5m	직경 10m
④	직경 6m	직경 12m

04

「소방기본법」상 시·도지사가 소방활동에 필요하여 설치하고 유지·관리하는 소방용수시설로 옳지 않은 것은?

① 소화전　　　　　　　② 저수조
③ 급수탑　　　　　　　④ 상수도소화용수설비

05

「소방기본법」상 소방대의 구성원으로 옳은 것은?

> ㉠ 소방안전관리자　　　㉡ 의무소방원
> ㉢ 자체소방대원　　　　㉣ 의용소방대원
> ㉤ 자위소방대원

① ㉠, ㉢　　　　　　② ㉡, ㉣
③ ㉡, ㉤　　　　　　④ ㉢, ㉤

06 변형

「소방시설 설치 및 관리에 관한 법률 시행령」상 피난구조설비로 옳지 않은 것은?

① 구조대
② 방열복
③ 시각경보기
④ 비상조명등

07

「소방시설공사업법 시행령」상 소방본부장 또는 소방서장의 소방시설공사 완공검사를 위한 현장확인 대상 특정소방대상물로 옳지 않은 것은?

① 창고시설
② 스프링클러설비 등이 설치되는 특정소방대상물
③ 연면적 1만m² 이상이거나 11층 이상인 아파트
④ 가연성 가스를 제조·저장 또는 취급하는 시설 중 지상에 노출된 가연성 가스탱크의 저장용량 합계가 1천톤 이상인 시설

08 변형

「화재의 예방 및 안전관리에 관한 법률 시행령」상 소방안전관리보조자를 두어야 하는 특정소방대상물에 대한 설명이다. ( ) 안에 들어갈 용어로 옳은 것은?

- 「건축법 시행령」 별표 1 제2호 가목에 따른 아파트
  [(가)세대 이상인 아파트만 해당한다]
- 아파트를 제외한 연면적이 (나) 이상인 특정소방대상물

	(가)	(나)
①	150	1만m²
②	150	1만 5천m²
③	300	1만m²
④	300	1만 5천m²

09 변형

「소방시설 설치 및 관리에 관한 법률 시행령」상 의료시설에 해당되는 특정소방대상물을 모두 고른 것은?

㉠ 노인의료복지시설	㉡ 정신의료기관
㉢ 마약진료소	㉣ 한방의원

① ㉠, ㉢
② ㉠, ㉣
③ ㉡, ㉢
④ ㉢, ㉣

10 변형

「소방시설 설치 및 관리에 관한 법률 시행령」상 특정소방대상물이 증축되는 경우, 원칙적으로 소방시설기준 적용에 관한 설명으로 옳은 것은?

① 기존 부분을 포함한 특정소방대상물의 전체에 대하여 증축 전 소방시설의 설치에 관한 대통령령 또는 화재안전기준을 적용하여야 한다.
② 기존 부분은 증축 전에 적용되던 소방시설의 설치에 관한 대통령령 또는 화재안전기준을 적용하고 증축 부분은 증축 당시의 소방시설의 설치에 관한 대통령령 또는 화재안전기준을 적용하여야 한다.
③ 증축 부분은 증축 전에 적용되던 소방시설의 설치에 관한 대통령령 또는 화재안전기준을 적용하고 기존 부분은 증축 당시의 소방시설의 설치에 관한 대통령령 또는 화재안전기준을 적용하여야 한다.
④ 기존 부분을 포함한 특정소방대상물의 전체에 대하여 증축 당시의 소방시설의 설치에 관한 대통령령 또는 화재안전기준을 적용하여야 한다.

11 변형

「소방시설 설치 및 관리에 관한 법률 시행령」상 특정소방대상물의 관계인이 특정소방대상물의 규모·용도 및 수용인원 등을 고려하여 갖추어야 하는 소방시설의 종류 중 단독경보형 감지기를 설치하여야 하는 특정소방대상물로 옳은 것은?

① 교육연구시설 내에 있는 합숙소로서 연면적 1,500m²인 것

② 연면적 600m²인 유치원

③ 수련시설 내에 있는 기숙사로서 연면적 2,000m² 이상이고 숙박시설이 있는 것

④ 교육연구시설 또는 수련시설 내에 있는 합숙소 또는 기숙사로서 연면적 3,000m²인 것

12

「소방시설공사업법 시행령」상 하자보수 대상 소방시설 중 하자보수 보증기간이 다른 것은?

① 비상조명등
② 비상방송설비
③ 비상콘센트설비
④ 무선통신보조설비

13

「소방시설공사업법」상 감리업자가 감리를 할 때 위반사항에 대하여 조치하여야 할 사항이다. (   ) 안에 들어갈 용어로 옳은 것은?

> 감리업자는 감리를 할 때 소방시설공사가 설계도서나 화재안전기준에 맞지 아니할 때에는 (가)에게 알리고, (나)에게 그 공사의 시정 또는 보완 등을 요구하여야 한다.

	(가)	(나)
①	관계인	공사업자
②	관계인	소방서장
③	소방본부장	공사업자
④	소방본부장	소방서장

14

「소방시설공사업법」상 공사의 도급에 관한 사항으로 옳지 않은 것은?

① 특정소방대상물의 관계인 또는 발주자는 소방시설공사 등을 도급할 때에는 해당 소방시설업자에게 도급하여야 한다.

② 공사업자가 도급받은 소방시설공사의 도급금액 중 그 공사(하도급한 공사를 포함한다)의 근로자에게 지급하여야 할 노임(勞賃)에 해당하는 금액은 압류할 수 없다.

③ 도급을 받은 자는 소방시설공사의 전부를 다른 공사업자에게 하도급할 수 있다.

④ 도급을 받은 자가 해당 소방시설공사 등을 하도급할 때에는 행정안전부령으로 정하는 바에 따라 미리 관계인과 발주자에게 알려야 한다.

15

「소방시설공사업법」상 벌칙 중 1년 이하의 징역 또는 1천만원 이하의 벌금에 해당하는 자로 옳지 않은 것은?

① 소방시설업 등록을 하지 아니하고 영업을 한 자

② 영업정지처분을 받고 그 영업정지기간에 영업을 한 자

③ 소방시설업자가 아닌 자에게 소방시설공사 등을 도급한 자

④ 공사감리 결과의 통보 또는 공사감리 결과보고서의 제출을 거짓으로 한 자

16

「위험물안전관리법」상 위험물안전관리자의 선임 등에 관한 사항이다. ( ) 안에 들어갈 숫자로 옳은 것은?

- 위험물안전관리자를 선임한 제조소 등의 관계인은 그 위험물안전관리자를 해임하거나 위험물안전관리자가 퇴직한 때에는 해임하거나 퇴직한 날부터 (가)일 이내에 다시 위험물안전관리자를 선임하여야 한다.
- 제조소 등의 관계인은 위험물안전관리자를 선임한 경우에는 선임한 날부터 (나)일 이내에 행정안전부령으로 정하는 바에 따라 소방본부장 또는 소방서장에게 신고하여야 한다.

	(가)	(나)
①	15	14
②	15	30
③	30	14
④	30	30

17

「위험물안전관리법」상 벌칙 기준이 다른 것은?

① 제조소 등의 사용정지명령을 위반한 자
② 변경허가를 받지 아니하고 제조소 등을 변경한 자
③ 위험물의 저장 또는 취급에 관한 중요기준에 따르지 아니한 자
④ 위험물안전관리자 또는 그 대리자가 참여하지 아니한 상태에서 위험물을 취급한 자

18

「위험물안전관리법」상 위험물에 대한 정의이다. ( ) 안에 들어갈 용어로 옳은 것은?

'위험물'이라 함은 (가) 또는 (나) 등의 성질을 가지는 것으로서 (다)이 정하는 물품을 말한다.

	(가)	(나)	(다)
①	인화성	가연성	대통령령
②	인화성	발화성	대통령령
③	휘발성	가연성	행정안전부령
④	인화성	휘발성	행정안전부령

19

「위험물안전관리법」상 용어의 정의에 관한 내용으로 옳지 않은 것은?

① '취급소'라 함은 지정수량 이상의 위험물을 제조 외의 목적으로 취급하기 위한 대통령령이 정하는 장소로서 「위험물안전관리법」에 따른 허가를 받은 장소를 말한다.
② '지정수량'이라 함은 위험물의 종류별로 위험성을 고려하여 대통령령이 정하는 수량으로서 제조소 등의 설치허가 등에 있어서 최대의 기준이 되는 수량을 말한다.
③ '제조소 등'이라 함은 제조소·저장소 및 취급소를 말한다.
④ '저장소'라 함은 지정수량 이상의 위험물을 저장하기 위하여 대통령령이 정하는 장소로서 「위험물안전관리법」에 따른 허가를 받은 장소를 말한다.

20

「위험물안전관리법 시행규칙」상 위험물 제조소 등(이동탱크저장소를 제외한다)에 설치하는 경보설비로 옳지 않은 것은?

① 확성장치
② 비상방송설비
③ 비상경보설비
④ 제연설비

2019 | 소방관계법규

소방관계법규

01

「소방시설공사업법」상 소방시설업자가 소방시설공사 등을 맡긴 특정소방대상물의 관계인에게 지체 없이 그 사실을 알려야 하는 사항으로 옳지 않은 것은?

① 소방시설업을 휴업한 경우
② 소방시설업자의 지위를 승계한 경우
③ 소방시설업에 대한 행정처분 중 등록취소 처분을 받은 경우
④ 소방시설업에 대한 행정처분 중 영업정지 또는 경고처분을 받은 경우

02

「소방시설공사업법 시행령」상 소방시설공사가 공사감리결과보고서대로 완공되었는지를 현장에서 확인할 수 있는 대상으로 옳은 것은?

① 창고시설 또는 수련시설
② 호스릴 소화설비를 설치하는 소방시설공사
③ 연면적 1만m² 이상의 아파트에 설치하는 소방시설공사
④ 가연성 가스를 제조·저장 또는 취급하는 시설 중 지하에 매립된 가연성 가스탱크의 저장 용량 합계가 1천톤 이상인 시설

03

「소방시설공사업법」상 행정처분 전에 청문을 하여야 하는 대상으로 옳지 않은 것은?

① 소방시설업의 등록취소처분
② 소방기술 인정 자격취소처분
③ 소방시설업의 영업정지처분
④ 소방기술 인정 자격정지처분

04 변형

「소방시설공사업법」상 (   ) 안에 들어갈 내용으로 옳은 것은?

> 시·도지사는 소방시설공사업자가 소방시설 공사현장에 감리원 배치기준을 위반한 경우로서 영업정지가 그 이용자에게 불편을 주거나 그 밖에 공익을 해칠 우려가 있을 때에는 영업정지처분을 갈음하여 (   ) 이하의 과징금을 부과할 수 있다.

① 2,000만원
② 3,000만원
③ 2억원
④ 2억 5,000만원

05

「소방시설공사업법 시행령」상 소방시설공사 결과 하자보수 대상과 하자보수 보증기간의 연결이 옳은 것은?

	하자보수대상 소방시설	하자보수 보증기간
①	비상경보설비, 자동소화장치	2년
②	무선통신보조설비, 비상조명등	2년
③	피난기구, 소화활동설비	3년
④	비상방송설비, 간이스프링클러설비	3년

06 변형

「소방시설 설치 및 관리에 관한 법률 시행령」상 방염성능기준 이상의 실내장식물 등을 설치하여야 하는 특정소방대상물로 옳지 않은 것은?

① 숙박시설　　　　② 의료시설
③ 노유자시설　　　④ 운동시설 중 수영장

07 변형

「소방시설 설치 및 관리에 관한 법률 시행령」상 수용인원 산정방법으로 옳지 않은 것은?

① 침대가 있는 숙박시설은 해당 특정소방물의 종사자 수에 침대 수(2인용 침대는 2개로 산정)를 합한 수로 한다.
② 침대가 없는 숙박시설은 해당 특정소방대상물의 종사자 수에 바닥면적의 합계를 $3m^2$로 나누어 얻은 수를 합한 수로 한다.
③ 강의실 용도로 쓰이는 특정소방대상물은 해당 용도로 사용하는 바닥면적의 합계를 $1.9m^2$로 나누어 얻은 수로 한다.
④ 문화 및 집회시설은 해당 용도로 사용하는 바닥면적의 합계를 $3m^2$로 나누어 얻은 수로 한다.

08 변형

「소방시설 설치 및 관리에 관한 법률」상 소방시설관리사의 자격의 취소·정지 사유로 옳지 않은 것은?

① 동시에 둘 이상의 업체에 취업한 경우
② 등록사항의 변경신고를 하지 아니한 경우
③ 소방시설관리사증을 다른 자에게 빌려준 경우
④ 소방안전관리 업무를 하지 아니하거나 거짓으로 한 경우

09 변형

「화재의 예방 및 안전관리에 관한 법률 시행령」상 1급 소방안전관리대상물로 옳은 것은?

① 지하구
② 동·식물원
③ 가연성 가스를 1천톤 이상 저장·취급하는 시설
④ 철강 등 불연성 물품을 저장·취급하는 창고

10 변형

「화재의 예방 및 안전관리에 관한 법률」상 화재의 예방 및 안전관리기본계획 등의 수립 및 시행에 관한 내용으로 옳은 것은?

① 기본계획에는 화재의 예방과 안전관리 관련 산업의 국제경쟁력 향상에 관한 사항이 포함되어야 한다.
② 소방본부장은 기본계획을 시행하기 위하여 5년마다 시행계획을 수립·시행하여야 한다.
③ 기본계획은 행정안전부령으로 정하는 바에 따라 소방본부장이 관계 중앙행정기관의 장과 협의하여 수립한다.
④ 소방청장은 화재예방정책을 체계적·효율적으로 추진하고 이에 필요한 기반 확충을 위하여 화재의 예방 및 안전관리에 관한 기본계획을 10년마다 수립·시행하여야 한다.

11 변형

「화재의 예방 및 안전관리에 관한 법률 시행령」상 불을 사용하는 설비의 관리기준 등에 대한 설명이다. ( ) 안에 들어갈 숫자로 옳은 것은?

> • 보일러: 보일러와 벽·천장 사이의 거리는 (가)m 이상 되도록 하여야 한다.
> • 난로: 연통은 천장으로부터 (나)m 이상 떨어지고, 건물 밖으로 0.6m 이상 나오게 설치하여야 한다.
> • 건조설비: 건조설비와 벽·천장 사이의 거리는 (다)m 이상 되도록 하여야 한다.
> • 음식조리를 위하여 설치하는 설비: 열을 발생하는 조리기구는 반자 또는 선반으로부터 (라)m 이상 떨어지게 하여야 한다.

	(가)	(나)	(다)	(라)
①	0.5	0.6	0.6	0.6
②	0.6	0.6	0.5	0.6
③	0.6	0.5	0.6	0.6
④	0.6	0.6	0.5	0.5

12

「소방기본법 시행령」상 소방안전교육사시험 응시자격에 대한 설명으로 옳은 것은?

> ㉠ 「영유아보육법」 제21조에 따라 보육교사 자격을 취득한 후 2년 이상의 보육업무 경력이 있는 사람
> ㉡ 「국가기술자격법」 제2조 제3호에 따른 국가기술자격의 직무분야 중 안전관리 분야의 산업기사 자격을 취득한 후 안전관리 분야에 3년 이상 종사한 사람
> ㉢ 「의료법」 제7조에 따라 간호조무사 자격을 취득한 후 간호업무 분야에 2년 이상 종사한 사람
> ㉣ 「응급의료에 관한 법률」 제36조 제3항에 따라 2급 응급구조사 자격을 취득한 후 응급의료업무 분야에 3년 이상 종사한 사람
> ㉤ 「소방공무원법」 제2조에 따른 소방공무원으로 2년 이상 근무한 경력이 있는 사람
> ㉥ 「의용소방대 설치 및 운영에 관한 법률」 제3조에 따라 의용소방대원으로 임명된 후 5년 이상 의용소방대 활동을 한 경력이 있는 사람

① ㉠, ㉢, ㉤
② ㉡, ㉣, ㉥
③ ㉢, ㉣, ㉤
④ ㉣, ㉤, ㉥

13

「소방기본법」 및 같은 법 시행령상 손실보상에 관한 설명 중 ( ) 안에 들어갈 숫자로 옳은 것은?

> • 손실보상을 청구할 수 있는 권리는 손실이 있음을 안 날부터 (가)년, 손실이 발생한 날부터 (나)년간 행사하지 아니하면 시효의 완성으로 소멸한다.
> • 소방청장 등은 손실보상심의위원회의 심사·의결을 거쳐 특별한 사유가 없으면 보상금 지급 청구서를 받은 날부터 (다)일 이내에 보상금 지급 여부 및 보상금액을 결정하여야 한다.
> • 소방청장 등은 결정일부터 (라)일 이내에 행정안전부령으로 정하는 바에 따라 결정 내용을 청구인에게 통지하고, 보상금을 지급하기로 결정한 경우에는 특별한 사유가 없으면 통지한 날부터 (마)일 이내에 보상금을 지급하여야 한다.

	(가)	(나)	(다)	(라)	(마)
①	3	5	60	10	30
②	5	3	60	12	20
③	3	5	50	12	30
④	5	3	50	10	20

14

「소방기본법」 및 같은 법 시행규칙상 소방용수시설 설치기준 등에 대한 설명으로 옳지 않은 것은?

① 시·도지사는 소방활동에 필요한 소방용수시설을 설치하고 유지·관리하여야 하고, 「수도법」 제45조에 따라 소화전을 설치하는 일반수도사업자는 관할 소방서장과 사전협의를 거친 후 소화전을 설치하여야 하며, 설치사실을 관할 소방서장에게 통지하고, 그 소화전은 소방서장이 유지·관리하여야 한다.

② 정당한 사유 없이 소방용수시설 또는 비상소화장치를 사용하거나 소방용수시설 또는 비상소화장치의 효용을 해치거나 그 정당한 사용을 방해한 사람에 대해서는 5년 이하의 징역 또는 5천만원 이하의 벌금에 처한다.

③ 소방본부장 또는 소방서장은 원활한 소방활동을 위하여 소방용수시설에 대한 조사, 소방대상물에 인접한 도로의 폭·교통상황, 도로주변의 토지의 고저·건축물의 개황 그 밖의 소방활동에 필요한 지리에 대한 조사를 월 1회 이상 실시하여야 하며, 조사결과는 2년간 보관하여야 한다.

④ 소화전은 상수도와 연결하여 지하식 또는 지상식의 구조로 하고 소방용 호스와 연결하는 소화전의 연결금속구의 구경은 65mm로 하여야 하며, 급수탑은 급수배관의 구경을 100mm 이상으로 하고 개폐밸브는 지상에서 1.5m 이상 1.7m 이하의 높이에 설치할 수 있다.

15

「소방기본법」상 소방활동에 필요한 처분(강제처분 등)을 할 수 있는 처분권자로 옳은 것은?

㉠ 소방서장	㉡ 소방본부장
㉢ 소방대장	㉣ 소방청장
㉤ 시·도지사	

① ㉠, ㉡, ㉢
② ㉠, ㉡, ㉣
③ ㉠, ㉢, ㉤
④ ㉠, ㉣, ㉤

16

「위험물안전관리법 시행규칙」상 고인화점 위험물을 상온에서 취급하는 경우 제조소의 시설기준 중 일부 완화된 시설기준을 적용할 수 있는데, 고인화점 위험물의 정의로 옳은 것은?

① 인화점이 250℃ 이상인 인화성 액체
② 인화점이 100℃ 이상인 제4류 위험물
③ 인화점이 70℃ 이상 200℃ 미만인 제4류 위험물
④ 인화점이 70℃ 이상이고 가연성 액체량이 40중량퍼센트 이상인 제4류 위험물

17

「위험물안전관리법 시행규칙」상 제조소의 위치·구조 및 설비의 기준에 대한 설명으로 옳지 않은 것은?

① 환기설비는 자연배기방식으로 하여야 한다.
② 제6류 위험물을 취급하는 제조소는 안전거리 적용 제외대상이다.
③ '위험물 제조소'라는 표시를 한 표지의 바탕은 흑색으로, 문자는 백색으로 하여야 한다.
④ 제5류 위험물을 저장 또는 취급하는 제조소에는 '화기엄금'을 표시한 게시판을 설치하여야 한다.

18

「위험물안전관리법 시행규칙」상 옥외저장탱크의 위치·구조 및 설비 기준에 대한 설명으로 옳지 않은 것은?

① 옥외저장탱크는 위험물의 폭발 등에 의하여 탱크 내의 압력이 비정상적으로 상승하는 경우에 내부의 가스 또는 증기를 상부로 방출할 수 있는 구조로 하여야 한다.

② 이황화탄소의 옥외저장탱크는 벽 및 바닥의 두께가 0.2m 이상이고 누수가 되지 아니하는 철근콘크리트의 수조에 넣어 보관하여야 한다.

③ 옥외저장탱크의 배수관은 탱크의 밑판에 설치하여야 한다. 다만, 탱크와 배수관과의 결합 부분이 지진 등에 의하여 손상을 받을 우려가 없는 방법으로 배수관을 설치하는 경우에는 탱크의 옆판에 설치할 수 있다.

④ 제3류 위험물 중 금수성물질(고체에 한한다)의 옥외저장탱크에는 방수성의 불연재료로 만든 피복설비를 설치하여야 한다.

19

「위험물안전관리법 시행령」상 위험물의 지정수량이 가장 큰 것은?

① 브롬산염류
② 아염소산염류
③ 과염소산염류
④ 중크롬산염류

20

「위험물안전관리법」상 신고를 하지 아니하고 위험물의 품명·수량 또는 지정수량의 배수를 변경할 수 있는 경우로 옳은 것은?

① 농예용으로 필요한 건조시설을 위한 지정수량 20배 이하의 취급소

② 축산용으로 필요한 난방시설을 위한 지정수량 20배 이하의 저장소

③ 수산용으로 필요한 건조시설을 위한 지정수량 30배 이하의 저장소

④ 공동주택의 중앙난방시설을 위한 지정수량 30배 이하의 취급소

2018.10.13. 시행

2018 | 하반기 소방관계법규

1초 합격예측! 모바일 성적분석표

☑ QR코드 스캔 후 모바일 OMR에 답안 입력
☑ 자동측정된 문제풀이 시간 확인
☑ 자동채점결과 및 성적분석표 확인

01

「소방시설공사업법 시행령」상 업무의 위탁에 대한 설명으로 옳지 않은 것은?

① 시·도지사는 소방시설업 등록신청의 접수 및 신청내용의 확인에 관한 업무를 소방시설업자협회에 위탁한다.
② 소방청장은 소방기술과 관련된 자격·학력·경력의 인정 업무를 소방시설업자협회, 소방기술과 관련된 법인 또는 단체에 위탁한다.
③ 소방청장은 소방시설공사업을 등록한 자의 시공능력평가 및 공시에 관한 업무를 소방시설업자협회에 위탁한다.
④ 소방청장은 소방기술자 실무교육에 관한 업무를 소방청장이 지정하는 실무교육기관 또는 대한소방공제회에 위탁한다.

02

「소방시설공사업법 시행령」상 소방시설공사의 착공신고대상으로 옳지 않은 것은?

① 비상경보설비를 신설하는 특정소방대상물 신축공사
② 자동화재속보설비를 신설하는 특정소방대상물 신축공사
③ 연결송수관설비의 송수구역을 증설하는 특정소방대상물 증축공사
④ 자동화재탐지설비의 경계구역을 증설하는 특정소방대상물 증축공사

03

「소방시설공사업법 시행규칙」상 감리업자가 소방공사의 감리를 마쳤을 때, 소방공사감리 결과보고(통보)서를 알려야 하는 대상으로 옳지 않은 것은?

① 소방시설공사의 도급인
② 특정소방대상물의 관계인
③ 소방시설설계업의 설계사
④ 특정소방대상물의 공사를 감리한 건축사

04

「소방시설공사업법」상 '소방시설업'의 영업에 해당하지 않는 것은?

① 소방시설공사에 기본이 되는 공사계획, 설계도면, 설계설명서, 기술계산서 및 이와 관련된 서류를 작성하는 영업
② 설계도서에 따라 소방시설을 신설, 증설, 개설, 이전 및 정비하는 영업
③ 소방안전관리업무의 대행 또는 소방시설 등의 점검 및 유지·관리하는 영업
④ 방염대상물품에 대하여 방염처리하는 영업

05 변형

「소방시설 설치 및 관리에 관한 법률 시행령」상 건축허가 등을 할 때 미리 소방본부장 또는 소방서장의 동의를 받아야 하는 건축물 등의 범위로 옳지 않은 것은?

① 연면적이 100m² 이상인 노유자시설 및 수련시설
② 지하층 또는 무창층이 있는 건축물로서 바닥면적이 150m²(공연장의 경우에는 100m²) 이상인 층이 있는 것
③ 차고·주차장으로 사용되는 바닥면적이 200m² 이상인 층이 있는 건축물이나 주차시설
④ 결핵환자나 한센인이 24시간 생활하는 노유자시설(단독주택 또는 공동주택에 설치되는 시설은 제외)

06 변형

「소방시설 설치 및 관리에 관한 법률」 및 같은 법 시행령상 단독주택이나 공동주택(아파트 및 기숙사는 제외한다)의 소유자가 의무적으로 설치하여야 하는 소방시설로 옳은 것을 〈보기〉에서 있는 대로 고른 것은?

| 보기 |

㉠ 소화기
㉡ 주거용 주방자동소화장치
㉢ 가스자동소화장치
㉣ 단독경보형감지기
㉤ 가스누설경보기

① ㉠, ㉣
② ㉡, ㉤
③ ㉠, ㉡, ㉣
④ ㉡, ㉢, ㉤

07 변형

「소방시설 설치 및 관리에 관한 법률 시행령」상 소방용품인 분말형태의 소화약제를 사용하는 소화기의 내용연수로 옳은 것은?

① 10년
② 15년
③ 20년
④ 25년

08 변형

특정소방대상물에 소방시설을 설치하려는 자는 지진이 발생할 경우 소방시설이 정상적으로 작동될 수 있도록 소방청장이 정하는 내진설계기준에 맞게 소방시설을 설치하여야 한다. 이에 해당되는 소방시설로 옳은 것은?

① 자동화재탐지설비, 옥외소화전설비, 스프링클러설비
② 자동화재탐지설비, 옥내소화전설비, 스프링클러설비
③ 옥내소화전설비, 옥외소화전설비, 물분무 등 소화설비
④ 옥내소화전설비, 스프링클러설비, 물분무 등 소화설비

09 변형

화재안전조사에 관한 설명으로 옳지 않은 것은?

① 소방관서장은 화재안전조사를 실시하려는 경우 사전에 관계인에게 조사대상, 조사기간 및 조사사유 등을 우편, 전화, 전자메일 또는 문자전송 등을 통하여 통지해야 한다.
② 화재안전조사는 관계인의 승낙 없이 소방대상물의 공개시간 또는 근무시간 이외에는 할 수 없다.
③ 화재안전조사 결과에 따른 조치명령으로 인한 손실을 보상하는 경우에는 시가로 보상하여야 한다.
④ 화재안전조사업무를 수행하면서 알게 된 비밀을 목적 외의 용도로 사용한 자는 300만원 이하의 벌금에 처한다.

10

특정소방대상물의 구분으로 옳은 것은?

① 운동시설 − 관람석의 바닥면적의 합계가 1,000m² 이상인 체육관
② 관광 휴게시설 − 어린이회관
③ 교육연구시설 − 자동차운전학원
④ 동물 및 식물 관련시설 − 식물원

11

「위험물안전관리법 시행령」상 용어에 대한 설명으로 옳지 않은 것은?

① 특수인화물: 이황화탄소, 디에틸에테르 그 밖에 1기압에서 발화점이 섭씨 100도 이하인 것 또는 인화점이 섭씨 영하 20도 이하이고 비점이 섭씨 40도 이하인 것
② 제1석유류: 아세톤, 휘발유 그 밖에 1기압에서 인화점이 섭씨 70도 미만인 것
③ 제3석유류: 중유, 클레오소트유 그 밖에 1기압에서 인화점이 섭씨 70도 이상 섭씨 200도 미만인 것
④ 동식물유류: 동물의 지육 등 또는 식물의 종자나 과육으로부터 추출한 것으로서 1기압에서 인화점이 섭씨 250도 미만인 것

12

「위험물안전관리법 시행령」상 관계인이 예방규정을 정하여야 하는 제조소 등으로 옳지 않은 것은?

① 지정수량의 10배 이상의 위험물을 취급하는 제조소
② 지정수량의 50배 이상의 위험물을 저장하는 옥외저장소
③ 지정수량의 150배 이상의 위험물을 저장하는 옥내저장소
④ 암반탱크저장소

13

「위험물안전관리법 시행령」상 운송책임자의 감독 또는 지원을 받아 운송하여야 하는 위험물로 옳은 것은?

① 알킬알루미늄, 알킬리튬
② 마그네슘, 염소류
③ 적린, 금속분
④ 유황, 황산

14

위험물의 누출·화재·폭발 등의 사고가 발생한 경우 사고의 원인 및 피해 등을 조사하여야 하는 자로 옳지 않은 것은?

① 시·도지사
② 소방청장
③ 소방본부장
④ 소방서장

15

다음은 자체소방대에 두는 화학소방자동차와 자체소방대원의 수에 관한 규정이다. 빈칸에 들어갈 숫자가 바르게 짝지어진 것은?

> 제조소 또는 일반취급소에서 취급하는 제4류 위험물의 최대수량의 합이 지정수량의 24만배 이상 48만배 미만인 사업소에는 화학소방자동차 (㉠)대와 자체소방대원 (㉡)인을 두어야 한다.

	㉠	㉡
①	2	10
②	2	15
③	3	10
④	3	15

16 변형

「화재의 예방 및 안전관리에 관한 법률」상 화재예방강화지구의 지정에 대한 내용으로 옳지 않은 것은?

① 소방관서장은 화재가 발생하는 경우 그로 인하여 피해가 클 것으로 예상되는 지역을 화재예방강화지구로 지정할 수 있다.
② 석유화학제품을 생산하는 공장이 있는 지역을 화재예방강화지구로 지정할 수 있다.
③ 위험물의 저장 및 처리시설이 밀집한 지역을 화재예방강화지구로 지정할 수 있다.
④ 공장·창고가 밀집한 지역을 화재예방강화지구로 지정할 수 있다.

17

「소방기본법」상 소방청장 또는 시·도지사가 손실보상심의 위원회의 심사·의결에 따라 정당한 손실보상을 하여야 하는 대상으로 옳지 않은 것은?

① 생활안전활동에 따른 조치로 인하여 손실을 입은 자
② 화재가 확대되는 것을 막기 위하여 가스·전기 또는 유류 등의 시설에 대하여 위험물질의 공급을 차단하는 등의 조치로 인하여 손실을 입은 자
③ 소방활동 종사명령으로 인하여 사망하거나 부상을 입은 자
④ 소방활동에 방해가 되는 불법 주차 차량을 제거하거나 이동시키는 처분으로 인하여 손실을 입은 자

18

「소방기본법」 및 같은 법 시행규칙상 소방지원활동으로 옳지 않은 것은?

① 집회·공연 등 각종 행사 시 사고에 대비한 근접대기 등 지원활동
② 소방시설 오작동 신고에 따른 조치활동
③ 방송제작 또는 촬영 관련 지원활동
④ 위해동물, 벌 등의 포획 및 퇴치활동

19

「소방기본법 시행규칙」상 저수조의 설치기준으로 옳지 않은 것은?

① 지면으로부터의 낙차가 10m 이하일 것
② 흡수 부분의 수심이 0.5m 이상일 것
③ 흡수관의 투입구가 사각형의 경우에는 한 변의 길이가 60㎝ 이상, 원형의 경우에는 지름이 60㎝ 이상일 것
④ 저수조에 물을 공급하는 방법은 상수도에 연결하여 자동으로 급수되는 구조일 것

20 변형

「소방기본법 시행규칙」상 급수탑 및 지상에 설치하는 소화전·저수조의 소방용수표지 기준으로 옳은 것은?

	안쪽 문자	안쪽 바탕	바깥쪽 문자	바깥쪽 바탕
①	흰색	붉은색	노란색	파란색
②	붉은색	흰색	파란색	노란색
③	노란색	파란색	흰색	붉은색
④	파란색	노란색	붉은색	흰색

2018 | 상반기 소방관계법규

※ 2018년도 상반기 기출복원문제는 시험 응시자들과 집필진의 기억을 토대로 재구성되었습니다. 실제 기출문제와는 다소 차이가 있을 수 있음을 알려드립니다.

01 변형

시·도지사가 「화재의 예방 및 안전관리에 관한 법률」상 화재예방강화지구로 지정할 필요가 있는 지역임에도 화재예방강화지구로 지정하지 아니하는 경우, 해당 시·도지사에게 해당 지역의 화재예방강화지구 지정을 요청할 수 있는 사람은?

① 행정안전부장관
② 소방본부장
③ 소방서장
④ 소방청장

02 변형

「화재의 예방 및 안전관리에 관한 법률 시행령」상 화목 등 고체연료를 사용하는 보일러의 기준에 대한 설명으로 옳지 않은 것은?

① 고체연료는 별도의 실 또는 보일러와 수평거리 1m 이상 이격하여 보관할 것
② 연통은 보일러보다 2m 이상 높게 연장하여 설치할 것
③ 연통은 천장으로부터 0.6m 이상, 건물 밖으로 0.6m 이상 나오도록 설치할 것
④ 연통재질은 불연재료로 사용하고 연결부에 청소구를 설치할 것

03

「소방기본법」상 용어에 대한 설명으로 옳은 것은?

① '관계인'이란 소방대상물의 소유자·관리자 또는 점유자를 말한다.
② '소방대상물'이란 건축물, 차량, 항구에 매어두지 않은 선박, 선박 건조 구조물, 산림, 그 밖의 인공 구조물 또는 물건을 말한다.
③ '관계지역'이란 소방대상물이 있는 장소만을 말한다.
④ '소방대장'이란 소방본부장 또는 소방서장만을 말한다.

04

「소방기본법 시행규칙」상 소방신호에 대한 설명이 옳게 연결된 것은?

	종류	타종신호	싸이렌 신호
①	경계신호	1타와 연 2타를 반복	5초 간격을 두고 30초씩 3회
②	발화신호	연 3타를 반복 후 난타	5초 간격을 두고 5초씩 3회
③	해제신호	연 2타 반복	1분간 1회
④	훈련신호	연 3타 반복	5초 간격을 두고 1분씩 3회

05 변형

다음 중 「화재의 예방 및 안전관리에 관한 법률 시행령」상 특수가연물에 해당하지 않는 것은?

① 200kg인 면화류
② 1,200kg인 볏짚류
③ 350kg인 나무껍질
④ 3,500kg인 가연성 고체류

06

다음 중 「소방시설공사업법」상 용어에 대한 설명으로 옳지 않은 것은?

① '소방시설공사업'이란 설계도서에 따라 소방시설을 신설, 증설, 개설, 이전 및 정비하는 영업을 말한다.
② '감리원'이란 소방공사감리업자에 소속된 소방기술자로서 해당 소방시설공사를 감리하는 사람을 말한다.
③ '발주자'란 소방시설의 설계, 시공, 감리 및 방염을 소방시설업자에게 도급하는 자를 말한다. 다만, 수급인으로서 도급받은 공사를 하도급하는 자는 제외한다.
④ '소방시설설계업'이란 소방시설공사에 관한 발주자의 권한을 대행하여 소방시설공사가 설계도서와 관계 법령에 따라 적법하게 시공되는지를 확인하는 영업을 말한다.

07

「소방시설공사업법 시행령」상 책임감리원으로 고급감리원을 배치하여야 하는 공사현장으로 옳은 것은?

① 지하층을 포함한 층수가 40층 이상인 특정소방대상물의 공사현장
② 연면적 20만m² 이상인 특정소방대상물의 공사현장
③ 제연설비가 설치되는 특정소방대상물의 공사현장
④ 지하층을 포함한 층수가 16층 이상 40층 미만인 특정소방대상물의 공사현장

08

「소방시설공사업법」상 소방시설공사업의 등록기준으로 옳은 것은?

① 기술인력, 장비, 시설
② 기술인력, 자본금(자산평가액)
③ 기술인력, 장비 도급실적
④ 자본금, 도급실적

09

「소방시설공사업법」상 소방시설업의 종류로 옳은 것을 모두 고른 것은?

㉠ 소방공사감리업	㉡ 방염처리업
㉢ 소방시설공사업	㉣ 소방시설점검업
㉤ 소방시설설계업	㉥ 소방시설관리업

① ㉠, ㉡, ㉣
② ㉠, ㉢, ㉤
③ ㉠, ㉡, ㉢, ㉤
④ ㉠, ㉡, ㉣, ㉤, ㉥

10

「소방시설공사업법 시행규칙」상 소방시설업의 행정처분에 대한 설명 중 빈칸에 들어갈 단어로 옳은 것은?

위반행위의 차수에 따른 행정처분기준은 최근 (   ) 간 같은 위반행위로 행정처분을 받은 경우에 적용한다. 이 경우 기간의 계산은 위반행위에 대한 (   )과 그 처분 후 다시 같은 위반행위를 하여 적발한 날을 기준으로 한다.

① 6개월, 행위일
② 6개월, 행정처분일
③ 1년, 행정처분일
④ 1년, 행위일

11

「화재의 예방 및 안전관리에 관한 법률」에 따라 관리의 권원이 분리되어 있는 특정소방대상물의 경우 그 관리의 권원별 관계인은 그 권원 별로 소방안전관리자를 선임하여야 한다. 이 대상으로 옳지 않은 것은?

① 복합건축물(지하층을 제외한 층수가 11층 이상인 건축물)
② 지하가(지하의 인공구조물 안에 설치된 상점 및 사무실, 그 밖에 이와 비슷한 시설이 연속하여 지하도에 접하여 설치된 것과 그 지하도를 합한 것을 말한다)
③ 복합건축물로서 5층 이상 또는 연면적 5천m² 이상인 것
④ 판매시설 중 전통시장

12

소방시설 설치 및 관리에 관한 법령상 소방서장이 화재안전 기준의 변경으로 강화된 기준을 적용하여야 하는 소방시설을 모두 고른 것은?

> ㉠ 소화기구
> ㉡ 피난구조설비
> ㉢ 연결살수설비
> ㉣ 노유자시설에 설치하는 스프링클러설비, 자동화재탐지설비
> ㉤ 의료시설에 설치하는 간이스프링클러설비, 자동화재속보설비

① ㉠, ㉡
② ㉡, ㉣
③ ㉠, ㉡, ㉤
④ ㉢, ㉣, ㉤

13

「소방시설 설치 및 관리에 관한 법률 시행규칙」상 종합점검의 대상으로 옳은 것은?

① 물분무 등 소화설비가 설치된 연면적이 4,000m²인 특정소방대상물
② 다중이용업의 영업장이 설치된 특정소방대상물로서 연면적이 1,000m² 이상인 것
③ 제연설비가 설치된 터널
④ 공공기관 중 연면적이 600m² 이상이고 자동화재탐지설비가 설치된 것

14

「소방시설 설치 및 관리에 관한 법률 시행령」상 방염성능기준에 대한 설명 중 빈칸에 들어갈 내용을 알맞게 나열한 것은?

> ㉠ 버너의 불꽃을 제거한 때부터 불꽃을 올리며 연소하는 상태가 그칠 때까지 시간은 (   )초 이내일 것
> ㉡ 버너의 불꽃을 제거한 때부터 불꽃을 올리지 아니하고 연소하는 상태가 그칠 때까지 시간은 (   )초 이내일 것
> ㉢ 탄화(炭化)한 면적은 (   )cm² 이내, 탄화한 길이는 (   )cm 이내일 것
> ㉣ 불꽃에 의하여 완전히 녹을 때까지 불꽃의 접촉 횟수는 (   )회 이상일 것
> ㉤ 소방청장이 정하여 고시한 방법으로 발연량(發煙量)을 측정하는 경우 최대연기밀도는 (   ) 이하일 것

① 30, 20, 20, 50, 3, 400
② 20, 30, 50, 20, 3, 400
③ 20, 30, 50, 20, 3, 400
④ 30, 20, 20, 50, 2, 300

15

「소방시설 설치 및 관리에 관한 법률 시행령」상 임시소방시설의 종류가 아닌 것은?

① 소화기
② 스프링클러설비
③ 비상경보장치
④ 간이피난유도선

16

「위험물안전관리법」상 위험물시설의 설치 및 변경 등에 대한 설명으로 옳지 않은 것은?

① 제조소 등을 설치하고자 하는 자는 그 설치장소를 관할하는 시·도지사에게 허가를 받아야 한다.
② 제조소 등의 위치·구조 또는 설비를 변경하고자 하는 때에는 시·도지사에게 신고하여야 한다.
③ 제조소 등의 위치·구조 또는 설비의 변경 없이 당해 제조소 등에서 저장하거나 취급하는 위험물의 품명·수량 또는 지정수량의 배수를 변경하고자 하는 자는 변경하고자 하는 날의 1일 전까지 시·도지사에게 신고하여야 한다.
④ 수산용으로 필요한 건조시설을 위한 지정수량 10배의 저장소는 신고를 하지 아니하고 위험물의 품명·수량 또는 지정수량의 배수를 변경할 수 있다.

17

「위험물안전관리법 시행규칙」상 완공검사 신청시기에 대한 설명으로 옳지 않은 것은?

① 지하탱크가 있는 제조소 등의 경우: 당해 지하탱크를 매설하기 전
② 이동탱크저장소의 경우: 이동저장탱크를 완공하고 상시 설치장소를 확보하기 전
③ 이송취급소의 경우: 이송배관 공사의 전체 또는 일부를 완료한 후. 다만, 지하·하천 등에 매설하는 이송배관 공사의 경우에는 이송배관을 매설하기 전
④ 전체 공사가 완료된 후에는 완공검사를 실시하기 곤란한 경우: 기술원이 지정하는 부분의 비파괴시험을 실시하는 시기

18

「위험물안전관리법 시행규칙」상 지하저장탱크의 주위에는 당해 탱크로부터의 액체위험물의 누설을 검사하기 위한 관을 설치하여야 하는데, 그 관의 설치기준에 대한 설명으로 옳지 않은 것은?

① 이중관으로 해야 한다. 다만, 소공이 없는 상부는 단관으로 할 수 있다.
② 재료는 금속관 또는 경질합성수지관으로 해야 한다.
③ 관은 탱크전용실의 바닥 또는 탱크의 기초까지 닿게 해야 한다.
④ 상부는 물이 침투하지 아니하는 구조로 하고, 뚜껑은 검사 시에 쉽게 열 수 없도록 해야 한다.

19

「위험물안전관리법 시행령」상 1인의 안전관리자를 중복하여 선임할 수 있는 저장소 등을 모두 고른 것은?

> ㉠ 보일러·버너 위험물을 소비하는 장치로 이루어진 7개 이하의 일반취급소와 그 일반취급소에 공급하기 위한 위험물을 저장하는 저장소
> ㉡ 동일구 내에 있는 11개의 옥내저장소
> ㉢ 동일구 내에 있는 11개의 암반탱크저장소
> ㉣ 동일구 내에 있는 31개의 옥외탱크저장소

① ㉠
② ㉠, ㉡
③ ㉡, ㉢
④ ㉠, ㉢, ㉣

20

「위험물안전관리법 시행규칙」상 제조소의 설치기준에 대한 설명으로 옳지 않은 것은?

① 채광설비는 불연재료로 하고 연소의 우려가 없는 장소에 설치하되, 채광면적을 최소로 한다.
② 조명설비의 전선은 내화·내열전선으로 한다.
③ 환기설비 급기구의 크기는 800cm² 이상으로 한다.
④ 환기설비 급기구는 높은 곳에 설치한다.

2017 | 하반기 소방관계법규

※ 2017년도 하반기 기출복원문제는 시험 응시자들과 집필진의 기억을 토대로 재구성되었습니다. 실제 기출문제와는 다소 차이가 있을 수 있음을 알려드립니다.

01

「소방기본법 시행규칙」상 종합상황실의 실장이 상급기관에 보고하여야 하는 사유가 아닌 것은?

① 사망자가 5인 이상 발생한 화재
② 이재민이 100인 이상 발생한 화재
③ 재산피해액이 10억원 이상 발생한 화재
④ 사상자가 10인 이상 발생한 화재

02

「소방기본법」상 위력(威力)을 사용하여 출동한 소방대의 화재진압·인명구조 또는 구급활동을 방해하는 행위를 한 경우, 벌칙 규정으로 옳은 것은?

① 5년 이하의 징역 또는 5천만원 이하의 벌금
② 5년 이하의 징역 또는 3천만원 이하의 벌금
③ 3년 이하의 징역 또는 5천만원 이하의 벌금
④ 3년 이하의 징역 또는 3천만원 이하의 벌금

03 변형

「화재의 예방 및 안전관리에 관한 법률」상 화재안전조사를 실시할 수 있는 경우에 대한 설명으로 옳지 않은 것은?

① 「소방시설 설치 및 관리에 관한 법률」 제22조에 따른 자체점검이 불성실하거나 불완전하다고 인정되는 경우
② 화재가 자주 발생하였거나 발생할 우려가 뚜렷한 곳에 대한 조사가 필요한 경우
③ 화재안전영향평가가 불성실하거나 불완전하다고 인정되는 경우
④ 화재예방강화지구 등 법령에서 화재안전조사를 하도록 규정되어 있는 경우

04

「소방기본법」상 소방업무의 응원에 대한 설명으로 옳지 않은 것은?

① 소방본부장이나 소방서장은 소방활동을 할 때에 긴급한 경우에는 이웃한 소방본부장 또는 소방서장에게 소방업무의 응원(應援)을 요청할 수 있다.
② 소방업무의 응원 요청을 받은 소방본부장 또는 소방서장은 정당한 사유 없이 그 요청을 거절하여서는 아니된다.
③ 소방업무의 응원을 위하여 파견된 소방대원은 응원을 요청받은 소방본부장 또는 소방서장의 지휘에 따라야 한다.
④ 시·도지사는 소방업무의 응원을 요청하는 경우를 대비하여 출동 대상지역 및 규모와 필요한 경비의 부담 등에 관하여 필요한 사항을 행정안전부령으로 정하는 바에 따라 이웃하는 시·도지사와 협의하여 미리 규약(規約)으로 정하여야 한다.

05

「화재의 예방 및 안전관리에 관한 법률 시행령」상 노·화덕설비의 설치기준에 대한 설명으로 옳지 않은 것은?

① 시간당 열량이 30만kcal 이상인 노를 설치하는 경우에는 주요구조부는 난연재료로 한다.
② 노 또는 화덕을 설치하는 장소의 벽·천장은 불연재료로 된 것이어야 한다.
③ 노 또는 화덕의 주위에는 녹는 물질이 확산되지 아니하도록 높이 0.1m 이상의 턱을 설치하여야 한다.
④ 실내에 설치하는 경우에는 흙바닥 또는 금속 외의 불연재료로 된 바닥이나 흙바닥에 설치하여야 한다.

06

「소방시설공사업법 시행령」상 상주공사감리의 대상으로 옳은 것은?

① 연면적 3만m² 이상의 특정소방대상물(아파트는 제외)
② 연면적 3만m² 이상의 특정소방대상물(아파트는 포함)
③ 지하층을 포함한 층수가 15층 이상으로서 500세대 이상인 특정소방대상물(아파트는 제외)
④ 지하층을 포함한 층수가 15층 이상으로서 500세대 이상인 특정소방대상물(아파트는 포함)

07

「소방시설공사업법」상 감리업자의 업무내용으로 옳지 않은 것은?

① 소방시설 등의 설치계획표의 적법성 검토
② 피난시설 및 방화시설의 유지·관리
③ 완공된 소방시설 등의 성능시험
④ 공사업자가 작성한 시공 상세도면의 적합성 검토

08

소방시설공사업법령상 소방시설업의 등록·운영·취소에 대한 설명으로 옳은 것은?

① 소방시설업의 영업정지처분을 받은 경우 소방시설업자는 즉시 감리업자에게 알려야 한다.
② 소방시설업의 영업정지기간 중에 소방시설공사 등을 한 경우에는 영업정지기간을 연장한다.
③ 소방시설업의 등록의 취소권자는 소방본부장 또는 소방서장이다.
④ 영업정지처분기간 중 영업정지에 해당하는 위반사항이 있는 경우에는 종전의 처분기간 만료일의 다음 날부터 새로운 위반사항에 대한 영업정지의 행정처분을 한다.

09

「소방시설공사업법 시행령」상 반드시 착공신고를 해야 하는 것은?

① 단독경보형감지기를 설치하는 경우
② 소화용수설비를 「건설산업기본법 시행령」에 따른 기계설비공사업자 또는 상·하수도설비공사업자가 공사하는 경우
③ 신축하는 특정소방대상물에 옥내소화전설비를 신설하는 경우
④ 동력(감시)제어반을 고장 또는 파손 등으로 인하여 작동시킬 수 없어 긴급히 교체하거나 보수하여야 하는 경우

10

「소방시설공사업법」상 완공검사에 대한 설명으로 옳지 않은 것은?

① 공사업자는 소방시설공사를 완공하면 소방본부장 또는 소방서장의 완공검사를 받아야 한다.
② 공사감리자가 지정되어 있는 경우에는 공사감리 결과보고서로 완공검사를 갈음하되, 대통령령으로 정하는 특정소방대상물의 경우에는 소방본부장이나 소방서장이 소방시설공사가 공사감리 결과보고서대로 완공되었는지를 현장에서 확인할 수 있다.
③ 공사업자가 소방대상물 일부분의 소방시설공사를 마친 경우 그 일부분에 대하여는 소방본부장이나 소방서장에게 완공검사를 신청할 수 없다.
④ 소방본부장이나 소방서장은 완공검사나 부분완공검사를 하였을 때에는 완공검사증명서나 부분완공검사증명서를 발급하여야 한다.

11

「소방시설 설치 및 관리에 관한 법률 시행령」상 성능위주설계를 해야 하는 특정소방대상물의 범위로 옳은 것은?

① 연면적이 10만m²인 특정소방대상물
② 하나의 건축물에 영화상영관이 5개인 특정소방대상물
③ 연면적이 3만m²인 철도 및 도시철도시설
④ 건축물의 높이가 120m 이상인 아파트

소방관계법규

12

「소방시설 설치 및 관리에 관한 법률 시행령」상 소방시설을 설치하지 아니할 수 있는 특정소방대상물의 범위로 옳지 않은 것은?

① 불연성 물품을 저장하는 창고 – 화재 위험도가 낮은 특정소방대상물
② 음료수공장의 세정 또는 충전을 하는 작업장 – 화재안전기준을 적용하기 어려운 특정소방대상물
③ 핵폐기물처리시설 – 화재안전기준을 달리 적용하여야 하는 특수한 용도 또는 구조를 가진 특정소방대상물
④ 수영장 – 화재 위험도가 낮은 특정소방대상물

13

「소방시설 설치 및 관리에 관한 법률」상 소방용품의 형식승인에 대한 설명 중 빈칸에 들어갈 단어를 올바르게 나열한 것은?

> 누구든지 형식승인을 받지 아니한 소방용품을 (가)하거나 (나) 목적으로 (다)하거나 소방시설공사에 (라)할 수 없다.

	(가)	(나)	(다)	(라)
①	제조	제조	수입	사용
②	판매	판매	진열	사용
③	사용	사용	수입	설치
④	판매	제조	수입	설치

14

「화재의 예방 및 안전관리에 관한 법률」상 화재의 예방 및 안전관리에 관한 기본계획 등의 수립·시행 등에 대한 설명으로 옳지 않은 것은?

① 소방청장은 화재예방정책을 체계적 효율적으로 추진하고 이에 필요한 기반확충을 위하여 화재의 예방 및 안전관리에 관한 기본계획을 5년마다 수립·시행하여야 한다.
② 기본계획은 대통령령으로 정하는 바에 따라 소방청장이 관계 중앙행정기관의 장과 협의하여 수립한다.
③ 기본계획에는 화재예방정책의 기본목표 및 추진방향, 화재의 예방과 안전관리 관련 전문인력의 육성·지원 및 관리에 관한 사항이 포함된다.
④ 기본계획, 시행계획 및 세부시행계획 등의 수립·시행에 관하여 필요한 사항은 행정안전부령으로 정한다.

15

「소방시설 설치 및 관리에 관한 법률」상 소방시설관리사 또는 소방시설관리업에 대한 설명으로 옳지 않은 것은?

① 소방시설관리사가 되려는 사람은 소방청장이 실시하는 관리사시험에 합격하여야 한다.
② 관리사시험의 응시자격, 시험방법, 시험과목, 시험위원, 그 밖에 관리사시험에 필요한 사항은 대통령령으로 정한다.
③ 업종별 기술 인력 등 관리업의 등록기준 및 영업범위 등에 관하여 필요한 사항은 대통령령으로 정한다.
④ 관리업의 등록이 취소된 날부터 1년이 경과한 경우는 관리업을 등록할 수 있다.

16

「위험물안전관리법」의 목적에 대한 설명 중 빈칸에 들어갈 단어를 올바르게 나열한 것은?

> 이 법은 위험물의 (가)·(나) 및 (다)과 이에 따른 안전관리에 관한 사항을 규정함으로써 위험물로 인한 위해를 방지하여 공공의 안전을 확보함을 목적으로 한다.

	(가)	(나)	(다)
①	저장	취급	운반
②	저장	취급	이송
③	제조	취급	운반
④	제조	저장	이송

17

「위험물안전관리법 시행규칙」상 복합용도 건축물의 옥내저장소의 기준에 대한 설명으로 옳지 않은 것은?

① 옥내저장소의 용도에 사용되는 부분의 바닥면적은 75m² 이하로 하여야 한다.
② 옥내저장소의 용도에 사용되는 부분의 바닥은 지면보다 높게 설치하고 그 층고를 6m 미만으로 하여야 한다.
③ 옥내저장소의 용도에 사용되는 부분의 출입구에는 수시로 열 수 있는 자동폐쇄방식의 갑종방화문 또는 을종방화문을 설치하여야 한다.
④ 옥내저장소의 용도에 사용되는 부분의 환기설비 및 배출설비에는 방화상 유효한 댐퍼 등을 설치하여야 한다.

18

「위험물안전관리법 시행규칙」상 고객이 직접 주유하는 주유취급소에 대한 설명으로 옳지 않은 것은?

① 주유노즐은 자동차 등의 연료탱크가 가득 찬 경우에는 수동으로 정지시키는 구조이어야 한다.
② 주유호스는 200kg중 이하의 하중에 의하여 깨져 분리되거나 이탈되어야 하고, 깨져 분리되거나 이탈된 부분으로부터의 위험물 누출을 방지할 수 있는 구조이어야 한다.
③ 휘발유와 경유 상호 간의 오인에 의한 주유를 방지할 수 있는 구조이어야 한다.
④ 1회의 연속주유량 및 주유시간의 상한을 미리 설정할 수 있는 구조이어야 한다. 이 경우 주유량의 상한은 휘발유는 100ℓ 이하, 경유는 200ℓ 이하로 하며, 주유시간의 상한은 4분 이하로 한다.

19

「위험물안전관리법 시행령」상 정기점검의 대상으로 옳지 않은 것은?

① 지정수량의 80배 이상의 위험물을 저장하는 옥외저장소
② 암반탱크저장소
③ 이동탱크저장소
④ 지정수량의 10배 이상의 위험물을 취급하는 일반취급소

20

소방공무원으로 근무한 경력이 5년인 사람이 위험물취급자격자로서 취급할 수 있는 위험물은?

① 제1류 위험물
② 제2류 위험물
③ 제3류 위험물
④ 제4류 위험물

2017 | 상반기 소방관계법규

※ 2017년도 상반기 기출복원문제는 시험 응시자들과 집필진의 기억을 토대로 재구성되었습니다. 실제 기출문제와는 다소 차이가 있을 수 있음을 알려드립니다.

01

「소방기본법 시행규칙」상 종합상황실의 실장이 소방서의 종합상황실의 경우는 소방본부의 종합상황실에, 소방본부의 종합상황실의 경우는 소방청의 종합상황실에 각각 보고하여야 하는 상황이 아닌 것은?

① 사망자가 5인 이상 발생하거나 사상자가 10인 이상 발생한 화재
② 재산피해액이 50억원 이상 발생한 화재
③ 이재민이 50인 이상 발생한 화재
④ 연면적 1만 5천m² 이상인 공장에서 발생한 화재

02

「소방기본법」상 소방활동 종사명령 등에 대한 설명으로 옳은 것은?

① 소방서장은 인근 사람에게 인명구출, 화재진압, 화재조사 등을 명령할 수 있다.
② 소방활동 종사명령을 한 소방본부장, 소방서장 또는 소방대장은 소방활동에 필요한 보호장구를 지급하지 않아도 된다.
③ 소방활동에 종사한 사람은 시·도지사로부터 소방종사활동의 비용을 지급받을 수 있다.
④ 소방활동 종사명령에 따라 사람을 구출하는 일을 방해한 사람은 5년 이하의 징역 또는 3천만원 이하의 벌금에 처한다.

03

「화재의 예방 및 안전관리에 관한 법률」상 화재안전영향평가에 대한 설명으로 옳지 않은 것은?

① 소방청장은 화재발생 원인 및 연소과정을 조사·분석하는 등 과정에서 법령이나 정책의 개선이 필요하다고 인정되는 경우 그 법령이나 정책에 대한 화재안전영향평가를 실시할 수 있다.
② 인명피해 발생현황 등 화재로 인한 피해 현황은 화재안전평가의 내용 등 기준에 포함되는 사항이다.
③ 소방청장은 화재안전영향평가를 하는 경우 화재현장 및 자료조사 등을 기초로 화재·피난 시뮬레이션 등 과학적인 예측·분석방법으로 실시할 수 있다.
④ 화재안전영향평가의 방법·절차·기준 등에 필요한 사항은 대통령령으로 정한다.

04

「화재의 예방 및 안전관리에 관한 법률」상 건설현장의 소방안전관리대상물에 해당하지 않는 것은?

① 연면적 1,5000m² 이상인 것
② 지상 11층 이상인 특정소방상물로서 연면적 5,000m² 이상인 것
③ 냉동 또는 냉장창고로서 연면적 5,000m² 이상인 것
④ 지하 2층 이하인 특정소방대상물로서 연면적 3천m² 이상인 것

05

「소방기본법」상 소방지원활동 등에 대한 설명으로 옳지 않은 것은?

① 소방지원활동에는 화재·재난·재해로 인한 피해복구 지원활동이 있다.

② 소방지원활동에는 단전사고 시 비상전원 또는 조명의 공급이 있다.

③ 소방지원활동은 소방활동 수행에 지장을 주지 아니하는 범위에서 할 수 있다.

④ 유관기관·단체 등의 요청에 따른 소방지원활동에 드는 비용은 지원요청을 한 유관기관·단체 등에게 부담하게 할 수 있다.

06

「소방시설 설치 및 관리에 관한 법률 시행규칙」상 소방시설등의 자체점검 결과의 조치에 대한 설명으로 옳지 않은 것은?

① 소방본부장 또는 소방서장에게 자체점검 실시결과 보고서를 보고한 관계인은 그 점검결과를 점검이 끝난 날부터 2년간 자체 보관해야 한다.

② 관리업자 등은 자체점검을 실시한 경우 그 점검이 끝난 날부터 7일 이내에 소방시설 등 자체점검 결과보고서를 관계인에게 제출하여야 한다.

③ 관계인은 자체점검이 끝난 날부터 15일 이내에 자체점검 결과보고서에 소방시설등의 자체점검결과 이행계획서를 첨부하여 소방본부장 또는 소방서장에게 보고해야 한다.

④ 이행계획을 완료한 관계인은 이행을 완료한 날로부터 10일 이내에 소방시설등의 자체점검결과 이행완료 보고서를 작성하여 소방본부장 또는 소방서장에게 보고하여야 한다.

07

「소방시설 설치 및 관리에 관한 법률 시행령」상 방염성능기준으로 옳지 않은 것은?

① 버너의 불꽃을 제거한 때부터 불꽃을 올리며 연소하는 상태가 그칠 때까지 시간은 20초 이내일 것

② 버너의 불꽃을 제거한 때부터 불꽃을 올리지 아니하고 연소하는 상태가 그칠 때까지 시간은 30초 이내일 것

③ 탄화(炭化)한 면적은 $50cm^2$ 이내, 탄화한 길이는 30cm 이내일 것

④ 불꽃에 의하여 완전히 녹을 때까지 불꽃의 접촉 횟수는 3회 이상일 것

08

「소방시설 설치 및 관리에 관한 법률」상 특정소방대상물의 내진설계 대상으로서 '대통령령으로 정하는 소방시설'로 옳은 것은?

① 스프링클러설비
② 옥외소화전설비
③ 소화용수설비
④ 제연설비

09

화재의 예방 및 안전관리에 관한 법령상 화재안전조사에 대한 설명으로 옳지 않은 것은?

① 소방관서장은 필요하면 소방기술사, 소방시설관리사, 그 밖에 화재안전 분야에 전문지식을 갖춘 사람을 화재안전조사에 참여하게 할 수 있다.

② 소방관서장은 화재안전조사를 하려면 사전에 관계인에게 조사대상, 조사기간 및 조사사유 등을 우편, 전화, 전자메일 또는 문자전송을 통하여 통지해야 한다.

③ 화재안전조사의 연기를 신청하려는 관계인은 화재안전조사 시작 5일 전까지 소방청장, 소방본부장 또는 소방서장에게 연기를 신청할 수 있다.

④ 관계인이 질병, 장기출장 등으로 화재안전조사에 참여할 수 없는 경우 소방관서장에게 화재안전조사의 연기를 신청할 수 있다.

10

「소방시설공사업법 시행령」상 완공검사를 위한 현장확인 대상 특정소방대상물의 범위로 옳지 않은 것은?

① 연면적이 1만m² 이상인 특정소방대상물

② 문화 및 집회시설, 다중이용업소

③ 물분무 등 소화설비(호스릴 방식의 소화설비 제외)가 설치되는 특정소방대상물

④ 11층 이상의 아파트

11

「소방시설공사업법 시행령」상 소방시설공사의 착공신고 대상으로 옳은 것은?

① 비상경보설비를 증설하는 공사
② 유도등을 신설하는 공사
③ 자동화재탐지설비의 경계구역을 증설하는 공사
④ 비상방송설비(소방용 외의 용도와 겸용되는 비상방송설비를 「정보통신공사업법」에 따른 정보통신공사업자가 공사하는 경우를 포함한다)를 신설하는 공사

12

「소방시설공사업법 시행령」상 공사감리자 지정대상 특정소방대상물로 옳지 않은 것은?

① 소화용수설비·통합감시시설을 신설 또는 개설할 때
② 옥내소화전설비를 신설·개설 또는 증설할 때
③ 캐비닛형 간이스프링클러설비를 신설·개설하거나 방호·방수구역을 증설할 때
④ 자동화재탐지설비를 신설 또는 개설할 때

13

정당한 사유 없이 며칠 이상 소방시설공사를 계속하지 않은 경우에 관계인 또는 발주자는 수급인에게 도급계약을 해지할 수 있다. 이때 며칠 이상이어야 하는가?

① 7일
② 14일
③ 30일
④ 60일

14

「소방시설공사업법 시행규칙」상 소방시설업 등록사항의 변경신고사항에 해당하지 않는 것은?

① 상호(명칭) 또는 영업소 소재지
② 대표자
③ 기술인력
④ 자본금

15

「소방시설공사업법 시행령」상 소방시설의 하자보수 보증기간이 같은 소방시설을 바르게 나열한 것은?

① 유도표지, 비상경보설비, 비상조명등, 피난기구
② 옥내소화전설비, 제연설비, 비상콘센트, 비상방송설비
③ 무선통신보조설비, 자동소화장치, 상수도소화용수설비, 물분무 등 소화설비
④ 자동화재탐지설비, 옥내소화전설비, 무선통신보조설비, 비상조명등

16

「위험물안전관리법 시행규칙」상 주유취급소에 대한 설명으로 옳은 것은?

① 주유취급소의 고정주유설비의 주위에는 주유를 받으려는 자동차 등이 출입할 수 있도록 너비 10m 이상, 길이 5m 이상의 콘크리트 등으로 포장한 공지를 보유하여야 한다.
② 주유취급소에는 흑색바탕에 황색문자로 '주유 중 엔진정지'라는 표시를 한 게시판을 설치하여야 한다.
③ 고정주유설비 또는 고정급유설비의 주유관의 길이는 5m 이내로 한다.
④ 주유취급소의 주위에는 자동차 등이 출입하는 쪽 외의 부분에 높이 3m 이상의 내화구조 또는 불연재료의 담 또는 벽을 설치하여야 한다.

17

「위험물안전관리법 시행규칙」상 판매취급소에 대한 설명으로 옳은 것은?

① 제1종 판매취급소에는 제2종 판매취급소보다 더 강화된 기준을 적용한다.

② 제1종 판매취급소는 건축물의 1층에 설치하여야 한다.

③ 제1종 판매취급소의 출입구 문턱의 높이는 바닥면으로부터 0.15m 이상으로 한다.

④ 제1종 판매취급소에는 '위험물 판매취급소(제1종)'라는 표시를 한 표지와 방화에 관하여 필요한 사항을 게시한 게시판을 설치할 필요는 없다.

18

「위험물안전관리법 시행령」상 위험물과 지정수량의 연결이 바르지 않은 것은?

① 무기과산화물 – 50kg

② 철분 – 500kg

③ 특수인화물 – 100ℓ

④ 질산에스테르류 – 10kg

19

「위험물안전관리법 시행령」상 관계인이 예방규정을 정하여야 하는 제조소 등의 기준으로 옳은 것은?

① 지정수량 10배 이상의 위험물을 취급하는 제조소

② 지정수량 100배 이상의 위험물을 저장하는 옥내저장소

③ 지정수량 150배 이상의 위험물을 저장하는 옥외탱크저장소

④ 지정수량 100배 이상의 위험물을 저장하는 암반탱크저장소

20

「위험물안전관리법」상 위험물안전관리자에 대한 설명으로 옳지 않은 것은?

① 안전관리자를 선임한 제조소 등의 관계인은 그 안전관리자를 해임하거나 안전관리자가 퇴직한 때에는 해임하거나 퇴직한 날부터 30일 이내에 다시 안전관리자를 선임하여야 한다.

② 안전관리자를 선임하지 못한 경우에만 대리자를 지정할 수 있다.

③ 위험물취급자격자가 아닌 자는 안전관리자 또는 대리자가 참여한 상태에서 위험물을 취급하여야 한다.

④ 다수의 제조소 등을 동일인이 설치한 경우에는 제조소 등마다 안전관리자를 두어야 하는 규정에도 불구하고 관계인은 대통령령이 정하는 바에 따라 1인의 안전관리자를 중복하여 선임할 수 있다.

2016 | 소방관계법규

※ 2016년도 기출복원문제는 시험 응시자들과 집필진의 기억을 토대로 재구성되었습니다. 실제 기출문제와는 다소 차이가 있을 수 있음을 알려드립니다.

01

다음 중 「소방시설공사업법」의 목적에 해당하지 않는 것은?

① 소방시설업을 건전하게 발전시키고 소방기술을 진흥시킴
② 공공의 안전을 확보함
③ 국민경제에 이바지함
④ 화재로부터 국민의 생명 · 신체 및 재산을 보호

02

「소방시설공사업법」상 관계인 또는 발주자가 적절한 공사업자를 선정할 수 있도록 하기 위하여 시공능력을 평가하여 공시할 수 있는 자는?

① 시 · 도지사
② 소방서장
③ 소방시설업협회
④ 소방청장

03

「소방시설공사업법 시행령」상 소방공사감리자 지정대상 특정소방대상물의 범위에 해당하지 않는 것은?

① 비상경보설비를 신설 또는 증설할 때
② 옥내소화전설비를 신설 · 개설 또는 증설할 때
③ 소화용수설비를 신설 또는 개설할 때
④ 무선통신보조설비를 신설 또는 개설할 때

04

「소방시설공사업법 시행규칙」상 일반공사감리에 대한 설명으로 옳지 않은 것은?

① 감리원은 주 1회 이상 소방공사감리현장에 배치되어 감리하여야 한다.
② 기계 분야의 감리원 자격을 취득한 사람과 전기 분야의 감리원 자격을 취득한 사람 각 1명 이상을 감리원으로 배치하여야 한다.
③ 1명의 감리원이 담당하는 소방공사감리현장은 6개 이하로서 감리현장 연면적의 총 합계가 10만m² 이하이어야 한다.
④ 감리업자는 감리원이 부득이한 사유로 14일 이내의 범위에서 업무를 수행할 수 없는 경우에는 업무대행자를 지정하여 그 업무를 수행하게 하여야 한다.

05

「소방시설공사업법 시행령」상 완공검사를 위한 현장확인 대상 특정소방대상물의 범위로 옳지 않은 것은?

① 스프링클러설비 등이 설치된 특정소방대상물
② 문화 및 집회시설, 종교시설, 판매시설, 노유자시설, 수련시설, 숙박시설, 의료시설, 운동시설, 창고시설, 지하상가 및 다중이용업소
③ 연면적 1만m² 이상이거나 11층 이상인 특정소방대상물(아파트는 제외한다)
④ 가연성 가스를 제조 · 저장 또는 취급하는 시설 중 지상에 노출된 가연성 가스탱크의 저장용량 합계가 1천톤 이상인 시설

06

「소방시설공사업법」상 소방시설업의 등록을 반드시 취소하여야 하는 경우에 해당되는 것은?

① 다른 자에게 소방시설업의 등록증 또는 등록수첩을 빌려준 경우
② 등록을 한 후 정당한 사유 없이 1년이 지날 때까지 영업을 시작하지 아니한 경우
③ 영업정지기간 중에 소방시설공사를 한 경우
④ 동일인이 시공과 감리를 함께 한 경우

07

「화재의 예방 및 안전관리에 관한 법률」상 소방안전 특별관리시설물에 해당하지 않는 것은?

① 공항시설, 항만시설
② 지정문화재인 시설
③ 천연가스 인수기지 및 공급망
④ 상영관이 10개 이상인 영화상영관

08

「소방시설 설치 및 관리에 관한 법률 시행규칙」상 작동점검에 대한 사항 중 점검인력 1단위가 하루 동안 점검할 수 있는 특정소방대상물의 연면적으로 옳은 것은?

① $6,000m^2$ ② $10,000m^2$
③ $12,000m^2$ ④ $15,000m^2$

09

「소방시설 설치 및 관리에 관한 법률」상 소방청장이 청문을 실시하여야 하는 처분이 아닌 것은?

① 관리업의 등록취소 및 영업정지
② 소방용품의 형식승인 취소 및 제품검사 중지
③ 우수품질인증의 취소
④ 방염성능검사 중지

10

「화재의 예방 및 안전관리에 관한 법률 시행규칙」상 1급 소방안전관리자 강습과목에 해당하지 않는 것은?

① 소방관계법령
② 재난 관련 법령 및 안전관리
③ 소방학개론
④ 구조 및 응급처치 이론·실습·평가

11

「소방시설 설치 및 관리에 관한 법률 시행규칙」상 소방시설 등의 자체점검 시 점검인력 배치기준에 대한 설명으로 옳지 않은 것은?

① 점검인력 1단위가 하루 동안 점검할 수 있는 특정소방대상물의 연면적은 종합점검의 경우 $8,000m^2$, 작동점검의 경우 $10,000m^2$ 이다.
② 점검인력 1단위에 보조인력을 1명씩 추가할 때마다 종합점검의 경우 $2,000m^2$, 작동점검의 경우 $2,500m^2$씩을 점검한도 면적에 더한다. 다만, 하루에 2개 이상의 특정소방대상물을 점검할 경우 투입된 점검인력에 따른 점검한도 면적의 평균값으로 적용하여 계산한다.
③ 점검인력 1단위가 하루 동안 점검할 수 있는 아파트의 세대수는 종합점검의 경우 200세대, 작동점검의 경우 250세대로 한다.
④ 점검인력은 하루에 5개까지 특정소방대상물에 배치할 수 있으며, 1개의 특정소방대상물을 2일 이상 연속하여 점검을 실시하는 경우에는 마지막 날에 한하여 다른 특정소방대상물에 점검인력을 배치할 수 있다.

12

「위험물안전관리법 시행규칙」상 주유취급소의 기준에 관한 설명으로 옳지 않은 것은?

① 황색바탕에 흑색문자로 '주유 중 엔진정지'라는 표시를 한 게시판을 설치하여야 한다.

② 주유취급소의 고정주유설비의 주위에는 주유를 받으려는 자동차 등이 출입할 수 있도록 너비 15m 이상, 길이 6m 이상의 콘크리트 등으로 포장한 공지를 보유하여야 한다.

③ 공지의 바닥은 주위 지면보다 낮게 하고, 그 표면을 적당하게 경사지게 하여 새어나온 기름 그 밖의 액체가 공지의 외부로 유출되지 아니하도록 배수구·집유설비 및 유분리장치를 하여야 한다.

④ 주유취급소의 주위에는 자동차 등이 출입하는 쪽 외의 부분에 높이 2m 이상의 내화구조 또는 불연재료의 담 또는 벽을 설치하여야 한다.

13

「위험물안전관리법 시행규칙」상 옥외탱크저장소의 방유제에 대한 설명으로 옳지 않은 것은?

① 방유제 내의 면적은 8만m² 이하로 하여야 한다.

② 방유제에는 그 내부에 고인 물을 외부로 배출하기 위한 배수구를 설치하고 이를 개폐하는 밸브 등을 방유제의 외부에 설치하여야 한다.

③ 높이가 1m를 넘는 방유제 및 간막이 둑의 안팎에는 방유제 내에 출입하기 위한 계단 또는 경사로를 약 70m 마다 설치하여야 한다.

④ 방유제 내에는 당해 방유제 내에 설치하는 옥외저장탱크를 위한 배관, 조명설비 및 계기시스템과 이들에 부속하는 설비 그 밖의 안전확보에 지장이 없는 부속설비 외에는 다른 설비를 설치하지 아니하여야 한다.

14

「위험물안전관리법」상 다음 괄호 안에 들어갈 단어를 바르게 나열한 것은?

> 제조소 등의 위치·구조 또는 설비의 변경 없이 당해 제조소 등에서 저장하거나 취급하는 위험물의 품명·수량 또는 지정수량의 배수를 변경하고자 하는 자는 변경하고자 하는 날의 (㉠)까지 행정안전부령이 정하는 바에 따라 (㉡)에게 신고하여야 한다.

	㉠	㉡
①	1일 전	소방서장
②	1일 전	시·도지사
③	3일 전	소방서장
④	3일 전	시·도지사

15

「위험물안전관리법 시행령」상 관계인이 예방규정을 정하여야 하는 제조소 등의 기준으로 옳지 않은 것은?

① 지정수량 150배 이상의 위험물을 저장하는 옥내저장소

② 지정수량 100배 이상의 위험물을 저장하는 옥외저장소

③ 지정수량 200배 이상의 위험물을 저장하는 옥외탱크저장소

④ 지정수량 200배 이상의 위험물을 저장하는 암반탱크저장소

16

「소방기본법」상 한국소방안전원의 정관에 기재하여야 하는 사항이 아닌 것은?

① 주된 사무소의 소재지

② 회원과 임원 및 직원에 관한 사항

③ 재정 및 회계에 관한 사항

④ 대표자의 성명

17

「소방기본법」상 용어의 정의에 관한 내용 중 다음 (   ) 안에 들어갈 사항으로 옳은 것은?

> (   )이란 건축물, 차량, 선박(항구에 매어둔 선박만 해당한다), 선박 건조 구조물, 산림, 그 밖의 인공구조물 또는 물건을 말한다.

① 특정소방대상물
② 소방대상물
③ 방염대상물
④ 특별소방대상물

18

「소방기본법 시행규칙」상 소방신호의 종류와 방법 중 싸이렌 신호에 관한 설명으로 옳지 않은 것은?

① 경계신호: 5초 간격을 두고 30초씩 3회
② 발화신호: 5초 간격을 두고 5초씩 3회
③ 해제신호: 1분간 1회
④ 훈련신호: 1분 간격을 두고 1분씩 3회

19

「화재의 예방 및 안전관리에 관한 법률」상 화재예방강화지구의 지정대상지역이 아닌 것은?

① 상가지역
② 공장·창고가 밀집한 지역
③ 소방시설·소방용수시설 또는 소방출동로가 없는 지역
④ 석유화학제품을 생산하는 공장이 있는 지역

20

「화재의 예방 및 안전관리에 관한 법률 시행령」상 화재예방강화지구 내의 화재안전조사, 훈련 및 교육에 관한 사항으로 옳지 않은 것은?

① 소방관서장은 화재예방강화지구 안의 관계인에 대하여 소방상 필요한 훈련 및 교육을 연 1회 이상 실시할 수 있다.
② 시·도지사는 소방상 필요한 훈련 및 교육을 실시하고자 하는 때에는 화재예방강화지구 안의 관계인에게 훈련 또는 교육 10일 전까지 그 사실을 통보하여야 한다.
③ 소방관서장은 화재예방강화지구 안의 소방대상물의 위치·구조 및 설비 등에 대한 화재안전조사를 연 1회 이상 실시하여야 한다.
④ 시·도지사는 화재예방강화지구에서의 화재예방에 필요한 자료를 화재예방강화지구 관리대장에 작성하고 관리하여야 한다.

소방관계법규

에듀윌이
너를
지지할게
ENERGY

길이 가깝다고 해도
가지 않으면 도달하지 못하며,
일이 작다고 해도
행하지 않으면 성취되지 않는다.

– 순자(荀子)

행정법총론

FIRE FIGHTER

2022 | 행정법총론 A형

01

「행정기본법」에 대한 설명으로 옳지 않은 것은?

① 행정작용은 법률에 위반되어서는 아니 되며, 국민의 권리를 제한하거나 의무를 부과하는 경우와 그 밖에 국민생활에 중요한 영향을 미치는 경우에는 법률에 근거하여야 한다.

② 행정청은 권한 행사의 기회가 있음에도 불구하고 장기간 권한을 행사하지 아니하여 국민이 그 권한이 행사되지 아니할 것으로 믿을 만한 정당한 사유가 있는 경우에는 그 권한을 행사해서는 아니 된다. 다만, 공익 또는 제3자의 이익을 현저히 해칠 우려가 있는 경우는 예외로 한다.

③ 즉시강제는 다른 수단으로는 행정목적을 달성할 수 없는 경우에만 허용되며, 이 경우에도 최소한으로만 실시하여야 한다.

④ 행정청은 법률로 정하는 바에 따라 처분에 재량이 있는 경우에도 완전히 자동화된 시스템으로 처분을 할 수 있다.

02

행정행위의 하자로서 무효사유가 아닌 것은? (다툼이 있는 경우 판례에 의함)

① 국토계획법령이 정한 도시계획시설사업의 대상 토지의 소유와 동의요건을 갖추지 못하였음에도 도시계획시설사업의 사업시행자 지정처분을 한 경우

② 조세부과처분의 근거가 되었던 법률규정에 대하여 위헌결정이 내려진 후 체납처분을 한 경우

③ 학교환경위생정화위원회의 심의절차를 누락한 채 학교환경위생정화구역에서의 금지행위 및 시설해제 여부에 관한 행정처분을 한 경우

④ 납세자가 아닌 제3자의 재산을 대상으로 압류처분을 한 경우

03

행정행위의 취소와 철회에 대한 설명으로 옳지 않은 것은? (다툼이 있는 경우 판례에 의함)

① 과세관청은 과세처분의 취소를 다시 취소함으로써 이미 효력을 상실한 원부과처분을 소생시킬 수 없다.

② (구) 「영유아보육법」상 어린이집 평가인증의 취소는 철회에 해당하므로, 평가인증의 효력을 과거로 소급하여 상실시키기 위해서는 특별한 사정이 없는 한 별도의 법적 근거가 필요하다.

③ 행정처분을 한 행정청은 처분의 성립에 하자가 있는 경우라도 별도의 법적 근거가 없으면 직권으로 이를 취소할 수 없다.

④ 세무조사가 과세자료의 수집 또는 신고내용의 정확성 검증이라는 본연의 목적이 아니라 부정한 목적을 위하여 행하여진 것이라면 이는 세무조사에 중대한 위법사유가 있는 경우에 해당하고, 이러한 세무조사에 의하여 수집된 과세자료를 기초로 한 과세처분 역시 위법하다.

04

신뢰보호의 원칙에 대한 설명으로 옳지 않은 것은? (다툼이 있는 경우 판례에 의함)

① 행정청이 공적인 견해에 반하는 행정처분을 함으로써 달성하려는 공익이 행정청의 공적 견해표명을 신뢰한 개인이 그 행정처분으로 인하여 입게 되는 이익의 침해를 정당화할 수 있을 정도로 강한 경우에는 그 행정처분은 위법하지 않다.

② 과세관청이 질의회신 등을 통하여 어떤 견해를 대외적으로 표명하였더라도 그것이 중요한 사실관계와 법적인 쟁점을 제대로 드러내지 아니한 채 질의한 데 따른 것이라면, 공적인 견해표명에 의하여 정당한 기대를 가지게 할 만한 신뢰가 부여된 경우로 볼 수 없다.

③ 폐기물처리업에 대하여 관할 관청의 사전 적정통보를 받고 막대한 비용을 들여 요건을 갖춘 다음 허가신청을 한 경우, 행정청이 청소업자의 난립으로 효율적인 청소업무의 수행에 지장이 있다는 이유로 불허가처분을 하였다 할지라도 신뢰보호의 원칙에 반하지 아니한다.

④ 법원이 「질서위반행위규제법」에 따라서 하는 과태료재판은 원칙적으로 행정소송에서와 같은 신뢰보호의 원칙 위반 여부가 문제되지 아니한다.

05

법치행정의 원리에 대한 설명으로 옳지 않은 것은? (다툼이 있는 경우 판례에 의함)

① 국회가 형식적 법률로 직접 규율해야 할 필요성은 규율 대상이 기본권 및 기본적 의무와 관련된 중요성을 가질수록, 그에 관한 공개적 토론의 필요성 또는 상충하는 이익 사이의 조정 필요성이 클수록 더 증대된다.

② 국가계약의 본질적인 내용은 사인 간의 계약과 다를 바가 없어 법령에 특별한 규정이 있는 경우를 제외하고는 사법의 규정 내지 법원리가 그대로 적용되므로, 국가와 사인 간의 계약은 국가계약법령에 따른 요건과 절차를 거치지 않더라도 유효하다.

③ 지방의회의원에 대하여 유급보좌인력을 두기 위해서는 법률의 근거가 필요하다.

④ 납세의무자에게 조세의 납부의무뿐만 아니라 스스로 과세표준과 세액을 계산하여 신고하여야 하는 의무까지 부과하는 경우에는 신고의무불이행에 따른 불이익의 내용을 법률로 정하여야 한다.

06

행정입법에 대한 설명으로 옳지 않은 것은? (다툼이 있는 경우 판례에 의함)

① 법률의 시행령이나 시행규칙은 법률의 위임이 없으면 개인의 권리·의무에 관한 내용을 변경·보충하거나 법률이 규정하지 아니한 새로운 내용을 정할 수는 없으므로, 모법에 이에 관하여 직접 위임하는 규정을 두지 아니하였다면 당연히 이를 무효라고 보아야 한다.

② 법률에서 군법무관의 보수의 구체적 내용을 시행령에 위임했음에도 불구하고 행정부가 정당한 이유 없이 시행령을 제정하지 않은 것은 불법행위이므로 이에 대하여 국가배상청구를 할 수 있다.

③ 일반적으로 법률의 위임에 따라 효력을 갖는 법규명령의 경우에 위임의 근거가 없어 무효였더라도 나중에 법 개정으로 위임의 근거가 부여되면 그때부터는 유효한 법규명령으로 볼 수 있다.

④ 행정처분이 법규성이 없는 내부지침 등의 규정에 위배된다고 하더라도 그 이유만으로 처분이 위법하게 되는 것은 아니며, 내부지침 등에서 정한 요건에 부합한다고 하여 반드시 그 처분이 적법한 것이라고 할 수도 없다.

07

「개인정보 보호법」상 개인정보 보호제도에 대한 설명으로 옳은 것은?

① 살아 있는 개인에 관하여 알아볼 수 있는 정보라도 가명처리함으로써 원래의 상태로 복원하기 위한 추가정보의 사용·결합 없이는 특정 개인을 알아볼 수 없게 된 정보는 이 법에 따른 개인정보에 해당하지 아니한다.

② 개인정보 보호위원회는 대통령 직속기관으로 대통령이 직접 지휘·감독한다.

③ 정보주체가 자신의 개인정보에 대한 열람을 공공기관에 요구하고자 할 때에는 공공기관에 직접 열람을 요구하거나 대통령령으로 정하는 바에 따라 개인정보 보호위원회를 통하여 열람을 요구할 수 있다.

④ 개인정보처리자는 당초 수집 목적과 합리적으로 관련된 범위에서 정보주체에게 불이익이 발생하는지 여부, 암호화 등 안전성 확보에 필요한 조치를 하였는지 여부 등을 고려하더라도 정보주체의 동의 없이는 개인정보를 제3자에게 제공할 수 없다.

08

신문사 기자 갑(甲)은 A광역시가 보유·관리하고 있던 시의원 을(乙)과 관련이 있는 정보를 사본 교부의 방법으로 공개하여 줄 것을 청구하였다. 이에 대한 설명으로 옳지 않은 것은? (다툼이 있는 경우 판례에 의함)

① 정보공개청구권자가 선택한 공개방법에 따라 정보를 공개하여야 하므로, 원칙적으로 A광역시는 사본 교부가 아닌 열람의 방법으로는 공개할 수 없다.

② 을(乙)의 비공개 요청이 있는 경우 A광역시는 공개를 하여서는 아니 되고, 만일 공개하였다면 을(乙)에 대하여 손해배상책임을 지게 된다.

③ 을(乙)의 의견을 듣고 A광역시가 공개를 거부하였다면, 갑(甲)과 을(乙) 사이에 아무런 법률상 이해관계가 없다고 할지라도 갑(甲)은 A광역시의 거부에 대하여 항고소송으로 다툴 수 있다.

④ A광역시가 「공공기관의 정보공개에 관한 법률」상 비공개 대상 정보임을 이유로 비공개 결정을 한 경우, A광역시는 당초 처분의 근거로 삼은 사유와 기본적 사실관계가 동일성이 있다고 인정되는 한도 내에서만 항고소송에서 다른 공개거부 사유를 추가하거나 변경할 수 있다.

09

행정입법의 사법적 통제에 대한 설명으로 옳지 않은 것은? (다툼이 있는 경우 판례에 의함)

① 조례가 집행행위의 개입 없이도 그 자체로서 직접 국민의 권리의무나 법적 이익에 영향을 미치는 등의 법률상 효과를 발생하는 경우 그 조례는 항고소송의 대상이 되는 행정처분에 해당한다.

② 행정청이 행정입법 등 추상적인 법령을 제정하지 아니하는 행위는 법률이 시행되지 못하게 됨으로써 행정입법을 통해 구체화되는 개인의 권리를 침해하는 것으로, 항고소송의 대상이 된다.

③ 어떠한 처분의 근거나 법적인 효과가 행정규칙에 규정되어 있다고 하더라도, 그 처분이 상대방의 권리의무에 직접 영향을 미치는 행위라면 항고소송의 대상이 되는 행정처분에 해당한다.

④ 법령의 규정이 특정 행정기관에게 법령 내용의 구체적 사항을 정하도록 권한을 부여하여 특정 행정기관이 행정규칙을 정하였으나 그 행정규칙이 상위 법령의 위임 범위를 벗어났다면, 그러한 행정규칙은 대외적 구속력을 가지는 법규명령으로서의 효력이 인정되지 않는다.

10

사인의 공법행위에 대한 설명으로 옳지 않은 것은? (다툼이 있는 경우 판례에 의함)

① 주민등록신고는 행정청이 수리한 경우에 비로소 신고의 효력이 발생한다.

② 장기요양기관의 폐업신고와 노인의료복지시설의 폐지신고는 행정청이 그 신고를 수리한 경우, 신고서 위조 등의 사유가 있더라도 그대로 유효하다.

③ 「의료법」에 따라 정신과의원을 개설하려는 자가 법령에 규정되어 있는 요건을 갖추어 개설신고를 한 경우 행정청은 원칙적으로 이를 수리하여 신고필증을 교부하여야 하고, 법령에서 정한 요건 이외의 사유를 들어 의원급 의료기관 개설신고의 수리를 거부할 수는 없다.

④ 가설건축물 존치기간을 연장하려는 건축주 등이 법령에 규정되어 있는 제반 서류와 요건을 갖추어 행정청에 연장신고를 한 때에는 행정청은 원칙적으로 이를 수리하여 신고필증을 교부하여야 하고, 법령에서 정한 요건 이외의 사유를 들어 수리를 거부할 수는 없다.

11

행정계획에 대한 설명으로 옳지 않은 것은? (다툼이 있는 경우 판례에 의함)

① 행정청은 구체적인 행정계획의 입안·결정에 관하여 광범위한 형성의 재량을 가진다.

② 행정청이 행정계획을 입안·결정할 때 이익형량을 전혀 행하지 아니하였다면, 그 행정계획 결정은 재량권을 일탈·남용한 것으로 위법하다.

③ (구) 「도시계획법」및 지방자치단체의 도시계획조례상 규정된 도시기본계획은 장기적·종합적인 개발계획으로서 행정청에 대한 직접적 구속력을 가지지 않는다.

④ 개발제한구역으로 지정되어 있는 부지에 묘지공원과 화장장 시설들을 설치하기로 하는 도시계획시설결정은 위법하다.

12

행정벌에 대한 설명으로 옳지 않은 것은? (다툼이 있는 경우 판례에 의함)

① 지방자치단체 소속 공무원이 지방자치단체 고유의 자치사무를 처리하면서 위반행위를 한 경우 지방자치단체도 양벌규정에 따라 처벌대상이 되는 법인에 해당한다.

② 지방국세청장이 조세범칙행위에 대하여 고발을 한 후에 동일한 조세범칙행위에 대하여 통고처분을 하는 경우, 이러한 통고처분은 법적 권한 소멸 후 이루어진 것으로 특별한 사정이 없는 한 효력이 없고 조세범칙행위자가 이를 이행하였더라도 일사부재리의 원칙이 적용될 수 없다.

③ 경찰서장이 범칙행위에 대하여 통고처분을 하더라도 통고처분에서 정한 납부기간까지는 검사가 공소를 제기할 수 있다.

④ 하나의 행위가 둘 이상의 질서위반행위에 해당하는 경우에는 각 질서위반행위에 대하여 정한 과태료 중 가장 중한 과태료를 부과한다.

13

「행정심판법」에 대한 설명으로 옳지 않은 것은?

① 청구인이 피청구인을 잘못 지정한 경우에는 위원회는 직권으로 또는 당사자의 신청에 의하여 결정으로써 피청구인을 경정할 수 있다.

② 행정심판위원회는 심판청구의 대상이 되는 처분보다 청구인에게 불리한 재결을 할 수 있다.

③ 중앙행정심판위원회는 위법 또는 불합리한 명령 등의 시정조치를 관계 행정기관에 요청할 수 있다.

④ 법령의 규정에 따라 공고하거나 고시한 처분이 재결로써 취소되거나 변경되면 처분을 한 행정청은 지체 없이 그 처분이 취소 또는 변경되었다는 것을 공고하거나 고시하여야 한다.

14

행정행위에 대한 설명으로 옳지 않은 것은? (다툼이 있는 경우 판례에 의함)

① 재량에 의한 행정처분이 그 재량권의 한계를 벗어난 것이어서 위법하다는 점은 그 행정처분의 효력을 다투는 자가 이를 주장·입증하여야 하고, 처분청이 그 재량권의 행사가 정당한 것이었다는 점까지 주장·입증할 필요는 없다.

② 행정청이 제재처분 양정을 하면서 처분 상대방에게 법령에서 정한 임의적 감경사유가 있는 경우, 그 감경사유까지 고려하고도 감경하지 않은 채 개별처분기준에서 정한 상한으로 처분을 한 경우에는 재량권을 일탈·남용하였다고 보아야 한다.

③ 허가신청 후 허가기준이 변경된 경우에는 원칙적으로 처분시의 기준인 변경된 허가기준에 따라서 처분하여야 한다.

④ 학교법인의 임원이 교비회계 자금을 법인회계로 부당 전출하였고, 업무 집행에 있어서 직무를 태만히 하여 학교법인이 이를 시정하기 위한 노력을 하였으나 결과적으로 대부분의 시정 요구 사항이 이행되지 아니하였던 점 등을 고려하면, 교육부장관의 임원승인취소처분은 재량권을 일탈·남용한 것으로 볼 수 없다.

15

행정행위에 대한 설명으로 옳은 것은? (다툼이 있는 경우 판례에 의함)

① 건축물의 건축이 「국토의 계획 및 이용에 관한 법률」상 개발행위에 해당할 경우 그 건축의 허가권자는 개발행위허가가 의제되는 건축허가신청이 국토계획법령이 정한 개발행위허가기준에 부합하지 아니하면 이를 거부할 수 있다.

② 주택건설사업계획 승인처분에 따라 의제된 인·허가의 위법함을 다투고자 하는 이해관계인은 의제된 인·허가의 취소를 구할 것이 아니라, 주된 처분인 주택건설사업계획 승인처분의 취소를 구하여야 한다.

③ 「하천법」에 의한 하천의 점용허가는 강학상 허가에 해당한다.

④ 「출입국관리법」상 체류자격 변경허가는 기속행위이므로 신청인이 관계법령에서 정한 요건을 충족하면 허가권자는 신청을 받아들여 허가해야 한다.

16

행정행위의 부관에 대한 설명으로 옳은 것은? (다툼이 있는 경우 판례에 의함)

① 수익적 행정처분에 있어서는 법령에 특별한 근거규정이 있는 경우에 한하여 부관을 붙일 수 있다.

② 행정처분에 붙인 부관인 부담이 무효가 되면 그 부담의 이행으로 한 사법상 법률행위도 당연히 무효가 된다.

③ 사정변경으로 인하여 당초에 부담을 부가한 목적을 달성할 수 없게 된 경우에도 부관의 사후변경은 허용되지 않는다.

④ 행정청이 종교단체에 대하여 기본재산전환인가를 하면서 인가조건을 부가하고 그 불이행시 인가를 취소할 수 있도록 한 경우, 인가조건의 의미는 철회권을 유보한 것이다.

17

행정절차의 하자에 대한 설명으로 옳지 않은 것은? (다툼이 있는 경우 판례에 의함)

① 환경영향평가를 거쳐야 하는 대상사업에 대하여 환경영향평가를 거치지 아니하였음에도 불구하고 승인 등 처분이 행해진 경우, 그 행정처분은 당연무효이다.

② 행정청이 사전환경성검토협의를 거쳐야 할 대상사업에 관하여 법의 해석을 잘못한 나머지 세부용도지역이 지정되지 않은 개발사업 부지에 대하여 사전환경성검토협의를 할지 여부를 결정하는 절차를 생략한 채 승인 등의 처분을 하였다면, 그 행정처분은 당연무효이다.

③ 환경영향평가를 거쳐야 할 대상사업에 대해 환경영향평가 절차를 거쳤으나 그 내용이 다소 부실한 경우, 그 부실의 정도가 환경영향평가를 하지 아니한 것과 같은 정도가 아닌 한 당해 승인 등 처분이 위법하게 되는 것은 아니다.

④ 환경영향평가 대상지역 밖의 주민이라 할지라도 공유수면매립면허처분 등으로 인하여 그 처분 전과 비교하여 수인한도를 넘는 환경피해를 받거나 받을 우려가 있는 경우에는, 이를 입증함으로써 그 처분 등의 무효확인을 구할 원고적격을 인정받을 수 있다.

18

행정상 손해배상에 대한 설명으로 옳은 것은? (다툼이 있는 경우 판례에 의함)

① 국회의원은 원칙적으로 정치적 책임을 질 뿐이므로 헌법에 따른 구체적 입법의무를 부담하고 있음에도 그 입법에 필요한 상당한 기간이 경과하도록 고의 또는 과실로 그 입법의무를 이행하지 아니하는 경우 그 배상책임이 인정되기 어렵다.

② 주무 부처인 중앙행정기관이 입법 예고를 통해 법령안의 내용을 국민에게 예고한 적이 있다면, 그것이 법령으로 확정되지 아니하였다고 하더라도 국가는 위 법령안에 관련된 사항에 대해 이해관계자들에게 어떠한 신뢰를 부여한 것으로 볼 수 있다.

③ 공무원에게 부과된 직무상 의무의 내용이 전적으로 또는 부수적으로 사회구성원 개인의 안전과 이익을 보호하기 위하여 설정된 것이라면, 공무원이 그와 같은 직무상 의무를 위반함으로써 피해자가 입은 손해에 대해서는 상당인과관계가 인정되는 범위에서 국가가 배상책임을 진다.

④ 「금융위원회의 설치 등에 관한 법률」의 입법 취지에 비추어 볼 때, 금융감독원에 금융기관에 대한 검사·감독 의무를 부과한 법령의 목적이 금융상품에 투자한 투자자 개인의 이익을 직접 보호하기 위한 것이라고 할 수 있으므로, 피고 금융감독원 및 그 직원들의 위법한 직무집행과 해당 저축은행의 후순위사채에 투자한 원고들이 입은 손해 사이에 상당인과관계가 인정된다.

19

행정상 손실보상에 대한 설명으로 옳지 않은 것은? (다툼이 있는 경우 판례에 의함)

① 손실보상과 손해배상은 근거규정 및 요건·효과를 달리하지만 손실보상청구권에 '손해 전보'라는 요소가 포함되어 있어 실질적으로 같은 내용의 손해에 관하여 양자의 청구권이 동시에 성립한다면 청구권자는 어느 하나만을 선택적으로 행사할 수 있을 뿐이다.

② 공공사업시행지구 밖에서 발생한 간접손실에 관하여 그 피해자와 사업시행자 사이에 협의가 이루어지지 아니하고, 그 보상에 관한 명문의 근거 법령이 없는 경우라고 하더라도 공공사업의 시행으로 인하여 그러한 손실이 발생하리라는 것을 쉽게 예견할 수 있고, 그 손실의 범위도 구체적으로 특정할 수 있다면 그 손실보상에 관하여 관련 규정 등을 유추적용할 수 있다.

③ 수용재결에 불복하여 취소소송을 제기하는 때에는 이의신청을 거친 경우에도 이의신청에 대한 재결 자체에 고유한 위법이 없는 한 수용재결을 한 중앙토지수용위원회 또는 지방토지수용위원회를 피고로 하여 수용재결의 취소를 구하여야 한다.

④ 어떤 보상항목이 공익사업을 위한 토지 등의 취득 및 보상에 관한 법령상 손실보상대상에 해당함에도 관할 토지수용위원회가 법리를 오해함으로써 손실보상대상에 해당하지 않는다고 잘못된 내용의 재결을 한 경우에는, 피보상자는 관할 토지수용위원회를 상대로 그 재결에 대한 취소소송을 제기하여야 한다.

20

항고소송의 대상에 대한 설명으로 옳지 않은 것은? (다툼이 있는 경우 판례에 의함)

① 병무청장의 요청에 따른 법무부장관의 입국금지결정은 법무부장관의 의사가 공식적인 방법으로 외부에 표시되어 입국 자체를 금지하는 것으로서 그 입국금지결정은 항고소송의 대상이 될 수 있는 처분에 해당한다.

② 병무청장이 「병역법」에 따라 병역의무 기피자의 인적사항 등을 인터넷 홈페이지에 게시하는 등의 방법으로 공개한 경우 병무청장의 공개결정을 항고소송의 대상이 되는 행정처분으로 보아야 한다.

③ 시장이 감사원으로부터 「감사원법」에 따라 징계의 종류를 정직으로 정한 징계 요구를 받게 되자 감사원에 징계 요구에 대한 재심의를 청구하였고, 감사원이 재심의청구를 기각한 경우, 감사원의 징계 요구와 재심의결정은 항고소송의 대상이 되는 행정처분이라고 할 수 없다.

④ 「국방전력발전업무훈령」에 따른 연구개발확인서 발급은 개발업체가 전력지원체계 연구개발사업을 성공적으로 수행하여 군사용 적합판정을 받고 경우에 따라 사업관리기관이 개발업체에게 수의계약의 방식으로 국방조달계약을 체결할 수 있는 지위가 있음을 인정해 주는 확인적 행정행위로서 처분에 해당한다.

2021.04.03. 시행

2021 | 행정법총론 A형

1초 합격예측! 모바일 성적분석표

☑ QR코드 스캔 후 모바일 OMR에 답안 입력
☑ 자동측정된 문제풀이 시간 확인
☑ 자동채점결과 및 성적분석표 확인

01

행정벌에 대한 설명으로 옳지 않은 것은? (다툼이 있는 경우 판례에 의함)

① 과태료는 행정상의 질서유지를 위한 행정질서벌에 해당할 뿐 형벌이라 할 수 없어 죄형법정주의의 규율대상에 해당하지 않는다.

② 행정형벌은 행정법상 의무위반에 대한 제재로 과하는 처벌로 법인이 법인으로서 행정법상 의무자인 경우 그 의무위반에 대하여 형벌의 성질이 허용하는 한도 내에서 그 법인을 처벌하는 것은 당연하며, 행정범에 관한 법인의 범죄능력을 인정함이 일반적이나, 지방자치단체와 같은 공법인의 경우는 범죄능력 및 형벌능력 모두 부정된다.

③ 과태료 재판은 이유를 붙인 결정으로써 하며, 결정은 당사자와 검사에게 고지함으로써 효력이 발생하고, 당사자와 검사는 과태료 재판에 대하여 즉시항고할 수 있으며 이 경우 항고는 집행정지의 효력이 있다.

④ 행정청이 질서위반행위에 대하여 과태료를 부과하고자 하는 때에는 미리 당사자에게 과태료 부과의 원인이 되는 사실, 과태료 금액 및 적용법령 등을 통지하고 10일 이상의 기간을 정하여 의견을 제출할 기회를 주어야 한다.

02

행정상 강제집행에 대한 설명으로 옳지 않은 것은? (다툼이 있는 경우 판례에 의함)

① 대집행은 비금전적인 대체적 작위의무를 의무자가 이행하지 않는 경우 행정청이 스스로 의무자가 행하여야 할 행위를 하거나 제3자로 하여금 행하게 하는 것으로, 그 대집행의 대상은 공법상 의무에만 한정하지 않는다.

② 행정청이 대집행에 대한 계고를 함에 있어서 의무자가 스스로 이행하지 아니하는 경우 대집행할 행위의 내용과 범위가 구체적으로 특정되어야 하지만, 그 내용 및 범위는 대집행계고서에 의해서만 특정되어야 하는 것은 아니고 그 처분 전후에 송달된 문서나 기타 사정을 종합하여 이를 특정할 수 있으면 족하다.

③ 비상 시 또는 위험이 절박한 경우에 있어 당해 행위의 급속한 실시를 요하여 대집행영장에 의한 통지절차를 취할 여유가 없을 때에는 이 절차를 거치지 아니하고 대집행할 수 있다.

④ 개발제한구역 내의 건축물에 대하여 허가를 받지 않고 한 용도변경행위에 대한 형사처벌과 「건축법」 제83조 제1항에 의한 시정명령 위반에 대한 이행강제금 부과는 이중처벌에 해당하지 아니한다.

03

「행정절차법」에 대한 설명으로 옳지 않은 것은?

① 공청회는 다른 법령 등에서 공청회를 개최하도록 규정하고 있는 경우 또는 당해 처분의 영향이 광범위하여 널리 의견을 수렴할 필요가 있다고 행정청이 인정하는 경우에 개최된다.

② 행정응원을 위하여 파견된 직원은 당해 직원의 복무에 관하여 다른 법령 등에 특별한 규정이 없는 한, 응원을 요청한 행정청의 지휘·감독을 받는다.

③ 행정응원에 소요되는 비용은 응원을 요청한 행정청이 부담하며, 그 부담금액 및 부담방법은 응원을 행하는 행정청의 결정에 의한다.

④ 송달이 불가능하여 관보, 공보 등에 공고한 경우에는 다른 법령 등에 특별한 규정이 있는 경우를 제외하고 공고일부터 14일이 경과한 때에 그 효력이 발생한다. 다만, 긴급히 시행하여야 할 특별한 사유가 있어 효력 발생 시기를 달리 정해 공고한 경우에는 그에 따른다.

04

행정행위에 대한 설명으로 옳지 않은 것은? (다툼이 있는 경우 판례에 의함)

① 개발제한구역 내의 건축물의 용도변경에 대한 예외적 허가는 그 상대방에게 제한적이므로 기속행위에 속하는 것이다.

② 농지처분의무통지는 단순한 관념의 통지에 불과하다고 볼 수 없고, 상대방인 농지소유자의 의무에 직접 관계되는 독립한 행정처분으로서 항고소송의 대상이 된다.

③ 행정청이 (구) 「식품위생법」 규정에 의하여 영업자지위 승계신고를 수리하는 처분은 종전의 영업자의 권익을 제한하는 처분에 해당하므로, 행정청은 이를 처리함에 있어 종전의 영업자에 대하여 처분의 사전통지, 의견청취 등 「행정절차법」상의 처분절차를 거쳐야 한다.

④ 부담은 행정청이 행정행위를 하면서 일방적으로 부가할 수도 있지만 부담을 부가하기 이전에 상대방과 협의하여 부담의 내용을 협약의 형식으로 미리 정한 다음 행정행위를 하면서 부가할 수도 있다.

05

행정행위의 존속력에 관한 설명으로 옳지 않은 것은? (다툼이 있는 경우 판례에 의함)

① 불가변력은 처분청에 미치는 효력이고, 불가쟁력은 상대방 및 이해관계인에게 미치는 효력이다.

② 불가쟁력이 생긴 경우에도 국가배상청구를 할 수 있다.

③ 불가변력이 있는 행위가 당연히 불가쟁력을 발생시키는 것은 아니다.

④ 불가쟁력은 실체법적 효력만 있고, 절차법적 효력은 전혀 가지고 있지 않다.

06

「행정심판법」상 위원회에 대한 설명으로 옳지 않은 것은?

① 중앙행정심판위원회의 비상임위원은 일정한 요건을 갖춘 사람 중에서 중앙행정심판위원회 위원장의 제청으로 국무총리가 성별을 고려하여 위촉한다.

② 중앙행정심판위원회의 회의는 위원장, 상임위원 및 위원장이 회의마다 지정하는 비상임위원을 포함하여 총 15명으로 구성한다.

③ 「행정심판법」 제10조에 의하면, 위원장은 제척신청이나 기피신청을 받으면 제척 또는 기피 여부에 대한 결정을 한다.

④ 중앙행정심판위원회는 위원장 1명을 포함하여 70명 이내의 위원으로 구성한다.

07

다음 설명 중 옳지 않은 것은? (다툼이 있는 경우 판례에 의함)

① 건설부장관(현 국토교통부장관)이 행한 국립공원지정 처분에 따른 경계측량 및 표지의 설치 등은 처분이 아니다.

② 행정지도가 구술로 이루어지는 경우 상대방이 행정지도의 취지·내용 및 신분을 기재한 서면의 교부를 요구하면 당해 행정지도를 행하는 자는 직무수행에 특별한 지장이 없는 한 이를 교부하여야 한다.

③ 조례가 집행행위의 개입 없이도 그 자체로서 직접 국민의 구체적인 권리·의무나 법적 이익에 영향을 미치는 등의 법률상 효과를 발생하는 경우 그 조례는 항고소송의 대상이 되는 행정처분에 해당한다.

④ 행정계획은 현재의 사회·경제적 모든 상황의 조사를 바탕으로 장래를 예측하여 수립되고 장기간에 걸쳐 있으므로, 행정계획의 변경은 인정되지 않는다.

08

다음 설명 중 옳지 않은 것은? (다툼이 있는 경우 판례에 의함)

① 원고가 단지 1회 훈령에 위반하여 요정출입을 하다가 적발된 정도라면, 면직처분보다 가벼운 징계처분으로서도 능히 위 훈령의 목적을 달성할 수 있다고 볼 수 있는 점에서 이 사건 파면처분은 이른바 비례의 원칙에 어긋난 것으로 위법하다고 판시하였다.

② 수입 녹용 중 일정성분이 기준치를 0.5% 초과하였다는 이유로 수입 녹용 전부에 대하여 전량 폐기 또는 반송처리를 지시한 처분은 재량권을 일탈·남용한 경우에 해당한다고 판시하였다.

③ 청소년유해매체물로 결정·고시된 만화인 사실을 모르고 있던 도서대여업자가 그 고시일로부터 8일 후에 청소년에게 그 만화를 대여한 것을 사유로 그 도서대여업자에게 금 700만 원의 과징금이 부과된 경우, 그 과징금부과처분은 재량권을 일탈·남용한 것으로서 위법하다고 판시하였다.

④ 사법시험 제2차 시험에 과락제도를 적용하고 있는 (구) 사법시험령 제15조 제2항은 비례의 원칙, 과잉금지의 원칙, 평등의 원칙에 위반되지 않는다고 판시하였다.

09

「개인정보 보호법」상 개인정보 단체소송에 대한 설명으로 옳지 않은 것은?

① 단체소송의 원고는 변호사를 소송대리인으로 선임하여야 한다.

② 단체소송에 관하여 「개인정보 보호법」에 특별한 규정이 없는 경우에는 「민사소송법」을 적용한다.

③ 법원은 개인정보처리자가 분쟁조정위원회의 조정을 거부하지 않을 경우에만, 결정으로 단체소송을 허가한다.

④ 단체소송의 절차에 관하여 필요한 사항은 대법원규칙으로 정한다.

10

「행정소송법」에 대한 설명으로 옳은 것은? (다툼이 있는 경우 판례에 의함)

① 민중소송 및 기관소송은 법률이 정한 자에 한하여 제기할 수 있다.

② 판례는 「행정소송법」상 행정청의 부작위에 대하여 부작위위법확인소송과 작위의무이행소송을 인정하고 있다.

③ 「행정소송법」상 항고소송은 취소소송·무효등 확인소송·부작위위법확인소송·당사자소송으로 구분한다.

④ 국가 또는 공공단체의 기관이 법률에 위반되는 행위를 한 때에 직접 자기의 법률상 이익과 관계없이 그 시정을 구하기 위하여 제기하는 소송을 기관소송이라 한다.

11

「국가배상법」에 대한 설명으로 옳지 않은 것은? (다툼이 있는 경우 판례에 의함)

① 판례는 「자동차손해배상 보장법」은 배상책임의 성립요건에 관하여는 「국가배상법」에 우선하여 적용된다고 판시하였다.

② 헌법재판소는 「국가배상법」제2조 제1항 단서 이중배상금지규정에 대하여 헌법에 위반되지 아니한다고 판시하였다.

③ 생명·신체의 침해로 인한 국가배상을 받을 권리는 양도는 가능하지만, 압류는 하지 못한다.

④ 판례는 「국가배상법」제5조의 영조물의 설치·관리상의 하자로 인한 손해가 발생한 경우, 피해자의 위자료 청구권이 배제되지 아니한다고 판시하였다.

12

행정상의 법률관계와 소송형태 등에 관한 설명으로 옳지 않은 것은? (다툼이 있는 경우 판례에 의함)

① 「도시 및 주거환경정비법」상의 주택재건축정비사업조합을 상대로 관리처분계획안에 대한 조합 총회결의의 무효확인을 구하는 소는 공법관계이므로 당사자소송을 제기하여야 한다.

② 「국가를 당사자로 하는 계약에 관한 법률」에 따라 국가가 당사자로 되는 입찰방식에 의한 사인과 체결하는 이른바 공공계약은 국가가 사경제의 주체로서 상대방과 대등한 위치에서 체결하는 사법상의 계약이다.

③ 「국유재산법」에 따른 국유재산의 무단점유자에 대한 변상금 부과·징수권은 민사상 부당이득반환청구권과 법적 성질을 달리하므로, 국가는 무단점유자를 상대로 변상금 부과·징수권의 행사와 별개로 국유재산의 소유자로서 민사상 부당이득반환청구의 소를 제기할 수 있다.

④ 2020년 4월 1일부터 시행되는 전부개정 「소방공무원법」 이전의 경우, 지방소방공무원의 보수에 관한 법률관계는 사법상의 법률관계이므로 지방소방공무원이 소속 지방자치단체를 상대로 초과근무수당의 지급을 구하는 소송은 행정소송상 당사자소송이 아닌 민사소송절차에 따라야 했다.

13

행정행위의 성립과 효력에 관한 설명으로 옳은 것은? (다툼이 있는 경우 판례에 의함)

① 일반적으로 행정행위가 주체·내용·절차와 형식의 요건을 모두 갖추고 외부에 표시된 경우에 행정행위의 존재가 인정된다.

② 행정청의 의사가 외부에 표시되어 행정청이 자유롭게 취소·철회할 수 없는 구속을 받게 되는 시점에 행정행위가 성립하는 것은 아니며, 행정행위의 성립 여부는 행정청의 의사를 공식적인 방법으로 외부에 표시하였는지 여부를 기준으로 판단해야 한다.

③ 「행정절차법」은 행정행위 상대방에 대한 송달받을 자의 주소 등을 통상적인 방법으로 확인할 수 없는 경우에 한하여, 공고의 방법에 의한 송달이 가능하도록 규정하고 있다.

④ 상대방 있는 행정처분이 상대방에게 고지되지 아니한 경우에도 상대방이 다른 경로를 통해 행정처분의 내용을 알게 된다면 그 행정처분의 효력이 발생한다.

14

행정대집행에 관한 설명으로 옳지 않은 것은? (다툼이 있는 경우 판례에 의함)

① 대집행의 근거법으로는 대집행에 관한 일반법인 「행정대집행법」과 대집행에 관한 개별법 규정이 있다.

② 대집행의 요건을 충족한 경우에 행정청이 대집행을 할 것인지 여부에 관해서 소수설은 재량행위로 보나, 다수설과 판례는 기속행위로 본다.

③ 대집행의 절차인 '대집행의 계고'의 법적 성질은 준법률행위적 행정행위이므로 계고 그 자체가 독립하여 항고소송의 대상이나, 2차 계고는 새로운 철거의무를 부과하는 것이 아니고 대집행기한의 연기 통지에 불과하므로 행정처분으로 볼 수 없다는 판례가 있다.

④ 계고처분의 후속절차인 대집행에 위법이 있다고 하여 그와 같은 후속절차에 위법성이 있다는 점을 들어 선행절차인 계고처분이 부적법하다는 사유로 삼을 수는 없다.

15

행정지도에 관한 설명으로 옳지 않은 것은? (다툼이 있는 경우 판례에 의함)

① 행정지도란 행정기관이 그 소관 사무의 범위에서 일정한 행정목적을 실현하기 위하여 특정인에게 일정한 행위를 하거나 하지 아니하도록 지도, 권고, 조언 등을 하는 행정작용을 말한다.

② 행정지도 중 규제적·구속적 행정지도의 경우에는 법적 근거가 필요하다는 견해가 있다.

③ 교육인적자원부장관(현 교육부장관)의 (구)공립대학 총장들에 대한 학칙시정요구는 고등교육법령에 따른 것으로, 그 법적 성격은 대학총장의 임의적인 협력을 통하여 사실상의 효과를 발생시키는 행정지도의 일종으로 헌법소원의 대상이 되는 공권력의 행사로 볼 수 없다.

④ 행정지도가 강제성을 띠지 않은 비권력적 작용으로서 행정지도의 한계를 일탈하지 아니하였다면, 그로 인해 상대방에게 어떤 손해가 발생하였다고 해도 행정기관은 그에 대한 손해배상책임이 없다.

16

행정조사에 관한 설명으로 옳은 것(○)과 옳지 않은 것(×)을 바르게 표기한 것은? (다툼이 있는 경우 판례에 의함)

> ㉠ 행정조사는 그 실효성 확보를 위해 수시조사를 원칙으로 한다.
> ㉡ 「행정절차법」은 행정조사절차에 관한 명문의 규정을 일부 두고 있다.
> ㉢ (구) 「국세기본법」에 따른 금지되는 재조사에 기초한 과세처분은 특별한 사정이 없는 한 위법하다.
> ㉣ 우편물 통관검사절차에서 이루어지는 우편물의 개봉, 시료채취, 성분분석 등의 검사는 행정조사의 성격을 가지는 것으로 압수·수색영장 없이 진행되었다고 해도 특별한 사정이 없는 한 위법하다고 볼 수 없다.

	㉠	㉡	㉢	㉣
①	×	×	○	○
②	×	○	×	○
③	○	×	○	×
④	×	○	○	○

17

행정행위에 관한 설명으로 옳지 않은 것은? (다툼이 있는 경우 판례에 의함)

① 행정행위의 부관 중 행정행위에 부수하여 그 상대방에게 일정한 의무를 부과하는 행정청의 의사표시인 부담은 그 자체만으로 행정소송의 대상이 될 수 있다.

② 현역입영대상자는 현역병입영통지처분에 따라 현실적으로 입영을 하였다 할지라도, 입영 이후의 법률관계에 영향을 미치고 있는 현역병입영통지처분을 한 관할 지방병무청장을 상대로 위법을 주장하여 그 취소를 구할 수 있다.

③ 재량행위가 법령이나 평등원칙을 위반한 경우뿐만 아니라 합목적성의 판단을 그르친 경우에도 위법한 처분으로서 행정소송의 대상이 된다.

④ 허가의 신청 후 법령의 개정으로 허가기준이 변경된 경우에는 신청할 당시의 법령이 아닌 행정행위 발령 당시의 법령을 기준으로 허가 여부를 판단하는 것이 원칙이다.

18

행정행위의 하자에 관한 설명으로 옳지 않은 것은? (다툼이 있는 경우 판례에 의함)

① 행정처분의 대상이 되는 법률관계나 사실관계가 있는 것으로 오인할 만한 객관적인 사정이 있고 사실관계를 정확히 조사하여야만 그 대상이 되는지 여부가 밝혀질 수 있는 경우에는 비록 그 하자가 중대하더라도 명백하지 않아 무효로 볼 수 없다.

② 조례 제정권의 범위를 벗어나 국가사무를 대상으로 한 무효인 조례의 규정에 근거하여 지방자치단체의 장이 행정처분을 한 경우 그 행정처분은 하자가 중대하나, 명백하지는 아니하므로 당연무효에 해당하지 아니한다.

③ 보충역편입처분에 하자가 있다고 할지라도 그것이 중대하고 명백하지 않는 한, 그 하자를 이유로 공익근무요원소집처분의 효력을 다툴 수 없다.

④ 부동산에 관한 취득세를 신고하였으나 부동산매매계약이 해제됨에 따라 소유권 취득의 요건을 갖추지 못한 경우에는 그 하자가 중대하지만 외관상 명백하지 않아 무효는 아니며 취소할 수 있는 데 그친다.

19

국가배상책임에 관한 설명으로 옳지 않은 것은? (다툼이 있는 경우 판례에 의함)

① 「국가배상법」에서는 공무원 개인의 피해자에 대한 배상책임을 인정하는 명시적인 규정을 두고 있지 않다.

② 공무원증 발급업무를 담당하는 공무원이 대출을 받을 목적으로 다른 공무원의 공무원증을 위조하는 행위는 「국가배상법」 제2조 제1항의 직무집행관련성이 인정되지 않는다.

③ 군교도소 수용자들이 탈주하여 일반 국민에게 손해를 입혔다면 국가는 그로 인하여 피해자들이 입은 손해를 배상할 책임이 있다.

④ 「국가배상법」 제2조 제1항 단서에 의해 군인 등의 국가배상청구권이 제한되는 경우, 공동불법행위자인 민간인은 피해를 입은 군인 등에게 그 손해 전부에 대하여 배상하여야 하는 것은 아니며 자신의 부담 부분에 한하여 손해배상의무를 부담한다.

20

다음 설명 중 옳지 않은 것은? (다툼이 있는 경우 판례에 의함)

① 지방자치단체가 옹벽시설공사를 업체에게 주어 공사를 시행하다가 사고가 일어난 경우, 옹벽이 공사 중이고 아직 완성되지 아니하여 일반 공중의 이용에 제공되지 않았다면 「국가배상법」 제5조 소정의 영조물에 해당한다고 할 수 없다.

② 김포공항을 설치·관리함에 있어 항공법령에 따른 항공기 소음기준 및 소음대책을 준수하려는 노력을 하였더라도, 공항이 항공기 운항이라는 공공의 목적에 이용됨에 있어 그와 관련하여 배출하는 소음 등의 침해가 인근 주민들에게 통상의 수인한도를 넘는 피해를 발생하게 하였다면 공항의 설치·관리상에 하자가 있다고 보아야 한다.

③ 가변차로에 설치된 두 개의 신호기에서 서로 모순되는 신호가 들어오는 고장으로 인하여 사고가 발생한 경우, 그 고장이 현재의 기술 수준상 부득이한 것으로 예방할 방법이 없는 것이라면 손해발생의 예견가능성이나 회피 가능성이 없어 영조물의 하자를 인정할 수 없다.

④ 영조물 설치자의 재정사정이나 영조물의 사용목적에 의한 사정은, 안전성을 요구하는 데 대한 참작사유는 될지언정 안전성을 결정지을 절대적 요건은 아니다.

2020 | 행정법총론 A형

01

기속행위와 재량행위에 대한 설명으로 옳은 것은? (다툼이 있는 경우 판례에 의함)

① 법원은 최근 기존의 입장을 변경하여 재량행위 외에 기속행위나 기속적 재량행위에도 부관을 붙일 수 있는 것으로 보고 있고, 이러한 부관이 있는 경우 특별한 사정이 없는 한 당사자는 부관의 내용을 이행하여야 할 의무를 진다.

② 건축허가를 하면서 일정 토지를 기부채납하도록 하는 내용의 허가조건을 붙였다면 원칙상 취소사유로 보아야 한다.

③ 「건축법」상 건축허가신청의 경우 심사 결과 그 신청이 법정요건에 합치하는 경우라 할지라도 소음공해, 먼지발생, 주변인 집단 민원 등의 사유가 있는 경우 이를 불허가 사유로 삼을 수 있고, 그러한 불허가처분이 비례원칙 등을 준수하였다면 처분 자체의 위법성은 인정될 수 없다.

④ 법이 과징금 부과처분에 대한 임의적 감경규정을 두었다면 감경 여부는 행정청의 재량에 속한다고 할 것이나, 행정청이 감경사유가 있음에도 이를 전혀 고려하지 않았거나 감경사유에 해당하지 않는다고 오인한 나머지 과징금을 감경하지 않았다면 그 과징금 부과처분은 재량을 일탈하거나 남용한 위법한 처분으로 보아야 한다.

02

「행정절차법」상 행정절차에 대한 설명으로 옳은 것은?

① 행정청은 처분을 할 때 필요하다고 인정하는 경우에 청문을 할 수 있다.

② 행정청은 해당 처분의 영향이 광범위하여 널리 의견을 수렴할 필요가 있다고 인정하는 경우에 청문을 실시할 수 있다.

③ 행정청이 당사자에게 의무를 부과하거나 권익을 제한하는 처분을 함에 있어 청문이나 공청회를 거치지 않은 경우에는 당사자에게 의견제출의 기회를 주어야 한다.

④ 행정청이 처분을 할 때에는 긴급히 처분을 할 경우를 제외하고는 모든 경우에 있어 당사자에게 그 근거와 이유를 제시하여야 한다.

03

사정판결에 대한 설명으로 옳은 것은? (다툼이 있는 경우 판례에 의함)

① 행정청의 재량에 속하는 처분이라도 재량권의 한계를 넘거나 그 남용이 있는 때에는 법원은 이를 취소할 수 있고, 재량권 일탈·남용에 관하여는 피고인 행정청이 증명책임을 부담한다.

② 법원은 사정판결을 하기 전에 원고가 그로 인하여 입게 될 손해의 정도와 배상방법, 그 밖의 사정을 조사하여야 한다.

③ 사정판결을 하는 경우 법원은 처분의 위법함을 판결의 주문에 표기할 수 없으므로 판결의 내용에서 그 처분 등이 위법함을 명시함으로써 원고에 대한 실질적 구제가 이루어지도록 하여야 한다.

④ 원고는 취소소송이 계속된 법원에 당해 행정청에 대한 손해배상 청구 등을 병합하여 제기할 수 없으므로, 손해배상 청구를 담당하는 민사법원의 판결이 먼저 내려진 경우라 할지라도 이 판결의 내용은 취소소송에 영향을 미치지 아니한다.

04

취소소송에 대한 설명으로 옳은 것은?

① 취소소송은 처분 등을 대상으로 하나, 재결취소소송은 처분 및 재결 자체에 고유한 위법이 있음을 이유로 하는 경우에 한한다.

② 「행정소송법」 제23조 제2항 소정의 행정처분 등의 효력이나 집행을 정지하기 위한 요건으로서의 '회복하기 어려운 손해'라 함은 특별한 사정이 없는 한 금전적 보상을 과도하게 요하는 경우, 금전보상이 불가능한 경우, 그 밖에 금전보상으로는 사회관념상 행정처분을 받은 당사자가 참고 견딜 수 없거나 또는 참고 견디기가 현저히 곤란한 경우의 유형, 무형의 손해를 일컫는다.

③ 취소소송은 처분 등이 있음을 안 날부터 90일 이내에, 처분 등이 있은 날부터 1년 이내에 제기할 수 있고, 다만 처분 등이 있은 날부터 1년이 경과하여도 정당한 사유가 있다면 취소소송을 제기할 수 있다.

④ 집행정지의 결정을 신청함에 있어서는 그 이유에 대한 소명을 반드시 필요로 하는 것은 아니므로 정당한 사유 등 특별한 사정이 있다면 재판부는 그 소명 없이 직권으로 집행정지에 대한 결정을 하여야 한다.

05

행정행위의 하자에 대한 설명으로 옳은 것은? (다툼이 있는 경우 판례에 의함)

① 하자 있는 행정행위의 치유는 원칙적으로 허용되나, 국민의 권리나 이익을 침해하지 않는 범위 내에서 인정된다.

② 행정소송에서 행정처분의 위법 여부는 행정처분이 있을 때의 법령과 사실상태를 기준으로 하여 판단하여야 하고 처분 후 법령의 개폐나 사실상태의 변동이 있다면 그러한 법령의 개폐나 사실상태의 변동에 의하여 처분의 위법성이 치유될 수 있다.

③ 법률관계나 사실관계에 대하여 그 법률의 규정을 적용할 수 없다는 법리가 명백히 밝혀지지 아니하여 그 해석에 다툼의 여지가 있는 경우에, 행정관청이 이를 잘못 해석하여 행정처분을 하였다면 그 처분의 하자는 객관적으로 명백하다고 볼 것이나, 중대한 것은 아니므로 이를 이유로 무효를 주장할 수는 없다.

④ 「도시 및 주거환경정비법」상 주택재건축사업의 추진위원회가 조합을 설립하고자 하는 때에는 토지소유자 등이 일정 수 이상 동의하여야 하는데, 조합설립인가처분이 이러한 요건을 충족하지 못한 상태에서 이루어졌다면 그러한 처분은 위법하고, 토지소유자 등의 추가동의서가 추후에 제출되어 법정요건을 갖추었다 할지라도 설립인가처분의 위법성이 치유되는 것은 아니다.

06

행정조사에 대한 설명으로 옳지 않은 것은?

① 행정조사는 법령 등의 준수를 유도하기보다는 법령 등의 위반에 대한 처벌에 중점을 두어야 한다.

② 행정조사는 조사대상자의 자발적 협조를 얻어서 실시하는 경우에는 개별 법령의 근거규정이 없어도 할 수 있다.

③ 행정기관의 장은 법령 등에서 규정하고 있는 조사사항을 조사대상자로 하여금 스스로 신고하도록 하는 자율신고제도를 운영할 수 있다.

④ 조사원이 조사목적을 달성하기 위하여 시료채취를 하는 경우에는 그 시료의 소유자 및 관리자의 정상적인 경제활동을 방해하지 아니하는 범위 안에서 최소한도로 하여야 한다.

07

공법상 계약에 대한 설명으로 옳은 것은? (다툼이 있는 경우 판례에 의함)

① 중소기업기술정보진흥원장과 '갑' 주식회사가 체결한 중소기업 정보화지원사업을 위한 협약의 해지 및 그에 따른 환수통보는 공법상 당사자소송에 의한다.

② 계약의 해지의사표시를 하기 위해서는 「행정절차법」에 따라 근거와 이유를 제시하여야 한다.

③ 계약에 의한 의무불이행에 대해서는 원칙적으로 「행정대집행법」이 적용된다.

④ 계약에 관하여는 「행정절차법」에 명문의 규정을 두고 있다.

08

행정입법에 대한 설명으로 옳은 내용만을 모두 고른 것은? (다툼이 있는 경우 판례에 의함)

> ㉠ 위임명령이 위임 내용을 구체화하는 단계를 벗어나 새로운 입법을 한 것으로 평가할 수 있다면, 위임의 한계를 벗어난 것으로서 허용되지 않는다.
>
> ㉡ 법률이 공법적 단체 등의 정관에 자치법적인 사항을 위임한 경우, 포괄적 위임입법 금지가 원칙적으로 적용된다.
>
> ㉢ 상급행정기관이 하급행정기관에 대하여 업무처리지침이나 법령의 해석적용에 관한 기준을 정하여 발하는 이른바 행정규칙은 일반적으로 대외적 구속력을 갖는다.

① ㉠

② ㉠, ㉡

③ ㉠, ㉢

④ ㉡, ㉢

09

행정의 실효성 확보수단에 대한 설명으로 옳은 것은? (다툼이 있는 경우 판례에 의함)

① 「건축법」상 이행강제금은 형벌에 해당하므로 이중처벌 금지의 원칙이 적용된다.

② 양벌규정에 의한 영업주의 처벌은 금지위반행위자인 종업원의 처벌에 종속되는 것이다.

③ 「도로교통법」상 경찰서장의 통고처분은 항고소송의 대상이 되는 처분이다.

④ 건물철거의무에 퇴거의무도 포함되어 있어 건물철거대집행 과정에서 부수적으로 건물의 점유자들에 대한 퇴거조치를 할 수 있다.

10

행정법의 일반원칙에 대한 설명으로 옳지 않은 것은? (다툼이 있는 경우 판례에 의함)

① 신뢰보호원칙에 위반하는 경우 그 행정행위는 위법하며, 판례는 이 경우 취소사유로 보지 않고 무효로만 보았다.

② 행정주체가 행정작용을 함에 있어서 상대방에게 이와 실질적 관련이 없는 의무를 부과하거나 그 이행을 강제하여서는 아니 된다.

③ 「행정절차법」상 규정이 없는 경우에도 행정권 행사가 적정한 절차에 따라 행해지지 아니하면 그 행정권 행사는 적법절차의 원칙에 반한다.

④ 자기구속의 원칙이 인정되는 경우 행정관행과 다른 처분은 특별한 사정이 없는 한 위법하다.

11

다음 설명 중 옳은 내용만을 모두 고른 것은? (다툼이 있는 경우 판례에 의함)

> ㉠ 국가기관인 소방청장은 국민권익위원회를 상대로 조치요구의 취소를 구할 당사자능력이 없기 때문에 항고소송의 원고적격이 인정되지 않는다.
> ㉡ 기속행위나 기속적 재량행위인 건축허가에 붙인 부관은 무효이다.
> ㉢ 행정심판을 거친 경우에 취소소송의 제소기간은 재결서의 정본을 송달받은 날부터 90일 이내이다.
> ㉣ 과태료는 행정벌의 일종으로 형벌과 마찬가지로 형법총칙이 적용된다.

① ㉠, ㉡
② ㉠, ㉣
③ ㉡, ㉢
④ ㉢, ㉣

12

공법상 시효에 대한 설명으로 옳지 않은 것은?

① 「관세법」상 납세자의 과오납금 또는 그 밖의 관세의 환급청구권은 그 권리를 행사할 수 있는 날부터 5년간 행사하지 아니하면 소멸시효가 완성된다.
② 판례는 공법상 부당이득반환청구권은 사권(私權)에 해당되며, 그에 관한 소송은 민사소송절차에 따라야 한다고 보고 있다.
③ 소멸시효에 대해 「국가재정법」은 국가의 국민에 대한 금전채권은 물론이고 국민의 국가에 대한 금전채권에도 적용된다.
④ 공법의 특수성으로 인해 소멸시효의 중단·정지에 관한 「민법」 규정은 적용되지 않는다.

13

행정지도에 대한 내용으로 옳지 않은 것은?

① 행정기관은 상대방이 행정지도에 따르지 아니하였다는 이유로 불이익 조치를 하여서는 아니 된다.
② 행정절차에 소요되는 비용은 원칙적으로 행정청이 부담하도록 규정되어 있다.
③ 행정지도의 상대방은 당해 행정지도의 방식·내용 등에 관하여 행정기관에 의견을 제출할 수 없다.
④ 행정지도는 그 목적달성에 필요한 최소한도에 그쳐야 한다.

14

다음 설명 중 옳지 않은 것은? (다툼이 있는 경우 판례에 의함)

① 「질서위반행위규제법」상의 질서위반행위는 고의 또는 과실이 있는 경우에 과태료를 부과할 수 있다.
② 질서위반행위의 성립은 행위 시의 법률을 따르고 과태료 처분은 판결 시의 법률에 따른다.
③ 행정청은 질서위반행위가 발생하였다는 합리적 의심이 있어 그에 대한 조사가 필요하다고 인정하는 경우에 법정조사권을 행사할 수 있다.
④ 행정질서벌인 과태료는 형벌이 아니므로 행정질서벌에는 형법총칙이 적용되지 않는다.

15

다음 중 특허에 해당하지 않는 것은? (다툼이 있는 경우 판례에 의함)

① 귀화허가
② 공무원임명
③ 개인택시운송사업면허
④ 사립학교 법인이사의 선임행위

16

다음 설명 중 옳지 않은 것은? (다툼이 있는 경우 판례에 의함)

① 일정한 행정목적을 실현하기 위하여 상대방인 국민에게 임의적인 협력을 요청하는 비권력적 사실행위를 행정지도라 한다.

② 행정지도를 하는 자는 그 상대방에게 그 행정지도의 취지 및 내용을 밝혀야 하지만 신분은 생략할 수 있다.

③ 상대방의 의사에 반하여 부당하게 강요하는 행정지도는 위법하다.

④ 행정지도에는 법률의 근거가 필요하지 않다는 것이 판례의 태도이다.

17

행정법의 일반원칙과 관련한 판례의 태도로 옳은 것은?

① 연구단지 내 녹지구역에 위험물저장시설인 주유소와 LPG충전소 중에서 주유소는 허용하면서 LPG충전소를 금지하는 시행령 규정은 LPG충전소 영업을 하려는 국민을 합리적 이유 없이 자의적으로 차별하여 결과적으로 평등원칙에 위배된다는 것이 헌법재판소의 태도이다.

② 하자 있는 처분이 국민에게 권리나 이익을 부여하는 이른바 수익적 행정행위인 때에는 취소하여야 할 공익상 필요와 취소로 인하여 당사자가 입게 될 기득권과 신뢰보호 및 법률생활안정의 침해 등 불이익을 비교·교량한 후 공익상 필요가 당사자가 입을 불이익을 정당화할 만큼 강하지 않아도 이를 취소할 수 있다는 것이 판례의 태도이다.

③ 숙박시설 건축허가 신청을 반려한 처분에 관해 학생들의 교육환경과 인근 주민들의 주거환경 보호라는 공익이 그 신청인이 잃게 되는 이익의 침해를 정당화 할 수 있을 정도로 크므로, 위 반려처분은 신뢰보호의 원칙에 위배되지 않는다는 것이 판례의 태도이다.

④ 옥외집회의 사전신고의무를 규정한 (구)「집회 및 시위에 관한 법률」제6조 제1항 중 '옥외집회'에 관한 부분은 과잉금지원칙에 위배하여 집회의 자유를 침해하는 것으로 볼 수 있다는 것이 헌법재판소의 태도이다.

18

행정행위의 부관에 대한 설명으로 옳지 않은 것은? (다툼이 있는 경우 판례에 의함)

① 사정변경으로 인하여 당초에 부담을 부가한 목적을 달성할 수 없게 된 경우에도 부관의 사후변경은 그 목적달성에 필요한 범위 내에서 예외적으로 허용된다는 것이 판례의 태도이다.

② 행정행위의 부관의 유형 중에서 장래의 불확실한 사실에 의해서 행정행위의 효력을 소멸시키는 것은 해제조건이다.

③ 지방국토관리청장이 일부 공유수면매립지에 대하여 한국가 또는 직할시(현 광역시) 귀속처분은 법률효과의 일부배제에 해당하는 것으로 행정행위의 부관의 유형으로 볼 수 없다는 것이 판례의 태도이다.

④ 부담과 조건의 구별이 명확하지 않은 경우에는 부담으로 보는 것이 행정행위의 상대방에게 유리하다고 본다.

19

행정강제수단에 대한 설명으로 옳지 않은 것은? (다툼이 있는 경우 판례에 의함)

① 행정기관은 법령 등에서 행정조사를 규정하고 있는 경우에 한하여 행정조사를 실시할 수 있지만 조사대상자의 자발적인 협조를 얻어 실시하는 경우에는 그러하지 아니하다.

② 화재진압작업을 위해서 화재발생현장에 불법주차차량을 제거하는 것은 급박성을 이유로 법적 근거가 없더라도 최후수단으로서 실행이 가능하다.

③ 해가 지기 전에 대집행을 착수한 경우에는 야간에 대집행 실행이 가능하다.

④ 「건축법」상 이행강제금 납부의 최초 독촉은 항고소송의 대상이 되는 행정처분에 해당한다는 것이 판례의 태도이다.

20

국가배상에 대한 판례의 태도로 옳지 않은 것은?

① 성폭력범죄의 수사를 담당하거나 수사에 관여하는 경찰관이 피해자의 인적사항 등을 공개 또는 누설함으로써 피해자가 손해를 입은 경우, 국가의 배상책임이 인정된다는 것이 판례의 태도이다.

② 음주운전으로 적발된 주취운전자가 도로 밖으로 차량을 이동하겠다며 단속 경찰관으로부터 보관 중이던 차량열쇠를 반환받아 몰래 차량을 운전하여 가던 중 사고를 일으킨 경우, 국가배상책임이 인정되지 않는다는 것이 판례의 태도이다.

③ 지방자치단체장이 설치하여 관할 지방경찰청장에게 관리권한이 위임된 교통신호기의 고장으로 인하여 교통사고가 발생한 경우, 지방자치단체뿐만 아니라 국가도 손해배상책임을 부담한다는 것이 판례의 태도이다.

④ 군수 또는 그 보조 공무원이 농수산부장관으로부터 도지사를 거쳐 군수에게 재위임된 국가사무(기관위임사무)인 개간허가 및 그 취소사무를 처리함에 있어 고의 또는 과실로 타인에게 손해를 가한 경우, 「국가배상법」 제6조에 의하여 지방자치단체인 군이 비용을 부담한다고 볼 수 있는 경우에 한하여 국가와 함께 손해배상책임을 부담한다.

2019.04.06. 시행

2019 | 행정법총론 A형

1초 합격예측! 모바일 성적분석표

☑ QR코드 스캔 후 모바일 OMR에
  답안 입력
☑ 자동측정된 문제풀이 시간 확인
☑ 자동채점결과 및 성적분석표 확인

01

「행정심판법」에 관한 설명으로 옳지 않은 것은?

① 중앙행정심판위원회는 위원장 1명을 포함하여 70명 이내의 위원으로 구성한다.

② 행정심판의 대상에는 처분 또는 부작위의 위법성뿐만 아니라 부당성도 포함된다.

③ 부작위에 대한 의무이행심판청구에 있어서는 심판청구 기간의 제한이 없다.

④ 취소심판 및 의무이행심판에 대해서는 사정재결을 할 수 없다.

02

「행정소송법」에 관한 설명으로 옳지 않은 것은?

① 행정청의 처분 등의 효력 유무 또는 존재 여부를 확인하는 소송은 무효등 확인소송이다.

② 국가 또는 공공단체의 기관이 법률에 위반되는 행위를 한 때에 직접 자기의 법률상 이익과 관계없이 그 시정을 구하기 위하여 제기하는 소송은 기관소송이다.

③ 「행정소송법」은 행정소송사항에 관하여 개괄주의를 채택하였지만, 민중소송은 예외적으로 열기주의를 채택하였다.

④ 당사자소송에 관하여 법령에 제소기간이 정하여져 있는 경우 그 기간은 불변기간으로 한다.

03 변형

국민권익위원회에 관한 설명으로 옳지 않은 것은?

① 19세 이상의 국민은 공공기관의 사무처리가 법령 위반 또는 부패행위로 인하여 공익을 현저히 해하는 경우 대통령령으로 정하는 일정한 수 이상의 국민의 연서로 감사원에 감사를 청구할 수 있다.

② 공직자 행동강령의 시행·운영 및 「행정심판법」에 따른 중앙행정심판위원회의 운영에 관한 업무를 수행한다.

③ 누구든지 부패행위를 알게 된 때에는 이를 위원회에 신고할 수 있다.

④ 위원장과 위원의 임기는 각각 3년으로 하되 1차에 한하여 연임할 수 있다.

04

행정상 즉시강제에 관한 설명으로 옳지 않은 것은? (다툼이 있는 경우 판례에 의함)

① 「소방기본법」상 소방활동에 방해가 되는 물건 등에 대한 강제처분은 행정상 즉시강제에 해당한다.

② 행정상 즉시강제는 권력적 사실행위이므로, 항고소송의 대상이 되는 처분성이 인정된다.

③ 「식품위생법」상 영업소 폐쇄명령을 받은 자가 영업을 계속할 경우 강제폐쇄하는 조치는 행정상 즉시강제에 해당한다.

④ 행정상 즉시강제에서 그 목적을 달성할 수 없는 지극히 예외적인 경우에만 헌법상 사전영장주의원칙의 예외가 인정된다.

05

「개인정보 보호법」에 관한 설명으로 옳지 않은 것은? (다툼이 있는 경우 판례에 의함)

① 개인정보자기결정권의 보호대상이 되는 개인정보는 공적 생활에서 형성되었거나 이미 공개된 개인정보까지도 포함한다.

② 개인정보 분쟁조정위원회는 집단분쟁조정의 당사자인 다수의 정보주체 중 일부의 정보주체가 법원에 소를 제기한 경우에는 그 조정절차를 중지하고, 이를 당사자에게 알려야 한다.

③ 개인정보 분쟁조정위원회 위원장은 위원 중에서 공무원이 아닌 사람으로 개인정보 보호위원회 위원장이 위촉한다.

④ 개인정보를 처리하거나 처리하였던 자로부터 직접 개인정보를 제공받지 아니하더라도, 개인정보를 처리하거나 처리하였던 자가 업무상 알게 된 개인정보를 누설하거나 권한 없이 다른 사람이 이용하도록 제공한 것이라는 사정을 알면서도 영리 또는 부정한 목적으로 개인정보를 제공받은 자라면, 「개인정보 보호법」상 벌칙의 대상자가 된다.

06

항고소송의 대상에 관한 설명으로 옳지 않은 것은? (다툼이 있는 경우 판례에 의함)

① 행정행위의 부관은 부담의 경우를 제외하고는 독립하여 항고소송의 대상이 아니다.

② 교도소장이 수형자를 '접견 내용 녹음·녹화 및 접견 시 교도관 참여대상자'로 지정한 행위는 항고소송의 대상이 된다.

③ 「병역법」상 신체등위판정은 항고소송의 대상이 된다.

④ 건축물대장 소관청의 건축물대장 작성신청 반려행위는 항고소송의 대상이 된다.

07

행정행위의 하자에 관한 설명으로 옳지 않은 것은?

① 무효인 행정행위에는 공정력, 불가쟁력이 인정되지 않는다.

② 처분의 근거가 되었던 법률규정에 대하여 위헌결정이 내려진 후 행한 처분의 집행행위는 당연무효이다.

③ 선행행위가 무효인 경우에는 후행행위도 당연히 무효이다.

④ 하자 있는 행정행위의 치유는 행정경제를 도모하기 위하여 원칙적으로 허용된다.

08

다음은 「행정소송법」과 「행정심판법」의 내용이다. (   ) 안에 들어갈 내용으로 옳은 것은?

- 행정소송에 관하여 「행정소송법」에 특별한 규정이 없는 사항에 대하여는 「법원조직법」과 「민사소송법」 및 (가)의 규정을 준용한다.
- 취소소송은 처분 등이 있는 날부터 (나)을 경과하면 이를 제기하지 못한다. 다만, 정당한 사유가 있는 때에는 그러하지 아니하다.
- 행정심판은 처분이 있었던 날부터 (다)이 지나면 청구하지 못한다. 다만, 정당한 사유가 있는 경우에는 그러하지 아니하다.

	(가)	(나)	(다)
①	「형사소송법」	1년	90일
②	「민사집행법」	1년	180일
③	「형사소송법」	180일	90일
④	「민사집행법」	180일	180일

09

다음 중 공법관계에 해당하지 않는 것은? (다툼이 있는 경우 판례에 의함)

① 「공익사업을 위한 토지 등의 취득 및 보상에 관한 법률」에 따른 협의취득

② 공공하수도의 이용관계

③ 시립합창단원의 위촉

④ 미지급된 공무원 퇴직연금의 지급청구

10

「공공기관의 정보공개에 관한 법률」에 관한 설명으로 옳지 않은 것은? (다툼이 있는 경우 판례에 의함)

① 국가안전보장·국방·통일·외교관계 분야 업무를 주로 하는 국가기관의 정보공개심의회 구성 시 최소한 3분의 1 이상은 외부전문가로 위촉하여야 한다.

② 공개될 경우 부동산 투기로 특정인에게 이익 또는 불이익을 줄 우려가 있다고 인정되는 정보는 비공개 대상에 해당한다.

③ 학교폭력대책자치위원회의 회의록은 「공공기관의 정보공개에 관한 법률」 제9조 제1항 제1호의 '다른 법률 또는 법률이 위임한 명령에 의하여 비밀 또는 비공개사항으로 규정된 정보'에 해당하지 않는다.

④ 정보공개청구에 대하여 공공기관이 비공개결정을 한 경우, 청구인이 이에 불복한다면 이의신청절차를 거치지 않고 행정심판을 청구할 수 있다.

11

행정조사에 관한 설명으로 옳지 않은 것은? (다툼이 있는 경우 판례에 의함)

① 세무조사결정은 항고소송의 대상이 된다.

② 「행정조사기본법」에 의하면, 조사목적달성을 위한 시료채취로 조사대상자에게 손실이 발생하였더라도 행정기관의 장은 이에 대한 보상책임을 지지 않는다.

③ 「행정절차법」은 행정조사에 관한 명문의 규정을 두고 있지 않다.

④ 우편물 통관검사절차에서 이루어지는 성분분석 등의 검사가 압수·수색영장 없이 이루어졌다 하더라도 특별한 사정이 없는 한 위법하지 않다.

12

다음 설명으로 옳지 않은 것은? (다툼이 있는 경우 판례에 의함)

- A: 사립학교법인 임원의 선임에 대한 승인
- B: 정비조합 정관변경에 대한 인가
- C: 공유수면사용에 대한 허가

① A 행위는 기본행위의 효력을 완성시켜 주는 형성적 행위이다.

② B 행위는 기본행위의 효력을 완성시켜 주는 보충적 행위이다.

③ C 행위는 법률관계의 존부를 확인하는 행위이다.

④ 기본행위가 무효이면 A 행위는 무효가 된다.

13

다음 설명 중 옳은 것만을 모두 고른 것은? (다툼이 있는 경우 판례에 의함)

㉠ 건축허가는 대물적 허가의 성질을 가진다.
㉡ 지방경찰청이 횡단보도를 설치하여 보행자 통행방법 등을 규제하는 것은 행정처분이다.
㉢ 「행정절차법」은 불가쟁력이 발생한 행정행위에 대한 재심사청구를 규정하고 있다.
㉣ 철회권이 유보된 경우의 철회에는 이익형량의 원칙이 적용되지 않는다.

① ㉠, ㉡
② ㉠, ㉣
③ ㉡, ㉢
④ ㉢, ㉣

14

「국가배상법」에 관한 설명으로 옳지 않은 것은? (다툼이 있는 경우 판례에 의함)

① 외국인이 피해자인 경우 해당 국가와 상호보증이 있을 때에만 「국가배상법」을 적용한다.

② 가해 공무원에게 경과실이 있는 경우 공무원 개인은 손해배상책임을 부담한다.

③ 배상심의회에 대한 배상신청은 임의절차이다.

④ 국가·지방자치단체의 구상권은 가해 공무원에게 고의 또는 중과실이 있는 경우에 한하여 인정된다.

15

판례상 행정처분으로 인정되는 것은?

① 어업권면허에 선행하는 우선순위결정
② 계약직 공무원 채용계약해지의 의사표시
③ 행정규칙에 의한 불문경고조치
④ 국가공무원 당연퇴직의 인사발령

16 변형

행정상 손실보상에 관한 설명으로 옳지 않은 것은? (다툼이 있는 경우 판례에 의함)

① 헌법 제23조 제3항에 규정된 '정당한 보상'은 상당보상을 의미한다는 것이 헌법재판소의 입장이다.
② 토지수용으로 인한 보상액을 산정함에 있어서 당해 공공사업과 관계없는 다른 사업의 시행으로 인한 개발이익은 이를 배제하지 아니한 가격으로 평가하여야 한다.
③ 「공익사업을 위한 토지 등의 취득 및 보상에 관한 법률」상의 잔여지수용청구는 매수에 관한 협의가 성립되지 아니한 경우에만 할 수 있으며, 사업완료일까지 하여야 한다.
④ 사업시행자의 이주대책 수립·실시의무를 정하고 있는 「공익사업을 위한 토지 등의 취득 및 보상에 관한 법률」상 규정은 당사자의 합의에 의하여 적용을 배제할 수 없는 강행법규이다.

17

판례상 행정행위에 관한 설명으로 옳지 않은 것은?

① 「출입국관리법」상 체류자격 변경허가는 설권적 처분의 성격을 가지므로, 허가권자는 허가 여부를 결정할 수 있는 재량을 가진다.
② 유기장영업허가는 유기장영업권을 설정하는 설권행위이다.
③ 한의사면허는 경찰금지를 해제하는 명령적 행위에 해당한다.
④ 개인택시운송사업면허는 특정인에게 권리나 이익을 부여하는 재량행위이다.

18

신뢰보호원칙에 관한 설명으로 옳지 않은 것은? (다툼이 있는 경우 판례에 의함)

① 신뢰보호원칙은 판례뿐만 아니라 실정법상의 근거를 가지고 있다.
② 수익적 행정행위가 수익자의 귀책사유가 있는 신청에 의해 행하여졌다면 그 신뢰의 보호가치성은 인정되지 않는다.
③ 행정기관의 선행조치로서의 공적인 견해 표명은 반드시 명시적인 언동이어야 한다.
④ 처분청 자신의 공적 견해 표명이 있어야만 하는 것은 아니며, 경우에 따라서는 보조기관인 담당 공무원의 공적인 견해 표명도 신뢰의 대상이 될 수 있다.

19

「행정절차법」의 적용이 배제되는 경우가 아닌 것은? (다툼이 있는 경우 판례에 의함)

① 헌법재판소의 심판을 거쳐 행하는 사항
② 지방의회의 의결을 거치거나 동의 또는 승인을 받아 행하는 사항
③ 감사원이 감사위원회의의 결정을 거쳐 행하는 사항
④ 육군3사관학교의 사관생도에 대한 퇴학처분

20

「국가배상법」 제2조에서 규정하는 '공무원'으로 볼 수 없는 것은? (다툼이 있는 경우 판례에 의함)

① 「의용소방대 설치 및 운영에 관한 법률」에 따라 소방서장이 임명한 의용소방대원
② 구청 소속 청소차량 운전원
③ 지방자치단체에 근무하는 청원경찰
④ 지방자치단체로부터 어린이보호 등의 공무를 위탁받아 집행하는 교통할아버지

2018.10.13. 시행

2018 | 하반기 행정법총론 A형

1초 합격예측! 모바일 성적분석표
☑ QR코드 스캔 후 모바일 OMR에 답안 입력
☑ 자동측정된 문제풀이 시간 확인
☑ 자동채점결과 및 성적분석표 확인

01

행정쟁송법상의 처분에 관한 설명으로 옳지 않은 것은? (다툼이 있는 경우 판례에 의함)

① 공무수탁사인의 공무를 수행하는 공권력 행사도 처분에 해당한다.

② 처분성이 있는 법규명령의 효력이 있는 행정규칙은 항고소송의 대상이 된다.

③ (구) 「청소년 보호법」에 따른 청소년유해매체물 결정 및 고시처분은 당해 유해매체물의 소유자 등 특정인만을 대상으로 한 행정처분이 아니라 일반 불특정 다수인을 상대방으로 하여 일률적으로 각종 의무를 발생시키는 행정처분이다.

④ 국가인권위원회의 성희롱결정과 이에 따른 시정조치의 권고는 불가분의 일체로 행하여지는 것인데, 이는 비권력적 사실행위로서 행정소송의 대상이 되는 행정처분이 아니다.

02

행정질서벌에 관한 설명으로 옳지 않은 것은?

① 「질서위반행위규제법」은 고의 또는 과실이 없는 질서위반행위는 과태료를 부과하지 않는다고 규정한다.

② 당사자와 검사는 과태료 재판에 대하여 즉시항고를 할 수 있다. 이 경우 항고는 집행정지의 효력이 있다.

③ 신분에 의하여 성립하는 질서위반행위에 신분이 없는 자가 가담한 때에는 신분이 없는 자에 대하여는 질서위반행위가 성립하지 않는다.

④ 신분에 의하여 과태료를 감경 또는 가중하거나 과태료를 부과하지 아니하는 때에는, 그 신분의 효과는 신분이 없는 자에게는 미치지 아니한다.

03

행정상 강제징수에 관한 설명으로 옳지 않은 것은?

① 국세납부의무의 불이행에 대하여는 「국세징수법」에서 강제징수를 인정하고 있다.

② 독촉은 이후에 행해지는 압류의 적법요건이 되며 최고기간 동안 조세채권의 소멸시효를 중단시키는 법적 효과를 갖는다.

③ 「국세징수법」상의 독촉, 압류, 압류해제 거부 및 공매처분에 대하여는 이의신청을 제기할 수 있고, 심사청구와 심판청구의 결정을 모두 거친 후에 행정소송을 제기할 수 있다.

④ 과세관청이 체납처분으로서 행하는 공매는 우월한 공권력의 행사로서 행정소송의 대상이 되는 공법상의 행정처분이며 공매에 의하여 재산을 매수한 자는 그 공매처분이 취소된 경우에 그 취소처분의 위법을 주장하여 행정소송을 제기할 법률상 이익이 있다.

04

행정조사에 관한 설명으로 옳지 않은 것은? (다툼이 있는 경우 판례에 의함)

① 시료채취로 조사대상자에게 손실을 입힌 경우 그 손실보상에 관한 명문규정이 있다.

② 「행정절차법」은 행정조사에 관한 명문의 규정을 마련하고 있다.

③ 행정조사의 성격을 가지는 우편물의 개봉, 시료채취, 성분분석 등의 검사는 압수, 수색영장 없이 가능하다.

④ 세무조사결정은 납세의무자의 권리, 의무에 직접 영향을 미치는 공권력의 행사에 따른 행정작용으로서 항고소송의 대상이 된다.

05

국가배상책임의 성립요건에 관한 설명 중 옳지 않은 것은?

① 공무수탁사인도 「국가배상법」 제2조의 공무원으로 보아야 한다.

② 판례는 행정기관이 실질적으로 공무를 수행하는 경우에도 「국가배상법」상의 공무원으로 보지 않는다.

③ 판례는 입법 내용이 헌법의 문언에 명백히 위배됨에도 불구하고 국회가 군이 당해 입법을 한 것과 같은 특수한 경우에 한하여 위법 및 과실을 인정하고 있다.

④ 판례는 기판력이 재판행위로 인한 국가배상책임의 인정을 배제하지 않는다고 본다.

06

행정계획의 사법적 통제에 관한 설명으로 옳지 않은 것은?

① 행정계획에 대한 사법적 통제와 관련하여서는 계획재량이 중요한 의미를 가진다.

② 계획재량은 재량행위의 일종이므로 일정한 법치국가적 한계가 있다.

③ 형량명령은 계획을 수립함에 있어 관계되는 모든 이익을 정당하게 형량하여야 한다는 행정법의 일반원칙이다.

④ 계획재량, 형량명령 및 형량명령의 하자에 관한 이론은 판례에는 반영되고 있지 아니하다.

07

통고처분에 관한 설명으로 옳지 않은 것은?

① 통고처분은 현행법상 조세범, 관세범, 출입국관리사범, 교통사범 등에 대하여 인정되고 있다.

② 통고처분에 의해 부과된 금액(범칙금)은 벌금이다.

③ 판례는 통고처분을 행정소송의 대상이 되는 행정처분이 아니라고 보고 있다.

④ 판례는 통고처분에 의해 부과된 범칙금을 납부한 경우 다시 처벌받지 아니한다고 규정하고 있는 것은 범칙금의 납부에 확정재판의 효력에 준하는 효력을 인정하는 취지로 해석하고 있다.

08

「행정절차법」상 행정상 입법예고를 하지 않아도 되는 사유에 해당하지 않는 것은?

① 법령 등을 제정·개정 또는 폐지하려는 경우

② 상위 법령 등의 단순한 집행을 위한 경우

③ 입법 내용이 국민의 권리·의무 또는 일상생활과 관련이 없는 경우

④ 신속한 국민의 권리 보호 또는 예측 곤란한 특별한 사정의 발생 등으로 입법이 긴급을 요하는 경우

09

「공공기관의 정보공개에 관한 법률」상 정보공개에 관한 설명으로 옳지 않은 것은?

① 공공기관은 제10조에 따라 정보공개의 청구를 받으면 그 청구를 받은 날부터 30일 이내에 공개 여부를 결정하여야 한다.

② 정보의 공개 및 우송 등에 드는 비용은 실비(實費)의 범위에서 청구인이 부담한다.

③ 행정안전부장관은 전년도의 정보공개 운영에 관한 보고서를 매년 정기국회 개회 전까지 국회에 제출하여야 한다.

④ 지방자치단체는 그 소관 사무에 관하여 법령의 범위에서 정보공개에 관한 조례를 정할 수 있다.

10

통치행위에 관한 설명으로 옳지 않은 것은? (다툼이 있는 경우 판례에 의함)

① 통치행위는 정부에 의해 이루어지는 것이 일반적이며, 국회에 의해 이루어질 수도 있다.

② 일반사병의 이라크 파견 결정은 성격상 국방 및 외교에 관련된 고도의 정치적 결단을 요하는 문제이다.

③ 판례는 대통령의 금융실명거래 및 비밀보장에 관한 긴급재정경제명령의 발령을 통치행위로 보았다.

④ 통치행위를 포함하여 모든 국가작용은 국민의 기본권적 가치를 실현하기 위한 수단이라는 한계를 반드시 지켜야 하는 것은 아니다.

11

사인의 공법행위에 관한 설명으로 옳지 않은 것은? (다툼이 있는 경우 판례에 의함)

① 적법한 사인의 공법행위가 있는 경우에 발생하는 효과는 개별법규가 정한 바에 따르며, 행정청에 가해지는 기본적인 효과는 처리기간 내에 특별한 사유가 없는 한 처리하여야 할 의무가 발생한다.

② 수리를 요하지 아니하는 신고의 경우에 신고에 하자가 있다면 보정되기까지는 신고의 효과가 발생하지 않는다.

③ 사인의 공법행위로서 신고는 사인이 공법적 효과의 발생을 목적으로 행정주체에 대하여 일정한 사실을 알리는 행위로서 행정청에 의한 실질적 심사가 요구되는 행위를 말한다.

④ 판례는 대물적 영업의 양도의 경우 명시적인 규정이 없는 경우에도 양도 전에 존재하는 영업정지사유를 이유로 양수인에 대해서도 영업정지처분을 할 수 있다고 보고 있다.

12

행정소송에 관한 설명으로 옳지 않은 것은? (다툼이 있는 경우 판례에 의함)

① 행정처분에 대한 무효확인과 취소청구는 서로 양립할 수 없는 청구로서 주위적·예비적 청구로서만 병합이 가능하고 선택적 청구로서의 병합이나 단순병합은 허용되지 않는다.

② 판례는 항고소송에 있어서 행정청은 피고적격이 인정되며, 국가기관인 시·도 선거관리위원회 위원장과 충북대학교 총장의 당사자 능력을 인정하였다.

③ 지방의회가 의결한 조례가 그 자체로서 직접 주민의 권리·의무에 영향을 미쳐 항고소송의 대상이 되는 경우에도 그 피고는 조례를 공포한 지방자치단체의 장이 된다.

④ 처분은 행정청이 행한 구체적 사실에 관한 법집행행위이므로 일반적·추상적 행위는 처분이 아니나, 그 효력이 다른 집행행위의 매개 없이 그 자체로서 직접 국민의 구체적인 권리와 의무나 법률관계를 규율하는 성격을 가지는 처분법규는 처분이 된다.

13

〈보기〉에서 판례가 취소소송의 원고적격을 부정한 것을 모두 고른 것은?

┌─────────── 보기 ───────────┐
㉠ 목욕탕영업허가에 대하여 기존 목욕탕업자
㉡ 부교수임용처분에 대하여 같은 학과의 기존 교수
㉢ 당초 병원설치가 불가능한 용도에서 병원설치가 가능한 용도로 건축물 용도를 변경하여 준 처분에 대하여 인근의 기존 병원경영자
㉣ 교도소장의 접견허가거부처분에 대하여 그 접견신청의 대상자였던 미결수
└─────────────────────────┘

① ㉠, ㉢   ② ㉠, ㉡, ㉢
③ ㉡, ㉢, ㉣   ④ ㉠, ㉡, ㉢, ㉣

14

행정의 실효성 확보수단에 관한 설명으로 옳지 않은 것은? (다툼이 있는 경우 판례에 의함)

① 건물의 명도의무는 대집행의 대상이 될 수 없다.

② 위법건축물에 대한 철거 대집행계고처분에 불응하여 제2차 계고를 한 경우 제2차 계고는 행정처분이 아니므로 행정쟁송의 대상이 될 수 없다.

③ 이행강제금은 대체적 작위의무에 대해서도 부과할 수 있다.

④ 이행강제금은 형벌과 병과할 수 없다.

15

행정행위의 효력에 관한 설명으로 옳지 않은 것은?

① 행정행위의 불가쟁력은 형식적 존속력이라고도 한다.

② 행정심판위원회의 재결에는 불가변력이 인정된다.

③ 불가변력은 행정행위의 상대방 및 이해관계인에 대한 구속력이고, 불가쟁력은 처분청 등 행정기관에 대한 구속력이다.

④ 불가쟁력이 발생한 행정행위일지라도 불가변력이 없는 경우에는 행정청 등 권한 있는 기관은 이를 직권으로 취소할 수 있다.

16

행정법의 일반원칙에 관한 설명으로 옳지 않은 것은? (다툼이 있는 경우 판례에 의함)

① 비례의 원칙에 의할 때 공무원이 단지 1회 훈령에 위반하여 요정 출입을 하였다는 사유만으로 한 파면처분은 위법하다.
② 행정의 자기구속의 원칙은 평등원칙 및 신뢰보호의 원칙과 밀접한 관련을 지니고 있다.
③ 부당결부금지의 원칙은 행정작용을 함에 있어서 그와 실체적 관련이 없는 상대방의 반대급부를 조건으로 하여서는 안 된다는 원칙을 말한다.
④ 신뢰보호의 원칙에서 행정기관의 공적인 견해표명은 명시적이어야 하고 묵시적인 경우에는 인정되지 아니한다.

17

신청에 관한 기술 중 옳은 것은? (다툼이 있는 경우 판례에 의함)

① 행정청에 대하여 처분을 구하는 신청은 문서로 하여야 하지만, 일반민원의 신청은 구술이나 전화로 할 수 있다.
② 신청에 대해 서류 등이 미비할 경우, 바로 접수를 거부할 수 있다.
③ 흠결된 서류의 보완이 주요 서류의 대부분을 새로 작성함이 불가피하게 되어 사실상 새로운 신청으로 보아야 할 경우, 접수를 거부하거나 반려할 수 있다.
④ 신청인은 신청서가 일단 접수되면, 신청한 내용을 보완하거나 변경 또는 취하할 수 없다.

18

법령 등에서 행정청에 일정한 사항을 통지함으로써 의무가 끝나는 신고를 규정하고 있는 경우에 행정청이 신고인에게 보완을 요구하고 상당한 기간 내에 보완을 하지 않을 경우 되돌려 보낼 수 있는 경우가 아닌 것은?

① 신고서의 기재사항에 흠이 있는 경우
② 신고의 내용이 현저히 공익을 해친다고 판단되는 경우
③ 필요한 구비서류가 첨부되어 있지 아니한 경우
④ 그 밖에 법령 등에 규정된 형식상의 요건에 부합하지 아니한 경우

19

행정법의 법원(法源)으로서 헌법이 직접 규정하고 있지 않은 것은?

① 감사원규칙
② 중앙선거관리위원회규칙
③ 지방자치단체의 자치에 관한 규정
④ 대통령령, 총리령, 부령

20

법규명령의 통제에 관한 기술 중 옳지 않은 것은? (다툼이 있는 경우 판례에 의함)

① 헌법은 대법원이 명령에 대한 심사권한이 있음을 직접 규정하고 있다.
② 대법원은 유신헌법상 긴급조치가 법률이 아니므로 대법원이 심사권을 가진다고 판시하였다.
③ 명령 등이 헌법이나 법률에 위반되어 대법원에서 무효라고 선언하여도 당해 사건에만 적용이 배제될 뿐 형식적으로는 존재하므로 판결확정 후 대법원은 행정안전부장관에게 통보하도록 하고 있다.
④ 행정처분 후, 대법원에서 처분의 근거 명령 등이 무효라고 선언된 경우 당해 행정처분은 무효사유에 해당한다.

2021 | 소방위 행정법

※ 2021 소방위(소방 승진) 기출복원문제는 시험 응시자들과 집필진의 기억을 토대로 행정법총론에 해당하는 20문항을 재구성하였습니다. 실제 기출문제와는 다소 차이가 있을 수 있음을 알려드립니다.

01

「행정소송법」상의 임시구제제도인 집행정지에 관한 설명으로 옳지 않은 것은? (다툼이 있는 경우에 판례에 의함)

① 취소소송이 제기되었다고 해도 원칙적으로 처분 등의 효력이나 그 집행 또는 절차의 속행은 정지되지 않는다.

② 집행정지 요건으로서 '회복하기 어려운 손해의 예방'은 처분의 성질과 태양 및 내용, 처분상대방이 입는 손해의 성질·내용 및 정도, 원상회복·금전배상의 방법 및 난이 등으로 판단할 뿐 본안청구의 승소가능성 정도는 판단 대상이 되지 않는다.

③ 「행정소송법」 제23조에 의한 집행정지결정의 효력은 결정 주문에서 정한 시기까지 존속하며 그 시기의 도래와 동시에 효력이 당연히 소멸한다.

④ 행정처분의 효력정지나 집행정지 등을 구하는 경우 법원은 행정처분 자체의 적법 여부를 판단할 것이 아니고 그 행정처분의 효력이나 집행 등을 정지시킬 것인가의 여부에 대한 「행정소송법」 소정의 요건의 존부를 그 판단대상으로 한다.

02

「행정기본법」에 대한 내용으로 옳지 않은 것은?

㉠ 행정에 관한 기간의 계산에 관하여는 이 법 또는 다른 법령 등에 특별한 규정이 있는 경우를 제외하고는 「행정절차법」을 준용한다.

㉡ 법령 등을 공포한 날부터 일정 기간이 경과한 날에 법령을 시행하는 경우 법령 등을 공포한 날을 첫날에 산입하지 아니한다.

㉢ 법령 등 또는 처분에서 국민의 권익을 제한하거나 의무를 부과하는 경우, 권익이 제한되거나 의무가 지속되는 기간의 계산이 일, 주, 월 또는 연으로 정한 경우에는 기간의 첫날을 산입하지 않는다.

㉣ 법령 등을 공포한 날부터 일정 기간이 경과한 날에 법령을 시행하는 경우 그 기간의 말일이 토요일 또는 공휴일인 때에는 그 말일로 기간이 만료한다.

① ㉠, ㉡
② ㉡, ㉣
③ ㉠, ㉢
④ ㉢, ㉣

03

행정작용에 대한 내용 중 옳은 것을 모두 고르면? (다툼이 있는 경우에 판례에 의함)

> ⊙ 행정처분의 당연무효를 선언하는 의미에서의 취소를 구하는 소송도 그것이 외견상 존재하는 행정처분에 권한있는 기관에 의한 취소를 구하고 있는 점에서 하나의 항고소송인 이상, 「행정소송법상」의 행정심판 전치절차 등 「행정소송법」상 특유의 제소요건의 충족이 필요하다.
> ⓛ 취소소송에 의한 행정처분 취소의 경우에도 수익적 행정처분의 취소·철회 제한에 관한 법리가 적용된다.
> ⓒ 민사소송에 있어서 어느 행정처분의 당연무효 여부가 선결문제로 되는 때에는 이를 판단하여 당연무효임을 전제로 판단할 수 없고 반드시 행정소송 등의 절차에 의하여 그 취소나 무효확인을 받아야 한다.
> ② 상급 지방자치단체장이 하급 지방자치단체장에게 기간을 정하여 그 시정을 명하였음에도 이를 이행하지 아니하자 「지방자치법」에 따라 승진처분을 취소한 것은 적법하고, 그 취소권 행사에 재량권 일탈·남용의 위법이 있다고 할 수 없다.

① ⊙, ⓛ   ② ⓛ, ⓒ

③ ⊙, ②   ④ ⓛ, ②

04

행정소송에 관한 내용으로 옳지 않은 것은? (다툼이 있는 경우에 판례에 의함)

① 국가의 사무를 위임 또는 위탁받은 공공단체 또는 그 장이 피고인 취소소송은 대법원소재지를 관할하는 행정법원에 소송을 제기할 수 있다.

② 세무서장의 위임에 의하여 성업공사가 한 공매처분에 대하여 피고 지정을 잘못하여 피고적격이 없는 세무서장을 상대로 그 공매처분의 취소를 구하는 소송이 제기되었다면, 법원은 석명권을 통해 피고를 성업공사로 경정하게 하여 소송을 진행하여야 한다.

③ 甲이 국민권익위원회에 관련 법률에 따른 신고와 신분보장조치를 요구하였고, 국민권익위원회가 시·도선거관리위원회 위원장인 乙에게 '甲에 대한 중징계요구를 취소하고 향후 신고로 인한 신분상 불이익처분 및 근무조건상의 차별을 하지 말 것을 요구'하는 내용의 조치요구를 한 경우, 국가기관인 乙은 조치요구의 취소를 구하는 소를 제기할 원고적격이 인정될 수 없다.

④ 취소소송에서 원고가 청구취지를 변경하여 구 소가 취소되고 새로운 소가 제기된 것으로 변경된 경우, 새로운 소에 대한 제소기간 준수 여부의 판단은 소의 변경이 있은 때를 기준으로 한다.

05

다음 중 행정의 실효성 확보수단의 개념과 내용이 바르게 연결된 것은?

① 직접강제 – 「식품위생법」상 영업소의 강제폐쇄

② 직접강제 – 「가축전염병 예방법」상의 살처분

③ 즉시강제 – 「출입국관리법」상의 외국인 강제퇴거 및 선박수색

④ 즉시강제 – 「학원의 설립·운영 및 과외교습에 관한 법률」상의 학원 등에 대한 폐쇄

06

행정소송의 청구에 있어 소의 이익으로 옳지 않은 것은? (다툼이 있는 경우에 판례에 의함)

① 행정청이 당초의 분뇨 등 관련영업 허가신청 반려처분의 취소를 구하는 소의 계속 중, 사정변경을 이유로 위 반려처분을 직권취소함과 동시에 위 신청을 재반려하는 내용의 재처분을 한 경우, 당초의 반려처분의 취소를 구하는 소는 더 이상 소의 이익이 없게 된다.

② 파면처분이 있은 후에 금고 이상의 형을 선고받아 당연퇴직된 경우에는 파면처분의 취소를 구할 이익이 인정될 수 없다.

③ 행정처분의 무효확인을 구하는 소가 소송 중 처분이 기간의 경과 등으로 그 효과가 소멸한 때에도 그 처분과 동일한 사유로 위법한 처분이 반복될 위험성이 있어 행정처분의 위법성 확인이 필요한 경우에는 행정의 적법성 확보 등의 측면에서 예외적으로 그 처분의 무효확인을 구할 소의 이익을 인정할 수 있다.

④ 어업면허취소처분을 받은 상대방이 행정심판을 청구하여 인용재결을 받게 된 경우, 제3자는 인용재결에 대하여 행정소송을 청구할 소익이 없다.

07

행정지도에 대한 설명으로 옳지 않은 것은? (다툼이 있는 경우에 판례에 의함)

① 행정지도는 일정한 행정목적을 실현하기 위하여 권고 등과 같은 비강제적인 수단으로 상대방의 자발적 협력 등을 얻어내어 행정상 바람직한 결과를 이끌어 내는 행정으로 적법한 행정지도가 되기 위해서는 그 목적이 적법한 것이어야 한다.

② 무효인 조례 규정에 터잡은 행정지도에 따라 스스로 납세의무자로 믿고 자진신고 납부하였더라도 그 신고행위의 하자가 중대하고 명백한 것이라고 단정할 수 없다.

③ 행정관청이 건축허가 시마다 도로의 폭이 4미터가 되도록 행정지도를 해왔다면 이에 따라 도로의 지정이 있었던 것으로 볼 수 있다.

④ 주식매각의 종용이 정당한 법률적 근거 없이 자의적으로 주주에게 제재를 가하는 것이라면 이는 행정지도의 영역을 벗어난 것이다.

08

행정행위의 부관에 대한 설명으로 옳지 않은 것은? (다툼이 있는 경우에 판례에 의함)

① 하천부지 점용허가 여부는 관리청의 재량에 속하고 재량행위에 있어서는 법령상의 근거가 없어도 부관을 붙일 것인가의 여부는 당해 행정청의 재량에 속하여 하천부지 점용허가에 부관을 붙일 수 있음은 명백하다.

② 공익법인의 기본재산의 처분에 관한 「공익법인의 설립·운영에 관한 법률」은 강행규정으로서 주무관청의 허가를 받지 않고 기본재산을 처분하는 것은 무효이고, 처분허가의 성질이 형성적 행정행위로서의 인가에 해당해도 조건으로서의 부관을 붙일 수 있다.

③ 하천부지 점용허가를 하면서 '점용기간 만료 또는 점용을 폐지하였을 때에는 즉시 원상복구할 것'이라는 부관을 붙인 경우 이 부관은 하천부지에 대한 점용기간 만료시 그에 관한 개간비보상청구권을 포기하는 것을 조건으로 한 것으로 보아야 한다.

④ 지방자치단체장이 농수산물도매시장의 도매시장법인으로 지정함에 있어 지정조건으로 폐쇄 지시에도 일체 소송을 청구할 수 없다는 부관을 붙인 경우 이러한 부제소특약이 당사자의 합의로써 포기하는 것이라면 이를 두고 위법이라 할 수 없다.

09

행정법의 법원(法源)에 대한 내용으로 옳지 않은 것은?

① 관습법이 성립하기 위해서는 객관적인 오랜 관행과 주관적인 법적 확신으로 부족하며 국가의 승인 등을 받아야 비로소 인정된다.

② '남북 사이의 화해와 불가침 및 교류협력에 관한 합의서'는 남북관계가 '나라와 나라 사이의 관계가 아닌 통일을 지향하는 과정에서 잠정적으로 형성되는 특수관계'임을 전제로 하여 이를 국가 간의 조약 또는 이에 준하는 것으로 볼 수 없다.

③ 대법원에 의하면 헌법재판소가 법률의 위헌 여부를 판단하기 위하여 불가피하게 법원의 최종적인 법률해석에 앞서 법령을 해석하거나 그 적용 범위를 판단하더라도 헌법재판소의 법률해석에 대법원이나 각급 법원이 구속되는 것은 아니라는 입장이다.

④ 조리는 법률의 위헌 여부를 판단하는 기준으로 작용할 수 있다.

10

행정심판에 대한 내용으로 옳지 않은 것은? (다툼이 있는 경우
에 판례에 의함)

① 항고소송에서 행정청이 처분의 근거사유를 추가하거나
변경하기 위한 요건인 '기본적 사실관계의 동일성' 유
무의 판단 방법이나 법리는 행정심판 단계에서도 동일
하게 적용된다.

② 행정심판의 재결서는 처분의 상대방이 아닌 제3자가 심
판청구를 한 경우 위원회는 재결서의 등본을 지체 없이
피청구인을 거쳐 처분의 상대방에게 송달하여야 한다.

③ 고지절차에 관한 규정이 비록 행정처분의 상대방이 그
처분에 대한 행정심판의 절차를 밟는 데 있어 편의를
제공하려는 데 있다고 해도 처분청이 고지의무를 이행
하지 않았다면 이는 심판의 대상이 되는 행정처분에 하
자가 있다.

④ 행정심판과 관련된 간접강제 결정에 기초한 강제집행
에 관하여 「행정심판법」에 특별한 규정이 없는 사항에
대하여는 「민사집행법」의 규정을 준용한다.

11

행정소송의 판결의 효력에 대한 설명으로 옳지 않은 것은? (다
툼이 있는 경우에 판례에 의함)

① 처분에 대한 취소소송에서 처분청이 당초 처분사유와
기본적 사실관계의 동일성이 인정되는 다른 사유를 사
실심 변론종결 시까지 주장·증명하지 못하고 취소하는
판결이 확정되면 처분청은 그 다른 사유를 근거로 다시
종전과 같은 내용의 처분을 할 수 없다.

② 취소 확정판결의 기속력은 판결의 주문 및 전제가 되는
처분 등의 구체적 위법사유에 관한 판단에도 미치며 종
전 처분이 판결에 의하여 취소된 경우 행정청이 종전
처분과 다른 사유를 들어서 새로이 처분을 하는 것은
기속력에 저촉되어 무효에 해당된다.

③ 과세처분 취소소송의 피고가 처분청이지만 행정청을
피고로 하는 취소소송에 있어서의 기판력은 당해 처분
이 귀속하는 국가 또는 공공단체에 미친다.

④ 어떤 행정처분을 위법하다고 판단하여 취소하는 판결
이 확정되면 행정청은 취소판결의 기속력에 따라 그 판
결에서 확인된 위법사유를 배제한 상태에서 다시 처분
을 하거나 그 밖에 위법한 결과를 제거하는 조치를 할
의무가 있다.

12

공법상 계약으로 옳지 않은 것은? (다툼이 있는 경우에 판례에
의함)

① 「지방공무원법」과 「지방공무원 징계 및 소청 규정」에 의
하여 지방 계약직공무원에게도 「지방공무원법」의 징계
사유가 있는 때에는 징계처분을 할 수 있다.

② 지방자치단체가 사경제의 주체로서 사인과 사법상의
계약을 체결함에 있어서 설사 지방자치단체와 사인 간
에 사법상 계약이 체결되었다 하더라도 「국가를 당사자
로 하는 계약에 관한 법률」에 따라 계약서를 따로 작성
하는 등 그 요건과 절차를 이행해야 할 것이고, 법령상
의 요건과 절차를 거치지 않은 계약은 그 효력이 없다.

③ (구) 「공공용지의 취득 및 손실보상에 관한 특례법」에
의한 협의취득 또는 보상합의는 공공기관이 사경제주
체로서 행하는 사법상 매매 내지 사법상 계약의 실질을
가진다.

④ 중소기업기술정보진흥원장이 甲 주식회사와 중소기업
정보화지원사업 지원대상인 사업의 지원에 관한 협약
을 체결하였으나 甲 회사의 책임으로 해지되어 이에 협
약의 해지 및 환수통보를 한 경우 이는 행정청이 우월
한 지위에서 행하는 공권력의 행사로서 행정처분에 해
당한다.

13

「공익사업을 위한 토지 등의 취득 및 보상에 관한 법률」과 관련된 내용으로 옳지 않은 것은? (다툼이 있는 경우에 판례에 의함)

① 협의가 성립되지 아니하거나 협의를 할 수 없을 때에는 사업시행자는 사업인정고시가 된 날부터 1년 이내에 대통령령으로 정하는 바에 따라 관할 토지수용위원회에 재결을 신청할 수 있다.

② 사업인정고시가 된 후 협의가 성립되지 아니하였을 때에는 토지소유자와 관계인은 대통령령으로 정하는 바에 따라 서면으로 사업시행자에게 재결을 신청할 것을 청구할 수 있다.

③ 토지소유자 등이 수용재결에 불복하여 이의신청을 거친 후 취소소송을 제기하는 경우 피고는 수용재결을 한 토지수용위원회이고 소송대상은 이의재결이다.

④ 일단의 토지를 일부 수용함으로써 잔여지의 가격이 감소되었다면 잔여지를 종래의 목적에 사용하는 것이 현저히 곤란한 사정이 인정되지 않는 경우에도 그에 대한 손실보상을 부정할 수 없다.

14

행정상 강제집행 중 이행강제금에 관한 내용으로 옳지 않은 것은? (다툼이 있으면 판례에 의함)

① 「개발제한구역의 지정 및 관리에 관한 특별조치법」상 이행강제금은 의무를 이행하지 않으면 반복 부과할 수 있지만 이를 부과·징수할 때마다 그에 앞서 시정명령 절차를 다시 거쳐야 한다.

② 시정명령을 받은 의무자가 그 시정명령의 취지에 부합하는 의무를 이행하기 위한 정당한 방법으로 행정청에 신청 또는 신고를 하였으나 행정청이 위법하게 이를 거부 또는 반려함으로써 결국 그 처분이 취소되기에 이르렀다면, 특별한 사정이 없는 한 그 시정명령의 불이행을 이유로 이행강제금을 부과할 수는 없다.

③ 이행강제금의 본질상 시정명령을 받은 의무자가 이행강제금이 부과되기 전에 그 의무를 이행한 경우에는 비록 시정명령에서 정한 기간을 지나서 이행한 경우라도 이행강제금을 부과할 수 없다.

④ 「국토계획법」 및 「국토의 계획 및 이용에 관한 법률 시행령」이 정한 이행강제금의 부과기준은 단지 상한액을 정한 것이 아니라, 특정 금액을 규정한 것이고 이에 행정청은 재량을 행사할 수 없다.

15

「개인정보보호법」이나 개인정보보호와 관련된 내용으로 옳지 않은 것은? (다툼이 있는 경우에 판례에 의함)

① 누구든지 불특정 다수가 이용하는 목욕실, 화장실, 발한실(發汗室), 탈의실 등 개인의 사생활을 현저히 침해할 우려가 있는 장소의 내부를 볼 수 있도록 영상정보처리기기를 설치·운영하여서는 아니 된다.

② 개인정보 처리위탁에 있어 수탁자는 위탁자로부터 위탁사무 처리에 따른 대가를 지급받는 것 외에는 개인정보 처리에 관하여 독자적인 이익을 가지지 않고, 정보제공자의 관리·감독 아래 위탁받은 범위 내에서만 개인정보를 처리하게 되므로, 「개인정보 보호법」이나 「정보통신망법」에 정한 '제3자'에 해당한다.

③ 영업의 전부 또는 일부의 양도·합병 등으로 영업양수자 등은 개인정보를 이전받았을 때에는 지체 없이 그 사실을 대통령령으로 정하는 방법에 따라 정보주체에게 알려야 한다. 다만, 개인정보처리자가 그 이전 사실을 이미 알린 경우에는 그러하지 아니하다.

④ (구) 「개인정보 보호법」에서 공공기관 중 법인격이 없는 '중앙행정기관 및 그 소속기관' 등을 개인정보처리자 중 하나로 규정하고 있으면서도, 양벌규정에 의하여 처벌되는 개인정보처리자로는 '법인 또는 개인'만을 규정하고 있을 뿐이므로 죄형법정주의의 원칙상 '법인격 없는 공공기관'을 양벌규정에 의하여 처벌할 수 없고, 그 경우 행위자 역시 위 양벌규정으로 처벌할 수 없다.

16

행정대집행에 대한 내용으로 옳지 않은 것은? (다툼이 있는 경우에 판례에 의함)

① 철거명령에 따른 행정대집행은 철거의무자가 그 철거의무를 이행하지 아니하는 경우 다른 수단으로써 그 이행을 확보하기 곤란한 경우에는 그 불이행을 방치함이 공익에 반하지 않는다고 해도 적법하다.

② 행정대집행을 하려는 행정청은 상당한 이행기한을 정하여 그 기한까지 이행되지 아니할 때에는 대집행을 한다는 뜻을 미리 문서로써 계고하여야 하며 행정청은 상당한 이행기한을 정함에 있어 의무의 성질·내용 등을 고려하여 사회통념상 해당 의무를 이행하는 데 필요한 기간이 확보되도록 하여야 한다.

③ 무허가증축부분으로 인하여 건물의 미관이 나아지고 위 증축부분을 철거하는 데 비용이 많이 소요된다고 하더라도 건물철거 대집행계고처분을 할 요건에 해당된다.

④ 제1차로 창고건물의 철거 및 하천부지에 대한 원상복구명령을 하였음에도 이에 불응하므로 대집행계고를 하면서 다시 자진철거 및 토사를 반출하여 하천부지를 원상복구할 것을 명한 경우, 대집행계고서에 기재된 자진철거 및 원상복구명령이 취소소송의 대상이 되는 독립한 행정처분이라 할 수 없다.

17

행정조사에 대한 내용으로 옳지 않은 것은?

① 개별 법령 등에서 행정조사를 규정하고 있는 경우에도 행정기관이 「행정조사기본법」에서 정한 '조사대상자의 자발적인 협조를 얻어 실시하는 행정조사'를 실시할 수 있다.

② 세무조사가 과세자료의 수집 또는 신고내용의 정확성 검증이라는 본연의 목적이 아니라 부정한 목적을 위하여 행하여진 경우라도 세무조사에 의하여 수집된 과세자료를 기초로 한 과세처분을 위법하다고 할 수는 없다.

③ 행정조사 중에 조사원이 자료 등을 영치하는 경우에 조사대상자의 생활이나 영업이 사실상 불가능하게 될 우려가 있는 때에는 조사원은 자료 등을 사진으로 촬영하거나 사본을 작성하는 등의 방법으로 영치에 갈음할 수 있으나, 증거인멸의 우려가 있는 자료 등을 영치하는 경우에는 그러하지 아니하다.

④ 세무조사결정은 항고소송대상인 처분에 해당한다.

18

공무원의 위법한 직무와 관련된 손해배상에 대한 내용으로 옳지 않은 것은? (다툼이 있는 경우에 판례에 의함)

① 재판에 대하여 불복절차 또는 시정절차가 마련되어 있는 경우, 법관이나 다른 공무원의 귀책사유로 불복에 의한 시정을 구할 수 없었다거나 그와 같은 시정을 구할 수 없었던 부득이한 사정이 아니라면, 그와 같은 시정을 구하지 아니한 사람은 원칙적으로 국가배상에 의한 권리구제를 받을 수 없다.

② 공무원의 직무상 의무가 순전히 행정기관 내부의 질서를 유지하기 위한 것이거나 또는 전체적으로 공공 일반의 이익을 도모하기 위한 것이라면 그 의무에 위반하여 국민에게 손해를 가하여도 국가 또는 지방자치단체는 배상책임을 부담하지 아니한다.

③ 국회의원의 입법은 원칙적으로 국민 전체에 대한 관계에서 정치적 책임을 질 뿐 아니라 국민 개개인의 권리에 대응한 법적 의무를 가지는 것이어서, 국회의원의 입법행위는 그 입법 내용이 헌법의 문언에 위반되는지와 상관없이 「국가배상법」 제2조 제1항 소정의 위법에 해당한다.

④ 원고의 무죄를 입증할 수 있는 결정적인 증거에 해당하는데도 검사가 그 감정서를 법원에 제출하지 아니하고 은폐하였다면 검사의 그와 같은 행위는 위법하고 국가배상책임은 인정된다.

19

행정행위의 내용으로 옳지 않은 것은? (다툼이 있는 경우에 판례에 의함)

① 인가처분에 하자가 없고 기본행위에 취소사유의 하자가 있는 경우에는 그 기본행위의 하자를 이유로 인가에 쟁송을 제기할 수 없고 기본행위의 하자를 다투어야 하나, 기본행위에 무효의 하자가 있는 경우에는 기본행위의 무효를 내세워 바로 그에 대한 행정청의 인가처분의 무효확인을 소구할 법률상의 이익이 있다.

② (구) 「수도권대기환경특별법」 제14조 제1항에서 정한 대기오염물질 총량관리사업장 설치의 허가 또는 변경허가는 특정한 권리를 설정하여 주는 행정행위에 속한다.

③ 종전의 허가가 기한의 도래로 실효한 경우 종전 허가의 유효기간이 지나서 신청한 기간연장신청은 종전의 허가처분과는 별도의 새로운 허가를 내용으로 하는 행정처분을 구하는 것이다.

④ 의제된 인허가는 통상적인 인허가와 동일한 효력을 가지므로, 의제된 인허가의 취소나 철회가 허용될 수 있고, 직권 취소·철회가 가능한 이상 그 의제된 인허가에 대한 쟁송취소 역시 허용된다.

20

「행정절차법」상의 행정절차의 내용으로 옳지 않은 것은? (다툼이 있는 경우에 판례에 의함)

① (구) 「도시계획법」의 규정에 의한 사업시행자 지정처분을 취소함에 있어서 청문을 실시하지 아니한 경우, 그 절차를 결여한 지정처분의 취소처분은 위법한 처분으로서 취소사유에 해당한다.

② 퇴직연금의 환수결정은 당사자에게 의무를 과하는 처분이지만, 관련 법령에 따라 당연히 환수금액이 정하여지는 것이므로, 퇴직연금의 환수결정에 앞서 당사자에게 의견진술의 기회를 주지 아니하여도 「행정절차법」에 반하지 않는다.

③ 추모공원건립추진협의회가 후보지 주민들의 의견을 청취하기 위하여 그 명의로 개최한 공청회는 행정청이 도시계획시설결정을 하면서 개최한 공청회가 아니므로, 위 공청회의 개최에 관하여 「행정절차법」에서 정한 절차를 준수하여야 하는 것은 아니다.

④ 이유제시는 처분의 투명성을 확보하고 행정을 스스로가 돌아보는 성질의 것으로서 처분 당시 당사자가 어떠한 근거와 이유로 처분이 이루어진 것인지를 충분히 알 수 있어서 그에 불복하여 행정구제절차로 나아가는 데에 별다른 지장이 없다고 해도 처분서에 처분의 근거와 이유가 구체적으로 명시되어 있지 않았다면 그 처분은 위법하다.

2020 | 소방위 행정법

※ 2020 소방위(소방 승진) 기출복원문제는 시험 응시자들과 집필진의 기억을 토대로 행정법총론에 해당하는 20문항을 재구성하였습니다. 실제 기출문제와는 다소 차이가 있을 수 있음을 알려드립니다.

01

신고에 대한 설명으로 옳지 않은 것은? (다툼이 있는 경우 판례에 의함)

① 「건축법」상의 착공신고를 행정청이 반려했다고 해도, 「건축법」상의 신고는 수리를 요하지 않는 신고로서 이는 항고소송 대상이 되는 처분이라 할 수 없고 당사자는 반려행위에 대해 취소를 구할 법률상 이익이 없다.

② 「유통산업발전법」상 대규모 점포의 개설 등록은 이른바 '수리를 요하는 신고'로서 행정처분에 해당한다.

③ 전입신고자가 거주의 목적 이외에 다른 이해관계에 관한 의도를 가지고 있는지 여부는 주민등록전입신고의 수리단계에서는 심사할 수 없다.

④ 「건축법」상 인·허가의제 효과를 수반하는 건축신고는 실체적 심사를 통한 수리를 요하는 신고에 해당한다.

02

행정규칙에 대한 설명으로 옳지 않은 것은? (다툼이 있는 경우 판례에 의함)

① 시외버스운송사업의 사업계획변경 기준 등에 관한 (구) 「여객자동차 운수사업법 시행규칙」은 부령에 규정된 처분기준으로서 대외적 구속력이 없는 행정규칙에 해당된다.

② 「자동차 운수사업법」 제31조 제2항의 규정에 따라 자동차운수사업면허의 취소처분 등에 관한 사무처리기준과 처분절차 등을 정한 「자동차 운수사업법」 제31조 등의 규정에 의한 사업면허의 취소 등의 처분에 관한 규칙은 행정내부 사무처리에 관한 행정규칙이다.

③ 재산권 등의 기본권을 제한하는 작용을 하는 법률이 구체적으로 범위를 정하여 고시와 같은 형식으로 입법위임을 할 수 있는 사항은 전문적·기술적 사항이나 경미한 사항으로서 업무의 성질상 위임이 불가피한 사항에 한정된다.

④ (구) 「청소년 보호법」에 따른 같은 법 시행령 제40조 [별표 6]의 위반행위의 종별에 따른 과징금 처분기준은 법규명령이기는 하나 그 수액은 정액이 아니라 최고한도액이다.

03

공법관계와 사법관계에 대한 설명으로 옳지 않은 것은? (다툼이 있는 경우 판례에 의함)

① 국유재산 무단 점유자에 대한 행정기관의 변상금부과는 항고소송 대상인 처분이다.

② 공용수용의 목적물이 불필요하게 된 경우 피수용자가 다시 수용된 토지의 소유권을 회복할 수 있도록 하는 환매권은 일종의 사권이다.

③ (구) 「예산회계법」에 의한 입찰보증금의 국고귀속조치는 공법관계로서 당사자소송에 의한다.

④ 행정재산을 원래의 목적 외로 사용할 경우 그에 대한 사용·수익허가는 행정처분으로서 항고소송의 대상이 된다.

04

행정심판에 대한 내용으로 옳지 않은 것은? (다툼이 있는 경우 판례에 의함)

① 의무이행심판의 재결에서 처분재결은 형성재결의 성질을, 처분명령재결은 이행재결의 성격을 가지고 있다.

② 재결에 의하여 취소되거나 무효 또는 부존재로 확인되는 처분이 당사자의 신청을 거부하는 것을 내용으로 하는 경우에는 그 처분을 한 행정청은 재결의 취지에 따라 다시 이전의 신청에 대한 처분을 하여야 한다.

③ 행정심판청구에 대한 재결이 있으면 그 재결 및 같은 처분 또는 부작위에 대하여 다시 행정심판을 청구할 수 없다.

④ 재결청의 처분 이행명령재결에 대해 행정청이 어떠한 처분을 하였다고 해도 처분의 내용이 재결의 취지에 반하는 것이라면 재결청은 청구인의 신청에 따라 직접처분을 할 수 있다.

05

행정의 실효성을 확보하기 위한 수단의 내용으로 옳지 않은 것은? (다툼이 있는 경우 판례에 의함)

① 「공익사업을 위한 토지 등의 취득 및 보상에 관한 법률」상의 협의취득 시에 매매대상 건물에 대한 철거의무를 부담하겠다는 취지의 약정을 건물소유자가 하였다고 하더라도, 그 철거의무는 대집행의 대상이 되지 않는다.

② 도시공원시설 점유자의 퇴거 및 명도의무는 「행정대집행법」에 의한 대집행의 대상일 뿐, 직접강제의 대상이 될 수는 없다.

③ 철거대상건물의 점유자들이 적법한 행정대집행을 위력을 행사하여 방해하는 경우, 행정청은 필요하다면 「경찰관 직무집행법」에 근거한 위험발생 방지조치 차원에서 경찰의 도움을 받을 수 있다.

④ 공유수면에 설치한 건물을 철거하여 공유수면을 원상회복하여야 할 의무는 대체적 작위의무에 해당하므로 행정대집행의 대상이 된다.

06

행정소송에 대한 내용으로 옳지 않은 것은? (다툼이 있는 경우 판례에 의함)

① 어떤 행위가 상대방의 권리를 제한하는 행위라 하더라도 행정청 또는 그 소속 기관이나 권한을 위임받은 공공단체 등의 행위가 아닌 한 이를 행정처분이라고 할 수 없다.

② 국가인권위원회의 각하 및 기각결정을 할 경우 피해자인 진정인은 인권침해 등에 대한 구제조치를 받을 권리를 박탈당하게 되므로, 국가인권위원회의 진정에 대한 각하 및 기각결정은 처분에 해당한다.

③ 관할청이 「농지법」상의 이행강제금 부과처분을 하면서 재결청에 행정심판을 청구하거나 관할 행정법원에 행정소송을 할 수 있다고 잘못 안내한 경우에 항고소송의 대상인 처분이라 할 수 있다.

④ 취소소송의 대상인 처분은 행정청이 행하는 구체적 사실에 관한 법집행행위이므로 불특정 다수인을 대상으로 하여 반복적으로 적용되는 일반적·추상적 규율은 원칙적으로 처분이 아니다.

07

행정법의 일반원칙에 대한 내용으로 옳지 않은 것은? (다툼이 있는 경우 판례에 의함)

① 플라스틱이나 합성수지의 사용과 관련하여 1회용품과 포장재 등을 서로 차별적으로 취급하는 것은 합리적인 이유라 할 수 없어 평등원칙에 반한다.

② 채석허가기준에 관한 관계 법령의 규정이 개정된 경우, 새로이 개정된 법령의 경과규정에서 달리 정함이 없는 한 처분 당시에 시행되는 개정 법령과 그에서 정한 기준에 의하여 채석허가 여부를 결정하는 것은 신뢰보호에 반하지 않는다.

③ 재량권 행사의 준칙인 행정규칙이 그 정한 바에 따라 되풀이 시행되어 행정관행이 이루어지게 되면 평등의 원칙이나 신뢰보호의 원칙에 따라 행정기관은 그 상대방에 대한 관계에서 그 규칙에 따라야 할 자기구속을 받게 된다.

④ 청원경찰의 인원감축을 위하여 초등학교 졸업 이하 학력소지자 집단과 중학교 중퇴 이상 학력 소지자 집단으로 나누어 각 집단별로 같은 감원비율의 인원을 선정한 것은 위법한 재량권 행사이다.

08

항고소송의 대상적격에 대한 내용으로 옳지 않은 것은? (다툼이 있는 경우 판례에 의함)

① (구)부당한 공동행위 자진신고자 등에 대한 시정조치 등 감면제도 운영고시에 따른 시정조치 등 감면신청에 대한 감면불인정 통지는 항고소송의 대상이 되는 행정처분에 해당한다.

② 행정규칙에 의한 불문경고조치는 징계처분은 아니라도 항고소송의 대상이 되는 행정처분에 해당한다.

③ 공무원에 대한 당연퇴직 통보는 공무원의 신분을 상실시키는 형성적 행위로서 항고소송 대상인 처분이다.

④ 병무청장의 병역의무 기피자의 인적사항 등의 공개결정은 항고소송 대상이 되는 행정처분이다.

09

행정행위의 부관에 대한 설명으로 옳은 것은? (다툼이 있는 경우 판례에 의함)

① 부관이 처분 당시의 법령으로는 적법하였으나 처분 후 근거법령이 개정되어 더 이상 부관을 붙일 수 없게 되었다면 당초의 부관도 소급하여 효력이 소멸한다.

② 부관이 붙은 법률행위에 있어서 부관에 표시된 사실이 발생하지 아니하면 채무를 이행하지 아니하여도 된다고 보는 것이 상당한 경우에는 조건으로 보아야 하고, 표시된 사실이 발생한 때에는 물론이고 반대로 발생하지 아니하는 것이 확정된 때에도 그 채무를 이행하여야 한다고 보는 것이 상당한 경우에는 표시된 사실의 발생 여부가 확정되는 것을 불확정기한으로 정한 것으로 보아야 한다.

③ 공유수면매립준공인가처분을 하면서 매립지 일부에 대하여 한 국가 및 지방자치단체에의 귀속처분은 부관 중 부담에 해당하므로 독립하여 행정소송 대상이 될 수 있다.

④ 허가에 붙은 기한이 그 허가된 사업의 성질상 부당하게 짧은 경우에 그 기한은 허가조건의 존속기간이 아니라 허가 자체의 존속기간으로 보아야 한다.

10

행정소송의 원고적격에 대한 설명으로 옳지 않은 것은? (다툼이 있는 경우 판례에 의함)

① 권한의 위임에는 법률의 근거가 있어야 하나 행정 내부에서 이루어지는 내부위임의 경우에는 법률의 근거 없이 가능하며 다만 내부위임을 받은 행정기관이 자신의 명의로 처분을 하였다면 소송을 청구하는 원고로서는 수임기관을 피고로 소를 구하여야 한다.

② 후속처분의 내용이 종전처분의 유효를 전제로 내용 중 일부만을 추가·철회·변경하는 것이고 추가·철회·변경된 부분이 내용과 성질상 나머지 부분과 불가분적인 것이 아닌 경우에, 후속처분이 있다면 종전처분에 대해 소송을 청구할 법률상 이익이 없다.

③ 원천징수의무자에 대한 소득금액변동통지는 원천납세의무의 존부나 범위와 같은 원천납세의무자의 권리나 법률상 지위에 어떠한 영향을 준다고 할 수 없으므로 소득처분에 따른 소득의 귀속자는 법인에 대한 소득금액변동통지의 취소를 구할 법률상 이익이 없다.

④ 국민권익위원회가 소방청장에게 인사와 관련하여 부당한 지시를 한 사실이 인정된다며 이를 취소할 것을 요구하기로 의결하고 내용을 통지하자 그 국민권익위원회 조치요구의 취소를 구하는 경우, 소방청장은 당사자 능력과 원고적격을 가지게 된다.

11

행정계획에 대한 설명으로 옳지 않은 것은? (다툼이 있는 경우 판례에 의함)

① 일정한 기간 내에 요건을 갖추어 일정한 행정처분을 신청할 수 있는 법률상 지위에 있는 자에 대해 국토 이용계획변경신청을 거부하는 것이 실질적으로 당해 행정처분 자체를 거부하는 결과가 되는 경우에는 그 신청인은 계획변경을 신청할 권리가 있다.

② 비구속적 행정계획안이나 행정지침이라도 국민의 기본권에 직접적으로 영향을 끼치고, 앞으로 법령의 뒷받침에 의하여 그대로 실시될 것이 틀림없을 것으로 예상될 수 있을 때에는, 공권력행위로서 헌법소원의 대상이 될 수 있다.

③ 국가가 국토이용계획과 관련한 기관위임사무의 처리에 관하여 지방자치단체의 장을 상대로 취소소송을 제기할 수 있다.

④ 선행 도시계획의 결정·변경 등의 권한이 없는 행정청이 행한 선행 도시계획과 양립할 수 없는 새로운 내용의 후행 도시계획결정은 무효이다.

12

행정행위의 하자에 대한 설명으로 옳지 않은 것은? (다툼이 있는 경우 판례에 의함)

① 조세 부과의 근거가 되었던 법률규정이 위헌으로 선언된 이후, 조세채권의 집행을 위한 새로운 체납처분에 착수하거나 이를 속행하더라도 위법하지 않다.

② 절차상 하자로 인하여 무효인 행정처분이 있은 후 행정청이 관계 법령에서 정한 절차를 갖추어 다시 동일한 행정처분을 하였다면 당해 행정처분은 종전의 무효인 행정처분과 관계없이 새로운 행정처분이라고 보아야 한다.

③ 행정처분에 대하여 그 행정처분의 근거가 된 법률이 위헌이라는 이유로 무효확인청구의 소가 제기된 경우에는 다른 특별한 사정이 없는 한 법원으로서는 그 법률이 위헌인지 여부에 대하여는 판단할 필요 없이 그 무효확인청구를 기각하여야 한다.

④ 대법원은 처분이 있은 후에 근거법률이 위헌으로 결정된 경우, 그 처분은 특별한 사정이 없는 한 원칙적으로 취소할 수 있는 행위에 그친다고 보았다.

13

행정법의 효력에 대한 설명으로 옳지 않은 것은? (다툼이 있는 경우 판례에 의함)

① 법령이 변경된 경우 신 법령이 피적용자에게 유리하여 이를 적용하도록 하는 경과규정을 두는 등의 특별한 규정이 없는 한 그 변경 전에 발생한 사항에 대하여는 변경 후의 신 법령이 아니라 변경 전의 구 법령이 적용되어야 한다.

② 조세법령의 폐지 또는 개정 전에 종결된 과세요건사실에 대해 폐지 또는 개정 전의 조세법령을 적용하는 것은 조세법률주의에 위반되지 않는다.

③ 법령의 공포일에 관하여 공포일자와 시행일자가 다른 경우에는 공포일을 관보가 실제로 인쇄된 날로 본다.

④ 기간과세인 법인세에 있어 사업연도 진행 중 세법이 개정된 경우에 개정법을 적용하는 것은 진정소급에 해당되어 허용될 수 없다.

14

국가배상과 관련된 설명으로 옳지 않은 것은? (다툼이 있는 경우 판례에 의함)

① 영조물의 설치·관리상의 하자로 인한 손해의 원인에 대하여 책임을 질 사람이 따로 있는 경우에는 국가·지방자치단체는 그 사람에게 구상할 수 있다.

② 어떠한 행정처분이 후에 항고소송에서 취소되었다면 그 판결의 기판력에 의하여 당해 처분은 곧바로 공무원의 고의 또는 과실로 인한 것으로서 불법행위를 구성한다.

③ 공무원의 직무집행이 법령이 정한 요건과 절차에 따라 이루어진 것이라면 특별한 사정이 없는 한 이는 법령에 적합한 것이고, 그 과정에서 개인의 권리가 침해되는 일이 생긴다고 하여 그 법령 적합성이 곧바로 부정되는 것은 아니다.

④ 법관의 재판행위가 위법행위로서 국가배상책임이 인정되려면 당해 법관이 위법 또는 부당한 목적을 가지고 재판하는 등 법관에게 부여된 권한의 취지에 명백히 어긋나게 이를 행사하였다고 인정할 특별한 사정이 있어야 한다.

15

「행정절차법」과 관련된 내용 중 옳지 않은 것은? (다툼이 있는 경우 판례에 의함)

① 「병역법」에 따라 지방병무청장이 산업기능요원에 대하여 산업기능요원 편입취소처분을 할 때에는 「행정절차법」에 따라 처분의 사전통지를 하고 의견제출의 기회를 부여하여야 한다.

② 고시 등 불특정 다수인을 상대로 의무를 부과하거나 권익을 제한하는 처분에 있어서는 그 상대방에게 의견제출의 기회를 주어야 하는 것은 아니다.

③ 납세고지서에 세액산출근거 등의 이유가 제시되지 않았다고 해도, 납세자가 나름 세액산출근거를 알았다거나, 이를 알고서 납부를 하였다면 과세처분을 위법이라 할 수 없다.

④ 특별한 사정이 없는 한 신청에 대한 거부처분은 '당사자의 권익을 제한하는 처분'에 해당한다고 할 수 없는 것이어서 처분의 사전통지 대상이 된다고 할 수 없다.

16

지위승계신고에 대한 행정작용의 내용으로 옳지 않은 것은? (다툼이 있는 경우 판례에 의함)

> ㉠ 양도인이 자신의 의사에 따라 양수인에게 영업을 양도하면서 양수인으로 하여금 영업을 하도록 허락하였다면, 영업승계신고 및 수리처분이 있기 전에 발생한 양수인의 위반행위에 대한 행정적 책임은 양도인에게 귀속된다.
>
> ㉡ 양도양수계약에 의한 신고의 수리에서 양도양수계약이 무효라도 신고의 수리는 권한 있는 기관에 의해 취소되기 이전까지는 유효이다.
>
> ㉢ 「식품위생법」에 의한 영업양도에 따른 지위승계신고를 수리하는 허가관청의 행위는 단순히 양도·양수인 사이에 이미 발생한 사법상의 사업양도의 법률효과에 의하여 양수인이 그 영업을 승계하였다는 사실의 신고를 접수하는 행위에 그치는 것이 아니라, 영업허가자의 변경이라는 법률효과를 발생시키는 행위이다.
>
> ㉣ 양도양수에 의한 영업자지위승계신고가 수리되지 않았다면, 양도인이 법위반으로 허가 등이 취소된 경우, 이를 양수한 양수인은 취소소송을 청구할 법률상 이익이 없다.

① ㉠, ㉡   ② ㉠, ㉢

③ ㉡, ㉢   ④ ㉡, ㉣

17

손실보상에 관한 내용으로 옳지 않은 것은? (다툼이 있는 경우 판례에 의함)

① 도시계획사업허가의 공고 시에 토지세목의 고시를 누락하거나, 사업인정을 함에 있어 수용 또는 사용할 토지의 세목공시절차를 누락한 경우에 이를 이유로 수용재결처분의 취소를 구할 수 없다.

② 공익사업으로 인하여 영업을 폐지하거나 휴업하는 자는 (구) 「공익사업을 위한 토지 등의 취득 및 보상에 관한 법률」에 규정된 재결절차를 거치지 않은 채 곧바로 사업시행자를 상대로 영업손실보상을 청구할 수 없다.

③ 공공용물에 대한 일반사용도 적법한 개발행위로 제한됨으로 인한 불이익이 발생한다면 손실보상의 대상이 된다.

④ (구) 「하천법」의 시행으로 국유로 된 제외지 안의 토지에 대하여는 관리청이 그 손실을 보상하도록 규정하고 있는 동법 부칙 제2조 제1항에 의한 손실보상청구권은 공법상 권리이다.

18

「공공기관의 정보공개에 관한 법률」에 대한 내용으로 옳지 않은 것은? (다툼이 있는 경우 판례에 의함)

① 공무를 수행한 공무원의 성명이나 직위는 개인정보로서 정보공개 대상이 아니다.

② 정보공개신청에 대한 공공기관의 결정에 불복하는 경우 청구인은 이의신청 절차를 거치지 아니하고 행정심판을 청구할 수 있다.

③ 국민의 정보공개청구권은 법률상 보호되는 구체적인 권리이므로, 공공기관에 대하여 정보의 공개를 청구하였다가 공개거부처분을 받은 청구인은 행정소송을 통하여 그 공개거부처분의 취소를 구할 법률상의 이익이 있다.

④ 공개를 구하는 정보를 공공기관이 한때 보유·관리하였으나 후에 그 정보가 담긴 문서들이 폐기되어 존재하지 않게 된 것이라면 그 정보를 더 이상 보유·관리하고 있지 아니하다는 점에 대한 입증책임은 공공기관에 있다.

19

행정조사에 대한 설명으로 옳지 않은 것은? (다툼이 있는 경우 판례에 의함)

① 행정기관의 장이 조사대상자의 자발적인 협조를 얻어 행정조사를 실시하고자 하는 경우 조사대상자는 문서·전화·구두 등의 방법으로 당해 행정조사를 거부할 수 있다.

② 행정기관의 장은 법령 등에 특별한 규정이 있는 경우를 제외하고는 행정조사의 결과를 확정한 날로부터 7일 이내에 그 결과를 조사대상자에게 통지하여야 한다.

③ 우편물 통관검사절차에서 이루어지는 우편물 개봉 등의 검사는 행정조사의 성격을 가지는 것으로서, 압수·수색영장 없이 검사가 진행되었다면 특별한 사정이 없는 한 위법하다.

④ 위법한 세무조사를 통하여 수집된 과세자료에 기초하여 과세처분을 하였다면 그 과세처분은 위법하게 된다.

20

행정작용 및 행정구제에 관한 판례의 내용으로 옳은 것은?

> ㉠ 행정행위를 한 처분청은 별도의 법적 근거가 없다 하더라도 사정변경이 생겼거나 또는 중대한 공익상의 필요가 발생한 경우 그 효력을 상실케 하는 별개의 행정행위로 이를 철회할 수 있다.
> ㉡ 공중보건의사 채용계약 해지의 의사표시에 대하여는 대등한 당사자 간의 소송 형식인 공법상의 당사자소송으로 그 의사표시의 무효확인을 청구할 수 없고 행정처분을 전제한 항고소송을 제기하여야 한다.
> ㉢ 청구취지를 변경하여 종전의 소가 취하되고 새로운 소가 제기된 것으로 변경되었다면 새로운 소에 대한 제소기간 준수 여부는 원칙적으로 소의 변경이 있는 때를 기준으로 한다.
> ㉣ 재단법인의 정관변경 시 정관변경 결의의 하자가 있는 경우에 주무부장관의 인가가 있게 되면 정관변경 결의가 유효한 것으로 될 수 있다.

① ㉠, ㉡

② ㉡, ㉢

③ ㉢, ㉣

④ ㉠, ㉢

2019 | 소방위 행정법

※ 2019 소방위(소방 승진) 기출복원문제는 시험 응시자들과 집필진의 기억을 토대로 행정법총론에 해당하는 20문항을 재구성하였습니다. 실제 기출문제와는 다소 차이가 있을 수 있음을 알려드립니다.

01

「행정절차법」의 내용으로 옳지 않은 것은?

① 행정청은 소속 직원 외의 자 또는 대통령령으로 정하는 자격을 가진 사람 중에서 청문 주재자를 공정하게 선정하여야 한다.

② 행정청은 청문이 시작되는 날부터 7일 전까지 청문 주재자에게 청문과 관련한 필요한 자료를 미리 통지하여야 한다.

③ 행정청은 처분을 할 때에 당사자 등이 제출한 의견이 상당한 이유가 있다고 인정하는 경우에는 이를 반영하여야 한다.

④ 청문 주재자는 직권으로 또는 당사자의 신청에 따라 필요한 조사를 할 수 있으며, 당사자 등이 주장하지 아니한 사실에 대하여도 조사할 수 있다.

02

「행정소송법」에 관한 내용으로 옳은 것은?

① 「행정소송법」상의 기간의 계산에 있어서 국외에서의 소송행위 추완에 있어서는 그 기간을 30일로, 제3자에 의한 재심청구에 있어서는 그 기간을 60일로, 소의 제기에 있어서는 그 기간을 90일로 한다.

② 토지의 수용 기타 부동산 또는 특정의 장소에 관계되는 처분 등에 대한 취소소송은 그 부동산 또는 장소의 소재지를 관할하는 행정법원에 이를 제기하여야 한다.

③ 법원은 직권으로 재결을 행한 행정청에 대하여 행정심판에 관한 기록의 제출을 명할 수 있다.

④ 법원은 당사자가 주장하지 아니한 사실에 대하여는 판단할 수 없다.

03

행정소송에서의 당사자와 관련된 내용으로 옳지 않은 것은? (다툼이 있는 경우 판례에 의함)

① 행정청이 영업허가신청 반려처분의 취소를 구하는 소의 계속 중 사정변경을 이유로 위 반려처분을 직권취소함과 동시에 위 신청을 재반려하는 내용의 재처분을 한 경우 당초의 반려처분의 취소를 구하는 경우에는 법률상 이익이 인정되지 않는다.

② 법인세 과세표준과 관련하여 과세관청이 법인의 소득처분 상대방에 대한 소득처분을 경정하면서 증액과 감액을 동시에 한 결과 전체로서 소득처분금액이 감소된 경우, 법인이 소득금액변동통지의 취소를 구할 소의 이익이 없다.

③ 우리 「출입국관리법」의 해석상 외국인에게는 상호주의 등을 고려하면 사증발급 거부처분의 취소를 구할 법률상 이익이 인정된다.

④ 처분의 근거 법규 또는 관련 법규에 그 처분으로써 이루어지는 행위 등 사업으로 인하여 환경상 침해를 받으리라고 예상되는 영향권의 범위가 구체적으로 규정되어 있는 경우, 그 영향권 내의 주민들에 대하여는 특단의 사정이 없는 한 환경상 이익에 대한 침해 또는 침해 우려가 있는 것으로 사실상 추정된다.

04

처분의 근거법이 헌법재판소에 의하여 위헌결정을 받은 경우에 대한 설명으로 옳지 않은 것은? (다툼이 있는 경우 판례에 의함)

① 조세 부과의 근거가 되었던 법률규정이 위헌으로 선언된 이후, 조세채권의 집행을 위한 새로운 체납처분에 착수하거나 이를 속행한다면 위법하여 무효에 해당한다.

② 처분의 근거법이 헌법재판소에 의해 위헌결정을 받은 경우에 일정한 경우에는 처분을 무효로 볼 수 있다는 견해도 있다.

③ 헌법재판소의 위헌결정의 효력은 위헌제청을 한 당해 사건은 물론 위헌제청신청은 아니하였지만 당해 법률 또는 법률의 조항이 재판의 전제가 되어 법원에 계속 중인 사건에도 미친다.

④ 대법원은 행정처분이 발하여진 후에 그 행정처분의 근거가 된 법률이 위헌으로 결정된 경우, 그 행정처분의 근거가 되는 법률이 헌법에 위반된다는 사유는 특별한 사정이 없는 한 그 행정처분의 무효소송의 전제가 될 수 있다고 한다.

05

행정행위의 효력의 흠결에 대한 설명으로 옳은 것은? (다툼이 있는 경우 판례에 의함)

> ㉠ 권한의 내부위임의 경우에 수임관청은 위임관청의 이름으로만 그 권한을 행사할 수 있을 뿐 자기의 이름으로는 그 권한을 행사할 수 없고 자기의 명의로 처분을 하였다면 이는 무효에 해당된다.
> ㉡ 행정관청 내부의 사무처리규정에 불과한 전결규정에 위반하여 원래의 전결권자 아닌 보조기관 등이 처분권자인 행정관청의 이름으로 행정처분을 하였다고 하더라도 그 처분은 권한 없는 자에 의하여 행하여진 무효의 처분이다.
> ㉢ 5급 이상의 국가정보원 직원에 대한 의원면직처분이 임면권자인 대통령이 아닌 국가정보원장에 의해 행해진 것이라도 이를 무효라 할 수 없다.
> ㉣ 무효인 조례에 근거한 구청장의 관리처분계획인가 처분은 그 하자가 중대하고 명백하여 무효에 해당한다.

① ㉠, ㉡　　　　　② ㉠, ㉢
③ ㉡, ㉣　　　　　④ ㉢, ㉣

06

「개인정보 보호법」에 대한 내용으로 옳지 않은 것은?

① 개인정보보호위원회의 위원장의 임기는 3년이며 한 차례 연임할 수 있다.

② 개인정보보호위원회 위원에게 심의·의결의 공정을 기대하기 어려운 사정이 있는 경우 당사자는 기피 신청을 할 수 있고, 보호위원회는 의결로 이를 결정한다.

③ 개인정보처리자는 개인정보의 처리 목적에 필요한 범위에서 개인정보의 정확성, 완전성 및 최신성이 보장되도록 하여야 한다.

④ 법령에 별도의 규정이 있거나 제3자가 정보주체로부터의 동의를 별도로 받는 경우에는 개인정보처리자는 제3자에게 개인정보를 제공할 수 있다.

07

「공공기관의 정보공개에 관한 법률」에 대한 설명으로 옳은 것은? (다툼이 있는 경우 판례에 의함)

① 공개를 구하는 정보를 공공기관이 한때 보유·관리하였으나 후에 그 정보가 폐기되어 존재하지 않게 되었다면 그 정보를 보유·관리하고 있지 않다는 점에 대한 증명책임은 공공기관에 있다.

② 정보공개와 관련된 법률이 정보공개청구권의 행사와 관련하여 정보의 사용 목적 등에 제한을 두고 있지 아니하더라도, 국민의 정보공개청구는 원칙적으로 엄격하게 제한되어야 한다.

③ 판례에 따르면 자연인과 법인은 정보공개를 청구할 권리를 갖지만 권리능력 없는 사단은 그러하지 아니하다.

④ 지방자치단체의 업무추진비 세부항목별 집행내역 및 증빙서류에 포함된 개인에 관한 정보는 '공개하는 것이 공익을 위하여 필요하다고 인정되는 정보'에 해당된다.

08

「행정소송법」상의 집행정지에 대한 설명으로 옳지 않은 것은? (다툼이 있는 경우 판례에 의함)

① 집행정지는 본안소송이 계속진행 중이어야 한다.
② 「행정소송법」에 집행정지는 처분의 위법성이 명백한 경우에 가능하다는 규정을 명문으로 두고 있다.
③ 「행정소송법」에서 정하고 있는 집행정지 요건인 '회복하기 어려운 손해'란 특별한 사정이 없는 한 금전으로 보상할 수 없는 손해를 의미한다.
④ 집행정지의 결정 또는 기각의 결정에 대하여는 즉시항고할 수 있고 집행정지의 결정에 대한 즉시항고에는 결정의 집행을 정지하는 효력이 없다.

09

준법률행위적 행정행위의 내용과 관련된 설명으로 옳지 않은 것은? (다툼이 있는 경우 판례에 의함)

① 토지대장을 직권으로 말소한 행위는 국민의 권리관계에 영향을 미치는 행정처분에 해당한다.
② 무허가건물을 무허가건물관리대장에서 삭제하는 행위는 다른 특별한 사정이 없는 한 항고소송의 대상이 되는 행정처분이 아니다.
③ 지적공부 소관청의 지목변경신청 반려행위는 국민의 권리관계에 영향을 미치는 것으로서 항고소송의 대상이 되는 행정처분에 해당한다.
④ 당연퇴직의 통보는 퇴직사유를 공적으로 확인하여 알려 주는 사실의 통보에 불과한 것이 아니라 통보를 통해 신분에 변화가 발생하는 형성적 작용으로 독립된 소송대상인 처분이다.

10

행정대집행에 대한 설명으로 옳지 않은 것은? (다툼이 있는 경우 판례에 의함)

① 관계 법령상 행정대집행의 절차가 인정되어 행정청이 행정대집행의 방법으로 건물 철거 등 대체적 작위의무의 이행을 실현할 수 있는 경우에는 따로 민사소송의 방법으로 그 의무의 이행을 구할 수 없다.
② 위법건축물에 대한 철거명령 및 계고처분을 한 경우에 제2차, 제3차의 후행 계고처분은 행정처분에 해당하지 아니한다.
③ 철거대상 건물의 점유자들이 적법한 행정대집행을 위력을 행사하여 방해하더라도, 행정청은 개별적인 법적 근거가 없으면 경찰의 도움을 받을 수 없다.
④ 장례식장의 사용중지의무는 타인이 대신할 수도 없고 타인이 대신하여 행할 수 있는 행위라고도 할 수 없는 비대체적 부작위의무이기 때문에 대집행의 대상이 되지 않는다.

11

「행정심판법」상의 내용으로 옳지 않은 것은?

① 법인이 아닌 사단 또는 재단으로서 대표자나 관리인이 정하여져 있는 경우에는 그 사단이나 재단의 이름으로 심판청구를 할 수 있다.
② 위원회는 심판청구가 적법하지 아니하나 보정(補正)할 수 있다고 인정하면 기간을 정하여 청구인에게 보정할 것을 요구할 수 있다.
③ 행정심판에서의 임시처분은 집행정지로 목적을 달성할 수 있는 경우에도 허용될 수 있다.
④ 위원회는 필요하면 관련되는 심판청구를 병합하여 심리하거나 병합된 관련 청구를 분리하여 심리할 수 있다.

12

신고에 대한 내용으로 옳지 않은 것은? (다툼이 있는 경우 판례에 의함)

① 납골당설치 신고에서의 수리란 신고를 유효한 것으로 판단하고 법령에 의하여 처리할 의사로 이를 수령하는 수동적 행위이므로 수리행위에 신고필증 교부 등 행위가 반드시 필요하다.

② (구) 「체육시설의 설치·이용에 관한 법률」에 의한 골프장이용료 변경신고서는 행정청에 제출하여 접수한 때에 신고가 있었다고 볼 것이고, 행정청의 수리행위가 있어야만 하는 것은 아니다.

③ 「유통산업발전법」상 대규모점포의 개설 등록은 이른바 '수리를 요하는 신고'로서 행정처분에 해당한다.

④ 「주민등록법」상의 전입신고를 받은 시장·군수 또는 구청장의 심사 대상은 전입신고자가 30일 이상 생활의 근거지로 거주할 목적으로 거주지를 옮기는지 여부만으로 제한된다.

13

부관에 대한 설명으로 옳은 것은? (다툼이 있는 경우 판례에 의함)

┌───┐
│ ㉠ 공유수면매립준공인가 중 매립지 일부에 대하여 한 국가귀속처분에 대하여 독립하여 행정소송의 대상으로 삼을 수 없다.

│ ㉡ 취소소송에 의하지 않으면 권리구제를 받을 수 없는 경우에는, 부담이 아닌 부관이라 하더라도 그 부관만을 대상으로 취소소송을 제기하는 것이 허용된다.

│ ㉢ 행정처분과의 실제적 관련성이 없어 부관으로 붙일 수 없는 부담은 사법상 계약의 형식으로는 부과할 수 있다.

│ ㉣ 행정처분에 붙인 부담이 무효가 되더라도 그 부담의 이행으로 한 사법상 법률행위가 항상 무효가 되는 것은 아니다.
└───┘

① ㉠, ㉡　　　　　　　　② ㉡, ㉢

③ ㉢, ㉣　　　　　　　　④ ㉠, ㉣

14

대법원의 판례에 의하여 하자의 승계가 인정된 것으로 옳은 것은?

① 과세처분과 체납처분

② 개별공시지가결정과 양도소득세 부과처분

③ 표준공시지가와 개별공시지가

④ (구) 「병역법」상 보충역편입처분과 공익근무요원소집처분

15

행정심판과 관련된 설명으로 옳지 않은 것은?

① 「행정심판법」에 행정심판의 종류로 당사자심판이 규정되어 있다.

② 행정심판의 결과에 이해관계가 있는 제3자나 행정청은 해당 심판청구에 대한 위원회나 소위원회의 의결이 있기 전까지 그 사건에 대하여 심판참가를 할 수 있다.

③ 심판청구는 서면으로 하여야 한다.

④ 청구인이 경제적 능력으로 인해 대리인을 선임할 수 없는 경우에는 위원회에 국선대리인을 선임하여 줄 것을 신청할 수 있다.

16

「질서위반행위규제법」의 내용으로 옳지 않은 것은?

① 신분에 의하여 성립하는 질서위반행위에 신분이 없는 자가 가담한 때에는 신분이 없는 자에 대하여도 질서위반행위가 성립한다.

② 행정질서벌인 과태료는 객관적인 사실에 대해 부과하는 제재로서 고의나 과실이 없어도 부과할 수 있다.

③ 행정청이 질서위반행위에 대하여 과태료를 부과하고자 하는 때에는 미리 당사자에게 대통령령으로 정하는 사항을 통지하고, 10일 이상의 기간을 정하여 의견을 제출할 기회를 주어야 한다.

④ 행정청의 과태료 부과에 불복하는 당사자는 과태료 부과 통지를 받은 날부터 60일 이내에 해당 행정청에 서면으로 이의제기를 할 수 있고 이에 행정청의 과태료 부과처분은 그 효력을 상실한다.

17

통치행위에 대한 설명으로 옳지 않은 것은?

① 대통령의 긴급재정경제명령은 고도의 정치적 결단에 의하여 발동되는 통치행위에 속하지만 그것이 국민의 기본권 침해와 직접 관련되는 경우에는 당연히 헌법재판소의 심판대상이 된다.

② 비상계엄의 선포와 그 확대행위가 국헌문란의 목적을 달성하기 위하여 행하여진 경우 법원은 그 자체가 범죄행위에 해당하는지 여부에 관하여 심사할 수 있다.

③ 남북정상회담의 개최는 고도의 정치적 성격을 지니고 있는 행위라 할 것이므로, 회담의 개최과정에서 (구)재정경제부장관에게 신고하지 아니하거나 통일부장관의 협력사업 승인을 얻지 아니한 채 북한 측에 사업권의 대가 명목으로 송금한 행위 자체는 사법심사의 대상이 되지 아니한다.

④ 대통령의 서훈취소는 통치행위로 인정될 수 없다.

18

「국가배상법」 제5조와 관련된 설명으로 옳지 않은 것은? (다툼이 있는 경우 판례에 의함)

① 영조물의 설치·관리와 이에 대한 비용을 부담하는 자가 동일하지 아니한 경우에 교통신호기를 관리하는 지방경찰청장 산하 경찰관들에 대한 봉급을 부담하는 국가는 「국가배상법」 제6조 제1항에 의한 배상책임을 부담하지 않는다.

② 사격장에서 발생하는 소음 등으로 지역주민들이 입은 피해가 수인한도를 넘는 경우 사격장의 설치 또는 관리에 하자가 있다.

③ 객관적으로 보아 시간적·장소적으로 영조물의 기능상 결함으로 인한 손해발생의 예견가능성과 회피가능성이 없는 경우에는 영조물의 설치·관리상의 하자를 인정할 수 없다.

④ 소음 등을 포함한 공해 등의 위험지역으로 이주하여 거주하는 것이 피해자가 위험의 존재를 인식하고 그로 인한 피해를 용인하면서 접근한 것이라고 볼 수 있는 경우 가해자의 면책이 인정될 수 있다.

19

다음 중 판례의 입장과 일치하지 않는 것은?

ⓐ 구청장이 사회복지법인에 특별감사 결과 지적사항에 대한 시정지시와 그 결과를 관계서류와 함께 보고하도록 지시한 것은 항고소송 대상인 처분이라 할 수 없다.

ⓑ 국세청이 국세체납을 이유로 토지를 압류하고 공매처분한 경우, 그 소유권자는 국가 또는 매수인을 상대로 부당이득반환청구의 소나 소유권이전등기말소청구의 소를 제기하여 직접 위법상태를 제거할 수 있는지 여부에 관계없이 압류처분 및 매각처분에 대한 무효확인을 구할 수 있다.

ⓒ 행정청이 당사자와 사이에 도시계획사업의 시행과 관련한 협약을 체결하면서 관계 법령 및 「행정절차법」에 규정된 청문의 실시 등 의견청취절차를 배제하는 조항을 두었다면 청문을 실시하지 않아도 되는 예외적인 경우에 해당한다.

ⓓ 법규명령이 상위법에 저촉되는 경우 전부 무효가 아니라 저촉 한도 내에서 효력이 없다.

① ⓐ, ⓑ   ② ⓑ, ⓒ

③ ⓐ, ⓒ   ④ ⓑ, ⓓ

20

행정상 법률관계 중 공법관계에 해당되지 않는 것은? (다툼이 있는 경우 판례에 의함)

① 국유재산 무단점유자에 대한 변상금부과처분

② 「하천구역편입토지보상에 관한 특별조치법」 제2조 제1항의 규정에 의한 손실보상금의 지급청구

③ 공유재산의 관리청이 행하는 행정재산의 사용·수익에 대한 허가

④ 조세과오납에 따른 부당이득반환청구

2018 | 소방위 행정법

※ 2018 소방위(소방 승진) 기출복원문제는 시험 응시자들과 집필진의 기억을 토대로 행정법총론에 해당하는 20문항을 재구성하였습니다. 실제 기출문제와는 다소 차이가 있을 수 있음을 알려드립니다.

01

재량과 기속에 대한 내용으로 옳지 않은 것은? (다툼이 있는 경우 판례에 의함)

① 행정행위가 기속행위 내지 기속재량행위와 재량행위 내지 자유재량행위로 구분된다고 할 때, 그 구분은 당해 행위의 근거가 된 법규의 체재·형식과 문언, 당해 행위가 속하는 행정 분야의 주된 목적과 특성, 당해 행위 자체의 개별적 성질과 유형 등을 모두 고려하여 판단하여야 한다.

② (구)「문화재보호법」 제44조 제1항 단서 제3호의 규정에 의한 '건설공사를 계속하기 위한 고분발굴허가'는 기속이다.

③ (구)「도시계획법」상의 개발제한구역 내에서의 건축물 용도변경에 대한 허가는 예외적 허가로서 재량행위에 해당한다.

④ 의제되는 인·허가가 재량행위인 경우에는 주된 인·허가가 기속행위인 경우에도 인·허가가 의제되는 한도 내에서 재량행위로 보아야 한다.

02

행정의 실효성 확보수단 중 이행강제금에 대한 설명으로 옳지 않은 것은? (다툼이 있는 경우 판례에 의함)

① 이행강제금은 형벌과 병과된다고 해도 이중처벌금지원칙에 반하지 않는다.

② 이행강제금은 비대체적 작위의무 위반에만 부과되는 것은 아니고 대체적 작위의무의 위반에도 부과될 수 있다.

③ 「건축법」 제80조 제6항에 따르면 시정명령을 받은 자가 시정명령을 이행한 경우에는 더 이상 이행강제금을 부과하지 않지만, 이미 부과한 이행강제금은 징수한다.

④ 「건축법」상의 이행강제금은 간접강제의 일종으로서 그 이행강제금 납부의무는 상속될 수 있는 것이라서 이미 사망한 사람에게 이행강제금을 부과하는 내용의 처분을 위법이라 할 수 없다.

03

행정작용에 대한 설명들 중 옳지 않은 것은? (다툼이 있는 경우 판례에 의함)

① 실권리자명의 등기의무를 위반한 명의신탁자에 대하여 부과하는 과징금의 감경에 근거법령상에 임의적 감경에 대한 규정이 있다면 감경사유가 있음에도 이를 전혀 고려하지 않았거나 감경사유에 해당하지 않는다고 오인한 나머지 과징금을 감경하지 않았다면 그 과징금 부과처분은 재량권을 일탈·남용한 위법한 처분이다.

② (구)「영유아보육법」 제45조 제1항 각 호의 사유가 인정되는 경우, 행정청에 어린이집 운영정지 처분을 할 것인지 또는 이에 갈음하여 과징금을 부과할 것인지를 선택할 수 있는 재량이 인정될 수 없다.

③ 자동차운수사업면허조건 등을 위반한 사업자에 대한 과징금 부과처분이 법이 정한 한도액을 초과하여 위법한 경우 법원은 그 처분 전부를 취소하여야 한다.

④ 같은 위반행위에 대하여 과징금과 벌금은 동시에 부과할 수 있다.

04

손실보상에 대한 내용으로 옳지 않은 것은? (다툼이 있는 경우 판례에 의함)

① 주거용 건물의 거주자에 대하여는 주거 이전에 필요한 비용과 가재도구 등 동산의 운반에 필요한 비용과 정신적 피해까지 보상하여야 한다.

② 토지수용 보상액 산정 시 당해 공공사업의 시행을 직접 목적으로 하는 계획의 승인·고시로 인한 가격변동을 고려하지 않아야 한다.

③ (구)「하천법」상 하천구역 편입토지에 대한 손실보상청구는 공법상의 권리라고 보아 당사자소송에 의하여야 한다.

④ 표준지공시지가결정에 위법이 있는 경우 수용보상금의 증액을 구하는 소송에서 수용대상 토지가격 산정의 기초가 된 비교표준지공시지가결정의 위법을 독립된 사유로 주장할 수 있다.

05

「행정심판법」의 내용으로 옳지 않은 것은?

① 행정심판에서의 서류의 송달에 관하여는 「민사소송법」 중 송달에 관한 규정을 준용한다.

② 심판청구에 대한 재결이 있으면 그 재결 및 같은 처분 또는 부작위에 대하여 다시 행정심판을 청구할 수 없다.

③ 중앙행정심판위원회는 심판청구를 심리·재결할 때에 처분 또는 부작위의 근거가 되는 명령 등이 법령에 근거가 없는 경우에 법제처에 그 명령 등의 개정·폐지 등 적절한 시정조치를 요청할 수 있다.

④ 위원회는 심판청구의 대상이 되는 처분 또는 부작위 외의 사항에 대하여는 재결하지 못한다.

06

정보공개제도와 관련된 설명으로 옳지 않은 것은? (다툼이 있는 경우 판례에 의함)

① 다른 법률 또는 법률에서 위임한 부령에 따라 비밀이나 비공개 사항으로 규정된 정보는 비공개 대상에 해당한다.

② 사립대학교에 정보공개를 청구하였다가 거부되면 사립대학교 총장을 피고로 하여 취소소송을 제기할 수 있다.

③ 공공기관이 공개청구대상 정보를 신청한 공개방법 이외의 방법으로 공개하는 결정을 한 경우, 정보공개청구 중 정보공개방법 부분에 대하여 일부 거부처분을 한 것이다.

④ 정보공개청구권자에는 자연인은 물론 법인, 권리능력 없는 사단·재단도 포함되고, 법인, 권리능력 없는 사단·재단 등의 경우에는 설립목적을 불문한다.

07

행정법의 법원(法源)에 대한 내용으로 옳지 않은 것은?

① 「수산업법」은 민중적 관습법인 입어권의 존재를 명문으로 인정하고 있다.

② 일반적으로 헌법재판소의 위헌결정은 행정법의 법원성을 인정하지 않는다.

③ 행정법은 통일적인 법전이 없는 것이 특징이다.

④ 관습법의 효력에 대하여는 성문법이 없는 경우에 보충적 효력만을 인정하는 견해가 일반적이다.

08

「행정절차법」과 관련된 내용으로 옳은 것은? (다툼이 있는 경우 판례에 의함)

> ㉠ 신청한 내용을 그대로 모두 인정하는 처분의 경우에 당사자가 이유제시를 요청하여도 이유제시를 하지 않을 수 있다.
> ㉡ (구) 「군인사법」상 보직해임처분에 처분의 근거와 이유제시 등에 관한 (구) 「행정절차법」의 규정을 적용하지 않은 처분은 위법하다.
> ㉢ 상대방의 귀책사유로 야기된 처분의 하자를 이유로 수익적 행정행위를 취소하는 경우에는 특별한 규정이 없는 한 「행정절차법」상 사전통지의 대상이 되지 않는다.
> ㉣ 자격의 박탈을 내용으로 하는 처분의 상대방은 「행정절차법」에 따라 청문을 실시한다.

① ㉠, ㉡
② ㉡, ㉢
③ ㉢, ㉣
④ ㉠, ㉣

09

다음의 제시된 내용에 해당되는 행정법의 일반원칙으로 옳은 것은?

> 「경찰관 직무집행법」 제1조 【목적】 이 법에 규정된 경찰관의 직권은 그 직무 수행에 필요한 최소한도에서 행사되어야 하며 남용되어서는 아니 된다.

① 신뢰보호의 원칙
② 비례원칙(과잉금지원칙)
③ 자기구속의 법리
④ 부당결부금지원칙

10

행정지도에 대한 내용으로 옳지 않은 것은? (다툼이 있는 경우 판례에 의함)

① 세무당국이 주류거래를 일정기간 중지하여 줄 것을 요청한 행위는 항고소송의 대상이 되지 않는다.
② 교육인적자원부장관의 대학총장들에 대한 학칙시정요구는 법령에 따른 것으로 행정지도의 일종이지만, 단순한 행정지도로서의 한계를 넘어 헌법소원의 대상이 되는 공권력의 행사라고 볼 수 있다.
③ 행정기관이 같은 행정목적을 실현하기 위하여 많은 상대방에게 행정지도를 하려는 경우에는 특별한 사정이 없으면 행정지도에 공통적인 내용이 되는 사항을 공표할 수 있다.
④ 행정기관은 행정지도의 상대방이 행정지도에 따르지 않았다는 것을 이유로 불이익한 조치를 하여서는 아니 된다.

11

행정행위의 하자에 대한 설명으로 옳지 않은 것은? (다툼이 있는 경우 판례에 의함)

① 행정처분을 한 처분청은 그 처분에 하자가 있는 경우에도 이해관계인에게는 처분청에 대하여 그 취소를 요구할 신청권이 부여된 것으로 볼 수 없다.
② 행정행위의 하자에 대한 치유는 적어도 사실심 변론종결 시까지는 인정될 수 있다.
③ 행정행위의 처분권자는 취소사유가 있는 경우 별도의 법적 근거가 없더라도 직권취소를 할 수 있다.
④ 행정청이 청문절차를 이행함에 있어 청문서 도달기간을 다소 어겼지만 영업자가 이의하지 아니한 채 청문일에 출석하여 의견을 진술하고 변명하는 등 방어의 기회를 충분히 가졌다면 청문서 도달기간을 준수하지 아니한 하자는 치유되었다고 본다.

12

행정행위의 존속력(확정력)에 대한 설명으로 옳지 않은 것은?

① 행정행위에 불가변력의 효력이 발생하는 경우에 처분의 상대방은 쟁송을 제기할 수 없다.
② 불가쟁력이 발생한 행위라도 행정청은 직권으로 취소할 수 있다.
③ 처분의 불복기간이 도과된 경우에 처분의 기초가 된 사실관계나 법률적 판단이 확정되는 것은 아니다.
④ 과세처분에 대해 이의신청을 하고 이에 따라 직권취소가 이루어졌다면 특별한 사정이 없는 한 불가변력이 발생한다.

13

행정벌에 대한 내용으로 옳지 않은 것은? (다툼이 있는 경우 판례에 의함)

① 영업주에 대한 양벌규정이 존재하는 경우, 영업주의 처벌은 금지위반 행위자인 종업원의 범죄성립이나 처벌을 전제로 하지 않는다.
② 행정청의 과태료 부과에 불복하는 당사자는 과태료 부과 통지를 받은 날부터 60일 이내에 해당 행정청에 서면으로 이의제기를 할 수 있다.
③ 통고처분도 행정청의 공권력 행사로서 헌법소원대상이 된다.
④ (구) 「대기환경보전법」에 따라 배출허용기준을 초과하는 배출가스를 배출하는 자동차를 운행하는 행위를 처벌하는 규정은 과실범의 경우에도 적용된다.

14

부당결부금지원칙과 관련된 내용으로 옳지 않은 것은? (다툼이 있는 경우 판례에 의함)

① 지방자치단체장이 사업자에게 주택사업계획승인을 하면서 그 주택사업과는 아무런 관련이 없는 토지를 기부채납하도록 하는 부관을 주택사업계획승인에 붙인 경우, 그 부관은 부당결부금지의 원칙에 위반되어 위법하다.
② 행정처분과 부관 사이에 실제적 관련성이 있다고 볼 수 없는 경우 공무원이 위와 같은 공법상의 제한을 회피할 목적으로 행정처분의 상대방과 사이에 사법상 계약을 체결하는 형식을 취하였다면 이는 법치행정의 원리에 반하는 것으로서 위법하다.
③ 고속국도 관리청이 고속도로 부지와 접도구역에 송유관 매설을 허가하면서 상대방과의 협약에 따라 시설을 이전하게 될 경우 그 비용을 상대방에게 부담하도록 하였는데, 그 후 법령이 개정되어 관리청의 허가 없이도 송유관을 매설할 수 있게 되었다면 협약에 포함된 부관은 부당결부금지의 원칙에도 반하게 된다.
④ 부당결부금지의 원칙이란 행정주체가 행정작용을 함에 있어 실질적인 관련이 없는 공권력을 행사할 수 없다는 것을 말한다.

15

「공공기관의 정보공개에 관한 법률」에 대한 내용으로 옳지 않은 것은? (다툼이 있는 경우 판례에 의함)

① 청구대상 정보를 기재할 때에는 사회일반인의 관점에서 청구대상 정보의 내용과 범위를 확정할 수 있을 정도로 공공기관이 특정하여야 한다.
② 국민의 정보공개청구권은 법률상 보호되는 구체적인 권리이므로, 공공기관에 대하여 정보의 공개를 청구하였다가 공개거부처분을 받은 청구인은 행정소송을 통하여 그 공개거부처분의 취소를 구할 법률상의 이익이 있다.
③ 정보공개법상 공개청구의 대상이 되는 정보에 해당하는 문서가 원본이어야 할 필요는 없다.
④ 공공기관은 전자적 형태로 보유·관리하는 정보에 대하여 청구인이 전자적 형태로 공개를 요청하는 경우에는 원칙적으로 이에 응하여야 한다.

16

국가배상과 관련된 내용으로 옳지 않은 것은? (다툼이 있는 경우 판례에 의함)

① 재판에 대하여 불복절차 내지 시정절차 자체가 없는 경우, 부당한 재판으로 인하여 불이익 내지 손해를 입은 사람에게는 배상책임의 요건이 충족되는 한 국가배상책임이 인정될 수 있다.

② 특별한 사정이 없는 한 일반적으로 공무원이 관계 법규를 알지 못하거나 필요한 지식을 갖추지 못하고 법규의 해석을 그르쳐 행정처분을 하였다면 그가 법률전문가가 아닌 행정직 공무원이라도 과실이 있다.

③ 인사업무담당 공무원이 다른 공무원의 공무원증 등을 위조한 행위는 실질적으로 직무행위에 속하지 아니한다 할지라도 외관상으로는 「국가배상법」상의 직무집행에 해당한다.

④ 공무원에는 널리 공무를 위탁받아 실질적으로 공무에 종사하고 있는 일체의 자가 포함되지만, 공무의 위탁이 일시적이고 한정적인 사항에 관한 활동을 위한 것인 경우에는 공무원에 해당하지 않는다.

17

다음 제시된 것들 중 처분성이 인정된 것은?

> ㉠ 「국가균형발전 특별법」에 따른 혁신도시 최종입지 선정행위
> ㉡ 교도소장이 수형자 갑을 '접견 내용 녹음·녹화 및 접견 시 교도관 참여대상자'로 지정
> ㉢ 토지대장상의 소유자명의변경신청의 거부
> ㉣ 검사의 불기소결정

① ㉠   ② ㉡

③ ㉠, ㉢   ④ ㉡, ㉣

18

행정강제와 관련된 내용으로 옳지 않은 것은? (다툼이 있는 경우 판례에 의함)

① 행정대집행의 실행은 해가 지기 전 상태에서 대집행이 시행되었으면, 해가 진 뒤에도 대집행의 실행이 가능하다.

② 공법인이 대집행권한을 위탁받아 공무인 대집행 실시에 지출한 비용을 「행정대집행법」에 따라 강제징수할 수 있음에도 민사소송절차에 의하여 상환을 청구하는 것은 허용되지 않는다.

③ 즉시강제의 집행은 즉시강제의 특성상 엄격한 법적 근거를 요하지 않는다.

④ 하나의 납세고지서에 의하여 본세와 가산세를 함께 부과할 때 납세고지서에 본세와 가산세 각각의 세액과 산출근거 등을 구분하여 기재하여야 한다.

19

「질서위반행위규제법」에 대한 내용으로 옳지 않은 것은?

① 행정청의 과태료 처분이나 법원의 과태료 재판이 확정된 후 법률이 변경되어 그 행위가 질서위반행위에 해당하지 아니하게 된 때에는 변경된 법률에 특별한 규정이 없는 한 과태료의 징수 또는 집행을 면제한다.

② 자신의 행위가 위법하지 아니한 것으로 오인하고 행한 질서위반행위는 그 오인에 정당한 이유가 있는 때에 한하여 과태료를 부과하지 아니한다.

③ 과태료의 부과·징수, 재판 및 집행 등의 절차에 관한 다른 법률의 규정 중 이 법의 규정에 저촉되는 것은 다른 법률로 정하는 바에 따른다.

④ 하나의 행위가 2 이상의 질서위반행위에 해당하는 경우에는 각 질서위반행위에 대하여 정한 과태료 중 가장 중한 과태료를 부과한다.

20
강학상 인가가 아닌 것은? (다툼이 있는 경우 판례에 의함)

① 재단법인의 정관변경 허가
② 학교법인의 임원취임승인처분
③ 주택개량재개발조합의 관리처분계획안에 대한 행정청의 인가
④ 토지 등 소유자들이 조합을 따로 설립하지 않고 직접 시행하는 도시환경정비사업에서 사업시행인가처분

내가 꿈을 이루면
나는 누군가의 꿈이 된다.

– 이도준

│편저자   이중희

現) 독한 에듀윌 소방학개론 · 소방관계법규 대표 교수
現) 에듀파이어 기술학원 소방기술사, 소방설비기사 강의
前) 윌비스 소방학개론 · 소방관계법규 강의
前) 부산과학기술대학 겸임교수(소방학과)

│편저자   우성천

現) 동해안권경제자유구역청 건축위원회 위원
前) 소방공무원으로 25년간 근무(소방사~소방정)
前) 경기도 소방학교 교무과장 및 서무과장 역임
前) 초당대학교 소방행정학과 교수(학과장, 소방박물관장) 역임
前) 국립강원대학교 소방방재학부 교수(학부장, 주임 교수) 역임
前) 한국화재소방학회 총무이사 및 연구이사 역임
前) 전국소방공무원 필기시험 출제위원 및 검토위원 역임
前) 한국산업인력공단 필기시험 출제위원 및 검토위원 역임(소방설비기사 · 소방설비산업기사)

│편저자   김용철

現) 에듀윌 공무원 행정법 대표 교수
법률저널, 공무원저널, 한국고시신문 행정법 자문위원
모의고사 출제위원

2023 에듀윌 소방공무원 7개년 기출PACK

발 행 일	2022년 9월 1일 초판
편 저 자	이중희, 우성천, 김용철
펴 낸 이	권대호
펴 낸 곳	(주)에듀윌
등록번호	제25100-2002-000052호
주 소	08378 서울특별시 구로구 디지털로34길 55
	코오롱싸이언스밸리 2차 3층

* 이 책의 무단 인용 · 전재 · 복제를 금합니다.   ISBN 979-11-360-1928-8 (13350)

www.eduwill.net
대표전화 1600-6700

여러분의 작은 소리
에듀윌은 크게 듣겠습니다.

본 교재에 대한 여러분의 목소리를 들려주세요.
공부하시면서 어려웠던 점, 궁금한 점,
칭찬하고 싶은 점, 개선할 점, 어떤 것이라도 좋습니다.

에듀윌은 여러분께서 나누어 주신 의견을
통해 끊임없이 발전하고 있습니다.

에듀윌 도서몰 book.eduwill.net
- 부가학습자료 및 정오표: 에듀윌 도서몰 → 도서자료실
- 교재 문의: 에듀윌 도서몰 → 문의하기 → 교재(내용, 출간) / 주문 및 배송

합격자가 답해주는 ─────

에듀윌 지식인

공무원
무엇이든지
궁금하다면

?

접속방법

에듀윌 지식인(king.eduwill.net) 접속

에듀윌 지식인 신규가입회원 혜택

5,000원 쿠폰증정

발급방법 | 에듀윌 지식인 사이트 (king.eduwill.net) 접속 ▶ 신규회원가입 ▶ 자동발급

사용방법 | 에듀윌 온라인 강의 수강 신청 시 타 쿠폰과 중복하여 사용 가능

※ 본 혜택은 예고 없이 다른 혜택으로 대체될 수 있습니다.

에듀윌
지식인

45개월* 베스트셀러 1위
에듀윌 공무원 교재

7·9급공무원 교재

※ 기본서·단원별 기출&예상 문제집은 국어/영어/한국사/행정학/행정법총론/(운전직)사회로 구성되어 있음.

기본서(국어)   기본서(영어)   기본서(한국사)   기본서(행정학)   기본서(운전직 사회)   단원별 기출&예상 문제집(국어)

7·9급공무원 교재

※ 기출문제집·실전동형 모의고사는 국어/영어/한국사/행정학/행정법총론/(운전직)사회로 구성되어 있음.

기출문제집(국어)   기출문제집(영어)   기출문제집(한국사)   기출문제집(운전직 사회)   기출PACK
공통과목(국어+영어+한국사)
/전문과목(행정법총론+행정학)   실전동형 모의고사
(행정법총론)

7·9급공무원 교재

봉투모의고사
(일반행정직 대비 필수과목
/국가직·지방직 대비 공통과목 1, 2)   지방직 합격면접   PSAT 기본서
(언어논리/자료해석/상황판단)   PSAT 기출문제집   PSAT 민경채 기출문제집   7급 기출문제집
(행정학/행정법/헌법)

경찰공무원 교재

기본서(경찰학)   기본서(형사법)   기본서(헌법)   기출문제집
(경찰학/형사법/헌법)   실전동형 모의고사
2차 시험 대비
(경찰학/형사법/헌법)   합격 경찰면접

소방공무원 교재

기본서
(소방학개론/소방관계법규
/행정법총론)

기출PACK
(소방학개론/소방관계법규
+행정법총론)

실전동형 모의고사
(한국사/영어/행정법총론
/소방학+관계법규)

봉투모의고사
(한국사+영어+행정법총론
/소방학+관계법규)

군무원 교재

기출문제집
(국어/행정법/행정학)

봉투모의고사
(국어+행정법+행정학)

계리직공무원 교재

※ 단원별 문제집은 한국사/우편상식/금융상식/컴퓨터일반으로 구성되어 있음.

기본서(한국사)

기본서(우편상식)

기본서(금융상식)

기본서(컴퓨터일반)

단원별 문제집(한국사)

기출문제집
(한국사+우편·금융상식+컴퓨터일반)

국어 집중 교재

매일 기출한자(빈출순)

매일 푸는 비문학(4주 완성)

영어 집중 교재

빈출 VOCA

매일 3문 독해
(기본완성/실력완성)

빈출 문법(4주 완성)

단권화 요약노트 교재

국어 문법 단권화 요약노트

영어 단기 공략
(핵심 요약집)

한국사 흐름노트

행정학 단권화 요약노트

행정법 단권화 요약노트

기출판례집(빈출순) 교재

행정법

헌법

형사법

더 많은
공무원 교재

취업, 공무원, 자격증 시험준비의 흐름을 바꾼 화제작!

에듀윌 히트교재 시리즈

에듀윌 교육출판연구소가 만든 히트교재 시리즈!
YES24, 교보문고, 알라딘, 인터파크, 영풍문고 등 전국 유명 온/오프라인 서점에서 절찬 판매 중!

공인중개사 기초서/기본서/핵심요약집/문제집/기출문제집/실전모의고사 외 12종

주택관리사 기초서/기본서/핵심요약집/문제집/기출문제집/실전모의고사

7·9급공무원 기본서/단원별 기출&예상 문제집/기출문제집/기출팩/실전, 봉투모의고사

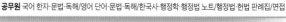

공무원 국어 한자·문법·독해/영어 단어·문법·독해/한국사/행정학·행정법 노트/행정법·헌법 판례집/면접

7급공무원 PSAT 기본서/기출문제집

계리직공무원 기본서/문제집/기출문제집

군무원 기출문제집/봉투모의고사

경찰공무원 기본서/기출문제집/모의고사/판례집/면접

소방공무원 기본서/기출문제집/실전 봉투모의고사

맞춤형 화장품 조제관리사

검정고시 고졸/중졸 기본서/기출문제집/실전모의고사/총정리

사회복지사(1급) 기본서/기출문제집/핵심요약집

직업상담사(2급) 기본서/기출문제집

경비 기본서/기출·1차 한권끝장/2차 모의고사

전기기사 필기/실기/기출문제집

전기기능사 필기/실기

2023

에듀윌 소방공무원

정답과 해설편

소방학개론 / 소방관계법규 / 행정법총론

이중희, 우성천, 김용철 편저

무료 합격팩 3개년 무료 해설강의, 모바일 성적분석표, 기출OX APP, 복원 기출 1회분 PDF

eduwill

27회분 출제 경향 **완벽 분석!**
3개년 **무료 해설강의** 제공!

에듀윌 소방공무원

7개년 기출PACK 소방학개론 / 소방관계법규 / 행정법총론

27회분 출제 경향 완벽 분석!
3개년 무료 해설강의 제공!

에듀윌 소방공무원

7개년 기출PACK

정답과 해설편

소방학개론/소방관계법규/행정법총론

소방학개론

2022 | 소방학개론 A형

난이도 上에 해당하는 문제를 다수 배치함으로써 변별력 강화에 힘쓴 시험이다. 시험은 2019년 이후부터 조금씩 어려워지고 있었는데, 2022 시험이 유독 더 어렵게 꼬아낸 문제들이 많았다. 이제는 기존의 기출 반복 학습법이 아닌, 철저한 이해와 암기를 통한 반복 학습이 중요하다.

문항분석

문항	정답	난이도	영역
1	④	중	화재이론 > 화재조사 > 화재조사의 구분 및 범위
2	②	상	재난관리론 > 우리나라의 재난관리 > 현장조치 행동매뉴얼
3	③	상	연소이론 > 연소 개요 등 > 인화점
4	④	상	화재이론 > 건축물 화재의 성상 > 화재가혹도
5	③	상	연소이론 > 연소 개요 등 > 최소산소농도
6	①	중	연소이론 > 폭발론 > 폭발
7	②	중	소화이론 > 소화약제 > 알코올형포 소화약제
8	③	중	화재이론 > 위험물 화재의 성상 > 위험물
9	④	중	소화이론 > 소방시설 > 옥내소화전설비의 구성요소
10	②	중	재난관리론 > 재난 및 재난관리 > 재난관리의 단계별 활동사항
11	①	상	화재이론 > 위험물 화재의 성상 > 위험물과 물의 반응식
고난도 12	④	상	소방화학 > 소방화학의 기초이론 > 완전연소반응식
13	②	하	화재이론 > 위험물 화재의 성상 > 인화성 액체의 화재
14	④	중	재난관리론 > 재난 및 재난관리 > 분산관리방식
15	③	상	연소이론 > 연소 개요 등 > 가연물의 화재위험성
16	③	중	연소이론 > 연소 개요 등 > 연소 시 발생하는 이상현상
17	③	하	화재이론 > 화재조사 > 화재 건수의 결정
18	③	하	소화이론 > 소화약제 > 할로겐화합물 소화약제
19	①	하	소화이론 > 소화약제 > 포(Foam) 소화약제
20	①	중	소화이론 > 소방시설 > 이산화탄소 소화설비

합격예상 체크

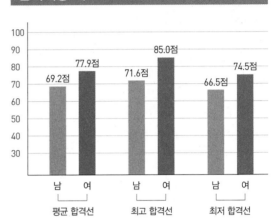

*에듀윌 2022년 합격예측 풀서비스 입력데이터에 근거함

출제 트렌드

구분	소방화학	연소이론	화재이론	소화이론	소방조직론	재난관리론
2022	1문항	5문항	6문항	5문항	0문항	3문항
2021	1문항	5문항	4문항	5문항	2문항	3문항
2020	0문항	4문항	6문항	5문항	2문항	3문항

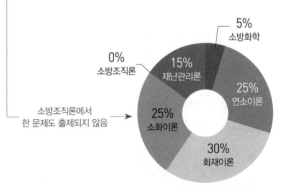

01 ④

| 화재이론 > 화재조사 > 화재조사의 구분 및 범위 | 중 |

| 출제이력 | 2020, 2018 하, 2018 상, 2017 하, 2016

| LINK | 소방기본서 소방학개론 p. 152, 154, 168

① (○) 화재조사는 관계 공무원이 화재사실을 인지하는 즉시 실시한다.

② (○) 화재조사는 강제성을 지니며, 프리즘식으로 진행한다.

③ (○) 화재조사 시 건축·구조물 화재의 소실정도는 입체면적에 대한 비율을 적용하여 구분한다.

④ (×) 화재원인조사에는 소방·방화 시설의 조사가 포함된다.

「화재조사 및 보고규정」 제3조【화재조사구분 및 범위】화재조사는 화재원인조사와 화재피해조사로 구분하고 그 범위는 다음 각 호와 같다.
1. 화재원인조사
   가. 발화원인 조사: 발화지점, 발화열원, 발화요인, 최초착화물 및 발화관련기기 등
   나. 발견, 통보 및 초기소화상황 조사: 발견경위, 통보 및 초기소화 등 일련의 행동과정
   다. 연소상황 조사: 화재의 연소경로 및 연소확대물, 연소확대사유 등
   라. 피난상황 조사: 피난경로, 피난상의 장애요인 등
   마. 소방·방화시설 등 조사: 소방·방화시설의 활용 또는 작동 등의 상황
2. 화재피해조사
   가. 인명피해
      1) 화재로 인한 사망자 및 부상자
      2) 화재진압 중 발생한 사망자 및 부상자
      3) 사상자 정보 및 사상 발생원인
   나. 재산피해
      1) 소실피해: 열에 의한 탄화, 용융, 파손 등의 피해
      2) 수손피해: 소화활동으로 발생한 수손피해 등
      3) 기타피해: 연기, 물품반출, 화재 중 발생한 폭발 등에 의한 피해 등

02 ②

| 재난관리론 > 우리나라의 재난관리 > 현장조치 행동매뉴얼 | 상 |

| 출제이력 | 신규출제

| LINK | 소방기본서 소방학개론 p. 421

① (×) 재난대응 활동계획

② (○) 현장조치 행동매뉴얼: 재난현장에서 임무를 직접 수행하는 기관의 행동조치 절차를 구체적으로 수록한 문서로 위기대응 실무매뉴얼을 작성한 기관의 장이 지정한 기관의 장이 작성하되, 시장·군수·구청장은 재난유형별 현장조치 행동매뉴 얼을 통합하여 작성할 수 있다. 다만, 현장조치 행동매뉴얼 작성 기관의 장이 다른 법령에 따라 작성한 계획·매뉴얼 등에 재난유형별 현장조치 행동매뉴얼에 포함될 사항이 모두 포함되어 있는 경우 해당 재난유형에 대해서는 현장조치 행동매뉴얼이 작성된 것으로 본다.

③ (×) 위기대응 실무매뉴얼: 위기관리 표준매뉴얼에서 규정하는 기능과 역할에 따라 실제 재난대응에 필요한 조치사항 및 절차를 규정한 문서로 재난관리주관기관의 장과 관계 기관의 장이 작성한다. 이 경우 재난관리주관기관의 장은 위기대응 실무매뉴얼과 제1호에 따른 위기관리 표준매뉴얼을 통합하여 작성할 수 있다.

④ (×) 위기관리 표준매뉴얼: 국가적 차원에서 관리가 필요한 재난에 대하여 재난관리 체계와 관계 기관의 임무와 역할을 규정한 문서로 위기대응 실무매뉴얼의 작성 기준이 되며, 재난관리주관기관의 장이 작성한다. 다만, 다수의 재난관리주관기관이 관련되는 재난에 대해서는 관계 재난관리주관기관의 장과 협의하여 행정안전부장관이 위기관리 표준매뉴얼을 작성할 수 있다.

03 ③

| 연소이론 > 연소 개요 등 > 인화점 | 상 |

| 출제이력 | 2019(유사)

| LINK | 소방기본서 소방학개론 p. 47~48

그림에서 A는 인화점(Flash point)을 말한다.

① (○) 인화점이란 외부에너지에 의해 발화하기 시작하는 최저연소온도이다.

② (○) 인화점이란 물질적 조건(농도)과 에너지 조건(점화원)이 만나는 최저연소온도이다.

③ (×) 화학양론비는 최저연소온도 연소상한계와 연소하한계 사이에 위치한다.

④ (○) 인화점이란 가연성 혼합기를 형성하는 최저연소온도이다.

| SUMMARY | 인화점(Flash point)

- 외부에너지에 의해 발화하기 시작하는 최저연소온도이다.
- 물질적 조건과 에너지 조건이 만나는 최저연소온도이다.
  - 물적조건: 농도
  - 에너지조건: 점화원(온도 등)
- 가연성 혼합기를 형성하는 최저연소온도이다.
- 인화성 액체(제4류 위험물)의 분류의 기준이 된다.

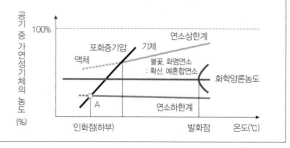

04 ④

| 화재이론 > 건축물 화재의 성상 > 화재가혹도 | 상 |

| 출제이력 | 2020, 2018 상(유사), 2017 하(유사)

| LINK | 소방기본서 소방학개론 p. 127

① (○) 화재가혹도의 크기는 화재강도와 화재하중의 영향을 받는다.

② (○) 화재실의 최고온도와 지속시간은 화재가혹도를 판단하는 중요한 인자이다.

③ (○) 화재실의 환기요소(A√H)는 화재가혹도에 영향을 준다.

④ (×) 화재가혹도는 화재실이나 화재구획의 단열성에 영향을 받는다.

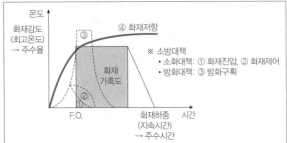

화재가혹도란 화재로 인한 소방대상물의 피해 정도를 말한다.

- 화재가혹도
  = 최고온도(질적)[℃] × 지속시간(양적)[min]
  = 화재강도[kW] × 화재하중[kg/㎡]
  = 주수율[lpm/㎡] × 주수시간[min]
  = 주수량[l/㎡]
- 화재강도 영향인자
  – 가연물의 연소열(발열량)
  – 가연물의 비표면적
  – 공기의 공급량
  – 화재실의 단열성
- 환기계수(Ventilation Parameter)
  – $A\sqrt{H}$ 여기서, A: 개구부 면적, H: 개구부 높이
  – 최성기(환기지배형화재)의 연소속도에 비례 $A\sqrt{H}$에 비례

05 ③

연소이론 > 연소 개요 등 > 최소산소농도　　　　상

| 출제이력 | 2021(유사)

| LINK | 소방기본서 소방학개론 p. 53

③ (○) 메틸알코올의 최소산소농도는 10.5%이다.

- 메틸알코올(CH_3OH) 완전연소반응식
  $$CH_3OH + \frac{3}{2}O_2 \rightarrow CO_2 + 2H_2O$$
  (산소 mol 수: $\frac{3}{2}$=1.5mol)
- 메틸알코올의 연소하한계(LFL)
  – 연소범위: 상한계(UFL) – 하한계(LFL) = 30%
  – 연소상한계(UFL): 37%
  ∴ 37% – 하한계 = 30% → 하한계(LFL): 7%
- 메틸알코올의 최소산소농도
  최소산소농도(MOC) = LFL×O₂몰수 = 7%×1.5mol = 10.5%

| SUMMARY | 최소산소농도(MOC)

- 최소산소농도란 가연성혼합기 내에서 자력으로 화염을 전파하기 위한 최소한의 산소농도를 말한다.
- 최소산소농도 = 연소하한계(LFL) × 산소(O_2) 몰수

06 ①

연소이론 > 폭발론 > 폭발　　　　중

| 출제이력 | 2021, 2020

| LINK | 소방기본서 소방학개론 p. 82~88

① (○) 아세틸렌과 산화에틸렌은 분해폭발을 일으키기 쉬운 물질이다.

② (×) 상온의 중유(인화점 200℃ 미만)는 유증기가 발생하지 않아 폭발의 위험이 없다.

③ (×) 조연성가스는 자기 자신은 타지 않고, 연소를 도와주는 가스를 말한다(산소, 공기, 오존 등). 따라서 밀폐공간에서 조연성가스가 분출되어도 점화원에 의한 가스폭발은 일어나지 않는다.

④ (×) 다량의 고온물질이 물속에 투입되었을 때 물의 갑작스러운 상변화에 의한 폭발현상을 수증기폭발이라 한다.

07 ②

소화이론 > 소화약제 > 알코올형포 소화약제　　　　중

| 출제이력 | 2021(유사), 2018 상(유사)

| LINK | 소방기본서 소방학개론 p. 204

① (×) 탄화칼슘은 물을 분무하여 소화 시 아세틸렌(C_2H_2) 가스가 발생하여 폭발의 우려가 있다.

$$CaC_2 + 2H_2O \rightarrow Ca(OH)_2 + C_2H_2\uparrow + 27.8kcal$$

② (○) 수용성 액체인 아세톤은 적용약제인 알코올형포 소화약제를 사용하여 소화한다.

③ (×) 나트륨은 할론 소화약제로 소화할 경우 폭발의 우려가 있다.

$$4Na + CCl_4 \rightarrow 4NaCl + C(폭발)$$

④ (×) 마그네슘은 이산화탄소 소화약제로 소화할 경우 폭발의 우려가 있다.

$$4Na + 3CO_2 \rightarrow 4Na_2CO_3 + C(폭발)$$

| SUMMARY | 물과 반응할 때 발생하는 가스

- 칼륨, 나트륨 → 수소(H_2)
- 수소화물
  수소화칼륨, 수소화알루미늄리튬 → 수소(H_2)
- 인화칼슘, 인화알루미늄 → 포스핀(PH_3, 인화수소)
- 탄화물
  – 탄화칼슘 → 아세틸렌(C_2H_2)가스
  – 탄화알루미늄 → 메탄(CH_4)
- 알킬알루미늄
  – 트리메틸알루미늄 → 메탄(CH_4)
  – 트리에틸알루미늄 → 에탄(C_2H_6)

08 ③

화재이론 > 위험물 화재의 성상 > 위험물	중

| 출제이력 | 2019, 2017 상

| LINK | 소방기본서 소방학개론 p. 139~147

① (×) 제1류 위험물은 산화성고체로 자체는 불연성 물질이다. 반응 후 산소가 발생되어 연소를 돕는다.

② (×) 제3류 위험물은 자연발화성, 금수성물질로 공기와 물의 접촉으로 발화할 수 있지만 산소가 발생하지는 않는다. 한편, 산소가 발생하므로 가연물과의 접촉을 피해야 하는 것은 제1류 위험물의 특성이다.

④ (×) 제5류 위험물은 자기반응성 물질로 수분의 접촉으로 발화하지는 않으며, 오히려 발화 초기에 대량의 주수로 소화한다. 한편, 공기 중에 노출되거나 수분과 접촉하면 발화의 위험이 있는 것은 제3류 위험물의 특성이다.

09 ④

소화이론 > 소방시설 > 옥내소화전설비의 구성요소	중

| 출제이력 | 2017 상(유사)

| LINK | 소방기본서 소방학개론 p. 222~229

㉠ (○) 자동기동방식에 필요한 설비로는 기동용수압개폐장치(압력챔버, 기계식, 전자식 등)가 있다.

㉡ (○) 펌프의 과압 및 수온상승을 방지하기 위해 체절압력 미만에서 개방되는 릴리프밸브를 설치해야 한다.

㉢ (○) 동력제어반

㉣ (×) 솔레노이드밸브는 스프링클러 프리액션밸브의 기동장치로서 가스계소화설비 기동용기 개방장치에 해당한다.

㉤ (○) 부압방식에서 필요한 설비(항상 펌프에 물을 채워두기 위해서)로는 물올림장치(100L 이상), 후드밸브(Foot valve) 등이 있다.

| SUMMARY | 옥내소화전설비의 구성

- 펌프 흡입측 순서: 후드밸브, 스트레이너, 개폐밸브(OS&Y), 진공계(연성계), 후렉시블조인트
- 펌프 토출측 순서: 후렉시블조인트 → 압력계 → 성능시험배관 → 릴리프밸브 → 체크밸브 → 개폐밸브 → 수격방지기

10 ②

재난관리론 > 재난 및 재난관리 > 재난관리의 단계별 활동사항	중

| 출제이력 | 2021, 2020, 2018 하(유사), 2017 하(유사)

| LINK | 소방기본서 소방학개론 p. 378~379

㉠ (○) 국가재난관리기준의 제정·운용 – 대비단계

㉡ (×) 재난 예보·경보체계 구축·운영 – 대응단계

㉢ (×) 재난안전분야 종사자 교육 – 예방단계

㉣ (○) 재난안전통신망의 구축·운영 – 대비단계

| SUMMARY | 대비단계 관리 사항

- 재난관리자원의 비축·관리
- 재난현장 긴급통신수단의 마련
- 국가재난관리기준의 제정·운용 등
- 기능별 재난대응 활동계획의 작성·활용
- 재난분야 위기관리 매뉴얼 작성·운용
- 다중이용시설 등의 위기상황 매뉴얼 작성·관리 및 훈련
- 안전기준의 등록 및 심의 등
- 재난안전통신망의 구축·운영
- 재난대비훈련 기본계획 수립
- 재난대비훈련 실시

11 ①

화재이론 > 위험물 화재의 성상 > 위험물과 물의 반응식	상

| 출제이력 | 2018 상

| LINK | 소방기본서 소방학개론 p. 143

① (×) 탄화알루미늄과 물이 반응하면 메탄이 발생한다. 아세틸렌은 탄화칼슘과 물이 반응할 때 발생하는 가스이다.

② (○) 인화칼슘과 물이 반응하면 포스핀이 발생한다.

③ (○) 수소화알루미늄리튬과 물이 반응하면 수소가 발생한다.

④ (○) 트리에틸알루미늄과 물이 반응하면 에테인이 발생한다.

12 ④

소방화학 > 소방화학의 기초이론 > 완전연소반응식	상

| 출제이력 | 2021, 2019, 2018 상, 2017 하

| LINK | 소방기본서 소방학개론 p. 23, 40

④ (○) 800℃, 1기압에서 황(S) 1kg이 공기 중에서 완전 연소할 때 발생되는 이산화황의 발생량은 $2.75m^3$이다.

황(S)의 완전연소반응식을 통해 이산화황(SO_2)의 질량을 구하고, 이상기체상태방정식으로 발생량(부피)를 구할 수 있다.

1. 황의 완전연소 반응식: 비례식 활용

$$S + O_2 \rightarrow SO_2$$

$32g$ $64g$

$1,000g$ $x[g]$

∴ 황이 1kg 연소하면 이산화황은 2kg 만들어진다.

2. 이산화황의 발생량: 이상기체상태방정식 적용

- 이상기체상태방정식

$$PV = nRT = \frac{W(질량)}{M(분자량)}RT$$

※ 기체상수(R)는 주어지지 않음. 0.082 적용

- 이산화황의 발생량

$$V = \frac{\dfrac{2,000g}{64g/mol} \times 0.082 \dfrac{l \cdot atm}{g mol K} \times (800 + 273)K}{1atm}$$

$$= 2,749 l ≒ 2.75m^3$$

13 ②

| 화재이론 > 위험물 화재의 성상 > 인화성 액체의 화재 | 하 |

| **출제이력** | 신규출제

| **LINK** | 소방기본서 소방학개론 p. 145

① (×) 질식소화, 부촉매소화
② (○) 질식소화(물의 무상주수, 포 소화약제 등을 통한 소화), 유화소화 (무상주수를 통한 유류표면 유화층을 형성하여 소화)
③ (×) 유화소화, 타격소화
④ (×) 피복소화, 타격소화

| **SUMMARY** | 물의 주수형태에 따른 소화

주수 형태	봉상주수	적상주수	무상(분무)주수
모양	막대	부채꼴	안개
설비	옥내소화전, 연결송수관	스프링클러	물분무, 미분무
소화효과	냉각, 타격	냉각, 질식	냉각, 질식
적응성	A급	A, B, C급	A, B, C급

※ 유화소화: 비수용성 액체위험물의 경우 물 입자가 속도에너지를 가지고 유면에 방사되면 유면에 부딪히면서 산란하여 불연성의 박막인 유화층을 형성. 유화상태가 된 액체위험물은 증발능력이 저하되어 가연성가스의 발생이 연소범위 이하가 되므로 연소성을 상실

14 ④

| 재난관리론 > 재난 및 재난관리 > 분산관리방식 | 중 |

| **출제이력** | 신규출제

| **LINK** | 소방기본서 소방학개론 p. 377~378

① (○) 분산관리 시 재난의 종류에 따라 대응방식의 차이와 대응계획 및 책임기관이 각각 다르게 배정된다.
② (○) 분산관리의 경우 재난 시 유관기관 간의 중복적 대응이 있을 수 있다.
③ (○) 분산관리 시 재난의 발생 유형에 따라 소관부처별로 업무가 나뉜다.
④ (×) 재난 시 유사한 자원동원 체계와 자원유형이 필요한 것은 통합관리방식의 특징에 해당한다.

15 ③

| 연소이론 > 연소 개요 등 > 가연물의 화재위험성 | 상 |

| **출제이력** | 2018 하(유사), 2017 상(유사), 2016(유사)

| **LINK** | 소방기본서 소방학개론 p. 54

① (×) 비열, 비점이 작거나 낮을수록 위험하며, 연소열은 클수록 위험하다.
② (×) 연소열, 연소속도가 크거나 빠를수록 위험하며 증발열은 작을수록 위험하다.
③ (○) 표면장력, 인화점, 발화점이 작거나 낮을수록 위험하다.

④ (×) 압력이 크거나 높을수록 위험하며, 비중과 융점은 작을수록 위험하다.

| **SUMMARY** | 가연성 물질의 화재 위험성

- 크거나 빠를수록 위험한 것
  발열량, 산소력(산소결합력), 비표면적, 활성도, 연소열, 연소속도, 주위온도, 압력, 건조도 등
- 작거나 낮을수록 위험한 것
  비열, 비점, 증발(잠)열, 표면장력, 인화점, 발화점, 비중, 융점, 열전도율, 활성화에너지(점화에너지) 등

16 ③

| 연소이론 > 연소 개요 등 > 연소 시 발생하는 이상현상 | 중 |

| **출제이력** | 신규출제

| **LINK** | 소방기본서 소방학개론 p. 56~57

㉠ (○) 역화는 연료의 연소속도가 분출속도보다 빠를 때(연소속도 > 분출속도) 불꽃이 연료 노즐 속으로 빨려 들어가 연료노즐 속에서 연소하는 현상이다.
㉡ (○) 선화는 불꽃이 연료노즐 위에 들뜨는 현상으로 연료노즐에서 연료기체의 연소속도가 분출속도보다 느릴 때(연소속도 < 분출속도) 발생하는 현상이다.
㉢ (○) 황염은 분출하는 기체연료와 공기의 화학양론비에서 공기량이 적을 때 발생한다. 주로 공기가 충분하지 않을 때, 가스량이 많을 때, 불꽃이 저온물체와 접촉되어 온도가 내려갈 때, 실내 습도가 높을 때 발생한다.
㉣ (×) 연료노즐에서 흐름이 난류(turbulent)인 경우, 확산연소에서 화염의 높이는 화염의 직경, 분출구경에 좌우되며, 분출 속도와는 무관하다. 한편 화염의 높이(길이)가 분출속도에 비례하는 것은 층류구간에 해당한다.

17 ③

| 화재이론 > 화재조사 > 화재 건수의 결정 | 하 |

| **출제이력** | 신규출제

| **LINK** | 소방기본서 소방학개론 p. 167

① (○) 동일범이 아닌 각기 다른 사람에 의한 방화, 불장난은 동일 대상물에서 발화했더라도 각각 별건의 화재로 한다.
② (○) 동일 소방대상물의 발화점이 2개소 이상이 있는 누전점이 동일한 누전에 의한 화재는 1건의 화재로 한다.
③ (×) 화재범위가 2 이상의 관할구역에 걸친 화재에 대해서는 발화 소방대상물의 소재지를 관할하는 소방서에서 1건의 화재로 한다.
④ (○) 동일 소방대상물의 발화점이 2개소 이상이 있는 지진, 낙뢰 등 자연현상에 의한 다발화재는 1건의 화재로 한다.

「화재조사 및 보고규정」제26조【화재건수의 결정】1건의 화재란 1개의 발화지점에서 확대된 것으로 발화부터 진화까지를 말한다. 다만, 다음 각 목의 경우에는 당해 각 호에 의한다.

1. 동일범이 아닌 각기 다른 사람에 의한 방화, 불장난은 동일 대상물에서 발화했더라도 각각 별건의 화재로 한다.
2. 동일 소방대상물의 발화점이 2개소 이상 있는 다음의 화재는 1건의 화재로 한다.
   1) 누전점이 동일한 누전에 의한 화재
   2) 지진, 낙뢰 등 자연현상에 의한 다발화재

제27조 【관할구역이 2개소 이상 걸친 화재】 화재범위가 2 이상의 관할구역에 걸친 화재에 대해서는 발화 소방대상물의 소재지를 관할하는 소방서에서 1건의 화재로 한다.

18 ③

소화이론 > 소화약제 > 할로겐화합물 소화약제   하

| 출제이력 | 신규출제

| LINK | 소방기본서 소방학개론 p. 208~209

① (○) 독성이 적을수록 좋으며, 설계농도는 NOAEL보다 낮아야 한다.

> NOAEL
> • 농도를 상승시켰을 때 아무런 악영향을 감지할 수 없는 농도(NFSC)
> • 인간의 심장에 영향을 주지 않는 최대허용농도(NFPA)

②, ④ (○) GWP(지구온난화지수), ODP(오존층파괴지수)가 낮을수록 좋다.
③ (×) ALT(대기권 잔존 기간)는 짧을수록 좋다.

19 ①

소화이론 > 소화약제 > 포(Foam) 소화약제   하

| 출제이력 | 신규출제

| LINK | 소방기본서 소방학개론 p. 203~204

① (○) 불화단백포 및 수성막포는 표면하 주입방식에 사용할 수 있다.
② (×) 불소를 함유하고 있는 합성계면활성제포는 친수성이므로 유동성은 좋으나 내유성이 좋지 않으며, 때문에 표면하주입을 할 수 없다.
③ (×) 단백포는 내화성과 유동성이 좋지 않아서 소화속도가 느리다.
④ (×) 알코올형포 사용 시 비누화현상을 통해 질식소화한다(비누화현상이 발생하면 소화능력 높아진다).

| SUMMARY | 포 소화약제의 구비조건

구분	내열성 내화성	점착성	내유성	유동성	부패·변질
단백포	○	○	×	×	○
합성계면활성제포	×	○	×	○	×
불화단백포	○	×	○	△	×
수성막포	×	×	○	○	×

20 ①

소화이론 > 소방시설 > 이산화탄소 소화설비   중

| 출제이력 | 2021(유사)

| LINK | 소방기본서 소방학개론 p. 250~255

① (×) 약제저장용기의 소화가스는 압력스위치 및 자동폐쇄장치를 작동시키는 역할을 한다.
② (○) 저장용기는 직사광선 및 빗물이 침투할 우려가 없는 곳에 설치한다(「이산화탄소소화설비의 화재안전기준」 제4조)
③ (○) 전역방출방식에서 환기장치는 이산화탄소가 방사되기 전에 정지되어야 한다(동기준 제14조).
④ (○) 전역방출방식에서는 음향경보장치와 방출표시등이 필요하다.

| SUMMARY | 이산화탄소소화설비

- 이산화탄소소화설비의 구성
  - 압력스위치: 가스관 선택밸브 2차측에 설치하여, 소화약제 방출 시의 압력을 이용하여 접점신호를 형성, 제어반에 입력시켜 방출표시등을 점등시키는 역할을 함
  - 자동폐쇄장치: 화재신호를 받아서 평상시 개방시키는 창문 및 문을 폐쇄시키는 역할을 함
  - 환기장치는 약제가 방사되기 전에 정지하여야 하며, 계속 작동될 경우 약제가 빠져나가서 소화농도의 형성을 어렵게 함
  - 전역방출방식: 고정식 소화약제 공급장치에 배관 및 분사헤드를 고정하여 방호구역 내에 소화약제를 방출하는 방식
  - 음향경보장치는 제실자에게 경보 및 피난도모
  - 방출표시등은 압력스위치에 의해 점등되어 방호구역 안으로 거주자의 진입을 방지할 목적으로 설치
- 이산화탄소소화설비의 작동순서
  감지기 동작(수동조작함 조작) → 수신기 화재인지, 경보 → 타이머 작동 → 솔레노이드밸브 작동 → 기동용기 개방 → 저장용기개방, 선택밸브 개방 → 저장용기 약제가 집합관, 배관을 지나 헤드 방출, 압력스위치 동작 → 실 밖 방출표시등 점등

2021 | 소방학개론 (A형)

2021년도 소방공무원시험에서는 연소이론과 소화이론에 관한 출제가 과반수 이상 출제된 반면 최근 이슈가 되는 구급·구조에 관한 문제는 전무했다. 소방조직과 재난관리는 대체로 수험생들이 알아야 할 문제들이지만, 화재이론과 소화이론에서 출제된 문제들은 수험생들을 위한 문제라기보다 관련 전공자들만 풀 수 있는 지엽적인 경향이 있다.

문항분석

문항	정답	오답률	영역
1	④	11.9%	재난관리론 > 우리나라의 재난관리 > 긴급구조 현장지휘사항
2	③	11.9%	연소이론 > 연기 및 화염 > 연기
3	②	31.0%	소화이론 > 소방시설 > 소화설비
4	①	35.7%	소방조직론 > 소방조직 > 소방의 발전과정
5	①	35.7%	화재이론 > 건축물 화재의 성상 > 백 드래프트
6	①	19.0%	화재이론 > 위험물 화재의 성상 > 위험물
7	②	33.3%	화재이론 > 화재조사 > 특수화재
8	②	45.2%	재난관리론 > 우리나라의 재난관리 > 재난사태 선포
9	③	19.0%	소방조직론 > 소방조직 > 소방조직의 기본원리
10	③	9.5%	연소이론 > 폭발론 > 블레비(BLEVE) 현상
11 [오답률 TOP 1]	②	50.0%	소화이론 > 소방시설 > 포 소화약제의 혼합방식
12	③	40.5%	재난관리론 > 재난 및 재난관리 > 재난관리의 단계별 활동사항
13	①	33.3%	연소이론 > 연소 개요 등 > 최소산소농도
14	③	16.7%	소방화학 > 소방화학의 기초이론 > 완전연소반응식
15	④	23.8%	연소이론 > 연기 및 화염 > 연소속도
16 [오답률 TOP 3]	④	47.6%	연소이론 > 폭발론 > 폭발
17	①	45.2%	소화원리 > 소화이론 > 소화방법(소화의 원리)
18 [오답률 TOP 2]	②	50.0%	소화원리 > 소화약제 > 물 소화약제
19	④	7.1%	소화이론 > 소방시설 > 피난구조설비
20	④	31.0%	화재이론 > 건축물 화재의 성상 > 실내화재(구획실 화재)의 진행과정

영역별 평균 오답률

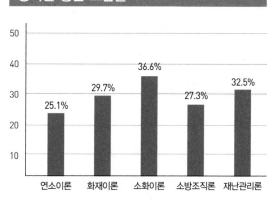

*2021년 19문항 기준 평균 오답률(소방화학 1문항 제외)

출제 트렌드

구분	소방화학	연소이론	화재이론	소화이론	소방조직론	재난관리론
2022	1문항	5문항	6문항	5문항	0문항	3문항
2021	1문항	5문항	4문항	5문항	2문항	3문항
2020	0문항	4문항	6문항	5문항	2문항	3문항

연소이론과 소화이론 영역에서 5문항씩 고르게 출제

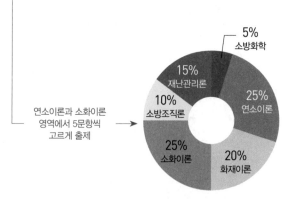

01 ④

| 재난관리론 > 우리나라의 재난관리 > | 오답률 **11.9%** |
| 긴급구조 현장지휘사항 | |

| 출제이력 | 2018 상

| LINK | 소방기본서 소방학개론 p. 439

④ (O) 시·군·구 긴급구조통제단장의 긴급구조 현장지휘사항은 ㉠, ㉡, ㉢, ㉣이다.

> 「재난 및 안전관리 기본법」 제52조【긴급구조 현장지휘】① 재난현장에서는 시·군·구긴급구조통제단장이 긴급구조활동을 지휘한다. 다만, 치안활동과 관련된 사항은 관할 경찰관서의 장과 협의하여야 한다.
> ② 제1항에 따른 현장지휘는 다음 각 호의 사항에 관하여 한다.
> 　1. 재난현장에서 인명의 탐색·구조
> 　2. 긴급구조기관 및 긴급구조지원기관의 인력·장비의 배치와 운용
> 　3. 추가 재난의 방지를 위한 응급조치
> 　4. 긴급구조지원기관 및 자원봉사자 등에 대한 임무의 부여
> 　5. 사상자의 응급처치 및 의료기관으로의 이송
> 　6. 긴급구조에 필요한 물자의 관리
> 　7. 현장접근 통제, 현장 주변의 교통정리, 그 밖에 긴급구조활동을 효율적으로 하기 위하여 필요한 사항

02 ③

| 연소이론 > 연기 및 화염 > 연기 | 오답률 **11.9%** |

| 출제이력 | 2018 상

| LINK | 소방기본서 소방학개론 p. 65~69

③ (×) 중성대는 실내·외의 온도가 아니라 압력이 같아지는 면을 의미한다.

> 건물화재가 발생하면 연소열이 발생하여 온도가 상승함으로써 부력에 의해 실의 천장 쪽으로 고온 기체가 축적된다. 이에 따라 온도가 높아지고 기체가 팽창하여 실내·외의 압력이 달라지는데, 대체적으로 실의 상부는 실외보다 압력이 높고 하부는 압력이 낮다. 따라서 그 사이의 지점에 실내·외의 압력이 같아지는 경계면이 형성되는데 그 면을 중성대라 한다.

03 ②

| 소화이론 > 소방시설 > 소화설비 | 오답률 **31.0%** |

| 출제이력 | 2022(유사)

| LINK | 소방기본서 소방학개론 p. 218, 225, 237, 254

① (×) 산·알칼리 소화기는 수계 소화기로 분류된다.
② (O) CO_2 소화설비는 화재감지기, 선택밸브, 방출표시등, 압력스위치 등으로 구성되는데, 이 외에도 수동기동장치, 사이렌, 분사헤드 등으로 구성된다.
③ (×) 슈퍼바이저리 패널(Supervisory Panel)은 준비작동식 스프링클러설비의 구성요소이다.
④ (×) 순환배관은 옥내소화전설비의 펌프 체절운전 시 수온상승 방지를 위해 설치한다.

| SUMMARY | 방출표시등

> • 방출표시등은 실외의 출입구 위에 설치되어야 한다.
> • 소화약제 방출표시등은 화재신호 입력 후 방호구역에 소화약제가 방출되었음을 알려주는 경보표시장치이다.

04 ①

| 소방조직론 > 소방조직 > 소방의 발전과정 | 오답률 **35.7%** |

| 출제이력 | 2020, 2019, 2018 하, 2018 상, 2017 상(유사)

| LINK | 소방기본서 소방학개론 p. 325~327

㉠ (O) 고려시대에 화약 사용량이 많아짐에 따라 화통도감을 신설하여 관리했으며 소방을 소재라고 하였다.
㉡ (O) 조선시대 세종 8년(1426년)에 금화도감을 설치하였다.
㉢ (×) 경성소방서는 우리나라 최초의 소방서로, 1925년에 설치되었다.
㉣ (×) 중앙소방위원회는 1946년에 설치되었고, 중앙소방청은 1947년에 설치되었다.

05 ①

| 화재이론 > 건축물 화재의 성상 > 백 드래프트 | 오답률 **35.7%** |

| 출제이력 | 2017 상(유사)

| LINK | 소방기본서 소방학개론 p. 121~122

② (×) 출입문을 먼저 개방하는 것이 아니라 지붕 등 상부를 먼저 개방해야 한다.
③ (×) 출입문을 개방하기 전에 지붕의 중앙자리를 개방하는 것이 가장 효과적이고, 그다음으로 지붕 가장자리, 상층부 개구부 순으로 개방하여 실내 뜨거운 가스층을 배출하는 것이 백드래프트를 억제하는 데 효과적이다.
④ (×) 연기지배형 화재가 아니라 환기지배형 화재에 대한 설명이다.

| SUMMARY | 백 드래프트

> • 연소에 필요한 산소가 부족하여 훈소상태에 있는 실내의 산소가 갑자기 다량 공급될 때 연소가스가 순간적으로 발화하는 현상이다. 백 드래프트는 화염이 폭풍을 동반하여 산소가 유입된 곳으로 갑자기 분출되기 때문에 폭발력 또한 매우 강하다.
> • 밀폐된 공간에서 화재가 발생한 경우 산소가 부족한 상태에서 다량의 산소가 갑자기 공급되었을 때 발생하는 불길 역류현상이다.

06 ①

| 화재이론 > 위험물 화재의 성상 > 위험물 | 오답률 **19.0%** |

| 출제이력 | 2018 하(유사), 2018 상

| LINK | 소방기본서 소방학개론 p. 139~145

① (×) 알칼리금속의 과산화물은 물이 아니라 건조사로 질식소화하여야 한다. 즉, 물과 반응하면 가연성 가스가 발생하므로 물에 의한 냉각소화는 불가능하고, 건조사나 팽창질석 등에 의한 질식소화나 분말 소화약제를 이용한다.

소방학개론

| SUMMARY | 위험물의 소화방법

위험물		소화방법
제1류 위험물	산화성 고체	열분해에 의해 산소를 다량 방출시키고, 연소를 급격하게 진행시키므로, 열분해가 일어나지 않도록 분해온도 이하로 냉각하는 주수를 이용한다.
제2류 위험물	가연성 고체	제2류 위험물은 모두 가연성 물질이며 환원제이므로 주수에 의한 냉각소화가 적당하다.
제3류 위험물	자연발화성 및 금수성 물질	물 또는 공기와 접촉 시 발열하며 가연성 가스를 발생시키므로, 마른 모래, 팽창질석, 팽창진주암, 탄산수소 염류의 분말 소화약제가 적합하다.
제4류 위험물	인화성 액체	제4류 위험물은 가연성 증기가 발생하여 연소하는 특징이 있으므로 질식소화에 의한 각종 소화기 모두 사용 가능하다.
제5류 위험물	자기반응성 물질 (자기연소성 물질)	제5류 위험물은 내부연소성 물질로 공기 중의 산소 없이도 연소할 수 있으므로 화재 초기에는 주수에 의한 냉각소화가 효과적이나 화재가 커지면 적당한 소화방법이 없다.
제6류 위험물	산화성 액체	다량의 물에 의한 주수소화와 인산염류분말에 의한 질식소화가 효과적이다.

07 ②

화재이론 > 화재조사 > 특수화재	오답률 33.3%

| 출제이력 | 2019(유사)

| LINK | 소방기본서 소방학개론 p. 171

①, ③, ④ (○) 이에 더해 그 밖에 대상이 특수하여 사회적 이목이 집중될 것으로 예상되는 화재는 특수화재에 해당된다.

② (×) 이재민 100명 이상 발생 화재는 중요화재에 해당된다.

| SUMMARY | 긴급상황 보고

- 대형화재
  - 인명피해: 사망자가 5명 이상이거나 사상자가 10명 이상 발생한 화재
  - 재산피해: 피해액이 50억원 이상인 것으로 추정되는 화재
- 중요화재
  - 관공서, 학교, 정부미 도정공장, 문화재, 지하철, 지하구 등 공공건물 및 시설의 화재
  - 관광호텔, 고층건물, 지하상가, 시장, 백화점, 대량위험물을 제조·저장·취급하는 장소, 대형화재 취약대상 및 화재경계지구
  - 이재민 100명 이상 발생 화재
- 특수화재
  - 철도, 항구에 매어둔 외항선, 항공기, 발전소 및 변전소의 화재
  - 특수사고, 방화 등 화재원인이 특이하다고 인정되는 화재
  - 외국공관 및 그 사택의 화재
  - 그 밖에 대상이 특수하여 사회적 이목이 집중될 것으로 예상되는 화재

08 ②

재난관리론 > 우리나라의 재난관리 > 재난사태 선포	오답률 45.2%

| 출제이력 | 2018 하, 2017 상(유사)

| LINK | 소방기본서 소방학개론 p. 427

② (○) 행정안전부장관은 대통령령으로 정하는 재난이 발생하거나 발생할 우려가 있는 경우 사람의 생명·신체 및 재산에 미치는 중대한 영향이나 피해를 줄이기 위하여 긴급한 조치가 필요하다고 인정하면 중앙안전관리위원회의 심의를 거쳐 재난사태를 선포할 수 있다(「재난 및 안전관리 기본법」 제36조 제1항).

09 ③

소방조직론 > 소방조직 > 소방조직의 기본원리	오답률 19.0%

| 출제이력 | 2017 하(유사)

| LINK | 소방기본서 소방학개론 p. 323

③ (×) 명령통일의 원리가 소방조직의 원리에 해당한다.

소방조직의 원리
- 조정의 원리(분업 전문화된 조직을 통합하는 업무 조정)
- 계층제의 원리(상하계층을 등급화)
- 명령통일의 원리(한 사람에게 명령을 받고 보고하는 것)
- 통솔범위의 원리(통솔범위에는 일정한 한계가 있을 것)
- 계선의 원리(결정은 기관의 장이 내린다는 것)
- 일치성의 원리(권한과 책임은 일치해야 한다는 것)
- 예외성의 원리(관리자는 표준화 기준에 어긋나거나 전략적인 것만 통제하는 것)
- 목표중시의 원리(모든 활동은 목표가 있어야 한다는 것)
- 집권화의 원리(집권을 통해서 능률을 증진시키는 것)

10 ③

연소이론 > 폭발론 > 블레비(BLEVE) 현상	오답률 9.5%

| 출제이력 | 2017 하(유사)

| LINK | 소방기본서 소방학개론 p. 88~89

③ (×) 블레비의 규모는 파열 시 액체의 기화량이 클수록, 탱크의 용량이 클수록 더욱 커진다.

옥외가스저장탱크 지역의 화재발생 시 저장탱크가 가열되어 탱크 내 액체 부분은 급격히 증발하고, 가스 부분은 온도상승과 비례하여 탱크 내 압력의 급격한 상승을 초래하게 된다. 탱크가 계속 가열되면 용기 강도는 저하되고 내부 압력은 상승하여 어느 시점이 되면 저장탱크의 설계 압력을 초과하게 되고, 탱크가 파괴되어 급격한 폭발(물리 → 화학)이 일어난다. 이러한 현상을 블레비(BLEVE)현상이라고 한다.

11 ②

| 소화이론 > 소방시설 > 포 소화약제의 혼합방식 | 오답률 50.0% | TOP1 |

| 출제이력 | 2019, 2018 하

| LINK | 소방기본서 소방학개론 p. 249~250

① (×) 라인 프로포셔너 방식에 해당한다.
② (○) 펌프 프로포셔너 방식(펌프혼합장치)에 해당한다.

> 펌프와 토출관과 흡입관 사이의 배관 도중에 설치한 흡입기에 펌프에서 토출된 물의 일부를 보내고 농도조정밸브에서 조절된 포 소화약제의 필요량을 포 소화약제 탱크에서 펌프흡입 측으로 보내어 이를 혼합하는 방식이다.

③ (×) 프레셔 프로포셔너 방식에 해당한다.
④ (×) 프레셔 사이드 프로포셔너 방식에 해당한다.

12 ③

| 재난관리론 > 재난 및 재난관리 > 재난관리의 단계별 활동사항 | 오답률 40.5% |

| 출제이력 | 2022, 2020, 2018 하(유사), 2017 하(유사)

| LINK | 소방기본서 소방학개론 p. 378~379

③ (×) 특별재난지역의 선포는 대응단계가 아니라 재난의 복구단계이다 (「재난 및 안전관리 기본법」 제60조).

교수님 TIP

2013.8.6.에 신설된 재난의 복구단계이다.

13 ①

| 연소이론 > 연소 개요 등 > 최소산소농도 | 오답률 33.3% |

| 출제이력 | 2022(유사)

| LINK | 소방기본서 소방학개론 p. 53

① (×) 연소상한계가 아니라 연소하한계에 의해 최소산소농도가 결정된다.
④ (○) 프로판(C_3H_8) 완전연소식: $C_3H_8 + 5O_2 \rightarrow 3CO_2 + 4H_2O$
위 식에서 프로판 1몰이 완전연소하기 위해서는 5몰의 산소가 필요하다는 것을 알 수 있다. 따라서 프로판의 폭발하한계 값이 2.1%이므로 최소 산소농도는 다음과 같이 계산할 수 있다.
MOC = 산소의 몰수 × 연소하한계 → 5 × 2.1 = 10.5%

| SUMMARY | 최소산소농도(MOC: Minimum Oxygen Concentration, 임계산소농도)

> • 최소산소농도(MOC)는 화염이 전파되기 위해 연소에 필요한 최소한의 산소농도를 말한다. 화재는 연소의 농도와 무관하게 산소의 농도를 감소시킴으로써 방지할 수 있으므로 불연성 가스 등을 가연성 혼합기에 첨가하면 MOC는 감소된다. 또한 이는 가연성 가스가 공기 중에서 완전히 연소될 때 필요한 산소의 몰수와 각 물질의 연소하한계 값을 이용하여 계산할 수 있다.
> • MOC = 산소의 몰수 × 연소하한계

14 ③

| 소방화학 > 소방화학의 기초이론 > 완전연소반응식 | 오답률 16.7% |

| 출제이력 | 2022, 2019, 2018 상, 2017 하

| LINK | 소방기본서 소방학개론 p. 23, 40

③ (○) 메탄(CH_4) 1몰(mol)이 완전연소하려면 산소 2몰이 필요하다. 즉, 메탄과 산소의 부피비가 1 : 2이다. 따라서 메탄 $2m^3$가 완전연소하려면 산소의 부피는 $4m^3$가 필요하다.

> 메탄(CH_4) 반응식
> $CH_4 + 2O_2 = CO_2 + 2H_2O$
> 메탄 1몰이 완전연소하려면 탄소(C) 1개가 CO_2로 연소할 때 산소(O) 2몰이 필요하다.

교수님 TIP

mol이란 분자를 뜻하는 몰큘(molecule)의 약자이며 원자, 분자 및 이와 같은 작은 입자의 개수를 세기 위한 물질량의 단위이다.

15 ④

| 연소이론 > 연기 및 화염 > 연소속도 | 오답률 23.8% |

| 출제이력 | 신규출제

| LINK | 소방기본서 소방학개론 p. 74

㉠, ㉡, ㉢, ㉣ (○) 모두 연소속도에 영향을 미치는 요인이다.

> 연소속도에 영향을 미치는 요인
> • 가연물의 온도, 압력
> • 촉매의 존재 유무와 농도
> • 산화반응을 일으키는 속도
> • 산소의 농도에 따라 가연물과 접촉하는 속도
> • 가연성 물질의 종류
> • 산화성 물질의 종류
> • 가연물과 산화성 물질의 혼합비율

교수님 TIP

촉매란 반응속도를 변화시키는 물질로서 속도를 빠르게 하는 정촉매와 느리게 하는 부촉매가 있다.

16 ④

| 연소이론 > 폭발론 > 폭발 | 오답률 47.6% | TOP3 |

| 출제이력 | 2022, 2020

| LINK | 소방기본서 소방학개론 p. 82~88

④ (×) 분무폭발에 대한 설명이다. 중합폭발은 모노머(단량체)의 중축합 반응에 따른 발열량에 의한 폭발을 말한다.

| SUMMARY | 폭발

> 폭발은 원인에 따라 물리적 폭발과 화학적 폭발로 구별되는데, 물리적 폭발에는 증기폭발, 수증기폭발, 분진폭발 등이 있다. 반면 화학적 폭발에는 분해폭발, 중합폭발, 산화폭발 등이 있다.

교수님 TIP

> 모노머(Monomer)란 고분자 화합물을 이루고 있는 기본적인 화합물로서 중합체에 대응하는 것이고, 작고 많은 분자가 큰 분자량으로 중합을 이루는 단위물질이다.

17 ①

| 소화원리 > 소화이론 > 소화방법(소화의 원리) | 오답률 **45.2%** |

| 출제이력 | 2018 하(유사)

| LINK | 소방기본서 소방학개론 p. 191~196

㉠, ㉡ (○) 옳은 설명이다.

㉢ (×) 유화소화에 대한 설명이다. 피복소화는 가연물 주위를 공기와 차단하여 소화한다. 즉, 이산화탄소(CO_2) 등 공기보다 무거운 기체를 방사하여 가연물을 피복하여 소화하는 방법이다.

㉣ (×) 제거소화에 대한 설명이다. 부촉매소화는 연소의 4요소 중 순조로운 연쇄반응을 억제하여 소화하는 방법이다.

18 ②

TOP 2

| 소화원리 > 소화약제 > 물 소화약제 | 오답률 **50.0%** |

| 출제이력 | 신규출제

| LINK | 소방기본서 소방학개론 p. 199~202

① (×) 물 소화약제는 기화 시 부피가 약 1,700배 팽창되어 질식소화에 효과가 있다.

② (○) 분무상 주수는 공기나 전기가 통하지 않으므로 A·B·C급 화재에 사용된다.

③ (×) 물은 비열(1kcal/kg℃)과 기화열(539kcal) 값이 커 냉각소화 효과가 우수하다.

④ (×) 수용성 가연물질은 희석하여 소화하는 희석작용을 기대할 수 있다.

| SUMMARY | 물 소화약제의 특징

> • 적응화재: 일반화재(무상)는 B급·C급 화재 등에 사용된다.
> • 소화효과: 냉각·질식·유화·희석소화 효과가 있다.

19 ④

| 소화이론 > 소방시설 > 피난구조설비 | 오답률 **7.1%** |

| 출제이력 | 신규출제

| LINK | 소방기본서 소방학개론 p. 272~276

④ (×) 승강식 피난기에 대한 설명이다. 구조대는 포지 등을 사용하여 자루형태로 만들어서 화재 시 피난자가 그 내부에 들어가 내려오는 피난기구이다[「피난기구의 화재안전기준(NFSC 301)」 제3조].

| SUMMARY | 피난구조설비

> • 피난기구(NFSC 301) • 유도등(NFSC 303)
> • 인명구조기구(NFSC 302) • 비상조명등(NFSC 304)

20 ④

| 화재이론 > 건축물 화재의 성상 > 실내화재(구획실 화재)의 진행과정 | 오답률 **31.0%** |

| 출제이력 | 신규출제

| LINK | 소방기본서 소방학개론 p. 119

④ (×) 감퇴기(감쇠기)는 실내에 있는 내장재가 대부분 소실되어 화세가 약해지는 시기로, 열발산율은 감소하기 시작한다. 화재의 세력이 부분소멸되고 연기의 발생도 거의 정지된다.

| SUMMARY | 실내화재의 단계

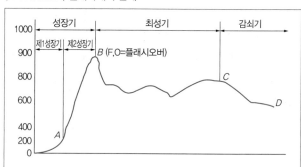

1. **화원(O)**: 가연물이 공기 중에서 산소와 반응하여 빛과 열을 내는 초기의 단계이다.
2. **성장기(O~B)**
   • 1성장기(O~A): 초기단계를 거치는 발화단계로서 백색연기가 나온다.
   • 2성장기(A~B)
     − F.O 발생시기에 해당되며 개구부에서 강한 흑색연기가 나온다.
     − F.O는 실내가 순간적으로 화염이 충만한 단계로서 최성기 직전의 중기상태이다.
     − 화재의 중기는 F.O에 이르면서 화재의 상황변화가 가장 격렬하고 다양하다.
     − F.O는 A점에서 시작하여 B점에서 그 현상이 나타난다고 할 수 있다.
3. **최성기(B~C)**: F.O 현상이 진행되면 연기량은 적고 화염의 분출은 강해지며 온도가 최고에 이르며 천장, 유리 등이 내려앉는 가장 격렬한 시기이다. 이때 산소가 소진되어 다량의 불완전가스가 발생하며 물질이 흘러 많은 산소와 만나면 곧 발화한다.
4. **감퇴기(C~D)**: 화재의 세력이 부분소멸되고 연기의 발생도 거의 정지하는 단계이다.

2020 소방학개론 Ⓐ형

2020년 시험은 모든 단원에서 골고루 출제되었으며, 난이도 또한 고르게 출제되었다고 볼 수 있다. 그러나 우리나라의 재난관리체계는 관련 법이 자주 개정되는 편이므로 어려울 수 있고, 화재하중이나 가혹도 등은 그동안 많이 다루지 않았던 내용이라 다소 생소했을 것이다. 또한 폭발, 재난의 분류, 가연물의 화학적 연쇄반응속도를 줄여 소화하는 방법, 화재진압에서 주수소화에 적응성이 있는 위험물 등을 묻는 문항들도 다소 어렵거나 출제빈도가 낮은 문항들이었다.

문항분석

문항	정답	오답률	영역
1	②	23.1%	소화이론 > 소화약제 > 부촉매소화
2	③	22.9%	소화이론 > 소화약제 > 물 소화약제 첨가제
3	④	32.7%	연소이론 > 연소 개요 등 > 물질별 위험도
4	④	27.9%	소방조직론 > 소방조직 > 소방의 발전과정
5	③	31.1%	소화이론 > 소방시설 > 습식 밸브의 구성
6	①	16.3%	소화이론 > 소방시설 > 소방시설의 분류
7	①	21.6%	화재이론 > 화재조사 > 「화재조사 및 보고규정」
오답률 TOP 2 8	①	41.7%	소방조직론 > 소방조직 > 소방의 발전과정
9	④	17.8%	화재이론 > 화재의 정의 및 분류
오답률 TOP 1 10	②	47.0%	화재이론 > 위험물 화재의 성상 > 주수소화
11	①	34.0%	연소이론 > 폭발론 > 폭발
12	③	30.0%	재난관리론 > 우리나라의 재난관리 > 우리나라의 재난관리체계
13	②	38.0%	재난관리론 > 우리나라의 재난관리 > 재난의 분류(정의)
14	②	29.0%	재난관리론 > 재난 및 재난관리 > 재난관리의 단계별 활동사항
15	③	35.0%	소화이론 > 소화약제 > 포 소화약제의 팽창비
16	③	33.0%	화재이론 > 건축물 화재의 성상 > 화재하중
17	④	23.0%	화재이론 > 건축물 화재의 성상 > 화재가혹도
18	④	20.2%	연소이론 > 연기 및 화염 > 연기유동의 발생 원인
19	④	29.0%	연소이론 > 연소 개요 등 > 연소의 조건
오답률 TOP 3 20	③	41.0%	화재이론 > 위험물 화재의 성상 > 제4류 위험물

영역별 평균 오답률

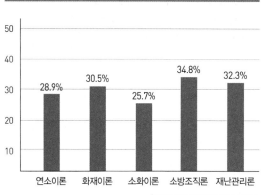

*2020년 20문항 기준 평균 오답률

출제 트렌드

구분	소방화학	연소이론	화재이론	소화이론	소방조직론	재난관리론
2022	1문항	5문항	6문항	5문항	0문항	3문항
2021	1문항	5문항	4문항	5문항	2문항	3문항
2020	0문항	4문항	6문항	5문항	2문항	3문항

소방화학 영역에서 한 문제도 출제되지 않음

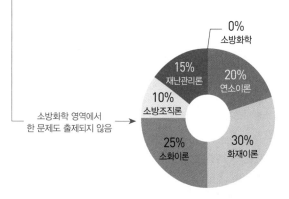

01 ②

| 소화이론 > 소화약제 > 부촉매소화 | 오답률 23.1% |

| 출제이력 | 신규출제

| LINK | 소방기본서 소방학개론 p. 194

② (○) 할로겐화합물 소화약제(=할로겐, 할론)를 방사하면 할로겐 원자의 억제작용으로 연쇄반응을 하고 있는 가연물을 억제할 수 있다. 화학적 연쇄반응을 차단하는 방법은 부촉매 소화이고, 할론 소화약제가 부촉매 소화의 대표적인 소화약제이다. 즉, 할로겐화합물 소화약제는 가장 우수한 화학적 소화약제라고 볼 수 있다.

> • 가연물의 화학적 연쇄반응 속도를 줄여 소화하는 방법으로는 할로겐 소화약제(할로겐, 할론)를 사용하여 소화하는 방법이 있다. 화재 시 할로겐화합물 소화약제는 할로겐 원자의 억제작용으로 연쇄반응을 하고 있는 가연물을 억제하는 동시에 질식작용과 냉각작용도 할 수 있으므로 가장 우수한 화학적 소화약제이다.
> • 가연물의 연소과정에서 활성기체가 생성되어 산소와 반응하는데, 이러한 연쇄반응을 억제·차단하는 효과를 할로겐화합물 소화약제의 화학적 효과, 즉 부촉매효과라고 한다.
> • 할로겐화합물 소화약제의 화학적 특징은 약제 자체에 대한 변질 및 분해가 없으며, 전기에 대해 부도체이고, 화학적 부촉매에 의한 연소 억제·차단 효과가 있어 소화성능이 좋다는 점이다.

02 ③

| 소화이론 > 소화약제 > 물 소화약제 첨가제 | 오답률 22.9% |

| 출제이력 | 신규출제

| LINK | 소방기본서 소방학개론 p. 201

① (×) 부동제: 동결 방지를 위한 첨가제로, 부동액이라고도 한다.
② (×) 증점제: 물의 점도(점성, 끈끈함)를 높이기 위한 첨가제이다.
③ (○) 침투제: 물의 표면 장력을 감소시켜 침투 효과를 높이기 위한 첨가제이다(증점제의 반대 개념). 물은 표면장력이 커서 다른 소화약제에 비해 가연물에 침투가 잘 안 되는데, 침투제를 첨가하면 물의 표면 장력이 작아져 가연물에 침투가 잘 된다. 물의 침투가 용이치 않는 원면화재(섬유 등), 산림화재, 심부화재에 효과적으로 작용하고, 약제로는 합성계면활성제(1.1%첨가) 사용한다.
④ (×) 유화제: 고비점 유류에 유화층 형성을 돕기 위해 사용하는 약제이다.

03 ④

| 연소이론 > 연소 개요 등 > 물질별 위험도 | 오답률 32.7% |

| 출제이력 | 2017 상

| LINK | 소방기본서 소방학개론 p. 50~51

① (×) 메탄: (15−5)/5=2
② (×) 에탄: (12.4−3)/3=3.13
③ (×) 프로판: (9.5−2.1)/2.1=3.52
④ (○) 부탄의 위험도[(8.4−1.8)/1.8=3.66]가 가장 크다.

| SUMMARY | 위험도

$$위험도(H) = \frac{상한계(U) - 하한계(L)}{하한계(L)}$$

04 ④

| 소방조직론 > 소방조직 > 소방의 발전과정 | 오답률 27.9% |

| 출제이력 | 2021, 2019, 2018 하, 2018 상, 2017 상(유사)

| LINK | 소방기본서 소방학개론 p. 325~327

① (○) 금화도감은 1426년(세종 8년) 3월에 설치된 우리나라 최초의 소방조직이다.
② (○) 최초의 소방서인 경성(현 종로)소방서가 일제강점기인 1925년에 설치되었다.
③ (○) 미군정 시대인 1946년 4월 10일에 중앙소방위원회가 설치되었다(그 후 1947년 11월 4일 소방청을 설립함).
④ (×) 우리나라의 「소방법」이 제정·공포된 시기는 1958년 3월 11일이다. 법률 제485호로 제정·공포되어 1958년 6월 10일부터 시행되면서 우리나라에서 최초로 체계적이고 독립적인 「소방법」이 등장하게 되었다.

05 ③

| 소화이론 > 소방시설 > 습식 밸브의 구성 | 오답률 31.1% |

| 출제이력 | 신규출제

| LINK | 소방기본서 소방학개론 p. 234

③ (○) 리타딩 체임버(Retarding Chamber)는 유수검지장치의 오작동을 방지한다. 또한 배관 및 압력스위치의 오보를 방지하고 손상을 보호하며, 안전밸브의 역할을 한다.

> 리타딩 체임버는 오작동 방지목적으로 적은 양의 유입수는 오리피스를 통하여 배수시키고, 많은 양의 유입수는 체임버를 만수시켜 상단에 설치된 압력스위치를 작동시킨다. 누수로 인한 유수검지장치의 오작동을 방지하기 위한 안전장치로, 압력스위치의 작동지연(약 20초) 효과를 가지고 있다. 또한 수격작용 등 순간압력 변동으로 밸브가 잠시 열려 발생하는 압력스위치의 오보를 방지하고 손상을 보호한다.

06 ①

| 소화이론 > 소방시설 > 소방시설의 분류 | 오답률 16.3% |

| 출제이력 | 2019, 2018 상, 2016

| LINK | 소방기본서 소방학개론 p. 216~217

① (○) 소방시설은 소화설비, 경보설비, 피난구조설비, 소화용수설비, 소화활동설비로 분류되고[「소방시설 설치 및 관리에 관한 법률 시행령」별표 1(제3조 관련)], 이 중 소화설비에는 옥내소화전설비, 포 소화설비, 간이스프링클러설비가 있으며, 그 외에도 소화기구, 자동소화장치, 스프링클러설비 등, 옥외소화전설비 등이 있다.
② (×) 제연설비는 소화활동설비에 해당한다.

③ (×) 연결살수설비는 소화활동설비에 해당한다.

④ (×) 시각경보기는 경보설비에 해당한다.

07 ①

| 화재이론 > 화재조사 > 「화재조사 및 보고규정」 | 오답률 21.6% |

| **출제이력** | 2022, 2018 하, 2018 상, 2017 하, 2016

| **LINK** | 소방기본서 소방학개론 p. 164~165, 170~171

① (×) 방화는 중요화재가 아니라 특수화재에 해당한다.

> 중요화재(「화재조사 및 보고규정」 제45조 【긴급상황보고】
> 2. 중요화재
> 　가. 관공서, 학교, 정부미 도정공장, 문화재, 지하철, 지하구 등 공
> 　　공 건물 및 시설의 화재
> 　나. 관광호텔, 고층건물, 지하상가, 시장, 백화점, 대량위험물을
> 　　제조·저장·취급하는 장소, 중점관리대상 및 화재경계지구
> 　다. 이재민 100명 이상 발생화재
> 3. 특수화재
> 　가. 철도, 항구에 매어둔 외항선, 항공기, 발전소 및 변전소의 화재
> 　나. 특수사고, 방화 등 화재원인이 특이하다고 인정되는 화재
> 　다. 외국공관 및 그 사택
> 　라. 그 밖에 대상이 특수하여 사회적 이목이 집중될 것으로 예상
> 　　되는 화재

② (○) 동규정 제3조(조사구분 및 범위)

③ (○) 동규정 제38조(조사의 개시)

④ (○) 동규정 제36조(사상자)

08 ①

TOP 2

| 소방조직론 > 소방조직 > 소방의 발전과정 | 오답률 41.7% |

| **출제이력** | 2021(유사), 2018 하(유사), 2018 상(유사), 2017 하(유사), 2017 상(유사)

| **LINK** | 소방기본서 소방학개론 p. 326~327, 335, 340

① (○) 미군정 시대에는 우리나라도 미국처럼 소방행정을 경찰에서 분리하여 자치소방체제를 도입하였다.

② (×) 1972년에 광역소방행정체제로 전환된 것이 아니라, 서울과 부산에 소방본부를 설치하였고 나머지 지방(시·도)은 국가가 관장하였다. 전국 시·도에 소방본부를 설치·운영하고 광역소방행정체제로 전환하였던 시기는 1992년이다.

③ (×) 소방공무원은 특수경력직 공무원이 아니라 경력직 공무원 중 특정직 공무원에 해당한다(소방공무원, 경찰공무원, 교육공무원, 군인 등).

④ (×) 소방공무원의 경징계에는 감봉과 견책이 있으며, 정직은 중징계에 해당한다.

09 ④

| 화재이론 > 화재의 정의 및 분류 | 오답률 17.8% |

| **출제이력** | 신규출제

| **LINK** | 소방기본서 소방학개론 p. 62, 113, 117, 126

㉠ (○) 훈소연소란 불꽃 없이 연기만 내면서 타다가 어느 정도 시간이 경과한 후 발열될 때의 연소상태를 말한다.

㉡ (×) 목조건축물의 화재단계는 '화재원인 → 무염착화 → 발염착화 → 발화 → 최성기 → 연소낙화 → 진화' 순이다.

㉢ (○) A급 화재에 대한 옳은 설명이다.

㉣ (○) 전소란 건물의 70% 이상이 소실되거나, 건물의 70% 미만이 소실었더라도 잔존부분을 보수하여도 재사용이 불가능한 상태의 화재이다.

10 ②

TOP 1

| 화재이론 > 위험물 화재의 성상 > 주수소화 | 오답률 47.0% |

| **출제이력** | 2016(유사)

| **LINK** | 소방기본서 소방학개론 p. 139~146

① (×) 황화린은 제2류 위험물로서, 질식소화가 적당하다.

② (○) 질산에스테르류(제5류 위험물)에 의한 화재의 초기 소화는 주수에 의한 냉각소화가 가장 효과적이다.

> 제5류 질산에스테르류는 대부분 물에 잘 녹지 않으며, 물과 반응하지 않는다. 따라서 화재 초기에는 다량의 물로 냉각소화하는 것이 효과적이며, 모래 등을 뿌리는 것도 적당하다.

③ (×) 유기금속화합물은 제3류 위험물로, 제3류 위험물 중 황린을 제외하고 절대 주수를 엄금한다. 즉, 어떠한 경우든지 물에 의한 냉각소화는 불가능하다.

④ (×) 알칼리금속의 과산화물은 제1류 위험물로서, 탄산수소염류의 분말소화기, 건조사에 의한 피복소화가 적당하다.

11 ①

| 연소이론 > 폭발론 > 폭발 | 오답률 34.0% |

| **출제이력** | 2022, 2021

| **LINK** | 소방기본서 소방학개론 p. 82~88

① (×) 증기폭발은 액체가 급속히 가열되어 급격히 증발(비등)함으로써 발생하는 폭발을 말한다. 이는 물리적 폭발이며, 응상폭발에 해당한다.

② (○) 폭발 시 발생하는 화염의 전파 속도가 음속보다 빠른 것을 폭굉이라고 한다.

③ (○) 블레비(BLEVE) 현상은 고압의 액화가스용기(탱크로리, 탱크등) 등이 외부화재에 의해 가열되면서 탱크의 물리적 변화에 따른 압력 상승으로 폭발하여 가연성 액체 및 기체 혼합물이 대량으로 분출하고, 이것이 공기 중에서 발화하여 화학적 변화에 따른 증기운폭발로 발전하는 현상을 말한다. 블레비 현상의 폭발 원인은 물리적인 것에 있으며, 순간적으로 화학적 폭발로 이어지지만 그 결과가 화염을 동반하는 순간부터 화학적 폭발로 분류된다. 즉, 물리적 폭발과 화학적 폭발이 병립하는데, 일반적으로 폭발의 원인을 기준으로 구분하므로 블레비 현상은 물리적 폭발로 분류한다.

④ (○) 폭발은 원인에 따라 물리적·화학적 폭발로 분류한다.

12 ③

| 재난관리론 > 우리나라의 재난관리 > 우리나라의 재난관리체계 | 오답률 30.0% |

| 출제이력 | 2019(유사), 2017 하(유사), 2016(유사)

| LINK | 소방기본서 소방학개론 p. 381, 386~387, 394, 437

① (○) 재난 및 안전관리에 관한 사항을 심의하기 위하여 국무총리 소속으로 중앙안전관리위원회를 둔다(「재난 및 안전관리 기본법」 제9조 제1항).

② (○) 행정안전부에 중앙재난안전대책본부를 두고 본부장은 행정안전부장관으로 한다(동법 제14조).

③ (×) 소방서는 긴급구조지원기관이 아니라 긴급구조기관에 해당한다. 긴급구조기관에는 소방청, 소방본부 및 소방서가 있다. 다만, 해양사고의 경우 해양경찰청, 지방해양경찰청, 해양경찰서가 해당한다. 참고로, 긴급구조지원기관이란 긴급구조에 필요한 인력·시설 및 장비, 운영체계 등 긴급구조능력을 보유한 기관이나 단체로서 대통령령으로 정하는 기관과 단체를 말한다(동법 제3조 제7호, 제8호).

④ (○) 시·도 재난안전대책본부의 본부장은 시·도지사이며, 시·군·구 재난안전대책본부의 본부장은 시장·군수·구청장이다(동법 제16조 제2항). 시·도 긴급구조통제단의 단장은 소방본부장이고 시·군·구 긴급구조통제단의 단장은 소방서장이다(동법 제50조 제2항).

13 ②

| 재난관리론 > 우리나라의 재난관리 > 재난의 분류(정의) | 오답률 38.0% |

| 출제이력 | 신규출제

| LINK | 소방기본서 소방학개론 p. 381

② (○) 재난이란 국민의 생명·신체·재산과 국가에 피해를 주거나 줄 수 있는 것을 말한다. 감염병의 확산, 환경오염사고, 미세먼지 등으로 인한 피해는 사회재난으로 분류되고, 황사는 자연재난으로 분류된다.

> 「재난 및 안전관리 기본법」 제3조 【정의】 이 법에서 사용하는 용어의 뜻은 다음과 같다.
> 1. '재난'이란 국민의 생명·신체·재산과 국가에 피해를 주거나 줄 수 있는 것으로서 다음 각 목의 것을 말한다.
>   가. 자연재난: 태풍, 홍수, 호우(豪雨), 강풍, 풍랑, 해일(海溢), 대설, 한파, 낙뢰, 가뭄, 폭염, 지진, 황사(黃砂), 조류(藻類) 대발생, 조수(潮水), 화산활동, 소행성·유성체 등 자연우주물체의 추락·충돌, 그 밖에 이에 준하는 자연현상으로 인하여 발생하는 재해
>   나. 사회재난: 화재·붕괴·폭발·교통사고(항공사고 및 해상사고를 포함한다)·화생방사고·환경오염사고 등으로 인하여 발생하는대통령령으로 정하는 규모 이상의 피해와 국가핵심기반의 마비, 「감염병의 예방 및 관리에 관한 법률」에 따른 감염병 또는 「가축전염병예방법」에 따른 가축전염병의 확산, 「미세먼지 저감 및 관리에 관한 특별법」에 따른 미세먼지 등으로 인한 피해

14 ②

| 재난관리론 > 재난 및 재난관리 > 재난관리의 단계별 활동사항 | 오답률 29.0% |

| 출제이력 | 2022, 2021, 2018 하(유사), 2017 하(유사)

| LINK | 소방기본서 소방학개론 p. 378~379

① (×) 예방단계가 아니라 대비단계에 해당하는 내용이다. 행정안전부장관은 매년 재난대비훈련 기본계획을 수립하여야 하며(「재난 및 안전관리기본법」 제34조의9 제1항), 재난대비 훈련주관기관의 장은 관계 기관과 합동으로 참여하는 재난대비훈련을 각각 소관 분야별로 주관하여 연 1회 이상 실시하여야 하며, 재난대비훈련에 참여하는 기관은 자체 훈련을 수시로 실시할 수 있다(동법 시행령 제43조의14).

② (○) 재난관리 책임기관의 장은 재난을 효율적으로 관리하기 위해 위기관리 표준매뉴얼, 위기대응 실무매뉴얼, 현장조치 행동매뉴얼을 작성·운용해야 한다.

> 「재난 및 안전관리 기본법」 제34조의5 【재난분야 위기관리 매뉴얼 작성·운용】 ① 재난관리책임기관의 장은 재난을 효율적으로 관리하기 위하여 재난유형에 따라 다음 각 호의 위기관리 매뉴얼을 작성·운용하여야 한다. 이 경우 재난대응활동계획과 위기관리 매뉴얼이 서로 연계되도록 하여야 한다.
> 1. 위기관리 표준매뉴얼: 국가적 차원에서 관리가 필요한 재난에 대하여 재난관리 체계와 관계 기관의 임무와 역할을 규정한 문서로 위기대응 실무매뉴얼의 작성 기준이 되며, 재난관리주관기관의 장이 작성한다.
> 2. 위기대응 실무매뉴얼: 위기관리 표준매뉴얼에서 규정하는 기능과 역할에 따라 실제 재난대응에 필요한 조치사항 및 절차를 규정한 문서로 재난관리주관기관의 장과 관계 기관의 장이 작성한다.
> 3. 현장조치 행동매뉴얼: 재난현장에서 임무를 직접 수행하는 기관의 행동조치 절차를 구체적으로 수록한 문서로 위기대응 실무매뉴얼을 작성한 기관의 장이 지정한 기관의 장이 작성하되, 시장·군수·구청장은 재난유형별 현장조치 행동매뉴얼을 통합하여 작성할 수 있다. 다만, 현장조치 행동매뉴얼 작성 기관의 장이 다른 법령에 따라 작성한 계획·매뉴얼 등에 재난유형별 현장조치 행동매뉴얼에 포함될 사항이 모두 포함되어 있는 경우 해당 재난유형에 대해서는 현장조치 행동매뉴얼이 작성된 것으로 본다.

③ (×) 대응단계가 아니라 복구단계에 해당하는 내용이다. 재난관리책임기관의 장은 재난으로 인하여 피해가 발생한 경우에는 피해상황을 신속하게 조사한 후 그 결과를 중앙대책본부장에게 통보하여야 한다(동법 제58조 제2항). 재난관리책임기관의 장은 사회재난으로 인한 피해(특별재난지역 피해는 제외)에 대하여 피해조사를 마치면 지체 없이 자체복구계획을 수립·시행하여야 한다(동법 제59조 제1항).

④ (×) 복구단계가 아니라 대비단계에 해당하는 내용이다. 재난관리책임기관의 장은 재난의 수습활동에 필요한 재난관리자원을 비축·관리하여야 한다(동법 제34조 제1항). 또한 재난관리책임기관의 장은 재난의 발생으로 인하여 통신이 끊기는 상황에 대비하여 미리 유선이나 무선 또는 위성통신망을 활용할 수 있도록 긴급통신수단을 마련하여야 한다(동법 제34조의2 제1항).

15 ③

| 소화이론 > 소화약제 > 포 소화약제의 팽창비 | 오답률 35.0% |

| 출제이력 | 신규출제

| LINK | 소방기본서 소방학개론 p. 204

③ (○) 고발포인 제2종 기계포의 팽창비는 250배 이상 ~ 500배 미만이다.

$$팽창비 = \frac{발포된 포의 체적}{발포 전 포수용액의 체적}$$

수용액		팽창비
저발포(3%, 6%)		20배 이하
고발포 (1%, 1.5%, 2%)	제1종 기계포	80배 이상 ~ 250배 미만
	제2종 기계포	250배 이상 ~ 500배 미만
	제3종 기계포	500배 이상 ~ 1,000배 미만

16 ③

| 화재이론 > 건축물 화재의 성상 > 화재하중 | 오답률 33.0% |

| 출제이력 | 2017 상

| LINK | 소방기본서 소방학개론 p. 128

③ (○) 화재하중 $= \dfrac{(의류 발열량 \times 의류 무게)+(고무 발열량 \times 고무 무게)}{(목재 발열량 \times 면적)}$

$= \dfrac{(5,000 \times 1,000)+(9,000 \times 2,000)}{(4,500 \times 200)}$

$= 25.56 [kg/m^2]$

| SUMMARY | 화재하중 계산식

$$화재하중(Q) = \frac{\Sigma(G_t H_t)}{HA} [kg/m^2] \ (\Sigma : 각 요소의 합)$$

G_t: 가연물의 중량[kg]　　　　　H_t: 단위 발열량[kcal/kg]

H: 목재의 단위 발열량[4,500kcal/kg]　　A: 화재실 바닥면적[m²]

17 ④

| 화재이론 > 건축물 화재의 성상 > 화재가혹도 | 오답률 23.0% |

| 출제이력 | 2022, 2018 상(유사), 2017 하(유사)

| LINK | 소방기본서 소방학개론 p. 127

① (○) 화재의 가혹도란 화재로 인하여 건축물 내에 수납되어 있던 재산 및 건축물 자체의 손해 및 손상 정도를 말한다. 화재의 가혹도가 작으면 건축물과 그 건축물에 수납되어 있던 재산의 손해 및 손상이 적으며, 가혹도가 크면 화재로 인한 손상이 큰 것이므로 피해가 크다.

② (○) 화재가혹도 = 최고온도(화재강도) × 지속시간(화재하중)

③ (○) 화재실 온도가 높을수록, 최고온도의 지속시간이 길수록 손상의 규모와 정도가 커진다.

④ (×) 화재가혹도에 영향을 미치는 환기요소는 <u>개구부 면적에 비례하고 개구부는 높이의 루트(제곱근, 평방근)에 비례한다.</u>

18 ④

| 연소이론 > 연기 및 화염 > 연기유동의 발생 원인 | 오답률 20.2% |

| 출제이력 | 2022

| LINK | 소방기본서 소방학개론 p. 69

㉠, ㉡, ㉢, ㉣ (○) 모두 고층건축물에서 연기유동을 일으키는 요인이다.

| SUMMARY | 연기를 이동시키는 요인

- 연돌효과(굴뚝효과): 건물 내외의 온도차에 의해 발생
- 풍력의 영향: 외부에서의 바람에 의한 압력차
- 온도에 의한 가스의 팽창: 온도 상승에 의한 증기의 팽창
- 건물 내 강제적인 공기이동: 공기조화설비에 의한 영향
- 건물 내외 온도차와 비중차에 의해 발생: 중성대와 화재로 인한 부력

19 ④

| 연소이론 > 연소 개요 등 > 연소의 조건 | 오답률 29% |

| 출제이력 | 신규출제

| LINK | 소방기본서 소방학개론 p. 47~51

④ (×) 파라핀계 탄화수소화합물의 경우 탄소수가 적을수록 발화점은 <u>높아지고</u> 인화점은 낮아진다.

발화점이 낮아지면 인화물질 등이 없어도 낮은 온도에서 발화되며 연소가 빨라진다. 발화점이 낮아지는 조건은 가연물의 구비조건과 유사하다.
- 직쇄탄화수소 계열의 분자량이 많아질 때
- 탄소쇄의 길이가 길어질 때
- 분자구조가 복잡할 때
- 압력·화학적 활성도가 클 때(산소의 농도·친화력이 클수록)
- 발열량이 클 때 또는 활성화 에너지·열전도율이 작을 때
- 금속의 열전도율이 낮을 때
  ⑩ 발화점이 황린은 30℃(~34℃) 이상 셀룰로이드는 180℃ 이상이라면 황린이 셀룰로이드보다 불이 더 빨리 날(발생할) 수 있다.

20 ③

TOP 3

| 화재이론 > 위험물 화재의 성상 > 제4류 위험물 | 오답률 41.0% |

| 출제이력 | 2018 하(유사), 2018 상(유사), 2017 하(유사)

| LINK | 소방기본서 소방학개론 p. 144~145

① (○) 대부분 물보다 가볍고 비수용성이어서 물에 잘 녹지 않는다.

② (○) 석유류는 전기가 통하지 않는 전기부도체(불량도체)로서 공유결합을 하지만, 때에 따라 정전기의 축적이 용이하고 이 정전기가 점화원이 되는 경우가 많다.

③ (×) 대부분 화재 시 발생된 <u>증기비중은 공기보다 무거워서</u> 체류하기 쉽다.

④ (○) 휘발유, 경유 등은 연소 범위의 하한계가 낮아 매우 인화하기 쉽다 (휘발유 연소범위 1.4~7.6%, 경유 연소범위 1.1~6%).

소방학개론

2019 | 소방학개론 A형

2019년 시험은 기존 시험과 대동소이했다고 볼 수 있다. 전체적으로 문항의 난이도는 상·중·하 고르게 출제되었으며, 꼼꼼하게 공부한 수험생이면 누구나 쉽게 풀 수 있을 정도의 문항이 출제되었다. 특히 소화약제, 연소이론, 위험물안전관리, 재난(재해)안전관리 등 소방학의 기초이론에서 다수가 출제되었다. 다만, 가연성 가스, 연소가스, 연료지배형 화재, 환기지배형 화재에 대한 문항 등은 다소 생소한 유형이었다.

문항분석

문항	정답	오답률	영역
1	④	20.3%	소화이론 > 소방시설 > 소방시설의 분류
2	①	14.3%	소화이론 > 소화약제 > 이산화탄소 소화약제
3	③	31.2%	화재이론 > 건축물 화재의 성상 > 화재강도
오답률 TOP3 4	④	31.7%	소화이론 > 소방시설 > 포 소화약제의 혼합방식
5	③	15.9%	재난관리론 > 재난 및 재난관리 > 존스(Jones)의 재해분류
6	④	20.6%	화재이론 > 위험물 화재의 성상 > 위험물
오답률 TOP1 7	③	37.5%	화재이론 > 위험물 화재의 성상 > 위험물 지정수량
8	③	19.0%	화재이론 > 위험물 화재의 성상 > 제1석유류
오답률 TOP2 9	①	36.5%	소방조직론 > 소방조직 > 소방의 발전과정
10	④	19.0%	화재이론 > 건축물 화재의 성상 > 연료지배형 화재와 환기지배형 화재
11	②	23.8%	재난관리론 > 우리나라의 재난관리 > 중앙안전관리위원회와 안전정책조정위원회
12	③	17.7%	소화이론 > 소화원리 > 제3종 분말 소화약제
13	①	24.2%	재난관리론 > 우리나라의 재난관리 > 긴급구조
14	③	17.5%	연소이론 > 연소 개요 등 > 산소농도의 증가
15	②	12.7%	연소이론 > 연기 및 화염 > 시안화수소
16	③	16.1%	소화이론 > 소화약제 > 불활성기체 소화약제
17	④	29.0%	소화이론 > 소방시설 > 스프링클러설비
18	③	27.0%	소방화학 > 소방화학의 기초이론 > 완전연소반응식
19	④	14.3%	화재이론 > 화재조사 > 긴급상황보고
20	①	14.3%	연소이론 > 연소 개요 등 > 인화점

영역별 평균 오답률

**2019년 19문항 기준 평균 오답률(소방화학 1문항 제외)

출제 트렌드

구분	소방화학	연소이론	화재이론	소화이론	소방조직론	재난관리론
2022	1문항	5문항	6문항	5문항	0문항	3문항
2021	1문항	5문항	4문항	5문항	2문항	3문항
2020	0문항	4문항	6문항	5문항	2문항	3문항
2019	1문항	3문항	6문항	6문항	1문항	3문항

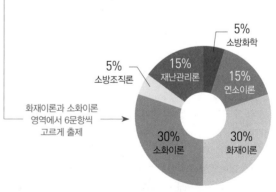

화재이론과 소화이론 영역에서 6문항씩 고르게 출제

01 ④

| 소화이론 > 소방시설 > 소방시설의 분류 | 오답률 21.4% |

| 출제이력 | 2020, 2018 상, 2016

| LINK | 소방기본서 소방학개론 p. 216~217

① (×) 비상조명등은 피난구조설비에 해당한다.

② (×) 연소방지설비는 소화활동설비에 해당한다.

③ (×) 비상방송설비는 경보설비에 해당한다.

④ (○) 소화활동설비는 화재를 진압하거나 인명구조활동을 위하여 사용하는 설비로서, 비상콘센트설비가 이에 해당한다.

> 「소방시설 설치 및 관리에 관한 법률 시행령」 별표 1【소방시설 (제3조 관련)】
>
> 1. 소화설비: 물 또는 그 밖의 소화약제를 사용하여 소화하는 기계·기구 또는 설비로서 다음 각 목의 것
>   가. 소화기구
>   나. 자동소화장치
>   다. 옥내소화전설비(호스릴옥내소화전설비를 포함한다)
>   라. 스프링클러설비 등
>   마. 물분무 등 소화설비
>   바. 옥외소화전설비
> 2. 경보설비: 화재발생 사실을 통보하는 기계·기구 또는 설비로서 다음 각 목의 것
>   가. 단독경보형 감지기
>   나. 비상경보설비
>   다. 시각경보기
>   라. 자동화재탐지설비
>   마. 화재알림설비
>   바. 비상방송설비
> 3. 피난구조설비: 화재가 발생할 경우 피난하기 위하여 사용하는 기구 또는 설비로서 다음 각 목의 것
>   가. 피난기구
>   나. 인명구조기구
>   다. 유도등
>   라. 비상조명등 및 휴대용비상조명등
> 4. 소화용수설비: 화재를 진압하는 데 필요한 물을 공급하거나 저장하는 설비로서 다음 각 목의 것
>   가. 상수도소화용수설비
>   나. 소화수조·저수조, 그 밖의 소화용수설비
> 5. 소화활동설비: 화재를 진압하거나 인명구조활동을 위하여 사용하는 설비로서 다음 각 목의 것
>   라. 비상콘센트설비
>   바. 연소방지설비

02 ①

| 소화이론 > 소화약제 > 이산화탄소 소화약제 | 오답률 12.2% |

| 출제이력 | 신규출제

| LINK | 소방기본서 소방학개론 p. 205~206

① (○) 이산화탄소 소화약제는 이산화탄소가 주요 약제로 사용되는 것으로, 소화기 및 저장용기에 고압으로 충전되어야 하므로 「고압가스

안전관리법」의 적용대상이다. 이산화탄소는 완전산화 상태의 화학적 구조로 인해 불연성을 가지며, 상온에서 기체 상태이다. 주된 소화작용은 질식소화와 냉각소화이며, 일반화재의 경우 피복소화도 한다. 소화작업 후 2차적 오염이 없고 구입비용이 저렴하며, 장기간 보관이 가능하여 유류와 전기화재 등의 소화약제로 널리 이용되고 있다.

> • 침투성이 좋고, 심부화재와 표면화재에 적당하며, 비전도성으로 전기화재에도 좋다.
> • 장시간 저장해도 변화가 적어 장기간의 보관(저장)이 가능하다.
> • 한랭지역에서도 동결의 우려가 없다.
> • CO_2 자체압으로 방사가 가능해 외부의 방출동력이 따로 필요하지 않다.
> • 불연성 기체이다.
> • 질식소화 외에도 냉각소화, 피복소화가 가능하다.
> • 소화작업 후 2차적 오염이 없다.

03 ③

| 화재이론 > 화재의 정의 및 분류 > 화재강도 | 오답률 28.6% |

| 출제이력 | 신규출제

| LINK | 소방기본서 소방학개론 p. 128

① (×) 훈소는 가연물이 열분해에 의해서 가연성 가스를 발생시켰을 때 공간이 밀폐되어 산소의 양이 부족하거나 바람에 의해 그 농도가 현저히 저하된 경우, 다량의 연기를 내며 고체 표면에서 발생하는 느린 연소과정을 의미한다.

② (×) 화재하중은 단위면적당 가연물의 중량을 의미한다.

③ (○) 화재강도(Fire Intensity)는 단위시간에 축적되는 열의 강도를 말하며, 화재의 온도가 높을수록 화재의 강도 또한 크게 나타난다. 가연물의 비표면적이 크면 연소가 잘 되고 가연물의 연소열값이 클수록 화재강도는 증가한다. 화재 시 산소공급조절, 화재실의 벽·천장·바닥 등의 단열성에 영향을 미치며, 가연물의 비표면적·배열상태·발열량 및 화재실의 구조 등에 따라 화재강도가 달라진다.

④ (×) 화재가혹도는 최고온도×지속시간으로 나타낸다. 화재 시 최고온도와 지속시간은 화재의 규모를 판단하는 중요한 요소가 된다.

04 ④

TOP3

| 소화이론 > 소방시설 > 포 소화약제의 혼합방식 | 오답률 31.7% |

| 출제이력 | 2021, 2018 하

| LINK | 소방기본서 소방학개론 p. 249~250

① (×) 라인 프로포셔너(Line Proportioner): 펌프와 발포기의 중간에 설치된 벤츄리 관의 벤츄리작용에 의하여 포 소화약제를 흡입·혼합하는 방식으로, 소형이며 경제적이다.

② (×) 펌프 프로포셔너(Pump Proportioner): 펌프와 토출관, 흡입관 사이의 배관 도중에 설치한 흡입기에 펌프에서 토출된 물의 일부를 보내고 농도조절밸브에서 조절된 포 소화약제의 필요량을 포 소화약제 탱크에서 펌프흡입 측으로 보내어 이를 혼합하는 방식이다.

③ (×) 프레셔 프로포셔너(Pressure Proportioner): 펌프와 발포기의 중간에 설치된 벤츄리 관의 벤츄리작용과 펌프가압수의 소화약제 저장탱

크의 압력에 의해서 포 소화약제를 흡입·혼합하는 방식이다. 압입식과 압송식이 있다.

④ (○) 프레셔사이드 프로포셔너(Pressure Side Proportioner): 펌프의 토출관에 압입기를 설치하여 포 소화약제 압입용 펌프로 포 소화약제를 압입하여 혼합하는 방식이다.

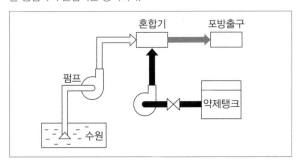

05 ③

재난관리론 > 재난 및 재난관리 > 존스(Jones)의 재해분류 오답률 **15.9%**

| 출제이력 | 신규출제

| LINK | 소방기본서 소방학개론 p. 373

③ (×) 쓰나미는 존스(Jones)의 재해분류 중 지질학적 재해에 해당한다.

| SUMMARY | 존스(David K. C. Jones)의 재해분류

존스(Jones)는 재난의 발생원인과 재해현상에 따라 재해를 크게 자연재해, 준자연재해, 인위재해로 분류한다. 자연재해는 지구물리학적 재해와 생물학적 재해로 나뉘며, 지구물리학적 재해는 지질학적·지형학적·기상학적 재해로 분류된다.

자연재해				준자연재해	인위재해
지구물리학적 재해			생물학적 재해		
지질학적 재해	지형학적 재해	기상학적 재해		스모그현상, 온난화현상, 사막화현상, 염수화현상, 눈사태, 산성화, 홍수, 토양침식 등	공해, 광화학연무, 폭동, 교통사고, 폭발사고, 태업, 전쟁 등
지진, 화산, 쓰나미 등	산사태, 염수토양 등	안개, 눈, 해일, 번개, 토네이도, 폭풍, 태풍, 가뭄, 이상기온 등	세균, 질병, 유독식물, 유독동물		

| SUMMARY | 「자연재해대책법」상 재해의 분류

「자연재해대책법」 제2조 【정의】 이 법에서 사용하는 용어의 뜻은 다음과 같다.

1. '재해'란 「재난 및 안전관리 기본법」(이하 '기본법'이라 한다) 제3조 제1호에 따른 재난으로 인하여 발생하는 피해를 말한다.
2. '자연재해'란 기본법 제3조 제1호 가목에 따른 자연재난(이하 '자연재난'이라 한다)으로 인하여 발생하는 피해를 말한다.
3. '풍수해'(風水害)란 태풍, 홍수, 호우, 강풍, 풍랑, 해일, 조수, 대설, 밖에 이에 준하는 자연현상으로 인하여 발생하는 재해를 말한다.

06 ④

화재이론 > 위험물 화재의 성상 > 위험물 오답률 **20.6%**

| 출제이력 | 2022, 2017 상

| LINK | 소방기본서 소방학개론 p. 139~146

① (×) 산화성 고체는 제1류 위험물이며, 산화성·불연성 물질이고 무기화합물이다. 황린은 제3류 위험물이고, 철분은 제2류 위험물에 해당한다.

② (×) 인화성 액체는 제4류 위험물이며, 전기 전도체가 아니라 부도체이다.

③ (×) 가연성 고체는 제2류 위험물이며, 불연성 물질이 아니라 가연성 물질이다. 질산염류와 무기과산화물은 제1류 위험물에 해당한다.

④ (○) 자기반응성 물질은 제5류 위험물이며 연소 또는 폭발을 일으킬 수 있는 물질로서 유기과산화물, 질산에스테르류를 포함한다.

| SUMMARY | 위험물의 종류에 따른 일반적 성상

- 제1류 위험물: 산화성 고체로, 산소를 가지고 있다.
- 제2류 위험물: 가연성 고체로, 비교적 낮은 온도에서 착화하기 쉽다.
- 제3류 위험물: 자연발화성 및 금수성 물질로, 대부분 불연성 물질이지만 칼륨, 나트륨은 가연이다.
- 제4류 위험물: 인화성 액체로, 물보다 가볍고 물에 녹지 않는 것이 많다.
- 제5류 위험물
  - 자기반응성 물질로, 외부로부터 산소가 공급되지 않아도 연소·폭발을 일으킬 수 있는 물질이다.
  - 히드라진유도체류를 제외한 나머지는 유기화합물이며, 유기과산화물류를 제외하고는 질소를 함유한 유기질소화합물이다.
  - 모두 가연성의 액체 또는 고체물질이고, 연소할 때에는 다량의 가스가 발생한다.
  - 대부분 물에 잘 녹지 않으며 물과 반응하는 물질은 없다.
- 제6류 위험물: 산화성 액체로, 무기화합물이며 물에 잘 녹는다.

07 ③

TOP 1

화재이론 > 위험물 화재의 성상 > 위험물 지정수량 오답률 **37.5%**

| 출제이력 | 2017 하

| LINK | 소방기본서 소방학개론 p. 139~147

① (×) 탄화칼슘은 칼슘 또는 알루미늄의 탄화물이다. 즉, 카바이트(CaC_2)로서 물과 반응하면 아세틸렌(C_2H_2)가스가 발생한다. 제3류 위험물로서 지정수량은 300kg이다.

② (×) 과염소산은 제6류 위험물(산화성 액체)이며, 지정수량은 300kg이다(과염소산 $HClO_4$).

③ (○) 마그네슘은 제2류 가연성 고체로서, 지정수량은 500kg이다.

④ (×) 금속의 인화물은 제3류(자연발화성 물질 및 금수성 물질) 위험물로서 지정수량은 300kg이다.

08 ③

화재이론 > 위험물 화재의 성상 > 제1석유류	오답률 **19.0%**

| 출제이력 | 신규출제

| LINK | 소방기본서 소방학개론 p. 144

③ (○) 제1석유류는 아세톤, 휘발유 그 밖에 1기압에서 인화점이 섭씨 21도 미만인 것이다「위험물안전관리법 시행령」별표 1(위험물 및 지정수량 제2조 및 제3조 관련)].

09 ①

소방조직론 > 소방조직 > 소방의 발전과정	TOP 2 · 오답률 **36.5%**

| 출제이력 | 2021, 2020, 2018 하, 2018 상, 2017 상(유사)

| LINK | 소방기본서 소방학개론 p. 325~328

① (○) ㉠ → ㉡ → ㉢ → ㉣의 순서가 옳다.
- ㉠ 중앙에는 1946년에 중앙소방위원회를 설치하고(1947년 중앙소방청), 지방에는 도 소방위원회, 지방소방청을 두었으며, 시·읍·면에는 소방본부(소방서 중심)를 두었다.
- ㉡ 1948년 소방청을 경찰행정과 병합하여 전국의 모든 시·군까지 일원적(일괄적)으로 관리하는 국가소방체제로 전환하였으며,「정부조직법」상 경찰에서 소방을 관리(관장)하였다.
- ㉢ 1972년 서울특별시와 부산광역시에 첫 소방본부를 설치하고 자치소방체제를 유지하였으며, 기타 시·도는 정부수립 이후처럼 국가소방체제를 유지하는 이원적 소방체제(서울·부산: 자치소방체제, 나머지 시·도: 국가소방체제)가 시행되었다.
- ㉣ 1992년 소방은 광역(중심)자치체제로 바뀌었으며, 전국 시·도에 소방본부를 모두 설치하였다.

| SUMMARY | 소방조직 변천과정

1947년(미군정 시대)에 최초로 중앙소방위원회의 집행기구로 소방청을 설치하였다. 이후 중앙경찰위원회를 설치하였는데, 미군정 시대에는 경찰보다도 소방위원회가 1년 이상 먼저 설치되었다. 일제강점기의 소방관서는 8개에 불과하였으나, 미군정 자치소방체제로 전환된 후에는 50여 개로 대폭 증설되었다.

10 ④

화재이론 > 건축물 화재의 성상 > 연료지배형 화재와 환기지배형 화재	오답률 **19.0%**

| 출제이력 | 신규출제

| LINK | 소방기본서 소방학개론 p. 123~124

④ (×) 구획된 건물의 화재현상에 따라 연료지배형 화재와 환기지배형 화재로 나뉜다. 일반적으로 플래시오버 이전의 화재는 연료지배형 화재가 지배적이고, 이후의 화재는 환기지배형 화재가 지배적이다.

| SUMMARY | 연료지배형 화재와 환기지배형 화재

구분	연료지배형 화재	환기지배형 화재
지배요인	환기가 정상인 상태에서 연료를 비교함(환기 정상이론)	연료가 정상인 상태에서 환기가 잘 안 됨(환기 비정상이론)
발생장소	목조건물, 큰 창문, 개방된 공간	내화구조, 콘크리트 지하층, 무창층
산소량	상대적으로 산소공급이 원활	화세가 강하여 산소가 소진되어 부족함
발생시기	플래시오버 이전, 성장기(온도가 낮음)	플래시오버 이후, 최성기(온도가 높음)

11 ②

재난관리론 > 우리나라의 재난관리 > 중앙안전관리위원회와 안전정책조정위원회	오답률 **23.8%**

| 출제이력 | 2020(유사)

| LINK | 소방기본서 소방학개론 p. 387~390, 427~428, 450

① (○) 「재난 및 안전관리기본법」제9조 제1항·제2항
② (×) 중앙안전관리위원회는 재난사태의 선포에 관한 사항을 심의하며, 특별재난지역의 선포에 관한 사항 또한 중앙안전관리위원회에서 심의한다.

「재난 및 안전관리 기본법」제36조【재난사태선포】① 행정안전부장관은 대통령령으로 정하는 재난이 발생하거나 발생할 우려가 있는 경우 사람의 생명·신체 및 재산에 미치는 중대한 영향이나 피해를 줄이기 위하여 긴급한 조치가 필요하다고 인정하면 '중앙위원회의 심의'를 거쳐 재난사태를 선포할 수 있다.

제60조【특별재난지역의 선포】① 중앙대책본부장은 대통령령으로 정하는 규모의 재난이 발생하여 국가의 안녕 및 사회질서의 유지에 중대한 영향을 미치거나 피해를 효과적으로 수습하기 위하여 특별한 조치가 필요하다고 인정하거나 지역대책본부장의 요청이 타당하다고 인정하는 경우에는 '중앙위원회의 심의'를 거쳐 해당 지역을 특별재난지역으로 선포할 것을 대통령에게 건의할 수 있다.

③ (○) 동법 제10조 제1항
④ (○) 동법 제10조 제2항

12 ③

소화이론 > 소화원리 > 제3종 분말 소화약제	오답률 **17.7%**

| 출제이력 | 2018 하(유사), 2017 상(유사)

| LINK | 소방기본서 소방학개론 p. 197

① (×) 제1종 분말(탄산수소나트륨, 중탄산나트륨, $NaHCO_3$)
② (×) 제2종 분말(탄산수소칼륨, 중탄산칼륨, $KHCO_3$)
③ (○) 제3종 분말(제1인산암모늄, $NH_4H_2PO_4$) 소화약제는 A·B·C급 화재에 유효하다. 하지만 비누화현상이 일어나지 않아 식용유 화재(K급)에는 효과가 적다. 열분해 시 CO_2 대신 메타인산(HPO_3)이 생성되어 가연물의 표면에 점착되어 산소를 차단한다. 그리고 메타인산이 산소와의 접촉을 차단하여 A급 화재에서 방진작용을 한다.

④ (×) 제4종 분말[중탄산칼륨+요소, $KHCO_3 + (NH_2)_2CO$]

| SUMMARY | 분말 소화약제

분말 소화약제는 제1종·제2종·제3종·제4종이 있고, 이 소화약제들은 모두 질식, 부촉매 소화효과가 있으며 무독성이다. 또한 전기가 통하지 않아(비전도성) 전기화재에 사용할 수 있으며, 분말약제를 연소물에 뿌리면 열분해반응으로 CO_2, H_2O, HPO_3 등이 생성되어 표면화재에 속소성이 있다. 현재 건축물 내 복도 등에서 흔히 볼 수 있는 분말은 제3종 분말소화기로서, A·B·C급 화재에 적응성이 있으며 차고·주차장에서도 사용된다.

〈용어설명〉
- **비전도성**: 전기가 통하지 않는 성질
- **속소성**: 빠르게 소화하는 능력(성질)
- **비고화성**: 굳지 않는 성질
- **비누화**: 에스테르가 알칼리에 의해 지방을 가수분해하여 글리세린과 비누를 만드는 화학변화. 감화(鹼化)
- HPO_3: 메타인산(방진작용)
- NH_3: 암모니아
- P_2O_5: 오산화인

13 ①

| 재난관리론 > 우리나라의 재난관리 > 긴급구조 | 오답률 24.2% |

| 출제이력 | 2020(유사), 2017 하(유사), 2016

| LINK | 소방기본서 소방학개론 p. 436~440

① (×) 중앙긴급구조통제단의 단장은 소방청장이다(「재난 및 안전관리 기본법」 제49조 제2항).

②, ③ (○) 시·도긴급구조통제단과 시·군·구긴급구조통제단(이하 "지역통제단"이라 한다)에는 각각 단장 1명을 두되, 시·도긴급구조통제단의 단장은 소방본부장이 되고 시·군·구긴급구조통제단의 단장은 소방서장이 된다(동법 제50조 제2항).

④ (○) 재난현장에서는 시·군·구긴급구조통제단장이 긴급구조활동을 지휘한다. 다만, 치안활동과 관련된 사항은 관할 경찰관서의 장과 협의하여야 한다(동법 제52조 제1항).

14 ③

| 연소이론 > 연소 개요 등 > 산소농도의 증가 | 오답률 17.5% |

| 출제이력 | 신규출제

| LINK | 소방기본서 소방학개론 p. 45

㉠, ㉢, ㉣ (○)

㉡ (×) 가연성 가스를 공기 중에서 연소시킬 때 공기 중의 산소농도가 증가하면 발화점은 낮아진다.

㉣ (×) 가연성 가스를 공기 중에서 연소시킬 때 공기 중의 산소농도가 증가하면 폭발범위는 넓어진다.

| SUMMARY | 불완전연소의 원인과 연소온도에 영향을 미치는 요인

- **불완전연소의 원인**
  - 가스의 조성이 균일하지 않을 때
  - 공기(산소)의 공급량이 원활하지 않을 때
  - 주위의 온도가 너무 낮을 때
  - 환기 또는 배기가 잘 되지 않을 때
  - 노즐이 막혀 분무상태가 나쁘거나 연료가 너무 많아 불안정할 때
- **연소온도에 영향을 미치는 요인**
  - 가연물의 온도, 압력, 촉매
  - 산화반응 속도
  - 산소의 농도에 따라 가연물과 접촉하는 속도

15 ②

| 연소이론 > 연기 및 화염 > 시안화수소 | 오답률 12.7% |

| 출제이력 | 2018 하(유사), 2017 상(유사)

| LINK | 소방기본서 소방학개론 p. 71

② (○) 시안화수소(HCN; Hydrogen Cyanide)에 대한 설명이다.

- 동물 털의 불완전연소, 인조견 등의 직물류, 목재, 종이, 폴리우레탄 등이 탈 때 극미량 발생하는 수용성, 맹독의 무색 기체로 속칭 청산이라고 불린다.
- 특이한 냄새가 난다.
- 수용액은 시안화수소산으로, 녹는점 −13.3℃, 끓는점 26℃, 비중 0.697(15℃)이다.
- 점화를 하면 핑크색 불꽃을 내면서 탄다.
- 물·에탄올·에테르 등과 임의의 비율로 섞이며, 수용액은 약산의 성질을 보인다.
- 100ppm 이상에서 사람이 흡입하면 정신경련, 호흡, 심박동정지로 약 30분~1시간 내에 위독한 상태에 이르거나 사망한다. 따라서 미국·영국·일본과 같은 나라에서는 공기 중 농도를 10ppm으로 규제하고 있다.
- 시안화칼륨이나 시안화칼슘을 산과 반응시키면 발생하며, 공업적으로는 탄화수소, 암모니아 및 산소를 함께 연소하여 만든다.

16 ③

| 소화이론 > 소화약제 > 불활성기체 소화약제 | 오답률 16.1% |

| 출제이력 | 신규출제

| LINK | 소방기본서 소방학개론 p. 210

③ (×) N_2(질소) 52%, Ar(아르곤) 40%, CO_2(이산화탄소) 8%이다.

| SUMMARY | 소화약제의 종류

소화약제 표기	화학식	농도
불연성불활성기체 혼합가스 (IG−01)	Ar(아르곤): 99.9% 이상	43%
불연성불활성기체 혼합가스 (IG−100)	N_2(질소): 99.9% 이상	43%
불연성불활성기체 혼합가스 (IG−55)	N_2(질소): 50%, Ar(아르곤): 50%	43%
불연성불활성기체 혼합가스 (IG−541)	N_2(질소): 52%, Ar(아르곤): 40%, CO_2(이산화탄소): 8%	43%

| SUMMARY | 할로겐화합물 및 불활성기체 소화약제

- 할로겐화합물 및 불활성기체로서 비전도성이다.
- 휘발성이 있거나 증발 후 잔여물이 없으며 오존층을 보호하기 위한 친환경 소화약제이다.
- 헬륨, 네온, 아르곤, 질소 중 하나 이상의 원소를 기본성분으로 한다.

17 ④

| 소화이론 > 소방시설 > 스프링클러설비 | 오답률 **29.0%** |

| 출제이력 | 2017 상(유사)

| LINK | 소방기본서 소방학개론 p. 231~243

④ (○) 스프링클러설비 중 감지기와 연동하여 작동하는 것은 ⓒ, ⓔ, ⓜ 이다. 아래 비교표에서 보듯이 감지기와 연동하여 작동하는 설비는 준비작동식 설비(ⓒ), 일제살수식 설비(ⓔ), 부압식 설비(ⓜ)이다.

구분	유수검지장치	배관(2차 측)	헤드	감지기 연동 여부
습식	알람체크밸브	가압수	폐쇄형 헤드	×
건식	건식 밸브	압축공기·질소가스	폐쇄형 헤드	×
준비작동식	준비작동식 밸브	대기압·저압	폐쇄형 헤드	○
일제살수식	일제개방밸브	대기압	개방형 헤드	○
부압식	준비작동식 밸브	소화수	폐쇄형 헤드	○

| SUMMARY | 부압식 스프링클러설비

부압식 스프링클러설비는 출시된 지 얼마 되지 않았고 아직 현장에 많이 적용되지 않은 설비이기 때문에 생소할 것이다. 간단히 요약하면, 부압식 설비란 스프링클러설비 2차 측 배관에 소화수가 충수되어 있으며 그 충수된 2차 측 배관 내부의 압력상태를 부압(진공)으로 유지하는 설비이다.

18 ③

| 소방화학 > 소방화학의 기초이론 > 완전연소반응식 | 오답률 **27.0%** |

| 출제이력 | 2022, 2021, 2018 상, 2017 하

| LINK | 소방기본서 소방학개론 p. 23, 40

③ (○) 탄화수소계 가연성 가스 완전연소반응식은 다음과 같다.

$$CmHn + \left(m + \frac{n}{4}\right)O_2 \rightarrow mCO_2 + \frac{n}{2}H_2O$$

프로판(C_3H_8): $C_3H_8 + 5O_2 \rightarrow 3CO_2 + 4H_2O$
따라서 프로판을 완전연소하기 위하여는 $5m^3/mol$의 산소가 필요하다.

| SUMMARY | 프로판

- 분자식: C_3H_8
  - 무색무취의 기체(단, 가정용은 착취됨)
  - $-10℃$에서 6~7kg/cm² 액화되어 용접용기에 충전된다.
  - 누설 시 기체상태로 250배 팽창한다.

- 분자량: $C_3H_8 = 44g$
- 비중: 기체 1.5(공기 = 1), 액체 0.5
- 자연발화점: 500℃
- 연소 범위: 2.1~9.5%(공기와 혼합된 경우)
- 연소 특성: LPG를 완전연소시키기 위해서 프로판은 5배, 부탄은 6.5배의 산소가 필요하다. 연소범위는 프로판은 2.1~9.5%, 부탄은 1.8~8.4% 정도로 좁지만, 착화(발화)온도는 다른 연료에 비해 현저히 높으며, 발열량이 크고 연소속도가 느리다. 연소속도는 가스의 종류, 공기 혼합비, 온도, 압력 등의 영향에 따라 달라지만 고온·고압일수록 그 속도가 빨라지는 특성이 있다.

| SUMMARY | 액화석유가스(LPG - 가연성 가스)

- 프로판과 부탄을 주성분으로 하는 탄화수소계 연료이다.
- 비교적 낮은 압력에서 액화되어 저장과 운송이 편리하다.
- 가정용 취사, 난방, 운송연료로 쓰이며, 에어로졸 스프레이의 분사제, 냉각기의 냉매로도 사용된다.
- 연간 3억톤이 생산된다.
- 액화석유가스보다 가벼운 메테인을 주성분으로 하는 탄화수소 연료는 천연가스로 분류한다.

19 ④

| 화재이론 > 화재조사 > 긴급상황보고 | 오답률 **14.3%** |

| 출제이력 | 2021(유사)

| LINK | 소방기본서 소방학개론 p. 171

④ (×) 이재민이 100명 이상 발생한 화재의 경우에 소방본부 종합상황실이 소방청의 종합상황실에 보고해야 한다(「소방기본법 시행규칙」 제3조 제2항 제1호).

20 ①

| 연소이론 > 연소 개요 등 > 인화점 | 오답률 **14.3%** |

| 출제이력 | 2022(유사)

| LINK | 소방기본서 소방학개론 p. 47~48

① (○) 가연성 증기를 발생시키는 액체 또는 고체가 공기 중에서 점화원에 의해 표면 부근에 불이 옮겨붙는 데 충분한 농도의 증기를 발생시키는 최저온도를 인화점이라 한다. 즉, 인화점이란 가연성 액체 또는 고체가 공기 중에서 생성한 가연성 증기가 폭발(연소) 범위의 하한농도에 도달할 때의 최저온도를 말한다. 인화점은 인화성 물질의 위험성을 판단하는 척도가 된다.

② (×) 증기가 발생하기 시작하는 최저온도는 비점이다.

③ (×) 물질이 자체의 열만으로 착화하는 최저온도는 발화점이다.

④ (×) 발생한 화염이 지속적으로 연소하는 최저온도는 연소점이다.

2018 | 하반기 소방학개론 A형

2018년 하반기 시험의 특징은 위험물시설과 소화약제에 관한 출제가 늘어난 반면, 소방에서 가장 많이 활동하는 구조·구급에 대한 문항이 전혀 출제되지 않았다는 점이다. 전반적으로 문항 난이도는 무난한 편이었으며, 소방학개론 교재 등에서 흔히 접할 수 있는 내용이었다. 자연발화가 되기 쉬운 가연물의 조건, 화재원인조사의 범위 등을 묻는 문항은 다소 쉽게 풀이할 수 있었을 것이다.

문항분석

문항	정답	오답률	영역
1	④	3.3%	소방조직론 > 소방조직 > 소방의 발전과정
2	④	25.0%	소방조직론 > 소방조직 > 민간소방조직
3	②	16.4%	소방조직론 > 소방기능 > 소방신호
오답률 TOP3 4	①	27.9%	화재이론 > 위험물 화재의 성상 > 제5류 위험물
5	②	15.0%	재난관리론 > 재난 및 재난관리 > 재난관리의 단계별 활동사항
6	④	21.7%	재난관리론 > 우리나라의 재난관리 > 특별재난지역 선포
7	①	3.3%	연소이론 > 연소 개요 등 > 표면연소
8	③	13.1%	연소이론 > 연소 개요 등 > 자연발화
9	②	9.8%	연소이론 > 연기 및 화염 > 암모니아
10	①	4.9%	연소이론 > 연기 및 화염 > 열 전달
11	④	11.5%	연소이론 > 폭발론 > 폭발
12	③	11.5%	화재이론 > 화재 개요 등 > 화재별 소화약제의 적응성
13	①	26.2%	화재이론 > 위험물 화재의 성상 > 제2류 위험물
오답률 TOP1 14	②	31.1%	화재이론 > 위험물 화재의 성상 > 제1류 위험물
15	①	3.3%	화재이론 > 화재조사 > 화재원인조사
16	②	4.9%	소화이론 > 소화원리 > 질식소화
오답률 TOP2 17	①	31.1%	소화이론 > 소화원리 > 제3종 분말 소화약제
18	②	16.7%	소화이론 > 소방시설 > 폐쇄형 스프링클러설비
19	①	27.9%	소화이론 > 소방시설 > 포 소화약제의 혼합방식
20	③	16.7%	소화이론 > 소방시설 > 열감지기

영역별 평균 오답률

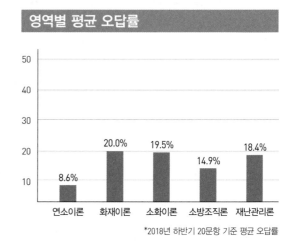

*2018년 하반기 20문항 기준 평균 오답률

출제 트렌드

구분	소방화학	연소이론	화재이론	소화이론	소방조직론	재난관리론
2022	1문항	5문항	6문항	5문항	0문항	3문항
2021	1문항	5문항	4문항	5문항	2문항	3문항
2020	0문항	4문항	6문항	5문항	2문항	3문항
2018 하	0문항	5문항	5문항	5문항	3문항	2문항

소방화학 문제가 출제되진 않았으나 영역별로 고르게 출제

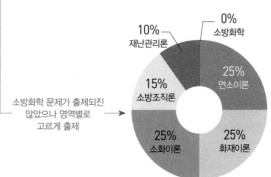

01 ④

| 출제이력 | 2021, 2020, 2019, 2018 상, 2017 상(유사)

| LINK | 소방기본서 소방학개론 p. 325~327

① (○) 우리나라 최초의 소방관서인 금화도감은 1426년 세종 8년에 설치되었다.

② (○) 우리나라 최초의 소방서는 일제강점기인 1925년에 설치된 경성소방서이다.

③ (○) '소방'이라는 용어는 1895년에 처음 사용하였다.

④ (×) 소방본부는 <u>1972년</u>에 서울과 부산에 <u>최초로</u> 설치되었다.

| SUMMARY | 우리나라 소방의 발전과정

- **조선시대**
  - 조선시대에는 기본 법전인 『경국대전』의 편찬으로 금화법령이 제정되어 금화관서가 설치되었다. 금화(禁火)는 병조, 의금부, 형조, 한성부, 수성금화사 및 5부의 숙식하는 관원이 행순(行巡)하여 화재를 단속하는 일을 말한다. 여기서는 화재 시 타종, 구화폐 발급, 화재 감시, 순찰 경계, 구화시설(救火施設) 등을 정하였다.
  - 세종 7년(1425년)에 종로 인경각 근처에서 큰 화재가 발생하였는데, 세종 8년(1426.2.15.)에 계속되는 화재를 계기로 이조에서 건의하여 금화도감(禁火都監)이 설치되었다.
  - 금화도감은 오늘날과 같은 상비소방제도는 아니지만 화재를 방비(防備)할 독자적인 소방 관리부서로서 우리나라 최초의 소방관서이다. 그러나 세종 8년(1426년)에 공조에 속한 성문도감과 병조에 속한 금화도감이 운영상 폐단이 생겨 두 기관을 합병하여 공조에 속하는 수성금화도감으로 개편하였다.
  - 수성금화도감은 성을 수리하고, 화재를 금하고, 하천을 소통시키고, 길과 다리를 수리하는 일을 맡아보았다. 세조 6년(1460년) 5월에 기구를 개편하고 관원 수를 줄이게 되어 수성금화도감이 한성부에 합병되면서 우리나라 최초의 소방관서인 금화도감은 34년 만에 폐지되었다.
- **일제시대(1919~1945년)**
  - 소방조 및 민간소방대를 조직하였다(우리나라 소방조직의 모체).
  - 1894년 갑오개혁을 통하여 개화를 추진하는 과정에서 한성 5부의 경찰사무를 관장하는 경무청에 화재에 관한 사무를 관장하도록 하였고, 1925년 경성소방서(현 종로소방서)가 개서하였다.
- **'소방'이라는 용어의 사용:** 1895년 4월 29일 경무청 직제를 제정하면서 그 소속인 총무국에서 수화·소방에 관하는 사항을 분장하도록 하였으며, 이때 만들어진 경무청 처리세칙에서 '수화·소방은 난파선 및 출화·홍수 등에 계하는 구호에 관한 사항'으로 성격지었는데, 여기에서 '소방'이라는 용어가 역사상 처음 쓰이게 되었다.
- **소방본부 설치시기:** 소방본부는 1972년에 서울과 부산에 처음 설치되었다.
- **소방조직의 변천 과정**

조선(세종 8년) ~ 한말	1426.08.	수성금화도감(공조)
	1895.	총무국(경무청)
	1910.	보안과 소방계(경무총감부)
	1925.	경성소방서(현 종로소방서) 설치

⇩

과도기

미군정 시대 (1946~1948) 자치소방 체계	1947.	중앙: 소방위원회(소방청), 지방: 도 소방위원회(지방소방청), 시·읍·면: 소방부
국가 + 자치소방	1972.	서울과 부산에 최초의 소방본부 설치
	1978.03.	「소방공무원법」 제정(신분: 소방공무원)
	1978.07.	소방학교 설치(1995 중앙소방학교로 개칭)
	1983.	119 구급대 설치
	1989.	구조대 설치

⇩

정착기

1992~2003 시·도 광역자치소방	1992.04.	모든 시·도 소방본부 설치
	1995.01.	소방공무원의 신분을 시·도 지방직으로 전환
	1995.10.	중앙 119 구조대 직제 공포
	2003.05.	「소방공무원법」 등 4개 법률 제정(4분법)

⇩

성장기(준 독립체제)

2004~현재 소방방재청체제 (불완전 독립)	2004.06.01.	소방방재청 개청
	2008.03.	소방방재청장(소방총감으로 임명)
	2008.06.	기구조정(1실 1관 3국 21과 2팀), 545명 중 본청 343명(소속기관 202명)

02 ④

| 출제이력 | 신규출제

| LINK | 소방기본서 소방학개론 p. 331~334

④ (×) 제4류 위험물을 저장·취급하는 제조소에 반드시 자체소방대를 설치할 필요는 없고, 지정수량 3,000배 이상인 제조소 또는 일반취급소, 그리고 지정수량 50만배 이상을 저장하는 옥외탱크 저장소에 자체소방대를 설치한다.

| SUMMARY | 민간소방조직

1. **종류:** 민간소방조직에는 의용소방대, 자체소방대, 위험물안전관리자, 소방안전관리자, 소방안전관리보조자, 자위소방대, 민간민방위대 등이 있다.
   - **의용소방대(義勇消防隊):** 소방본부장, 소방서장(즉, 소방관을 지칭함)의 소방업무를 보조하게 하기 위하여 시·도 및 시·읍·면에 두며, 그 지역의 희망주민으로 구성하여 비상근(화재발생 등 필요시에만 출근)으로 근무하는 민간조직의 소방대원을 말한다. 무보수 봉사단체가 아니라 비용을 지급받는다.
   - **자체소방대(自體消防隊):** 화재발생 시 소방대원이 도착하기 전에 화재를 진압하는 민간소방대를 말한다. 자체소방대는 제4류 위험물(휘발유 등 인화성 액체)의 지정수량 3,000배 이상을 저장·취급하는 제조소 또는 일반취급소에 설치한다(예 화재발생 시 정유공장 등에서 불을 끄는 직원).
   - **위험물안전관리자, 소방안전관리자, 자위소방대**
     - 위험물안전관리자는 제4류 위험물의 지정수량에 관계없이 '위험물제조소 등(예 주유소)'의 화재를 상시 방어하기 위한 사람이다(자격증이 있음).
     - 소방안전관리자는 소방시설이 설치되어 있는 특정소방대상물 중 소방안전관리대상물(예 일반건축물 혹은 가스충전소)에 상시 소방안전관리를 하는 사람이다(자격증이 있음).

– 자위소방대는 화재 시 소방대원이 도착하기 전에 피난유도 및 초기소화 등을 하며, 재난을 대비하여 일정규모 이상의 소방대상물에 상시 근무하는 사람(예 겸직된 일반 업무직원)이다.

2. 민간소방조직의 비교

의용소방대	소방의 요청에 의하여 필요시 화재현장 등에서 소방활동을 보조하기 위한 주민들
자체소방대	정유공장 등의 화재 시 소방대가 도착하기 전에 소방활동(소화, 피난유도 등)을 하는 직원
위험물안전관리자	제4류 인화성 액체를 취급하는 주유소 등에서 위험물의 안전관리를 하는 사람
소방안전관리자	일정규모 이상 특정소방대상물에서 평상시 안전관리를 하는 사람
자위소방대	화재 시 소방대가 도착하기 전에 소방활동(소화, 피난유도 등)을 하는 직원

03 ②

소방조직론 > 소방기능 > 소방신호	오답률 16.4%

| 출제이력 | 신규출제

| LINK | 소방기본서 소방학개론 p. 345

② (○) 화재예방, 소방활동 또는 소방훈련을 위하여 사용되는 소방신호에 해당하는 것은 경계신호이다. 화재예방, 소방활동, 소방훈련을 위하여 사용되는 소방신호에는 경계신호, 발화신호, 해제신호, 훈련신호가 있다(「소방기본법 시행규칙」 제10조 및 별표 4).

04 ①

TOP3

화재이론 > 위험물 화재의 성상 > 제5류 위험물	오답률 27.9%

| 출제이력 | 2021(유사), 2018 상(유사)

| LINK | 소방기본서 소방학개론 p. 146

① (×) 제5류 위험물은 자기반응성 물질로, 외부로부터 산소가 공급되지 않아도 가열·충격 등에 의해 연소폭발을 일으킬 수 있다. 따라서 외부로부터 산소 유입을 차단하는 것이 아니라, 다량의 주수에 의한 냉각소화가 효과적이다. 제5류 위험물은 자체에 산소를 함유하고 있어 질식소화는 효과가 없다.

②, ③, ④ (○) 화재 초기에는 다량의 물로 냉각소화하는 것이 효과적이고, 폭발의 위험이 있으므로 안전거리를 확보하여야 한다. 또한 밀폐된 공간에서의 화재 시에는 공기호흡기를 착용하여 유독가스에 주의해야 한다.

| SUMMARY | 제5류 위험물의 소화대책 및 방법

• 소화대책
– 일반적으로 연소는 폭발적이고 연소속도가 극히 빠르다.
– 자기연소성 물질이기 때문에 이산화탄소·분말·할론·포 소화약제 등에 의한 질식소화는 효과가 없으며, 초기에는 다량의 물로 냉각소화하는 것이 적당하다.
– 화재진압 시에는 충분한 안전거리를 유지하고, 접근 시에는 엄폐물을 이용하며, 방수 시에는 무인방수포 등을 이용한다.

– 밀폐된 공간 내에서 화재발생 시에는 반드시 공기호흡기를 착용하여 유독가스에 주의해야 한다.

• 소화방법
– 질식소화는 효과가 없다. 산소가 함유된 자기연소성 물질인 유기과산화물, 질산에스테르류, 니트로화합물, 니트로소화합물에는 더욱 효과가 없으며, 특히 분말, CO_2, 할로겐화합물 소화약제는 소화에 적응하지 않는 소화약제이므로 사용해서는 안 된다.
– 산소를 함유하지 않아 자체 산소공급원이 안 되는 아조화합물, 디아조화합물, 히드라진 유도체도 사용해서는 안 된다.
– 일반적으로 다량의 주수에 의한 냉각소화가 양호하다. 액상인 것은 일부 마른 모래나 분말로 소화할 수 있고, 화재 초기 또는 소량화재인 경우 화염제거를 위해 분말로 소화할 수 있으나 결국 최종적으로는 다량의 물로 냉각소화하여야 한다.
– 화재 시 분해생성가스나 연소생성가스가 많이 발생할 뿐만 아니라 유독성 가스가 포함되어 있으므로 공기호흡기 등의 보호장비 착용을 의무화하고, 바람의 위쪽에서 소화작업을 하여야 한다.

05 ②

재난관리론 > 재난 및 재난관리 > 재난관리의 단계별 활동사항	오답률 15.0%

| 출제이력 | 2022(유사), 2021(유사), 2020(유사), 2017 하

| LINK | 소방기본서 소방학개론 p. 378~379

② (○) 재난관리의 단계별 주요 활동 중 긴급통신수단의 구축은 재난의 대비단계에 해야 할 활동이다. 준비(대비)단계는 예방 및 완화단계의 제반활동에도 불구하고 재난발생 확률이 높아진 경우, 재해발생 후에 효과적으로 대응할 수 있도록 비상방송 시스템 구축 등 운영적인 장치들을 준비하는 단계이다. 긴급통신수단 구축 외에도 재난대비비상계획과 훈련, 협조체제의 구축, 대응능력의 향상 등의 활동을 한다.

| SUMMARY | 재난관리의 단계별 주요 활동

• 재난의 대비(「재난 및 안전관리 기본법」 제5장)
– 재난관리자원의 비축·관리
– 재난관리자원공동활용시스템
– 재난현장 긴급통신수단의 마련
– 국가재난관리기준의 제정·운영
– 재난분야 위기관리 매뉴얼 작성·운영
– 재난대비 훈련

• 재난관리 단계별 활동내용

구분	재난관리활동의 내용
예방 및 완화단계	위험성 분석 및 위험지도 작성, 「건축법」 정비·제정, 재해보험, 토지이용관리, 안전관련법 제정, 조세유도
준비(대비)단계	재난대응계획, 비상경보체계 구축, 통합대응체계 구축, 비상통신망 구축, 대응자원 준비, 교육훈련 및 연습
대응단계	재난관리계획의 시행, 재해의 긴급관리와 수습, 인명구조활동 전개, 응급의료체계 운영, 환자의 수용과 후송, 의약품 및 생필품 제공 등
복구단계	잔해물 제거, 전염병 예방 및 방역활동, 이재민 지원, 임시주거지 마련, 시설복구 및 피해보상 등

06 ④

| 재난관리론 > 우리나라의 재난관리 > 특별재난지역 선포 | 오답률 21.7% |

| **출제이력** | 2021, 2017 상(유사)

| **LINK** | 소방기본서 소방학개론 p. 450

④ (O) (⊙ 중앙재난안전대책본부장)은 특별조치가 필요하거나 지역대책본부장의 요청이 타당하다고 인정하는 경우에는 (ⓒ 중앙안전관리위원회)의 심의를 거쳐 해당 지역을 특별재난지역으로 선포할 것을 대통령에게 건의할 수 있다(「재난 및 안전관리 기본법」 제60조 제1항).

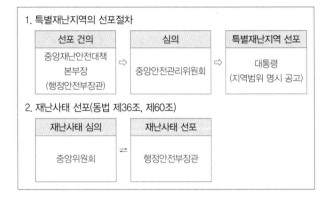

1. 특별재난지역의 선포절차

선포 건의		심의		특별재난지역 선포
중앙재난안전대책본부장 (행정안전부장관)	⇨	중앙안전관리위원회	⇨	대통령 (지역범위 명시 공고)

2. 재난사태 선포(동법 제36조, 제60조)

재난사태 심의		재난사태 선포
중앙위원회	⇄	행정안전부장관

07 ①

| 연소이론 > 연소 개요 등 > 표면연소 | 오답률 3.3% |

| **출제이력** | 신규출제

| **LINK** | 소방기본서 소방학개론 p. 58

⊙, ⓒ, ⓒ (O) 표면연소에 해당한다.

- 표면연소(Surface Combustion)란 숯, 코크스, 목탄, 금속분 등이 열분해에 의하여 가연성 가스를 발생하지 않고 그 물질 자체가 연소하는 현상을 말한다. 연소반응이 고체의 표면에서 직접 이루어지는 연소현상으로서 직접연소라고도 부른다.
- 표면연소는 불꽃연소에 비하여 반응속도가 느리므로 발생되는 연소열량도 불꽃연소에 비하여 적다. 연소속도는 산소(공기)의 공급 및 가연물의 표면적에 영향을 받으므로 연소생성물 층이 생기는 표면연소(작열연소, 응축연소)의 경우에는 그 반응속도가 느리다.
- 숯이나 코크스 같은 고체가 연소할 때 불꽃 없이 표면만 타 들어가는 현상을 볼 수 있는데, 이를 표면연소 또는 무염연소(無炎燃燒)라고 한다. 이와 같은 현상은 나무와 같은 가연물의 연소 말기에도 관찰된다.
- 표면연소는 휘발성이 없는 고체가연물이 열분해에 의한 가연성 가스를 발생하지 않고 고온 시 표면에 공기가 접촉해 그 자체가 불꽃 없이 연소하는 현상으로서, 가연물이 열분해나 증발을 하지 않고 물질 자체가 산소를 만나 일산화탄소가 연소하는 직접연소이다. 즉, 이미 분해한 후 표면에서 공기 중 산소와 접촉함으로써 CO가 타는 것이다.

ⓔ (×) 플라스틱은 표면연소가 아니라 분해연소에 해당한다.

08 ③

| 연소이론 > 연소 개요 등 > 자연발화 | 오답률 13.1% |

| **출제이력** | 2022(유사), 2017 상(유사), 2016(유사)

| **LINK** | 소방기본서 소방학개론 p. 63

①, ②, ④ (×) 주위 온도가 높고, 발열량이 많으며, 고온다습하고, 비표면적이 크면 자연발화하기 쉽다.

③ (O) 물질이 공기 중에서 발화온도보다 낮은 온도에서 스스로 열을 만들고, 장시간 열이 축적되는 환경에서 발화점에 도달하여 연소에 이르는 현상을 자연발화라고 한다. 열전도율이 낮으면 자연발화가 되기 쉽다.

| **SUMMARY** | 자연발화

- **의의**: 물질이 공기 중에서 발화온도보다 낮은 온도에서 스스로 발열하고, 그 열이 장시간 축적되어 그 물질의 발화점에 도달하면서 연소에 이르는 현상을 말한다. 즉, 외부에서 인위적인 에너지 공급 없이 물질 스스로 서서히 산화·분해되면서 발생된 열을 축적하여 발화점에 이르게 되면 연소하는 현상이다.
- **원인과 대표물질**: 자연발화의 원인은 공기 중에서 산화에 의한 것, 수분과의 반응에 의한 것, 혼합접촉에 의한 발열에 의한 것, 분해열에 의한 것 등이 있다. 황린은 대표적으로 자연발화성이 큰 물질로, 주위온도가 30℃ 이상이면 자연발화가 된다.
- **영향을 주는 요인**: 열의 축적이 용이해야 하고 실내의 공기 유통이 어려워야 하며, 수분이 적당해야 한다(밀폐되어 고온다습한 곳, 즉 실내가 후덥지근하며 온도가 상승할수록 자연발화가 잘 됨).
- **조건**: 열전도율이 낮고, 주위 온도는 높고, 발열량이 많으며, 고온다습해야 하고, 비표면적이 커야 한다.
- **방지대책**
  - 저장실의 온도를 낮추고, 통풍이 잘 되게 할 것
  - 습도가 높은 곳을 피할 것
  - 퇴적수납 시 열 축적이 용이하지 않도록 열을 분산시킬 것
  - 발열반응에 정촉매작용을 하는 물질을 피할 것

09 ②

| 연소이론 > 연기 및 화염 > 암모니아 | 오답률 9.8% |

| **출제이력** | 2019(유사), 2017 상(유사)

| **LINK** | 소방기본서 소방학개론 p. 71

② (O) 암모니아(NH₃)는 질소함유물인 수지류, 나무 등이 탈 때 악취가 나는 무색 기체로서 눈, 코, 폐에 자극이 크다. 냉동공장 등에서 온도를 낮추는 가스, 즉 냉동시설의 냉매로 쓰인다.

- 질소(N_2) 함유물인 천연섬유, 멜라닌수지 등의 연소 시 발생하며, 상·공업용 냉동시설의 냉매로 널리 사용되기 때문에 이런 시설의 화재 시 암모니아가 발생할 수 있다.
- 암모니아는 눈·코·인후 및 폐에 매우 자극이 큰 유독성 가스로, 역겨운 냄새가 나기 때문에 본능적으로 피하게 된다. 대체로 0.25~0.65%의 농도에서 30분 정도 노출되면 사망할 수 있다.
- 암모니아의 허용농도는 25ppm이다.

10 ①

| 연소이론 > 연기 및 화염 > 열 전달 | 오답률 **4.9%** |

| 출제이력 | 신규출제

| LINK | 소방기본서 소방학개론 p. 77~79

㉠ 전도는 열을 전달하는 방법 중 가장 대표적인 것으로, 각각의 물체가 직접 접촉하여 열이 전달되는 현상이며 기체보다 고체의 열전도율이 더 높다. 예를 들면, 연탄불에 쇠로 된 젓가락을 접촉하거나 뜨거운 커피잔에 스푼을 넣고 저으면 뜨거운 열이 젓가락이나 스푼에 전달되는 현상이 전도이다.

㉡ 대류는 기체나 액체 간에 유체가 직접 이동하면서 열을 전달하는 현상으로, 뜨거워진 공기가 열에 의한 부피팽창으로 가벼워져 상부로 이동하는 현상이다. 예를 들면, 실내에서 난로를 피우면 따뜻해진 공기가 상승하는 현상이 대류이다.

| SUMMARY | 열의 전달(이동)

> **• 전도(Conduction)**
> - 각각의 물체가 직접 접촉하여 열이 전달되는 분자(물질) 충돌 현상으로, 기체보다 고체의 열전도율이 높다.
> - 전도는 물체의 온도 차이에 의한 열의 이동이다. 즉, 화염으로 데워진 고온 측에서 다른 저온 측으로 열이 이동하는 현상이다. 화재 시 가열된 공기는 금속관, 전선, 금속덕트 등 열을 잘 전도시키는 물질을 통하여 이동한다.
>
> **• 대류(Convection)**
> - 공기의 운동이나 유체의 흐름으로 열이 이동하는 것을 말한다. 즉, 기체나 액체의 온도가 다를 때 물질의 순환운동에 따라 유체(열)가 이동하는 현상으로, 공기가 열에 의해 뜨거워지면 가벼운 공기(밀도가 작은 공기)는 상부로 올라가고 천장 등에 체류하는 무거운 공기(밀도가 큰 공기)는 아래로 내려오는 열교환 현상이다.
> - 대류는 고층건축물의 대형화재 시 상층으로 화염이 확산되는 원인이 되기도 하며, 옥외화재에서는 화재폭풍을 형성하기도 한다.
> - 화재발생 시 가열된 공기는 팽창하여 부력에 의해 상승하며 창문이나 덕트 댐퍼 등에 압력을 가하여 개구부 등으로 빠져 나간다. 건물화재 시 불꽃이 벽에 직접 닿거나 화재로 인한 고온의 열기류가 벽을 따라서 상승할 때 등 고온의 기체가 이동하여 벽이나 천장에 열을 주는 경우도 대류 현상이다.

11 ④

| 연소이론 > 폭발론 > 폭발 | 오답률 **11.5%** |

| 출제이력 | 신규출제

| LINK | 소방기본서 소방학개론 p. 83~84

① (×) 가스폭발: 메탄(CH_4), 수소(H_2), 아세틸렌(C_2H_2), 프로판(C_3H_8), 일산화탄소(CO) 등의 가연성 가스와 지연성 가스와의 혼합기체에 의한 폭발현상을 말한다.

② (×) 분무폭발: 공기 중에 분출된 가연성 액체의 미세한 액적이 무상으로 되어 공기 중에 부유하고 있을 때 발생하는 폭발현상을 말한다.

③ (×) 분해폭발: 가스폭발의 특수한 경우로서 분해폭발을 일으키는 가스를 분해 폭발성 가스라고 부르고 있으나, 대부분이 가연성 가스로서 공기가 혼재할 경우에는 가스폭발의 위험도 겸하여 나타난다.

④ (○) 분진폭발: 미분탄, 소맥분, 플라스틱의 분말, 금속분 같은 가연성 고체가 미분말 상태로 공기 중에 부유(현탁)하여 있을 때 발생하는 폭발현상이다.

| SUMMARY | 분진폭발

> 1. **의의**: 미분탄, 소맥분, 플라스틱의 분말 같은 가연성 고체가 미분말 상태로 공기 중에 부유하고 있을 때에 어떤 점화원에 의해 에너지가 주어지면 폭발하는 현상을 말한다.
> 2. **원인**
>   • 가연성 고체의 미분 또는 가연성 액체의 안개모양 방울이 어떤 농도 이상으로 공기 등 지연성 가스 중에 분산된 상태에 놓여 있을 때에는 폭발성 혼합기체와 같이 에너지를 줌으로써 폭발하게 된다.
>   • 분말상태로 된 석탄분은 공기 중에 일정량 존재하게 되면 분진폭발을 일으키며, 목재분·전분·알루미늄분 등도 적당한 비율로 공기 중에 부유하여 있을 때 점화원에 의해서 분진폭발을 일으킨다.
> 3. **조건(고체)**: 가연성 미분상태, 점화원 존재, 공기 중 교반운동, 폭발범위 이내일 것
> 4. **영향을 주는 요소**: 산소농도, 수분, 화학적 성분과 반응성, 가스, 입도와 입도분포, 입자의 표면상태와 형상 등
> 5. **가스폭발과 분진폭발의 비교**
>
> | 가스폭발 | 1차 폭발에 한하며, 최초폭발·연소속도·폭발압력이 큼(가스폭발압력이 큼) |
> |---|---|
> | 분진폭발 | • 2·3차 폭발이 있으며, 발화에너지·CO 발생률·파괴력이 큼(물체 파괴력이 큼)
• 폭발의 방출에너지를 최고치에서 비교하면 분진폭발은 가스폭발의 약 2배가 됨 |

12 ③

| 화재이론 > 화재 개요 등 > 화재별 소화약제의 적응성 | 오답률 **11.5%** |

| 출제이력 | 신규출제

| LINK | 소방기본서 소방학개론 p. 114

③ (○) 금속화재의 소화약제로 팽창질석이나 팽창진주암을 사용하면 적응성이 좋다.

> 1. **금속화재의 원인**
>   • 대부분의 금속가루는 연소열이 크거나 어떠한 조건만 갖추면 발화될 가능성이 크다. 금속이 가연물 주위에서 연소하기 쉬운 이유는 이온화 경향도 있지만 일반적으로 열전도율이 커서 열의 방출이 쉽기 때문이다. 덩어리 모양의 괴상(塊狀)은 연소하기 어렵지만 섬유질 모양, 가루형태로 많은 양이 모여 있으면 주변 공기가 단열효과를 내며 산소와 접촉하는 표면적을 크게 하여 비열이 감소하고 발열이 높아진다. 즉, 금속분은 작은 열로도 고온 열형성이 가능하며 스스로 자연발화하거나 접촉하고 있는 가연물을 연소시킨다.
>   • 제3류 위험물인 (금속)칼륨, (금속)나트륨, (금속)리튬 등이 물과 접촉하면 물과 격렬히 반응하여 발열하며, 가연성 수소가스를 발생한다.
> 2. **금속화재의 소화**
>   • D급 화재로서 물과 반응하면 수소(H_2), 아세틸렌(C_2H_2) 등 가연성 가스를 발생시킨다.
>   • 물과 반응하여 폭발성이 강한 가연성 가스를 발생시키므로 화재 시 수계 소화약제를 사용할 수 없다. 따라서 팽창질석, 팽창진주암, 마른 모래 등에 의한 질식소화를 한다.

- 알킬알루미늄 등과 같이 공기와 접촉하여 자연발화되는 것도 있고 칼륨, 나트륨 등은 물과 반응하면 폭발적인 반응을 하기 때문에 금속화재에 사용할 수 있는 소화약제는 화재초기에는 팽창질석, 팽창진주암 또는 마른모래, 금속화재용분말소화기 등을 사용하고, 본격 화재가 진행되면 주변연소를 방지하고 자연진화되도록 내버려둔다.

13 ①

화재이론 > 위험물 화재의 성상 > 제2류 위험물　　　오답률 26.2%

| 출제이력 | 2020(유사), 2018 상(유사), 2017(유사)

| LINK | 소방기본서 소방학개론 p. 140~143

① (×) 황린은 제3류 위험물 중 자연발화성 물질로서 상온에서 고체 상태이고 가연성으로 공기 중에서 자연발화의 위험성이 있어 물 속에 저장한다.

②, ③, ④ (○) 가연성 고체(환원성 물질)로 제2류 위험물이다.

| SUMMARY | 제2류 · 제3류 위험물

- 제2류 위험물(가연성 고체): 산소를 가까이 하며 착화 또는 인화되는 고체로서, 구체적으로는 다음과 같다.

구분	내용
성질	환원성 물질(가연성 고체)
종류	• 황화린, 적린, 유황 • 철분, 마그네슘, 금속분류 • 인화성 고체
특성	• 상온에서 고체 상태 • 연소속도가 대단히 빠름 • 산화제와 접촉하면 폭발할 수 있음 • 금속분류는 물과 접촉 시 발열 • 화재 시 유독가스가 많이 발생 • 비교적 낮은 온도에서 착화하기 쉬운 가연물

품명 및 지정수량(kg)	황화린, 적린, 유황	100kg
	철분, 마그네슘, 금속분	500kg
	인화성 고체	1,000kg

- 제3류 위험물(자연발화성 물질 및 금수성 물질): 공기 중에서 반응하여 발화하거나 물과 반응하여 가연성 가스를 발생하는 물질로서, 구체적으로는 다음과 같다.

구분	내용
성질	금수성 물질(자연발화성 물질)
종류	• 황린, 칼륨, 나트륨, 생석회 • 알킬리튬, 알킬알루미늄, 알칼리금속류, 금속칼슘, 탄화칼슘 • 금속인화물류, 금속수소화합물류, 유기금속화합물류
특성	• 상온에서 고체 상태 • 대부분 불연성 물질(단, 금속칼륨 · 금속나트륨은 가연성 물질) • 물과 접촉 시 발열 및 가연성 가스가 발생하며, 급격히 발화함

품명 및 지정수량(kg)	칼륨, 나트륨, 알킬알루미늄, 알킬리튬	10kg
	황린	20kg
	알칼리금속, 알칼리토금속, 유기금속화합물	50kg
	금속의 수소화물, 금속의 인화물, 칼슘 또는 알루미늄의 탄화물	300kg

14 ②

화재이론 > 위험물 화재의 성상 > 제1류 위험물　　　오답률 31.1%

| 출제이력 | 2020(유사), 2018 상(유사), 2017 하

| LINK | 소방기본서 소방학개론 p. 139~140

② (×) 제1류 위험물은 강력한 산화제이다.

| SUMMARY | 제1류 위험물의 일반적 성질

- 산화성 고체로서 산소를 함유하고 있는 강력한 산화제이다. 분해하여 산소를 방출하고, 자신은 불연성이지만 환원성 물질 또는 가연성 물질에 대하여 강한 산화성을 가진다. 즉, 다른 가연물의 연소를 돕는 지연성 물질이다.
- 모두 무기화합물이며, 대부분 무색 결정이거나 백색분말 상태이다.
- 가열, 충격, 마찰, 타격 등 약간의 기계적 에너지에 의해 분해반응이 개시되고, 이 반응이 연쇄적으로 확대 진행되는 한편, 다른 화학물질(정촉매)과의 접촉에 의해서도 분해가 촉진된다.
- 물에 대한 비중이 1보다 크며(물보다 무거움), 물에 녹는 것이 많고(수용성), 조해성이 있는 것도 있다. 수용액 상태에서도 산화성이 있다.
- 가열하여 용융된 진한 용액은 가연성 물질과 접촉 시 혼촉발화의 위험이 있다.
- 무기과산화물류는 물과 반응하여 산소를 발생하고 발열한다.

15 ①

화재이론 > 화재조사 > 화재원인조사　　　오답률 3.3%

| 출제이력 | 2022, 2020, 2018 상, 2017 하, 2016

| LINK | 소방기본서 소방학개론 p. 164

① (○) 「화재조사 및 보고규정」 제3조 제1호 화재원인조사에 따르면 ②, ③, ④는 화재원인조사 범위에 해당하지만 ①은 해당하지 않는다.

> 「화재조사 및 보고규정」 제3조 【조사구분 및 범위】 화재조사는 화재원인조사와 화재피해조사로 구분하고 그 범위는 다음 각 호와 같다.
> 1. 화재원인조사
> 가. 발화원인 조사: 발화지점, 발화열원, 발화요인, 최초착화물 및 발화관련기기 등
> 나. 발견, 통보 및 초기소화상황 조사: 발견경위, 통보 및 초기소화 등 일련의 행동과정
> 다. 연소상황 조사: 화재의 연소경로 및 연소확대물, 연소확대사유 등
> 라. 피난상황 조사: 피난경로, 피난상의 장애요인 등
> 마. 소방 · 방화시설 등 조사: 소방 · 방화시설의 활용 또는 작동 등의 상황

16 ②

소화이론 > 소화원리 > 질식소화	오답률 **4.9%**

| 출제이력 | 2021(유사), 2017 하, 2017 상

| LINK | 소방기본서 소방학개론 p. 192~193

② (○) 일반적으로 공기 중의 산소농도가 15% 이하인 경우 화염이 소멸되는데, 이와 같이 산소 공급원과 관련된 소화방법을 질식소화라 한다.

> 1. **질식소화의 개념**: 가연물이 연소하기 위해서는 반드시 산소가 필요하므로, 가연물 주위의 공기 중 산소공급을 차단하여(산소농도를 낮추어) 연소를 중지시키는 것을 질식소화라고 한다.
> 2. **질식소화의 방법**
>   - 연소현상은 산화반응이므로 산소의 공급이 차단되거나 감소하면 연소가 진행될 수 없다. 대개의 연소과정에서 가연물 주변의 산소농도가 15% 이하이면 화염은 소멸된다(일반적으로는 15% 이하이지만 어떤 고체는 6%, 아세틸렌의 경우 4%이면 소화 가능). 따라서 연소가 진행되는 곳으로의 지속적인 대기의 유입을 차단하거나 가연물 주변에 인위적 성분의 다른 기체를 발생시킴으로써 산소농도를 저하시켜 소화한다. 즉, 질식소화를 위한 대표적인 방법으로는 공기차단법과 희석법이 있다.
>   - 공기차단법은 화원이나 화염을 주위 공기로부터 차단하는 방법이며, 밀폐된 공간 속의 빠른 산소 소멸로 인한 소화효과를 기대한다. 초기화재 시 밀폐성 고체(예 수건, 담요, 이불 등) 또는 마른 모래 등을 화염 위에 덮는 방법은 가장 기본적인 예가 될 수 있고, 지하공간이나 밀폐성 실내화재 시 출입구와 개구부를 밀폐하여 소화하는 방법도 이에 해당한다. 화재진압현장에서 가장 효과적으로 사용되는 공기차단법은 거품(포)을 이용하는 방법이다. 유류화재 등의 현장에서 다양한 발포성 소화약제를 통해 발생시킨 거품으로 화염을 덮어주는 방법이다(예 거품(포), 무상(霧狀)주수, 분말·할로겐·CO₂ 소화설비로 연소물을 질식시키는 방법).
>   - 대부분의 소화약제는 모두 질식성이 있다. 다만, 물질에 따라 상대적으로 그 효과가 다를 뿐이다.
> 3. **질식효과(Smothering Effect)의 개념**: 공기 중의 산소 양을 감소시키거나 액체의 경우 산소 농도를 15% 이하로 낮추어서 소화하는 것

17 ①

TOP 2

소화이론 > 소화원리 > 제3종 분말 소화약제	오답률 **31.1%**

| 출제이력 | 2019(유사), 2017 상(유사)

| LINK | 소방기본서 소방학개론 p. 197

① (×) 백색으로 착색되어 있는 것은 제1종 분말 소화약제이다. 제3종 분말 소화약제는 담홍색이다.

| SUMMARY | 분말 소화약제

> - 화재 시 분말이 열을 만나면 열분해 반응에서 제1·2·3종은 H₂O가 생성되고, 제1·2·4종은 CO₂가 생성된다.

- 분말 소화약제의 종별 특징

구분	소화약제	착색	소화
제1종	중탄산나트륨	백색	B·C급
제2종	중탄산칼륨	담회색(담자색)	B·C급
제3종	제1인산암모늄	담홍색	A·B·C급
제4종	중탄산칼륨+요소	회색	B·C급

18 ②

소화이론 > 소방시설 > 폐쇄형 스프링클러설비	오답률 **16.7%**

| 출제이력 | 2017 상(유사)

| LINK | 소방기본서 소방학개론 p. 231~243

㉠, ㉡, ㉣ (○) 폐쇄형 스프링클러헤드를 사용하는 방식이다. 폐쇄형 스프링클러헤드란 정상상태에서 방수구를 막고 있는 감열체가 일정 온도에서 자동적으로 파괴, 용해 또는 이탈됨으로써 방수구가 개방되는 스프링클러헤드를 말한다.

㉢ (×) 일제살수식은 개방형이다.

| SUMMARY | 스프링클러설비

구분	습식	건식	준비작동식	일제살수식
2차 측	가압수	질소, 압축공기	대기압, 저압	대기압
헤드	폐쇄형(하향)	폐쇄형(상향)	폐쇄형(상향)	개방형(하향)
감지기	×	×	○	○
밸브 (유수검지)	알람체크	드라이	프리액션	델류지
특징	조기 동잔, 동파 우려	동파 방지, 지연 발생	동파방지, 수손피해 없음, 감지기 별도, 구조가 복잡	초기화재 신속 대처, 대량살수 수손피해

19 ①

소화이론 > 소방시설 > 포 소화약제의 혼합방식	오답률 **27.9%**

| 출제이력 | 2021, 2019

| LINK | 소방기본서 소방학개론 p. 249~250

① (○) 라인 프로포셔너 방식은 펌프와 발포기의 중간에 설치된 벤츄리 관의 벤츄리 작용에 의하여 포 소화약제를 흡입·혼합하는 방식으로, 소형이며 경제적이다.

> * 벤츄리 관: 유체의 속도 등을 측정하기 위해 축소시킨 관을 말한다. 벤츄리 작용을 활용하였다(포 흡입).

| SUMMARY | 포 소화약제의 혼합방식

> 공기포 소화약제는 비례혼합장치와 정량혼합장치가 있으며, 혼합하는 장치는 다음과 같다.

- **라인 프로포셔너 방식(Line Proportioner, 관로혼합장치)**: 펌프와 발포기의 중간에 설치된 벤츄리 관의 벤츄리 작용에 의하여 포 소화약제를 흡입·혼합하는 방식으로, 소형이며 경제적이다.
- **펌프 프로포셔너 방식(Pump Proportioner, 펌프혼합장치)**: 펌프와 토출관과 흡입관 사이의 배관 도중에 설치한 흡입기에 펌프에서 토출된 물의 일부를 보내고 농도조절밸브에서 조절된 포 소화약제의 필요량을 포 소화약제 탱크에서 펌프흡입 측으로 보내어 이를 혼합하는 방식이다.
- **프레셔 프로포셔너 방식(Pressure Proportioner)**: 펌프와 발포기의 중간에 설치된 벤츄리 관의 벤츄리 작용과 펌프 가압수의 포 소화약제 저장탱크에 대한 압력에 의하여 포 소화약제를 흡입·혼합하는 방식이다.
- **프레셔 사이드 프로포셔너 방식(Pressure Side Proportioner, 압입혼합장치)**: 펌프의 토출관에 압입기를 설치하여 포 소화약제 압입용 펌프와 포 소화약제를 압입시켜 혼합하는 방식으로, 수용액의 혼합비율이 가장 정밀하고 대형설비에 적용한다.
- **포혼합방식의 핵심**

라인	벤츄리 작용
프레셔	벤츄리 작용과 + 가입수
펌프	흡입기(역류 작용), 농도조절밸브
프레셔 사이드	압입기(2대의 펌프)

20 ③

소화이론 > 소방시설 > 열감지기	오답률 16.7%

| 출제이력 | 2017 하(유사)

| LINK | 소방기본서 소방학개론 p. 261

③ (×) 광전식은 연기감지기의 한 종류이다.

| SUMMARY | 열감지기

열감지기는 감지방식에 따라 차동식, 정온식, 보상식으로 나뉘며, 감지 범위에 따라 스포트형(spot)과 분포형으로 나뉜다. 그리고 감지소자에 따라 공기챔버, 바이메탈식, 반도체식, 공기관식, 열전대식, 열반도체식 등으로 나눌 수 있다.
- **보상식 스포트형 감지기**: 보상식 스포트형 감지기는 차동식 스포트형 감지기와 정온식 스포트형 감지기의 성능을 겸한 것이다.
- **차동식 분포형 감지기**
  - 주위온도가 일정상승률 이상이 되는 경우에 작동하는 것으로서 넓은 범위에서 열효과의 누적에 의하여 작동된다.
  - 두 가지의 성능 중 어느 한 기능이 작동되면 신호를 발하도록 되어 있는 감지기이다.
  - 차동식과 정온식은 화재 시 발생하는 열의 증감 형태에 따라 감지시기가 달라질 수 있다. 차동식은 화재 시 온도가 빠르게 증가하면 화재 초기에 화재를 감지할 수 있으나 온도가 빨리 증가하지 않는 지연화재의 경우에는 화재감지가 늦어질 수 있는 단점이 있다. 반면, 정온식 감지기는 일정한 온도가 되어야 감지하기 때문에 화재 초기에 감지하기가 어려운 단점이 있다.
- **정온식 열감지기**: 정온식 감지기는 주위온도가 일정한 온도 이상이 되는 경우에 작동하는 것으로, 외관이 전선으로 되어 있지 않은 스포트형과 외관이 전선으로 되어 있는 감지선형이 있다.

- **열·연기 감지기의 용도 비교**
  - **열감지기 용도**: 주로 8m 미만의 낮은 천장에 사용한다.

차동식 스포트형	주위온도가 일정 상승률 이상에서 작동 예 거실, 사무실 등
정온식 스포트형	주위온도가 일정 온도 이상에서 작동 예 보일러실, 주방 등
보상식 스포트형	차동식과 정온식의 2가지 성능을 함께 사용

  - **연기감지기 용도**: 20m 미만의 방송국 등 높은 천장 혹은 계단, 복도 등에 사용한다.

이온화식	스포트형
광전식	스포트형 분리형, 공기흡입형

2018 | 상반기 소방학개론

전반적으로 문항의 난이도는 무난한 편이었다. 연소방정식, 소방의 역사적 발전과정, 소방공무원의 징계, 연기에 대한 설명 등은 대학교 교재나 소방공무원 수험서 등에서 쉽게 접할 수 있는 내용이었으나, 연소가스에 대한 설명이나 방폭구조, 할로겐화합물 및 불활성기체 소화약제 IG-541에 대한 문항은 시험에 자주 출제되는 문항이 아니므로 다소 어려웠을 것이라 판단된다.

문항분석

문항	정답	오답률	영역
1	③	12.0%	화재이론 > 건축물 화재의 성상 > 화재가혹도
2	④	36.0%	재난관리론 > 우리나라의 재난관리 > 긴급구조 현장지휘
3	①	18.0%	소화이론 > 소화약제 > 강화액
4	②	36.0%	소방화학 > 소방화학의 기초이론 > 완전연소반응식
5	①	10.0%	연소이론 > 폭발론 > 폭굉 유도거리
6	①	32.0%	소방화학 > 소방화학의 기초이론 > 연소방정식
7	①	6.0%	화재이론 > 화재조사 > 화재원인조사
8	①	4.0%	연소이론 > 연기 및 화염 > 연기
9	③	28.0%	화재이론 > 위험물 화재의 성상 > 제1류 위험물
10	①	26.0%	연소이론 > 연소 개요 등 > 역화
11	④	32.0%	소방조직론 > 소방조직 > 소방의 발전과정
12	④	40.0%	화재이론 > 화재조사 > 용어의 정의
오답률 TOP3 13	②	42.9%	소화이론 > 소화약제 > 불활성기체 소화약제
14	③	30.6%	소방화학 > 소방화학의 기초이론 > 이상기체 상태방정식
15	①	28.6%	화재이론 > 위험물 화재의 성상 > 위험물의 소화방법
오답률 TOP2 16	②	44.9%	연소이론 > 폭발론 > 전기방폭구조
17	①	38.0%	소화이론 > 소화원리 > 이산화탄소의 소화농도
18	③	18.4%	소화이론 > 소방시설 > 소방시설의 분류
19	④	6.0%	소방조직론 > 소방조직 > 징계
오답률 TOP1 20	④	52.0%	연소이론 > 연기 및 화염 > 연소가스

영역별 평균 오답률

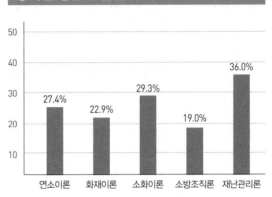

*2018년 상반기 17문항 기준 평균 오답률(소방화학 3문항 제외)

출제 트렌드

구분	소방화학	연소이론	화재이론	소화이론	소방조직론	재난관리론
2022	1문항	5문항	6문항	5문항	0문항	3문항
2021	1문항	5문항	4문항	5문항	2문항	3문항
2020	0문항	4문항	6문항	5문항	2문항	3문항
2018 상	3문항	5문항	5문항	4문항	2문항	1문항

소방화학 영역에서 이례적으로 3문항이나 출제

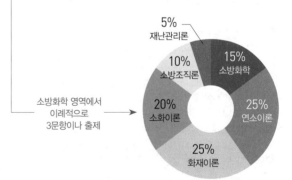

01 ③

화재이론 > 건축물 화재의 성상 > 화재가혹도	오답률 12.0%

| 출제이력 | 2022(유사), 2020(유사), 2017 하(유사)

| LINK | 소방기본서 소방학개론 p. 127

① (×) 화재하중은 일반 건축물에서 가연성 건축구조재와 수용물의 양을 의미한다. 화재 시 예상 최대 가연물질의 양을 뜻하며, 건물화재 시 단위면적당 등가가연물량의 가열온도(발열량) 및 화재의 위험성을 나타낸다. 즉, 화재하중은 화재구획의 내표면적에 대한 실내장식물의 화재위험도를 나타낸다고 할 수 있으며, 내장재 발열량이 클수록 화재하중이 크고 내장재의 불연화가 화재하중을 감소시킨다. 화재하중의 활용범위는 다음과 같다.

- 건물의 내화설계 시 고려해야 할 사항 및 가열온도 정도를 나타내는 척도로 활용
- 화재 시 발열량 및 위험의 정도를 추정할 수 있는 자료로 활용
- 가연물 등의 연소 시 건축물의 붕괴 등을 고려하여 설계하는 하중

② (×) 화재강도는 단위시간당 축적되는 열의 값으로, 가연물의 비표면적이 클수록 연소가 용이하며 가연물의 연소열값이 클수록 화재강도는 크다. 화재강도는 화재 시 산소공급조절, 화재실의 벽·천장·바닥 등의 단열성, 즉 가연물의 배열상태, 화재실의 구조, 가연물의 발열량, 가연물의 비표면적 등에 따라 달라진다.

③ (○) 화재가혹도는 화재심도라고도 하며, 화재의 발생으로 건물 내 수용재산 및 건물 자체에 손상을 입히는 정도(최고온도×연소시간)를 나타낸다. 화재가혹도에 영향을 주는 요인으로는 연소하는 물질의 연소속도, 연소열량 및 개구부의 위치 및 크기, 가연물의 배열상태, 화재하중 등이 있다. 화재가혹도를 최소화할 수 있는 방편으로는 건물의 단위 면적당 저장하는 가연물질의 양인 화재하중의 값을 적게 하고, 단위시간당 축적되는 열의 값인 화재강도 또한 작게 하는 방안 등이 있다.

④ (×) 위험도는 가연성 액체 또는 기체의 위험성을 나타내는 척도로, 그 값이 높을수록 위험하다.

02 ④

재난관리론 > 우리나라의 재난관리 > 긴급구조 현장지휘	오답률 36.0%

| 출제이력 | 2021

| LINK | 소방기본서 소방학개론 p. 439

④ (×) '긴급구조책임기관 및 긴급구조지원기관'의 인력·장비의 배치와 운용이 긴급구조 현장지휘 내용이다.

「재난 및 안전관리 기본법」 제52조 【긴급구조 현장지휘】 ① 재난현장에서는 시·군·구 긴급구조통제단장이 긴급구조활동을 지휘한다. 다만, 치안활동과 관련된 사항은 관할 경찰관서의 장과 협의하여야 한다.
② 제1항에 따른 현장지휘는 다음 각 호의 사항에 관하여 한다.
  1. 재난현장에서 인명의 탐색·구조
  2. 긴급구조기관 및 긴급구조지원기관의 인력·장비의 배치와 운용
  3. 추가 재난의 방지를 위한 응급조치
  4. 긴급구조지원기관 및 자원봉사자 등에 대한 임무의 부여
  5. 사상자의 응급처치 및 의료기관으로의 이송
  6. 긴급구조에 필요한 물자의 관리
  7. 현장접근 통제, 현장 주변의 교통정리, 그 밖에 긴급구조활동을 효율적으로 하기 위하여 필요한 사항

03 ①

소화이론 > 소화약제 > 강화액	오답률 18.0%

| 출제이력 | 신규출제

| LINK | 소방기본서 소방학개론 p. 201

① (○) 탄산칼륨을 함유한 강화액은 K^+로 인해 부촉매 소화효과를 가진다.

| SUMMARY | 강화액 소화약제

- 강화액 소화약제는 물의 소화성능을 증대시키기 위해 물에 연소억제작용이 있는 알칼리금속염의 탄산칼륨과 인산암모늄 등을 첨가한 수용액이다.
- 강화액의 응고점이 −30℃ 이하여서 기온 변화에 의한 소화효과의 저하가 없어 한랭지나 겨울철에 사용할 수 있는 약제이다.
- 약제방사방법은 봉상과 무상방사가 있는데, 봉상일 경우에는 냉각작용에 의한 일반(A급) 화재에 적합하며, 무상방사했을 경우에는 냉각 및 질식작용에 의해 일반(A급), 유류(B급) 및 전기(C급) 화재에도 적응한다.
- 강화액은 비중이 1.3 ∼ 1.4 정도이며, 독성 및 부식성이 없다.
- 강화액은 액체 소화약제 중 유일하게 연쇄반응을 차단하는 부촉매효과가 있다.

04 ②

소방화학 > 소방화학의 기초이론 > 완전연소반응식	오답률 36.0%

| 출제이력 | 2022, 2021, 2019, 2017 하

| LINK | 소방기본서 소방학개론 p. 23, 40

② (○) 마그네슘의 연소반응식은 $2Mg + O_2 \rightarrow 2MgO$이다.
[비례식 활용]
- 마그네슘을 48g 연소할 때 산소 32g을 소비
- 마그네슘을 24g 연소할 때 산소 16g을 소비

$$2Mg + O_2 \rightarrow 2MgO$$
$$2 \times 24g \quad 32g$$
$$24g \quad xg \rightarrow x = 16g$$

05 ①

연소이론 > 폭발론 > 폭굉 유도거리	오답률 10.0%

| 출제이력 | 2017 상(유사)

| LINK | 소방기본서 소방학개론 p. 88

① (×) 관의 내경이 작을수록 폭굉 유도거리가 짧아진다. 폭굉의 유도거리가 짧을수록 폭굉이 조기에 발생한다.

| SUMMARY | 폭굉 유도거리가 짧아지는 조건

- 압력이 높을수록
- 관경이 작을수록
- 관 속에 장애물이 있는 경우
- 점화원의 에너지가 클수록
- 연소속도가 빠른 가스일수록
- 주위 온도가 높을수록

06 ①

| 소방화학 > 소방화학의 기초이론 > 연소방정식 | 오답률 **32.0%** |

| 출제이력 | 신규출제

| LINK | 소방기본서 소방학개론 p. 23, 40

① (○) C + O₂ → CO₂는 적절하다.

(여기서 수식은 $C + O_2 \rightarrow CO_2$)

07 ①

| 화재이론 > 화재조사 > 화재원인조사 | 오답률 **6.0%** |

| 출제이력 | 2022, 2020, 2018 하, 2017 하, 2016

| LINK | 소방기본서 소방학개론 p. 164

① (○) 「화재조사 및 보고규정」상 화재원인조사에는 소실피해 조사 내용이 없다.

| SUMMARY | 화재조사의 구분 및 범위(「화재조사 및 보고규정」 제3조)

화재원인 조사	• 발화원인 조사 • 발견, 통보 및 초기소화상황 조사 • 연소상황 조사 • 피난상황 조사 • 소방·방화시설 등 조사	
화재피해 조사	인명피해 조사	• 화재로 인한 사망자 및 부상자 • 화재진압 중 발생한 사망자 및 부상자 • 사상자 정보 및 사상 발생원인
	재산피해 조사	소실피해, 수손피해, 기타피해

08 ①

| 연소이론 > 연기 및 화염 > 연기 | 오답률 **4.0%** |

| 출제이력 | 2021

| LINK | 소방기본서 소방학개론 p. 65~69

① (○) 연기는 수평방향으로는 0.5 ~ 1m/sec, 수직방향으로는 2 ~ 3m/sec 의 속도로 이동한다. 따라서 수직방향으로 더 빠르게 이동한다.
② (×) 연기는 공기 중에 부유하고 있는 고체 및 액체의 미립자를 말하며, 크기는 0.01~10μm정도이다.
③ (×) 건물 내외의 압력차가 클수록 연기유동이 빨라진다.
④ (×) 감광계수와 가시거리는 반비례 관계이다.

| SUMMARY | 연기

- 의의
  - 기체 가운데 완전연소가 되지 않은 가연물이 고체 미립자가 되어 떠돌아다니는 상태이다.
  - 눈에 보이는 연소생성물로서 고체입자(탄소 및 타르입자)와 농축습기로 구성되어 있다.
  - 탄소함유량이 많은 가연물이 불완전연소를 할 때 탄소입자가 많이 생성된다.
- 특징
  - 연기는 다량의 유독가스를 함유하며, 화재로 인한 연기는 고열이고 유동과 확산이 빠르다.
  - 연기는 광선을 흡수하며, 천장 부근 상층에서부터 축적되어 하층까지 이른다.
- 농도표시법: 중량농도법, 입자농도법, 투과율법(감광계수법, 광학적) 등이 있다.
- 유동속도
  - 수평방향: 0.5 ~ 1m/sec
  - 수직방향: 2 ~ 3m/sec
  - 계단실 내: 3 ~ 5m/sec(계단은 문이 있고 공기흐름이 많기 때문에 유동속도가 빠름)

09 ③

| 화재이론 > 위험물 화재의 성상 > 제1류 위험물 | 오답률 **28.0%** |

| 출제이력 | 2020(유사), 2018 하, 2017 하

| LINK | 소방기본서 소방학개론 p. 139~140

③ (×) 염소산염류는 제1류 위험물로서 산화성 고체이다.

구분	품명	지정수량(kg)
산화성 고체 (제1류 위험물)	염소산염류, 아염소산염류, 과염소산염류, 무기과산화물	50
	질산염류, 요오드산염류, 브롬산염류	300
	과망간산염류, 중크롬산염류 등	1,000

10 ①

| 연소이론 > 연소 개요 등 > 역화 | 오답률 **26.0%** |

| 출제이력 | 2016

| LINK | 소방기본서 소방학개론 p. 56

① (×) 연소 중에 버너의 노즐에서 혼합기류가 분출되는 속도가 연소속도보다 늦어지면 연소불꽃이 버너 내부로 진입하는데, 양이 많으면 폭음을 동반한다. 이러한 이상연소현상을 역화(逆火: 배기폭발) 또는 백 파이어(Back Fire)라고 한다. 즉, 역화는 가스의 분출속도가 연소속도보다 느려질 때 일어난다.

11 ④

| 소방조직론 > 소방조직 > 소방의 발전과정 | 오답률 **32.0%** |

| **출제이력** | 2021, 2020, 2019, 2018 하, 2017 상(유사)

| **LINK** | 소방기본서 소방학개론 p. 325~328

㉠ (○) 세종 8년(1426년)에 최초의 소방조직이라 할 수 있는 금화도감 (禁火都監)이 설치되었다.

㉡ (○) 일제강점기인 1910년경에 상비소방수 제도가 있었다.

㉢ (○) 1958년 3월 11일에 최초로 「소방법」이 제정되었다.

㉣ (○) 2004년 6월 1일에 소방방재청이 개청되었고, 2017년 7월 26일에 현재의 소방청이 독립되었다.

12 ④

| 화재이론 > 화재조사 > 용어의 정의 | 오답률 **40.0%** |

| **출제이력** | 신규출제

| **LINK** | 소방기본서 소방학개론 p. 163~164

① (×) '최초착화물'이란 발화열원에 의해 불이 붙고 이 물질을 통해 제어하기 힘든 화세로 발전한 가연물을 말한다(「화재조사 및 보고규정」 제2조 제12호).

② (×) '동력원'이란 발화 관련 기기나 제품을 작동 또는 연소시킬 때 사용되어진 연료 또는 에너지를 말한다(동조 제15호).

③ (×) '발화요인'이란 발화열원에 의하여 발화로 이어진 연소현상에 영향을 준 인적·물적·자연적인 요인을 말한다(동조 제13호).

④ (○) '잔가율'이란 화재 당시에 피해물의 재구입비에 대한 현재가의 비율을 말한다(동조 제20호).

13 ②

| 소화이론 > 소화약제 > 불활성기체 소화약제 | TOP3 오답률 **42.9%** |

| **출제이력** | 신규출제

| **LINK** | 소방기본서 소방학개론 p. 209~210

② (×) 할론이나 불말 소화약제와 같은 부촉매 효과는 없다. IG-541은 질식소화가 주 소화효과이다.

| **SUMMARY** | 할로겐화합물 및 불활성기체 소화약제

- **정의**: 할로겐화합물 및 불활성기체 소화약제는 사용에 따른 환경적 문제를 유발하지 않는 소화약제를 지칭하는 말로써, 오존층 파괴지수 (ODP) 및 지구온난화지수(GWP)가 일정수준 이하이며 인체에도 유해성이 낮은 것을 말한다.
- **할로겐화합물 및 불활성기체 소화약제의 구비조건**
  - ODP(오존층 파괴지수)가 낮을 것
  - GWP(지구온난화지수)가 낮을 것
  - 소화능력이 우수할 것
  - 독성이 낮을 것
  - 장기간 저장이 가능할 것
  - 가격이 저렴할 것
  - 피연소물에 대해 물리적·화학적 변화를 주지 않을 것
  - 소화 후 잔여물이 없고 염분해 생성가스의 발생이 적을 것(즉, 증발성이 있거나 증발 후 대기 중 잔여물을 남기지 않는 깨끗한 소화약제일 것)

14 ③

| 소방화학 > 소방화학의 기초이론 > 이상기체 상태방정식 | 오답률 **30.6%** |

| **출제이력** | 2022(유사)

| **LINK** | 소방기본서 소방학개론 p. 26~27

③ (○) 화재실의 압력은 증가한다.

[조건] 0℃, 1기압, 밀폐된 지하실

밀폐된 지하실은 부피의 변화가 없다.($V_1 = V_2$)

[보일 - 샤를 법칙 활용]

$$\frac{P_1 V_1}{T_1} = \frac{P_2 V_2}{T_2}$$

여기서 P_1, V_1, T_1: 반응전 압력, 부피, 온도(절대온도)

P_2, V_2, T_2: 반응후 압력, 부피, 온도(절대온도)

$$\frac{1atm}{0℃ + 273} = \frac{P_2}{400℃ + 273}$$

$$P_2 = \frac{1atm}{273} \times 673 = 2.4652 = 2.5atm$$

15 ①

| 화재이론 > 위험물 화재의 성상 > 위험물의 소화방법 | 오답률 **28.6%** |

| **출제이력** | 2021, 2018 하(유사)

| **LINK** | 소방기본서 소방학개론 p. 139~146

㉠ (○) 위험물의 유형별 소화방법으로 옳은 내용이다.

㉡ (×) 금속분, 철분, 마그네슘, 황화린 등은 물로 소화하면 분해에 의해 발생한 가연성 수소가스에 의하여 화재를 확대시키고 폭발할 수 있기 때문에 건조사(마른 모래), 건조분말(팽창질석, 팽창진주암) 등으로 질식소화해야 한다. 특히 황화린에 물을 주수하면 독성가스인 황화수소가 발생하므로 <u>주수를 금지</u>한다.

㉢ (×) 황린을 제외한 제3류 위험물은 <u>절대 주수를 엄금</u>한다. 즉, 어떠한 경우든 물에 의한 냉각소화는 불가능하다.

㉣ (×) 제5류 위험물은 일반적으로 <u>다량의 주수에 의한 냉각소화가 양호</u>하다. 액상인 것은 일부 마른 모래나 분말로 소화할 수 있고, 화재 초기 또는 소량 화재인 경우에는 화염제거를 위해 분말로 소화할 수도 있으나, 최종적으로는 다량의 물로 냉각소화하여야 한다.

| **SUMMARY** | 위험물의 유형별 위험성

- 제1류 위험물 중 무기과산화물(알칼리금속의 과산화물)은 급격히 발열 반응하므로, 탄산수소염류의 분말소화기, 건조사에 의한 피복소화가 적당하다.
- 제2류 위험물 중 금속분, 철분, 마그네슘, 황화린은 마른 모래, 건조분말 등으로 질식소화하며, 적린과 유황은 물에 의한 냉각소화가 적당하다.

- 제3류 위험물 중 황린을 제외하고 절대 주수를 엄금한다. 즉, 어떠한 경우든 물에 의한 냉각소화는 불가능하다.
- 제5류 위험물은 일반적으로 다량의 주수에 의한 냉각소화가 양호하다. 액상인 것은 일부 마른 모래나 분말로 소화할 수 있고, 화재 초기 또는 소량 화재인 경우에는 화염제거를 위해 분말로 소화할 수도 있으나, 최종적으로는 다량의 물로 냉각소화하여야 한다.

16 ②

연소이론 > 폭발론 > 전기방폭구조   오답률 **44.9%**

| 출제이력 | 신규출제

| LINK | 소방기본서 소방학개론 p. 90~92

② (○) 순서대로 압력방폭구조, 안전증가방폭구조, 유입방폭구조가 들어가야 한다.

| SUMMARY | 전기설비의 방폭구조

- **내압방폭구조**: 용기 내부에서 폭발성 가스 또는 증기가 폭발하였을 때 용기가 그 압력에 견디며, 접합면 개구부 등을 통해서 외부의 폭발성 가스증기에 인화되지 않도록 한 구조
- **압력방폭구조**: 용기 내부의 압력을 외부 압력보다 높게 유지하여 내부에 가연성 가스 또는 증기가 유입되지 못하도록 보호하는 방폭구조로 용기 내부에는 불활성 가스를 압입하여 외부 폭발성 가스의 침입을 방지하고 점화원과 폭발성 가스를 격리하는 구조
- **안전증가방폭구조**: 정상운전 중에 폭발성 가스 또는 증기에 점화원이 될 전기불꽃, 아크 또는 고온 부분 등의 발생을 방지하기 위하여 기계적·전기적 구조상 또는 온도 상승에 대해서 특히 안전도를 증가시킨 구조
- **비점화방폭구조**: 정상동작상태에서 주변의 폭발성 가스 또는 증기에 점화시키지 않고, 점화시킬 수 있는 고장이 유발되지 않도록 한 구조
- **본질안전방폭구조**: 정상 또는 이상상태(폭발 분위기에 노출된)에서 기계기구 내의 전기에너지 권선 상호접속에 의한 전기불꽃 또는 열영향을 점화에너지 이하의 수준까지 제한하는 것을 기반으로 하는 방폭구조
- **분진방폭구조**: 전폐 구조로서 틈새 깊이를 일정치 이상으로 하거나 또는 접합면에 패킹을 사용하여 분진이 용기 내부로 침입하기 어렵게 한 구조
- **유입방폭구조**: 가스·증기에 대한 전기 기기 방폭구조의 형식으로 용기 내의 전기불꽃 발생 부분을 유(油)중에 내장시켜, 유면상 및 용기의 외부에 존재하는 폭발성 분위기에 점화될 염려가 없게 한 방폭구조

17 ①

소화이론 > 소화원리 > 이산화탄소의 소화농도   오답률 **38.0%**

| 출제이력 | 신규출제

| LINK | 소방기본서 소방학개론 p. 193

① (○) 산소가 21% 있는 밀폐공간(구획실)에서 이산화탄소의 증가에 따른 산소의 농도를 구하는 식은 다음과 같다.

$$CO_2[\%] = \frac{21 - O_2}{21} \times 100 \rightarrow \frac{20 - 10}{20} \times 100 = 50\%$$이다.

18 ③

소화이론 > 소방시설 > 소방시설의 분류   오답률 **18.4%**

| 출제이력 | 2020, 2019, 2016

| LINK | 소방기본서 소방학개론 p. 216~217

㉠ (×) 비상경보설비는 경보설비에 해당한다.
㉡ (×) 정화조는 소화용수설비에 해당하지 않는다.
㉢, ㉣ (○) 소방시설에 대한 설명으로 옳다.

「소방시설 설치 및 관리에 관한 법률 시행령」 별표 1【소방시설(제3조 관련)】

1. 소화설비: 물 또는 그 밖의 소화약제를 사용하여 소화하는 기계·기구 또는 설비로서 다음 각 목의 것
   가. 소화기구
   나. 자동소화장치
   다. 옥내소화전설비(호스릴옥내소화전설비를 포함한다)
   라. 스프링클러설비 등
3. 피난구조설비: 화재가 발생할 경우 피난하기 위하여 사용하는 기구 또는 설비로서 다음 각 목의 것
   가. 피난기구
      1) 피난사다리
      2) 구조대
      3) 완강기
4. 소화용수설비: 화재를 진압하는 데 필요한 물을 공급하거나 저장하는 설비로서 다음 각 목의 것
   가. 상수도소화용수설비
   나. 소화수조·저수조, 그 밖의 소화용수설비
5. 소화활동설비: 화재를 진압하거나 인명구조활동을 위하여 사용하는 설비로서 다음 각 목의 것
   가. 제연설비
   나. 연결송수관설비
   다. 연결살수설비
   라. 비상콘센트설비
   마. 무선통신보조설비
   바. 연소방지설비

19 ④

소방조직론 > 소방조직 > 징계   오답률 **6.0%**

| 출제이력 | 2020(유사)

| LINK | 소방기본서 소방학개론 p. 340

④ (○) 견책은 경징계에 해당한다.

| SUMMARY | 소방공무원의 징계 종류

소방공무원의 징계에는 파면, 해임, 강등, 정직, 감봉, 견책이 있다. 이 중 파면, 해임, 강등, 정직은 중징계에 해당하고, 감봉, 견책은 경징계에 해당한다.
- **파면과 해임**: 중징계 중에서도 가장 수위가 높은 처분으로, 파면이나 해임을 받을 경우 공무원 직위를 박탈당하게 된다. 일정기간 동안(파면 5년, 해임 3년) 다시 공무원으로 재임될 수 없으며, 파면의 경우 퇴직급여액도 삭감된다.
- **강등**: 한 단계 아래 계급이나 직위로 내려가는 처분을 말하며, 3개월간 직무가 정지된다.

- **정직**: 직위변동은 없이 1 ～ 3개월간 업무가 정지되는 처분이다.
- **감봉**: 일정기간(1 ～ 3개월) 급여를 삭감하는 처분이다.
- **견책**: 해당 공무원의 비위를 공식적인 절차로 꾸짖는 것이다.

20 ④

| 연소이론 > 연기 및 화염 > 연소가스 | 오답률 52.0% |

| 출제이력 | 2022

| LINK | 소방기본서 소방학개론 p. 70～73

① (○) 포스겐은 수지류 등이 탈 때 발생한다.

② (○) 이산화질소는 질산셀룰로우즈, 폴리우레탄 등이 불완전연소할 때 발생하는 적갈색의 유독성 가스이다.

③ (○) 황화수소는 동물의 털, 고무, 일부 나무가 탈 때 주로 발생한다. 유화수소라고도 한다.

④ (×) 염화수소는 전선의 절연재 및 배관재료 수지류 등이 탈 때 발생하며, 맹독성 가스는 아니지만 사람이 싫어하는 자극적인 냄새가 난다.

2017 | 하반기 소방학개론

2017년 하반기 시험은 모든 단원이 골고루 출제되었으나 소방학개론의 범위가 넓은 데 비해 문제가 폭넓게 출제되지 못한 점이 아쉬웠다. 화재가혹도, 천장제트흐름, 부촉매소화, 최소점화에너지 등에 관한 문항의 난도가 높은 편이었다.

문항분석

문항	정답	오답률	영역
1	①	12.5%	소화이론 > 소방시설 > 연기의 제어 방법
2	②	10.6%	연소이론 > 연소 개요 등 > 증발연소
3	③	12.5%	화재이론 > 건축물 화재의 성상 > 화재가혹도
4	③	14.6%	연소이론 > 연기 및 화염 > 천장제트흐름
5	③	25.0%	소화이론 > 소화약제 > 부촉매소화
6	①	17.0%	화재이론 > 위험물 화재의 성상 > 제1류 위험물
7	④	0.0%	소화이론 > 소화원리 > 질식소화
8	②	2.1%	화재이론 > 화재조사 > 화재원인조사
9	①	19.1%	소화이론 > 소방시설 > 연기감지기
오답률 TOP3 10	①	35.4%	소방조직론 > 소방조직 > 소방조직의 기본원리
11	①	14.6%	소방조직론 > 소방조직 > 소방공무원의 신분
12	④	6.2%	재난관리론 > 재난 및 재난관리 > 재난관리의 단계별 활동사항
13	②	4.2%	재난관리론 > 재난 및 재난관리 > 자연재난
14	③	18.7%	재난관리론 > 우리나라의 재난관리 > 긴급구조
오답률 TOP2 15	②	39.6%	화재이론 > 위험물 화재의 성상 > 위험물 지정수량
16	④	18.7%	연소이론 > 연소 개요 등 > 최소점화에너지
17	②	20.8%	연소이론 > 폭발론 > 블레비
오답률 TOP1 18	④	46.8%	소방화학 > 소방화학의 기초이론 > 완전연소반응식
19	③	29.2%	소방화학 > 소방화학의 기초이론 > 비중
20	④	34.8%	소화이론 > 소방시설 > 공동현상

영역별 평균 오답률

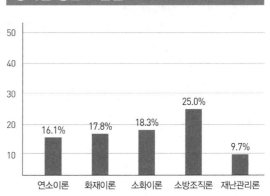

*2017년 하반기 18문항 기준 평균 오답률(소방화학 2문항 제외)

출제 트렌드

구분	소방화학	연소이론	화재이론	소화이론	소방조직론	재난관리론
2022	1문항	5문항	6문항	5문항	0문항	3문항
2021	1문항	5문항	4문항	5문항	2문항	3문항
2020	0문항	4문항	6문항	5문항	2문항	3문항
2017 하	2문항	4문항	4문항	5문항	2문항	3문항

전 영역에서 고르게 출제

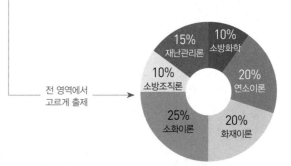

01 ①

소화이론 > 소방시설 > 연기의 제어 방법	오답률 **12.5%**

| 출제이력 | 신규출제

| LINK | 소방기본서 소방학개론 p. 284~285

① (×) 연소는 빛이나 열 또는 불꽃을 내면서 빠르게 산소와 결합하므로 연기의 제어 방법이 아니다.

②, ③, ④ (○) 연기의 제어 방법으로는 희석, 배기, 차단이 있다.

| SUMMARY | 연기의 제어 방법

> 연기의 차단 및 제어는 고층건물에서 특히 심각한 문제이며, 연기 및 연소가스는 화재 시 인명사망의 주요 원인이 될 뿐만 아니라 화재의 발견 및 진화 활동을 제한한다. 연기 제어의 기본적인 방법에는 희석, 배기, 차단이 있으며, 보통 이 세 가지를 조합하여 적용한다.
> - **희석**: 건물 내 연기를 계속적으로 외부에 배출하거나 다량의 신선한 공기를 유입시킴으로써 연기나 연소생성물을 위험 수준 이하로 떨어뜨리는 방법이다.
> - **배기**: 고층건물에서 배기를 효과적으로 하려면 연기의 유동로와 유동력이 필요하며, 이때 유동력은 압력차를 이용한다.
> - **차단**: 일정한 장소 내로 연기가 들어오지 않도록 차단하는 것이다. 출입문, 벽 또는 댐퍼와 같은 차단물을 설치하는 방법은 개구부의 크기를 될 수 있으면 작게 하여 배기유입을 최대한 방지해야 하고, 방호장소와 연기가 있는 장소 사이의 압력차를 이용하는 방법도 있다. 실제로는 차단물 설치와 압력차 이용 방법을 모두 조합하여 연기를 제어한다.

02 ②

연소이론 > 연소 개요 등 > 증발연소	오답률 **10.6%**

| 출제이력 | 신규출제

| LINK | 소방기본서 소방학개론 p. 58

① (×) 섬유는 분해연소를 한다.

② (○) 가연성 고체의 연소 형태에는 분해연소, 표면연소, 증발연소, 자기(내부)연소가 있다. 나프탈렌, 파라핀(양초)은 증발연소를 한다.

> **증발연소란**
> - 고체 가연물이 열분해를 일으키지 않고 증발하여 증기가 연소되거나 먼저 융해된 액체가 기화하여 증기가 된 다음 연소하는 형태를 말한다.
> - 열분해온도보다 물질의 융점온도 및 승화온도가 더 낮다.
> - 황, 나프탈렌, 파라핀(양초) 등이 증발연소를 한다.

③ (×) 히드라진 유도체는 자기연소(내부연소)를 한다.

④ (×) 목탄은 표면연소를 한다.

03 ③

화재이론 > 건축물 화재의 성상 > 화재가혹도	오답률 **12.5%**

| 출제이력 | 2022(유사), 2020(유사), 2018 상(유사)

| LINK | 소방기본서 소방학개론 p. 127

③ (○) 화재가혹도(화재심도)란 방호공간 안에서 화재로 인해 소실된 피해 정도, 즉 화재로 인하여 건물 내에 수납되어 있던 재산 및 건물 자체에 손상을 주는 능력의 정도를 말한다.

> - 화재가혹도(화재심도)란 화재의 발생으로 건물 내의 수용재산 및 건물자체에 손상을 입히는 정도를 말하며, 연소지속시간과 최고온도의 곱으로 나타낸다.
> - 일반적으로 화재가혹도는 실내 가연물의 비표면적, 화재실의 구조, 가연물의 배열상태 등에 따라 달라진다.

04 ③

연소이론 > 연기 및 화염 > 천장제트흐름	오답률 **14.6%**

| 출제이력 | 신규출제

| LINK | 소방기본서 소방학개론 p. 75

③ (×) 스프링클러헤드는 반응시간을 고려해 천장에서 30cm 이내에 설치하도록 규정하고 있고, 헤드나 감지기가 실 높이의 12% 범위 밖에 놓이면 헤드나 감지기의 응답시간이 길어지게 된다.

| SUMMARY | 천장제트흐름(Ceiling Jet Flow)

> - 고온의 연소생성물이 부력에 의해 힘을 받아 천장면 아래에 엷은 층을 형성하는 빠른 가스흐름을 말한다.
> - 일반적으로 화재 초기에 존재하므로, 천장제트흐름 범위 내에 열감지기, 연기감지기 및 스프링클러헤드가 설치되어야 화재 초기에 화재감지 및 소화가 가능하다.
> - 천장열류보다 온도가 낮은 천장재와 유입 공기 쪽에서 일어나는 열손실에 의해 천장열류의 온도가 감소한다.
> - 흐름의 두께는 천장에서 화염까지 높이의 5 ~ 12% 내외 정도 범위이다.

05 ③

소화이론 > 소화약제 > 부촉매소화	오답률 **25.0%**

| 출제이력 | 신규출제

| LINK | 소방기본서 소방학개론 p. 194~195, 199~214

①, ②, ④ (×) 부촉매소화효과가 있다.

> - **강화액 소화약제**: 냉각소화, 연쇄반응을 억제하는 부촉매소화효과가 있다.
> - **할로겐화합물 소화약제**: 부촉매소화작용, 냉각소화작용 등을 나타내며, 연소과정에서 연쇄반응을 가능케 하는 수소라디칼($H*$)과 수산화라디칼($OH*$)을 제거하는 소화작용을 한다.
> - **분말 소화약제**: 열분해 시 유리된 NH_4^+와 분말 표면의 흡착에 의한 부촉매소화효과가 있다.

③ (○) 수성막포는 유류화재의 표면에 유화층을 형성하여 소화하는 형태이다.

06 ①

| 화재이론 > 위험물 화재의 성상 > 제1류 위험물 | 오답률 **17.0%** |

| **출제이력** | 2022(유사), 2020, 2019(유사)

| **LINK** | 소방기본서 소방학개론 p. 139~140

① (○) 제1류 위험물은 산화성 고체이며, 물에 잘 녹는다.

② (×) 제2류 위험물에 대한 설명이다.

③ (×) 무기과산화물은 제1류 위험물이나, 무기과산화물 중 알칼리금속 과산화물(Na_2O_2, K_2O_2 등)과 삼산화크롬(CrO_3, 무수크롬산)은 물과 반응하여 산소(O_2)를 방출하고 발열한다. 따라서 무기과산화물은 제3류 위험물과 비슷한 금수성(禁水性) 물질이며, 질식소화가 적합하다.

④ (×) 과산화수소, 과염소산, 질산 등은 제6류 위험물에 해당하고, 유기 과산화물은 제5류 위험물에 해당한다.

07 ④

| 소화이론 > 소화원리 > 질식소화 | 오답률 **0%** |

| **출제이력** | 2021(유사), 2018 하, 2017 상

| **LINK** | 소방기본서 소방학개론 p. 192~193

① (×) 냉각소화방법에 대한 설명이다.

② (×) 제거소화방법에 대한 설명이다.

③ (×) 부촉매(억제)소화방법에 대한 설명이다.

④ (○) 질식소화는 산소의 공급을 차단하여 연소를 중단시키는 방법이다.

> 연소에는 반드시 산소가 필요하므로, 산소의 공급을 차단하여 연소를 중단시킬 수 있다. 이와 같은 소화방법을 질식소화라 한다. 공기 중 산소량을 감소시키거나 산소 농도를 15% 이하로 낮추어서 소화를 하며, 물질에 따라 차이는 있지만 대부분의 액체는 산소의 농도가 15% 이하(고체는 6%, 아세틸렌의 경우 4% 이하)이면 소화가 가능하다.

08 ②

| 화재이론 > 화재조사 > 화재원인조사 | 오답률 **2.1%** |

| **출제이력** | 2022, 2020, 2018 하, 2018 상, 2016

| **LINK** | 소방기본서 소방학개론 p. 164

② (×) 소방활동 중 사용된 물로 인한 피해(수손피해)는 화재원인조사의 범위에 해당하지 않고, 화재피해조사의 범위에 해당한다(「화재조사 및 보고규정」 제3조).

1. 화재원인조사

구분	조사범위
발화원인 조사	발화지점, 발화열원, 발화요인, 최초착화물 및 발화관련기기 등
발견·통보 및 초기소화상황 조사	발견경위·통보 및 초기소화 등 일련의 행동과정
연소상황 조사	화재의 연소경로 및 연소확대물, 연소확대사유 등
피난상황 조사	피난경로, 피난상의 장애요인 등의 상황
소방·방화시설 등 조사	소방·방화시설의 활용 또는 작동 등의 상황

2. 화재피해조사

구분	조사범위
인명피해 조사	• 화재로 인한 사망자 및 부상자 • 화재진압 중 발생한 사망자 및 부상자 • 사상자 정보 및 사상 발생원인
재산피해조사	• 소실피해: 열에 의한 탄화, 융융, 파손 등의 피해 • 수손피해: 소화활동으로 발생한 수손피해 등 • 기타피해: 연기, 물품반출, 화재 중 발생한 폭발 등에 의한 피해 등

09 ①

| 소화이론 > 소방시설 > 연기감지기 | 오답률 **19.1%** |

| **출제이력** | 2018 하(유사)

| **LINK** | 소방기본서 소방학개론 p. 262

① (○) 감지기의 종류에는 열감지기와 연기감지기가 있으며, 연기감지기에는 광전식과 이온화식이 있다.

②, ③, ④ (×) 열감지기에 해당한다.

| **SUMMARY** | 감지기의 종류

> 감지기는 열감지기, 연기감지기, 불꽃감지기, 특수감지기로 구분되지만, 일반적으로 많이 사용되는 감지기는 열감지기와 연기감지기이다.
> • **열감지기**: 차동식·정온식·보상식 감지기
> • **연기감지기**: 광전식·이온화식·공기흡입형 감지기

10 ①

| 소방조직론 > 소방조직 > 소방조직의 기본원리 | 오답률 **35.4%** |

| **출제이력** | 2021(유사)

| **LINK** | 소방기본서 소방학개론 p. 323

① (○) 소방조직의 원리 중 계선의 원리에 대한 설명이다. 계선기능은 팀원, 팀장(담당), 과장, 그리고 소방서장을 포함하여 계선직원에 의해 수행되며, 행정상의 명령권과 집행권 및 결정권을 가지고 수직적 계열을 형성하여 이를 통해 명령이나 보고가 전달된다.

② (×) 업무조정의 원리: 각 부분이 공동목표를 달성하기 위해 행동을 통일하고 공동체의 노력으로 질서정연하게 배열하는 것을 말한다.

③ (×) 계층제의 원리: 가톨릭의 교권제도에서 유래된 것으로, 업무에 대한 권한과 책임의 정도에 따라 상하의 계층을 설정하는 것이다.

④ (×) 명령통일의 원리: 오직 한 사람의 상관으로부터 명령을 받고 그에게 보고해야 한다는 것이다. 어느 조직에서든 수장이 있어야 하고 하위 조직에서도 같은 원리가 적용된다.

| **SUMMARY** | 소방조직의 기본원리

> • 분업의 원리
> • 명령통일의 원리
> • 계층제의 원리
> • 계선의 원리(단, 특정 사안의 최종 결정권자는 소속기관의 장)
> • 업무조정의 원리
> • 통솔범위의 원리(평상시 7 ~ 12명, 비상시 3 ~ 4명)

11 ①

| 출제이력 | 2020(유사)

| LINK | 소방기본서 소방학개론 p. 335

① (○) 소방공무원은 경력직 중 <u>특정직 공무원</u>에 속한다.

| SUMMARY | 특정직 공무원

특정직 공무원이란 담당업무가 특수해서 자격·신분보장·복무 등 특별법이 우선 적용되는 공무원으로, 법관, 검사, 외무공무원, 경찰공무원, 소방공무원, 교육공무원, 군인, 군무원 및 국가에서 국가정보원의 직원과 특수분야의 업무를 담당하는 공무원이 이에 해당한다.

12 ④

| 출제이력 | 2022(유사), 2021(유사), 2020(유사), 2018 하

| LINK | 소방기본서 소방학개론 p. 378~379

④ (○) 소방은 화재를 진압하고 화재·재난·재해 현장에서 국민의 생명과 재산을 보호하는 등, <u>대응단계에서 재난발생 직후에 인명구조와 피해를 입은 주민의 재산 및 인명보호를 위해 주도적인 역할을 한다.</u>

| SUMMARY | 재난관리활동

- 재난관리단계: 예방 및 완화단계 → 준비(대비)단계 → 대응단계 → 복구단계
- 재난의 대응
  - 재난발생 중 또는 재난발생 직후의 인명구조, 피해를 입은 주민의 기초 생계보장 등 재난에 대처하기 위한 응급지원활동을 대응이라 한다.
  - 재해가 발생한 경우, 신속한 대응활동을 통하여 재해로 인한 인명 및 재산피해를 최소화하고 재해의 확산을 방지하며, 순조롭게 복구가 이루어질 수 있도록 활동하는 단계이다.
  - 재난현장, 피해자의 피해상황과 그에 따른 필요조치를 조사·분석하여 이재민들의 피해와 고통을 최소화하고, 재난의 확산방지 노력을 함과 동시에 복구활동을 시작할 수 있도록 조치하는 일련의 활동을 말한다.

13 ②

| 출제이력 | 2016

| LINK | 소방기본서 소방학개론 p. 372

①, ③, ④ (○) 자연재난은 화산폭발, 낙뢰, 황사, 소행성의 추락, 태풍, 홍수, 호우 등으로 분류한다. 자연재난은 자연현상에 기인한 재난으로, 그 원인과 결과가 다양해서 여러 가지로 나눌 수 있으며, 인위적으로 완전히 근절시킬 수 없는 불가항력적인 요소를 지니고 있다.

② (✕) 감염병 및 가축전염병의 확산 등으로 인한 피해는 사회재난에 속한다.

| SUMMARY | 현행법(「재난 및 안전관리 기본법」 제3조)상 재난의 분류

'재난'이란 국민의 생명·신체·재산과 국가에 피해를 주거나 줄 수 있는 것으로서 다음의 것을 말한다.
- **자연재난**: 태풍, 홍수, 호우, 강풍, 풍랑, 해일, 대설, 한파, 낙뢰, 가뭄, 폭염, 지진, 황사, 조류 대발생, 조수, 화산활동, 소행성·유성체 등 자연우주물체의 추락·충돌, 그 밖에 이에 준하는 자연현상으로 인하여 발생하는 재해
- **사회재난**: 화재, 붕괴, 폭발, 교통사고(항공사고 및 해상사고 포함), 화생방사고, 환경오염사고 등으로 인하여 발생하는 대통령령으로 정하는 규모 이상의 피해와 국가핵심기반의 마비, 「감염병의 예방 및 관리에 관한 법률」에 따른 감염병 또는 「가축전염병 예방법」에 따른 가축전염병의 확산, 「미세먼지 저감 및 관리에 관한 특별법」에 따른 미세먼지 등으로 인한 피해

14 ③

| 출제이력 | 2020(유사), 2019(유사), 2016(유사)

| LINK | 소방기본서 소방학개론 p. 384~385

③ (✕) 긴급구조기관이란 소방청·소방본부 및 소방서를 말한다. 다만, 해양에서 발생한 재난의 경우에는 해양경찰청·지방해양경찰청 및 해양경찰서를 말한다.

15 ②

| 출제이력 | 2019

| LINK | 소방기본서 소방학개론 p. 139~147

① (✕) 중크롬산염류의 지정수량은 1,000kg이다.
② (○) 알킬리튬의 지정수량은 10kg이다.
③ (✕) 니트로화합물의 지정수량은 200kg이다.
④ (✕) 질산의 지정수량은 300kg이다.

16 ④

| 연소이론 > 연소 개요 등 > 최소점화에너지 | 오답률 18.7% |

| 출제이력 | 신규출제

| LINK | 소방기본서 소방학개론 p. 54

④ (×) 열전도율이 높으면 최소점화에너지(M.I.E)가 증가한다(위험성 감소).

> 최소점화에너지(M.I.E)란 가연성 가스나 액체의 증기 또는 폭발성 분진이 공기 중에 있을 때, 이것을 발화시키는 데 필요한 최저의 에너지를 말한다. 단위는 밀리 줄(mJ)을 사용한다.

17 ②

| 연소이론 > 폭발론 > 블레비 | 오답률 20.8% |

| 출제이력 | 2021(유사)

| LINK | 소방기본서 소방학개론 p. 88

② (○) 블레비 현상은 탱크 내부가 아닌 외부 화재에 의해 탱크로 열이 가해져 고압의 액화가스탱크 등이 폭발을 일으키는 현상이다.

| SUMMARY | 폭발의 형태

- 블레비(BLEVE)
  - 고압의 액화가스용기(탱크로리, 탱크 등) 등이 외부 화재에 의해 가열되면 탱크 내 액체가 비등하고 증기가 팽창하면서 폭발을 일으키는 현상을 말한다.
  - 액화가스저장탱크 주위에서 화재가 발생하여 저장탱크 벽면이 장시간 화염에 노출되면 탱크 벽면과 내부 액체의 온도가 증가한다. 이때 탱크 벽면의 액체가 차 있는 부분은 열전달에 의하여 위험할 정도로 온도가 증가하지는 않으나, 액체가 채워지지 않은 윗부분은 온도가 크게 증가하여 재질의 인장력이 저하되고 탱크 내부 압력을 견디지 못하여 파열된다.
- 보일오버(Boil Over): 비점이 불균일한 중질류 등의 탱크 바닥에 찌꺼기와 함께 있는 물이 끓어(Boil) 수분의 급격한 팽창에 의하여 기름을 탱크 외부로 넘치게(Over) 하는 현상이다.
- 플래시오버(Flash Over): 실내화재가 서서히 진행하여 시간이 지남에 따라 열과 가스가 천장상층부에 축적되면, 연소면적이 넓어지고 복사열에 방해가 되는 진한 연기가 아래로 쌓이면서 복사열로 인해 열분해가 더욱 촉진된다. 이로 인해 공기 중 산소와 혼합하여 일시에 화염이 실내 전체에 확대되는 현상을 플래시오버라고 한다. 순발적인 연소확대현상 또는 폭발적인 착화현상이라고도 한다.
- 슬롭오버(Slop Over): 유류액 표면에 불이 붙어 기름이 끓고 있는 상태에서 물을 분무하거나 포를 방사하면, 물과 기름이 섞이지 않은 상태에서 끓는 기름온도에 의하여 물이 표면에서 튀면서(Slop) 수증기화되어 갑작스럽게 부피가 팽창하고, 이로 인해 유류가 탱크 외부로 비산·분출(Over)되는 현상이다.

18 ④

TOP 1

| 소방화학 > 소방화학의 기초이론 > 완전연소반응식 | 오답률 46.8% |

| 출제이력 | 2022, 2021, 2019, 2018 상

| LINK | 소방기본서 소방학개론 p. 23, 40

④ (○) 이론공기량은 메테인 체적의 9.5배이다.

$CH_4 + 2O_2 \rightarrow CO_2 + 2H_2O$에서

메테인 1mol은 산소 2mol과 반응한다.

공기 몰수: $\dfrac{\text{산소 몰수}}{0.21} = \dfrac{2}{0.21} \fallingdotseq 9.52 mol$

$\dfrac{\text{이론 공기량}}{\text{메테인량}} = \dfrac{9.52 mol}{1 mol} \fallingdotseq 9.5$배

> **메테인(메탄)의 완전연소반응식**
>
> $$CH_4 + 2O_2 \rightarrow CO_2 + 2H_2O$$
>
> CH_4: 메탄
> $2O_2$: 산소
> CO_2: 이산화탄소
> $2H_2O$: 물

19 ③

| 소방화학 > 소방화학의 기초이론 > 비중 | 오답률 29.2% |

| 출제이력 | 신규출제

| LINK | 소방기본서 소방학개론 p. 27

③ (○) 할론(Halon)의 1301의 기체 비중은 5.14이다.

- 할론 1301의 분자식: CF_3Br
- 할론 1301의 분자량(C의 원자량 12): $12 \times 1 + 19 \times 3 + 80 \times 1 = 149g$
- 할론 1301의 증기비중:
  $\dfrac{\text{할론 1301의 분자량}}{\text{공기의 분자량}} = \dfrac{149}{29} = 5.137 \fallingdotseq 5.14$

> **할론(Halon) 1301 소화약제(CF_3Br)**
> - 공기보다 5배 무거우며, 비점(bp)이 영하 57.75℃이다.
> - 모든 Halon 소화약제 중 소화성능이 가장 우수하다.
> - 오존층을 구성하는 오존(O_3)과의 반응성이 강하여 오존파괴지수(ODP; Ozone Depletion Potential)가 가장 높다.
> - CF_3Br의 분자량은 149이고, 비중은 5.14이다.

20 ④

| 출제이력 | 신규출제

| LINK | 소방기본서 소방학개론 p. 227

④ (×) 공동현상 또는 캐비테이션(Cavitation)이란 유체가 빠른 속도로 이
동할 때 액체의 압력이 그 온도의 증기압 이하로 낮아져서 액체 내에
증기 기포가 발생하는 현상을 말한다(기포가 터지면 소음 및 진동, 임
펠러 손상을 야기한다). 공동현상의 방지를 위해서는 흡입관의 구경을
크게 해야 한다.

| SUMMARY | 공동현상(Cavitation)의 발생원인 및 방지대책

- 발생원인
  - 펌프의 흡입 측 수두가 큰 경우
  - 펌프의 마찰손실이 큰 경우
  - 펌프의 흡입관경이 너무 작은 경우
  - 유체가 고온일 경우
  - 펌프의 흡입압력이 유체의 증기압보다 낮은 경우
  - 임펠러 속도가 지나치게 큰 경우
- 방지대책
  - 펌프의 설치위치를 수원보다 낮게 한다.
  - 흡입관의 유체저항을 줄인다.
  - 임펠러의 속도를 낮춘다.
  - 흡입관의 구경을 크게 한다.
  - 펌프의 흡입 측 수두를 낮게 하여 마찰손실을 줄인다.
  - 흡입관의 길이를 짧게 하거나 배관의 굴곡부를 줄인다.

2017 | 상반기 소방학개론

2017년 상반기 시험은 소방학개론에서 많이 다루는 문항들이 출제되었다. 특히, 플래시오버 현상이라든가 백 드래프트 현상, 최성기, 폭연, 폭굉, 화재하중 등 수험생이라면 누구나 반드시 학습하고 넘어가야 하는 내용을 묻는 문항이 출제되었다. 그러나 자연발화의 종류(용해열), 위험도가 큰 것(이황화탄소), 화재하중에 관한 계산문제 등은 쉽지 않은 문항이어서, 수험생들이 문제를 풀이하는 데에 어려움이 있었을 것으로 사료된다.

문항분석

문항	정답	오답률	영역
1	③	32.7%	소화이론 > 소화약제 > 수성막포(불소계 계면활성제) 소화약제
2	③	13.7%	연소이론 > 연기 및 화염 > 연소가스
3	①	17.3%	연소이론 > 연소 개요 등 > 가연물의 구비조건
4	②	15.4%	연소이론 > 연소 개요 등 > 블로우 오프
5	①	11.5%	화재이론 > 건축물 화재의 성상 > 구획실 화재의 현상
오답률 TOP1 6	①	43.4%	화재이론 > 건축물 화재의 성상 > 구획실 화재의 과정
오답률 TOP3 7	②	38.5%	소방조직론 > 소방조직 > 소방의 발전과정
8	①	9.6%	재난관리론 > 우리나라의 재난관리 > 특별재난지역 선포
9	②	30.8%	재난관리론 > 우리나라의 재난관리 > 응급조치
10	④	11.5%	연소이론 > 폭발론 > 폭연과 폭굉
11	①	0.0%	소화이론 > 소화원리 > 질식소화
12	②	30.8%	연소이론 > 연소 개요 등 > 자연발화
13	④	36.5%	연소이론 > 연소 개요 등 > 물질별 위험도
14	④	23.1%	화재이론 > 화재 개요 등 > 전기화재
15	③	5.8%	화재이론 > 화재 개요 등 > 화재의 분류
16	②	15.7%	화재이론 > 위험물 화재의 성상 > 위험물
17	③	3.9%	소화이론 > 소화원리 > 제3종 분말 소화약제
18	①	25.5%	화재이론 > 건축물 화재의 성상 > 화재하중
오답률 TOP2 19	③	40.4%	소화이론 > 소방시설 > 준비작동식 스프링클러설비
20	④	26.9%	소화이론 > 소방시설 > 자동화재탐지설비

영역별 평균 오답률

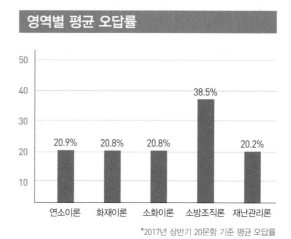

*2017년 상반기 20문항 기준 평균 오답률

출제 트렌드

구분	소방화학	연소이론	화재이론	소화이론	소방조직론	재난관리론
2022	1문항	5문항	6문항	5문항	0문항	3문항
2021	1문항	5문항	4문항	5문항	2문항	3문항
2020	0문항	4문항	6문항	5문항	2문항	3문항
2017 상	0문항	6문항	6문항	5문항	1문항	2문항

연소이론과 화재이론 영역에서 6문항씩 고르게 출제

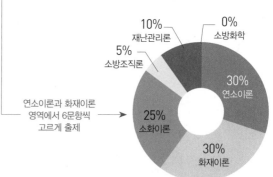

01 ③

| 소화이론 > 소화약제 > | 오답률 **32.7%** |

수성막포(불소계 계면활성제포) 소화약제

| **출제이력** | 신규출제

| **LINK** | 소방기본서 소방학개론 p. 203

③ (○) 수성막포 소화약제는 CDC분말(드라이케미컬)과 혼합하여 사용하면 7~8배 정도 소화능력이 증가한다.

수성막포 소화약제(3%, 6%형 – 저발포)

불소계 계면활성제가 주성분으로 AFFF(Aqueous Flim Foaming Foam)라고 부른다(불소계 계면활성제포라고도 부름). 유류 표면에 수성막을 형성하여 액체의 증발을 억제함으로써 다른 포에 비해 소화 성능이 우수하다. 수성막포 소화약제는 일명 Lighting Water라고도 하며, 단백포에 비해 약 5배 정도의 소화 능력을 가지고 있다. 또한 CDC분말(드라이케미컬)과 혼합하여 사용하면 약 7~8배 정도 소화능력을 높일 수 있다. 유류저장탱크, 비행기격납고 등에 적합하다.

---

02 ③

| 연소이론 > 연기 및 화염 > 연소가스 | 오답률 **13.7%** |

| **출제이력** | 2019(유사), 2018 하(유사)

| **LINK** | 소방기본서 소방학개론 p. 70~73

① (○) 포스겐(COCL₂): PVC, 수지류 등이 탈 때 발생하는 생성물로, 발생량은 극히 적다. 염소가 들어 있는 화합물이 화염에 접촉 시 발생하는 맹독성 가스로서, 제2차 세계대전 당시 독일군이 유태인의 대량학살 용도로 사용하였다(0.1ppm).

② (○) 염화수소(HCl): 염화수소는 PVC와 같이 염소가 함유된 수지류가 탈 때 주로 생성되는데, PVC는 전선의 절연재 및 배관재료 등으로 널리 사용되기 때문에 거의 모든 건물에서 볼 수 있는 물질이다. 암모니아처럼 염화수소 역시 자극성의 물질로서 사람들이 싫어하는 냄새가 나며, 약 1,500ppm의 농도에서 호흡하면 불과 몇 분 내에 치명적일 수 있다. 염화수소는 금속에 강한 부식성이 있어서 때로는 콘크리트건물의 철골이 손상되기도 한다.

③ (×) 일산화탄소는 가연물의 불완전연소 시 발생하며, 가연성 가스이다.

일산화탄소(CO)는 가연물이 불완전연소할 때 발생하고, 공기보다 가벼운 무색·무취·무미의 유독성 기체이며, 연소가 가능한 가연성 물질이다. 화재 발생 시 생성된 일산화탄소를 흡입하면 일산화탄소가 피 속의 헤모글로빈(HB)과 결합해서 산소운반을 방해하여 질식사한다. 일반적으로 화재현장에서 '일산화탄소 중독사'라는 것은 헤모글로빈이 산소운반을 하지 않았기 때문에 발생한다. 일산화탄소는 헤모글로빈과의 결합력이 산소보다 매우(약 250배) 강하다.

---

④ (○)시안화수소(HCN): 시안화수소(청산가스)는 맹독성의 유독가스로서 대체로 0.3% 이상의 농도에서는 즉사한다. 그러나 다행히도 대부분의 화재에서는 발생량이 매우 적다. 목재나 종이류가 탈 때 공기 중의 질소가 탄소와 결합하면서 생성되기도 하지만, 주로 질소 함유물로 제조되는 수지류, 모직물 및 견직물이 불완전연소되어 발생하는 경우가 많다.

03 ①

| 연소이론 > 연소 개요 등 > 가연물의 구비조건 | 오답률 **17.3%** |

| **출제이력** | 2022(유사), 2018 하(유사), 2016

| **LINK** | 소방기본서 소방학개론 p. 43

① (○) 가연물은 열전도율이 작아야 한다. 열전도율이 작으면 열의 축적이 용이하다.

② (×) 활성화 에너지가 작아야 한다.

③ (×) 발열반응을 보여야 한다.

④ (×) 가연성 가스이어야 한다.

| **SUMMARY** | 가연성 물질

- **의의**: 가연성 물질이란 산소와 화학반응 시 발열반응을 일으키는 물질로서 유기화합물(탄화수소, 질소, 산소 등의 원자들로 화학결합된 물질)과 금속(마그네슘, 나트륨, 칼륨)이 있다. 가연물은 산화되기 쉬운 물질로, 산화되기 쉽다는 것은 연소하기 쉽다는 말과 같으며, 활성화 에너지(점화 에너지)가 적고, 발열량이 많다는 뜻이다.
- **가연물의 구비조건**

발열량이 클 것	산화되기 쉬운 물질로서 산소와 결합할 때 발열량이 커야 함
산소와의 결합력이 강한 물질일 것	산소와의 친화력이 크다는 의미이며, 화학적으로는 활성이 강하다는 뜻임
가연물의 표면적이 클 것	가연물의 표면적이 크면 산소와의 접촉면적이 커지므로 연소가 용이해짐(기체가 액체, 액체가 고체보다 표면적이 큼)
활성화 에너지가 작을 것	활성화 에너지가 작은 물질은 그만큼 위험한 물질이라고 볼 수 있음
열전도율이 작을 것	열전도율이 작다는 것은 열의 축적이 용이하다는 의미로, 기체보다 액체, 액체보다 고체가 열전도율이 큼(위험도에 있어서는 기체가 액체, 액체가 고체보다 높음)
연쇄반응을 수반할 것	연소현상이 연쇄적으로 반응해야 함
발열반응을 할 것	가연물은 산소와 반응하여 반드시 발열반응을 해야 함(흡열반응을 하는 물질은 가연물이 될 수 없음. 즉, 이는 불연성 물질을 의미함)

04 ②

| 연소이론 > 연소 개요 등 > 블로우 오프 | 오답률 **15.4%** |

| **출제이력** | 신규출제

| **LINK** | 소방기본서 소방학개론 p. 57

② (○) 가스의 분출속도가 크거나 공기의 유동이 강하면 불꽃이 염공으로부터 떨어지면서 꺼지는데, 이를 블로우 오프(Blow–Off)라고 한다.

가연성 기체의 분출속도가 빠르거나 화염 주변에 공기의 유동이 심하여 불꽃이 버너의 염공[가스분사구(가스버너에서 연료가스 또는 연료가스와 공기의 혼합가스를 분출시키기 위한 가스분사구)]에 정착하지 못하고 떨어지면서 꺼지는 현상이다. 즉, Lifting(선화)한 상태에서 다시 분출속도가 증가하면 결국 화염이 꺼지는 현상을 말한다.

---

05 ①

| 화재이론 > 건축물 화재의 성상 > 구획실 화재의 현상 | 오답률 11.5%

| **출제이력** | 2021(유사)

| **LINK** | 소방기본서 소방학개론 p. 120~122

① (○) 플래시오버는 폭풍 또는 충격파가 없고(발생하지 않고), 백 드래프트는 폭풍 또는 충격파를 수반(발생)한다.
② (×) 플래시오버는 복사열의 공급으로 발생하고, 백 드래프트는 산소의 공급으로 발생한다.
③ (×) 플래시오버는 상대적으로 산소의 공급이 원활하고, 백 드래프트는 산소가 부족하다.
④ (×) 플래시오버는 화재성장기에 발생하고, 백 드래프트는 최성기 또는 감쇠기에 발생한다.

| **SUMMARY** | 플래시오버와 백 드래프트의 비교

구분	플래시오버(F.O)	백 드래프트(B.D)
발생시기	화재성장기	최성기 또는 감쇠기
공급원	복사열이 주요인	산소가 주요인
영향	폭풍파 또는 충격파 없음	폭풍파 또는 충격파 수반
전단계 연소	자유연소상태	불완전연소상태(훈소상태)
산소량	상대적으로 산소공급 원활	산소 부족(갑자기 유입)

06 ①

TOP 1

| 화재이론 > 건축물 화재의 성상 > 구획실 화재의 과정 | 오답률 43.4%

| **출제이력** | 2020(유사), 2018 하, 2018 상

| **LINK** | 소방기본서 소방학개론 p. 119

① (×) 최성기가 아니라 성장기 때의 특징이다.

07 ②

TOP 3

| 소방조직론 > 소방조직 > 소방의 발전과정 | 오답률 38.5%

| **출제이력** | 2021(유사), 2020(유사), 2019(유사), 2018 상(유사), 2018 하(유사)

| **LINK** | 소방기본서 소방학개론 p. 327

② (○) 정부수립과 동시에 독립된 자치소방제도를 폐지하고 소방을 경찰과 병합하여 전국의 모든 시·군을 일괄적으로 국가에서 관리하는 '국가소방체제'로 전환하였으며, 경찰에서 소방을 관장하게 하였다.

> 정부수립 이후 초창기(1948~1970) 국가소방체제
> 1949년 8월 12일 법률 제44호로 「국가공무원법」이 제정·공포되어 일반직의 국가공무원의 신분으로 되었다가 1969년 1월 7일 법률 제2077호로 「국가공무원법」이 제정·공포되면서 일반직 공무원에서 별정직의 경찰공무원 신분이 되었다.

08 ①

| 재난관리론 > 우리나라의 재난관리 > 특별재난지역 선포 | 오답률 9.6%

| **출제이력** | 2021(유사), 2018 하(유사)

| **LINK** | 소방기본서 소방학개론 p. 450

① (○) 중앙대책본부장이 중앙위원회의 심의를 거쳐 특별재난지역으로 선포할 것을 대통령에게 건의하면, 특별재난지역의 선포를 건의받은 대통령은 해당 지역을 특별재난지역으로 선포할 수 있다.

> 「재난 및 안전관리 기본법」 제60조 【특별재난지역의 선포】 ① 중앙대책본부장은 대통령령으로 정하는 규모의 재난이 발생하여 국가의 안녕 및 사회질서의 유지에 중대한 영향을 미치거나 피해를 효과적으로 수습하기 위하여 특별한 조치가 필요하다고 인정하거나 제3항에 따른 지역대책본부장의 요청이 타당하다고 인정하는 경우에는 중앙위원회의 심의를 거쳐 해당 지역을 특별재난지역으로 선포할 것을 대통령에게 건의할 수 있다.
> ② 제1항에 따라 특별재난지역의 선포를 건의받은 대통령은 해당 지역을 특별재난지역으로 선포할 수 있다.
> ③ 지역대책본부장은 관할지역에서 발생한 재난으로 인하여 제1항에 따른 사유가 발생한 경우에는 중앙대책본부장에게 특별재난지역의 선포 건의를 요청할 수 있다.

09 ②

| 재난관리론 > 우리나라의 재난관리 > 응급조치 | 오답률 30.8%

| **출제이력** | 신규출제

| **LINK** | 소방기본서 소방학개론 p. 428

② (×) 해당 지역에 소재하는 행정기관 소속 공무원의 비상소집은 응급조치의 범위에 해당하지 않는다.

> 「재난 및 안전관리 기본법」 제37조 【응급조치】 ① 제50조 제2항에 따른 시·도 긴급구조통제단 및 시·군·구 긴급구조통제단의 단장(이하 '지역통제단장'이라 한다)과 시장·군수·구청장은 재난이 발생할 우려가 있거나 재난이 발생하였을 때에는 즉시 관계 법령이나 재난대응활동계획 및 위기관리 매뉴얼에서 정하는 바에 따라 수방(水防)·진화·구조 및 구난(救難), 그 밖에 재난 발생을 예방하거나 피해를 줄이기 위하여 필요한 다음 각 호의 응급조치를 하여야 한다. 다만, 지역통제단장의 경우에는 제2호 중 진화에 관한 응급조치와 제4호 및 제6호의 응급조치만 하여야 한다.
> 　1. 경보의 발령 또는 전달이나 피난의 권고 또는 지시
> 　1의2. 제31조에 따른 안전조치
> 　2. 진화·수방·지진방재, 그 밖의 응급조치와 구호
> 　3. 피해시설의 응급복구 및 방역과 방범, 그 밖의 질서 유지
> 　4. 긴급수송 및 구조수단의 확보
> 　5. 급수 수단의 확보, 긴급피난처 및 구호품의 확보
> 　6. 현장지휘통신체계의 확보
> 　7. 그 밖에 재난 발생을 예방하거나 줄이기 위하여 필요한 사항으로서 대통령령으로 정하는 사항

10 ④

| 연소이론 > 폭발론 > 폭연과 폭굉 | 오답률 11.5% |

| 출제이력 | 2018 상(유사)

| LINK | 소방기본서 소방학개론 p. 87~88

①, ②, ③ (×) 폭연과 폭굉의 설명이 서로 바뀌었다.

| SUMMARY | 폭연과 폭굉의 비교

- **폭연**
  - 디플러그레이션(Deflagration)이라 하며, 반응의 전파속도가 아음속이다.
  - 폭연은 화염의 전파속도가 음속보다 느리다.
  - 폭연은 에너지 전달이 일반적인 열 전달과정을 통해 나타난다.
  - 폭연은 온도, 압력, 밀도가 화염 면에서 연속적이다.
  - 폭연은 에너지 방출속도가 물질 전달속도에 영향을 받고, 화염의 전파가 분자량이나 난류확산에 영향을 받는다.
- **폭굉**
  - 디토네이션(Detonation)이라 하며, 반응의 전파속도가 초음속이다.
  - 폭굉은 화염의 전파속도가 음속보다 빠르다.
  - 폭굉은 에너지 전달이 충격파에 의해 나타난다.
  - 폭굉은 온도, 압력, 밀도가 화염 면에서 불연속적이다.
  - 폭굉은 에너지 방출속도가 물질 전달속도에 기인하지 않고 공간의 압축으로 인하여 아주 짧다.

11 ①

| 소화이론 > 소화원리 > 질식소화 | 오답률 0% |

| 출제이력 | 2021(유사), 2018 하, 2017 하

| LINK | 소방기본서 소방학개론 p. 192~193

① (○) 질식소화란 연소의 3요소 중 산소공급원을 차단하여 소화하거나 산소농도를 15% 이하로 낮추어 소화하는 방법이다.

> 공기 중에는 대개 21% 이상의 산소가 포함되어 있는데, 질식소화방식에서는 산소의 농도를 15% 이하(고체는 6% 이하, 아세틸렌은 4% 이하)로 낮춰 소화한다.

12 ②

| 연소이론 > 연소 개요 등 > 자연발화 | 오답률 30.8% |

| 출제이력 | 신규출제

| LINK | 소방기본서 소방학개론 p. 63

①, ③, ④ (○) 이 외에도 산화열에 의한 자연발화, 미생물에 의한 자연발화 등이 있다.

② (×) 융해열은 자연발화 열원의 종류가 아니다.

13 ④

| 연소이론 > 연소 개요 등 > 물질별 위험도 | 오답률 36.5% |

| 출제이력 | 2020

| LINK | 소방기본서 소방학개론 p. 50~51

④ (○) 이황화탄소의 위험도는 35.7로, 보기 중에서 위험도가 가장 높다. 가연성 가스의 위험도 값이 클수록 화재의 위험도가 높다.

> **위험도 계산**
> - 일산화탄소(12.5~74%) $H = \dfrac{74 - 12.5}{12.5} ≒ 4.92$
> - 수소(4~75%) $H = \dfrac{75 - 4}{4} ≒ 17.75$
> - 아세틸렌(2.5~81%) $H = \dfrac{81 - 2.5}{2.5} = 31.4$
> - 이황화탄소(1.2 ~ 44%) $H = \dfrac{44 - 1.2}{1.2} ≒ 35.7$

| SUMMARY | 위험도(Degree Of Hazards, H)

- **의의**: 위험도는 가연성 가스가 화재를 일으킬 위험성에 대한 척도를 나타내는 것으로, 폭발범위의 상한계와 하한계로부터 산출되는 제한수치이다. 가연성 가스의 위험도(H) 값이 클수록 화재의 위험성이 높다.
- **위험도 산출식**

$$H = \frac{U - L}{L}$$

H: 위험도(Degree Of Hazards)
U: 폭발한계의 상한계 값(Upper Limit, V%)
L: 폭발한계의 하한계 값(Lower Limit, V%)

14 ④

| 화재이론 > 화재 개요 등 > 전기화재 | 오답률 23.1% |

| 출제이력 | 신규출제

| LINK | 소방기본서 소방학개론 p. 114

④ (×) 역기전력은 전기화재의 직접적인 원인에 해당하지 않는다. 전기화재의 직접적 원인(발생원인)에는 전기기기의 합선(단락)이 제일 많고, 그 다음은 누전, 과전류, 지락 순이다.

> 역기전력이란 일정 전압이 걸릴 때 역으로 기전력이 흐르는 것으로, 전기화재의 원인이 될 수 없다. 즉, 이는 변압기의 원리이다.

15 ③

| 화재이론 > 화재 개요 등 > 화재의 분류 | 오답률 5.8% |

| 출제이력 | 2016(유사)

| LINK | 소방기본서 소방학개론 p. 113

① (×) 일반화재는 A급 화재이다.
② (×) 유류화재는 B급 화재이다.
③ (○) 전기화재는 C급 화재이다.
④ (×) 금속화재는 D급 화재이다.

| SUMMARY | 화재의 분류

물질의 종류와 성상(性狀)에 따라 화재의 종류별 급수를 정하고 있다. 급수는 나라별로 구분하는 방법에 차이가 있으나 한국에서는 통상 B급을 E급과 같이 취급하고 있으며, 세계적으로는 다음과 같이 분류하고 있다.

구분	종류	색상	내용
A급	일반화재	백색	목재, 섬유, 고무류, 합성수지 등
B급	유류화재	황색	인화성 액체 등 기름 성분인 것
C급	전기화재	청색	통전(通電) 중인 전기 설비 및 기기의 화재
D급	금속화재	무색	알루미늄분, 마그네슘 등의 금속(가루)의 화재
E급	가스화재	황색	LPG, LNG, 도시가스 등의 화재
K급	주방화재	무색	동식물유, 조리기구 등의 화재

16 ②

| 화재이론 > 위험물 화재의 성상 > 위험물 | 오답률 15.7% |

| 출제이력 | 2022, 2019

| LINK | 소방기본서 소방학개론 p. 139~146

② (×) 제2류 위험물 중 유황, 적린 등은 주수에 의한 냉각소화가 가능하지만, 마그네슘은 건조사피복에 의한 질식소화를 한다. 참고로, 위험물이라 함은 인화성 또는 발화성 등의 성질을 가지는 것으로서 대통령령이 정하는 물품을 말한다(「위험물안전관리법」 제2조 제1항 제1호).

마그네슘은 물과 반응 시 수소(H_2)가스를 발생하므로, 질식소화를 한다.
$Mg + 2H_2O \rightarrow Mg(OH)_2 + H_2 \uparrow$

17 ③

| 소화이론 > 소화원리 > 제3종 분말 소화약제 | 오답률 3.9% |

| 출제이력 | 2019(유사), 2018 하(유사)

| LINK | 소방기본서 소방학개론 p. 197

③ (○) 제3종 분말 소화약제에 대한 설명이다. 제3종 분말 소화약제는 주성분이 제1인산암모늄($NH_4H_2PO_4$)이며, 일반화재(A급), 유류화재(B급), 전기화재(C급) 등 모든 화재에 적용되는 분말약제이다. 색상 표시는 담홍색이다.

| SUMMARY | 분말 소화약제의 종류 및 적응화재

구분	화학식(주성분)	소화원리	적응화재	착색
제1종 분말 소화약제	$NaHCO_3$(탄산수소나트륨, 중탄산나트륨)	부촉매, 질식, 냉각	B급, C급	백색
제2종 분말 소화약제	$KHCO_3$ (탄산수소칼륨, 중탄산칼륨)	부촉매, 질식, 냉각	B급, C급	담자색 (보라색)
제3종 분말 소화약제	$NH_4H_2PO_4$ (제1인산암모늄)	부촉매, 질식, 냉각, 방진, 탈수	A급, B급, C급	담홍색 (핑크색)
제4종 분말 소화약제	$KHCO_3+(NH_2)_2CO$ (탄산수소칼륨+요소)	부촉매, 질식, 냉각	B급, C급	회색

18 ①

| 화재이론 > 건축물 화재의 성상 > 화재하중 | 오답률 25.5% |

| 출제이력 | 2020

| LINK | 소방기본서 소방학개론 p. 128

① (○) 화재하중은 $1kg/m^2$이다.

$Q = \dfrac{5kg \times 9,000kcal/kg}{4,500kcal/kg \times 10m^2} = 1kg/m^2$

1. 화재하중의 의의: 단위면적당 목재로 환산 시의 등가 가연물의 질량[중량(kg/m^2)]이다. 일정 구역 안에 있는 가연물 전체 발열량을 목재의 단위질량당 발열량으로 나누면 목재의 질량으로 환산된다. 이를 다시 그 구역의 바닥면적으로 나누면 단위면적당 가연물(목재)의 질량이 되는데, 이를 화재하중이라 한다. 화재하중은 주수시간을 결정하는 요인이 된다.

2. 화재하중의 크기

$$Q = \dfrac{\Sigma(G_t \times H_t)}{H_w A} = \dfrac{\Sigma Q_t}{4,500 \times A}[kg/m^2]$$

Q: 화재하중[kg/m^2]

G_t: 가연물 질량[kg]

H_t: 가연물의 단위발열량[kcal/kg]

A: 바닥면적[m^2]

H_w: 목재의 단위발열량[kcal/kg], 4,500

Q_t: 가연물의 전체 발열량[kcal]

19 ③

TOP 2

| 소화이론 > 소방시설 > 준비작동식 스프링클러설비 | 오답률 40.4% |

| 출제이력 | 2019(유사)

| LINK | 소방기본서 소방학개론 p. 236~237

① (×) 습식 스프링클러설비는 1차 측·2차 측 배관 내 항상 물이 가압되어 있다가 화재로 인한 열에 의해 헤드의 감열부가 개방되어 물을 살수하는 방식이다.

② (×) 건식 스프링클러설비는 1차 측 배관은 물로, 2차 측 배관은 압축공기 또는 질소로 채워져 있다.

③ (○) 준비작동식 스프링클러설비는 화재가 발생하면 감지기에 의해 준비작동밸브가 개방되고 물이 각 헤드까지 송수되어 있다가 계속 화재가 성장하여 열이 가해지면 헤드가 개방되면서 살수가 이루어져 소화를 한다.

④ (×) 일제살수식 스프링클러설비는 가압송수장치에서 일제개방밸브 1차측까지 배관 내에 항상 물이 가압되어 있고 2차 측에서 개방형스프링클러헤드까지 대기압(무압)으로 있다가 화재 발생 시 자동감지장치 또는 수동식 기동장치의 작동으로 일제개방밸브가 개방되면 스프링클러헤드까지 소화용수가 송수되는 방식이다.

20 ④

| 출제이력 | 2022(유사)

| LINK | 소방기본서 소방학개론 p. 258~267

④ (×) 자동화재탐지설비의 구성요소가 아닌 것은 송신기이다. 자동화재탐지설비의 구성요소로는 수신기, 감지기, 발신기, 중계기, 음향장치 등이 있다.

| SUMMARY | **자동화재탐지설비의 구성요소**

> • **감지기**: 화재 시 발생하는 열, 연기, 불꽃 또는 연소생성물을 자동적으로 감지하여 수신기에 발신하는 장치
> • **발신기**: 화재발생 신호를 수신기에 수동으로 발신하는 장치
> • **중계기**: 감지기, 발신기 또는 전기적 접점 등의 작동에 따른 신호를 받아 이를 수신기의 제어반에 전송하는 장치
> • **수신기**: 감지기나 발신기의 화재신호를 직접 수신하거나 중계기를 통하여 수신하여 화재의 발생을 표시 및 경보하여 주는 장치
> • **시각경보장치**: 자동화재탐지설비의 화재신호를 시각경보기에 전달하여 청각장애인에게 점멸 형태의 시각경보를 하는 장치

2016 | 소방학개론

2016년 시험은 비교적 골고루 평이한 난도로 출제되었으나, 난이도가 높은 문항들도 출제되었다. 2급 응급구조사의 업무범위, 의용소방대, 화재종류와 색상 등에 관한 문항은 기존에 자주 출제되던 문항이 아니었다. 또한 자연재난, 역화현상의 발생, 화재원인조사, 중앙통제단장을 묻는 문항은 난도가 높은 편이었다.

문항분석

문항	정답	오답률	영역
1	④	30.8%	소방조직론 > 소방기능 > 응급구조사의 업무범위
2 (오답률 TOP3)	③	34.6%	화재이론 > 건축물 화재의 성상 > 플래시오버의 대책(방지법)
3 (오답률 TOP1)	③	42.3%	소화이론 > 소방시설 > 물분무 소화설비
4	②	7.7%	재난관리론 > 재난 및 재난관리 > 자연재난
5	④	19.2%	소화이론 > 소방시설 > 경보설비
6	①	27.5%	연소이론 > 연소 개요 등 > 역화
7	③	7.7%	연소이론 > 연소 개요 등 > 가연물의 구비조건
8	①	19.2%	재난관리론 > 우리나라의 재난관리 > 긴급구조기관
9	②	27.5%	소화이론 > 소화약제 > 합성계면활성제포 소화약제
10	④	7.8%	연소이론 > 폭발론 > 증기운폭발
11	④	14.0%	화재이론 > 위험물 화재의 성상 > 제2류 위험물의 주수소화
12 (오답률 TOP2)	①	5.8%	소방조직론 > 소방조직 > 의용소방대
13	④	42.3%	소화이론 > 소화약제 > 분말 소화약제
14	④	13.5%	소방조직론 > 소방조직 > 계급의 구분
15	①	21.6%	재난관리론 > 우리나라의 재난관리 > 중앙긴급구조통제단
16	③	11.5%	화재이론 > 화재 개요 등 > 적응 화재별 표시 및 화재의 종류
17	②	7.8%	연소이론 > 연기 및 화염 > 중성대
18	②	17.3%	화재이론 > 화재조사 > 화재원인조사
19	①	19.2%	소화이론 > 소방시설 > 소방시설의 분류
20	①	2.0%	화재이론 > 화재조사 > 화재의 소실 정도

영역별 평균 오답률

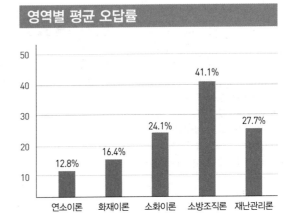

*2016년 20문항 기준 평균 오답률

출제 트렌드

구분	소방화학	연소이론	화재이론	소화이론	소방조직론	재난관리론
2022	1문항	5문항	6문항	5문항	0문항	3문항
2021	1문항	5문항	4문항	5문항	2문항	3문항
2020	0문항	4문항	6문항	5문항	2문항	3문항
2016	0문항	4문항	6문항	4문항	3문항	3문항

전 영역에서 고르게 출제 →

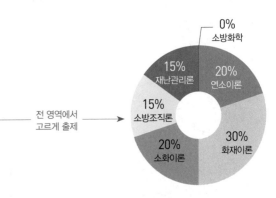

01 ④

| 소방조직론 > 소방기능 > 응급구조사의 업무범위 | 오답률 30.8% |

| 출제이력 | 신규출제

| LINK | 소방기본서 소방학개론 p. 361

④ (×) 응급구조사는 1급과 2급으로 분류하는데, <u>인공호흡기를 이용한 호흡유지는 1급 응급구조사의 업무범위에 해당한다.</u>

| SUMMARY | 「응급의료에 관한 법률 시행규칙」 별표 14[응급구조사의 업무범위 (제33조 관련)]

> 2. 2급 응급구조사의 업무범위
> 가. 구강 내 이물질의 제거
> 나. 기도기(Airway)를 이용한 기도유지
> 다. 기본 심폐소생술
> 라. 산소 투여
> 마. 부목·척추고정기·공기 등을 이용한 사지 및 척추 등의 고정
> 바. 외부출혈의 지혈 및 창상의 응급처치
> 사. 심박·체온 및 혈압 등의 측정
> 아. 쇼크방지용 하의 등을 이용한 혈압의 유지
> 자. 자동심장충격기를 이용한 규칙적 심박동의 유도
> 차. 흉통 시 니트로글리세린의 혀 아래(설하) 투여 및 천식발작 시 기관 지확장제 흡입(환자가 해당 약물을 휴대하고 있는 경우에 한함)

02 ③

TOP3

| 화재이론 > 건축물 화재의 성상 > 플래시오버의 대책(방지법) | 오답률 34.6% |

| 출제이력 | 신규출제

| LINK | 소방기본서 소방학개론 p. 121

③ (×) 제거소화 지연방식은 플래시오버 지연을 위한 소방전술이 아닌, <u>4대 소화효과 중 하나이다.</u>

| SUMMARY | 전실화재(플래시오버) 지연을 위한 소방전술

> • 냉각 지연법: 화재실의 온도를 낮추어서 전실화재의 발생을 지연시키는 방법으로, 물의 증발잠열을 이용하여 주수를 통해 실을 냉각하는 방법
> • 배연 지연법: 상부의 고온층을 배출하여 전실화재를 지연시키는 방법
> • 공기차단 지연법: 구획실의 기밀성을 강화하여 공기의 공급을 제한하면 연소가 제한적으로 진행될 수밖에 없으므로, 화재의 성장이 늦어지고 전실화재의 발생을 지연시키는 방법

03 ③

TOP1

| 재난관리론 > 재난 및 재난관리 > 자연재난 | 오답률 42.3% |

| 출제이력 | 신규출제

| LINK | 소방기본서 소방학개론 p. 244

① (×) 스프링클러 소화설비는 소화설비 중 스프링클러설비 등에 속하다.
② (×) 캐비닛형 자동소화장치는 소화설비 중 자동소화장치에 해당한다.
③ (○) 이산화탄소 소화설비는 물분무 등 소화설비에 해당한다.

물분무 등 소화설비란 소방약제를 자동 또는 수동으로 소방대상물에 설치하여 화재확산을 막거나 억제시키는 기구 및 설비이다.
• 물분무 소화설비
• 미분무 소화설비
• 포 소화설비
• 강화액 소화설비
• 이산화탄소 소화설비
• 할로겐화합물 소화설비
• 할로겐화합물 및 불활성기체 소화약제 소화설비
• 분말 소화설비
• 고체에어로졸 소화설비

④ (×) 옥내소화전설비는 소화설비에 해당한다.

04 ②

| 소화이론 > 소방시설 > 소방시설의 분류 | 오답률 7.7% |

| 출제이력 | 2017 하

| LINK | 소방기본서 소방학개론 p. 372

② (×) 환경오염사고는 <u>사회재난에 해당한다.</u>

| SUMMARY | 자연재난과 사회재난

> • 재난의 의의: 재난이란 국민의 생명·신체 및 재산과 국가에 피해를 주거나 줄 수 있는 것으로서, 자연재난과 사회재난으로 구분한다(「재난 및 안전관리 기본법」 제3조 제1호).
> • 재난의 분류

| 자연재난 | 태풍, 홍수, 호우, 강풍, 풍랑, 해일, 대설, 한파, 낙뢰, 가뭄, 폭염, 지진, 황사, 조류 대발생, 조수, 화산활동, 소행성·유성체 등 자연우주물체의 추락·충돌, 그 밖에 이에 준하는 자연현상으로 인하여 발생하는 재해 |
| 사회재난 | 화재, 붕괴, 폭발, 교통사고(항공사고 및 해상사고를 포함한다), 화생방사고, 환경오염사고 등으로 인하여 발생하는 대통령령으로 정하는 규모 이상의 피해, 국가핵심기관의 마비, 감염병 또는 가축 전염병의 확산, 미세먼지 등으로 인한 피해 |

05 ④

| 화재이론 > 위험물 화재의 성상 > 제1류 위험물 | 오답률 19.2% |

| 출제이력 | 신규출제

| LINK | 소방기본서 소방학개론 p. 255~270

①, ②, ③ (○) 화재발생사실을 통보하는 경보설비이다.
④ (×) 소방시설에는 소화설비, 경보설비, 피난구조설비, 소화용수설비, 소화활동설비가 있는데, 무선통신보조설비는 소화활동설비이다.

06 ①

| 연소이론 > 연소 개요 등 > 역화 | 오답률 27.5% |

| 출제이력 | 2018 상

| LINK | 소방기본서 소방학개론 p. 56

① (×) 가스분출속도가 연소속도보다 빠를 때가 아니라 <u>느릴 때 역화현상이 일어난다.</u>

| SUMMARY | 역화(Back Fire)

- **역화의 의의**: 역화란 연료의 분출속도가 연소속도보다 느릴 때 불꽃이 노즐 속으로 빨려 들어가 혼합관 속에서 연소하는 현상이다. 가스가 노즐에서 나가는 속도가 연소속도보다 느리게 되어 버너 내부에서 연소하게 되는 현상이며, 가연성 가스의 연소속도에 비하여 분출속도가 평형점 이하로 늦어질 때 발생한다.
- **역화의 원인**
  - 노즐에서 분출되는 가연성 가스량이 적을 때
  - 공급가스의 분출속도가 느릴 때
  - 노즐이 크거나 부식에 의해 확대되었을 때
  - 노즐구경이 너무 작을 때
  - 버너가 과열되었을 때

07 ③

연소이론 > 연소 개요 등 > 가연물의 구비조건   오답률 **7.7%**

| 출제이력 | 2022(유사), 2018 하(유사), 2017 상

| LINK | 소방기본서 소방학개론 p. 43

③ (×) 가연물은 열의 축적이 용이하도록 열전도의 값이 작아야 한다.

| SUMMARY | 가연물의 구비 조건

- 화학반응을 일으킬 때 활성화에너지(점화에너지)의 값이 작아야 한다.
- 일반적으로 산화되기 쉬운 물질로서 산소와 결합할 때 발열량이 커야 한다.
- 열의 축적이 용이하도록 열전도의 값이 작아야 한다.
- 조연성 가스인 산소·염소와의 친화력이 높아야 한다.
- 산소와 접촉할 수 있는 표면적이 넓어야 한다(기체 > 액체 > 고체).
- 연쇄반응을 일으킬 수 있는 물질이어야 한다.

08 ①

재난관리론 > 우리나라의 재난관리 > 긴급구조기관   오답률 **19.2%**

| 출제이력 | 2020(유사), 2017 하(유사)

| LINK | 소방기본서 소방학개론 p. 384

① (×) 긴급구조기관이란 소방청·소방본부·소방서와 해양경찰청·지방해양경찰청 및 해양경찰서를 말한다(「재난 및 안전관리 기본법」 제3조 제7호). 이 중 육상에서의 재난은 소방관련 부처가 담당하고, 해양에서의 재난은 해양경비안전부처가 책임지고 있다.

09 ②

소화이론 > 소화약제 > 합성계면활성제포 소화약제   오답률 **27.5%**

| 출제이력 | 신규출제

| LINK | 소방기본서 소방학개론 p. 203

② (○) 포 소화약제 중 저발포와 고발포로 사용할 수 있는 소화약제는 합성계면활성제포 소화약제이다(저발포와 고발포를 임의로 발포할 수 있다).

합성계면활성제포 소화약제
- 가장 오래된 기계포 소화약제이다.
- 다양한 발포율이 가능하다(3%, 6%형 – 저발포, 1%, 1.5%, 2%형 – 고발포).
- 차고, 주차장 및 일반 유류화재에 적합하다.
- 고팽창포로 사용 시 화학플랜트화재, 지하가, 저유탱크 등의 화재에 적합하다.

10 ④

연소이론 > 폭발론 > 증기운폭발   오답률 **7.8%**

| 출제이력 | 신규출제

| LINK | 소방기본서 소방학개론 p. 85

④ (○) 증기운폭발이란 증기가 대기 중에 확산되어 구름모양을 형성하면서 폭발하는 화학적 동반현상이다.

11 ④

화재이론 > 위험물 화재의 성상 > 제2류 위험물의 주수소화   오답률 **14.0%**

| 출제이력 | 2020(유사)

| LINK | 소방기본서 소방학개론 p. 140~142

④ (○) 적린, 인화성 고체 등은 다량의 물에 의한 냉각소화(주수소화)가 적당하다.

12 ①

소방조직론 > 소방조직 > 의용소방대   오답률 **5.8%**

| 출제이력 | 신규출제

| LINK | 소방기본서 소방학개론 p. 331~332

① (○) 화재 진압, 경계, 구조, 구급 등의 활동을 하기 위한 조직의 일원에 해당하는 사람은 <u>의용소방대</u>이다. 의용소방대는 소방본부장 또는 소방서장이 관장하는 소방업무를 보조하기 위하여 서울특별시, 광역시, 시·읍·면에 설치된 일선의 소방조직이다.

| SUMMARY | 소방대

「소방기본법」 제2조 【정의】
5. '소방대'(消防隊)란 화재를 진압하고 화재, 재난·재해, 그 밖의 위급한 상황에서 구조·구급 활동 등을 하기 위하여 다음 각 목의 사람으로 구성된 조직체를 말한다.
   가. 「소방공무원법」에 따른 소방공무원
   나. 「의무소방대설치법」 제3조에 따라 임용된 의무소방원(義務消防員)
   다. 「의용소방대 설치 및 운영에 관한 법률」에 따른 의용소방대원(義勇消防隊員)

13 ④

TOP2

| 소화이론 > 소화약제 > 분말 소화약제 | 오답률 **42.3%** |

| 출제이력 | 신규출제

| LINK | 소방기본서 소방학개론 p. 212

④ (×) 희석소화란 화재 시에 다량의 물을 방사함으로써 산소농도나 가연물의 조성을 연소범위 이하로 희석시켜 점화원에 착화되지 않게 하는 소화방법이다.

| SUMMARY | 분말 소화약제의 소화효과

- 질식효과(열분해 시 발생하는 불연성 가스에 의한 질식)
- 냉각효과(열분해 시 흡열반응에 의한 냉각)
- 방사열 차단(분말분무에 의한 열방사 차단)
- 이 외에도 부촉매효과, 방진효과, 탈수·탄화작용 등

14 ④

| 소방조직론 > 소방조직 > 계급의 구분 | 오답률 **13.5%** |

| 출제이력 | 신규출제

| LINK | 소방기본서 소방학개론 p. 336

④ (○) 우리나라 소방공무원의 계급은 <u>소방총감, 소방정감, 소방감, 소방준감, 소방정, 소방령, 소방경, 소방위, 소방장, 소방교, 소방사의 순</u>이다(「소방공무원법」 제3조).

교수님 TIP

소방사 임용면접시험까지 합격한 자는 6개월의 기간 동안 소방사 시보로 근무한 후 소방사가 될 수 있다. 한편, 간부후보 선발시험에 합격한 자는 1년의 기간 동안 소방위 시보로 근무한 후 소방위가 될 수 있다.

15 ①

| 재난관리론 > 우리나라의 재난관리 > 중앙긴급구조통제단 | 오답률 **21.6%** |

| 출제이력 | 2020(유사), 2019(유사), 2017 하(유사)

| LINK | 소방기본서 소방학개론 p. 436~437

① (×) 중앙긴급구조통제단의 단장은 행정안전부장관이 아니라 <u>소방청장</u>이다.

「재난 및 안전관리 기본법」 제49조【중앙긴급구조통제단】① 긴급구조에 관한 사항의 총괄·조정, 긴급구조기관 및 긴급구조지원기관이 하는 긴급구조활동의 역할 분담과 지휘·통제를 위하여 소방청에 중앙긴급구조통제단(이하 '중앙통제단'이라 한다)을 둔다.
② 중앙통제단의 단장은 소방청장이 된다.

16 ③

| 화재이론 > 화재 개요 등 > 적응 화재별 표시 및 화재의 종류 | 오답률 **11.5%** |

| 출제이력 | 2017 상(유사)

| LINK | 소방기본서 소방학개론 p. 113

③ (○) 전기화재는 청색으로 표시되며 C급 화재이다.

| SUMMARY | 화재의 종류 및 표시색상

구분	화재의 종류	표시색상
A급	일반화재	백색
B급	유류화재	황색
C급	전기화재	청색
D급	금속화재	무색
E급	가스화재	황색

17 ②

| 연소이론 > 연기 및 화염 > 중성대 | 오답률 **7.8%** |

| 출제이력 | 신규출제

| LINK | 소방기본서 소방학개론 p. 67

② (○) 실내화재가 발생하면 연소열에 의한 기체는 온도가 상승하고 부피가 커지며, 밀도의 변화로 부피당 무게의 감소로 인한 부력이 발생하여 상승기류가 형성된다. 이로 인해 연소가스 등 실내의 기체는 바깥공기보다 가벼워지면서 위로 떠서 밖으로 빠져 나간다. 이와 동시에 실내와 실외는 정압 차이가 나타나게 되는데, 이러한 현상에서 압력은 공간에서 평균적인 평형을 이루려고 한다. <u>실내 공간의 어느 지점에 실내와 실외의 정압이 같아지는 면이 있는데, 그 면을 중성대라고 한다.</u>

18 ②

| 화재이론 > 화재조사 > 화재원인조사 | 오답률 **17.3%** |

| 출제이력 | 2022, 2020, 2018 하, 2018 상, 2017 하

| LINK | 소방기본서 소방학개론 p. 164

② (×) <u>인명피해조사</u>는 「화재조사 및 보고규정」 제3조(조사구분 및 범위)의 화재원인조사 범주가 아닌 화재피해조사에 속한다. 화재원인조사 및 피해조사는 화재와 그로 인한 재산상의 피해를 조사하는 것이다.

| SUMMARY | 화재원인조사의 범위(「화재조사 및 보고규정」 제3조)

구분	조사범위
발화원인조사	발화지점, 발화열원, 발화요인, 최초착화물 및 발화 관련기기 등
발견·통보 및 초기 소화상황조사	발견경위·통보 및 초기 소화 등 일련의 행동과정
연소상황조사	화재의 연소경로 및 연소확대물, 연소확대사유 등
피난상황조사	피난경로, 피난상의 장애요인 등
소방·방화시설 등 조사	소방·방화시설의 활용 또는 작동 등의 상황

19 ①

소화이론 > 소방시설 > 소방시설의 분류   오답률 **19.2%**

| 출제이력 | 2020, 2019, 2018 상

| LINK | 소방기본서 소방학개론 p. 216~217

① (×) 상수도소화용수설비는 소화용수설비이다.

②, ③, ④ (○) 소화활동설비이다.

「소방시설 설치 및 관리에 관한 법률 시행령」 별표1【소방시설(제3조 관련)】

1. 소화설비
2. 경보설비
3. 피난구조설비
4. 소화용수설비: 화재를 진압하는 데 필요한 물을 공급하거나 저장하는 설비
  가. 상수도소화용수설비
  나. 소화수조·저수조 그 밖의 소화용수설비
5. 소화활동설비: 화재를 진압하거나 인명구조활동을 위하여 사용하는 설비
  가. 제연설비
  나. 연결송수관설비
  다. 연결살수설비
  라. 비상콘센트설비
  마. 무선통신보조설비
  바. 연소방지설비

20 ①

화재이론 > 화재조사 > 화재의 소실 정도   오답률 **2.0%**

| 출제이력 | 신규출제

| LINK | 소방기본서 소방학개론 p. 168

① (○) 건축물의 70% 이상이 소실되면 전소에 해당한다.

| SUMMARY | 이재 정도(소손 정도)에 의한 화재분류

구분	소손 정도	내용
전소	70% 이상	건물의 70% 이상이 소실된 것 또는 70% 미만이 더라도 잔존부분을 보수하여 재사용할 수 없는 것
반소	30% 이상 70% 미만	건물의 30% 이상 70% 미만 소실된 것
부분소	30% 미만	전소 및 반소에 해당하지 않는 것

소방관계법규

FIRE FIGHTER

2022 | 소방관계법규 A형

소방학개론에 비해 소방관계법규는 평이한 난이도로 출제되었다. 평소 탄탄하게 학습해 온 학생들이라면 모의고사를 치르던 실력 그대로 점수가 나왔으리라 생각한다. 하지만 2023년부터는 과목개편과 더불어 법개정 등 많은 변화가 예상되니, 넓은 이해와 깊이 있는 학습이 수반되어야 할 것이다.

문항분석

문항	정답	난이도	영역
1	②	중	화재예방법 > 화재의 예방조치 등 > 화재예방강화지구의 지정 등
2	①	상	소방기본법 > 총칙 > 소방기술민원센터의 설치·운영
3	②	중	소방기본법 > 소방활동 등 > 소방자동차 전용구역
4	②	중	소방기본법 > 소방장비 및 소방용수시설 등 > 소방용수시설의 설치 및 관리 등
5	④	중	화재예방법 > 벌칙 > 과태료
6	④	하	소방기본법 > 총칙 > 정의
7	④	중	소방시설법 > 소방시설 등의 설치·관리 및 방염 > 성능위주설계
8	③	중	소방시설법 > 소방시설 등의 설치·관리 및 방염 > 특정소방대상물의 방염
9	①	중	화재예방법 > 화재안전조사 > 화재안전조사의 방법·절차 등
10	②	상	소방시설법 > 소방시설 등의 설치·관리 및 방염 > 특정소방대상물에 설치하는 소방시설의 관리 등
11	②	하	소방시설공사업법 > 소방시설업 > 등록의 결격사유
12	①	중	소방시설공사업법 > 소방시설공사 등 > 감리원의 배치 등
13	③	중	소방시설공사업법 > 소방시설공사 등 > 착공신고
14	③	하	소방시설공사업법 > 총칙 > 정의
15	①	중	소방시설공사업법 > 소방시설업 > 소방시설업의 등록
16	①	중	위험물관리법 > 위험물시설의 안전관리 > 예방규정
17	③	하	위험물관리법 > 위험물시설의 안전관리 > 자체소방대
18	③	하	위험물관리법 > 총칙 > 정의
19	④	하	위험물관리법 > 총칙 > 위험물의 저장 및 취급의 제한
20	①	중	위험물관리법 > 총칙 > 위험물의 저장 및 취급의 제한

고난도 10

합격예상 체크

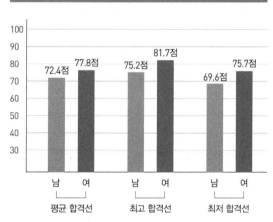

	남	여	남	여	남	여
	72.4점	77.8점	75.2점	81.7점	69.6점	75.7점

평균 합격선 　　최고 합격선 　　최저 합격선

*에듀윌 2022년 소방 공채 합격예측 풀서비스 입력데이터에 근거함

출제 트렌드

구분	소방기본법	소방시설법	화재예방법	소방시설 공사업법	위험물 안전관리법
2022	4문항	3문항	3문항	5문항	5문항
2021	4문항	2문항	4문항	5문항	5문항
2020	4문항	4문항	2문항	5문항	5문항

소방시설법과 화재예방법이 분리된 것을 감안하면 전 영역에서 고르게 출제

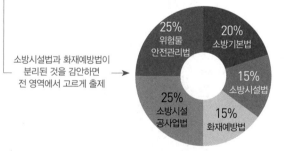

25% 위험물 안전관리법 ｜ 20% 소방기본법 ｜ 15% 소방시설법 ｜ 15% 화재예방법 ｜ 25% 소방시설 공사업법

01 ②

화재예방법 > 화재의 예방조치 등 > 화재예방강화지구의 지정 등   중

| 출제이력 | 2016

| LINK | 소방기본서 소방관계법규 p. 233~234

- 소방관서장은 법 제18조 제3항에 따라 화재예방강화지구 안의 소방대상물의 위치·구조 및 설비 등에 대한 화재안전조사를 연 1회 이상 실시하여야 한다(「화재의 예방 및 안전관리에 관한 법률 시행령」 제21조 제1항).
- 소방관서장은 법 제18조 제5항에 따라 화재예방강화지구 안의 관계인에 대하여 소방에 필요한 훈련 및 교육을 연 1회 이상 실시할 수 있다(동조 제2항).
- 소방관서장은 제2항에 따른 소방에 필요한 훈련 및 교육을 실시하려는 경우에는 화재예방강화지구 안의 관계인에게 훈련 또는 교육 10일 전까지 그 사실을 통보하여야 한다(동조 제3항).

교수님 TIP

일의 순서에 따라 훈련교육(연 1회, 10일 전) → 화재안전조사(연 1회) → 용수, 기구, 설비 설치명령(위반 시 200만원 이하의 과태료)로 암기하는 것이 좋다.

02 ①

소방기본법 > 총칙 > 소방기술민원센터의 설치·운영   상

| 출제이력 | 신규출제

| LINK | 소방기본서 소방관계법규 p. 233~234

① (×) 소방청장 및 본부장은 소방청 또는 소방본부에 각각 소방기술민원센터를 설치·운영한다.

② (○) 소방기술민원센터는 소방기술민원과 관련된 현장 확인 및 처리 업무를 수행한다.

③ (○) 소방기술민원센터는 소방기술민원과 관련된 질의회신집 및 해설서 발간의 업무를 수행한다.

④ (○) 소방기술민원센터는 소방시설, 소방공사와 위험물 안전관리 등과 관련된 법령해석 등의 민원을 처리한다.

> 「소방기본법 시행령」 제1조의2 【소방기술민원센터의 설치·운영】 ① 소방청장 또는 소방본부장은 「소방기본법」(이하 "법"이라 한다) 제4조의2제1항에 따른 소방기술민원센터(이하 "소방기술민원센터"라 한다)를 소방청 또는 소방본부에 각각 설치·운영한다.
> ② 소방기술민원센터는 센터장을 포함하여 18명 이내로 구성한다.
> ③ 소방기술민원센터는 다음 각 호의 업무를 수행한다.
> 1. 소방시설, 소방공사와 위험물 안전관리 등과 관련된 법령해석 등의 민원(이하 "소방기술민원")의 처리
> 2. 소방기술민원과 관련된 질의회신집 및 해설서 발간
> 3. 소방기술민원과 관련된 정보시스템의 운영·관리
> 4. 소방기술민원과 관련된 현장 확인 및 처리
> 5. 그 밖에 소방기술민원과 관련된 업무로서 소방청장 또는 소방본부장이 필요하다고 인정하여 지시하는 업무

④ 소방청장 또는 소방본부장은 소방기술민원센터의 업무수행을 위하여 필요하다고 인정하는 경우에는 관계 기관의 장에게 소속 공무원 또는 직원의 파견을 요청할 수 있다.

03 ②

소방기본법 > 소방활동 등 > 소방자동차 전용구역   중

| 출제이력 | 신규출제

| LINK | 소방기본서 소방관계법규 p. 53~54

① (○) 소방자동차 전용구역의 설치 기준·방법, 방해행위의 기준, 그 밖에 필요한 사항은 대통령령으로 정한다.

② (×) 전용구역에 주차하거나 전용구역에의 진입을 가로막는 등의 방해행위를 한 자에게는 100만원 이하의 과태료를 부과한다.

> 「소방기본법」 제21조의2 【소방자동차 전용구역 등】 ① 「건축법」 제2조 제2항 제2호에 따른 공동주택 중 대통령령으로 정하는 공동주택의 건축주는 제16조 제1항에 따른 소방활동의 원활한 수행을 위하여 공동주택에 소방자동차 전용구역(이하 "전용구역")을 설치하여야 한다.
> ② 누구든지 전용구역에 차를 주차하거나 전용구역에의 진입을 가로막는 등의 방해행위를 하여서는 아니 된다.
> ③ 전용구역의 설치 기준·방법, 제2항에 따른 방해행위의 기준, 그 밖의 필요한 사항은 대통령령으로 정한다.
>
> 제56조 【과태료】 ③ 제21조의2 제2항을 위반하여 전용구역에 차를 주차하거나 전용구역에의 진입을 가로막는 등의 방해행위를 한 자에게는 100만원 이하의 과태료를 부과한다.

③ (○) 「건축법 시행령」 별표 1 제2호 가목의 아파트 중 세대수가 100세대 이상인 아파트의 건축주는 소방활동의 원활한 수행을 위하여 공동주택에 소방자동차 전용구역을 설치하여야 한다.

④ (○) 「건축법 시행령」 별표 1 제2호 라목의 기숙사 중 3층인 기숙사가 하나의 대지에 하나의 동(棟)으로 구성되고, 「도로교통법」 제32조 또는 제33조에 따라 정차 또는 주차가 금지된 편도 2차선 이상의 도로에 직접 접하여 소방자동차가 도로에서 직접 소방활동이 가능한 경우 소방자동차 전용구역 설치대상에서 제외한다.

> 「소방기본법 시행령」 제7조의12 【소방자동차 전용구역 설치 대상】 법 제21조의2 제1항에서 "대통령령으로 정하는 공동주택"이란 다음 각 호의 주택을 말한다. 다만, 하나의 대지에 하나의 동으로 구성되고 「도로교통법」 제32조 또는 제33조에 따라 정차 또는 주차가 금지된 편도 2차선 이상의 도로에 직접 접하여 소방자동차가 도로에서 직접 소방활동이 가능한 공동주택은 제외한다.
> 1. 「건축법 시행령」 별표 1 제2호 가목의 아파트 중 세대수가 100세대 이상인 아파트
> 2. 「건축법 시행령」 별표 1 제2호 라목의 기숙사 중 3층 이상의 기숙사

04 ②

소방기본법 > 소방장비 및 소방용수시설 등 >
소방용수시설의 설치 및 관리 등   중

| 출제이력 | 2021(유사), 2019(유사), 2018 하(유사)

| LINK | 소방기본서 소방관계법규 p. 32~36

① (○) 비상소화장치의 설치기준에 관한 세부 사항은 소방청장이 정한다.
② (×) 시·도지사는 설치된 소방용수시설에 대하여 소방용수표지를 보기 쉬운 곳에 설치하여야 한다.

> 「소방기본법 시행규칙」 제6조【소방용수시설 및 비상소화장치의 설치기준】① 특별시장·광역시장·특별자치시장·도지사 또는 특별자치도지사(이하 "시·도지사")는 법 제10조 제1항의 규정에 의하여 설치된 소방용수시설에 대하여 별표 2의 소방용수표지를 보기 쉬운 곳에 설치하여야 한다.

③ (○) 소방호스 및 관창은 소방청장이 정하여 고시하는 형식승인 및 제품검사의 기술기준에 적합한 것으로 설치한다.
④ (○) 비상소화장치함은 소방청장이 정하여 고시하는 성능인증 및 제품검사의 기술기준에 적합한 것으로 설치한다.

05 ④

화재예방법 > 벌칙 > 과태료   중

| 출제이력 | 신규출제

| LINK | 소방기본서 소방관계법규 p. 71~73

위반행위	과태료 금액(만원)		
	1회	2회	3회 이상
특수가연물의 저장 및 취급의 기준을 위반한 경우	200만원		

06 ④

소방기본법 > 총칙 > 정의   하

| 출제이력 | 신규출제

| LINK | 소방기본서 소방관계법규 p. 19

④ (×) 비상조명등설비는 피난구조설비이다.

| SUMMARY | 소화활동설비의 종류

> 1. 연결송수관설비
> 2. 연결살수설비
> 3. 연소방지설비
> 4. 무선통신보조설비
> 5. 제연설비
> 6. 비상콘센트설비

교수님 TIP

소화활동설비는 '송살방 무제비는 진압구조용'으로 암기한다.

07 ④

소방시설법 > 소방시설 등의 설치·관리 및 방염 > 성능위주설계   중

| 출제이력 | 2017 하

| LINK | 소방기본서 소방관계법규 p. 108~116

① (○) 연면적 3만m² 이상인 공항시설에 해당하는 특정소방대상물
② (○) 하나의 건축물에 「영화 및 비디오물의 진흥에 관한 법률」 제2조 제10호에 따른 영화상영관이 10개 이상인 특정소방대상물
③ (○) 50층 이상(지하층은 제외한다)이거나 지상으로부터 높이가 200m 이상인 아파트 등
④ (×) 30층 이상(지하층을 포함한다)이거나 지상으로부터 높이가 120m 이상인 특정소방대상물(아파트 등은 제외한다)

> 「소방시설 설치 및 관리에 관한 법률 시행령」 제9조【성능위주설계를 하여야 하는 특정소방대상물의 범위】 법 제8조 제1항에서 "대통령령으로 정하는 특정소방대상물"이란 다음 각 호의 어느 하나에 해당하는 특정소방대상물(신축하는 것만 해당)을 말한다.
> 1. 연면적 20만m² 이상인 특정소방대상물. 다만, 별표 2 제1호에 따른 공동주택 중 주택으로 쓰이는 층수가 5층 이상인 주택(이하 "아파트 등")은 제외한다.
> 2. 50층 이상(지하층은 제외)이거나 지상으로부터 높이가 200m 이상인 아파트 등
> 3. 30층 이상(지하층을 포함)이거나 지상으로부터 높이가 120m 이상인 특정소방대상물(아파트 등은 제외)
> 4. 연면적 3만m² 이상인 특정소방대상물로서 다음 각 목의 어느 하나에 해당하는 특정소방대상물
>   가. 철도 및 도시철도 시설
>   나. 공항시설
> 5. 연면적 10만m² 이상이거나 지하 2층 이하이고 지하층의 바닥면적의 합이 3만m² 이상인 창고시설
> 6. 하나의 건축물에 「영화 및 비디오물의 진흥에 관한 법률」 제2조 제10호에 따른 영화상영관이 10개 이상인 특정소방대상물
> 7. 「초고층 및 지하연계 복합건축물 재난관리에 관한 특별법」 제2조 제2호 따른 지하연계 복합건축물에 해당하는 특정소방대상물
> 8. 별표 2 제27호 나목의 터널 중 수저(水底)터널 또는 길이가 5천m 이상인 것

08 ③

소방시설법 > 소방시설 등의 설치·관리 및 방염 > 특정소방대상물의 방염   중

| 출제이력 | 2019, 2018 상, 2017 상

| LINK | 소방기본서 소방관계법규 p. 142~144

① (○) 불꽃에 의하여 완전히 녹을 때까지 불꽃의 접촉 횟수는 3회 이상일 것

② (○) 탄화(炭化)한 면적은 50cm² 이내, 탄화한 길이는 20cm 이내일 것

③ (×) 소방청장이 정하여 고시한 방법으로 발연량(發煙量)을 측정하는 경우 최대연기밀도는 400 이하일 것

④ (○) 버너의 불꽃을 제거한 때부터 불꽃을 올리며 연소하는 상태가 그칠 때까지 시간은 20초 이내이며, 버너의 불꽃을 제거한 때부터 불꽃을 올리지 아니하고 연소하는 상태가 그칠 때까지 시간은 30초 이내일 것

> 「소방시설 설치 및 관리에 관한 법률 시행령」 제30조 【방염성능기준】 법 제20조 제3항에 따른 방염성능기준은 다음 각 호의 기준에 따르되, 제1항에 따른 방염대상물품의 종류에 따른 구체적인 방염성능기준은 다음 각 호의 기준의 범위에서 소방청장이 정하여 고시하는 바에 따른다.
> 1. 버너의 불꽃을 제거한 때부터 불꽃을 올리며 연소하는 상태가 그칠 때까지 시간은 20초 이내일 것
> 2. 버너의 불꽃을 제거한 때부터 불꽃을 올리지 아니하고 연소하는 상태가 그칠 때까지 시간은 30초 이내일 것
> 3. 탄화한 면적은 50cm² 이내, 탄화한 길이는 20cm 이내일 것
> 4. 불꽃에 의하여 완전히 녹을 때까지 불꽃의 접촉 횟수는 3회 이상일 것
> 5. 소방청장이 정하여 고시한 방법으로 발연량을 측정하는 경우 최대 연기밀도는 400 이하일 것

| SUMMARY | 최대 연기밀도 400의 개념

> 광선투과율 T = 0.1%, 즉, 암흑도가 99.9%를 의미
> $$T = \frac{I(연기\ 있을\ 때\ 밝기)}{I_o(연기\ 없을\ 때\ 밝기)}$$

09 ①

화재예방법 > 화재안전조사 > 화재안전조사의 방법·절차 등   중

| 출제이력 | 2018 하, 2017 하, 2017 상

| LINK | 소방기본서 소방관계법규 p. 219~220

① (×) 소방관서장은 화재안전조사를 마친 때에는 그 조사 결과를 관계인에게 서면으로 통지해야 한다.

> 「화재의 예방 및 안전관리에 관한 법률」 제13조 【화재안전조사 결과 통보】 소방관서장은 화재안전조사를 마친 때에는 그 조사 결과를 관계인에게 서면으로 통지해야 한다. 다만, 화재안전조사의 현장에서 관계인에게 조사의 결과를 설명하고 화재안전조사결과서의 부본을 교부한 경우에는 그러하지 아니하다.

② (○) 소방관서장은 화재안전조사를 하려면 사전에 관계인에게 조사대상, 조사기간 및 조사사유 등을 우편 등으로 알려야 한다.

> 「화재의 예방 및 안전관리에 관한 법률」 제8조 【화재안전조사의 방법·절차 등】 ② 소방관서장은 화재안전조사를 실시하려는 경우 사전에 관계인에게 조사대상, 조사기간 및 조사사유 등을 우편, 전화, 전자메일 또는 문자전송 등을 통하여 통지하고 이를 대통령령으로 정하는 바에 따라 인터넷 홈페이지나 제16조 제3항의 전산시스템 등을 통하여 공개하여야 한다. 다만, 다음 각 호의 어느 하나에 해당하는 경우에는 그러하지 아니하다.

> 1. 화재가 발생할 우려가 뚜렷하여 긴급하게 조사할 필요가 있는 경우
> 2. 제1호 외에 화재안전조사의 실시를 사전에 통지하거나 공개하면 조사목적을 달성할 수 없다고 인정되는 경우

③ (○) 화재안전조사의 연기를 승인한 경우라도 연기기간이 끝나기 전에 연기사유가 없어졌거나 긴급히 조사를 하여야 할 사유가 발생하였을 때에는 관계인에게 통보하고 화재안전조사를 할 수 있다.

> 「화재의 예방 및 안전관리에 관한 법률 시행령」 제9조 【화재안전조사의 연기】 ③ 소방관서장은 법 제8조 제4항에 따라 화재안전조사의 연기를 승인한 경우라도 연기기간이 끝나기 전에 연기사유가 없어졌거나 긴급히 조사를 하여야 할 사유가 발생하였을 때에는 관계인에게 통보하고 화재안전조사를 할 수 있다.

④ (○) 화재안전조사의 연기를 신청하려는 관계인은 화재안전조사 시작 3일 전까지 연기신청서에 화재안전조사를 받기가 곤란함을 증명할 수 있는 서류를 첨부하여 소방관서장에게 제출하여야 한다.

> 「화재의 예방 및 안전관리에 관한 법률 시행규칙」 제4조 【화재안전조사의 연기신청 등】 ① 「화재의 예방 및 안전관리에 관한 법률 시행령」 (이하 "영"이라 한다) 제9조 제2항에 따라 화재안전조사의 연기를 신청하려는 관계인은 화재안전조사 시작 3일 전까지 별지 제1호서식의 화재안전조사 연기신청서(전자문서로 된 신청서를 포함한다)에 화재안전조사를 받기가 곤란함을 증명할 수 있는 서류(전자문서로 된 서류를 포함한다)를 첨부하여 소방청장, 소방본부장 또는 소방서장(이하 "소방관서장"이라 한다)에게 제출하여야 한다.

10 ②

 고난도

소방시설법 > 소방시설 등의 설치·관리 및 방염 > 특정소방대상물에 설치하는 소방시설의 관리 등   상

| 출제이력 | 2021, 2020

| LINK | 소방기본서 소방관계법규 p. 118~129

① (×) 지하가 중 터널로서 길이가 1천m인 터널에는 옥내소화전설비를 설치하여야 한다.

② (○) 아파트 등 및 오피스텔의 모든 층에는 주거용 주방자동소화장치를 설치하여야 한다.

③ (×) 물류터미널을 제외한 창고시설로 바닥면적 합계가 5천m² 이상인 경우에는 모든 층에 스프링클러설비를 설치하여야 한다.

④ (×) 근린생활시설 중 조산원 및 산후조리원으로서 연면적 600m² 미만인 시설은 간이스프링클러설비를 설치하여야 한다.

> 「소방시설 설치·유지 및 안전관리에 관한 법률 시행령」 별표 5[특정소방대상물의 관계인이 특정소방대상물의 규모·용도 및 수용인원 등을 고려하여 갖추어야 하는 소방시설의 종류(제11조 제1항 관련)]
> 다. 옥내소화전설비를 설치하여야 하는 특정소방대상물(위험물 저장 및 처리 시설 중 가스시설, 지하구 및 방재실 등에서 스프링클러설비 또는 물분무등소화설비를 원격으로 조정할 수 있는 업무시설 중 무인변전소는 제외)은 다음의 어느 하나와 같다.
> 4) 지하가 중 터널로서 다음에 해당하는 터널
>   가) 길이가 1천m 이상인 터널

소방관계법규

라. 스프링클러설비를 설치하여야 하는 특정소방대상물(위험물 저장 및 처리 시설 중 가스시설 또는 지하구는 제외)은 다음의 어느 하나와 같다.
　5) 물류터미널을 제외한 창고시설로서 바닥면적의 합계가 5천㎡ 이상인 경우에는 모든 층
마. 간이스프링클러설비를 설치하여야 하는 특정소방대상물은 다음의 어느 하나와 같다.
　2) 근린생활시설 중 다음의 어느 하나에 해당하는 것
　　다) 조산원 및 산후조리원으로서 연면적 600㎡ 미만인 시설

11 ②

| 소방시설공사업법 > 소방시설업 > 등록의 결격사유 | 하 |

| 출제이력 | 신규출제

| LINK | 소방기본서 소방관계법규 p. 169~170

② (×) 등록하려는 소방시설업 등록이 취소된 날부터 <u>2년이 지나지 않은 사람</u>은 소방시설업 등록의 결격사유에 해당한다.

> 「소방시설공사업법」 제5조【등록의 결격사유】다음 각 호의 어느 하나에 해당하는 자는 소방시설업을 등록할 수 없다.
> 1. 피성년후견인
> 2. 삭제 〈2015.7.20.〉
> 3. 이 법, 「소방기본법」, 「화재의 예방 및 안전관리에 관한 법률」, 「소방시설 설치 및 관리에 관한 법률」 또는 「위험물안전관리법」에 따른 금고 이상의 실형을 선고받고 그 집행이 끝나거나(집행이 끝난 것으로 보는 경우를 포함한다) 면제된 날부터 2년이 지나지 아니한 사람
> 4. 이 법, 「소방기본법」, 「화재의 예방 및 안전관리에 관한 법률」, 「소방시설 설치 및 관리에 관한 법률」 또는 「위험물안전관리법」에 따른 금고 이상의 형의 집행유예를 선고받고 그 유예기간 중에 있는 사람
> 5. 등록하려는 소방시설업 등록이 취소(제1호에 해당하여 등록이 취소된 경우는 제외한다)된 날부터 2년이 지나지 아니한 자
> 6. 법인의 대표자가 제1호부터 제5호까지의 규정에 해당하는 경우 그 법인
> 7. 법인의 임원이 제3호부터 제5호까지의 규정에 해당하는 경우 그 법인

12 ①

| 소방시설공사업법 > 소방시설공사 등 > 감리원의 배치 등 | 중 |

| 출제이력 | 2018 상, 2016(유사)

| LINK | 소방기본서 소방관계법규 p. 327~328

① (○) 연면적 20만㎡ 이상, 지하층을 포함한 층수가 40층 이상인 소방시설공사 현장에는 소방공사 책임감리원으로 특급감리원 중 소방기술사를 배치해야 한다(「소방시설공사업법 시행령」 별표 4).

| SUMMARY | 소방공사 감리원의 배치기준 및 배치기간

감리원의 배치기준		소방시설공사 현장의 기준
책임감리원	보조감리원	
특급감리원 중 소방기술사	초급감리원 이상	• 연면적 20만㎡ 이상인 특정소방대상물의 공사 현장 • 지하층을 포함한 층수가 40층 이상인 특정소방대상물의 공사 현장
특급감리원 이상	초급감리원 이상	• 연면적 3만㎡ 이상 20만㎡ 미만인 특정소방대상물(아파트는 제외)의 공사 현장 • 지하층을 포함한 층수가 16층 이상 40층 미만인 특정소방대상물의 공사 현장
고급감리원 이상	초급감리원 이상	• 물분무 등 소화설비(호스릴 방식의 소화설비는 제외) 또는 제연설비가 설치되는 특정소방대상물의 공사 현장 • 연면적 3만㎡ 이상 20만㎡ 미만인 아파트의 공사 현장
중급감리원 이상		연면적 5천㎡ 이상 3만㎡ 미만인 특정소방대상물의 공사 현장
초급감리원 이상		• 연면적 5천㎡ 미만인 특정소방대상물의 공사 현장 • 지하구의 공사 현장

13 ③

| 소방시설공사업법 > 소방시설공사 등 > 착공신고 | 중 |

| 출제이력 | 2018 하, 2017 하, 2017 상

| LINK | 소방기본서 소방관계법규 p. 354~358

③ (×) 「위험물안전관리법」 제2조 제1항 제6호에 따른 <u>제조소 등은 착공신고대상이 아니다.</u> 때문에 위험물 제조소에 할로겐화합물 및 불활성기체 소화설비를 신설하는 공사의 경우는 신고대상에 해당하지 않는다(「소방시설공사업법 시행령」 제4조 제1호).

| SUMMARY | 소방시설공사의 착공신고 대상

소방 설비		착공신고	
		신설	증설
소화	옥내(호스릴 포함), 옥외소화전	○	○
	스프링클러 등	○	○(방호구역)
	물분무 등	○	○(방호구역)
용수	소화용수	○	×
소화활동	연결송수관	○	○(송수구역)
	연결살수	○	○(살수구역)
	연소방지	○	○(살수구역)
	무선통신보조	○	×
	제연	○	○(제연구역)
	비상콘센트	○	○(전용회로)

	자동화재탐지	○	○(경계구역)
경보	비상방송	○	×
	비상경보	○	×

※ 개설, 이전, 정비공사의 경우: 수신반, 소화펌프, 동력(감시)제어반

14 ③

소방시설공사업법 > 총칙 > 정의   하

| 출제이력 | 2018 하, 2018 상

| LINK | 소방기본서 소방관계법규 p. 344~347

① (○) "소방시설공사업"이란 설계도서에 따라 소방시설을 신설, 증설, 개설, 이전 및 정비하는 영업을 말한다.

② (○) "소방시설설계업"이란 소방시설공사에 기본이 되는 공사계획, 설계도면, 설계 설명서, 기술계산서 및 이와 관련된 서류를 작성하는 영업을 말한다.

③ (×) "발주자"란 소방시설의 설계, 시공, 감리 및 방염을 소방시설업자에게 도급하는 자를 말한다. 다만, 수급인으로서 도급받은 공사를 하도급하는 자는 제외한다.

④ (○) "소방공사감리업"이란 소방시설공사에 관한 발주자의 권한을 대행하여 소방시설공사가 설계도서와 관계법령에 따라 적법하게 시공되는지를 확인하고, 품질·시공 관리에 대한 기술지도를 하는 영업을 말한다.

15 ①

소방시설공사업법 > 소방시설업 > 소방시설업의 등록   중

| 출제이력 | 신규출제

| LINK | 소방기본서 소방관계법규 p. 316~318

① (×) 특정소방대상물의 소방시설공사 등을 하려는 자는 업종별로 자본금, 기술인력 등 대통령령으로 정하는 요건을 갖추어 시·도지사에게 소방시설업을 등록하여야 한다.

> 「소방시설공사업법」 제4조【소방시설업의 등록】 ① 특정소방대상물의 소방시설공사 등을 하려는 자는 업종별로 자본금(개인인 경우에는 자산 평가액을 말한다), 기술인력 등 대통령령으로 정하는 요건을 갖추어 특별시장·광역시장·특별자치시장·도지사 또는 특별자치도지사(이하 "시·도지사")에게 소방시설업을 등록하여야 한다.
> ② 제1항에 따른 소방시설업의 업종별 영업범위는 대통령령으로 정한다.

② (○) 소방시설업자가 사망하여 그 상속인이 종전의 소방시설업자의 지위를 승계하려는 경우에는 그 상속일, 양수일 또는 합병일부터 30일 이내에 행정안전부령으로 정하는 바에 따라 그 사실을 시·도지사에게 신고하여야 한다.

③ (○) 소방시설업자는 소방시설업을 폐업하는 때에는 행정안전부령으로 정하는 바에 따라 시·도지사에게 신고하여야 하고 폐업신고를 받은 시·도지사는 소방시설업 등록을 말소하고 그 사실을 행정안전부령으로 정하는 바에 따라 공고하여야 한다.

④ (○) 「민사집행법」에 따른 경매에 따라 소방시설업자의 소방시설의 전부를 인수한 자가 종전의 소방시설업자의 지위를 승계하려는 경우에는 그 인수일부터 30일 이내에 행정안전부령으로 정하는 바에 따라 그 사실을 시·도지사에게 신고하여야 한다.

16 ①

위험물관리법 > 위험물시설의 안전관리 > 예방규정   중

| 출제이력 | 2018 하, 2017 상, 2016

| LINK | 소방기본서 소방관계법규 p. 478~479

- 지정수량의 10배 이상의 위험물을 취급하는 제조소
- 지정수량의 150배 이상의 위험물을 저장하는 옥내저장소
- 지정수량의 100배 이상의 위험물을 저장하는 옥외저장소
- 지정수량의 200배 이상의 위험물을 저장하는 옥외탱크저장소

> 「위험물안전관리법 시행령」 제15조【관계인이 예방규정을 정해야 하는 제조소 등】법 제17조 제1항에서 "대통령령이 정하는 제조소 등"이라 함은 다음 각 호의 1에 해당하는 제조소 등을 말한다.
> 1. 지정수량의 10배 이상의 위험물을 취급하는 제조소
> 2. 지정수량의 100배 이상의 위험물을 저장하는 옥외저장소
> 3. 지정수량의 150배 이상의 위험물을 저장하는 옥내저장소
> 4. 지정수량의 200배 이상의 위험물을 저장하는 옥외탱크저장소
> 5. 암반탱크저장소
> 6. 이송취급소
> 7. 지정수량의 10배 이상의 위험물을 취급하는 일반취급소. 다만, 제4류 위험물(특수인화물을 제외)만을 지정수량의 50배 이하로 취급하는 일반취급소(제1석유류·알코올류의 취급량이 지정수량의 10배 이하인 경우에 한한다)로서 다음 각목의 어느 하나에 해당하는 것을 제외한다.
>   가. 보일러·버너 또는 이와 비슷한 것으로서 위험물을 소비하는 장치로 이루어진 일반취급소
>   나. 위험물을 용기에 옮겨 담거나 차량에 고정된 탱크에 주입하는 일반취급소

| SUMMARY | 예방규정

제출	관계인 → 시·도지사
시기	시기 사용 시작 전, 변경 시
대상	• 이송취급소, 암반탱크저장소 • 지수 10배 이상 일반취급소, 제조소 • 지수 100배 이상 옥외저장소 • 지수 150배 이상 옥내저장소 • 지수 200배 이상 옥외탱크저장소
대상의 예외	제4류(특수인화물 제외)만 지수 50배 이하로 취급하는 일반취급소(1, 알코올 지수 10배 이하)로 다음에 해당하는 것 • 보일러·버너 등으로 위험물 소비하는 장치 • 위험물을 용기에 담거나 차량 고정 탱크에 주입

17 ③

위험물관리법 > 위험물시설의 안전관리 > 자체소방대　　　하

| 출제이력 | 2018 하(유사)

| LINK | 소방기본서 소방관계법규 p. 483~486

① (○) 최대수량의 합이 지정수량의 3천배 이상인 제4류 위험물을 취급하는 제조소
② (○) 최대수량의 합이 지정수량의 3천배 이상인 제4류 위험물을 취급하는 일반취급소
③ (✕) 최대수량이 지정수량의 50만배 이상인 제4류 위험물을 저장하는 옥외탱크저장소
④ (○) 최대수량이 지정수량의 50만배 이상인 제4류 위험물을 저장하는 옥외탱크저장소

> 「위험물안전관리법 시행령」 제18조【자체소방대를 설치하여야 하는 사업소】① 법 제19조에서 "대통령령이 정하는 제조소 등"이란 다음 각 호의 어느 하나에 해당하는 제조소 등을 말한다.
> 1. 제4류 위험물을 취급하는 제조소 또는 일반취급소. 다만, 보일러로 위험물을 소비하는 일반취급소 등 행정안전부령으로 정하는 일반취급소는 제외한다.
> 2. 제4류 위험물을 저장하는 옥외탱크저장소
> ② 법 제19조에서 "대통령령이 정하는 수량 이상"이란 다음 각 호의 구분에 따른 수량을 말한다.
> 1. 제1항 제1호에 해당하는 경우: 제조소 또는 일반취급소에서 취급하는 제4류 위험물의 최대수량의 합이 지정수량의 3천배 이상
> 2. 제1항 제2호에 해당하는 경우: 옥외탱크저장소에 저장하는 제4류 위험물의 최대수량이 지정수량의 50만배 이상

| SUMMARY | 자체소방대 설치 대상

구분	시설
대상	• 제4류 위험물 　- 지정수량 3천배 이상 취급하는 제조소 또는 일반취급소 　- 지정수량 50만배 이상 저장하는 옥외탱크저장소
제외	• 보일러, 버너로 위험물을 소비하는 일반취급소 • 「광산안전법」의 적용을 받는 일반취급소 • 이동저장탱크에 위험물을 주입하는 일반취급소 • 유압장치, 윤활유순환장치로 위험물을 취급하는 일반취급소 • 용기에 위험물을 옮겨 담는 일반취급소

18 ③

위험물관리법 > 총칙 > 정의　　　하

| 출제이력 | 2021(유사), 2020(유사), 2019(유사), 2018 하(유사)

| LINK | 소방기본서 소방관계법규 p. 422~429

① (○) 유황: 순도가 60중량퍼센트 이상인 것을 말한다.
② (○) 인화성고체: 고형알코올 그 밖에 1기압에서 인화점이 섭씨 40도 미만인 고체를 말한다.
③ (✕) 철분: 철의 분말로서 53㎛의 표준체를 통과하는 것이 50중량퍼센트 미만인 것은 제외한다.

④ (○) 가연성고체: 고체로서 화염에 의한 발화의 위험성 또는 인화의 위험성을 판단하기 위하여 고시로 정하는 시험에서 고시로 정하는 성질과 상태를 나타내는 것을 말한다.

> 「위험물안전관리법 시행령」 별표 1[위험물 및 지정수량(제2조 및 제3조 관련)]
> 2. "가연성고체"라 함은 고체로서 화염에 의한 발화의 위험성 또는 인화의 위험성을 판단하기 위하여 고시로 정하는 시험에서 고시로 정하는 성질과 상태를 나타내는 것을 말한다.
> 3. 유황은 순도가 60중량퍼센트 이상인 것을 말한다. 이 경우 순도측정에 있어서 불순물은 활석 등 불연성물질과 수분에 한한다.
> 4. "철분"이라 함은 철의 분말로서 53㎛의 표준체를 통과하는 것이 50중량퍼센트 미만인 것은 제외한다.
> 5. "금속분"이라 함은 알칼리금속·알칼리토류금속·철 및 마그네슘외의 금속의 분말을 말하고, 구리분·니켈분 및 150㎛의 체를 통과하는 것이 50중량퍼센트 미만인 것은 제외한다.
> 6. 마그네슘 및 제2류 제8호의 물품 중 마그네슘을 함유한 것에 있어서는 다음 각목의 1에 해당하는 것은 제외한다.
> 　가. 2mm의 체를 통과하지 아니하는 덩어리 상태의 것
> 　나. 지름 2mm 이상의 막대 모양의 것
> 8. "인화성고체"라 함은 고형알코올 그 밖에 1기압에서 인화점이 섭씨 40도 미만인 고체를 말한다.

19 ④

위험물관리법 > 총칙 > 위험물의 저장 및 취급의 제한　　　하

| 출제이력 | 2019(유사)

| LINK | 소방기본서 소방관계법규 p. 429~441

① (○) 게시판은 한 변의 길이가 0.3m 이상, 다른 한 변의 길이가 0.6m 이상인 직사각형으로 한다.
② (○) 제4류 위험물에 있어서는 적색바탕에 백색문자로, "화기엄금"을 표시한다.
③ (○) 알칼리금속의 과산화물은 청색바탕에 백색문자로, "물기엄금"을 표시한다.
④ (✕) 인화성고체에 있어서는 적색바탕에 백색문자로, "화기엄금"을 표시한다.

> 「위험물안전관리법 시행규칙」 별표 4[제조소의 위치·구조 및 설비의 기준(제28조 관련)]
> Ⅲ. 표지 및 게시판
> 1. 제조소에는 보기 쉬운 곳에 다음 각목의 기준에 따라 "위험물 제조소"라는 표시를 한 표지를 설치하여야 한다.
> 　가. 표지는 한 변의 길이가 0.3m 이상, 다른 한 변의 길이가 0.6m 이상인 직사각형으로 할 것
> 　나. 표지의 바탕은 백색으로, 문자는 흑색으로 할 것
> 2. 제조소에는 보기 쉬운 곳에 다음 각목의 기준에 따라 방화에 관하여 필요한 사항을 게시한 게시판을 설치하여야 한다.
> 　가. 게시판은 한 변의 길이가 0.3m 이상, 다른 한 변의 길이가 0.6m 이상인 직사각형으로 할 것
> 　나. 게시판에는 저장 또는 취급하는 위험물의 유별·품명 및 저장최대수량 또는 취급최대수량, 지정수량의 배수 및 안전관리자의 성명 또는 직명을 기재할 것

다. 나목의 게시판의 바탕은 백색으로, 문자는 흑색으로 할 것

라. 나목의 게시판 외에 저장 또는 취급하는 위험물에 따라 다음의 규정에 의한 주의사항을 표시한 게시판을 설치할 것

1) 제1류 위험물 중 알칼리금속의 과산화물과 이를 함유한 것 또는 제3류 위험물 중 금수성물질에 있어서는 "물기엄금"

2) 제2류 위험물(인화성고체를 제외)에 있어서는 "화기주의"

3) 제2류 위험물 중 인화성고체, 제3류 위험물 중 자연발화성물질, 제4류 위험물 또는 제5류 위험물에 있어서는 "화기엄금"

마. 라목의 게시판의 색은 "물기엄금"을 표시하는 것에 있어서는 청색바탕에 백색문자로, "화기주의" 또는 "화기엄금"을 표시하는 것에 있어서는 적색바탕에 백색문자로 할 것

20 ①

위험물관리법 > 총칙 > 위험물의 저장 및 취급의 제한 　중

| 출제이력 | 2019

| LINK | 소방기본서 소방관계법규 p. 429~441

① (×) 저장 또는 취급하는 위험물의 최대수량이 지정수량의 500배 이하인 경우 보유 공지너비는 3m 이상으로 해야 한다.

② (○) 옥외탱크저장소 중 그 저장 또는 취급하는 액체위험물의 최대수량이 100만ℓ 이상의 것을 특정옥외탱크저장소라 한다.

③ (○) 밸브 없는 통기관의 지름은 30mm 이상으로 하고 끝부분은 수평면보다 45도 이상 구부려 빗물 등의 침투를 막는 구조로 한다.

④ (○) 압력탱크(최대상용압력이 대기압을 초과하는 탱크를 말한다) 외의 탱크는 충수시험, 압력탱크는 최대상용압력의 1.5배의 압력으로 10분간 실시하는 수압시험에서 각각 새거나 변형되지 아니하여야 한다.

| SUMMARY | 옥외탱크저장소의 보유공지

저장 또는 취급하는 위험물의 최대수량	공지의 너비
지정수량의 500배 이하	3m 이상
지정수량의 500배 초과 1,000배 이하	5m 이상
지정수량의 1,000배 초과 2,000배 이하	9m 이상
지정수량의 2,000배 초과 3,000배 이하	12m 이상
지정수량의 3,000배 초과 4,000배 이하	15m 이상
지정수량의 4,000배 초과	당해 탱크의 수평단면의 최대지름(가로형인 경우에는 긴 변)과 높이 중 큰 것과 같은 거리 이상. 다만, 30m 초과의 경우에는 30m 이상으로 할 수 있고, 15m 미만의 경우에는 15m 이상으로 하여야 한다.

2021 | 소방관계법규 A형

2021 시험은 4분법에서 골고루 출제되었다. 화재의 예방조치, 화재의 예방과 경계, 소방대상물의 안전관리, 소방시설 중 종합점검, 위험물저장소, 제조소 지정수량 등을 묻는 문제들은 평이한 편이었다. 그러나 「소방시설공사업법」에서 감리원(감리업)에 관한 문항 비중이 매우 높았는데, 이는 수험생을 위한 문제라기보다는 감리업자에 관한 지엽적인 문항이라 보인다.

문항분석

문항	정답	오답률	영역
1	④	29.4%	화재예방법 > 화재의 예방조치 등 > 화재의 예방조치 등
2	②	17.6%	소방기본법 > 소방장비 및 소방용수시설 등 > 소방용수시설의 설치 및 관리 등
3	②	17.6%	소방기본법 > 총칙 > 119 종합상황실의 설치와 운영
4	①	11.8%	소방기본법 > 한국소방안전원 > 안전원의 업무
5	③	0.0%	소방기본법 > 소방활동 등 > 소방활동 종사명령
6	③	29.4%	화재예방법 > 소방대상물의 소방안전관리 > 관리의 권원이 분리된 특정소방대상물의 소방안전관리
7	③	0.0%	소방시설법 > 총칙 > 정의
8 (오답률 TOP 3)	④	52.9%	화재예방법 > 소방시설 등의 설치·관리 및 방염 > 특정소방대상물에 설치하는 소방시설의 관리 등
9	④	17.6%	소방시설법 > 소방시설 등의 자체점검 > 소방시설 등의 자체점검
10	①	35.3%	화재예방법 > 소방대상물의 소방안전관리 > 피난계획의 수립 및 시행
11	④	37.5%	소방시설공사업법 > 소방시설공사 등 > 감리
12	③	18.7%	소방시설공사업법 > 소방시설공사 등 > 공사의 하자보수 등
13 (오답률 TOP 1)	④	56.2%	소방시설공사업법 > 소방기술자 > 소방기술 경력 등의 인정 등
14	④	31.2%	소방시설공사업법 > 소방시설공사 등 > 감리
15	②	18.7%	소방시설공사업법 > 소방시설공사 등 > 시공
16	③	31.2%	위험물관리법 > 총칙 > 위험물의 저장 및 취급의 제한
17	①	31.2%	위험물관리법 > 총칙 > 위험물의 저장 및 취급의 제한
18	④	18.7%	위험물관리법 > 총칙 > 정의
19	①	50.0%	위험물관리법 > 위험물시설의 안전관리 > 정기점검 및 정기검사
20 (오답률 TOP 1)	②	56.2%	위험물관리법 > 총칙 > 정의

영역별 평균 오답률

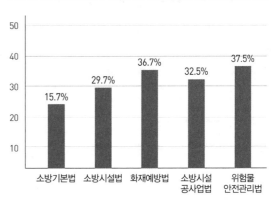

*2021년 20문항 기준 평균 오답률

출제 트렌드

구분	소방기본법	소방시설법	화재예방법	소방시설공사업법	위험물안전관리법
2022	4문항	3문항	3문항	5문항	5문항
2021	4문항	2문항	4문항	5문항	5문항
2020	4문항	4문항	2문항	5문항	5문항

소방시설법과 화재예방법이 분리된 것을 감안하면 전 영역에서 고르게 출제

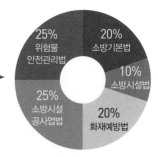

01 ④

| 화재예방법 > 화재의 예방조치 등 > 화재의 예방조치 등 | 오답률 29.4% |

| 출제이력 | 신규출제

| LINK | 소방기본서 소방관계법규 p. 226~232

④ (×) 소방관서장은 매각되거나 폐기된 옮긴 물건의 소유자가 보상을 요구하는 경우에는 보상금액에 대하여 소유자와 협의를 거쳐 이를 보상하여야 한다(「화재의 예방 및 안전관리에 관한 법률 시행령」 제17조).

02 ②

| 소방기본법 > 소방장비 및 소방용수시설 등 > 소방용수시설의 설치 및 관리 등 | 오답률 17.6% |

| 출제이력 | 2022(유사), 2019(유사), 2018 하(유사)

| LINK | 소방기본서 소방관계법규 p. 32~36

① (×) 소화전의 연결금속구의 구경은 65mm로 할 것
② (○) 주거지역, 상업지역 및 공업지역에 설치하는 경우엔 소방대상물과의 수평거리를 100m 이하가 되도록 할 것
③ (×) 저수조에 물을 공급하는 방법은 상수도에 연결하여 <u>자동으로 급수되는 구조</u>일 것
④ (×) 급수탑의 개폐밸브는 지상에서 <u>1.5m 이상 1.7m 이하</u>의 위치에 설치하도록 할 것

> **「소방기본법 시행규칙」 별표 3[소방용수시설의 설치기준(제6조 제3항 관련)]**
> 1. 공통기준
>   가. 국토의 계획 및 이용에 관한 법률 제36조 제1항 제1호의 규정에 의한 주거지역·상업지역 및 공업지역에 설치하는 경우: 소방대상물과의 수평거리를 100m 이하가 되도록 할 것
>   나. 가목 외의 지역에 설치하는 경우: 소방대상물과의 수평거리를 140m 이하가 되도록 할 것
> 2. 소방용수시설별 설치기준
>   가. 소화전의 설치기준: 상수도와 연결하여 지하식 또는 지상식의 구조로 하고, 소방용호스와 연결하는 소화전의 연결금속구의 구경은 65mm로 할 것
>   나. 급수탑의 설치기준: 급수배관의 구경은 100mm 이상으로 하고, 개폐밸브는 지상에서 1.5m 이상 1.7m 이하의 위치에 설치하도록 할 것
>   다. 저수조의 설치기준
>   (1) 지면으로부터의 낙차가 4.5m 이하일 것
>   (2) 흡수부분의 수심이 0.5m 이상일 것
>   (3) 소방펌프자동차가 쉽게 접근할 수 있도록 할 것
>   (4) 흡수에 지장이 없도록 토사 및 쓰레기 등을 제거할 수 있는 설비를 갖출 것
>   (5) 흡수관의 투입구가 사각형의 경우에는 한 변의 길이가 60cm 이상, 원형의 경우에는 지름이 60cm 이상일 것
>   (6) 저수조에 물을 공급하는 방법은 상수도에 연결하여 자동으로 급수되는 구조일 것

03 ②

| 소방기본법 > 총칙 > 119 종합상황실의 설치와 운영 | 오답률 17.6% |

| 출제이력 | 신규출제

| LINK | 소방기본서 소방관계법규 p. 21~22

② (×) 대응계획 실행 및 평가는 119 종합상황실의 설치 및 운영목적에 해당되지 않는다.

> **「소방기본법」 제4조【119 종합상황실의 설치와 운영】** ① 소방청장, 소방본부장 및 소방서장은 화재, 재난·재해, 그 밖에 구조·구급이 필요한 상황이 발생하였을 때에 신속한 소방활동(소방업무를 위한 모든 활동을 말한다. 이하 같다)을 위한 정보의 수집·분석과 판단·전파, 상황관리, 현장 지휘 및 조정·통제 등의 업무를 수행하기 위하여 119 종합상황실을 설치·운영하여야 한다.
> ② 제1항에 따른 119 종합상황실의 설치·운영에 필요한 사항은 행정안전부령으로 정한다.

04 ①

| 소방기본법 > 한국소방안전원 > 안전원의 업무 | 오답률 11.8% |

| 출제이력 | 2016(유사)

| LINK | 소방기본서 소방관계법규 p. 62

① (×) 인허가 업무는 한국소방안전원이 수행하는 업무의 내용이 아니다.
②, ③, ④ (○) 한국소방안전원의 업무로 옳은 설명이다.

> **「소방기본법」 제41조【안전원의 업무】** 안전원은 다음 각 호의 업무를 수행한다.
>   1. 소방기술과 안전관리에 관한 교육 및 조사·연구
>   2. 소방기술과 안전관리에 관한 각종 간행물 발간
>   3. 화재예방과 안전관리의식 고취를 위한 대국민 홍보
>   4. 소방업무에 관하여 행정기관이 위탁하는 업무
>   5. 소방안전에 관한 국제협력
>   6. 그 밖에 회원에 대한 기술지원 등 정관으로 정하는 사항

05 ③

| 소방기본법 > 소방활동 등 > 소방활동 종사명령 | 오답률 0.0% |

| 출제이력 | 2017 상

| LINK | 소방기본서 소방관계법규 p. 56

③ (×) 비용지급은 소방본부장 또는 소방서장이 아니라 <u>시·도지사가한다</u>.

> **「소방기본법」 제24조【소방활동 종사명령】** ① 소방본부장, 소방서장 또는 소방대장은 화재, 재난·재해, 그 밖의 위급한 상황이 발생한 현장에서 소방활동을 위하여 필요할 때에는 그 관할구역에 사는 사람 또는 그 현장에 있는 사람으로 하여금 사람을 구출하는 일 또는 불을 끄거나 불이 번지지 아니하도록 하는 일을 하게 할 수 있다. 이 경우 소방본부장, 소방서장 또는 소방대장은 소방활동에 필요한 보호장구를 지급하는 등 안전을 위한 조치를 하여야 한다.

② 삭제 〈2017.12.26.〉

③ 제1항에 따른 명령에 따라 소방활동에 종사한 사람은 시·도지사로부터 소방활동의 비용을 지급받을 수 있다. 다만, 다음 각 호의 어느 하나에 해당하는 사람의 경우에는 그러하지 아니하다.

　　1. 소방대상물에 화재, 재난·재해, 그 밖의 위급한 상황이 발생한 경우 그 관계인

　　2. 고의 또는 과실로 화재 또는 구조·구급 활동이 필요한 상황을 발생시킨 사람

　　3. 화재 또는 구조·구급 현장에서 물건을 가져간 사람

06 ③

| 화재예방법 > 소방대상물의 소방안전관리 > 관리의 권원이 분리된 특정소방대상물의 소방안전관리 | 오답률 29.4% |

| **출제이력** | 2018 상

| **LINK** | 소방기본서 소방관계법규 p. 269~271

③ (×) 복합건축물로서 <u>연면적이 3만m² 이상</u>인 것이 공동 소방안전관리자 선임대상 특정소방물이다.

| **SUMMARY** | 관리의 권원이 분리된 특정소방대상물 범위

- 복합건축물(지하층을 제외한 층수가 11층 이상 또는 연면적 3만m² 이상인 건축물)
- 지하가(지하의 인공구조물 안에 설치된 상점 및 사무실, 그 밖에 이와 비슷한 시설이 연속하여 지하도에 접하여 설치된 것과 그 지하도를 합한 것을 말한다)
- 그 밖에 대통령령으로 정하는 특정소방대상물(판매시설 중 도매시장, 소매시장 및 전통시장)

07 ③

| 소방시설법 > 총칙 > 정의 | 오답률 0.0% |

| **출제이력** | 2020(유사)

| **LINK** | 소방기본서 소방관계법규 p. 87~102

③ (×) 누전차단기가 아니라 누전경보기가 경보설비를 구성하는 기기에 해당한다.

| **SUMMARY** | 경보설비를 구성하는 제품 또는 기기

- 누전경보기 및 가스누설경보기
- 경보설비를 구성하는 발신기, 수신기, 중계기, 감지기 및 음향장치(경종만 해당)

08 ④

| 소방시설법 > 소방시설 등의 설치·관리 및 방염 > 특정소방대상물에 설치하는 소방시설의 관리 등 | TOP3 오답률 52.9% |

| **출제이력** | 2022, 2020

| **LINK** | 소방기본서 소방관계법규 p. 118~129

④ (×) 바닥면적의 합계가 <u>300m² 이상 600m² 미만인 것</u>이다.

| **SUMMARY** | 간이스프링클러설비를 설치하여야 하는 특정소방대상물

1. 공동주택 중 연립주택 및 다세대주택
2. 근린생활시설 중 다음의 어느 하나에 해당하는 것
　(1) 근린생활시설로 사용하는 부분의 바닥면적 합계가 1천m² 이상인 것은 모든 층
　(2) 의원, 치과의원 및 한의원으로서 입원실이 있는 시설
　(3) 조산원 및 산후조리원으로서 연면적 600m² 미만인 시설
3. 의료시설 중 다음의 어느 하나에 해당하는 시설
　(1) 종합병원, 병원, 치과병원, 한방병원 및 요양병원(정신병원과 의료재활시설은 제외)으로 사용되는 바닥면적의 합계가 600m² 미만인 시설
　(2) 정신의료기관 또는 의료재활시설로 사용되는 바닥면적의 합계가 300m² 이상 600m² 미만인 시설
　(3) 정신의료기관 또는 의료재활시설로 사용되는 바닥면적의 합계가 300m² 미만이고, 창살(철재·플라스틱 또는 목재 등으로 사람의 탈출 등을 막기 위하여 설치한 것을 말하며, 화재 시 자동으로 열리는 구조로 되어 있는 창살은 제외)이 설치된 시설
4. 교육연구시설 내에 합숙소로서 연면적 100m² 이상인 경우에는 모든 층
5. 노유자시설로서 다음의 어느 하나에 해당하는 시설
　(1) 노유자생활시설
　(2) (1)에 해당하지 않는 노유자시설로 해당 시설로 사용하는 바닥면적의 합계가 300m² 이상 600m² 미만인 시설

09 ④

| 소방시설법 > 소방시설 등의 자체점검 > 소방시설 등의 자체점검 | 오답률 17.6% |

| **출제이력** | 2016

| **LINK** | 소방기본서 소방관계법규 p. 145~152

① (×) 소방시설관리업자 또는 <u>소방안전관리자로 선임된 소방시설관리사 및 소방기술사</u>가 종합점검을 실시할 수 있다.

② (×) 소방시설 등의 <u>작동점검</u>을 포함하여 실시한다.

③ (×) 종합점검은 건축물의 사용승인일이 <u>속하는 달에 연 1회 이상</u> 실시한다.

④ (○) 스프링클러설비가 설치된 특정소방대상물은 종합점검을 받아야 한다.

10 ①

| 화재예방법 > 소방대상물의 소방안전관리 > 피난계획의 수립 및 시행 | 오답률 35.3% |

| **출제이력** | 신규출제

| **LINK** | 소방기본서 소방관계법규 p. 272

① (×) <u>연 2회</u> 피난안내교육을 실시하여야 한다(「화재의 예방 및 안전관리에 관한 법률 시행규칙」 제36조 제1항 제1호).

11 ④

| 소방시설공사업법 > 소방시설공사 등 > 감리 | 오답률 37.5% |

| **출제이력** | 2020

| LINK | 소방기본서 소방관계법규 p. 350~352

① (✕) 소방본부장 또는 소방서장에게 **통보하여야** 한다(「소방시설공사업법」제18조 제2항).

② (✕) **관계인**은 특정소방대상물에 대해서 감리업자를 공사감리자로 지정해야 한다(동법 제17조 제1항).

③ (✕) 지하층을 포함한 층수가 16층 이상으로서 **500세대 이상인** 아파트가 상주공사감리 대상이다(동법 시행령 별표 3).

④ (○) 소방시설용 배관(전선관을 포함한다)을 설치하거나 매립하는 때부터 소방시설 완공검사증명서를 발급받을 때까지 소방공사감리현장에 감리원을 배치하여야 한다(동법 시행규칙 제16조 제1항 제1호).

12 ③

소방시설공사업법 > 소방시설공사 등 > 공사의 하자보수 등　오답률 **18.7%**

| 출제이력 | 신규출제

| LINK | 소방기본서 소방관계법규 p. 348~349

③ (✕) 7일 이내가 아니라 **3일** 이내에 알려야 한다(「소방시설공사업법」제15조 제3항).

13 ④

TOP 1

소방시설공사업법 > 소방기술자 >
소방기술 경력 등의 인정 등　오답률 **56.2%**

| 출제이력 | 신규출제

| LINK | 소방기본서 소방관계법규 p. 386~394

① (✕) 소방공무원으로서 3년 이상 근무한 경력이 있는 사람은 **초급감리원**의 업무를 수행할 수 있다.

② (✕) 학사학위를 취득한 후 소방 관련 업무를 **12년 이상** 수행한 사람은 특급기술자 업무를 수행할 수 있다.

③ (✕) **박사학위** 자격을 취득한 후 소방 관련 업무를 3년 이상 수행한 사람은 특급기술자 업무를 수행할 수 있다.

④ (○) 기계 분야 특급감리원은 8년 이상 소방 관련 업무를 수행한 사람이어야 한다(「소방시설공사업법 시행규칙」별표 4의2).

14 ④

소방시설공사업법 > 소방시설공사 등 > 감리　오답률 **31.2%**

| 출제이력 | 2017 하

| LINK | 소방기본서 소방관계법규 p. 350~352

④ (✕) **공사업자가 작성한 시공 상세도면의 적합성 검토**가 업무범위이다.

> 「소방시설공사업법」제16조 【감리】① 제4조 제1항에 따라 소방공사감리업을 등록한 자(이하 '감리업자'라 한다)는 소방공사를 감리할 때 다음 각 호의 업무를 수행하여야 한다.
> 　1. 소방시설 등의 설치계획표의 적법성 검토
> 　2. 소방시설 등 설계도서의 적합성(적법성과 기술상의 합리성을 말한다. 이하 같다) 검토
> 　3. 소방시설 등 설계 변경사항의 적합성 검토

> 　4. 「소방시설 설치 및 관리에 관한 법률」제2조 제1항 제7호의 소방용품의 위치·규격 및 사용 자재의 적합성 검토
> 　5. 공사업자가 한 소방시설 등의 시공이 설계도서와 화재안전기준에 맞는지에 대한 지도·감독
> 　6. 완공된 소방시설 등의 성능시험
> 　7. 공사업자가 작성한 시공 상세도면의 적합성 검토
> 　8. 피난시설 및 방화시설의 적법성 검토
> 　9. 실내장식물의 불연화(不燃化)와 방염 물품의 적법성 검토

15 ②

소방시설공사업법 > 소방시설공사 등 > 시공　오답률 **18.7%**

| 출제이력 | 신규출제

| LINK | 소방기본서 소방관계법규 p. 342~344

② (✕) 발주자가 공사 중단을 요청하는 경우이다.

> 「소방시설공사업법 시행령」별표 2[소방기술자의 배치기준 및 배치기간(제3조 관련)]
> 2. 소방기술자의 배치기간
> 　가. 공사업자는 제1호에 따른 소방기술자를 소방시설공사의 착공일부터 소방시설 완공검사증명서 발급일까지 배치한다.
> 　나. 공사업자는 가목에도 불구하고 시공관리, 품질 및 안전에 지장이 없는 경우로서 다음의 어느 하나에 해당하여 발주자가 서면으로 승낙하는 경우에는 해당 공사가 중단된 기간동안 소방기술자를 공사현장에 배치하지 않을 수 있다.
> 　　1) 민원 또는 계절적 요인 등으로 해당 공정의 공사가 일정기간 중단된 경우
> 　　2) 예산의 부족 등 발주자(하도급의 경우에는 수급인을 포함한다. 이하 이 목에서 같다)의 책임 있는 사유 또는 천재지변 등 불가항력으로 공사가 일정기간 중단된 경우
> 　　3) 발주자가 공사의 중단을 요청하는 경우

16 ③

위험물관리법 > 총칙 > 위험물의 저장 및 취급의 제한　오답률 **31.2%**

| 출제이력 | 2019

| LINK | 소방기본서 소방관계법규 p. 429~441

③ (○) ⊙ 보유공지는 5m 이상, ⓒ 너비는 3m 이상, ⓒ 지정수량의 10배 이하이다(「위험물안전관리법 시행규칙」별표 6).

17 ①

위험물관리법 > 총칙 > 위험물의 저장 및 취급의 제한　오답률 **31.2%**

| 출제이력 | 2019(유사), 2018 상(유사)

| LINK | 소방기본서 소방관계법규 p. 429~441

① (✕) 환기는 **자연배기방식으로** 해야 한다.

18 ④

위험물관리법 > 총칙 > 정의　　　　　오답률 **18.7%**

| 출제이력 | 2022(유사), 2020(유사), 2019(유사), 2018 하(유사)

| LINK | 소방기본서 소방관계법규 p. 422~429

④ (×) 자연발화성 및 금수성 물질에 아조화합물은 해당되지 않는다. 아조화합물은 제5류 자기반응성 물질에 해당한다.

「위험물안전관리법 시행령」 별표 1[위험물 및 지정수량 (제2조 및 제3조 관련)]

구분	품명	지정수량
제5류 자기반응성 물질	1. 유기과산화물	10kg
	2. 질산에스테르류	10kg
	3. 니트로화합물	200kg
	4. 니트로소화합물	200kg
	5. 아조화합물	200kg
	6. 디아조화합물	200kg
	7. 히드라진 유도체	200kg
	8. 히드록실아민	100kg
	9. 히드록실아민염류	100kg
	10. 그 밖에 행정안전부령이 정하는 것	10kg, 100kg 또는 200kg
	11. 제1호 내지 제10호의 1에 해당하는 어느 하나 이상을 함유한 것	

19 ①

위험물관리법 > 위험물시설의 안전관리 > 정기점검 및 정기검사　　　　오답률 **50.0%**

| 출제이력 | 2017 하

| LINK | 소방기본서 소방관계법규 p. 479~483

① (×) 옥내탱크저장소는 정기점검대상이 아니다.

| SUMMARY | 정기점검 대상인 제조소 등

- 지정수량의 10배 이상의 위험물을 취급하는 제조소
- 지정수량의 100배 이상의 위험물을 저장하는 옥외저장소
- 지정수량의 150배 이상의 위험물을 저장하는 옥내저장소
- 지정수량의 200배 이상의 위험물을 저장하는 옥외탱크저장소
- 암반탱크저장소
- 이송취급소
- 지정수량의 10배 이상의 위험물을 취급하는 일반취급소. 다만, 제4류 위험물(특수인화물을 제외)만을 지정수량의 50배 이하로 취급하는 일반취급소(제1석유류 · 알코올류의 취급량이 지정수량의 10배 이하인 경우에 한한다)로서 다음 각 목의 어느 하나에 해당하는 것을 제외한다.
  - 보일러 · 버너 또는 이와 비슷한 것으로서 위험물을 소비하는 장치로 이루어진 일반취급소
  - 위험물을 용기에 옮겨 담거나 차량에 고정된 탱크에 주입하는 일반취급소

20 ②

TOP 2

위험물관리법 > 총칙 > 정의　　　　　오답률 **56.2%**

| 출제이력 | 2020(유사)

| LINK | 소방기본서 소방관계법규 p. 422~429

② (×) 제조소 등에는 소화활동설비가 아니라 소화설비 및 경보설비, 피난설비를 설치하여야 하며, 소화활동설비의 설치에 대한 규정은 없다. 또한 해당 설비의 설치 목적은 소방공무원의 화재진압 및 인명구조활동이 아닌 최기소화, 피난 등을 목적으로 설치한다.

2020 | 소방관계법규 Ⓐ형

2020년 시험은 이전에 시행된 시험의 출제경향과 다소 차이가 있었다. 이전에 많이 출제되었던 문항은 거의 출제되지 않았고, 대부분 새로운 문항들이 출제되었다. 전체적으로 까다로운 문항은 없었으나 의료시설에 해당되는 특정소방대상물, 특정소방대상물의 증축 시 소방시설기준의 적용 특례, 불을 사용하는 설비의 관리기준 등은 기존에 거의 출제되지 않던 문항들이었다. 반면, 소방대의 구성원, 위험물안전관리자의 선임 등 기존에 빈출되는 주제도 출제되었다.

문항분석

문항	정답	오답률	영역
1	②	20.4%	소방기본법 > 소방활동 등 > 생활안전활동
2	②	10.2%	소방기본법 > 총칙 > 소방업무에 관한 종합계획의 수립·시행 등
3	①	12.2%	화재예방법 > 화재의 예방조치 등 > 화재의 예방조치 등
4	④	20.4%	소방기본법 > 소방장비 및 소방용수시설 등 > 소방용수시설의 설치 및 관리 등
5	②	2.0%	소방기본법 > 총칙 > 정의
6	③	44.9%	소방시설법 > 총칙 > 정의
7	③	33.3%	소방시설공사업법 > 소방시설공사 등 > 완공검사
8	④	20.4%	화재예방법 > 소방대상물의 소방안전관리 > 특정소방대상물의 소방안전관리
9	③	26.5%	소방시설법 > 총칙 > 정의
10	④	44.9%	소방시설법 > 소방시설 등의 설치·관리 및 방염 > 소방시설기준 적용의 특례
11	①	44.9%	소방시설법 > 소방시설 등의 설치·관리 및 방염 > 특정소방대상물에 설치하는 소방시설의 관리 등
12	③	36.2%	소방시설공사업법 > 소방시설공사 등 > 공사의 하자보수 등
13	①	17.0%	소방시설공사업법 > 소방시설공사 등 > 위반사항에 대한 조치
14	③	23.4%	소방시설공사업법 > 소방시설공사 등 > 하도급의 제한
오답률 TOP1 15	①	55.3%	소방시설공사업법 > 벌칙 > 벌칙
16	③	14.9%	위험물관리법 > 위험물시설의 유지·관리 > 위험물안전관리자
오답률 TOP3 17	④	46.8%	위험물관리법 > 벌칙 > 벌칙
18	②	25.5%	위험물관리법 > 총칙 > 정의
19	②	31.9%	위험물관리법 > 총칙 > 정의
오답률 TOP2 20	④	53.2%	위험물관리법 > 총칙 > 위험물의 저장 및 취급의 제한

영역별 평균 오답률

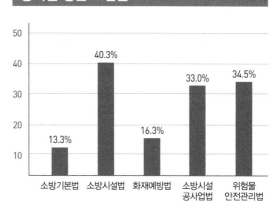

*2020년 20문항 기준 평균 오답률

출제 트렌드

구분	소방기본법	소방시설법	화재예방법	소방시설공사업법	위험물안전관리법
2022	4문항	3문항	3문항	5문항	5문항
2021	4문항	2문항	4문항	5문항	5문항
2020	4문항	4문항	2문항	5문항	5문항

소방시설법과 화재예방법이 분리된 것을 감안하면 전 영역에서 고르게 출제

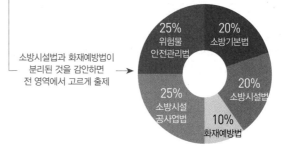

01 ②

| 출제이력 | 2018 하, 2017 상

| LINK | 소방기본서 소방관계법규 p. 39~40

② (×) 소방시설 오작동 신고에 따른 조치활동은 소방대의 소방지원활동에 해당한다(「소방기본법」 제16조의2 제1항).

| SUMMARY | 생활안전활동

> 「소방기본법」 제16조의3【생활안전활동】① 소방청장·소방본부장 또는 소방서장은 신고가 접수된 생활안전 및 위험제거활동(화재, 재난·재해, 그 밖의 위급한 상황에 해당하는 것은 제외한다)에 대응하기 위하여 소방대를 출동시켜 다음 각 호의 활동(이하 '생활안전활동'이라 한다)을 하게 하여야 한다.
> 1. 붕괴, 낙하 등이 우려되는 고드름, 나무, 위험 구조물 등의 제거활동
> 2. 위해동물, 벌 등의 포획 및 퇴치활동
> 3. 끼임, 고립 등에 따른 위험제거 및 구출활동
> 4. 단전사고 시 비상전원 또는 조명의 공급
> 5. 그 밖에 방치하면 급박해질 우려가 있는 위험을 예방하기 위한 활동

02 ②

| 출제이력 | 신규출제

| LINK | 소방기본서 소방관계법규 p. 26~28

② (○) 소방청은 화재, 재난·재해, 그 밖의 위급한 상황으로부터 국민의 생명·신체 및 재산을 보호하기 위하여 소방업무에 관한 종합계획을 5년마다 수립·시행하여야 하고, 이에 필요한 재원을 확보하도록 노력하여야 한다(「소방기본법」 제6조 제1항).

03 ①

| 출제이력 | 2019(유사), 2017 하(유사), 2018 상(유사)

| LINK | 소방기본서 소방관계법규 p. 226~232

① (○) 반경 5m, 반경 10m

> 「화재의 예방 및 안전관리에 관한 법률 시행령」 별표 1(제8조 제1항 관련)
> 불꽃을 사용하는 용접·용단 기구
> 1. 용접 또는 용단 작업자로부터 반경 5m 이내에 소화기를 갖추어 둘 것
> 2. 용접 또는 용단 작업장 주변 반경 10m 이내에는 가연물을 쌓아두거나 놓아두지 말 것. 다만, 가연물의 제거가 곤란하여 방지포 등으로 방호조치를 한 경우는 제외한다.

04 ④

| 출제이력 | 2017 하

| LINK | 소방기본서 소방관계법규 p. 32~36

④ (×) 「소방기본법」상 시·도지사가 소방활동에 필요하여 설치하고 유지·관리하는 소방용수시설로 옳지 않은 것은 상수도소화용수설비이다. 이는 소화용수설비에 해당한다.

| SUMMARY | 소방용수시설의 설치 및 관리 등(「소방기본법」 제10조)

구분	내용
소방용수시설의 종류	소화전, 저수조, 급수탑
소방용수시설의 설치기준	행정안전부령
소방용수시설의 설치·유지 관리권자	시·도지사

05 ②

| 출제이력 | 신규출제

| LINK | 소방기본서 소방관계법규 p. 19

② (○) 「소방기본법」상 소방대의 구성원으로 옳은 것은 ⓒ 의무소방원, ⓔ 의용소방대원이다.

> 「소방기본법」 제2조【정의】
> 5. '소방대'(消防隊)란 화재를 진압하고 화재, 재난·재해, 그 밖의 위급한 상황에서 구조·구급활동 등을 하기 위하여 다음 각 목의 사람으로 구성된 조직체를 말한다.
> 　가. 「소방공무원법」에 따른 소방공무원
> 　나. 「의무소방대설치법」 제3조에 따라 임용된 의무소방원(義務消防員)
> 　다. 「의용소방대 설치 및 운영에 관한 법률」에 따른 의용소방대원(義勇消防隊員)

06 ③

| 출제이력 | 2021(유사)

| LINK | 소방기본서 소방관계법규 p. 87~102

③ (×) 시각경보기는 피난구조설비가 아니라 경보설비에 해당한다.

> 「소방시설 설치 및 관리에 관한 법률 시행령」 별표 1[소방시설(제3조 관련)]
> 3. 피난구조설비: 화재가 발생할 경우 피난하기 위하여 사용하는 기구 또는 설비로서 다음 각 목의 것
> 　가. 피난기구
> 　　1) 피난사다리
> 　　2) 구조대

3) 완강기

4) 그 밖에 법 제9조 제1항에 따라 소방청장이 정하여 고시하는 화재안전기준(이하 '화재안전기준'이라 한다)으로 정하는 것

나. 인명구조기구

  1) 방열복, 방화복(안전헬멧, 보호장갑 및 안전화를 포함한다)

  2) 공기호흡기

  3) 인공소생기

다. 유도등

  1) 피난유도선

  2) 피난구유도등

  3) 통로유도등

  4) 객석유도등

  5) 유도표지

라. 비상조명등 및 휴대용비상조명등

---

07 ③

소방시설공사업법 > 소방시설공사 등 > 완공검사	오답률 33.3%

| 출제이력 | 2019, 2017 하, 2017 상, 2016

| LINK | 소방기본서 소방관계법규 p. 347~348

③ (×) 11층 이상인 특정소방대상물에서 아파트는 제외한다(「소방시설공사업법 시행령」 제5조 제3호).

---

08 ④

화재예방법 > 소방대상물의 소방안전관리 > 특정소방대상물의 소방안전관리	오답률 20.4%

| 출제이력 | 신규출제

| LINK | 소방기본서 소방관계법규 p. 238~246

• 「건축법 시행령」 별표 1 제2호 가목에 따른 아파트(300세대 이상인 아파트만 해당한다)

• 아파트를 제외한 연면적이 1만 5천m² 이상인 특정소방대상물

> 「화재의 예방 및 안전관리에 관한 법률 시행령」 별표 5[소방안전관리보조자를 두어야 하는 선임대상물, 선임자격 및 선임인원(제26조 제2항 관련)]
>
> 1. 선임대상물
>
> 가. 「건축법 시행령」 별표 1 제2호 가목에 따른 아파트(300세대 이상인 아파트만 해당)
>
> 나. 가목에 따른 아파트를 제외한 연면적이 1만5천m² 이상인 특정소방대상물
>
> 다. 가목 및 나목에 따른 특정소방대상물을 제외한 특정소방대상물 중 다음의 어느 하나에 해당하는 특정소방대상물
>
>   1) 공동주택 중 기숙사
>
>   2) 의료시설
>
>   3) 노유자시설
>
>   4) 수련시설
>
>   5) 숙박시설(숙박시설로 사용되는 바닥면적의 합계가 1천500m² 미만이고 관계인이 24시간 상시 근무하고 있는 숙박시설은 제외)

---

09 ③

소방시설법 > 총칙 > 정의	오답률 26.5%

| 출제이력 | 2018 하

| LINK | 소방기본서 소방관계법규 p. 87~102

㉠ (×) 노인의료복지시설은 노유자시설에 해당한다.

㉡, ㉢ (○) 의료시설에 해당되는 특정소방대상물은 정신의료기관, 마약진료소이다.

> 「소방시설 설치 및 관리에 관한 법률 시행령」 별표 2[특정소방대상물(제5조 관련)]
>
> 7. 의료시설
>
> 가. 병원: 종합병원, 병원, 치과병원, 한방병원, 요양병원
>
> 나. 격리병원: 전염병원, 마약진료소, 그 밖에 이와 비슷한 것
>
> 다. 정신의료기관
>
> 라. 「장애인복지법」 제58조 제1항 제4호에 따른 장애인 의료재활시설

㉣ (×) 한방의원은 근린생활시설에 해당한다.

---

10 ④

소방시설법 > 소방시설 등의 설치·관리 및 방염 > 소방시설기준 적용의 특례	오답률 44.9%

| 출제이력 | 신규출제

| LINK | 소방기본서 소방관계법규 p. 130~135

④ (○) 소방본부장 또는 소방서장은 특정소방대상물이 증축되는 경우에는 기존 부분을 포함한 특정소방대상물의 전체에 대하여 증축 당시의 소방시설의 설치에 관한 대통령령 또는 화재안전기준을 적용해야 한다(「소방시설 설치 및 관리에 관한 법률 시행령」 제15조 제1항).

---

11 ①

소방시설법 > 소방시설 등의 설치·관리 및 방염 > 특정소방대상물에 설치하는 소방시설의 관리 등	오답률 44.9%

| 출제이력 | 2022, 2021

| LINK | 소방기본서 소방관계법규 p. 118~129

① (○) 교육시설 내에 있는 합숙소로서 연면적 1,500m²인 것은 단독경보형 감지기를 설치하여야 하는 특정소방대상물이다(「소방시설 설치 및 관리에 관한 법률 시행령」 별표 5).

| SUMMARY | 단독경보형 감지기를 설치하여야 하는 특정소방대상물

> • 교육연구시설 또는 수련시설 내에 있는 합숙소 또는 기숙사로서 연면적 2천m² 미만인 것
>
> • 숙박시설이 있는 수련시설
>
> • 연면적 400m² 미만의 유치원

12 ③

| 소방시설공사업법 > 소방시설공사 등 > 공사의 하자보수 등 | 오답률 36.2% |

| 출제이력 | 2019, 2017 하

| LINK | 소방기본서 소방관계법규 p. 348~349

①, ②, ④ (×) 2년

③ (○) 비상콘센트설비는 「소방시설 및 관리에 관한 법률 시행령」 별표 1에 따른 소화활동설비이다. 소화활동설비의 하자보수 보증기간은 3년이다.

> 「소방시설공사업법 시행령」 제6조 【하자보수 대상 소방시설과 하자보수 보증기간】 법 제15조 제1항에 따라 하자를 보수하여야 하는 소방시설과 소방시설별 하자보수 보증기간은 다음 각 호의 구분과 같다.
> 1. 피난기구, 유도등, 유도표지, 비상경보설비, 비상조명등, 비상방송설비 및 무선통신보조설비: 2년
> 2. 자동소화장치, 옥내소화전설비, 스프링클러설비, 간이스프링클러설비, 물분무 등 소화설비, 옥외소화전설비, 자동화재탐지설비, 상수도소화용수설비 및 소화활동설비(무선통신보조설비는 제외한다): 3년

13 ①

| 소방시설공사업법 > 소방시설공사 등 > 위반사항에 대한 조치 | 오답률 17.0% |

| 출제이력 | 2021

| LINK | 소방기본서 소방관계법규 p. 358

① (○) 감리업자는 감리를 할 때 소방시설공사가 설계도서나 화재안전기준에 맞지 아니할 때에는 관계인에게 알리고, 공사업자에게 그 공사의 시정 또는 보완 등을 요구하여야 한다(「소방시설공사업법」 제19조 제1항).

14 ③

| 소방시설공사업법 > 소방시설공사 등 > 하도급의 제한 | 오답률 23.4% |

| 출제이력 | 신규출제

| LINK | 소방기본서 소방관계법규 p. 368~369

③ (×) 시공의 경우에는 대통령령으로 정하는 바에 따라 도급을 받은 소방시설공사의 일부를 다른 공사업자에게 하도급할 수 있다(「소방시설공사업법」 제22조 제1항).

15 ①

| 소방시설공사업법 > 벌칙 > 벌칙 | 오답률 55.3% | [TOP1]

| 출제이력 | 신규출제

| LINK | 소방기본서 소방관계법규 p. 405~406

① (×) 소방시설업 등록을 하지 아니하고 영업을 한 자는 3년 이하의 징역 또는 3천만원 이하의 벌금에 처한다(「소방시설공사업법」 제35조).

16 ③

| 위험물관리법 > 위험물시설의 유지·관리 > 위험물안전관리자 | 오답률 14.9% |

| 출제이력 | 2018 상, 2017 상

| LINK | 소방기본서 소방관계법규 p. 466~474

- 위험물안전관리자를 선임한 제조소 등의 관계인은 그 위험물안전관리자를 해임하거나 위험물안전관리자가 퇴직한 때에는 해임하거나 퇴직한 날부터 30일 이내에 다시 위험물안전관리자를 선임하여야 한다(「위험물안전관리법」 제15조 제2항).
- 제조소 등의 관계인은 위험물안전관리자를 선임한 경우에는 선임한 날부터 14일 이내에 행정안전부령으로 정하는 바에 따라 소방본부장 또는 소방서장에게 신고하여야 한다(동조 제3항).

17 ④

| 위험물관리법 > 벌칙 > 벌칙 | 오답률 46.8% | [TOP3]

| 출제이력 | 신규출제

| LINK | 소방기본서 소방관계법규 p. 513~603

①, ②, ③ (×) 1,500만원 이하의 벌금에 처한다(「위험물안전관리법」 제36조).
④ (○) 1천만원 이하의 벌금에 처한다(동법 제37조).

18 ②

| 위험물관리법 > 총칙 > 정의 | 오답률 25.5% |

| 출제이력 | 2022(유사), 2021(유사), 2019(유사), 2018 하(유사)

| LINK | 소방기본서 소방관계법규 p. 422~429

② (○) '위험물'이라 함은 인화성 또는 발화성 등의 성질을 가지는 것으로서 대통령령이 정하는 물품을 말한다(「위험물안전관리법」 제2조 제1항 제1호).

19 ②

| 위험물관리법 > 총칙 > 정의 | 오답률 31.9% |

| 출제이력 | 신규출제

| LINK | 소방기본서 소방관계법규 p. 422~429

② (×) '지정수량'이라 함은 위험물의 종류별로 위험성을 고려하여 대통령령이 정하는 수량으로서 제6호의 규정에 의한 제조소 등의 설치허가 등에 있어서 최저의 기준이 되는 수량을 말한다(「위험물안전관리법」 제2조 제1항 제2호).

20 ④

위험물관리법 > 총칙 > 위험물의 저장 및 취급의 제한   오답률 **53.2%**

| 출제이력 | 2021(유사)

| LINK | 소방기본서 소방관계법규 p. 429~441

①, ②, ③ (○) 자동화재탐지설비 · 자동화재속보설비 · 비상방송설비 · 비상경보설비(비상벨장치 또는 경종을 포함한다) · 확성장치(휴대용확성기를 포함한다)가 경보설비에 해당한다(「위험물안전관리법 시행규칙」 제42조 제2항).

교수님 TIP

「위험물안전관리법 시행규칙」이 개정됨에 따라 '자동화재속보설비'가 경보설비에 해당하게 되었다(개정 2020.10.12.).

④ (×) 제연설비는 소화활동설비에 해당한다.

2019 | 소방관계법규 A형

2019년 시험은 전반적으로 난이도는 높지 않았으나, 기존 소방공무원 시험에서 출제되지 않던 문항들이 출제되었다. 즉, 완공검사를 위한 현장확인 대상의 범위, 고인화성 위험물의 정의, 신고를 하지 않고 위험물의 품명·수량 또는 지정수량의 배수를 변경할 수 있는 경우를 묻는 문항은 지난 시험에서는 거의 출제되지 않았었다. 하자보수대상과 하자보수 보증기간, 소방안전교육사시험의 응시자격, 손실보상의 법적 절차 및 방법 등에 관한 문항은 비교적 난이도가 높았다고 볼 수 있다.

문항분석

문항	정답	오답률	영역
1	④	29.7%	소방시설공사업법 > 소방시설업 > 소방시설업의 운영
오답률 TOP1 2	①	38.9%	소방시설공사업법 > 소방시설공사 등 > 완공검사
3	④	33.3%	소방시설공사업법 > 보칙 > 청문
4	③	11.1%	소방시설공사업법 > 소방시설업 > 과징금 처분
5	②	27.0%	소방시설공사업법 > 소방시설공사 등 > 공사의 하자보수 등
6	④	5.3%	소방시설법 > 총칙 > 정의
7	④	26.3%	소방시설법 > 소방시설 등의 자체점검 > 소방시설 등의 자체점검
8	②	26.3%	소방시설법 > 소방시설관리사 및 소방시설관리업 > 자격의 취소·정지
9	③	5.3%	화재예방법 > 소방대상물의 소방안전관리 > 특정소방대상물의 소방안전관리
10	①	23.7%	화재예방법 > 화재의 예방 및 안전관리 기본계획의 수립·시행 > 화재의 예방 및 안전관리 기본계획 등의 수립·시행
11	②	26.3%	화재예방법 > 화재의 예방조치 등 > 화재의 예방조치 등
12	②	18.4%	소방기본법 > 소방활동 등 > 소방안전교육사
13	①	5.3%	소방기본법 > 보칙 > 손실보상
오답률 TOP1 14	①, ④	13.5%	소방기본법 > 소방장비 및 소방용수시설 등 > 소방용수시설의 설치 및 관리 등
15	①	31.6%	소방기본법 > 소방활동 등 > 강제처분 등
16	②	38.9%	위험물관리법 > 총칙 > 위험물의 저장 및 취급의 제한
17	③	27.8%	위험물관리법 > 총칙 > 위험물의 저장 및 취급의 제한
18	③	33.3%	위험물관리법 > 총칙 > 위험물의 저장 및 취급의 제한
19	④	19.4%	위험물관리법 > 총칙 > 정의
오답률 TOP1 20	②	38.9%	위험물관리법 > 위험물시설의 설치 및 변경 > 위험물시설의 설치 및 변경

영역별 평균 오답률

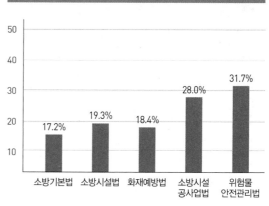

*2019년 20문항 기준 평균 오답률

출제 트렌드

구분	소방기본법	소방시설법	화재예방법	소방시설 공사업법	위험물 안전관리법
2022	4문항	3문항	3문항	5문항	5문항
2021	4문항	2문항	4문항	5문항	5문항
2020	4문항	4문항	2문항	5문항	5문항
2019	4문항	3문항	3문항	5문항	5문항

소방시설법과 화재예방법이 분리된 것을 감안하면 전 영역에서 고르게 출제

01 ④

소방시설공사업법 > 소방시설업 > 소방시설업의 운영   오답률 29.7%

| 출제이력 | 신규출제

| LINK | 소방기본서 소방관계법규 p. 332~333

④ (×) 영업정지처분은 관계인에게 지체 없이 알려야 하는 사항에 해당하나, 경고처분은 해당하지 않는다. 즉, 경고처분이 아니라 등록취소처분이 옳다.

> 「소방시설공사업법」 제8조【소방시설업의 운영】③ 소방시설업자는 다음 각 호의 어느 하나에 해당하는 경우에는 소방시설공사 등을 맡긴 특정소방대상물의 관계인에게 지체 없이 그 사실을 알려야 한다.
> 1. 제7조에 따라 소방시설업자의 지위를 승계한 경우
> 2. 제9조 제1항에 따라 소방시설업의 등록취소처분 또는 영업정지처분을 받은 경우
> 3. 휴업하거나 폐업한 경우

02 ①

TOP3

소방시설공사업법 > 소방시설공사 등 > 완공검사   오답률 38.9%

| 출제이력 | 2020, 2017 하, 2017 상, 2016

| LINK | 소방기본서 소방관계법규 p. 347~348

① (○) 창고시설 또는 수련시설은 소방시설공사가 공사감리결과보고서대로 완공되었는지를 현장에서 확인할 수 있는 대상이다.

② (×) 호스릴 소화설비를 설치하는 소방시설공사는 그 대상에서 제외된다.

③ (×) 아파트에 설치하는 소방시설공사는 그 대상에서 제외된다.

④ (×) 제조·저장·취급하는 시설 중 지상에 노출된 가연성 가스탱크의 저장 용량 합계가 1천톤 이상인 시설이 그 대상이다.

> 「소방시설공사업법 시행령」제5조【완공검사를 위한 현장확인 대상 특정소방대상물의 범위】법 제14조 제1항 단서에서 '대통령령으로 정하는 특정소방대상물'이란 특정소방대상물 중 다음 각 호의 대상물을 말한다.
> 1. 문화 및 집회시설, 종교시설, 판매시설, 노유자(老幼者)시설, 수련시설, 운동시설, 숙박시설, 창고시설, 지하상가 및 「다중이용업소의 안전관리에 관한 특별법」에 따른 다중이용업소
> 2. 다음 각 목의 어느 하나에 해당하는 설비가 설치되는 특정소방대상물
>   가. 스프링클러설비 등
>   나. 물분무 등 소화설비(호스릴 방식의 소화설비는 제외한다)
> 3. 연면적 1만㎡ 이상이거나 11층 이상인 특정소방대상물(아파트는 제외한다)
> 4. 가연성 가스를 제조·저장 또는 취급하는 시설 중 지상에 노출된 가연성 가스탱크의 저장 용량 합계가 1천톤 이상인 시설

03 ④

소방시설공사업법 > 보칙 > 청문   오답률 33.3%

| 출제이력 | 2016(유사)

| LINK | 소방기본서 소방관계법규 p. 402

①, ②, ③ (○) 소방시설업의 등록취소처분, 소방기술 인정 자격취소처분, 소방시설업의 영업정지처분을 하려면 행정처분을 하기 전에 청문을 하여야 한다(「소방시설공사업법」제32조).

④ (×) 소방기술 인정 자격정지처분은 청문사항이 아니다.

04 ③

소방시설공사업법 > 소방시설업 > 과징금 처분   오답률 11.1%

| 출제이력 | 신규출제

| LINK | 소방기본서 소방관계법규 p. 338~340

③ (○) 시·도지사는 제9조 제1항 각 호의 어느 하나에 해당하는 경우로서 영업정지가 그 이용자에게 불편을 주거나 그 밖에 공익을 해칠 우려가 있을 때에는 영업정지처분을 갈음하여 2억원 이하의 과징금을 부과할 수 있다(「소방시설공사업법」제10조 제1항).

 교수님 TIP

「소방시설공사업법」이 개정됨에 따라 과징금이 3천만원 이하에서 2억원 이하로 개정되었다(개정 2020.6.9.).

05 ②

소방시설공사업법 > 소방시설공사 등 > 공사의 하자보수 등   오답률 27.0%

| 출제이력 | 2020, 2017 하

| LINK | 소방기본서 소방관계법규 p. 348~349

① (×) 비상경보설비의 하자보수 보증기간은 2년이고, 자동소화장치의 하자보수 보증기간은 3년이다.

③ (×) 피난기구의 하자보수 보증기간은 2년이고, 소화활동설비의 하자보수 보증기간은 3년이다.

④ (×) 비상방송설비의 하자보수 보증기간은 2년이고, 간이스프링클러설비의 하자보수 보증기간은 3년이다.

> 「소방시설공사업법 시행령」제6조【하자보수 대상 소방시설과 하자보수 보증기간】법 제15조 제1항에 따라 하자를 보수하여야 하는 소방시설과 소방시설별 하자보수 보증기간은 다음 각 호의 구분과 같다.
> 1. 피난기구, 유도등, 유도표지, 비상경보설비, 비상조명등, 비상방송설비 및 무선통신보조설비: 2년
> 2. 자동소화장치, 옥내소화전설비, 스프링클러설비, 간이스프링클러설비, 물분무 등 소화설비, 옥외소화전설비, 자동화재탐지설비, 상수도소화용수설비 및 소화활동설비(무선통신보조설비는 제외한다): 3년

06 ④

소방시설법 > 총칙 > 정의   오답률 5.3%

| 출제이력 | 2022, 2018 상, 2017 상

| LINK | 소방기본서 소방관계법규 p. 87~102

④ (×) 운동시설 중 수영장은 방염성능기준 이상의 실내장식물 등을 설치하여야 하는 특정소방대상물에서 제외한다(「소방시설 설치 및 관리에 관한 법률 시행령」별표 9).

07 ④

소방시설법 > 소방시설 등의 자체점검 >   오답률 26.3%
소방시설 등의 자체점검

| 출제이력 | 신규출제

| LINK | 소방기본서 소방관계법규 p. 145~153

④ (×) 바닥면적의 합계를 3m²로 나누어 얻은 수가 아니라 4.6m²로 나누어 얻은 수로 한다.

> 「소방시설 설치 및 관리에 관한 법률 시행령」 별표 4[수용인원의 산정방법(제11조 제1항 관련)]
> 1. 숙박시설이 있는 특정소방대상물
>   가. 침대가 있는 숙박시설: 해당 특정소방물의 종사자 수에 침대 수(2인용 침대는 2개로 산정한다)를 합한 수
>   나. 침대가 없는 숙박시설: 해당 특정소방대상물의 종사자 수에 숙박시설 바닥면적의 합계를 3m²로 나누어 얻은 수를 합한 수
> 2. 제1호 외의 특정소방대상물
>   가. 강의실·교무실·상담실·실습실·휴게실 용도로 쓰이는 특정소방대상물: 해당 용도로 사용하는 바닥면적의 합계를 1.9m²로 나누어 얻은 수
>   나. 강당, 문화 및 집회시설, 운동시설, 종교시설: 해당 용도로 사용하는 바닥면적의 합계를 4.6m²로 나누어 얻은 수(관람석이 있는 경우 고정식 의자를 설치한 부분은 그 부분의 의자 수로 하고, 긴 의자의 경우에는 의자의 정면너비를 0.45m로 나누어 얻은 수로 한다)
>   다. 그 밖의 특정소방대상물: 해당 용도로 사용하는 바닥면적의 합계를 3m²로 나누어 얻은 수

08 ②

소방시설법 > 소방시설관리사 및 소방시설관리업 >   오답률 26.3%
자격의 취소·정지

| 출제이력 | 2017 하(유사)

| LINK | 소방기본서 소방관계법규 p. 164~166

② (×) 등록사항의 변경신고를 하지 아니한 경우는 소방시설관리사의 자격의 취소·정지 사유가 아니다. 등록사항의 변경신고를 하지 아니한 자에게는 300만원 이하의 과태료를 부과한다(「소방시설 설치 및 관리에 관한 법률」 제61조 제1항 제11호).

> 「소방시설 설치 및 관리에 관한 법률」 제28조 【자격의 취소·정지】 소방청장은 관리사가 다음 각 호의 어느 하나에 해당할 때에는 행정안전부령으로 정하는 바에 따라 그 자격을 취소하거나 1년 이내의 기간을 정하여 그 자격의 정지를 명할 수 있다. 다만, 제1호, 제4호, 제5호 또는 제7호에 해당하면 그 자격을 취소하여야 한다.
> 1. 거짓이나 그 밖의 부정한 방법으로 시험에 합격한 경우
> 2. 「화재의 예방 및 안전관리에 관한 법률」 제25조 제2항에 따른 대행 인력의 배치기준·자격·방법 등 준수사항을 지키지 아니한 경우
> 3. 제22조에 따른 점검을 하지 아니하거나 거짓으로 한 경우
> 4. 제25조 제7항을 위반하여 소방시설관리사증을 다른 사람에게 빌려준 경우
> 5. 제25조 제8항을 위반하여 동시에 둘 이상의 업체에 취업한 경우
> 6. 제25조 제9항을 위반하여 성실하게 자체점검 업무를 수행하지 아니한 경우
> 7. 제27조 각 호의 어느 하나에 따른 결격사유에 해당하게 된 경우

09 ③

화재예방법 > 소방대상물의 소방안전관리 >   오답률 5.3%
특정소방대상물의 소방안전관리

| 출제이력 | 신규출제

| LINK | 소방기본서 소방관계법규 p. 238~246

① (×) 지하구는 2급 소방안전관리대상물에 해당한다.

②, ④ (×) 동·식물원, 철강 등 불연성 물품을 저장·취급하는 창고, 위험물 저장 및 처리 시설 중 위험물 제조소 등, 지하구는 특급 및 1급 소방안전관리대상물에서 제외된다.

③ (○) 가연성 가스를 1천톤 이상 저장·취급하는 시설은 1급 소방안전관리대상물에 해당한다.

| SUMMARY | 「화재의 예방 및 안전관리에 관한 법률 시행령」 별표 4 [소방안전관리자를 두어야 하는 선임대상물, 선임자격 및 선임인원(제26조 제1항 관련)]

2. 1급 소방안전관리대상물		
가. 선임 대상물	「소방시설 설치 및 관리에 관한 법률 시행령」 별표 2의 특정소방대상물 중 제1호의 특급 소방안전관리대상물을 제외하고 다음의 어느 하나에 해당하는 것 1) 30층 이상(지하층은 제외)이거나 지상으로부터 높이가 120m 이상인 아파트 2) 연면적 1만5천m² 이상인 특정소방대상물(아파트는 제외) 3) 2)에 해당하지 아니하는 특정소방대상물로서 층수가 11층 이상인 특정소방대상물(아파트는 제외) 4) 가연성가스를 1천 톤 이상 저장·취급하는 시설		
나. 선임 자격	다음 각 호의 어느 하나에 해당하는 사람으로서 1급 소방안전관리자 자격증을 받은 사람 1) 소방설비기사 또는 소방설비산업기사의 자격이 있는 사람 2) 소방공무원으로 7년 이상 근무한 경력이 있는 사람 3) 소방청장이 실시하는 1급 소방안전관리대상물의 소방안전관리에 관한 시험에 합격한 사람 4) 제1호에 따라 특급 소방안전관리대상물의 소방안전관리자 자격이 인정되는 사람		
다.	1명 이상		

비고
동·식물원, 철강 등 불연성 물품을 저장·취급하는 창고, 위험물 저장 및 처리 시설 중 위험물제조소 등, 지하구를 제외한다.

10 ①

화재예방법 > 화재의 예방 및 안전관리 기본계획의 수립·시행 >   오답률 23.7%
화재의 예방 및 안전관리 기본계획 등의 수립·시행

| 출제이력 | 2017 하

| LINK | 소방기본서 소방관계법규 p. 214~215

① (○) 「화재의 예방 및 안전관리에 관한 법률」 제4조 제3항 제6호에 화재의 예방과 안전관리 관련 산업의 국제경쟁력 향상에 관한 사항이 명시되어 있으므로 옳은 지문이다.

② (×) 소방청장은 기본계획을 시행하기 위하여 매년 시행계획을 수립·시행하여야 한다(동조 제4항).

③ (×) 기본계획은 대통령령으로 정하는 바에 따라 소방청장이 관계 중앙행정기관의 장과 협의하여 수립한다(동조 제2항).

④ (×) 소방청장은 화재예방정책을 체계적·효율적으로 추진하고 이에 필요한 기반 확충을 위하여 화재의 예방 및 안전관리에 관한 기본계획을 5년마다 수립·시행하여야 한다(동조 제1항).

11 ②

화재예방법 > 화재의 예방조치 등 > 화재의 예방조치 등 　오답률 **26.3%**

| 출제이력 | 2020(유사), 2018 상(유사), 2017 하(유사)

| LINK | 소방기본서 소방관계법규 p. 226~232

② (○) 불을 사용하는 설비의 관리기준 등에 대한 설명으로 옳은 것은 ②이다(「화재의 예방 및 안전관리에 관한 법률 시행령」 별표 1).

> - 보일러와 벽·천장 사이의 거리는 0.6m 이상 되도록 하여야 한다.
> - 연통은 천장으로부터 0.6m 이상 떨어지고, 건물 밖으로 0.6m 이상 나오게 설치하여야 한다.
> - 건조설비와 벽·천장 사이의 거리는 0.5m 이상 되도록 하여야 한다.
> - 열을 발생하는 조리기구는 반자 또는 선반으로부터 0.6m 이상 떨어지게 하여야 한다.

12 ②

소방기본법 > 소방활동 등 > 소방안전교육사 　오답률 **18.4%**

| 출제이력 | 신규출제

| LINK | 소방기본서 소방관계법규 p. 44~47

㉠ (×) 「영유아보육법」 제21조에 따라 보육교사의 자격을 취득한 후 3년 이상의 보육업무 경력이 있는 사람

㉡ (○) 「국가기술자격법」 제2조 제3호에 따른 국가기술자격의 직무분야 중 안전관리 분야의 산업기사 자격을 취득한 후 안전관리 분야에 3년 이상 종사한 사람

㉢ (×) 「의료법」 제7조에 따라 간호사 면허를 취득한 후 간호업무 분야에 1년 이상 종사한 사람

㉣ (○) 「응급의료에 관한 법률」 제36조 제3항에 따라 2급 응급구조사 자격을 취득한 후 응급의료업무 분야에 3년 이상 종사한 사람

㉤ (×) 「소방공무원법」 제2조에 따른 소방공무원으로 3년 이상 근무한 경력이 있는 사람

㉥ (○) 「의용소방대 설치 및 운영에 관한 법률」 제3조에 따라 의용소방대원으로 임명된 후 5년 이상 의용소방대 활동을 한 경력이 있는 사람

| **SUMMARY** | 「소방기본법 시행령」 별표 2의2[소방안전교육사시험의 응시자격(제7조의2 관련)]

> 1. 소방공무원으로서 다음 각 목의 어느 하나에 해당하는 사람
>   가. 소방공무원으로 3년 이상 근무한 경력이 있는 사람

나. 중앙소방학교 또는 지방소방학교에서 2주 이상의 소방안전교육사 관련 전문교육과정을 이수한 사람
2. 「초·중등교육법」 제21조에 따라 교원의 자격을 취득한 사람
3. 「유아교육법」 제22조에 따라 교원의 자격을 취득한 사람
4. 「영유아보육법」 제21조에 따라 어린이집의 원장 또는 보육교사의 자격을 취득한 사람(보육교사 자격을 취득한 사람은 보육교사 자격을 취득한 후 3년 이상의 보육업무 경력이 있는 사람만 해당한다)
5. 다음 각 목의 어느 하나에 해당하는 기관에서 소방안전교육 관련 교과목(응급구조학과, 교육학과 또는 제15조 제2호에 따라 소방청장이 정하여 고시하는 소방 관련 학과에 개설된 전공과목을 말한다)을 총 6학점 이상 이수한 사람
   가. 「고등교육법」 제2조 제1호부터 제6호까지의 규정의 어느 하나에 해당하는 학교
   나. 「학점인정 등에 관한 법률」 제3조에 따라 학습과정의 평가인정을 받은 교육훈련기관
6. 「국가기술자격법」 제2조 제3호에 따른 국가기술자격의 직무분야 중 안전관리 분야(국가기술자격의 직무분야 및 국가기술자격의 종목 중 중직무분야의 안전관리를 말한다. 이하 같다)의 기술사 자격을 취득한 사람
7. 「소방시설 설치 및 관리에 관한 법률」 제26조에 따른 소방시설관리사 자격을 취득한 사람
8. 「국가기술자격법」 제2조 제3호에 따른 국가기술자격의 직무분야 중 안전관리 분야의 기사 자격을 취득한 후 안전관리 분야에 1년 이상 종사한 사람
9. 「국가기술자격법」 제2조 제3호에 따른 국가기술자격의 직무분야 중 안전관리 분야의 산업기사 자격을 취득한 후 안전관리 분야에 3년 이상 종사한 사람
10. 「의료법」 제7조에 따라 간호사 면허를 취득한 후 간호업무 분야에 1년 이상 종사한 사람
11. 「응급의료에 관한 법률」 제36조 제2항에 따라 1급 응급구조사 자격을 취득한 후 응급의료업무 분야에 1년 이상 종사한 사람
12. 「응급의료에 관한 법률」 제36조 제3항에 따라 2급 응급구조사 자격을 취득한 후 응급의료업무 분야에 3년 이상 종사한 사람
13. 「화재의 예방 및 안전관리에 관한 법률 시행령」 제23조 제1항 각 호의 어느 하나에 해당하는 사람
14. 「화재의 예방 및 안전관리에 관한 법률 시행령」 제23조 제2항 각 호의 어느 하나에 해당하는 자격을 갖춘 후 소방안전관리대상물의 소방안전관리에 관한 실무경력이 1년 이상 있는 사람
15. 「화재의 예방 및 안전관리에 관한 법률 시행령」 제23조 제3항 각 호의 어느 하나에 해당하는 자격을 갖춘 후 소방안전관리대상물의 소방안전관리에 관한 실무경력이 3년 이상 있는 사람
16. 「의용소방대 설치 및 운영에 관한 법률」 제3조에 따라 의용소방대원으로 임명된 후 5년 이상 의용소방대 활동을 한 경력이 있는 사람
17. 「국가기술자격법」 제2조 제3호에 따른 국가기술자격의 직무 분야 중 위험물 중 직무 분야의 기능장 자격을 취득한 사람

13 ①

소방기본법 > 보칙 > 손실보상 　오답률 **5.3%**

| 출제이력 | 2018 하(유사)

| LINK | 소방기본서 소방관계법규 p. 64~68

- 손실보상을 청구할 수 있는 권리는 손실이 있음을 안 날부터 3년, 손실이 발생한 날부터 5년간 행사하지 아니하면 시효의 완성으로 소멸한다(「소방기본법」 제49조의2).

- 소방청장 등은 손실보상심의위원회의 심사·의결을 거쳐 특별한 사유가 없으면 보상금 지급 청구서를 받은 날부터 60일 이내에 보상금 지급 여부 및 보상금액을 결정하여야 한다(동법 시행령 제12조 제2항).
- 소방청장 등은 결정일부터 10일 이내에 행정안전부령으로 정하는 바에 따라 결정 내용을 청구인에게 통지하고, 보상금을 지급하기로 결정한 경우에는 특별한 사유가 없으면 통지한 날부터 30일 이내에 보상금을 지급하여야 한다(동법 시행령 제12조 제4항).

14 ①, ④

TOP1

| 소방기본법 > 소방장비 및 소방용수시설 등 >
소방용수시설의 설치 및 관리 등   오답률 13.5%

| 출제이력 | 2022(유사), 2021(유사), 2018 하(유사)

| LINK | 소방기본서 소방관계법규 p. 32~36

① (×) 「수도법」 제45조에 따른 소화전의 유지·관리는 소방서장이 하는 것이 아니라 일반수도사업자가 한다. 즉, 일반수도사업자는 관할 소방서장과 사전협의를 거친 후 소화전을 설치하여야 하며, 설치사실을 관할 소방서장에게 통지하고, 그 소화전을 유지·관리하여야 한다(「소방기본법」 제10조 제1항).

④ (×) 급수탑의 설치기준 내용은 옳으나, '설치할 수 있다'가 아니라, '설치하여야 한다'라고 해야 논란의 소지가 없을 것이다. 해당 문제는 이의제기에 따라 ①, ④가 복수답안으로 인정되었다.

> 「소방기본법 시행규칙」 별표 3[소방용수시설의 설치기준(제6조 제2항 관련)]
> 2. 소방용수시설별 설치기준
> 　가. 소화전의 설치기준: 상수도와 연결하여 지하식 또는 지상식의 구조로 하고, 소방용 호스와 연결하는 소화전의 연결금속구의 구경은 65mm로 할 것
> 　나. 급수탑의 설치기준: 급수배관의 구경은 100mm 이상으로 하고, 개폐밸브는 지상에서 1.5m 이상 1.7m 이하의 위치에 설치하도록 할 것
> 　다. 저수조의 설치기준
> 　　(1) 지면으로부터의 낙차가 4.5m 이하일 것
> 　　(2) 흡수 부분의 수심이 0.5m 이상일 것
> 　　(3) 소방펌프자동차가 쉽게 접근할 수 있도록 할 것
> 　　(4) 흡수에 지장이 없도록 토사 및 쓰레기 등을 제거할 수 있는 설비를 갖출 것
> 　　(5) 흡수관의 투입구가 사각형의 경우에는 한 변의 길이가 60cm 이상, 원형의 경우에는 지름이 60cm 이상일 것
> 　　(6) 저수조에 물을 공급하는 방법은 상수도에 연결하여 자동으로 급수되는 구조일 것

15 ①

| 소방기본법 > 소방활동 등 > 강제처분 등   오답률 31.6%

| 출제이력 | 신규출제

| LINK | 소방기본서 소방관계법규 p. 56

① (○) 소방활동에 필요한 처분을 할 수 있는 처분권자는 ㉠ 소방서장, ㉡ 소방본부장, ㉢ 소방대장이다(「소방기본법」 제25조 제1항).

16 ②

| 위험물관리법 > 총칙 > 위험물의 저장 및 취급의 제한   오답률 38.9%

| 출제이력 | 2022(유사), 2021(유사), 2020(유사), 2018 하(유사)

| LINK | 소방기본서 소방관계법규 p. 429~441

② (○) 고인화점 위험물이란 인화점이 100℃ 이상인 제4류 위험물을 말한다[「위험물안전관리법 시행규칙」 별표 4(제28조 관련)].

17 ③

| 위험물관리법 > 총칙 > 위험물의 저장 및 취급의 제한   오답률 27.8%

| 출제이력 | 2022(유사), 2021(유사), 2018 상(유사)

| LINK | 소방기본서 소방관계법규 p. 429~441

③ (×) 표지의 바탕은 백색으로, 문자는 흑색으로 하여야 한다.

| SUMMARY | 「위험물안전관리법 시행규칙」 별표 4[제조소의 위치·구조 및 설비의 기준(제28조 관련)]

Ⅰ. 안전거리
　1. 제조소(제6류 위험물을 취급하는 제조소를 제외한다)는 다음 각 목의 규정에 의한 건축물의 외벽 또는 이에 상당하는 공작물의 외측으로부터 당해 제조소의 외벽 또는 이에 상당하는 공작물의 외측까지의 사이에 다음 각 목의 규정에 의한 수평거리(이하 '안전거리'라 한다)를 두어야 한다.

Ⅲ. 표지 및 게시판
　1. 제조소에는 보기 쉬운 곳에 다음 각 목의 기준에 따라 '위험물 제조소'라는 표시를 한 표지를 설치하여야 한다.
　　가. 표지는 한 변의 길이가 0.3m 이상, 다른 한 변의 길이가 0.6m 이상인 직사각형으로 할 것
　　나. 표지의 바탕은 백색으로, 문자는 흑색으로 할 것
　2. 제조소에는 보기 쉬운 곳에 다음 각 목의 기준에 따라 방화에 관하여 필요한 사항을 게시한 게시판을 설치하여야 한다.
　　가. 게시판은 한 변의 길이가 0.3m 이상, 다른 한 변의 길이가 0.6m 이상인 직사각형으로 할 것
　　나. 게시판에는 저장 또는 취급하는 위험물의 유별·품명 및 저장최대수량 또는 취급최대수량, 지정수량의 배수 및 안전관리자의 성명 또는 직명을 기재할 것
　　다. 나목의 게시판의 바탕은 백색으로, 문자는 흑색으로 할 것
　　라. 나목의 게시판 외에 저장 또는 취급하는 위험물에 따라 다음의 규정에 의한 주의사항을 표시한 게시판을 설치할 것
　　　1) 제1류 위험물 중 알칼리금속의 과산화물과 이를 함유한 것 또는 제3류 위험물 중 금수성물질에 있어서는 '물기엄금'
　　　2) 제2류 위험물(인화성고체를 제외한다)에 있어서는 '화기주의'
　　　3) 제2류 위험물 중 인화성고체, 제3류 위험물 중 자연발화성물질, 제4류 위험물 또는 제5류 위험물에 있어서는 '화기엄금'
　　마. 라목의 게시판의 색은 '물기엄금'을 표시하는 것에 있어서는 청색바탕에 백색문자로, '화기주의' 또는 '화기엄금'을 표시하는 것에 있어서는 적색바탕에 백색문자로 할 것

Ⅴ. 채광·조명 및 환기설비
　1. 위험물을 취급하는 건축물에는 다음 각 목의 기준에 의하여 위험물을 취급하는 데 필요한 채광·조명 및 환기의 설비를 설치하여야 한다.
　　가. 채광설비는 불연재료로 하고, 연소의 우려가 없는 장소에 설치하되 채광면적을 최소로 할 것

나. 조명설비는 다음의 기준에 적합하게 설치할 것
  1) 가연성 가스 등이 체류할 우려가 있는 장소의 조명등은 방폭등(防爆燈)으로 할 것
  2) 전선은 내화·내열전선으로 할 것
  3) 점멸스위치는 출입구 바깥 부분에 설치할 것. 다만, 스위치의 스파크로 인한 화재·폭발의 우려가 없을 경우에는 그러하지 아니하다.
다. 환기설비는 다음의 기준에 의할 것
  1) 환기는 자연배기방식으로 할 것
  2) 급기구는 당해 급기구가 설치된 실의 바닥면적 150m²마다 1개 이상으로 하되, 급기구의 크기는 800cm² 이상으로 할 것. 다만 바닥면적이 150m² 미만인 경우에는 다음의 크기로 하여야 한다.

바닥면적	급기구의 면적
60m² 미만	150cm² 이상
60m² 이상 90m² 미만	300cm² 이상
90m² 이상 120m² 미만	450cm² 이상
120m² 이상 150m² 미만	600cm² 이상

  3) 급기구는 낮은 곳에 설치하고 가는 눈의 구리망 등으로 인화방지망을 설치할 것
  4) 환기구는 지붕 위 또는 지상 2m 이상의 높이에 회전식 고정벤티레이터 또는 루프팬방식(Roof Fan: 지붕에 설치하는 배기장치)으로 설치할 것

18 ③

위험물관리법 > 총칙 > 위험물의 저장 및 취급의 제한   오답률 33.3%

| 출제이력 | 2022

| LINK | 소방기본서 소방관계법규 p. 429~441

① (○) 「위험물안전관리법 시행규칙」 별표 6 Ⅵ. 제4호
② (○) 동 별표 Ⅵ. 제20호
③ (×) 옥외저장탱크의 배수관은 탱크의 옆판에 설치하여야 한다. 다만, 탱크와 배수관과의 결합 부분이 지진 등에 의하여 손상을 받을 우려가 없는 방법으로 배수관을 설치하는 경우에는 탱크의 밑판에 설치할 수 있다(동 별표 Ⅵ. 제12호)
④ (○) 동 별표 Ⅵ. 제19호

19 ④

위험물관리법 > 총칙 > 정의   오답률 19.4%

| 출제이력 | 2017 상

| LINK | 소방기본서 소방관계법규 p. 422~429

① (×) 브롬산염류: 300kg
② (×) 아염소산염류: 50kg
③ (×) 과염소산염류: 50kg
④ (○) 선지 모두 제1류 산화성 고체로서, 중크롬산염류의 지정수량이 1,000kg으로 가장 크다.

| SUMMARY | 「위험물안전관리법 시행령」 별표 1[위험물 및 지정수량 (제2조 및 제3조 관련)]

위험물			지정수량
유별	성질	품명	
제1류	산화성 고체	1. 아염소산염류	50kg
		2. 염소산염류	50kg
		3. 과염소산염류	50kg
		4. 무기과산화물	50kg
		5. 브롬산염류	300kg
		6. 질산염류	300kg
		7. 요오드산염류	300kg
		8. 과망간산염류	1,000kg
		9. 중크롬산염류	1,000kg
		10. 그 밖에 행정안전부령으로 정하는 것	50kg, 300kg 또는 1,000kg
		11. 제1호 내지 제10호의1에 해당하는 어느 하나 이상을 함유한 것	

20 ②

위험물관리법 > 위험물시설의 설치 및 변경 > 위험물시설의 설치 및 변경   TOP 1   오답률 38.9%

| 출제이력 | 2018 상

| LINK | 소방기본서 소방관계법규 p. 444~452

① (×) 농예용으로 필요한 건조시설을 위한 지정수량 20배 이하의 저장소가 옳다.
③ (×) 수산용으로 필요한 건조시설을 위한 지정수량 20배 이하의 저장소이다.
④ (×) 공동주택은 허가량(지정수량) 이상이면 무조건 허가를 받아야 한다.

> 「위험물안전관리법」 제6조 【위험물시설의 설치 및 변경 등】 ① 제조소 등을 설치하고자 하는 자는 대통령령이 정하는 바에 따라 그 설치장소를 관할하는 특별시장·광역시장·특별자치시장·도지사 또는 특별자치도지사(이하 '시·도지사'라 한다)의 허가를 받아야 한다. 제조소 등의 위치·구조 또는 설비 가운데 행정안전부령이 정하는 사항을 변경하고자 하는 때에도 또한 같다.
> ② 제조소 등의 위치·구조 또는 설비의 변경 없이 당해 제조소 등에서 저장하거나 취급하는 위험물의 품명·수량 또는 지정수량의 배수를 변경하고자 하는 자는 변경하고자 하는 날의 1일 전까지 행정안전부령이 정하는 바에 따라 시·도지사에게 신고하여야 한다.
> ③ 제1항 및 제2항의 규정에 불구하고 다음 각 호의 어느 하나에 해당하는 제조소 등의 경우에는 허가를 받지 아니하고 당해 제조소 등을 설치하거나 그 위치·구조 또는 설비를 변경할 수 있으며, 신고를 하지 아니하고 위험물의 품명·수량 또는 지정수량의 배수를 변경할 수 있다.
>   1. 주택의 난방시설(공동주택의 중앙난방시설을 제외한다)을 위한 저장소 또는 취급소
>   2. 농예용·축산용 또는 수산용으로 필요한 난방시설 또는 건조시설을 위한 지정수량 20배 이하의 저장소

2018 | 하반기 소방관계법규 Ⓐ형

2018년 하반기 시험은 전체적으로 난이도가 높은 문제가 많이 출제되었다. 「소방시설공사업법」의 업무위탁, 「위험물안전관리법 시행령」상 운송책임자의 감독 또는 지원을 받아 운송하여야 하는 위험물의 종류, 위험물의 사고 발생 시 사고의 원인·피해 등을 조사하는 자 등을 묻는 문제는 기존에 거의 출제되지 않았던 문제들이었다. 반면, 착공신고 대상, 주택용 소방시설, 소화기의 내용연수, 위험물 용어에 관한 문제들은 비교적 쉬웠다고 볼 수 있다.

문항분석

문항	정답	오답률	영역
1	④	14.7%	소방시설공사업법 > 보칙 > 권한의 위임·위탁 등
2 [오답률 TOP 1]	②	52.9%	소방시설공사업법 > 소방시설공사 등 > 착공신고
3	③	23.5%	소방시설공사업법 > 소방시설공사 등 > 공사감리 결과의 통보 등
4	③	32.4%	소방시설공사업법 > 총칙 > 정의
5	①	38.9%	소방시설법 > 소방시설 등의 설치·관리 및 방염 > 건축허가 등의 동의 등
6	①	25.0%	소방시설법 > 소방시설 등의 설치·관리 및 방염 > 주택에 설치하는 소방시설
7	①	16.7%	소방시설법 > 소방시설 등의 설치·관리 및 방염 > 소방용품의 내용연수 등
8	④	33.3%	소방시설법 > 소방시설 등의 설치·관리 및 방염 > 소방시설의 내진설계기준
9 [오답률 TOP 3]	④	41.7%	화재예방법 > 화재안전조사 > 화재안전조사
10 [오답률 TOP 2]	②	47.2%	소방시설법 > 총칙 > 정의
11	②	29.4%	위험물관리법 > 총칙 > 정의
12	②	29.4%	위험물관리법 > 위험물시설의 안전관리 > 예방규정
13	①	17.6%	위험물관리법 > 위험물의 운반 등 > 위험물의 운송
14	①	14.7%	위험물관리법 > 감독 및 조치명령 > 위험물 누출 등의 사고 조사
15	④	41.2%	위험물관리법 > 위험물시설의 안전관리 > 자체소방대
16	①	19.4%	화재예방법 > 화재의 예방조치 등 > 화재예방강화지구의 지정 등
17	④	13.9%	소방기본법 > 보칙 > 손실보상
18	④	22.9%	소방기본법 > 소방활동 등 > 소방지원활동
19	①	28.6%	소방기본법 > 소방장비 및 소방용수시설 등 > 소방용수시설의 설치 및 관리 등
20	①	20.0%	소방기본법 > 소방장비 및 소방용수시설 등 > 소방용수시설의 설치 및 관리 등

영역별 평균 오답률

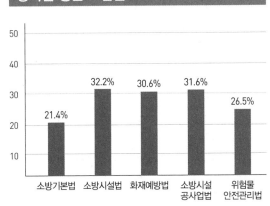

*2018년 하반기 20문항 기준 평균 오답률

출제 트렌드

구분	소방기본법	소방시설법	화재예방법	소방시설 공사업법	위험물 안전관리법
2022	4문항	3문항	3문항	5문항	5문항
2021	4문항	2문항	4문항	5문항	5문항
2020	4문항	4문항	2문항	5문항	5문항
2018 하	4문항	5문항	2문항	4문항	5문항

소방시설법과 영역에서 비교적 다수 출제 →

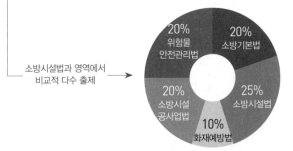

01 ④

| 소방시설공사업법 > 보칙 > 권한의 위임·위탁 등 | 오답률 14.7% |

| 출제이력 | 신규출제

| LINK | 소방기본서 소방관계법규 p. 402~403

① (○)「소방시설공사업법 시행령」제20조 제3항

② (○) 동조 제4항

③ (○) 동조 제2항

④ (×) 소방청장은 소방기술자 실무교육에 관한 업무를 대통령령으로 정하는 바에 따라 실무교육기관 또는 한국소방안전원에 위탁할 수 있다「소방시설공사업법」제33조 제2항).

02 ②

^{TOP1}

| 소방시설공사업법 > 소방시설공사 등 > 착공신고 | 오답률 52.9% |

| 출제이력 | 2022, 2017 하, 2017 상

| LINK | 소방기본서 소방관계법규 p. 344~347

①, ③, ④ (○) 소방시설공사의 착공신고대상이다「소방시설공사업법 시행령」제4조).

② (×) 자동화재속보설비의 신설·신축공사는 소방시설공사의 착공신고 대상이 아니다.

03 ③

| 소방시설공사업법 > 소방시설공사 등 > 공사감리 결과의 통보 등 | 오답률 23.5% |

| 출제이력 | 2017 하

| LINK | 소방기본서 소방관계법규 p. 359

①, ②, ④ (○) 감리업자가 소방공사감리 결과보고(통보)서를 공사가 완료된 날부터 7일 이내에 알려야 하는 대상은 도급인, 관계인, 건축사이다「소방시설공사업법 시행규칙」제19조).

③ (×) 소방시설설계업의 설계사는 결과보고를 알려야 하는 대상이 아니다.

04 ③

| 소방시설공사업법 > 총칙 > 정의 | 오답률 32.4% |

| 출제이력 | 2022, 2018 상

| LINK | 소방기본서 소방관계법규 p. 316~318

③ (×) 소방안전관리업무의 대행 또는 소방시설 등의 점검 및 유지·관리하는 영업은 소방시설업의 영업에 해당하지 않는다. 이는 소방시설관리법에 해당한다.

> 「소방시설공사업법」제2조【정의】① 이 법에서 사용하는 용어의 뜻은 다음과 같다.
> 1. '소방시설업'이란 다음 각 목의 영업을 말한다.
>   가. 소방시설설계업: 소방시설공사에 기본이 되는 공사계획, 설

계도면, 설계 설명서, 기술계산서 및 이와 관련된 서류(이하 '설계도서'라 한다)를 작성(이하 '설계'라 한다)하는 영업
>   나. 소방시설공사업: 설계도서에 따라 소방시설을 신설, 증설, 개설, 이전 및 정비(이하 '시공'이라 한다)하는 영업
>   다. 소방공사감리업: 소방시설공사에 관한 발주자의 권한을 대행하여 소방시설공사가 설계도서와 관계 법령에 따라 적법하게 시공되는지를 확인하고, 품질·시공 관리에 대한 기술지도를 하는(이하 '감리'라 한다) 영업
>   라. 방염처리업: 「소방시설 설치 및 관리에 관한 법률」제20조 제1항에 따른 방염대상물품에 대하여 방염처리(이하 '방염'이라 한다)하는 영업

05 ①

| 소방시설법 > 소방시설 등의 설치·관리 및 방염 > 건축허가 등의 동의 등 | 오답률 38.9% |

| 출제이력 | 2017 상

| LINK | 소방기본서 소방관계법규 p. 103~108

① (×) 노유자생활시설을 제외한 노유자시설, 숙박시설이 있는 수련시설로서 수용인원이 100인 이상인 것 중 연면적 400㎡ 미만인 것은 건축허가 등을 할 때 미리 소방본부장 또는 소방서장의 동의를 받아야 하는 건축물 등의 범위에 해당한다「소방시설 설치 및 관리에 관한 법률 시행령」제7조 제1항 제13호).

② (○) 동항 제1호

③ (○) 동항 제2호

④ (○) 동항 제10호

06 ①

| 소방시설법 > 소방시설 등의 설치·관리 및 방염 > 주택에 설치하는 소방시설 | 오답률 25.0% |

| 출제이력 | 신규출제

| LINK | 소방기본서 소방관계법규 p. 117

① (○) 단독주택이나 공동주택(아파트 및 기숙사는 제외)의 소유자는 ㉠ 소화기 및 ㉣ 단독경보형감지기를 의무적으로 설치하여야 한다.

> 「소방시설 설치 및 관리에 관한 법률」제10조【주택에 설치하는 소방시설】① 다음 각 호의 주택의 소유자는 대통령령으로 정하는 소방시설(이하 '주택용 소방시설'이라 한다)을 설치하여야 한다.
> 1. 「건축법」제2조 제2항 제1호의 단독주택
> 2. 「건축법」제2조 제2항 제2호의 공동주택(아파트 및 기숙사는 제외한다)
> ② 국가 및 지방자치단체는 주택용 소방시설의 설치 및 국민의 자율적인 안전관리를 촉진하기 위하여 필요한 시책을 마련하여야 한다.
> ③ 주택용 소방시설의 설치기준 및 자율적인 안전관리 등에 관한 사항은 특별시·광역시·특별자치시·도 또는 특별자치도(이하 '시·도'라의 한다)의 조례로 정한다.
>
> 「소방시설 설치 및 관리에 관한 법률 시행령」제10조【주택용 소방시설】법 제10조 제1항 각 호 외의 부분에서 '대통령령으로 정하는 소방시설'이란 소화기 및 단독경보형감지기를 말한다.

07 ①

| 소방시설법 > 소방시설 등의 설치·관리 및 방염 > 소방용품의 내용연수 등 | 오답률 16.7% |

| 출제이력 | 신규출제

| LINK | 소방기본서 소방관계법규 p. 138

① (○) 분말형태의 소화약제를 사용하는 소화기의 내용연수는 10년이다 (「소방시설 설치 및 관리에 관한 법률 시행령」 제18조 제2항).

> **교수님 TIP**
>
> 2006년 12월 이전에 생산된 소화기는 2018년 1월 27일까지 교체하거나 성능 확인을 받아야 한다.

08 ④

| 소방시설법 > 소방시설 등의 설치·관리 및 방염 > 소방시설의 내진설계기준 | 오답률 33.3% |

| 출제이력 | 2017 상

| LINK | 소방기본서 소방관계법규 p. 108

④ (○) 내진설계기준에 맞게 설치해야 하는 소방시설은 옥내소화전설비, 스프링클러설비, 물분무 등 소화설비이다(「소방시설 설치 및 관리에 관한 법률 시행령」 제8조 제2항).

09 ④

| 화재예방법 > 화재안전조사 > 화재안전조사 | 오답률 41.7% |

| 출제이력 | 2022, 2017 하, 2017 상

| LINK | 소방기본서 소방관계법규 p. 218~219

① (○) 소방관서장은 화재안전조사를 실시하려는 경우 사전에 관계인에게 조사대상, 조사기간 및 조사사유 등을 우편, 전화, 전자메일 또는 문자전송 등을 통하여 통지해야 한다.

> 「화재의 예방 및 안전관리에 관한 법률 시행령」 제8조 【화재안전조사의 방법·절차 등】 ② 소방관서장은 법 제8조 제2항 본문에 따라 화재안전조사를 실시하고자 하는 경우 조사대상, 조사기간 및 조사사유 등 조사계획을 인터넷 홈페이지나 법 제16조 제3항에 따른 전산시스템 등을 통해 사전에 공개하여야 한다. 이 경우 공개기간은 7일 이상으로 한다.

② (○) 화재안전조사는 관계인의 승낙 없이 소방대상물의 공개시간 또는 근무시간 이외에는 할 수 없다(「화재의 예방 및 안전관리에 관한 법률 시행령」 제8조 제3항).

③ (○) 화재안전조사 결과에 따른 조치명령으로 인한 손실을 보상하는 경우에는 시가로 보상하여야 한다(동 시행령 제13조 제1항).

④ (×) 화재안전조사 업무를 수행하면서 알게 된 비밀을 목적 외의 용도로 사용한 자는 1년 이하의 징역 또는 1천만원 이하의 벌금에 처한다(「화재의 예방 및 안전관리에 관한 법률」 제50조 제2항 제1호).

10 ②

| 소방시설법 > 총칙 > 정의 | 오답률 47.2% | TOP 2 |

| 출제이력 | 2020

| LINK | 소방기본서 소방관계법규 p. 87~102

① (×) 관람석이 없거나 관람석의 바닥면적의 합계가 1,000m² 미만인 체육관이 운동시설에 해당한다(「소방시설 설치 및 관리에 관한 법률 시행령」 별표 2 제11호).

② (○) 관광 휴게시설에는 어린이회관, 야외음악당, 야외극장, 관망탑, 휴게소 등이 포함된다(동 별표 제25호).

③ (×) 교육연구시설에는 학원이 포함되나 자동차운전학원은 제외된다(동 별표 제8호).

④ (×) 식물원은 문화 및 집회시설이다(동 별표 제3호).

11 ②

| 위험물관리법 > 총칙 > 정의 | 오답률 29.4% |

| 출제이력 | 2022(유사), 2021(유사), 2020(유사), 2019(유사)

| LINK | 소방기본서 소방관계법규 p. 422~429

② (×) 제1석유류는 아세톤, 휘발유 그 밖에 1기압에서 인화점이 섭씨 21도 미만인 것이다(「위험물안전관리법 시행령」 별표 1).

12 ②

| 위험물관리법 > 위험물시설의 안전관리 > 예방규정 | 오답률 29.4% |

| 출제이력 | 2022, 2017 상, 2016

| LINK | 소방기본서 소방관계법규 p. 478~479

② (×) 지정수량의 50배가 아닌 100배 이상의 위험물을 저장하는 옥외저장소가 제조소에 해당한다(「위험물안전관리법 시행령」 제15조 제2호). 한편, 제조소 등의 관계인은 당해 제조소 등의 화재예방과 화재 등 재해발생 시의 비상조치를 위하여 행정안전부령이 정하는 바에 따라 예방규정을 정하여 당해 제조소 등의 사용을 시작하기 전에 시·도지사에게 제출하여야 한다(「위험물안전관리법」 제17조 제1항).

> 「위험물안전관리법 시행령」 제15조 【관계인이 예방규정을 정하여야 하는 제조소 등】 법 제17조 제1항에서 '대통령령이 정하는 제조소 등'이라 함은 다음 각 호의 1에 해당하는 제조소 등을 말한다.
> 1. 지정수량의 10배 이상의 위험물을 취급하는 제조소
> 2. 지정수량의 100배 이상의 위험물을 저장하는 옥외저장소
> 3. 지정수량의 150배 이상의 위험물을 저장하는 옥내저장소
> 4. 지정수량의 200배 이상의 위험물을 저장하는 옥외탱크저장소
> 5. 암반탱크저장소
> 6. 이송취급소
> 7. 지정수량의 10배 이상의 위험물을 취급하는 일반취급소. 다만, 제4류 위험물(특수인화물을 제외한다)만을 지정수량의 50배 이하로 취급하는 일반취급소(제1석유류·알코올류의 취급량이 지정수량의 10배 이하인 경우에 한한다)로서 다음의 어느 하나에 해당하는 것을 제외한다.

가. 보일러·버너 또는 이와 비슷한 것으로서 위험물을 소비하는 장치로 이루어진 일반취급소

나. 위험물을 용기에 옮겨 담거나 차량에 고정된 탱크에 주입하는 일반취급소

13 ①

| 위험물관리법 > 위험물의 운반 등 > 위험물의 운송 | 오답률 17.6% |

| **출제이력** | 신규출제

| **LINK** | 소방기본서 소방관계법규 p. 496~497

① (○) 운송책임자의 감독·지원을 받아 운송하여야 하는 위험물은 알킬알루미늄과 알킬리튬이다.

> 「위험물안전관리법 시행령」제19조【운송책임자의 감독·지원을 받아 운송하여야 하는 위험물】 법 제21조 제2항에서 '대통령령이 정하는 위험물'이라 함은 다음 각 호의 1에 해당하는 위험물을 말한다.
> 1. 알킬알루미늄
> 2. 알킬리튬
> 3. 제1호 또는 제2호의 물질을 함유하는 위험물

14 ①

| 위험물관리법 > 감독 및 조치명령 > 위험물 누출 등의 사고 조사 | 오답률 14.7% |

| **출제이력** | 신규출제

| **LINK** | 소방기본서 소방관계법규 p. 499

① (×) 위험물 누출 등의 사고조사권자는 소방공무원인 소방청장, 소방본부장, 소방서장이다(「위험물안전관리법」제22조의2 제1항). 시·도지사는 소방공무원이 아니다.

15 ④

| 위험물관리법 > 위험물시설의 안전관리 > 자체소방대 | 오답률 41.2% |

| **출제이력** | 2022(유사)

| **LINK** | 소방기본서 소방관계법규 p. 483~486

④ (○) 제조소 또는 일반취급소에서 취급하는 제4류 위험물의 최대수량의 합이 지정수량의 24만배 이상 48만배 미만인 사업소에는 화학소방자동차 ⊙ 3대와 자체소방대원 ⓒ 15인을 두어야 한다(「위험물안전관리법 시행령」별표 8).

16 ①

| 화재예방법 > 화재의 예방조치 등 > 화재예방강화지구의 지정 등 | 오답률 19.4% |

| **출제이력** | 2018 상, 2016

| **LINK** | 소방기본서 소방관계법규 p. 233~234

① (×) 화재예방강화지구는 소방관서장이 지정하는 것이 아니라 시·도지사가 지정한다(「화재의 예방 및 안전관리에 관한 법률」제2조 제4호).

② (○) 동법 제18조 제1항 제6호

③ (○) 동항 제5호

④ (○) 동항 제2호

> 「화재의 예방 및 안전관리에 관한 법률」제18조【화재예방강화지구의 지정 등】① 시·도지사는 다음 각 호의 어느 하나에 해당하는 지역을 화재예방강화지구로 지정할 수 있다.
> 1. 시장지역
> 2. 공장·창고가 밀집한 지역
> 3. 목조건물이 밀집한 지역
> 4. 노후·불량건축물이 밀집한 지역
> 5. 위험물의 저장 및 처리시설이 밀집한 지역
> 6. 석유화학제품을 생산하는 공장이 있는 지역
> 7. 「산업입지 및 개발에 관한 법률」제2조 제8호에 따른 산업단지
> 8. 소방시설·소방용수시설 또는 소방출동로가 없는 지역
> 9. 그 밖에 제1호부터 제8호까지에 준하는 지역으로서 소방관서장이 화재예방강화지구로 지정할 필요가 있다고 인정하는 지역

17 ④

| 소방기본법 > 보칙 > 손실보상 | 오답률 13.9% |

| **출제이력** | 2020, 2017 상

| **LINK** | 소방기본서 소방관계법규 p. 64~68

① (○) 「소방기본법」제49조의2 제1항 제1호

② (○) 동항 제4호

③ (○) 동항 제2호

④ (×) 법령을 위반하여 소방활동에 방해가 된 경우에는 손실보상의 대상에서 제외한다. 따라서 불법 주차 차량을 제거하거나 이동시키는 처분으로 인하여 손실을 입은 자는 손실보상의 대상이 아니다(동항 제3호).

18 ④

| 소방기본법 > 소방활동 등 > 소방지원활동 | 오답률 22.9% |

| **출제이력** | 2020, 2017 상

| **LINK** | 소방기본서 소방관계법규 p. 39

④ (×) 위해동물, 벌 등의 포획 및 퇴치활동은 생활안전활동에 해당한다(「소방기본법」제16조의3 제1항).

> 「소방기본법」제16조의2【소방지원활동】① 소방청장·소방본부장 또는 소방서장은 공공의 안녕질서 유지 또는 복리증진을 위하여 필요한 경우 소방활동 외에 다음 각 호의 활동(이하 '소방지원활동'이라 한다)을 하게 할 수 있다.
> 1. 산불에 대한 예방·진압 등 지원활동
> 2. 자연재해에 따른 급수·배수 및 제설 등 지원활동
> 3. 집회·공연 등 각종 행사 시 사고에 대비한 근접대기 등 지원활동
> 4. 화재, 재난·재해로 인한 피해복구 지원활동
> 5. 삭제 〈2015.7.24.〉
> 6. 그 밖에 행정안전부령으로 정하는 활동

② 소방지원활동은 제16조의 소방활동 수행에 지장을 주지 아니하는 범위에서 할 수 있다.

③ 유관기관·단체 등의 요청에 따른 소방지원활동에 드는 비용은 지원요청을 한 유관기관·단체 등에게 부담하게 할 수 있다. 다만, 부담금액 및 부담방법에 관하여는 지원요청을 한 유관기관·단체 등과 협의하여 결정한다.

「소방기본법 시행규칙」 제8조의4【소방지원활동】법 제16조의2 제1항 제6호에서 '그 밖에 행정안전부령으로 정하는 활동'이란 다음 각 호의 어느 하나에 해당하는 활동을 말한다.

　　1. 군·경찰 등 유관기관에서 실시하는 훈련지원활동

　　2. 소방시설 오작동 신고에 따른 조치활동

　　3. 방송제작 또는 촬영 관련 지원활동

19　①

| 소방기본법 > 소방장비 및 소방용수시설 등 > 소방용수시설의 설치 및 관리 등 | 오답률 28.6% |

| **출제이력** | 2022(유사), 2021(유사), 2019(유사)

| **LINK** | 소방기본서 소방관계법규 p. 32~36

① (×) 지면으로부터의 낙차가 4.5m 이하이어야 한다.

「소방기본법 시행규칙」 별표 3[소방용수시설의 설치기준(제6조 제2항 관련)]

1. 공통기준

　가. 「국토의 계획 및 이용에 관한 법률」 제36조 제1항 제1호의 규정에 의한 주거지역·상업지역 및 공업지역에 설치하는 경우: 소방대상물과의 수평거리를 100m 이하가 되도록 할 것

　나. 가목 외의 지역에 설치하는 경우: 소방대상물과의 수평거리를 140m 이하가 되도록 할 것

2. 소방용수시설별 설치기준

　가. 소화전의 설치기준: 상수도와 연결하여 지하식 또는 지상식의 구조로 하고, 소방용호스와 연결하는 소화전의 연결금속구의 구경은 65mm로 할 것

　나. 급수탑의 설치기준: 급수배관의 구경은 100mm 이상으로 하고, 개폐밸브는 지상에서 1.5m 이상 1.7m 이하의 위치에 설치하도록 할 것

　다. 저수조의 설치기준

　　(1) 지면으로부터의 낙차가 4.5m 이하일 것

　　(2) 흡수 부분의 수심이 0.5m 이상일 것

　　(3) 소방펌프자동차가 쉽게 접근할 수 있도록 할 것

　　(4) 흡수에 지장이 없도록 토사 및 쓰레기 등을 제거할 수 있는 설비를 갖출 것

　　(5) 흡수관의 투입구가 사각형의 경우에는 한 변의 길이가 60cm 이상, 원형의 경우에는 지름이 60cm 이상일 것

　　(6) 저수조에 물을 공급하는 방법은 상수도에 연결하여 자동으로 급수되는 구조일 것

20　①

| 소방기본법 > 소방장비 및 소방용수시설 등 > 소방용수시설의 설치 및 관리 등 | 오답률 20.0% |

| **출제이력** | 신규출제

| **LINK** | 소방기본서 소방관계법규 p. 32~36

① (○) 지상에 설치하는 소화전, 저수조 및 급수탑의 경우 소방용수표지의 안쪽 문자는 흰색, 바깥쪽 문자는 노란색으로, 안쪽 바탕은 붉은색, 바깥쪽 바탕은 파란색으로 하고 반사재료를 사용해야 한다(「소방기본법 시행규칙」 별표 2 제2호 나목).

2018 | 상반기 소방관계법규

2018년 상반기 시험은 거의 매회 출제되던 유형의 문항과 함께, 수험생들이 처음 접하는 생소한 문항도 출제되었다. 기존에 자주 출제되는 문항들은 전체적으로 난이도가 높지 않은 편이었으나, 강화된 기준을 적용하는 소방시설, 방염성능기준, 위험물시설의 설치 및 변경, 지하탱크 누설검사관 등을 묻는 문항은 다소 어려웠다. 특히, 수소가스를 넣는 기구에 대한 설명, 임시소방시설의 종류, 1인의 안전관리자를 중복 선임할 수 있는 저장소를 묻는 문제는 상당히 지엽적이라고 볼 수 있다.

문항분석

문항	정답	오답률	영역
1	④	3.6%	화재예방법 > 화재의 예방조치 등 > 화재예방강화지구의 지정 등
2	①	28.6%	화재예방법 > 화재의 예방조치 등 > 화재의 예방조치 등
3	①	28.6%	소방기본법 > 총칙 > 정의
4	①	25.9%	소방기본법 > 소방활동 등 > 소방신호
5	③	21.4%	화재예방법 > 화재의 예방조치 등 > 화재의 예방조치 등
6	④	11.5%	소방시설공사업법 > 총칙 > 정의
7	③	38.5%	소방시설공사업법 > 소방시설공사 등 > 감리원의 배치 등
8	②	11.5%	소방시설공사업법 > 소방시설업 > 소방시설업의 등록
9	③	11.5%	소방시설공사업법 > 총칙 > 정의
10	③	40.7%	소방시설공사업법 > 소방시설업 > 등록취소와 영업정지 등
11	③	35.7%	화재예방법 > 소방대상물의 소방안전관리 > 관리의 권원이 분리된 특정소방대상물의 소방안전관리
오답률 TOP1 12	③	46.4%	소방시설법 > 소방시설 등의 설치·관리 및 방염 > 소방시설기준 적용의 특례
오답률 TOP2 13	③	44.4%	소방시설법 > 소방시설 등의 자체점검 > 소방시설 등의 자체점검
14	②	28.6%	소방시설법 > 소방시설 등의 설치·관리 및 방염 > 특정소방대상물의 방염 등
15	②	11.1%	소방시설법 > 소방시설 등의 설치·관리 및 방염 > 건설현장의 임시소방시설 설치 및 관리
오답률 TOP3 16	②	42.3%	위험물관리법 > 위험물시설의 설치 및 변경 > 위험물시설의 설치 및 변경
17	②	4.0%	위험물관리법 > 위험물시설의 설치 및 변경 > 완공검사
18	④	4.0%	위험물관리법 > 총칙 > 위험물의 저장 및 취급의 제한
19	①	32.0%	위험물관리법 > 위험물시설의 안전관리 > 위험물안전관리자
20	④	30.8%	위험물관리법 > 총칙 > 위험물의 저장 및 취급의 제한

영역별 평균 오답률

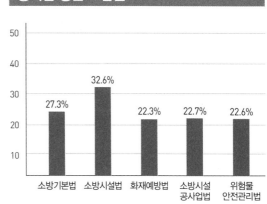

*2018년 상반기 복원 기출 20문항 기준 평균 오답률

출제 트렌드

구분	소방기본법	소방시설법	화재예방법	소방시설공사업법	위험물안전관리법
2022	4문항	3문항	3문항	5문항	5문항
2021	4문항	2문항	4문항	5문항	5문항
2020	4문항	4문항	2문항	5문항	5문항
2018 상	2문항	4문항	4문항	5문항	5문항

소방기본법 영역에서 비교적 적게 출제

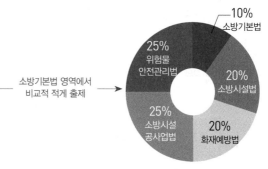

01 ④

화재예방법 > 화재의 예방조치 등 > 화재예방강화지구의 지정 등 오답률 3.6%

| 출제이력 | 2018 하, 2016

| LINK | 소방기본서 소방관계법규 p. 233~234

④ (○) 제1항에도 불구하고 시·도지사가 화재예방강화지구로 지정할 필요가 있는 지역을 화재예방강화지구로 지정하지 아니하는 경우 소방청장은 해당 시·도지사에게 해당 지역의 화재예방강화지구 지정을 요청할 수 있다(「화재의 예방 및 안전관리에 관한 법률」 제18조 제2항).

02 ①

화재예방법 > 화재의 예방조치 등 > 화재의 예방조치 등 오답률 28.6%

| 출제이력 | 2020(유사), 2019(유사), 2017 하(유사)

| LINK | 소방기본서 소방관계법규 p. 226~232

① (×) 고체연료는 별도의 실 또는 보일러와 수평거리 2m 이상 이격하여 보관할 것

> **화목 등 고체연료를 사용하는 경우 지켜야 하는 사항**
> • 고체연료는 별도의 실 또는 보일러와 수평거리 1m 이상 이격하여 보관할 것
> • 연통은 천장으로부터 0.6m 이상, 건물 밖으로 0.6m 이상 나오도록 설치할 것
> • 연통은 보일러보다 2m 이상 높게 연장하여 설치할 것
> • 연통이 관통하는 벽면, 지붕 등은 불연재료로 처리할 것
> • 연통재질은 불연재료로 사용하고 연결부에 청소구를 설치할 것

03 ①

소방기본법 > 총칙 > 정의 오답률 28.6%

| 출제이력 | 2016

| LINK | 소방기본서 소방관계법규 p. 19

① (○) 「소방기본법」 제2조 제3호
② (×) '소방대상물'에는 항구에 매어둔 선박이 포함된다(동조 제1호).
③ (×) '관계지역'이란 소방대상물이 있는 장소만을 말하는 것이 아니라 그 이웃지역으로서 화재의 예방·경계·진압, 구조·구급 등의 활동에 필요한 지역도 해당된다(동조 제2호).
④ (×) '소방대장'이란 소방본부장 또는 소방서장만을 말하는 것이 아니라 화재, 재난·재해, 그 밖의 위급한 상황이 발생한 현장에서 소방대를 지휘하는 사람을 말한다(동조 제6호).

| SUMMARY | 용어의 정의

구분	정의
소방대상물	건축물, 차량, 선박(항구에 매어둔 선박만 해당한다), 선박 건조 구조물, 산림, 그 밖의 인공구조물 또는 물건
관계지역	소방대상물이 있는 장소 및 그 이웃지역으로서 화재의 예방, 경계, 진압, 구조·구급 등의 활동이 필요한 지역

관계인	소방대상물의 소유자, 관리자, 점유자
소방본부장	시·도에서 화재의 예방, 경계, 진압, 조사, 구조·구급 등의 업무를 담당하는 부서의 장
소방대	화재를 진압하고, 화재·재난·재해, 구조·구급하기 위해 구성된 조직체. 즉, 소방공무원, 의무소방원, 의용소방대원
소방대장	소방본부장 또는 소방서장 등 화재, 재난·재해, 그 밖의 위급한 상황이 발생한 현장에서 소방대를 지휘하는 사람

04 ①

소방기본법 > 소방활동 등 > 소방신호 오답률 25.9%

| 출제이력 | 2016

| LINK | 소방기본서 소방관계법규 p. 50~51

① (○) 「소방기본법 시행규칙」 별표 4(제10조 제2항 관련)
② (×) 타종신호를 연 3타를 반복 후 난타하는 것이 아니라, 난타하는 것이 옳다.
③ (×) 타종신호를 연 2타를 반복하는 것이 아니라, 상당한 간격을 두고 1타씩 반복하는 것이 옳다.
④ (×) 싸이렌 신호를 5초 간격을 두고 1분씩 3회하는 것이 아니라, 10초 간격을 두고 1분씩 3회하는 것이 옳다.

| SUMMARY | 「소방기본법 시행규칙」 별표 4[소방신호의 방법(제10조 제2항 관련)]

신호방법 종별	타종신호	싸이렌 신호	그 밖의 신호
경계신호	1타와 연 2타를 반복	5초 간격을 두고 30초씩 3회	'통풍대' '게시판' 적색 / 백색 / 화재경보발령중
발화신호	난타	5초 간격을 두고 5초씩 3회	
해제신호	상당한 간격을 두고 1타씩 반복	1분간 1회	'기' 적색 / 백색
훈련신호	연 3타 반복	10초 간격을 두고 1분씩 3회	

※ 비고
1. 소방신호의 방법은 그 전부 또는 일부를 함께 사용할 수 있다.
2. 게시판을 철거하거나 통풍대 또는 기를 내리는 것으로 소방활동이 해제되었음을 알린다.
3. 소방대의 비상소집을 하는 경우에는 훈련신호를 사용할 수 있다.

05 ③

화재예방법 > 화재의 예방조치 등 > 화재의 예방조치 등 오답률 21.4%

| 출제이력 | 2020, 2018 하

| LINK | 소방기본서 소방관계법규 p. 226~232

③ (×) 400kg 이상인 나무껍질이 특수가연물에 해당한다.

「화재의 예방 및 안전관리에 관한 법률 시행령」 별표 2[특수가연물(제19조 관련)]

품명		수량
면화류		200kg 이상
나무껍질 및 대팻밥		400kg 이상
넝마 및 종이부스러기		1,000kg 이상
사류(絲類)		1,000kg 이상
볏짚류		1,000kg 이상
재생자원연료		1,000kg 이상
가연성 고체류		3,000kg 이상
석탄·목탄류		10,000kg 이상
가연성 액체류		2㎥ 이상
목재가공품 및 나무부스러기		10㎥ 이상
플라스틱류 (합성수지류 포함)	발포시킨 것	20㎥ 이상
	그 밖의 것	3,000kg 이상

06 ④

소방시설공사업법 > 총칙 > 정의　　오답률 11.5%

| 출제이력 | 2020, 2018 하

| LINK | 소방기본서 소방관계법규 p. 316~318

④ (×) 소방시설설계업이 아니라, 소방공사감리업에 대한 설명이다.

「소방시설공사업법」 제2조【정의】 ① 이 법에서 사용하는 용어의 뜻은 다음과 같다.
　1. '소방시설업'이란 다음 각 목의 영업을 말한다.
　　가. 소방시설설계업: 소방시설공사에 기본이 되는 공사계획, 설계도면, 설계 설명서, 기술계산서 및 이와 관련된 서류(이하 '설계도서'라 한다)를 작성(이하 '설계'라 한다)하는 영업
　　나. 소방시설공사업: 설계도서에 따라 소방시설을 신설, 증설, 개설, 이전 및 정비(이하 '시공'이라 한다)하는 영업
　　다. 소방공사감리업: 소방시설공사에 관한 발주자의 권한을 대행하여 소방시설공사가 설계도서와 관계 법령에 따라 적법하게 시공되는지를 확인하고, 품질·시공 관리에 대한 기술지도를 하는(이하 '감리'라 한다) 영업
　　라. 방염처리업: 「소방시설 설치 및 관리에 관한 법률」 제20조 제1항에 따른 방염대상물품에 대하여 방염처리(이하 '방염'이라 한다)하는 영업
　2. '소방시설업자'란 소방시설업을 경영하기 위하여 제4조에 따라 소방시설업을 등록한 자를 말한다.
　3. '감리원'이란 소방공사감리업자에 소속된 소방기술자로서 해당 소방시설공사를 감리하는 사람을 말한다.
　4. '소방기술자'란 제28조에 따라 소방기술 경력 등을 인정받은 사람과 다음 각 목의 어느 하나에 해당하는 사람으로서 소방시설업과 「소방시설 설치 및 관리에 관한 법률」에 따른 소방시설관리업의 기술인력으로 등록된 사람을 말한다.
　　가. 「소방시설 설치 및 관리에 관한 법률」에 따른 소방시설관리사
　　나. 국가기술자격 법령에 따른 소방기술사, 소방설비기사, 소방설비산업기사, 위험물기능장, 위험물산업기사, 위험물기능사

　5. '발주자'란 소방시설의 설계, 시공, 감리 및 방염(이하 '소방시설공사등'이라 한다)을 소방시설업자에게 도급하는 자를 말한다. 다만, 수급인으로서 도급받은 공사를 하도급하는 자는 제외한다.
② 이 법에서 사용하는 용어의 뜻은 제1항에서 규정하는 것을 제외하고는 「소방기본법」, 「화재의 예방 및 안전관리에 관한 법률」, 「소방시설 설치 및 관리에 관한 법률」, 「위험물안전관리법」 및 「건설산업기본법」에서 정하는 바에 따른다.

> **교수님 TIP**
>
> 소방시설을 하기 위해서는 먼저 설계를 한 다음 공사(+ 방염)를 시작하고, 그 공사가 설계규정에 맞는지 여부를 감독·관리할 수 있는 감리회사를 지정하여야 한다(또한 감리회사는 커튼, 카펫 등의 방염처리까지 성능시험을 할 수 있도록 한다).

07 ③

소방시설공사업법 > 소방시설공사 등 > 감리원의 배치 등　　오답률 38.5%

| 출제이력 | 2022, 2016(유사)

| LINK | 소방기본서 소방관계법규 p. 327~328

①, ② (×) 특급감리원 중 소방기술사를 배치하여야 한다.
④ (×) 특급감리원 이상의 소방공사감리원을 배치하여야 한다.

| SUMMARY | 「소방시설공사업법 시행령」 별표 4[소방공사감리원의 배치기준 및 배치기간(제11조 관련)]

1. 소방공사 감리원의 배치기준

감리원의 배치기준		소방시설공사현장의 기준
책임감리원	보조감리원	
가. 행정안전부령으로 정하는 특급감리원 중 소방기술사	행정안전부령으로 정하는 초급감리원 이상의 소방공사감리원(기계 분야 및 전기 분야)	1) 연면적 20만㎡ 이상인 특정소방대상물의 공사현장 2) 지하층을 포함한 층수가 40층 이상인 특정소방대상물의 공사현장
나. 행정안전부령으로 정하는 특급감리원 이상의 소방공사감리원(기계 분야 및 전기 분야)	행정안전부령으로 정하는 초급감리원 이상의 소방공사감리원(기계 분야 및 전기 분야)	1) 연면적 3만㎡ 이상 20만㎡ 미만인 특정소방대상물(아파트는 제외한다)의 공사현장 2) 지하층을 포함한 층수가 16층 이상 40층 미만인 특정소방대상물의 공사현장
다. 행정안전부령으로 정하는 고급감리원 이상의 소방공사감리원(기계 분야 및 전기 분야)	행정안전부령으로 정하는 초급감리원 이상의 소방공사감리원(기계 분야 및 전기 분야)	1) 물분무 등 소화설비(호스릴 방식의 소화설비는 제외한다) 또는 제연설비가 설치되는 특정소방대상물의 공사현장 2) 연면적 3만㎡ 이상 20만㎡ 미만인 아파트의 공사현장
라. 행정안전부령으로 정하는 중급감리원 이상의 소방공사감리원(기계 분야 및 전기 분야)		연면적 5천㎡ 이상 3만㎡ 미만인 특정소방대상물의 공사현장
마. 행정안전부령으로 정하는 초급감리원 이상의 소방공사감리원(기계 분야 및 전기 분야)		1) 연면적 5천㎡ 미만인 특정소방대상물의 공사현장 2) 지하구의 공사현장

08 ②

소방시설공사업법 > 소방시설업 > 소방시설업의 등록   오답률 11.5%

| 출제이력 | 2017 상

| LINK | 소방기본서 소방관계법규 p. 316~318

② (○) 소방시설공사업의 등록기준은 기술인력과 자본금(자산평가액)이다(「소방시설공사업법」 제4조 제1항).

09 ③

소방시설공사업법 > 총칙 > 정의   오답률 11.5%

| 출제이력 | 2022, 2018 하, 2017 하

| LINK | 소방기본서 소방관계법규 p. 316~318

③ (○) 소방시설업의 종류는 ㉠, ㉡, ㉢, ㉤이다.

> 「소방시설공사업법」 제2조【정의】① 이 법에서 사용하는 용어의 뜻은 다음과 같다.
> 1. '소방시설업'이란 다음 각 목의 영업을 말한다.
>   가. 소방시설설계업: 소방시설공사에 기본이 되는 공사계획, 설계도면, 설계 설명서, 기술 계산서 및 이와 관련된 서류(이하 '설계도서'라 한다)를 작성(이하 '설계'라 한다)하는 영업
>   나. 소방시설공사업: 설계도서에 따라 소방시설을 신설, 증설, 개설, 이전 및 정비(이하 '시공'이라 한다)하는 영업
>   다. 소방공사감리업: 소방시설공사에 관한 발주자의 권한을 대행하여 소방시설공사가 설계도서와 관계 법령에 따라 적법하게 시공되는지를 확인하고, 품질·시공 관리에 대한 기술지도를 하는(이하 '감리'라 한다) 영업
>   라. 방염처리업: 「소방시설 설치 및 관리에 관한 법률」 제20조 제1항에 따른 방염대상 물품에 대하여 방염처리(이하 '방염'이라 한다)하는 영업

10 ③

소방시설공사업법 > 소방시설업 > 등록취소와 영업정지 등 오답률 40.7%

| 출제이력 | 신규출제

| LINK | 소방기본서 소방관계법규 p. 333~338

③ (○) 위반행위의 차수에 따른 행정처분의 가중된 처분기준은 최근 1년간 같은 위반행위로 행정처분을 받은 경우에 적용한다. 이 경우 기간의 계산은 위반행위에 대한 행정처분일과 그 처분 후 다시 같은 위반행위를 하여 적발한 날을 기준으로 한다(「소방시설공사업법 시행규칙」 별표 1(제9조 관련)].

11 ③

화재예방법 > 소방대상물의 소방안전관리 >   오답률 35.7%
관리의 권원이 분리된 특정소방대상물의 소방안전관리

| 출제이력 | 2021

| LINK | 소방기본서 소방관계법규 p. 269~271

① (○) 「화재의 예방 및 안전관리에 관한 법률」 제35조 제1항 제1호

② (○) 동법 제2호

③ (×) 지하층을 제외한 층수가 11층 이상인 복합건축물 또는 연면적이 3만㎡ 이상인 복합건축물이 해당한다.

④ (○) 동법 시행령 제36조

> 관리의 권원별 관계인이 그 권원 별로 소방안전관리자를 선임하여야 하는 대상물
> • 복합건축물(지하층을 제외한 층수가 11층 이상 또는 연면적 3만㎡ 이상인 건축물)
> • 지하가(지하의 인공구조물 안에 설치된 상점 및 사무실, 그 밖에 이와 비슷한 시설이 연속하여 지하도에 저하여 설치된 것과 그 지하도를 합한 것)
> • 판매시설 중 도매시장·소매시장·전통시장

12 ③

TOP 1

소방시설법 > 소방시설 등의 설치·관리 및 방염 >   오답률 46.4%
소방시설기준 적용의 특례

| 출제이력 | 신규출제

| LINK | 소방기본서 소방관계법규 p. 130~134

③ (○) 강화된 기준을 적용하여야 하는 소방시설은 ㉠ 소화기구, ㉡ 피난구조설비, ㉢ 의료시설에 설치하는 간이스프링클러설비와 자동화재속보설비이다.

> 「소방시설 설치 및 관리에 관한 법률」 제13조【소방시설기준 적용의 특례】① 소방본부장이나 소방서장은 제12조 제1항 전단에 따른 대통령령 또는 화재안전기준이 변경되어 그 기준이 강화되는 경우 기존의 특정소방대상물(건축물의 신축·개축·재축·이전 및 대수선 중인 특정소방대상물을 포함한다)의 소방시설에 대하여는 변경 전의 대통령령 또는 화재안전기준을 적용한다. 다만, 다음 각 호의 어느 하나에 해당하는 소방시설의 경우에는 대통령령 또는 화재안전기준의 변경으로 강화된 기준을 적용할 수 있다.
> 1. 다음 소방시설 중 대통령령 또는 화재안전기준으로 정하는 것
>   가. 소화기구
>   나. 비상경보설비
>   다. 자동화재탐지설비
>   라. 자동화재속보설비
>   마. 피난구조설비
> 2. 다음 각 목의 특정소방대상물에 설치하는 소방시설 중 대통령령 또는 화재안전기준으로 정하는 것
>   가. 「국토의 계획 및 이용에 관한 법률」 제2조 제9호에 따른 공동구
>   나. 전력 및 통신사업용 지하구
>   다. 노유자(老幼者)시설
>   라. 의료시설
>
> 「소방시설 설치 및 관리에 관한 법률 시행령」 제13조【강화된 소방시설기준의 적용대상】법 제13조 제1항 제2호에서 '대통령령으로 정하는 것'이란 다음 각 호의 어느 하나에 해당하는 설비를 말한다.
> 1. 「국토의 계획 및 이용에 관한 법률」 제2조 제9호에 따른 공동구에 설치하는 소화기, 자동소화장치, 자동화재탐지설비, 통합감시시설, 유도등 및 연소방지설비
> 2. 전력 및 통신사업용 지하구에 설치하는 소화기, 자동소화장치, 자동화재탐지설비, 통합감시시설, 유도등 및 연소방지설비

3. 노유자(老幼者)시설에 설치하는 간이스프링클러설비, 자동화재
탐지설비 및 단독경보형 감지기
4. 의료시설에 설치하는 스프링클러설비, 간이스프링클러설비, 자동
화재탐지설비 및 자동화재속보설비

② 불꽃에 의하여 완전히 녹을 때까지 불꽃의 접촉 횟수는 3회 이상일
것(동조 제4호)
⑩ 소방청장이 정하여 고시한 방법으로 발연량(發煙量)을 측정하는 경우
최대연기밀도는 400 이하일 것(동조 제5호)

13 ③

소방시설법 > 소방시설 등의 자체점검 >   오답률 **44.4%**
소방시설 등의 자체점검

| 출제이력 | 2021

| LINK | 소방기본서 소방관계법규 p. 145~155

① (×) 물분무 등 소화설비가 설치된 연면적이 5,000㎡ 이상인 특정소
방대 상물이 종합점검의 대상이다.
② (×) 연면적이 2,000㎡ 이상인 것이 종합점검의 대상이다.
③ (○) 종합점검 대상에는 제연설비가 설치된 터널이 해당된다.
④ (×) 공공기관 중 연면적이 1,000㎡ 이상이고 자동화재탐지설비가 설
치된 것이 종합점검의 대상이다.

| SUMMARY | 종합점검 대상(「소방시설 설치 및 관리에 관한 법률 시
행규칙」 별표 4)

- 스프링클러설비가 설치된 특정소방대상물
- 물분무 등 소화설비[호스릴(Hose Reel) 방식의 물분무 등 소화설비만을
  설치한 경우는 제외한다]가 설치된 연면적 5,000㎡ 이상인 특정소방대
  상물(위험물 제조소 등은 제외한다)
- 다중이용업소의 안전관리에 관한 특별법 시행령」 제2조 제1호나목, 같
  은 조 제2호(비디오물소극장업은 제외한다)·제6호·제7호·제7호의2 및
  제7호의5의 다중이용업의 영업장이 설치된 특정소방대상물로서 연면적
  이 2,000㎡ 이상인 것
- 제연설비가 설치된 터널
- 공공기관의 소방안전관리에 관한 규정」 제2조에 따른 공공기관 중 연면
  적(터널·지하구의 경우 그 길이와 평균폭을 곱하여 계산된 값을 말한
  다)이 1,000㎡ 이상인 것으로서 옥내소화전설비 또는 자동화재탐지설
  비가 설치된 것. 다만, 「소방기본법」 제2조 제5호에 따른 소방대가 근무
  하는 공공기관은 제외한다.

14 ②

소방시설법 > 소방시설 등의 설치·관리 및 방염 >   오답률 **28.6%**
특정소방대상물의 방염 등

| 출제이력 | 2022, 2019, 2017 상

| LINK | 소방기본서 소방관계법규 p. 142~144

㉠ 버너의 불꽃을 제거한 때부터 불꽃을 올리며 연소하는 상태가 그칠
때까지 시간은 20초 이내일 것(「소방시설 설치 및 관리에 관한 법률
시행령」 제30조 제1호)
㉡ 버너의 불꽃을 제거한 때부터 불꽃을 올리지 아니하고 연소하는 상
태가 그칠 때까지 시간은 30초 이내일 것(동조 제2호)
㉢ 탄화(炭化)한 면적은 50㎠ 이내, 탄화한 길이는 20㎝ 이내일 것(동
조 제3호)

15 ②

소방시설법 > 소방시설 등의 설치·관리 및 방염 >   오답률 **11.1%**
건설현장의 임시소방시설 설치 및 관리

| 출제이력 | 신규출제

| LINK | 소방기본서 소방관계법규 p. 136~138

② (○) 임시소방시설의 종류로 소화기, 간이소화장치, 비상경보장치, 가
스누설경보기, 간이피난유도선, 비상조명등, 방화포가 있다(「소방시설
설치 및 관리에 관한 법률 시행령」 별표 8(제17조 관련)].

16 ②

위험물관리법 > 위험물시설의 설치 및 변경 >   오답률 **42.3%**
위험물시설의 설치 및 변경

| 출제이력 | 2019

| LINK | 소방기본서 소방관계법규 p. 444~452

② (×) 제조소 등의 위치·구조 또는 설비를 변경하고자 하는 때에는
시·도지사에게 허가를 받아야 한다(「위험물안전관리법」 제6조).

17 ②

위험물관리법 > 위험물시설의 설치 및 변경 > 완공검사   오답률 **4.0%**

| 출제이력 | 신규출제

| LINK | 소방기본서 소방관계법규 p. 457~458

② (×) 이동탱크저장소의 경우는 이동저장탱크를 완공하고 상시 설치장
소(상치장소)를 확보한 후에 완공검사를 신청한다(「위험물안전관리법
시행규칙」 제20조 제2호).

18 ④

위험물관리법 > 총칙 > 위험물의 저장 및 취급의 제한   오답률 **4.0%**

| 출제이력 | 신규출제

| LINK | 소방기본서 소방관계법규 p. 429~441

④ (×) 상부는 물이 침투하지 아니하는 구조로 하고, 뚜껑은 검사 시에
쉽게 열 수 있도록 해야 한다.

「위험물안전관리법 시행규칙」 별표 8[지하탱크저장소의 위치·구조
및 설비의 기준(제32조 관련)]
Ⅰ. 지하탱크저장소의 기준(Ⅱ 및 Ⅲ에 정하는 것을 제외한다)
15. 지하저장탱크의 주위에는 당해 탱크로부터의 액체위험물의 누
설을 검사하기 위한 관을 다음의 각 목의 기준에 따라 4개소 이
상 적당한 위치에 설치하여야 한다.

가. 이중관으로 할 것. 다만, 소공이 없는 상부는 단관으로 할 수 있다.

나. 재료는 금속관 또는 경질합성수지관으로 할 것

다. 관은 탱크전용실의 바닥 또는 탱크의 기초까지 닿게 할 것

라. 관의 밑부분으로부터 탱크의 중심 높이까지의 부분에는 소공이 뚫려 있을 것. 다만, 지하수위가 높은 장소에 있어서는 지하수위 높이까지의 부분에 소공이 뚫려 있어야 한다.

마. 상부는 물이 침투하지 아니하는 구조로 하고, 뚜껑은 검사 시에 쉽게 열 수 있도록 할 것

19 ①

| 위험물관리법 > 위험물시설의 안전관리 > 위험물안전관리자 | 오답률 **32.0%** |

| 출제이력 | 2020, 2018 상, 2017 하, 2017 상

| LINK | 소방기본서 소방관계법규 p. 466~474

ⓛ (×) 동일구 내에 있는 <u>10개 이하</u>의 옥내저장소

ⓒ (×) 동일구 내에 있는 <u>10개 이하</u>의 암반탱크저장소

ⓔ (×) 동일구 내에 있는 <u>30개 이하</u>의 옥외탱크저장소

> 「위험물안전관리법 시행령」 제12조【1인의 안전관리자를 중복하여 선임할 수 있는 경우 등】① 법 제15조 제8항 전단에 따라 다수의 제조소 등을 설치한 자가 1인의 안전관리자를 중복하여 선임할 수 있는 경우는 다음 각 호의 어느 하나와 같다.
>
> 1. 보일러 · 버너 또는 이와 비슷한 것으로서 위험물을 소비하는 장치로 이루어진 7개 이하의 일반취급소와 그 일반취급소에 공급하기 위한 위험물을 저장하는 저장소[일반취급소 및 저장소가 모두 동일구 내(같은 건물 안 또는 같은 울 안을 말한다. 이하 같다)에 있는 경우에 한한다. 이하 제2호에서 같다]를 동일인이 설치한 경우
> 2. 위험물을 차량에 고정된 탱크 또는 운반용기에 옮겨 담기 위한 5개 이하의 일반취급소[일반취급소 간의 거리(보행거리를 말한다. 제3호 및 제4호에서 같다)가 300m 이내인 경우에 한한다]와 그 일반취급소에 공급하기 위한 위험물을 저장하는 저장소를 동일인이 설치한 경우
> 3. 동일구 내에 있거나 상호 100m 이내의 거리에 있는 저장소로서 저장소의 규모, 저장하는 위험물의 종류 등을 고려하여 행정안전부령이 정하는 저장소를 동일인이 설치한 경우
> 4. 다음 각 목의 기준에 모두 적합한 5개 이하의 제조소 등을 동일인이 설치한 경우
>   가. 각 제조소 등이 동일구 내에 위치하거나 상호 100m 이내의 거리에 있을 것
>   나. 각 제조소 등에서 저장 또는 취급하는 위험물의 최대수량이 지정수량의 3천배 미만일 것. 다만, 저장소의 경우에는 그러하지 아니하다.
> 5. 그 밖에 제1호 또는 제2호의 규정에 의한 제조소 등과 비슷한 것으로서 행정안전부령이 정하는 제조소 등을 동일인이 설치한 경우

20 ④

| 위험물관리법 > 총칙 > 위험물의 저장 및 취급의 제한 | 오답률 **30.8%** |

| 출제이력 | 2021(유사), 2019

| LINK | 소방기본서 소방관계법규 p. 429~441

④ (×) 환기설비 급기구는 높은 곳이 아니라 낮은 곳에 설치한다.

> 「위험물안전관리법 시행규칙」 별표 4[제조소의 위치 · 구조 및 설비의 기준(제28조 관련)]
>
> Ⅴ. 채광 · 조명 및 환기설비
>
> 1. 위험물을 취급하는 건축물에는 다음 각 목의 기준에 의하여 위험물을 취급하는 데 필요한 채광 · 조명 및 환기의 설비를 설치하여야 한다.
>   가. 채광설비는 불연재료로 하고, 연소의 우려가 없는 장소에 설치하되 채광면적을 최소로 할 것
>   나. 조명설비는 다음의 기준에 적합하게 설치할 것
>   1) 가연성가스 등이 체류할 우려가 있는 장소의 조명등은 방폭등(防爆燈)으로 할 것
>   2) 전선은 내화 · 내열전선으로 할 것
>   3) 점멸스위치는 출입구 바깥부분에 설치할 것. 다만, 스위치의 스파크로 인한 화재 · 폭발의 우려가 없을 경우에는 그러하지 아니하다.
>   다. 환기설비는 다음의 기준에 의할 것
>   1) 환기는 자연배기방식으로 할 것
>   2) 급기구는 당해 급기구가 설치된 실의 바닥면적 150m²마다 1개 이상으로 하되, 급기구의 크기는 800cm² 이상으로 할 것. 다만 바닥면적이 150m² 미만인 경우에는 다음의 크기로 하여야 한다.
>
> | 바닥면적 | 급기구의 면적 |
> |---|---|
> | 60m² 미만 | 150cm² 이상 |
> | 60m² 이상 90m² 미만 | 300cm² 이상 |
> | 90m² 이상 120m² 미만 | 450cm² 이상 |
> | 120m² 이상 150m² 미만 | 600cm² 이상 |
>
>   3) 급기구는 낮은 곳에 설치하고 가는 눈의 구리망 등으로 인화방지망을 설치할 것
>   4) 환기구는 지붕위 또는 지상 2m 이상의 높이에 회전식 고정벤티레이터 또는 루프팬 방식(roof fan: 지붕에 설치하는 배기장치)으로 설치할 것
> 2. 배출설비가 설치되어 유효하게 환기가 되는 건축물에는 환기설비를 하지 아니할 수 있고, 조명설비가 설치되어 유효하게 조도(밝기)가 확보되는 건축물에는 채광설비를 하지 아니할 수 있다.

2017 | 하반기 소방관계법규

2017년 하반기 시험은 전체적으로 난이도가 높다고 볼 수는 없으나, 소방공무원 시험에 응시하는 수험생들이 꼭 알아야 하는 문항들이 출제되지 않았다는 점에서 아쉬움이 남는다. 예를 들어 노·화덕설비의 설치기준, 성능 위주의 설계를 하여야 하는 대상물의 범위, 소방시설을 설치하지 않아도 되는 범위, 소방공무원으로 5년 이상 근무한 사람이 취급할 수 있는 위험물에 관한 사항 등은 소방공무원 수험생과는 다소 거리가 먼 문항이라고 할 수 있다.

문항분석

문항	정답	오답률	영역
1	③	6.2%	소방기본법 > 총칙 > 119 종합상황실의 설치와 운영
2	①	15.2%	소방기본법 > 벌칙 > 벌칙
3	③	6.2%	화재예방법 > 화재안전조사 > 화재안전조사
4	③	15.2%	소방기본법 > 소방장비 및 소방용수시설 등 > 소방업무의 응원
5	①	24.2%	화재예방법 > 화재의 예방조치 등 > 화재의 예방조치 등
6	①	19.4%	소방시설공사업법 > 소방시설공사 등 > 감리
7	②	12.9%	소방시설공사업법 > 소방시설공사 등 > 감리
8	④	20.0%	소방시설공사업법 > 소방시설업 > 등록취소와 영업정지 등
9	③	16.1%	소방시설공사업법 > 소방시설공사 등 > 착공신고
10	③	3.2%	소방시설공사업법 > 소방시설공사 등 > 완공검사
11	③	27.3%	소방시설법 > 소방시설 등의 설치·관리 및 방염 > 성능위주설계
12 [오답률 TOP 3]	④	31.2%	소방시설법 > 소방시설 등의 설치·관리 및 방염 > 소방시설기준 적용의 특례
13	②	30.3%	소방시설법 > 소방용품의 품질관리 > 소방용품의 형식승인
14 [오답률 TOP 2]	④	33.3%	화재예방법 > 화재의 예방 및 안전관리 기본계획의 수립·시행 > 화재의 예방 및 안전관리 기본계획 등의 수립·시행
15	④	15.2%	소방시설법 > 소방시설관리사 및 소방시설관리업 > 소방시설관리사
16	①	29.0%	위험물관리법 > 총칙 > 목적
17 [오답률 TOP 1]	③	36.7%	위험물관리법 > 총칙 > 위험물의 저장 및 취급의 제한
18	①	16.7%	위험물관리법 > 총칙 > 위험물의 저장 및 취급의 제한
19	①	20.0%	위험물관리법 > 총칙 > 위험물의 저장 및 취급의 제한
20	④	16.1%	위험물관리법 > 위험물시설의 안전관리 > 위험물안전관리자

영역별 평균 오답률

소방기본법	12.2%
소방시설법	26.0%
화재예방법	21.2%
소방시설공사업법	14.3%
위험물안전관리법	23.7%

*2017년 하반기 복원 기출 20문항 기준 평균 오답률

출제 트렌드

구분	소방기본법	소방시설법	화재예방법	소방시설공사업법	위험물안전관리법
2022	4문항	3문항	3문항	5문항	5문항
2021	4문항	2문항	4문항	5문항	5문항
2020	4문항	4문항	2문항	5문항	5문항
2017 하	3문항	4문항	3문항	5문항	5문항

전 영역에서 고르게 출제

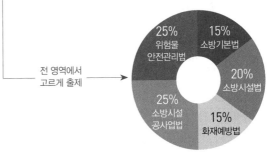

- 25% 위험물안전관리법
- 15% 소방기본법
- 20% 소방시설법
- 25% 소방시설공사업법
- 15% 화재예방법

01 ③

| 소방기본법 > 총칙 > 119 종합상황실의 설치와 운영 | 오답률 6.2% |

| 출제이력 | 2017 상

| LINK | 소방기본서 소방관계법규 p. 21~23

③ (×) 재산피해액이 50억원 이상 발생한 화재가 보고의 대상이 된다.

> 「소방기본법 시행규칙」 제3조 【종합상황실의 실장의 업무 등】 ② 종합상황실의 실장은 다음 각 호의 어느 하나에 해당하는 상황이 발생하는 때에는 그 사실을 지체 없이 별지 제1호 서식에 따라 서면·팩스 또는 컴퓨터통신 등으로 소방서의 종합상황실의 경우는 소방본부의 종합상황실에, 소방본부의 종합상황실의 경우는 소방청의 종합상황실에 각각 보고해야 한다.
> 1. 다음 각 목의 1에 해당하는 화재
>   가. 사망자가 5인 이상 발생하거나 사상자가 10인 이상 발생한 화재
>   나. 이재민이 100인 이상 발생한 화재
>   다. 재산피해액이 50억원 이상 발생한 화재
>   라. 관공서, 학교, 정부미 도정공장, 문화재, 지하철 또는 지하구의 화재
>   마. 관광호텔, 층수(「건축법 시행령」 제119조 제1항 제9호의 규정에 의하여 산정한 층수를 말한다. 이하 이 목에서 같다)가 11층 이상인 건축물, 지하상가, 시장, 백화점, 「위험물안전관리법」 제2조 제2항의 규정에 의한 지정수량의 3천배 이상의 위험물의 제조소·저장소·취급소, 층수가 5층 이상이거나 객실이 30실 이상인 숙박시설, 층수가 5층 이상이거나 병상이 30개 이상인 종합병원·정신병원·한방병원·요양소, 연면적 1만 5천m² 이상인 공장 또는 「소방기본법 시행령」(이하 '영'이라 한다) 제4조 제1항 각 목에 따른 화재예방강화지구에서 발생한 화재
>   바. 철도차량, 항구에 매어둔 총 톤수가 1천톤 이상인 선박, 항공기, 발전소 또는 변전소에서 발생한 화재
>   사. 가스 및 화약류의 폭발에 의한 화재
>   아. 「다중이용업소의 안전관리에 관한 특별법」 제2조에 따른 다중이용업소의 화재
> 2. 「긴급구조대응활동 및 현장지휘에 관한 규칙」에 의한 통제단장의 현장지휘가 필요한 재난상황
> 3. 언론에 보도된 재난상황
> 4. 그 밖에 소방청장이 정하는 재난상황

02 ①

| 소방기본법 > 벌칙 > 벌칙 | 오답률 15.2% |

| 출제이력 | 신규출제

| LINK | 소방기본서 소방관계법규 p. 69~73

① (○) 위력(威力)을 사용하여 출동한 소방대의 화재진압·인명구조 또는 구급활동을 방해하는 행위를 한 사람은 5년 이하의 징역 또는 5천만원 이하의 벌금에 처한다(「소방기본법」 제50조).

03 ③

| 화재예방법 > 화재안전조사 > 화재안전조사 | 오답률 6.2% |

| 출제이력 | 2022, 2018 하, 2017 하, 2017 상

| LINK | 소방기본서 소방관계법규 p. 218~219

① (○) 「화재의 예방 및 안전관리에 관한 법률」 제7조 제1항 제1호
② (○) 동법 제7조 제1항 제5호
③ (×) 화재예방안전진단이 불성실하거나 불완전하다고 인정되는 경우 (동법 제7조 제1항 제3호)
④ (○) 동법 제7조 제1항 제2호

04 ③

| 소방기본법 > 소방장비 및 소방용수시설 등 > 소방업무의 응원 | 오답률 15.2% |

| 출제이력 | 2020

| LINK | 소방기본서 소방관계법규 p. 36~37

③ (×) 응원을 요청받은 것이 아니라 응원을 요청하는 것이 옳은 설명이다. 즉, 소방업무의 응원요청이 있으면, 요청에 따라 소방업무의 응원을 위하여 파견된 소방대원은 응원을 요청한 소방본부장 또는 소방서장의 지휘에 따라야 한다(「소방기본법」 제11조 제3항).

05 ①

| 화재예방법 > 화재의 예방조치 등 > 화재의 예방조치 등 | 오답률 24.2% |

| 출제이력 | 2020(유사), 2019(유사), 2018 상(유사)

| LINK | 소방기본서 소방관계법규 p. 226~232

① (×) 주요구조부는 난연재료가 아닌 불연재료로 하여야 한다(「화재의 예방 및 안전관리에 관한 법률 시행령」 별표 1).

| SUMMARY | 노·화덕 설비의 설치기준

- 실내에 설치하는 경우에는 흙바닥 또는 금속 외의 불연재료로 된 바닥이나 흙바닥에 설치하여야 한다.
- 노 또는 화덕을 설치하는 장소의 벽·천장은 불연재료로 된 것이어야 한다.
- 노 또는 화덕의 주위에는 녹는 물질이 확산되지 아니하도록 높이 0.1m 이상의 턱을 설치하여야 한다.
- 시간당 열량이 30만kcal 이상인 노를 설치하는 경우에는 다음 각 목의 사항을 지켜야 한다.
  - 주요구조부(「건축법」 제2조 제1항 제7호에 따른 것을 말한다. 이하 이 표에서 같다)는 불연재료로 할 것
  - 창문과 출입구는 「건축법 시행령」 제64조의 규정에 의한 갑종방화문 또는 을종방화문으로 설치할 것
  - 노 주위에는 1m 이상 공간을 확보할 것

06 ①

| 소방시설공사업법 > 소방시설공사 등 > 감리 | 오답률 19.4% |

| 출제이력 | 2018 하

| LINK | 소방기본서 소방관계법규 p. 350~352

① (○) 상주공사감리의 대상은 연면적 3만m² 이상으로서 아파트를 제외한 특정소방대상물에 대한 소방시설의 공사이다(「소방시설공사업법 시행령」별표 3).

| SUMMARY | 상주공사 감리의 대상

- 연면적 3만m² 이상의 특정소방대상물(아파트는 제외한다)에 대한 소방시설의 공사
- 지하층을 포함한 층수가 16층 이상으로서 500세대 이상인 아파트에 대한 소방시설의 공사

07 ②

| 소방시설공사업법 > 소방시설공사 등 > 감리 | 오답률 12.9% |

| 출제이력 | 2022, 2019, 2018 상

| LINK | 소방기본서 소방관계법규 p. 350~352

② (×) 감리업자의 업무는 '피난시설 및 방화시설의 유지·관리가 아닌 피난시설 및 방화시설의 적법성을 검토하는 것이다. 유지·관리는 소방대상물의 관계인의 업무이다.

「소방시설공사업법」제16조【감리】① 제4조 제1항에 따라 소방공사감리업을 등록한 자(이하 '감리업자'라 한다)는 소방공사를 감리할 때 다음 각 호의 업무를 수행하여야 한다.

1. 소방시설 등의 설치계획표의 적법성 검토
2. 소방시설 등 설계도서의 적합성(적법성과 기술상의 합리성을 말한다. 이하 같다) 검토
3. 소방시설 등 설계 변경사항의 적합성 검토
4. 「소방시설 설치 및 관리에 관한 법률」제2조 제1항 제7호의 소방용품의 위치·규격 및 사용 자재의 적합성 검토
5. 공사업자가 한 소방시설 등의 시공이 설계도서와 화재안전기준에 맞는지에 대한 지도·감독
6. 완공된 소방시설 등의 성능시험
7. 공사업자가 작성한 시공 상세도면의 적합성 검토
8. 피난시설 및 방화시설의 적법성 검토
9. 실내장식물의 불연화(不燃化)와 방염물품의 적법성 검토

08 ④

| 소방시설공사업법 > 소방시설업 > 등록취소와 영업정지 등 | 오답률 20.0% |

| 출제이력 | 2021

| LINK | 소방기본서 소방관계법규 p. 333~338

① (×) 소방시설업의 등록취소처분 또는 영업정지처분을 받은 경우 소방시설업자는 소방시설공사 등을 맡긴 특정소방대상물의 관계인에게 지체 없이 그 사실을 알려야 한다(「소방시설공사업법」제8조 제3항).

② (×) 소방시설업의 영업정지기간 중에 소방시설공사 등을 한 경우에는 그 등록을 취소하여야 한다(동법 제9조 제1항).

③ (×) 소방시설업의 등록의 취소권자는 시·도지사이다(동법 제9조 제1항).

④ (○) 영업정지처분기간 중 영업정지에 해당하는 위반사항이 있는 경우에는 송전의 처분기간 만료일의 다음 날부터 새로운 위반사항에 대한 영업정지의 행정처분을 한다(「소방시설공사업법 시행규칙」별표 1(제9조 관련) 제1호 나목].

09 ③

| 소방시설공사업법 > 소방시설공사 등 > 착공신고 | 오답률 16.1% |

| 출제이력 | 2022, 2018 하, 2017 상

| LINK | 소방기본서 소방관계법규 p. 344~347

① (×) 단독경보형감지기를 설치하는 경우 착공신고 대상이 아니다.

② (×) 소화용수설비를 「건설산업기본법 시행령」별표 1에 따른 기계설비공사업자 또는 상·하수도설비공사업자가 공사하는 경우는 착공신고 대상에서 제외한다.

③ (○) 신축하는 특정소방대상물에 옥내소화전설비를 신설하는 경우에는 반드시 착공신고를 해야 한다.

④ (×) 수신반(受信盤), 소화펌프, 동력(감시)제어반의 고장 또는 파손 등으로 인하여 작동시킬 수 없는 소방시설을 긴급히 교체하거나 보수하여야 하는 경우에는 신고하지 않을 수 있다.

「소방시설공사업법 시행령」제4조【소방시설공사의 착공신고 대상】
법 제13조 제1항에서 "대통령령으로 정하는 소방시설공사"란 다음 각 호의 어느 하나에 해당하는 소방시설공사를 말한다.

1. 특정소방대상물(「위험물안전관리법」제2조 제1항 제6호에 따른 제조소 등은 제외. 이하 제2호 및 제3호에서 같다)에 다음 각 목의 어느 하나에 해당하는 설비를 신설하는 공사
   가. 옥내소화전설비(호스릴 옥내소화전설비를 포함), 옥외소화전설비, 스프링클러설비·간이스프링클러설비(캐비닛형 간이스프링클러설비를 포함) 및 화재조기진압용 스프링클러설비(이하 "스프링클러설비 등"), 물분무 소화설비·포 소화설비·이산화탄소 소화설비·할론 소화설비·할로겐화합물 및 불활성기체 소화설비·미분무 소화설비·강화액 소화설비 및 분말 소화설비(이하 "물분무 등 소화설비"), 연결송수관설비, 연결살수설비, 제연설비(소방용 외의 용도와 겸용되는 제연설비를 「건설산업기본법 시행령」별표 1에 따른 기계가스설비공사업자가 공사하는 경우는 제외), 소화용수설비(소화용수설비를 「건설산업기본법 시행령」별표 1에 따른 기계가스설비공사업자 또는 상·하수도설비공사업자가 공사하는 경우는 제외) 또는 연소방지설비
   나. 자동화재탐지설비, 비상경보설비, 비상방송설비(소방용 외의 용도와 겸용되는 비상방송설비를 「정보통신공사업법」에 따른 정보통신공사업자가 공사하는 경우는 제외), 비상콘센트설비(비상콘센트설비를 「전기공사업법」에 따른 전기공사업자가 공사하는 경우는 제외) 또는 무선통신보조설비(소방용 외의 용도와 겸용되는 무선통신보조설비를 「정보통신공사업법」에 따른 정보통신공사업자가 공사하는 경우는 제외)

2. 특정소방대상물에 다음 각 목의 어느 하나에 해당하는 설비 또는 구역 등을 증설하는 공사
가. 옥내·옥외소화전설비
나. 스프링클러설비·간이스프링클러설비 또는 물분무 등 소화설비의 방호구역, 자동화재탐지설비의 경계구역, 제연설비의 제연구역(소방용 외의 용도와 겸용되는 제연설비를 「건설산업기본법 시행령」 별표 1에 따른 기계가스설비공사업자가 공사하는 경우는 제외), 연결살수설비의 살수구역, 연결송수관설비의 송수구역, 비상콘센트설비의 전용회로, 연소방지설비의 살수구역
3. 특정소방대상물에 설치된 소방시설 등을 구성하는 다음 각 목의 어느 하나에 해당하는 것의 전부 또는 일부를 개설, 이전 또는 정비하는 공사. 다만, 고장 또는 파손 등으로 인하여 작동시킬 수 없는 소방시설을 긴급히 교체하거나 보수하여야 하는 경우에는 신고하지 않을 수 있다.
가. 수신반
나. 소화펌프
다. 동력(감시)제어반

10 ③

소방시설공사업법 > 소방시설공사 등 > 완공검사   오답률 3.2%

| 출제이력 | 2020, 2019, 2017 상, 2016

| LINK | 소방기본서 소방관계법규 p. 347~348

③ (×) 공사업자가 일부분의 공사를 마친 경우에는 그 일부분에 대하여 완공검사를 신청할 수 있다.

> 「소방시설공사업법」 제14조【완공검사】② 공사업자가 소방대상물 일부분의 소방시설공사를 마친 경우로서 전체 시설이 준공되기 전에 부분적으로 사용할 필요가 있는 경우에는 그 일부분에 대하여 소방본부장이나 소방서장에게 완공검사(이하 '부분완공검사'라 한다)를 신청할 수 있다. 이 경우 소방본부장이나 소방서장은 그 일부분의 공사가 완공되었는지를 확인하여야 한다.

11 ③

소방시설법 > 소방시설 등의 설치·관리 및 방염 > 성능위주설계   오답률 27.3%

| 출제이력 | 2022

| LINK | 소방기본서 소방관계법규 p. 108~115

① (×) 연면적 20만㎡ 이상인 특정소방대상물
② (×) 하나의 건축물에 영화상영관이 10개 이상인 특정소방대상물
③ (○) 연면적 3만㎡ 이상인 철도 및 도시철도시설은 성능위주설계를 하여야 하는 특정소방대상물이다.
④ (×) 건축물의 높이가 200m 이상인 아파트 등

> 「소방시설 설치 및 관리에 관한 법률 시행령」 제9조【성능위주설계를 하여야 하는 특정소방대상물의 범위】법 제8조 제1항에서 '대통령령으로 정하는 특정소방대상물'이란 다음 각 호의 어느 하나에 해당하는 특정소방대상물(신축하는 것만 해당한다)을 말한다.

1. 연면적 20만㎡ 이상인 특정소방대상물. 다만, 별표 2 제1호에 따른 공동주택 중 주택으로 쓰이는 층수가 5층 이상인 주택(이하 '아파트 등'이라 한다)은 제외한다.
2. 50층 이상(지하층은 제외)이거나 지상으로부터 높이가 200m 이상인 아파트 등
3. 30층 이상(지하층을 포함)이거나 지상으로부터 높이가 120m 이상인 특정소방대상물(아파트 등은 제외)
4. 연면적 3만㎡ 이상인 특정소방대상물로서 다음 각 목의 어느 하나에 해당하는 특정소방대상물
가. 철도 및 도시철도 시설
나. 공항시설
5. 연면적 10만㎡ 이상이거나 지하 2층 이하이고 지하층의 바닥면적의 합이 3만㎡ 이상인 창고시설
6. 하나의 건축물에 「영화 및 비디오물의 진흥에 관한 법률」 제2조 제10호에 따른 영화상영관이 10개 이상인 특정소방대상물
7. 「초고층 및 지하연계 복합건축물 재난관리에 관한 특별법」 제2조 제2호 따른 지하연계 복합건축물에 해당하는 특정소방대상물
8. 별표 2 제27호 나목의 터널 중 수저터널 또는 길이가 5천m 이상인 것

12 ④

TOP3   소방시설법 > 소방시설 등의 설치·관리 및 방염 > 소방시설기준 적용의 특례   오답률 31.2%

| 출제이력 | 신규출제

| LINK | 소방기본서 소방관계법규 p. 130~134

④ (×) 수영장은 화재안전기준을 적용하기 어려운 특정소방대상물이다.

> 「소방시설 설치 및 관리에 관한 법률 시행령」 별표 7[소방시설을 설치하지 아니할 수 있는 특정소방대상물 및 소방시설의 범위(제16조 관련)]

구분	특정소방대상물	소방시설
1. 화재 위험도가 낮은 특정소방대상물	석재, 불연성금속, 불연성 건축재료의 가공공장·기계조립공장 또는 불연성 물품을 저장하는 창고	옥외소화전 및 연결살수설비
2. 화재안전기준을 적용하기 어려운 특정소방대상물	음료수공장의 세정 또는 충전을 하는 작업장, 그 밖에 이와 비슷한 용도로 사용하는 것	스프링클러설비, 상수도화용수설비 및 연결살수설비
	정수장, 수영장, 목욕장, 어류양식용 시설, 그 밖에 이와 비슷한 용도로 사용되는 것	자동화재탐지설비, 상수도소화용수설비 및 연결살수설비
3. 화재안전기준을 달리 적용하여야 하는 특수한 용도 또는 구조를 가진 특정소방대상물	원자력발전소, 핵폐기물처리시설	연결송수관설비 및 연결살수설비
4. 「위험물안전관리법」 제19조에 따른 자체소방대가 설치된 특정소방대상물	자체소방대가 설치된 위험물 제조소 등에 부속된 사무실	상수도소화용수설비

13 ②

소방시설법 > 소방용품의 품질관리 > 소방용품의 형식승인   오답률 30.3%

| 출제이력 | 신규출제

| LINK | 소방기본서 소방관계법규 p. 179~180

② (○) 누구든지 형식승인을 받지 아니한 소방용품을 판매하거나 판매 목적으로 진열하거나 소방시설공사에 사용할 수 없다.

> 「소방시설 설치 및 관리에 관한 법률」제37조【소방용품의 형식승인 등】⑥ 누구든지 다음 각 호의 어느 하나에 해당하는 소방용품을 판매 하거나 판매 목적으로 진열하거나 소방시설공사에 사용할 수 없다.
> 1. 형식승인을 받지 아니한 것
> 2. 형상 등을 임의로 변경한 것
> 3. 제품검사를 받지 아니하거나 합격표시를 하지 아니한 것

14 ④

화재예방법 > 화재의 예방 및 안전관리 기본계획의 수립·시행 > 화재의 예방 및 안전관리 기본계획 등의 수립·시행   오답률 33.3%   TOP2

| 출제이력 | 2019

| LINK | 소방기본서 소방관계법규 p. 214~215

①, ②, ③ (○) (「화재의 예방 및 안전관리에 관한 법률」 제4조 제1항·제2 항·제3항)

④ (×) 행정안전부령이 아니라 대통령령으로 정한다. 즉, 기본계획, 시행 계획 및 세부시행계획의 수립·시행에 필요한 사항은 대통령령으로 정한다(동조 제8항).

15 ④

소방시설법 > 소방시설관리사 및 소방시설관리업 > 소방시설관리사   오답률 15.2%

| 출제이력 | 2019(유사)

| LINK | 소방기본서 소방관계법규 p. 158~163

①, ② (○) 「소방시설 설치 및 관리에 관한 법률」제25조 제1항·제2항

③ (○) 동법 제29조 제2항

④ (×) 취소된 날부터 2년이 경과하여야 한다. 즉, 관리업의 등록이 취소 된 날부터 2년이 지나지 아니한 자는 관리업의 등록을 할 수 없다(동법 제30조 제4호).

16 ①

위험물관리법 > 총칙 > 목적   오답률 29.0%

| 출제이력 | 2016(유사)

| LINK | 소방기본서 소방관계법규 p. 422

① (○) 이 법은 위험물의 저장·취급 및 운반과 이에 따른 안전관리에 관 한 사항을 규정함으로써 위험물로 인한 위해를 방지하여 공공의 안 전을 확보함을 목적으로 한다(「위험물안전관리법」 제1조).

17 ③

위험물관리법 > 총칙 > 위험물의 저장 및 취급의 제한   오답률 36.7%   TOP1

| 출제이력 | 신규출제

| LINK | 소방기본서 소방관계법규 p. 429~441

① (○) 「위험물안전관리법 시행규칙」 별표 5 Ⅲ. 제3호

② (○) 동 별표 Ⅲ. 제2호

③ (×) 옥내저장소의 용도에 사용되는 부분의 출입구에는 수시로 열 수 있는 자동폐쇄방식의 갑종방화문을 설치하여야 한다. 을종방화문은 잘못된 설명이다(동 별표Ⅲ. 제5호).

④ (○) 동 별표 Ⅲ. 제7호

18 ①

위험물관리법 > 총칙 > 위험물의 저장 및 취급의 제한   오답률 16.7%

| 출제이력 | 2017 상, 2016

| LINK | 소방기본서 소방관계법규 p. 429~441

① (×) 주유노즐은 자동차 등의 연료탱크가 가득 찬 경우에는 자동으로 정지시키는 구조이어야 한다(「위험물안전관리법 시행규칙」 별표 13 Ⅹ. V. 제2호 나목).

② (○) 동 별표 ⅩV. 제2호 다목

③ (○) 동 별표 ⅩV. 제2호 라목

④ (○) 동 별표 ⅩV. 제2호 마목

19 ①

위험물관리법 > 총칙 > 위험물의 저장 및 취급의 제한   오답률 20.0%

| 출제이력 | 2021

| LINK | 소방기본서 소방관계법규 p. 429~441

① (×) 지정수량의 100배 이상의 위험물을 저장하는 옥외저장소가 정기 점검의 대상이다.

20 ④

위험물관리법 > 위험물시설의 안전관리 > 위험물안전관리자   오답률 16.1%

| 출제이력 | 신규출제

| LINK | 소방기본서 소방관계법규 p. 466~474

④ (○) 소방공무원으로 근무한 경력이 3년 이상인 자는 제4류 위험물을 취급할 수 있는 자격이 있다(「위험물 안전관리법 시행령」 별표 5).

2017 | 상반기 소방관계법규

2017년 상반기 시험은 소방공무원 승진시험인지 공개채용 시험인지 구별하기 힘들 정도로 다소 어려운 문항들이 출제되었다. 위력을 사용하여 출동한 소방대의 소방활동을 방해한 경우의 벌칙규정, 내진설계대상, 방염성능기준, 도급계약의 해지, 예방규정, 주유관의 길이를 묻는 문제는 공개채용 시험보다는 소방공무원의 승진시험에 더 적합하다고 판단된다. 이처럼 공개채용 시험에서 자주 출제되는 문항이 아니다보니 수험생들이 문항을 풀어나가는 데 쉽지 않았을 것으로 사료된다.

문항분석

문항	정답	오답률	영역
1	③	2.7%	소방기본법 > 총칙 > 119종합상황실의 설치와 운영
2	③	13.5%	소방기본법 > 소방활동 등 > 소방활동 종사명령
3	②	8.1%	화재예방법 > 화재의 예방조치 등 > 화재의 예방조치 등
4	④	25.0%	화재예방법 > 소방대상물의 소방안전관리 > 건설현장 소방안전관리
5	②	21.6%	소방기본법 > 소방활동 등 > 소방지원활동
6	②	25.0%	소방시설법 > 소방시설 등의 자체점검 > 소방시설 등의 자체점검
7	③	13.5%	소방시설법 > 소방시설 등의 설치·관리 및 방염 > 특정소방대상물의 방염 등
8	①	10.8%	소방시설법 > 소방시설 등의 설치·관리 및 방염 > 소방시설의 내진설계기준
9	③	18.9%	화재예방법 > 화재안전조사 > 화재안전조사의 방법·절차 등
10	④	8.6%	소방시설공사업법 > 소방시설공사 등 > 완공검사
11 오답률 TOP 3	③	28.6%	소방시설공사업법 > 소방시설공사 등 > 착공신고
12	③	14.7%	소방시설공사업법 > 소방시설공사 등 > 공사감리자의 지정 등
13	③	11.8%	소방시설공사업법 > 소방시설공사 등 > 도급계약의 해지
14	④	14.3%	소방시설공사업법 > 소방시설업 > 등록사항의 변경신고
15	①	20.0%	소방시설공사업법 > 소방시설공사 등 > 공사의 하자보수 등
16 오답률 TOP 1	③	47.1%	위험물관리법 > 총칙 > 위험물의 저장 및 취급의 제한
17 오답률 TOP 2	②	47.1%	위험물관리법 > 총칙 > 위험물의 저장 및 취급의 제한
18	③	24.2%	위험물관리법 > 총칙 > 정의
19	①	8.8%	위험물관리법 > 총칙 > 위험물의 저장 및 취급의 제한
20	②	20.6%	위험물관리법 > 위험물시설의 안전관리 > 위험물안전관리자

영역별 평균 오답률

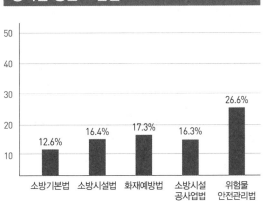

*2017년 상반기 복원 기출 20문항 기준 평균 오답률

출제 트렌드

구분	소방기본법	소방시설법	화재예방법	소방시설 공사업법	위험물 안전관리법
2022	4문항	3문항	3문항	5문항	5문항
2021	4문항	2문항	4문항	5문항	5문항
2020	4문항	4문항	2문항	5문항	5문항
2017 상	3문항	3문항	3문항	6문항	5문항

전 영역에서 고르게 출제되었으나 소방시설공사업법이 살짝 더 출제

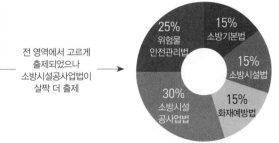

01 ③

| 소방기본법 > 총칙 > 119종합상황실의 설치와 운영 | 오답률 2.7% |

| **출제이력** | 2017 하

| **LINK** | 소방기본서 소방관계법규 p. 21~23

③ (×) 이재민이 100인 이상 발생한 화재가 보고대상이다(「소방기본법 시행규칙」 제3조 제2항 제1호 나목).

02 ③

| 소방기본법 > 소방활동 등 > 소방활동 종사명령 | 오답률 13.5% |

| **출제이력** | 2021

| **LINK** | 소방기본서 소방관계법규 p. 56

① (×) 소방본부장, 소방서장 또는 소방대장은 화재, 재난·재해, 그 밖의 위급한 상황이 발생한 현장에서 소방활동을 위하여 필요할 때에는 그 관할구역에 사는 사람 또는 그 현장에 있는 사람으로 하여금 사람을 구출하는 일 또는 불을 끄거나 불이 번지지 아니하도록 하는 일을 하게 할 수 있다. 화재조사는 명령할 수 없다.

② (×) 소방활동 종사명령을 한 소방본부장 소방서장 또는 소방대장은 소방활동에 필요한 보호장구를 지급하는 등 안전을 위한 조치를 하여야 한다.

③ (○) 제1항에 따른 명령에 따라 소방활동에 종사한 사람은 시·도지사로부터 소방활동의 비용을 지급받을 수 있다.

> 「소방기본법」 제24조 【소방활동 종사명령】 ① 소방본부장, 소방서장 또는 소방대장은 화재, 재난·재해, 그 밖의 위급한 상황이 발생한 현장에서 소방활동을 위하여 필요할 때에는 그 관할구역에 사는 사람 또는 그 현장에 있는 사람으로 하여금 사람을 구출하는 일 또는 불을 끄거나 불이 번지지 아니하도록 하는 일을 하게 할 수 있다. 이 경우 소방본부장, 소방서장 또는 소방대장은 소방활동에 필요한 보호장구를 지급하는 등 안전을 위한 조치를 하여야 한다.
> ③ 제1항에 따른 명령에 따라 소방활동에 종사한 사람은 시·도지사로부터 소방활동의 비용을 지급받을 수 있다. 다만, 다음 각 호의 어느 하나에 해당하는 사람의 경우에는 그러하지 아니하다.
> 　1. 소방대상물에 화재, 재난·재해, 그 밖의 위급한 상황이 발생한 경우 그 관계인
> 　2. 고의 또는 과실로 화재 또는 구조·구급 활동이 필요한 상황을 발생시킨 사람
> 　3. 화재 또는 구조·구급 현장에서 물건을 가져간 사람

④ (×) 소방활동 종사명령에 따라 사람을 구출하는 일을 방해한 사람은 5년 이하의 징역 또는 5천만원 이하의 벌금에 처한다(「소방기본법」 제50조).

03 ②

| 화재예방법 > 화재의 예방조치 등 > 화재의 예방조치 등 | 오답률 8.1% |

| **출제이력** | 신규출제

| **LINK** | 소방기본서 소방관계법규 p. 226~232

① (○) 「화재의 예방 및 안전관리에 관한 법률」 제21조 제1항

② (×) 인명피해 발생현황 등 사회경제적 파급효과가 기준에 포함된다 (동법 시행령 제22조 제3항 제3호).

③ (○) 동법 시행령 제22조 제1항

④ (○) 동법 제21조 제4항

04 ④

| 화재예방법 > 소방대상물의 소방안전관리 > 건설현장 소방안전관리 | 오답률 25.0% |

| **출제이력** | 신규출제

| **LINK** | 소방기본서 소방관계법규 p. 251~252

① (○) 「화재의 예방 및 안전관리에 관한 법률 시행령」 제30조 제1항

② (○) 동조 제2항

③ (○) 동조 제3항

④ (×) 지하 2층 이하이거나 지상 11층 이상인 특정소방대상물로서 연면적 5천㎡ 이상인 것(동조 제2항)

05 ②

| 소방기본법 > 소방활동 등 > 소방지원활동 | 오답률 21.6% |

| **출제이력** | 2020, 2018 하

| **LINK** | 소방기본서 소방관계법규 p. 39

① (○) 「소방기본법」 제16조의2 제1항

② (×) 생활안전활동에 대한 설명이다(동법 제16조의3 제1항 제4호).

③ (○) 동법 제16조의2 제2항

④ (○) 동법 제16조의2 제3항

06 ②

| 소방시설법 > 소방시설 등의 자체점검 > 소방시설 등의 자체점검 | 오답률 25.0% |

| **출제이력** | 2018 하

| **LINK** | 소방기본서 소방관계법규 p. 145~152

① (○) 「소방시설 설치 및 관리에 관한 법률 시행규칙」 제25조 제4항

② (×) 관리업자 등은 자체점검을 실시한 경우 그 점검이 끝난 날부터 10일 이내에 소방시설 등 자체점검 결과보고서를 관계인에게 제출하여야 한다(동 시행규칙 제25조 제1항).

③ (○) 동 시행규칙 제25조 제2항

④ (○) 동 시행규칙 제25조 제2항

07 ③

| 소방시설법 > 소방시설 등의 설치·관리 및 방염 > 특정소방대상물의 방염 등 | 오답률 13.5% |

| **출제이력** | 2022, 2019, 2018 상

| **LINK** | 소방기본서 소방관계법규 p. 142~144

에듀윌 소방공무원

③ (×) 탄화(炭化)한 면적은 50cm² 이내, 탄화한 길이는 20cm 이내이어 야 한다(「소방시설 설치 및 관리에 관한 법률 시행령」 제30조 제3호).

08 ①

소방시설법 > 소방시설 등의 설치·관리 및 방염 >   오답률 10.8%
소방시설의 내진설계기준

| 출제이력 | 2018 하

| LINK | 소방기본서 소방관계법규 p. 108

① (○) 대통령령으로 정하는 소방시설이란 옥내소화전설비, 스프링클러 설비, 물분무 등 소화설비를 말한다.

> 「소방시설 설치 및 관리에 관한 법률 시행령」 제8조【소방시설의 내진 설계】 ① 법 제7조에서 '대통령령으로 정하는 특정소방대상물'이란 「건축법」 제2조 제1항 제2호에 따른 건축물로서 「지진·화산재해대책 법 시행령」 제10조 제1항 각 호에 해당하는 시설을 말한다.
> ② 법 제7조에서 '대통령령으로 정하는 소방시설'이란 소방시설 중 옥 내소화전설비, 스프링클러설비, 물분무 등 소화설비를 말한다.

09 ③

화재예방법 > 화재안전조사 > 화재안전조사의 방법·절차 등   오답률 18.9%

| 출제이력 | 2022, 2018 하

| LINK | 소방기본서 소방관계법규 p. 219~220

① (○) 「화재의 예방 및 안전관리에 관한 법률」 제11조 제1항
② (○) 동법 제8조 제2항
③ (×) 화재안전조사의 연기를 신청하려는 관계인은 화재안전조사 시작 3일 전까지 소방청장, 소방본부장 또는 소방서장에게 화재안전조사 의 연기를 신청할 수 있다(동법 시행규칙 제4조 제1항).
④ (○) 동법 시행령 제9조 제1항 제4호

10 ④

소방시설공사업법 > 소방시설공사 등 > 완공검사   오답률 8.6%

| 출제이력 | 2020, 2019, 2017 하, 2016

| LINK | 소방기본서 소방관계법규 p. 347~348

④ (×) 11층 이상의 특정소방대상물(아파트 제외한다)은 완공검사를 위 한 현장확인 대상 특정소방대상물의 범위에 해당한다.

> 「소방시설공사업법 시행령」 제5조【완공검사를 위한 현장확인 대상 특 정소방대상물의 범위】 법 제14조 제1항 단서에서 '대통령령으로 정하 는 특정소방대상물'이란 특정소방대상물 중 다음 각 호의 대상물을 말 한다.
> 1. 문화 및 집회시설, 종교시설, 판매시설, 노유자(老幼者)시설, 수련 시설, 운동시설, 숙박시설, 창고시설, 지하상가 및 「다중이용업소 의 안전관리에 관한 특별법」에 따른 다중이용업소
> 2. 다음 각 목의 어느 하나에 해당하는 설비가 설치되는 특정소방 대상물
>   가. 스프링클러설비 등

> 나. 물분무 등 소화설비(호스릴 방식의 소화설비는 제외한다)
> 3. 연면적 1만m² 이상이거나 11층 이상인 특정소방대상물(아파트 는 제외한다)
> 4. 가연성 가스를 제조·저장 또는 취급하는 시설 중 지상에 노출된 가연성 가스탱크의 저장용량 합계가 1천톤 이상인 시설

11 ③ [TOP3]

소방시설공사업법 > 소방시설공사 등 > 착공신고   오답률 28.6%

| 출제이력 | 2022, 2018 하, 2017 하

| LINK | 소방기본서 소방관계법규 p. 344~347

① (×) 비상경보설비를 신설하는 공사가 착공신고의 대상이다.
② (×) 소방시설공사의 착공신고 대상에 포함되지 않는다.
③ (○) 자동화재탐지설비의 경계구역을 증설하는 공사는 착공신고의 대 상이다(「소방시설공사업법 시행령」 제4조 제2호 나목).
④ (×) 비상방송설비(소방용 외의 용도와 겸용되는 비상방송설비를 「정보 통신공사업법」에 따른 정보통신공사업자가 공사하는 경우는 제외한다) 를 신설하는 공사가 착공신고의 대상이다.

12 ③

소방시설공사업법 > 소방시설공사 등 >   오답률 14.7%
공사감리자의 지정 등

| 출제이력 | 2016

| LINK | 소방기본서 소방관계법규 p. 352~358

③ (×) 공사감리자 지정대상에서 캐비닛형 간이스프링클러설비는 제외 된다.

> 「소방시설공사업법 시행령」 제10조【공사감리자 지정대상 특정소방대 상물의 범위】 ① 법 제17조 제1항에서 '대통령령으로 정하는 특정소 방대상물'이란 「화재예방, 소방시설 설치·유지 및 안전관리에 관한 법 률」 제2조 제1항 제3호의 특정소방대상물을 말한다.
> ② 법 제17조 제1항에서 '자동화재탐지설비, 옥내소화전설비 등 대통 령령으로 정하는 소방시설을 시공할 때'란 다음 각 호의 어느 하나에 해당하는 소방시설을 시공할 때를 말한다.
> 1. 옥내소화전설비를 신설·개설 또는 증설할 때
> 2. 스프링클러설비 등(캐비닛형 간이스프링클러설비는 제외한다)을 신설·개설하거나 방호·방수 구역을 증설할 때
> 3. 물분무 등 소화설비(호스릴 방식의 소화설비는 제외한다)를 신 설·개설하거나 방호·방수 구역을 증설할 때
> 4. 옥외소화전설비를 신설·개설 또는 증설할 때
> 5. 자동화재탐지설비를 신설 또는 개설할 때
> 5의2. 비상방송설비를 신설 또는 개설할 때
> 6. 통합감시시설을 신설 또는 개설할 때
> 6의2. 비상조명등을 신설 또는 개설할 때
> 7. 소화용수설비를 신설 또는 개설할 때
> 8. 다음 각 목에 따른 소화활동설비에 대하여 각 목에 따른 시공을 할 때
>   가. 제연설비를 신설·개설하거나 제연구역을 증설할 때
>   나. 연결송수관설비를 신설 또는 개설할 때

100 정답과 해설편

다. 연결살수설비를 신설·개설하거나 송수구역을 증설할 때
라. 비상콘센트설비를 신설·개설하거나 전용회로를 증설할 때
마. 무선통신보조설비를 신설 또는 개설할 때
바. 연소방지설비를 신설·개설하거나 살수구역을 증설할 때
9. 삭제 〈2017.12.12.〉

---

13 ③

| 소방시설공사업법 > 소방시설공사 등 > 도급계약의 해지 | 오답률 11.8% |

| 출제이력 | 신규출제

| LINK | 소방기본서 소방관계법규 p. 372

③ (○) 정당한 사유 없이 30일 이상 소방시설공사를 계속하지 아니하는 경우에는 도급계약을 해지할 수 있다(「소방시설공사업법」 제23조 제3호).

---

14 ④

| 소방시설공사업법 > 소방시설업 > 등록사항의 변경신고 | 오답률 14.3% |

| 출제이력 | 신규출제

| LINK | 소방기본서 소방관계법규 p. 328

④ (○) 자본금은 등록사항의 변경신고사항이 아니다(「소방시설공사업법 시행규칙」 제5조).

---

15 ①

| 소방시설공사업법 > 소방시설공사 등 > 공사의 하자보수 등 | 오답률 20.0% |

| 출제이력 | 2020, 2019

| LINK | 소방기본서 소방관계법규 p. 348~349

① (○) 유도표지, 비상경보설비, 비상조명등, 피난기구는 하자보수 보증기간이 2년으로 동일하다. 이 외에도 하자보수 보증기간이 2년인 소방시설은 유도등, 비상방송설비 및 무선통신보조설비가 있다.

> 「소방시설공사업법 시행령」 제6조【하자보수 대상 소방시설과 하자보수 보증기간】법 제15조 제1항에 따라 하자를 보수하여야 하는 소방시설과 소방시설별 하자보수 보증기간은 다음 각 호의 구분과 같다.
> 1. 피난기구, 유도등, 유도표지, 비상경보설비, 비상조명등, 비상방송설비 및 무선통신보조설비: 2년
> 2. 자동소화장치, 옥내소화전설비, 스프링클러설비, 간이스프링클러설비, 물분무 등 소화설비, 옥외소화전설비, 자동화재탐지설비, 상수도소화용수설비 및 소화활동설비(무선통신보조설비는 제외한다): 3년

---

16 ③

| 위험물관리법 > 총칙 > 위험물의 저장 및 취급의 제한 | 오답률 47.1% | TOP1

| 출제이력 | 2017 하, 2016

| LINK | 소방기본서 소방관계법규 p. 429~441

① (×) 주유취급소의 고정주유설비의 주위에는 주유를 받으려는 자동차 등이 출입할 수 있도록 너비 15m 이상, 길이 6m 이상의 콘크리트 등으로 포장한 공지를 보유하여야 한다(「위험물안전관리법 시행규칙」 별표 13 Ⅰ. 제1호).

② (×) 주유취급소에는 황색바탕에 흑색문자로 '주유 중 엔진정지'라는 표시를 한 게시판을 설치하여야 한다(동 별표 Ⅱ.).

③ (○) 동 별표Ⅳ. 제3호

④ (×) 주유취급소의 주위에는 자동차 등이 출입하는 쪽 외의 부분에 높이 2m 이상의 내화구조 또는 불연재료의 담 또는 벽을 설치하여야 한다(동 별표 Ⅶ. 제1호).

---

17 ②

| 위험물관리법 > 총칙 > 위험물의 저장 및 취급의 제한 | 오답률 47.1% | TOP2

| 출제이력 | 신규출제

| LINK | 소방기본서 소방관계법규 p. 429~441

① (×) 제2종 판매취급소에는 제1종 판매취급소보다 더 강화된 기준을 적용한다.

② (○) 「위험물안전관리법 시행규칙」 별표 14 Ⅰ. 제1호 가목

③ (×) 제1종 판매취급소의 출입구 문턱의 높이는 바닥면으로부터 0.1m 이상으로 한다(동 별표 Ⅰ. 제1호 자목).

④ (×) 제1종 판매취급소에는 보기 쉬운 곳에 '위험물 판매취급소(제1종)'라는 표시를 한 표지와 방화에 관하여 필요한 사항을 게시한 게시판을 설치하여야 한다(동 별표 Ⅰ. 제1호 나목).

---

18 ③

| 위험물관리법 > 총칙 > 정의 | 오답률 24.2% |

| 출제이력 | 2019

| LINK | 소방기본서 소방관계법규 p. 422~429

③ (×) 특수인화물의 지정수량은 50ℓ 이다.

「위험물안전관리법 시행령」 별표 1[위험물 및 지정수량(제2조 및 제3조 관련)]

위험물			지정수량
유별	성질	품명	
제1류	산화성 고체	1. 아염소산염류	50kg
		2. 염소산염류	50kg
		3. 과염소산염류	50kg
		4. 무기과산화물	50kg
		5. 브롬산염류	300kg
		6. 질산염류	300kg
		7. 요오드산염류	300kg
		8. 과망간산염류	1,000kg
		9. 중크롬산염류	1,000kg
		10. 그 밖에 행정안전부령으로 정하는 것	50kg, 300kg
		11. 제1호 내지 제10호의1에 해당하는 어느 하나 이상을 함유한 것	또는 1,000kg

제2류	가연성 고체	1. 황화린		100kg
		2. 적린		100kg
		3. 유황		100kg
		4. 철분		500kg
		5. 금속분		500kg
		6. 마그네슘		500kg
		7. 그 밖에 행정안전부령으로 정하는 것		100kg
		8. 제1호 내지 제7호의1에 해당하는 어느 하나 이상을 함유한 것		또는 500kg
		9. 인화성 고체		1,000kg
제4류	인화성 액체	1. 특수인화물		50ℓ
		2. 제1석유류	비수용성 액체	200ℓ
			수용성 액체	400ℓ
제5류	자기 반응성 물질	1. 유기과산화물		10kg
		2. 질산에스테르류		10kg
		3. 니트로화합물		200kg

19 ①

위험물관리법 > 총칙 > 위험물의 저장 및 취급의 제한   오답률 **8.8%**

| 출제이력 | 2022, 2018 하, 2016

| LINK | 소방기본서 소방관계법규 p. 429~441

① (○) 「위험물안전관리법 시행령」 제15조 제1호
② (×) 지정수량 150배 이상의 위험물을 저장하는 옥내저장소
③ (×) 지정수량 200배 이상의 위험물을 저장하는 옥외탱크저장소
④ (×) 암반탱크저장소

> 「위험물안전관리법 시행령」 제15조 【관계인이 예방규정을 정하여야 하는 제조소 등】 법 제17조 제1항에서 '대통령령이 정하는 제조소 등'이라 함은 다음 각 호의 1에 해당하는 제조소 등을 말한다.
> 1. 지정수량의 10배 이상의 위험물을 취급하는 제조소
> 2. 지정수량의 100배 이상의 위험물을 저장하는 옥외저장소
> 3. 지정수량의 150배 이상의 위험물을 저장하는 옥내저장소
> 4. 지정수량의 200배 이상의 위험물을 저장하는 옥외탱크저장소
> 5. 암반탱크저장소
> 6. 이송취급소
> 7. 지정수량의 10배 이상의 위험물을 취급하는 일반취급소. 다만, 제4류 위험물(특수인화물을 제외한다)만을 지정수량의 50배 이하로 취급하는 일반취급소(제1석유류·알코올류의 취급량이 지정수량의 10배 이하인 경우에 한한다)로서 다음 각 목의 어느 하나에 해당하는 것을 제외한다.
>   가. 보일러·버너 또는 이와 비슷한 것으로서 위험물을 소비하는 장치로 이루어진 일반취급소
>   나. 위험물을 용기에 옮겨 담거나 차량에 고정된 탱크에 주입하는 일반취급소

20 ②

위험물관리법 > 위험물시설의 안전관리 > 위험물안전관리자   오답률 **20.6%**

| 출제이력 | 2020, 2018 하

| LINK | 소방기본서 소방관계법규 p. 466~474

② (×) 안전관리자를 선임하지 못한 경우에만 대리자를 지정하는 것이 아니다. 관계인은 안전관리자가 여행·질병 그 밖의 사유로 인하여 일시적으로 직무를 수행할 수 없거나 안전관리자의 해임 또는 퇴직과 동시에 다른 안전관리자를 선임하지 못하는 경우에 대리자를 지정하여 그 직무를 대행하게 하여야 한다(「위험물안전관리법」 제15조 제5항).

2016 | 소방관계법규

2016년 시험은 4개 법에서 골고루 출제되었다고 보이나, 방유제 설치, 일반 상주공사감리, 청문실시사항, 화재예방강화지구의 소방특별조사, 훈련 및 교육에 관한 문항은 대체로 난이도가 높거나 까다로운 편이었다. 「소방시설공사업법」 중 이번에 출제된 문항들은 소방시설공사업자가 필수적으로 알아야 할 사항임에도 불구하고 소방공무원 수험생을 대상으로 하는 공개채용 시험에서 다른 법보다 더 많은 문항 수인 6문항을 출제한 것은 바람직하지 않았다고 사료된다.

문항분석

문항	정답	오답률	영역
1	④	13.3%	소방시설공사업법 > 총칙 > 목적
2	④	16.7%	소방시설공사업법 > 소방시설공사 등 > 시공능력 평가 및 공시
3	①	27.6%	소방시설공사업법 > 소방시설공사 등 > 공사감리자의 지정 등
4	③	27.6%	소방시설공사업법 > 소방시설공사 등 > 감리원의 배치 등
5	②	41.4%	소방시설공사업법 > 소방시설공사 등 > 완공검사
6	③	41.9%	소방시설공사업법 > 소방시설업 > 등록취소와 영업정지 등
7	④	42.4%	화재예방법 > 특별관리시설물의 소방안전관리 > 소방안전 특별관리시설물의 안전관리
8	②	17.2%	소방시설법 > 소방시설 등의 자체점검 > 소방시설 등의 자체점검
오답률 TOP2 9	④	45.2%	소방시설법 > 보칙 > 청문
오답률 TOP1 10	②	51.7%	화재예방법 > 소방대상물의 소방안전관리 > 소방안전관리자 등에 대한 교육
오답률 TOP3 11	①	46.7%	소방시설법 > 소방시설 등의 자체점검 > 소방시설 등의 자체점검
12	③	13.8%	위험물관리법 > 총칙 > 위험물의 저장 및 취급의 제한
13	③	24.1%	위험물관리법 > 총칙 > 위험물의 저장 및 취급의 제한
14	②	17.2%	위험물관리법 > 총칙 > 위험물의 저장 및 취급의 제한
15	④	7.1%	위험물관리법 > 총칙 > 위험물의 저장 및 취급의 제한
16	④	33.3%	소방기본법 > 한국소방안전원 > 안전원의 정관
17	②	6.5%	소방기본법 > 총칙 > 정의
18	④	20.7%	소방기본법 > 소방활동 등 > 소방신호
19	①	9.7%	화재예방법 > 화재의 예방조치 등 > 화재예방강화지구의 지정 등
20	②	12.9%	화재예방법 > 화재의 예방조치 등 > 화재예방강화지구의 지정 등

영역별 평균 오답률

- 소방기본법: 40.2%
- 소방시설법: 36.4%
- 화재예방법: 29.2%
- 소방시설공사업법: 28.1%
- 위험물안전관리법: 15.6%

*2016년 복원 기출 20문항 기준 평균 오답률

출제 트렌드

구분	소방기본법	소방시설법	화재예방법	소방시설 공사업법	위험물 안전관리법
2022	4문항	3문항	3문항	5문항	5문항
2021	4문항	2문항	4문항	5문항	5문항
2020	4문항	4문항	2문항	5문항	5문항
2016	3문항	3문항	4문항	6문항	4문항

전 영역에서 고르게 출제

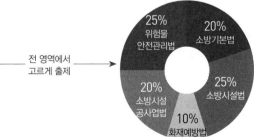

- 25% 위험물 안전관리법
- 20% 소방기본법
- 25% 소방시설법
- 10% 화재예방법
- 20% 소방시설 공사업법

01 ④

| 소방시설공사업법 > 총칙 > 목적 | 오답률 13.3% |

| 출제이력 | 2017 하(유사)

| LINK | 소방기본서 소방관계법규 p. 316~318

④ (○) 화재로부터 국민의 생명·신체 및 재산을 보호하려는 것은 「화재의 예방 및 안전관리에 관한 법률」의 목적에 해당한다.

> 「소방시설공사업법」 제1조 【목적】 이 법은 소방시설공사 및 소방기술의 관리에 필요한 사항을 규정함으로써 소방시설업을 건전하게 발전시키고 소방기술을 진흥시켜 화재로부터 공공의 안전을 확보하고 국민경제에 이바지함을 목적으로 한다.

02 ④

| 소방시설공사업법 > 소방시설공사 등 > 시공능력 평가 및 공시 | 오답률 16.7% |

| 출제이력 | 신규출제

| LINK | 소방기본서 소방관계법규 p. 373~377

④ (○) 소방청장은 관계인 또는 발주자가 적절한 공사업자를 선정할 수 있도록 하기 위하여 공사업자의 신청이 있으면 그 공사업자의 소방시설공사 실적, 자본금 등에 따라 시공능력을 평가하여 공시할 수 있다(「소방시설공사업법」 제26조 제1항).

03 ①

| 소방시설공사업법 > 소방시설공사 등 > 공사감리자의 지정 등 | 오답률 27.6% |

| 출제이력 | 2017 상

| LINK | 소방기본서 소방관계법규 p. 352~358

① (○) 비상경보설비를 신설 또는 증설할 때는 소방공사감리자 지정대상 특정소방대상물의 범위에 포함되지 않는다.

> 「소방시설공사업법 시행령」 제10조 【공사감리자 지정대상 특정대상소방물의 범위】 ② 법 제17조 제1항에서 "자동화재탐지설비, 옥내소화전설비 등 대통령령으로 정하는 소방시설을 시공할 때"란 다음 각 호의 어느 하나에 해당하는 소방시설을 시공할 때를 말한다.
> 1. 옥내소화전설비를 신설·개설 또는 증설할 때
> 2. 스프링클러설비 등(캐비닛형 간이스프링클러설비는 제외)을 신설·개설하거나 방호·방수 구역을 증설할 때
> 3. 물분무 등 소화설비(호스릴 방식의 소화설비는 제외)를 신설·개설하거나 방호·방수 구역을 증설할 때
> 4. 옥외소화전설비를 신설·개설 또는 증설할 때
> 5. 자동화재탐지설비를 신설 또는 개설할 때
> 5의2. 비상방송설비를 신설 또는 개설할 때
> 6. 통합감시시설을 신설 또는 개설할 때
> 6의2. 비상조명등을 신설 또는 개설할 때
> 7. 소화용수설비를 신설 또는 개설할 때
> 8. 다음 각 목에 따른 소화활동설비에 대하여 각 목에 따른 시공을 할 때
>   가. 제연설비를 신설·개설하거나 제연구역을 증설할 때
>   나. 연결송수관설비를 신설 또는 개설할 때
>   다. 연결살수설비를 신설·개설하거나 송수구역을 증설할 때
>   라. 비상콘센트설비를 신설·개설하거나 전용회로를 증설할 때
>   마. 무선통신보조설비를 신설 또는 개설할 때
>   바. 연소방지설비를 신설·개설하거나 살수구역을 증설할 때
> 9. 삭제 〈2017.12.12.〉

04 ③

| 소방시설공사업법 > 소방시설공사 등 > 감리원의 배치 등 | 오답률 27.6% |

| 출제이력 | 2022, 2018 상

| LINK | 소방기본서 소방관계법규 p. 327~328

③ (×) 1명의 감리원이 담당하는 소방공사감리현장은 5개 이하로서 감리현장 연면적의 총 합계가 10만m² 이하이어야 한다(「소방시설공사업법 시행규칙」 제16조 제1항 제2호 라목).

05 ②

| 소방시설공사업법 > 소방시설공사 등 > 완공검사 | 오답률 41.4% |

| 출제이력 | 2020, 2019, 2017 하, 2017 상

| LINK | 소방기본서 소방관계법규 p. 347~348

① (○) 「소방시설공사업법 시행령」 제5조 제2호
② (×) 의료시설은 완공검사를 위한 현장확인 대상 특정소방대상물의 범위에 해당하지 않는다(동조 제1호).
③ (○) 동조 제3호
④ (○) 동조 제4호

06 ③

| 소방시설공사업법 > 소방시설업 > 등록취소와 영업정지 등 | 오답률 41.9% |

| 출제이력 | 신규출제

| LINK | 소방기본서 소방관계법규 p. 333~338

③ (○) 영업정지기간 중에 소방시설공사 등을 한 경우에는 등록을 취소하여야 한다.

> 「소방시설공사업법」 제9조 【등록취소와 영업정지 등】 ① 시·도지사는 소방시설업자가 다음 각 호의 어느 하나에 해당하면 행정안전부령으로 정하는 바에 따라 그 등록을 취소하거나 6개월 이내의 기간을 정하여 시정이나 그 영업의 정지를 명할 수 있다. 다만, 제1호·제3호 또는 제7호에 해당하는 경우에는 그 등록을 취소하여야 한다.
> 1. 거짓이나 그 밖의 부정한 방법으로 등록한 경우
> 2. 제4조 제1항에 따른 등록기준에 미달하게 된 후 30일이 경과한 경우. 다만, 자본금기준에 미달한 경우 중 「채무자 회생 및 파산에 관한 법률」에 따라 법원이 회생절차의 개시의 결정을 하고 그 절차가 진행 중인 경우 등 대통령령으로 정하는 경우는 30일이 경과한 경우에도 예외로 한다.
> 3. 제5조 각 호의 등록 결격사유에 해당하게 된 경우

4. 등록을 한 후 정당한 사유 없이 1년이 지날 때까지 영업을 시작하지 아니하거나 계속하여 1년 이상 휴업한 때
5. 삭제 〈2013.5.22.〉
6. 제8조 제1항을 위반하여 다른 자에게 자기의 성명이나 상호를 사용하여 소방시설공사 등을 수급 또는 시공하게 하거나 소방시설업의 등록증 또는 등록수첩을 빌려준 경우
7. 제8조 제2항을 위반하여 영업정지기간 중에 소방시설공사 등을 한 경우
8. 제8조 제3항 또는 제4항을 위반하여 통지를 하지 아니하거나 관계서류를 보관하지 아니한 경우
24. 제24조를 위반하여 시공과 감리를 함께 한 경우

07 ④

화재예방법 > 특별관리시설물의 소방안전관리 > 소방안전 특별관리시설물의 안전관리	오답률 42.4%

| 출제이력 | 신규출제

| LINK | 소방기본서 소방관계법규 p. 277~279

④ (×) 영화상영관 중 수용인원이 1,000명 이상인 영화상영관이 소방안전 특별관리시설물의 안전관리 대상에 해당한다[「화재의 예방 및 안전관리에 관한 법률」 제40조 제1항 제9호].

| SUMMARY | 소방안전 특별관리시설물(제20조의2)

소방청장은 화재 등 재난이 발생할 경우 사회·경제적으로 피해가 큰 다음의 시설에 대하여 소방안전 특별관리를 하여야 한다.

순	시설명	순	시설명
1	공항시설	8	초고층 건축물 및 지하연계 복합건축물
2	철도시설	9	수용인원 1,000명 이상인 영화상영관
3	도시철도시설	10	전력용 및 통신용 지하구
4	항만시설	11	석유비축시설
5	지정문화재인 시설	12	천연가스 인수기지 및 공급망
6	산업기술단지	13	대통령령으로 정하는 전통시장
7	산업단지	14	그 밖에 대통령령으로 정하는 시설물

08 ②

소방시설법 > 소방시설 등의 자체점검 > 소방시설 등의 자체점검	오답률 17.2%

| 출제이력 | 신규출제

| LINK | 소방기본서 소방관계법규 p. 145~152

② (○) 작동점검은 10,000㎡이고 종합점검은 8,000㎡이다[「소방시설 설치 및 관리에 관한 법률 시행규칙」 별표 5(제22조 제1항 관련) 제2호].

09 ④

소방시설법 > 보칙 > 청문	오답률 45.2%	TOP2

| 출제이력 | 2019(유사)

| LINK | 소방기본서 소방관계법규 p. 187~188

④ (○) 방염성능검사의 중지는 청문을 실시하여야 하는 처분에 해당하지 않는다.

「소방시설 설치 및 관리에 관한 법률」 제49조【청문】소방청장 또는 시·도지사는 다음 각 호의 어느 하나에 해당하는 처분을 하려면 청문을 하여야 한다.
1. 제28조에 따른 관리사 자격의 취소 및 정지
2. 제35조 제1항에 따른 관리업의 등록취소 및 영업정지
3. 제39조에 따른 소방용품의 형식승인 취소 및 제품검사 중지
4. 제42조에 따른 성능인증의 취소
5. 제43조 제5항에 따른 우수품질인증의 취소
6. 제47조에 따른 전문기관의 지정취소 및 업무정지

10 ②

화재예방법 > 소방대상물의 소방안전관리 > 소방안전관리자 등에 대한 교육	오답률 51.7%	TOP1

| 출제이력 | 신규출제

| LINK | 소방기본서 소방관계법규 p. 262~269

② (○) 재난 관련 법령 및 안전관리는 1급 소방안전관리자 강습과목에 해당하지 않는다[「화재의 예방 및 안전관리에 관한 법률 시행규칙」 별표 4(제28조 관련)].

| SUMMARY | 1급 소방안전관리자 강습교육과목 및 시간

강습교육과목	시간
소방안전관리자 제도	
소방관계법령	
건축관계법령	
소방학개론	
화기취급감독 및 화재위험작업 허가·관리	
공사장 안전관리 계획 및 감독	
위험물·전기·가스 안전관리	
종합방재실 운영	
소방시설의 종류 및 기준	
소방시설(소화설비, 경보설비, 피난구조설비, 소화용수설비, 소화활동설비)의 구조·점검·실습·평가	80시간
소방계획 수립 이론·실습·평가	
자위소방대 및 초기대응체계 구성 등 이론·실습·평가	
작동기능점검표 작성 실습·평가	
피난시설, 방화구획 및 방화시설의 관리	
구조 및 응급처치 이론·실습·평가	
소방안전 교육 및 훈련 이론·실습·평가	
화재 시 초기대응 및 피난 실습·평가	
업무수행기록의 작성·유지 실습·평가	
형성평가(시험)	

11 ③

| 소방시설법 > 소방시설 등의 자체점검 > 소방시설 등의 자체점검 | 오답률 46.7% | TOP3 |

| 출제이력 | 2021

| LINK | 소방기본서 소방관계법규 p. 145~153

① (○) 「소방시설 설치 및 관리에 관한 법률 시행규칙」 별표 5 제2호

② (○) 동 시행규칙 별표 5 제3호

③ (×) 점검인력 1단위가 하루 동안 점검할 수 있는 아파트의 세대수는 종합점검 및 작동점검에 관계없이 250세대로 한다(동 시행규칙 별표 5 제6호 가목).

④ (○) 동 시행규칙 별표 5 제4호

12 ③

| 위험물관리법 > 총칙 > 위험물의 저장 및 취급의 제한 | 오답률 13.8% |

| 출제이력 | 2017 하, 2017 상

| LINK | 소방기본서 소방관계법규 p. 429~441

③ (×) 공지의 바닥은 주위 지면보다 <u>높게</u> 하고, 그 표면을 적당하게 경사지게 하여 새어나온 기름 그 밖의 액체가 공지의 외부로 유출되지 아니하도록 배수구·집유설비 및 유분리장치를 하여야 한다(「위험물안전관리법 시행규칙」 별표 13).

13 ③

| 위험물관리법 > 총칙 > 위험물의 저장 및 취급의 제한 | 오답률 24.1% |

| 출제이력 | 신규출제

| LINK | 소방기본서 소방관계법규 p. 429~441

③ (×) 높이가 1m를 넘는 방유제 및 간막이 둑의 안팎에는 방유제 내에 출입하기 위한 <u>계단 또는 경사로를 50m마다</u> 설치하여야 한다(「위험물안전관리법 시행규칙」 별표 6).

14 ②

| 위험물관리법 > 총칙 > 위험물의 저장 및 취급의 제한 | 오답률 17.2% |

| 출제이력 | 2018 상

| LINK | 소방기본서 소방관계법규 p. 429~441

② (○) 제조소 등의 위치·구조 또는 설비의 변경 없이 당해 제조소 등에서 저장하거나 취급하는 위험물의 품명·수량 또는 지정수량의 배수를 변경하고자 하는 자는 변경하고자 하는 날의 <u>1일 전까지</u> 행정안전부령이 정하는 바에 따라 <u>시·도지사에게</u> 신고하여야 한다(「위험물안전관리법」 제6조 제2항).

15 ④

| 위험물관리법 > 총칙 > 위험물의 저장 및 취급의 제한 | 오답률 7.1% |

| 출제이력 | 2022, 2018 하, 2017 상

| LINK | 소방기본서 소방관계법규 p. 429~441

④ (○) 암반탱크저장소는 지정수량의 배수와 상관없이 예방규정을 작성하여야 한다. 따라서 문제에서 기준을 물어보았기 때문에 ④이 정답이다.

> 「위험물안전관리법 시행령」 제15조 【관계인이 예방규정을 정하여야 하는 제조소 등】 법 제17조 제1항에서 '대통령령이 정하는 제조소 등'이라 함은 다음 각 호의 1에 해당하는 제조소 등을 말한다.
> 1. 지정수량의 10배 이상의 위험물을 취급하는 제조소
> 2. 지정수량의 100배 이상의 위험물을 저장하는 옥외저장소
> 3. 지정수량의 150배 이상의 위험물을 저장하는 옥내저장소
> 4. 지정수량의 200배 이상의 위험물을 저장하는 옥외탱크저장소
> 5. 암반탱크저장소
> 6. 이송취급소
> 7. 지정수량의 10배 이상의 위험물을 취급하는 일반취급소. 다만, 제4류 위험물(특수인화물을 제외한다)만을 지정수량의 50배 이하로 취급하는 일반취급소(제1석유류·알코올류의 취급량이 지정수량의 10배 이하인 경우에 한한다)로서 다음 각 목의 어느 하나에 해당하는 것을 제외한다.
>   가. 보일러·버너 또는 이와 비슷한 것으로서 위험물을 소비하는 장치로 이루어진 일반취급소
>   나. 위험물을 용기에 옮겨 담거나 차량에 고정된 탱크에 주입하는 일반취급소

16 ④

| 소방기본법 > 한국소방안전원 > 안전원의 정관 | 오답률 33.3% |

| 출제이력 | 2021(유사)

| LINK | 소방기본서 소방관계법규 p. 62

④ (○) 대표자의 성명은 정관에 기재하여야 하는 사항이 아니다(「소방기본법」 제43조 제1항).

| SUMMARY | 안전원의 정관 기재사항

- 목적
- 명칭
- 주된 사무소의 소재지
- 사업에 관한 사항
- 이사회에 관한 사항
- 회원과 임원 및 직원에 관한 사항
- 재정 및 회계에 관한 사항
- 정관의 변경에 관한 사항

17 ②

| 소방기본법 > 총칙 > 정의 | 오답률 6.5% |

| 출제이력 | 2018 상

| LINK | 소방기본서 소방관계법규 p. 19

② (○) 소방대상물이란 건축물, 차량, 선박(항구에 매어둔 선박만 해당한다), 선박 건조 구조물, 산림, 그 밖의 인공구조물 또는 물건을 말한다(「소방기본법」 제2조 제1호). 하늘에 운항 중인 비행기, 바다를 항해하는 선박, 그리고 사람과 동물은 제외된다.

교수님 TIP

소방대상물은 화재발생 시 소방대원이 소화 가능한 모든 물건을 말한다. 선박은 항구에 매어둔 것에 한하고(기선·범선·부선 포함), 차량은 지하철도차량, 케이블카를 포함한다. 단, 사람, 동물, 운행 중인 기차(전동차), 항해 중인 선박, 운행 중인 비행기는 소방대상물이 아니다(소방차의 접근이 불가하기도 하지만 사람은 소방차가 접근하기 전에 사망하기 때문인 것으로 사료됨).

18 ④

| 소방기본법 > 소방활동 등 > 소방신호 | 오답률 20.7% |

| 출제이력 | 2018 상

| LINK | 소방기본서 소방관계법규 p. 50~51

④ (✕) 10초 간격을 두고 1분씩 3회가 옳다.

「소방기본법 시행규칙」 별표 4[소방신호의 방법(제10조 제2항 관련)]

신호방법 종별	타종신호	싸이렌 신호	그 밖의 신호
경계신호	1타와 연 2타를 반복	5초 간격을 두고 30초씩 3회	'통풍대' '게시판' 적색 백색 화재경보발령중
발화신호	난타	5초 간격을 두고 5초씩 3회	
해제신호	상당한 간격을 두고 1타씩 반복	1분간 1회	'기' 적색 백색
훈련신호	연 3타 반복	10초 간격을 두고 1분씩 3회	

※ 비고
1. 소방신호의 방법은 그 전부 또는 일부를 함께 사용할 수 있다.
2. 게시판을 철거하거나 통풍대 또는 기를 내리는 것으로 소방활동이 해제되었음을 알린다.
3. 소방대의 비상소집을 하는 경우에는 훈련신호를 사용할 수 있다.

19 ①

| 화재예방법 > 화재의 예방조치 등 >
화재예방강화지구의 지정 등 | 오답률 9.7% |

| 출제이력 | 2018 하, 2018 상

| LINK | 소방기본서 소방관계법규 p. 233~234

① (○) 상가지역은 화재예방강화지구의 지정대상지역이 아니다.

> **「화재의 예방 및 안전관리에 관한 법률」 제18조 【화재예방강화지구의 지정 등】** ① 시·도지사는 다음 각 호의 어느 하나에 해당하는 지역을 화재예방강화지구로 지정하여 관리할 수 있다.
> 1. 시장지역
> 2. 공장·창고가 밀집한 지역
> 3. 목조건물이 밀집한 지역
> 4. 노후·불량건축물이 밀집한 지역
> 5. 위험물의 저장 및 처리 시설이 밀집한 지역
> 6. 석유화학제품을 생산하는 공장이 있는 지역
> 7. 「산업입지 및 개발에 관한 법률」 제2조 제8호에 따른 산업단지
> 8. 소방시설·소방용수시설 또는 소방출동로가 없는 지역
> 9. 그 밖에 제1호부터 제8호까지에 준하는 지역으로서 소방관서장이 화재예방강화지구로 지정할 필요가 있다고 인정하는 지역

20 ②

| 화재예방법 > 화재의 예방조치 등 >
화재예방강화지구의 지정 등 | 오답률 12.9% |

| 출제이력 | 2022

| LINK | 소방기본서 소방관계법규 p. 233~234

① (○) 「화재의 예방 및 안전관리에 관한 법률 시행령」 제21조 제2항
② (✕) 소방관서장은 소방상 필요한 훈련 및 교육을 실시하고자 하는 때에는 화재예방강화지구 안의 관계인에게 훈련 또는 교육 10일 전까지 그 사실을 통보하여야 한다(동조 제3항).
③ (○) 동조 제1항
④ (○) 동조 제4항

계획하지 않는 것은
실패를 계획하는 것과 같다.

에피 닐 존스(Effie Neal Jones)

행정법총론

FIRE FIGHTER

2022 | 행정법총론 Ⓐ형

전반적으로 단정하고 깔끔한 교과서적인 출제였다. 선지의 문장은 짧지 않았으나 기존에 출제되었던 기출선지가 주를 이루어, 전체 난이도는 중(中)에 해당한다. 일부 몇 문항에 신규 출제 판례가 섞여 있었으나, 다른 선지가 분명하고 명확하여 정답을 찾는 데에는 어려움이 없었으리라 생각된다. 기본이론 과정부터 모의고사까지 차근차근 실력을 다진 학생들은 90점 이상이 가능했다고 판단된다.

문항분석

문항	정답	난이도	영역
1	④	하	행정작용법 > 그 밖에 행정의 주요행위형식 > 행정의 자동화작용
2	③	중	행정절차·정보공개·개인정보 보호 > 행정절차 > 하자와 치유
3	③	중	행정작용법 > 행정행위 > 취소·철회 및 변경
4	③	중	행정법총칙 > 행정법 > 신뢰보호의 원칙
5	②	중	행정법총칙 > 행정법 > 법치행정의 원리
6	①	중	행정작용법 > 행정입법 > 법규명령의 한계
7	③	중	행정절차·정보공개·개인정보 보호 > 정보공개와 개인정보 보호 > 「개인정보 보호법」
8	②	중	행정절차·정보공개·개인정보 보호 > 정보공개와 개인정보 보호 > 정보공개제도
9	②	중	행정작용법 > 행정입법 > 사법적 통제
10	②	중	행정법총칙 > 행정법상의 법률요건과 법률사실 > 사인의 공법행위
11	④	중	행정작용법 > 그 밖에 행정의 주요행위형식 > 행정계획
12	③	중	실효성 확보수단 > 행정벌 > 행정형벌
13	②	하	행정구제법 > 행정쟁송 > 「행정심판법」
14	②	중	행정작용법 > 행정행위 > 재량의 일탈과 남용
15	①	중	행정작용법 > 행정행위 > 인·허가 의제제도
16	④	하	행정작용법 > 행정행위 > 행정행위의 부관
17	②	중	행정절차·정보공개·개인정보 보호 > 행정절차 > 하자와 치유
18	③	중	행정구제법 > 행정상 손해전보 > 국가배상
19 (교난도)	④	상	행정구제법 > 행정상 손해전보 > 보상금증감소송
20	①	중	행정구제법 > 행정쟁송 > 행정소송의 대상적격

합격예상 체크

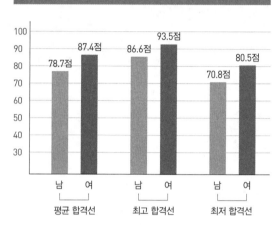

*에듀윌 2022년 소방 공채 합격예측 풀서비스 입력데이터에 근거함

출제 트렌드

구분	행정법총칙	행정작용법	행정절차·정보공개·개인정보 보호	실효성 확보수단	행정구제법
2022	3문항	8문항	4문항	1문항	4문항
2021	2문항	7문항	2문항	4문항	5문항
2020	3문항	8문항	1문항	4문항	4문항

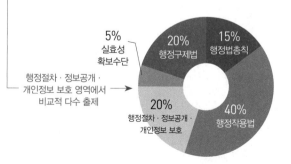

행정절차·정보공개·
개인정보 보호 영역에서 →
비교적 다수 출제

01 ④

행정작용법 > 그 밖에 행정의 주요행위형식 > 행정의 자동화작용   하

| 출제이력 | 2021 승진(유사)

| LINK | 소방기본서 행정법총론 p. 376

① (○) 행정작용은 법률에 위반되어서는 아니 되며, 국민의 권리를 제한하거나 의무를 부과하는 경우와 그 밖에 국민생활에 중요한 영향을 미치는 경우에는 법률에 근거하여야 한다(「행정기본법」 제8조).

② (○) 행정청은 권한 행사의 기회가 있음에도 불구하고 장기간 권한을 행사하지 아니하여 국민이 그 권한이 행사되지 아니할 것으로 믿을 만한 정당한 사유가 있는 경우에는 그 권한을 행사해서는 아니 된다. 다만, 공익 또는 제3자의 이익을 현저히 해칠 우려가 있는 경우는 예외로 한다(동법 제12조 제2항).

③ (○) 즉시강제는 다른 수단으로는 행정목적을 달성할 수 없는 경우에만 허용되며, 이 경우에도 최소한으로만 실시하여야 한다(동법 제33조 제1항).

④ (×) 행정청은 법률로 정하는 바에 따라 완전히 자동화된 시스템(인공지능 기술을 적용한 시스템을 포함한다)으로 처분을 할 수 있다. 다만, 처분에 재량이 있는 경우는 그러하지 아니하다(동법 제20조).

02 ③

행정절차·정보공개·개인정보 보호 > 행정절차 > 하자와 치유   중

| 출제이력 | 2021, 2020, 2019

| LINK | 소방기본서 행정법총론 p. 412~415

① (○) 만일 국토계획법령이 정한 도시계획시설사업의 대상 토지의 소유와 동의 요건을 갖추지 못하였는데도 사업시행자로 지정하였다면, 이는 국토계획법령이 정한 법규의 중요한 부분을 위반한 것으로서 특별한 사정이 없는 한 그 하자가 중대하다고 보아야 한다. 더 나아가 선행처분과 후행처분이 서로 독립하여 별개의 법률효과를 목적으로 하는 때에도 선행처분이 당연무효이면 선행처분의 하자를 이유로 후행처분의 효력을 다툴 수 있다. 도시계획시설사업의 시행자가 작성한 실시계획을 인가하는 처분은 도시계획시설사업 시행자에게 도시계획시설사업의 공사를 허가하고 수용권을 부여하는 처분으로서 선행처분인 도시계획시설사업 시행자 지정처분이 처분요건을 충족하지 못하여 당연무효인 경우에는 사업시행자 지정처분이 유효함을 전제로 이루어진 후행처분인 실시계획 인가처분도 무효라고 보아야 한다(대판 2017.7.11. 2016두35120).

② (○) 위헌결정 이후에 조세채권의 집행을 위한 새로운 체납처분에 착수하거나 이를 속행하는 것은 더 이상 허용되지 않고, 나아가 이러한 위헌결정의 효력에 위배하여 이루어진 체납처분은 그 사유만으로 하자가 중대하고 객관적으로 명백하여 당연무효라고 보아야 한다(대판 2012.2.16. 2010두10907 전합).

③ (×) 금지행위 및 시설의 해제 여부에 관한 행정처분을 하면서 절차상 위와 같은 심의를 누락한 흠이 있다면 그와 같은 흠을 가리켜 위 행정처분의 효력에 아무런 영향을 주지 않는다거나 경미한 정도에 불과하다고 볼 수는 없으므로, 특별한 사정이 없는 한 이는 행정처분을 위법하게 하는 취소사유가 된다(대판 2007.3.15. 2006두15806).

④ (○) 체납처분으로서 압류의 요건을 규정한 「국세징수법」 제24조 각 항의 규정을 보면 어느 경우에나 압류의 대상을 납세자의 재산에 국한하고 있으므로, 납세자가 아닌 제3자의 재산을 대상으로 한 압류처분은 그 처분의 내용이 법률상 실현될 수 없는 것이어서 당연무효이다(대판 2012.4.12. 2010두4612).

03 ③

행정작용법 > 행정행위 > 취소·철회 및 변경   중

| 출제이력 | 신규출제

| LINK | 소방기본서 행정법총론 p. 312

① (○) 「국세기본법」 제26조 제1호는 부과의 취소를 국세납부의무 소멸 사유의 하나로 들고 있으나, 그 부과의 취소에 하자가 있는 경우의 부과의 취소의 취소에 대하여는 법률이 명문으로 그 취소요건이나 그에 대한 불복절차에 대하여 따로 규정을 둔 바도 없으므로, 설사 부과의 취소에 위법사유가 있다고 하더라도 당연무효가 아닌 한 일단 유효하게 성립하여 부과처분을 확정적으로 상실시키는 것이므로, 과세관청은 부과의 취소를 다시 취소함으로써 원부과처분을 소생시킬 수는 없고 납세의무자에게 종전의 과세대상에 대한 납부의무를 지우려면 다시 법률에서 정한 부과절차에 좇아 동일한 내용의 새로운 처분을 하는 수밖에 없다(대판 1995.3.10. 94누7027).

② (○) 「영유아보육법」 제30조 제5항 제3호에 따른 평가인증의 취소는 평가인증 당시에 존재하였던 하자가 아니라 그 이후에 새로이 발생한 사유로 평가인증의 효력을 소멸시키는 경우에 해당하므로, 법적 성격은 평가인증의 '철회'에 해당한다. … 행정청이 평가인증이 이루어진 이후에 새로이 발생한 사유를 들어 「영유아보육법」 제30조 제5항에 따라 평가인증을 철회하는 처분을 하면서도, 평가인증의 효력을 과거로 소급하여 상실시키기 위해서는, 특별한 사정이 없는 한 「영유아보육법」 제30조 제5항과는 별도의 법적 근거가 필요하다(대판 2018.6.28. 2015두58195).

③ (×) 행정처분을 한 처분청은 처분의 성립에 하자가 있는 경우 별도의 법적 근거가 없더라도 직권으로 이를 취소할 수 있다고 봄이 원칙이므로, 「국민연금법」이 정한 수급요건을 갖추지 못하였음에도 연금 지급결정이 이루어진 경우에는 이미 지급된 급여 부분에 대한 환수처분과 별도로 지급결정을 취소할 수 있다(대판 2017.3.30. 2015두43971).

④ (○) 세무조사가 과세자료의 수집 또는 신고내용의 정확성 검증이라는 본연의 목적이 아니라 부정한 목적을 위하여 행하여진 것이라면 이는 세무조사에 중대한 위법사유가 있는 경우에 해당하고 이러한 세무조사에 의하여 수집된 과세자료를 기초로 한 과세처분 역시 위법하다(대판 2016.12.15. 2016두47659).

교수님 TIP

법적 근거 없이 처분의 취소나 철회가 가능하다는 문제(특히 수익적 처분의 경우)는 출제빈도가 높은 영역이다. 수익적 처분의 취소나 철회가 신뢰보호나 비례원칙에 의해 제한되는 것과 혼동이 많아 구분이 필요하다.

04 ③

| 출제이력 | 2019

| LINK | 소방기본서 행정법총론 p. 51~61

① (○) 행정청이 앞서 표명한 공적인 견해에 반하는 행정처분을 함으로써 달성하려는 공익이 행정청의 공적 견해표명을 신뢰한 개인이 그 행정처분으로 인하여 입게 되는 이익의 침해를 정당화할 수 있을 정도로 강한 경우에는 신뢰보호의 원칙을 들어 그 행정처분이 위법하다고는 할 수 없다(대판 1998.11.13. 98두7343).

② (○) 일반적으로 조세법률관계에 있어서 과세관청의 행위에 대하여 신의성실의 원칙을 적용하기 위해서는, 과세관청이 납세자에게 신뢰의 대상이 되는 공적인 견해표명을 하여야 하고, 과세관청의 견해표명이 정당하다고 신뢰한 데 대하여 납세자에게 귀책사유가 없어야 하며, 납세자가 그 견해표명을 신뢰하여 무언가 행위를 하여야 하고, 과세관청이 위 견해표명에 반하는 처분을 함으로써 납세자의 이익이 침해되는 결과가 초래되어야 하는바(대판 2009.10.29. 2007두7741 등 참조), 과세관청의 의사표시가 일반론적인 견해표명에 불과한 경우에는 위 원칙의 적용이 부정된다(대판 2010.4.29. 2007두19447·19454).

③ (×) 폐기물처리업에 대하여 사전에 관할 관청으로부터 적정통보를 받고 막대한 비용을 들여 허가요건을 갖춘 다음 허가신청을 하였음에도 다수 청소업자의 난립으로 안정적이고 효율적인 청소업무의 수행에 지장이 있다는 이유로 한 불허가처분은 신뢰보호의 원칙 및 비례의 원칙에 반하는 것으로서 재량권을 남용한 위법한 처분이다(대판 1998.5.8. 98두4061).

> **교수님 TIP**
>
> 폐기물처리업 계획서 제출에 따른 적정성 통보가 국토이용계획변경에 대한 공적 견해가 되지 않는다는 판례(대판 2005.4.28. 2004두8828)와 구분하여야 한다.

④ (○) 법원이 「비송사건절차법」에 따라서 하는 과태료 재판은 관할 관청이 부과한 과태료처분에 대한 당부를 심판하는 행정소송절차가 아니라 법원이 직권으로 개시·결정하는 것이므로, 원칙적으로 과태료 재판에서는 행정소송에서와 같은 신뢰보호의 원칙 위반 여부가 문제로 되지 아니하고, 다만 위반자가 그 의무를 알지 못하는 것이 무리가 아니었다고 할 수 있어 그것을 정당시할 수 있는 사정이 있을 때 또는 그 의무의 이행을 그 당사자에게 기대하는 것이 무리라고 하는 사정이 있을 때 등 그 의무 해태를 탓할 수 없는 정당한 사유가 있는 때에는 이를 부과할 수 없다(대결 2006.4.28. 자 2003마715).

05 ②

| 출제이력 | 신규출제

| LINK | 소방기본서 행정법총론 p. 26~32

① (○) 어떠한 사안이 국회가 형식적 법률로 스스로 규정하여야 하는 본질적 사항에 해당되는지는, 구체적 사례에서 관련된 이익 내지 가치의 중요성, 규제 또는 침해의 정도와 방법 등을 고려하여 개별적으로 결정하여야 하지만, 규율대상이 국민의 기본권 및 기본적 의무와 관련한 중요성을 가질수록 그리고 그에 관한 공개적 토론의 필요성 또는 상충하는 이익 사이의 조정 필요성이 클수록, 그것이 국회의 법률에 의해 직접 규율될 필요성은 더 증대된다(대판 2015.8.20. 2012두23808 전합).

② (×) (구) 「국가를 당사자로 하는 계약에 관한 법률」 제11조 규정 내용과 국가가 일방당사자가 되어 체결하는 계약의 내용을 명확히 하고 국가가 사인과 계약을 체결할 때 적법한 절차에 따를 것을 담보하려는 규정의 취지 등에 비추어 보면, 국가가 사인과 계약을 체결할 때에는 국가계약법령에 따른 계약서를 따로 작성하는 등 요건과 절차를 이행하여야 할 것이고, 설령 국가와 사인 사이에 계약이 체결되었더라도 이러한 법령상 요건과 절차를 거치지 아니한 계약은 효력이 없다(대판 2015.1.15. 2013다215133).

③ (○) 지방의회에서 위 근로자를 두어 의정활동을 지원하는 것은 실질적으로 유급보좌인력을 두는 것과 마찬가지여서 개별 지방의회에서 정할 사항이 아니라 국회의 법률로 규정하여야 할 입법사항에 해당하는데, 「지방자치법」이나 다른 법령에 위 근로자를 지방의회에 둘 수 있는 법적 근거가 없으므로, 위 예산안 중 '상임(특별)위원회 운영 기간제근로자 등 보수' 부분은 법령 및 조례로 정하는 범위에서 지방자치단체의 경비를 산정하여 예산에 계상하도록 한 「지방재정법」 제36조 제1항의 규정에 반하고, 이에 관하여 한 재의결은 효력이 없다(대판 2013.1.16. 2012추84).

④ (○) 납세의무자에게 조세의 납부의무 외에 과세표준과 세액을 계산하여 신고해야 하는 의무까지 부과하는 경우, 신고의무 이행에 필요한 기본적인 사항과 신고의무 불이행 시 납세의무자가 입게 될 불이익 등은 납세의무를 구성하는 기본적, 본질적 내용으로서 법률로 정해야 한다(대판 2015.8.20. 2012두23808 전합).

06 ①

| 출제이력 | 2020

| LINK | 소방기본서 행정법총론 p. 168~169

① (×) 법률의 시행령이나 시행규칙은 법률에 의한 위임이 없으면 개인의 권리·의무에 관한 내용을 변경·보충하거나 법률이 규정하지 아니한 새로운 내용을 정할 수는 없지만, 법률의 시행령이나 시행규칙의 내용이 모법의 입법 취지와 관련 조항 전체를 유기적·체계적으로 살펴보아 모법의 해석상 가능한 것을 명시한 것에 지나지 아니하거나 모법 조항의 취지에 근거하여 이를 구체화하기 위한 것인 때에는 모법의 규율 범위를 벗어난 것으로 볼 수 없으므로, 모법에 이에 관하여 직접 위임하는 규정을 두지 아니하였다고 하더라도 이를 무효라고 볼 수는 없다. 이러한 법리는 지방자치단체의 교육감이 제정하는 교육규칙과 모법인 상위 법령의 관계에서도 마찬가지이다(대판 2014.8.20. 2012두19526).

② (○) 입법부가 법률로써 행정부에게 특정한 사항을 위임했음에도 불구하고 행정부가 정당한 이유 없이 이를 이행하지 않는다면 권력분

립의 원칙과 법치국가 내지 법치행정의 원칙에 위배되는 것으로서 위법함과 동시에 위헌적인 것이 되는바, (구)「군법무관임용법」제5조 제3항과「군법무관임용 등에 관한 법률」제6조가 군법무관의 보수를 법관 및 검사의 예에 준하도록 규정하면서 그 구체적 내용을 시행령에 위임하고 있는 이상, 위 법률의 규정들은 군법무관의 보수의 내용을 법률로써 일차적으로 형성한 것이고, 위 법률들에 의해 상당한 수준의 보수청구권이 인정되는 것이므로, 위 보수청구권은 단순한 기대이익을 넘어서는 것으로서 법률의 규정에 의해 인정된 재산권의 한 내용이 되는 것으로 봄이 상당하고, 따라서 행정부가 정당한 이유 없이 시행령을 제정하지 않은 것은 위 보수청구권을 침해하는 불법행위에 해당한다(대판 2007.11.29. 2006다3561).

③ (○) 일반적으로 법률의 위임에 의하여 효력을 갖는 법규명령의 경우, 구법에 위임의 근거가 없어 무효였더라도 사후에 법개정으로 위임의 근거가 부여되면 그때부터는 유효한 법규명령이 되나, 반대로 구법의 위임에 의한 유효한 법규명령이 법개정으로 위임의 근거가 없어지게 되면 그때부터 무효인 법규명령이 되므로, 어떤 법령의 위임 근거 유무에 따른 유효 여부를 심사하려면 법개정의 전·후에 걸쳐 모두 심사하여야만 그 법규명령의 시기에 따른 유효·무효를 판단할 수 있다(대판 1995.6.30. 93추83).

④ (○) 어떤 행정처분이 그와 같이 법규성이 없는 시행규칙 등의 규정에 위배된다고 하더라도 그 이유만으로 처분이 위법하게 되는 것은 아니라 할 것이고, 또 그 규칙 등에서 정한 요건에 부합한다고 하여 반드시 그 처분이 적법한 것이라고 할 수도 없다. 이 경우 처분의 적법 여부는 그러한 규칙 등에서 정한 요건에 합치하는지 여부가 아니라 일반 국민에 대하여 구속력을 가지는 법률 등 법규성이 있는 관계법령의 규정을 기준으로 판단하여야 한다(대판 2013.9.12. 2011두10584).

07   ③

행정절차 · 정보공개 · 개인정보 보호 〉 정보공개와 개인정보 보호 〉   중
「개인정보 보호법」

| 출제이력 | 2021, 2019

| LINK | 소방기본서 행정법총론 p. 438~446

① (×) 살아 있는 개인의 정보로서 가명정보라도 다른 정보와 쉽게 결합하여 특정 개인을 알아볼 수 있다면 개인정보에 해당한다.

> 「개인정보 보호법」제2조【정의】이 법에서 사용하는 용어의 뜻은 다음과 같다.
> 1. "개인정보"란 살아 있는 개인에 관한 정보로서 다음 각 목의 어느 하나에 해당하는 정보를 말한다.
>   가. 성명, 주민등록번호 및 영상 등을 통하여 개인을 알아볼 수 있는 정보
>   나. 해당 정보만으로는 특정 개인을 알아볼 수 없더라도 다른 정보와 쉽게 결합하여 알아볼 수 있는 정보. 이 경우 쉽게 결합할 수 있는지 여부는 다른 정보의 입수 가능성 등 개인을 알아보는 데 소요되는 시간, 비용, 기술 등을 합리적으로 고려하여야 한다.
>   다. 가목 또는 나목을 제1호의2에 따라 가명처리함으로써 원래의 상태로 복원하기 위한 추가 정보의 사용·결합 없이는 특정 개인을 알아볼 수 없는 정보(이하 "가명정보"라 한다)

② (×) 개인정보 보호에 관한 사무를 독립적으로 수행하기 위하여 국무총리 소속으로 개인정보 보호위원회(이하 "보호위원회"라 한다)를 둔다(동법 제7조 제1항).

③ (○) 제1항에도 불구하고 정보주체가 자신의 개인정보에 대한 열람을 공공기관에 요구하고자 할 때에는 공공기관에 직접 열람을 요구하거나 대통령령으로 정하는 바에 따라 보호위원회를 통하여 열람을 요구할 수 있다(동법 제35조 제2항).

④ (×) 개인정보처리자는 당초 수집 목적과 합리적으로 관련된 범위에서 정보주체에게 불이익이 발생하는지 여부, 암호화 등 안전성 확보에 필요한 조치를 하였는지 여부 등을 고려하여 대통령령으로 정하는 바에 따라 정보주체의 동의 없이 개인정보를 제공할 수 있다(동법 제17조 제4항).

08   ②

행정절차 · 정보공개 · 개인정보 보호 〉 정보공개와 개인정보 보호 〉   중
정보공개제도

| 출제이력 | 2019, 2018 하

| LINK | 소방기본서 행정법총론 p. 436

① (○) 정보공개를 청구하는 자가 공공기관에 대해 정보의 사본 또는 출력물의 교부의 방법으로 공개방법을 선택하여 정보공개청구를 한 경우에 공개청구를 받은 공공기관으로서는 「공공기관의 정보공개에 관한 법률」제8조 제2항에서 규정한 정보의 사본 또는 복제물의 교부를 제한할 수 있는 사유에 해당하지 않는 한 정보공개청구자가 선택한 공개방법에 따라 정보를 공개하여야 하므로 그 공개방법을 선택할 재량권이 없다고 해석함이 상당하다(대판 2003.12.12. 2003두8050). 만약 다른 방법으로 공개를 결정하게 되면 이는 일부 거부처분에 해당한다.

② (×) 제3자 비공개 요청은 구속력이 없다. 제3자 비공개 요청에도 공공기관은 공개를 결정할 수 있고 제3자는 이에 이의신청이나 행정심판, 행정소송을 통해 불복할 수 있다.

> 「공공기관의 정보공개에 관한 법률」제21조【제3자의 비공개 요청 등】
> ① 제11조 제3항에 따라 공개 청구된 사실을 통지받은 제3자는 그 통지를 받은 날부터 3일 이내에 해당 공공기관에 대하여 자신과 관련된 정보를 공개하지 아니할 것을 요청할 수 있다.
> ② 제1항에 따른 비공개 요청에도 불구하고 공공기관이 공개 결정을 할 때에는 공개 결정 이유와 공개 실시일을 분명히 밝혀 지체 없이 문서로 통지하여야 하며, 제3자는 해당 공공기관에 문서로 이의신청을 하거나 행정심판 또는 행정소송을 제기할 수 있다. 이 경우 이의신청은 통지를 받은 날부터 7일 이내에 하여야 한다.

③ (○) 국민의 정보공개청구권은 구체적인 권리로서 정보공개를 청구하여 거부가 있게 되면 다른 법률상의 이익침해 없이 소송을 청구할 권리가 있다.

④ (○) 처분사유의 추가변경은 기본적 사실관계의 동일성 범위 내에서 가능하다.

09 ②

행정작용법 > 행정입법 > 사법적 통제　　　　　　　　중

| 출제이력 | 2018 하(유사)

| LINK | 소방기본서 행정법총론 p. 186~187

① (○) 조례가 집행행위의 개입 없이도 그 자체로서 직접 국민의 구체적인 권리의무나 법적 이익에 영향을 미치는 등의 법률상 효과를 발생하는 경우 그 조례는 항고소송의 대상이 되는 행정처분에 해당한다(대판 1996.9.20. 95누8003).

② (×) 행정소송은 구체적 사건에 대한 법률상 분쟁을 법에 의하여 해결함으로써 법적 안정을 기하자는 것이므로 부작위위법확인소송의 대상이 될 수 있는 것은 구체적 권리의무에 관한 분쟁이어야 하고 추상적인 법령에 관하여 제정의 여부 등은 그 자체로서 국민의 구체적인 권리의무에 직접적 변동을 초래하는 것이 아니어서 그 소송의 대상이 될 수 없다(대판 1992.5.8. 91누11261).

③ (○) 어떠한 처분의 근거나 법적인 효과가 행정규칙에 규정되어 있다고 하더라도, 그 처분이 행정규칙의 내부적 구속력에 의하여 상대방에게 권리의 설정 또는 의무의 부담을 명하거나 기타 법적인 효과를 발생하게 하는 등으로 그 상대방의 권리 의무에 직접 영향을 미치는 행위라면, 이 경우에도 항고소송의 대상이 되는 행정처분에 해당한다(대판 2002.7.26. 2001두3532).

④ (○) 일반적으로 행정 각부의 장이 정하는 고시라도 그것이 특히 법령의 규정에서 특정 행정기관에 법령 내용의 구체적 사항을 정할 수 있는 권한을 부여함으로써 법령 내용을 보충하는 기능을 가질 경우에는 형식과 상관없이 근거 법령 규정과 결합하여 대외적으로 구속력이 있는 법규명령으로서의 효력을 가지나 이는 어디까지나 법령의 위임에 따라 법령 규정을 보충하는 기능을 가지는 점에 근거하여 예외적으로 인정되는 효력이므로 특정 고시가 비록 법령에 근거를 둔 것이더라도 규정 내용이 법령의 위임 범위를 벗어난 것일 경우에는 법규명령으로서의 대외적 구속력을 인정할 여지는 없다(대판 2016.8.17. 2015두51132).

10 ②

행정법총칙 > 행정법상의 법률요건과 법률사실 > 사인의 공법행위　중

| 출제이력 | 2022, 2018 하

| LINK | 소방기본서 행정법총론 p. 124~143

① (○) 주민등록신고(전입신고)는 행정청에 도달하기만 하면 신고로서의 효력이 발생하는 것이 아니라 행정청의 수리가 필요한 신고이다. 즉 행정청이 수리한 경우에 신고의 법적 효력이 발생한다.

② (×) 장기요양기관의 폐업신고와 노인의료복지시설의 폐지신고는, 행정청이 관계법령이 규정한 요건에 맞는지를 심사한 후 수리하는 이른바 '수리를 필요로 하는 신고'에 해당한다. 그러나 행정청이 그 신고를 수리하였다고 하더라도, 신고서 위조 등의 사유가 있어 신고행위 자체가 효력이 없다면, 그 수리행위는 유효한 대상이 없는 것으로서, 수리행위 자체에 중대·명백한 하자가 있는지를 따질 것도 없이 당연히 무효이다(대판 2018.6.12. 2018두33593).

③ (○) 정신과의원을 개설하려는 자가 법령에 규정되어 있는 요건을 갖추어 개설신고를 한 때에, 행정청은 원칙적으로 이를 수리하여 신고필증을 교부하여야 하고, 법령에서 정한 요건 이외의 사유를 들어 의원급 의료기관 개설신고의 수리를 거부할 수는 없다(대판 2018.10.25. 2018두44302).

④ (○) 가설건축물 존치기간을 연장하려는 건축주 등이 법령에 규정되어 있는 제반 서류와 요건을 갖추어 행정청에 연장신고를 한 때에는 행정청은 원칙적으로 이를 수리하여 신고필증을 교부하여야 하고, 법령에서 정한 요건 이외의 사유를 들어 수리를 거부할 수는 없다(대판 2018.1.25. 2015두35116).

11 ④

행정작용법 > 그 밖에 행정의 주요행위형식 > 행정계획　　중

| 출제이력 | 2020 승진(유사)

| LINK | 소방기본서 행정법총론 p. 365~369

① (○) 행정청은 행정계획에 대한 입안 결정에 있어서 광범위한 형성의 재량을 갖는데, 이를 계획재량이라고 한다.

② (○) 행정주체가 가지는 이와 같은 형성의 자유는 무제한적인 것이 아니라 그 행정계획에 관련되는 자들의 이익을 공익과 사익 사이에서는 물론이고 공익 상호간과 사익 상호간에도 정당하게 비교교량하여야 한다는 제한이 있으므로, 행정주체가 행정계획을 입안·결정함에 있어서 이익형량을 전혀 행하지 아니하거나 이익형량의 고려 대상에 마땅히 포함시켜야 할 사항을 누락한 경우 또는 이익형량을 하였으나 정당성과 객관성이 결여된 경우에는 그 행정계획결정은 형량에 하자가 있어 위법하게 된다(대판 2007.4.12. 2005두1893).

③ (○) (구) 「도시계획법」(2002.2.4. 법률 제6655호 「국토의 계획 및 이용에 관한 법률」 부칙 제2조로 폐지) 제19조 제1항 및 도시계획시설결정 당시의 지방자치단체의 도시계획조례에서는, 도시계획이 도시기본계획에 부합되어야 한다고 규정하고 있으나, 도시기본계획은 도시의 장기적 개발방향과 미래상을 제시하는 도시계획 입안의 지침이 되는 장기적·종합적인 개발계획으로서 행정청에 대한 직접적인 구속력은 없다(대판 2007.4.12. 2005두1893).

④ (×) 개발제한구역은 도시의 무질서한 확산을 방지하고 도시 주변의 자연환경을 보전하여 도시민의 건전한 생활환경을 확보하기 위하여 도시의 개발을 제한할 필요에 의하여 지정되는 것이어서 원칙적으로 개발제한구역에서의 개발행위는 제한되는 것이기는 하지만 위와 같은 개발제한구역의 지정목적에 위배되지 않는다면 허용될 수 있는 것인바, 도시계획시설인 묘지공원과 화장장 시설의 설치가 위와 같은 개발제한구역의 지정목적에 위배된다고 보이지 않으므로, 시장이 이미 개발제한구역으로 지정되어 있는 부지에 묘지공원과 화장장 시설들을 설치하기로 하는 내용의 도시계획시설결정을 하였다 하더라도 이를 두고 위법하다고 할 수 없다(대판 2007.4.12. 2005두1893).

12 ③

| 출제이력 | 2021

| LINK | 소방기본서 행정법총론 p. 517~520

① (○) 국가가 본래 그의 사무의 일부를 지방자치단체의 장에게 위임하여 처리하게 하는 기관위임사무의 경우 지방자치단체는 국가기관의 일부로 볼 수 있고, 지방자치단체가 그 고유의 자치사무를 처리하는 경우 지방자치단체는 국가기관의 일부가 아니라 국가기관과는 별도의 독립한 공법인으로서 양벌규정에 의한 처벌대상이 되는 법인에 해당한다(대판 2009.6.11. 2008도6530).

② (○) 지방국세청장 또는 세무서장이 조세범칙행위에 대하여 고발을 한 후에 동일한 조세범칙행위에 대하여 통고처분을 하였더라도, 이는 법적 권한 소멸 후에 이루어진 것으로서 특별한 사정이 없는 한 효력이 없고, 조세범칙행위자가 이러한 통고처분을 이행하였더라도 「조세범 처벌절차법」 제15조 제3항에서 정한 일사부재리의 원칙이 적용될 수 없다(대판 2016.9.28. 2014도10748).

③ (×) 「경범죄 처벌법」상 범칙금제도는 범칙행위에 대하여 형사절차에 앞서 경찰서장의 통고처분에 따라 범칙금을 납부할 경우 이를 납부하는 사람에 대하여는 기소를 하지 않는 처벌의 특례를 마련해 둔 것으로 법원의 재판절차와는 제도적 취지와 법적 성질에서 차이가 있다. 또한 범칙자가 통고처분을 불이행하였더라도 기소독점주의의 예외를 인정하여 경찰서장의 즉결심판 청구를 통하여 공판절차를 거치지 않고 사건을 간이하고 신속·적정하게 처리함으로써 소송경제를 도모하되, 즉결심판 선고 전까지 범칙금을 납부하면 형사처벌을 면할 수 있도록 함으로써 범칙자에 대하여 형사소추와 형사처벌을 면제받을 기회를 부여하고 있다. 따라서 경찰서장이 범칙행위에 대하여 통고처분을 한 이상, 범칙자의 위와 같은 절차적 지위를 보장하기 위하여 통고처분에서 정한 범칙금 납부기간까지는 원칙적으로 경찰서장은 즉결심판을 청구할 수 없고, 검사도 동일한 범칙행위에 대하여 공소를 제기할 수 없다고 보아야 한다(대판 2020.4.29. 2017도13409).

④ (○) 해당 내용은 「질서위반행위규제법」 제13조의 규정이다.

> 「질서위반행위규제법」 제13조 【수개의 질서위반행위의 처리】 ① 하나의 행위가 2 이상의 질서위반행위에 해당하는 경우에는 각 질서위반행위에 대하여 정한 과태료 중 가장 중한 과태료를 부과한다.
> ② 제1항의 경우를 제외하고 2 이상의 질서위반행위가 경합하는 경우에는 각 질서위반행위에 대하여 정한 과태료를 각각 부과한다. 다만, 다른 법령(지방자치단체의 조례를 포함한다. 이하 같다)에 특별한 규정이 있는 경우에는 그 법령으로 정하는 바에 따른다.

13 ②

| 출제이력 | 2021, 2019

| LINK | 소방기본서 행정법총론 p. 703~704

① (○) 청구인이 피청구인을 잘못 지정한 경우에는 위원회는 직권으로 또는 당사자의 신청에 의하여 결정으로써 피청구인을 경정(更正)할 수 있다(「행정심판법」 제17조 제2항).

② (×) 원처분보다 불이익한 재결을 할 수 없다(불이익변경금지원칙).

> 「행정심판법」 제47조 【재결의 범위】 ② 위원회는 심판청구의 대상이 되는 처분보다 청구인에게 불리한 재결을 하지 못한다.

③ (○) 동법 제59조 제1항의 규정이다.

> 「행정심판법」 제59조 【불합리한 법령 등의 개선】 ① 중앙행정심판위원회는 심판청구를 심리·재결할 때에 처분 또는 부작위의 근거가 되는 명령 등(대통령령·총리령·부령·훈령·예규·고시·조례·규칙 등을 말한다. 이하 같다)이 법령에 근거가 없거나 상위 법령에 위배되거나 국민에게 과도한 부담을 주는 등 크게 불합리하면 관계 행정기관에 그 명령 등의 개정·폐지 등 적절한 시정조치를 요청할 수 있다. 이 경우 중앙행정심판위원회는 시정조치를 요청한 사실을 법제처장에게 통보하여야 한다.

④ (○) 법령의 규정에 따라 공고하거나 고시한 처분이 재결로써 취소되거나 변경되면 처분을 한 행정청은 지체 없이 그 처분이 취소 또는 변경되었다는 것을 공고하거나 고시하여야 한다(동법 제49조 제5항).

14 ②

| 출제이력 | 2021(유사)

| LINK | 소방기본서 행정법총론 p. 240~245

① (○) 자유재량에 의한 행정처분이 그 재량권의 한계를 벗어난 것이어서 위법하다는 점은 그 행정처분의 효력을 다투는 자가 이를 주장·입증하여야 하고 처분청이 그 재량권의 행사가 정당한 것이었다는 점까지 주장·입증할 필요는 없다(대판 1987.12.8. 87누861).

② (×) 행정청이 제재처분 양정을 하면서 공익과 사익의 형량을 전혀 하지 않았거나 이익형량의 고려대상에 마땅히 포함하여야 할 사항을 누락한 경우 또는 이익형량을 하였으나 정당성·객관성이 결여된 경우에는 제재처분은 재량권을 일탈·남용한 것이라고 보아야 한다. 처분 상대방에게 법령에서 정한 임의적 감경사유가 있는 경우에, 행정청이 감경사유까지 고려하고도 감경하지 않은 채 개별처분기준에서 정한 상한으로 처분을 한 경우에는 재량권을 일탈·남용하였다고 단정할 수는 없으나, 행정청이 감경사유를 전혀 고려하지 않았거나 감경사유에 해당하지 않는다고 오인하여 개별처분기준에서 정한 상한으로 처분을 한 경우에는 마땅히 고려대상에 포함하여야 할 사항을 누락하였거나 고려대상에 관한 사실을 오인한 경우에 해당하여 재량권을 일탈·남용한 것이라고 보아야 한다(대판 2020.6.25. 2019두52980).

③ (○) 허가 등의 행정처분은 원칙적으로 처분시의 법령과 허가기준에 의하여 처리되어야 하고 허가신청 당시의 기준에 따라야 하는 것은 아니며, 비록 허가신청 후 허가기준이 변경되었다 하더라도 그 허가관청이 허가신청을 수리하고도 정당한 이유 없이 그 처리를 늦추어 그 사이에 허가기준이 변경된 것이 아닌 이상 변경된 허가기준에 따라서 처분을 하여야 한다(대판 1996.8.20. 95누10877).

「행정기본법」 제14조 【법 적용의 기준】 ① 새로운 법령 등은 법령 등에 특별한 규정이 있는 경우를 제외하고는 그 법령 등의 효력 발생 전에 완성되거나 종결된 사실관계 또는 법률관계에 대해서는 적용되지 아니한다.

② 당사자의 신청에 따른 처분은 법령 등에 특별한 규정이 있거나 처분 당시의 법령 등을 적용하기 곤란한 특별한 사정이 있는 경우를 제외하고는 처분 당시의 법령 등에 따른다.

③ 법령 등을 위반한 행위의 성립과 이에 대한 제재처분은 법령 등에 특별한 규정이 있는 경우를 제외하고는 법령 등을 위반한 행위 당시의 법령 등에 따른다. 다만, 법령 등을 위반한 행위 후 법령 등의 변경에 의하여 그 행위가 법령 등을 위반한 행위에 해당하지 아니하거나 제재처분 기준이 가벼워진 경우로서 해당 법령 등에 특별한 규정이 없는 경우에는 변경된 법령 등을 적용한다.

④ (○) 학교법인의 임원취임승인취소처분에 대한 취소소송에서, 교비회계자금을 법인회계로 부당전출한 위법성의 정도와 임원들의 이에 대한 가공의 정도가 가볍지 아니하고, 학교법인이 행정청의 시정 요구에 대하여 이를 시정하기 위한 노력을 하였다고는 하나 결과적으로 대부분의 시정 요구 사항이 이행되지 아니하였던 사정 등을 참작하여, 위 취소처분이 재량권을 일탈·남용하였다고 볼 수 없다(대판 2007.7.19. 2006두19297 전합).

15 ①

| 행정작용법 > 행정행위 > 인·허가 의제제도 | 중 |

| 출제이력 | 2021, 2021 승진(유사)

| LINK | 소방기본서 행정법총론 p. 54

① (○) 의제되는 인허가의 불허가를 사유로 주된 인허가의 신청을 거부할 수 있다.

「국토계획법」상 건축물의 건축에 관한 개발행위허가가 의제되는 건축허가신청이 국토계획법령이 정한 개발행위허가기준에 부합하지 아니하면 허가권자로서는 이를 거부할 수 있고, 이는 「건축법」 제16조 제3항에 의하여 개발행위허가의 변경이 의제되는 건축허가사항의 변경허가에서도 마찬가지이다(대판 2016.8.24. 2016두35762).

② (×) 주택건설사업계획 승인처분에 따라 의제된 인허가가 위법함을 다투고자 하는 이해관계인은, 주택건설사업계획 승인처분의 취소를 구할 것이 아니라 의제된 인허가의 취소를 구하여야 하며, 의제된 인허가는 주택건설사업계획 승인처분과 별도로 항고소송의 대상이 되는 처분에 해당한다(대판 2018.11.29. 2016두38792).

③ (×) 「하천법」에 의한 하천점용허가는 공물의 사용허가로서 강학상 특허에 해당한다.

④ (×) 체류자격 변경허가는 신청인에게 당초의 체류자격과 다른 체류자격에 해당하는 활동을 할 수 있는 권한을 부여하는 일종의 설권적 처분의 성격을 가지므로, 허가권자는 신청인이 관계법령에서 정한 요건을 충족하였더라도, 신청인의 적격성, 체류 목적, 공익상의 영향 등을 참작하여 허가 여부를 결정할 수 있는 재량을 가진다(대판 2016.7.14. 2015두48846).

16 ④

| 행정작용법 > 행정행위 > 행정행위의 부관 | 하 |

| 출제이력 | 2020

| LINK | 소방기본서 행정법총론 p. 253~266

① (×) 수익적 행정행위에 있어서는 법령에 특별한 근거규정이 없다고 하더라도 그 부관으로서 부담을 붙일 수 있으나, 그러한 부담은 비례의 원칙·부당결부금지의 원칙에 위반되지 않아야만 적법하다(대판 1997.3.11. 96다49650).

② (×) 행정처분에 부담인 부관을 붙인 경우 부관의 무효화에 의하여 본체인 행정처분 자체의 효력에도 영향이 있게 될 수는 있지만, 그 처분을 받은 사람이 부담의 이행으로 사법상 매매 등의 법률행위를 한 경우에는 그 부관은 특별한 사정이 없는 한 법률행위를 하게 된 동기 내지 연유로 작용하였을 뿐이므로 이는 법률행위의 취소사유가 될 수 있음은 별론으로 하고 그 법률행위 자체를 당연히 무효화하는 것은 아니다(대판 2009.6.25. 2006다18174).

③ (×) 행정처분에 이미 부담이 부가되어 있는 상태에서 그 의무의 범위 또는 내용 등을 변경하는 부관의 사후변경은, 법률에 명문의 규정이 있거나 그 변경이 미리 유보되어 있는 경우 또는 상대방의 동의가 있는 경우에 한하여 허용되는 것이 원칙이지만, 사정변경으로 인하여 당초에 부담을 부가한 목적을 달성할 수 없게 된 경우에도 그 목적달성에 필요한 범위 내에서 예외적으로 허용된다(대판 1997.5.30. 97누2627).

④ (○) 행정청이 종교단체에 대하여 기본재산전환인가를 함에 있어 인가조건을 부가하고 그 불이행시 인가를 취소할 수 있도록 한 경우, 인가조건의 의미는 철회권을 유보한 것이다(대판 2003.5.30. 2003다6422).

17 ②

| 행정절차·정보공개·개인정보 보호 > 행정절차 > 하자와 치유 | 중 |

| 출제이력 | 2021, 2020, 2019

| LINK | 소방기본서 행정법총론 p. 412~415

① (○) (구) 「환경영향평가법」상 환경영향평가를 실시하여야 할 사업에 대하여 환경영향평가를 거치지 아니하였음에도 승인 등 처분을 한 경우, 그 처분의 하자는 행정처분의 당연무효사유에 해당한다(대판 2006.6.30. 2005두14363).

② (×) 행정청이 사전환경성검토협의를 거쳐야 할 대상사업에 관하여 법의 해석을 잘못한 나머지 세부용도지역이 지정되지 않은 개발사업부지에 대하여 사전환경성검토협의를 할지 여부를 결정하는 절차를 생략한 채 승인 등의 처분을 한 사안에서, 그 하자가 객관적으로 명백하다고 할 수 없다(대판 2009.9.24. 2009두2825).

③ (○) 환경영향평가법령에서 정한 환경영향평가를 거쳐야 할 대상사업에 대하여 그러한 환경영향평가를 거치지 아니하였음에도 승인 등 처분을 하였다면 그 처분은 위법하다 할 것이나, 그러한 절차를 거쳤다면, 비록 그 환경영향평가의 내용이 다소 부실하다 하더라도, 그 부실의 정도가 환경영향평가제도를 둔 입법 취지를 달성할 수 없을 정도이어서 환경영향평가를 하지 아니한 것과 다를 바 없는 정도의 것이 아닌 이상, 그 부실은 당해 승인 등 처분에 재량권 일탈·남용의

위법이 있는지 여부를 판단하는 하나의 요소로 됨에 그칠 뿐, 그 부실로 인하여 당연히 당해 승인 등 처분이 위법하게 되는 것이 아니다(대판 2006.3.16. 2006두330 전합).

④ (○) 환경영향평가 대상지역 밖의 주민이라 할지라도 공유수면매립면허처분 등으로 인하여 그 처분 전과 비교하여 수인한도를 넘는 환경피해를 받거나 받을 우려가 있는 경우에는, 공유수면매립면허처분 등으로 인하여 환경상 이익에 대한 침해 또는 침해우려가 있다는 것을 입증함으로써 그 처분 등의 무효확인을 구할 원고적격을 인정받을 수 있다(대판 2006.3.16. 2006두330 전합).

18 ③

행정구제법 > 행정상 손해전보 > 국가배상   중

| 출제이력 | 2021 승진(유사)

| LINK | 소방기본서 행정법총론 p. 582~603

① (×) 국회의원의 입법행위는 그 입법 내용이 헌법의 문언에 명백히 위배됨에도 불구하고 국회가 굳이 당해 입법을 한 것과 같은 특수한 경우가 아닌 한 「국가배상법」 제2조 제1항 소정의 위법행위에 해당한다고 볼 수 없고, 같은 맥락에서 국가가 일정한 사항에 관하여 헌법에 의하여 부과되는 구체적인 입법의무를 부담하고 있음에도 불구하고 그 입법에 필요한 상당한 기간이 경과하도록 고의 또는 과실로 이러한 입법의무를 이행하지 아니하는 등 극히 예외적인 사정이 인정되는 사안에 한정하여 「국가배상법」 소정의 배상책임이 인정될 수 있으며, 위와 같은 구체적인 입법의무 자체가 인정되지 않는 경우에는 애당초 부작위로 인한 불법행위가 성립할 여지가 없다(대판 2008.5.29. 2004다33469).

② (×) 정책의 주무 부처인 중앙행정기관이 그 소관 사항에 대하여 입안한 법령안은 법제처 심사 등의 절차를 거쳐 공포함으로써 확정되므로, 법령이 확정되기 이전에는 법적 효과가 발생할 수 없다. 따라서 입법예고를 통해 법령안의 내용을 국민에게 예고한 적이 있다고 하더라도 그것이 법령으로 확정되지 아니한 이상 국가가 이해관계자들에게 위 법령안에 관련된 사항을 약속하였다고 볼 수 없으며, 이러한 사정만으로 어떠한 신뢰를 부여하였다고 볼 수도 없다(대판 2018.6.15. 2017다249769).

③ (○) 공무원에게 부과된 직무상 의무의 내용이 단순히 공공 일반의 추상적 이익을 위한 것이거나 행정기관 내부의 질서를 규율하기 위한 것이 아니고 전적으로 또는 부수적으로 사회구성원 개인의 구체적 안전과 이익을 보호하기 위하여 설정된 것이라면, 공무원이 그와 같은 직무상 의무를 위반함으로써 개인이 입게 된 손해는 상당인과관계가 인정되는 범위 안에서 국가가 그에 대한 배상책임을 부담하여야 한다(대판 2008.6.12. 2007다64365).

④ (×) 「금융위원회의 설치 등에 관한 법률」의 입법 취지 등에 비추어 볼 때, 피고 금융감독원에 금융기관에 대한 검사·감독의무를 부과한 법령의 목적이 금융상품에 투자한 투자자 개인의 이익을 직접 보호하기 위한 것이라고 할 수 없으므로, 피고 금융감독원 및 그 직원들의 위법한 직무집행과 부산2저축은행의 후순위사채에 투자한 원고들이 입은 손해 사이에 상당인과관계가 있다고 보기 어렵다(대판 2015.12.23. 2015다210194).

> **교수님 TIP**
>
> 소방직 행정법총론에 국가배상의 '직무'는 필수적으로 출제되는 단원이다. 직무범위를 비롯하여 직무의 판단기준과 인과관계에 대한 공부가 필수적이다.

19 ④

    고난도

행정구제법 > 행정상 손해전보 > 보상금증감소송   상

| 출제이력 | 2019

| LINK | 소방기본서 행정법총론 p. 657~665

① (○) 손실보상청구권에는 이미 '손해 전보'라는 요소가 포함되어 있어 실질적으로 같은 내용의 손해에 관하여 양자의 청구권을 동시에 행사할 수 있다고 본다면 이중배상의 문제가 발생하므로, 실질적으로 같은 내용의 손해에 관하여 양자의 청구권이 동시에 성립하더라도 영업자는 어느 하나만을 선택적으로 행사할 수 있을 뿐이고, 양자의 청구권을 동시에 행사할 수는 없다(대판 2019.11.28. 2018두227).

② (○) 공공사업의 시행 결과 그 공공사업의 시행이 기업지 밖에 미치는 간접손실에 관하여 그 피해자와 사업시행자 사이에 협의가 이루어지지 아니하고 그 보상에 관한 명문의 근거 법령이 없는 경우라고 하더라도, (중략) 공공사업의 시행으로 인하여 그러한 손실이 발생하리라는 것을 쉽게 예견할 수 있고 그 손실의 범위도 구체적으로 이를 특정할 수 있는 경우라면 그 손실의 보상에 관하여 「공공용지의취득및손실보상에관한특례법시행규칙」의 관련 규정 등을 유추적용할 수 있다고 해석함이 상당하다(대판 1999.10.8. 99다27231).

③ (○) 수용재결에 불복하는 경우에 이의신청(행정심판)을 거쳤다고 해도 원처분주의에 따라 수용재결이 소송대상이 된다.

④ (×) 어떤 보상항목이 공익사업을 위한 토지 등의 취득 및 보상에 관한 법령상 손실보상대상에 해당함에도 관할 토지수용위원회가 사실을 오인하거나 법리를 오해함으로써 손실보상대상에 해당하지 않는다고 잘못된 내용의 재결을 한 경우에는, 피보상자는 관할 토지수용위원회를 상대로 그 재결에 대한 취소소송을 제기할 것이 아니라, 사업시행자를 상대로 「공익사업을 위한 토지 등의 취득 및 보상에 관한 법률」 제85조 제2항에 따른 보상금증감소송을 제기하여야 한다(대판 2019.11.28. 2018두227).

> **교수님 TIP**
>
> 동일한 내용의 선지가 2021년 소방위에서 정답(이의신청을 거친 경우에 소송대상은 이의재결이라 하여 틀린 내용으로 출제)으로 출제되었다. 손실보상이 이루어지는 과정과 불복절차, 소송대상, 피고에 대해 정확하게 숙지하여야 한다.

20 ①

| 출제이력 | 2019

| LINK | 소방기본서 행정법총론 p. 736~743

① (✕) 행정청이 행정의사를 외부에 표시하여 행정청이 자유롭게 취소·철회할 수 없는 구속을 받기 전에는 '처분'이 성립하지 않으므로 법무부장관이 「출입국관리법」 제11조 제1항 제3호 또는 제4호, 「출입국관리법 시행령」 제14조 제1항, 제2항에 따라 위 입국금지결정을 했다고 해서 '처분'이 성립한다고 볼 수는 없고, 위 입국금지결정은 법무부장관의 의사가 공식적인 방법으로 외부에 표시된 것이 아니라 단지 그 정보를 내부전산망인 '출입국관리정보시스템'에 입력하여 관리한 것에 지나지 않으므로, 위 입국금지결정은 항고소송의 대상이 될 수 있는 '처분'에 해당하지 않는다(대판 2019.7.11. 2017두38874).

② (○) 병무청장이 「병역법」 제81조의2 제1항에 따라 병역의무 기피자의 인적사항 등을 인터넷 홈페이지에 게시하는 등의 방법으로 공개한 경우 병무청장의 공개결정을 항고소송의 대상이 되는 행정처분으로 보아야 한다(대판 2019.6.27. 2018두49130).

③ (○) 갑 시장이 감사원으로부터 「감사원법」 제32조에 따라 을에 대하여 징계의 종류를 정직으로 정한 징계 요구를 받게 되자 감사원에 징계 요구에 대한 재심의를 청구하였고, 감사원이 재심의청구를 기각하자 을이 감사원의 징계 요구와 그에 대한 재심의결정의 취소를 구하고 갑 시장이 감사원의 재심의결정 취소를 구하는 소를 제기한 사안에서, 감사원의 징계 요구와 재심의결정이 항고소송의 대상이 되는 행정처분이라고 할 수 없다(대판 2016.12.27. 2014두5637).

④ (○) 「국방전력발전업무훈령」 제113조의5 제1항에 의한 연구개발확인서 발급은 개발업체가 '업체투자연구개발' 방식 또는 '정부·업체공동투자연구개발' 방식으로 전력지원체계 연구개발사업을 성공적으로 수행하여 군사용 적합판정을 받고 국방규격이 제·개정된 경우에 사업관리기관이 개발업체에게 해당 품목의 양산과 관련하여 경쟁입찰에 부치지 않고 수의계약의 방식으로 국방조달계약을 체결할 수 있는 지위(경쟁입찰의 예외사유)가 있음을 인정해 주는 '확인적 행정행위'로서 공권력의 행사인 '처분'에 해당하고, 연구개발확인서 발급 거부는 신청에 따른 처분 발급을 거부하는 '거부처분'에 해당한다(대판 2020.1.16. 2019다264700).

2021 | 행정법총론 A형

역대 소방행정법 중에서 가장 어려웠던 시험이라고 할 수 있다. 기존에 비해 문항별 난이도도 높았고 문장의 길이도 길어져 체감 난이도 역시 높았으리라 생각된다. 난이도 '하(下)'에 해당하는 문항 수는 2문항 정도에 불과하고 나머지 18문항은 난이도 '중(中)', '상(上)'에 해당되는 문제들로 구성되어 있다.

문항분석

문항	정답	오답률	영역
1	②	16.7%	실효성 확보수단 > 행정벌 > 행정형벌
2	①	33.3%	실효성 확보수단 > 행정강제 > 강제집행
3	③	28.8%	행정절차·정보공개·개인정보 보호 > 행정절차 > 행정응원
4	①	23.3%	행정작용법 > 행정행위 > 허가
5	④	21.7%	행정작용법 > 행정행위 > 행정행위의 효력
6	②	33.3%	행정구제법 > 행정쟁송 > 「행정심판법」상 위원회
7	④	20.0%	행정작용법 > 그 밖에 행정의 주요행위형식 > 행정계획
8	②	21.7%	행정법총칙 > 행정법 > 행정법의 일반원칙
9	③	36.7%	행정절차·정보공개·개인정보 보호 > 정보공개와 개인정보 보호 > 단체소송
오답률 TOP3 10	①	48.3%	행정법총칙 > 행정법 > 행정법의 일반원칙
11	③	27.1%	행정구제법 > 행정상 손해전보 > 국가배상
12	④	23.7%	행정구제법 > 행정쟁송 > 당사자소송
13	①	45.8%	행정작용법 > 행정행위 > 행정행위의 성립과 효력
14	②	28.8%	실효성 확보수단 > 행정강제 > 대집행
15	③	24.1%	행정작용법 > 행정행위 > 행정행위의 성립과 효력
16	①	44.1%	실효성 확보수단 > 행정강제 > 행정조사
오답률 TOP1 17	③	59.3%	행정작용법 > 행정행위 > 재량의 일탈과 남용
오답률 TOP2 18	④	55.9%	행정작용법 > 행정행위 > 행정행위의 하자
19	②	21.7%	행정구제법 > 손해전보 > 국가배상
20	③	20.0%	행정구제법 > 손해전보 > 국가배상

영역별 평균 오답률

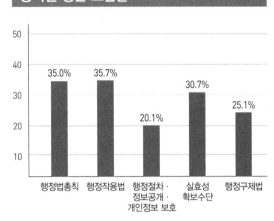

*2021년 20문항 기준 평균 오답률

출제 트렌드

구분	행정법 총칙	행정 작용법	행정절차· 정보공개· 개인정보 보호	실효성 확보수단	행정 구제법
2022	3문항	8문항	4문항	1문항	4문항
2021	2문항	7문항	2문항	4문항	5문항
2020	3문항	8문항	1문항	4문항	4문항

전 영역에서 고르게 출제 →

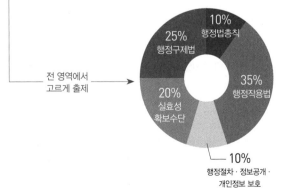

01 ②

| 출제이력 | 2022

| LINK | 소방기본서 행정법총론 p. 515~517

① (○) 죄형법정주의는 무엇이 범죄이며 그에 대한 형벌이 어떠한 것인가는 국민의 대표로 구성된 입법부가 제정한 법률로써 정하여야 한다는 원칙인데, 「부동산등기 특별조치법」 제11조 제1항 본문 중 제2조 제1항에 관한 부분이 정하고 있는 과태료는 행정상의 질서유지를 위한 행정질서벌에 해당할 뿐 형벌이라고 할 수 없어 죄형법정주의의 규율대상에 해당하지 아니한다(헌재결 1998.5.28. 96헌바83).

② (×) 지방자치단체도 자치사무의 경우 양벌대상인 법인에 해당한다.

> 지방자치단체가 그 고유의 자치사무를 처리하는 경우에는 지방자치단체는 국가기관의 일부가 아니라 국가기관과는 별도의 독립한 공법인이므로, 지방자치단체 소속 공무원이 지방자치단체 고유의 자치사무를 수행하던 중 「도로법」 제81조 내지 제85조의 규정에 의한 위반행위를 한 경우에는 지방자치단체는 「도로법」 제86조의 양벌규정에 따라 처벌대상이 되는 법인에 해당한다(대판 2005.11.10. 2004도2657).

③ (○) 「질서위반행위규제법」 제36조부터 제38조까지의 내용이다.

> 「질서위반행위규제법」 제36조 【재판】 ① 과태료 재판은 이유를 붙인 결정으로써 한다.
> 「질서위반행위규제법」 제37조 【결정의 고지】 ① 결정은 당사자와 검사에게 고지함으로써 효력이 생긴다.
> 「질서위반행위규제법」 제38조 【항고】 ① 당사자와 검사는 과태료 재판에 대하여 즉시항고를 할 수 있다. 이 경우 항고는 집행정지의 효력이 있다.

④ (○) 동법 제16조의 사전통지와 의견 제출에 관한 규정이다.

> 「질서위반행위규제법」 제16조 【사전통지 및 의견 제출 등】 ① 행정청이 질서위반행위에 대하여 과태료를 부과하고자 하는 때에는 미리 당사자(제11조 제2항에 따른 고용주 등을 포함한다. 이하 같다)에게 대통령령으로 정하는 사항을 통지하고, 10일 이상의 기간을 정하여 의견을 제출할 기회를 주어야 한다. 이 경우 지정된 기일까지 의견 제출이 없는 경우에는 의견이 없는 것으로 본다.

02 ①

| 출제이력 | 2018 승진(유사)

| LINK | 소방기본서 행정법총론 p. 469~475

① (×) 행정대집행의 대상은 법령에 특별한 규정이 없는 한 공법상 의무에 한정된다.

> (구) 「공공용지의 취득 및 손실보상에 관한 특례법」(2002.2.4. 법률 제6656호 「공익사업을 위한 토지 등의 취득 및 보상에 관한 법률」 부칙 제2조로 폐지)에 의한 협의취득 시 건물소유자가 협의취득대상 건물에 대하여 약정한 철거의무는 공법상 의무가 아닐 뿐만 아니라, 「공익사업을 위한 토지 등의 취득 및 보상에 관한 법률」 제89조에서 정한 「행정대집행법」의 대상이 되는 '이 법 또는 이 법에 의한 처분으로 인한 의무'에도 해당하지 아니하므로 위 철거의무에 대한 강제적 이행은 「행정대집행법」상 대집행의 방법으로 실현할 수 없다(대판 2006.10.13. 2006두7096).

② (○) 대집행의 내용이나 범위는 반드시 계고서에 의해서만 특정될 필요는 없고, 계고서 전후 문서를 통해 특정할 수 있으면 족하다는 것이 대법원의 입장이다.

> 행정청이 「행정대집행법」 제3조 제1항에 의한 대집행계고를 함에 있어서는 의무자가 스스로 이행하지 아니하는 경우에 대집행 할 행위의 내용 및 범위가 구체적으로 특정되어야 하나, 그 행위의 내용 및 범위는 반드시 대집행계고서에 의하여서만 특정되어야 하는 것이 아니고, 계고처분 전후에 송달된 문서나 기타 사정을 종합하여 행위의 내용이 특정되거나 실제건물의 위치, 구조, 평수 등을 계고서의 표시와 대조·검토하여 대집행의무자가 그 이행의무의 범위를 알 수 있을 정도로 하면 족하다(대판 1996.10.11. 96누8086).

③ (○) 비상 시 또는 위험이 절박한 경우에 있어서 당해 행위의 급속한 실시를 요하여 전 2항(대집행의 계고와 영장 통지)에 규정한 수속을 취할 여유가 없을 때에는 그 수속을 거치지 아니하고 대집행을 할 수 있다(「행정대집행법」 제3조 제3항).

④ (○) 이행강제금의 부과와 형사벌은 강제와 제재로서 보호법익이나 목적 등이 서로 달라 둘을 병과한다고 해도 이중처벌에 해당하지 않는다.

> 「건축법」 제78조에 의한 무허가 건축행위에 대한 형사처벌과 「건축법」 제83조 제1항에 의한 시정명령 위반에 대한 이행강제금의 부과는 그 처벌 내지 제재대상이 되는 기본적 사실관계로서의 행위를 달리하며, 또한 그 보호법익과 목적에서도 차이가 있으므로 헌법 제13조 제1항이 금지하는 이중처벌에 해당한다고 할 수 없다(헌재결 2004.2.26. 2001헌바80).

03 ③

| 출제이력 | 2020, 2019

| LINK | 소방기본서 행정법총론 p. 392~393

① (○) 공청회 개최요건에 대한 설명이다.

> 「행정절차법」 제22조 【의견청취】 ② 행정청이 처분을 할 때 다음 각 호의 어느 하나에 해당하는 경우에는 공청회를 개최한다.
> 1. 다른 법령 등에서 공청회를 개최하도록 규정하고 있는 경우
> 2. 해당 처분의 영향이 광범위하여 널리 의견을 수렴할 필요가 있다고 행정청이 인정하는 경우
> 3. 국민생활에 큰 영향을 미치는 처분으로서 대통령령으로 정하는 처분에 대하여 대통령령으로 정하는 수 이상의 당사자 등이 공청회 개최를 요구하는 경우

② (○) 행정응원을 위하여 파견된 직원은 응원을 요청한 행정청의 지휘·감독을 받는다. 다만, 해당 직원의 복무에 관하여 다른 법령 등에 특별한 규정이 있는 경우에는 그에 따른다(동법 제8조 제5항).

③ (×) 행정응원에 드는 비용은 응원을 요청한 행정청이 부담하며, 그 부담금액 및 부담방법은 응원을 요청한 행정청과 응원을 하는 행정청이 협의하여 결정한다(동법 제8조 제6항).

④ (○) 공시송달의 경우 특별한 규정이 없으면 14일이 경과되면 효력을 발하게 된다.

> 「행정절차법」제14조【송달】④ 다음 각 호의 어느 하나에 해당하는 경우에는 송달받을 자가 알기 쉽도록 관보, 공보, 게시판, 일간신문 중 하나 이상에 공고하고 인터넷에도 공고하여야 한다.
> 　1. 송달받을 자의 주소 등을 통상적인 방법으로 확인할 수 없는 경우
> 　2. 송달이 불가능한 경우
>
> 「행정절차법」제15조【송달의 효력 발생】③ 제14조 제4항의 경우에는 다른 법령 등에 특별한 규정이 있는 경우를 제외하고는 공고일부터 14일이 지난 때에 그 효력이 발생한다. 다만, 긴급히 시행하여야 할 특별한 사유가 있어 효력 발생 시기를 달리 정하여 공고한 경우에는 그에 따른다.

교수님 TIP

「행정 효율과 협업 촉진에 관한 규정」에 의하면 공시송달의 효력발생 시기는 공시 후 5일이 경과한 때이다. 문제가 어떻게 제시되는지에 따라 답이 달라질 수 있음을 유의해야 한다.

04 ①

행정작용법 > 행정행위 > 허가　　　　오답률 23.3%

| 출제이력 | 2019

| LINK | 소방기본서 행정법총론 p. 220~225

① (×) 예외적 승인(예외적 허가)은 허가와 달리 절대적 금지를 해제하는 행위로서 행정청의 재량이 원칙이다.

> (구) 「도시계획법」상의 개발제한구역 내에서의 건축물 용도변경에 대한 허가가 가지는 예외적인 허가로서의 성격과 그 재량행위로서의 성격에 비추어 보면, 그 용도변경의 허가는 개발제한구역에 속한다는 것 이외에 다른 공익상의 사유가 있어야만 거부할 수가 있고 그렇지 아니하면 반드시 허가를 하여야만 하는 것이 아니라 그 용도변경이 개발제한구역의 지정 목적과 그 관리에 위배되지 아니한다는 등의 사정이 특별히 인정될 경우에 한하여 그 허가가 가능한 것이고, 또 그에 관한 행정청의 판단이 사실오인, 비례·평등의 원칙 위배, 목적 위반 등에 해당하지 아니하면 이를 재량권의 일탈·남용이라고 하여 위법하다고 할 수가 없다(대판 2001.2.9. 98두17593).

② (○) 농지처분의무통지는 단순한 관념의 통지가 아니라 상대방에게 의무가 있음을 통지하는 독립된 처분이다.

> 시장 등은 농지의 처분의무가 생긴 농지의 소유자에게 농림부령이 정하는 바에 의하여 처분대상농지·처분의무기간 등을 명시하여 해당 농지를 처분하여야 함을 통지하여야 하며, 위 통지에서 정한 처분의무기간 내에 처분대상농지를 처분하지 아니한 농지의 소유자에 대하여는 6개월 이내에 당해 농지를 처분할 것을 명할 수 있는바, 시장 등 행정청은 위 제7호에 정한 사유의 유무, 즉 농지의 소유자가 위 농업경영계획서의 내용을 이행하였는지 여부 및 그 불이행에 정당한 사유가 있는지 여부를 판단하여 그 사유를 인정한 때에는 반드시 농지처분의

무통지를 하여야 하는 점, 위 통지를 전제로 농지처분명령, 같은 법 제65조에 의한 이행강제금 부과 등의 일련의 절차가 진행되는 점 등을 종합하여 보면, 농지처분의무통지는 단순한 관념의 통지에 불과하다고 볼 수는 없고, 상대방인 농지소유자의 의무에 직접 관계되는 독립한 행정처분으로서 항고소송의 대상이 된다(대판 2003.11.14. 2001두8742).

③ (○) 영업자지위승계신고의 수리에서 양도인은 수리를 통해 권익이 침해되는 「행정절차법」상의 '당사자'에 해당하여 행정청은 수리처분을 하기 이전에 처분의 당사자인 양도인에게 사전통지 등의 행정절차를 준수하여야 한다.

> 행정청이 (구) 「식품위생법」 규정에 의하여 영업자지위승계신고를 수리하는 처분은 종전의 영업자의 권익을 제한하는 처분이라 할 것이고 따라서 종전의 영업자는 그 처분에 대하여 직접 그 상대가 되는 자에 해당한다고 봄이 상당하므로, 행정청으로서는 위 신고를 수리하는 처분을 함에 있어서 「행정절차법」 규정 소정의 당사자에 해당하는 종전의 영업자에 대하여 위 규정 소정의 행정절차를 실시하고 처분을 하여야 한다(대판 2003.2.14. 2001두7015).

④ (○) 부관은 행정청이 일방적으로 부과할 수도, 상대방과의 협의를 통해 협약의 형식으로도 가능하다.

> 수익적 행정처분에 있어서는 법령에 특별한 근거규정이 없다고 하더라도 그 부관으로서 부담을 붙일 수 있고, 그와 같은 부담은 행정청이 행정처분을 하면서 일방적으로 부가할 수도 있지만 부담을 부가하기 이전에 상대방과 협의하여 부담의 내용을 협약의 형식으로 미리 정한 다음 행정처분을 하면서 이를 부가할 수도 있다(대판 2009.2.12. 2005다65500).

05 ④

행정작용법 > 행정행위 > 행정행위의 효력　　　　오답률 21.7%

| 출제이력 | 2018 하

| LINK | 소방기본서 행정법총론 p. 280~284

① (○) 불가변력은 처분청이나 감독청에 대한 구속력이며, 불가쟁력은 처분의 상대방 등에 대한 구속력이다.

② (○) 불가쟁력은 쟁송(행정심판, 행정소송)을 청구할 수 없는 효력으로 손해전보와는 무관하다. 따라서 불가쟁력이 발생한 후에도 손해배상은 가능하다.

> 물품세 과세대상이 아닌 것을 세무공무원이 직무상 과실로 과세대상으로 오인하여 과세처분을 행함으로 인하여 손해가 발생된 경우에는, 동 과세처분이 취소되지 아니하였다 하더라도, 국가는 이로 인한 손해를 배상할 책임이 있다(대판 1979.4.10. 79다262).

③ (○) 불가변력과 불가쟁력은 구속하는 대상이 달라 무관하다.

④ (×) 불가쟁력은 절차적 효력이고, 불가변력이 실체적 효력이다.

교수님 TIP

2018 하반기 행정법총론 15번 문제와 유사한 출제이다.
• 불가쟁력이 발생한 행정행위라도 불가변력의 특정 행정행위가 아니면 불가변력은 발생하지 않는다. 따라서 불가쟁력과 불가변력은 무관하다.

- 불가변력이 발생한 행정행위라도 쟁송제기기간이라면 불가쟁력은 발생하지 아니다.

| SUMMARY | 불가쟁력 vs 불가변력

불가쟁력	불가변력
형식적 확정력, 절차적 효력	실질적 확정력, 실체적 효력
모든 행정행위	특정의 행정행위
상대방과 이해관계인 구속	국가기관

06 ②

| 행정구제법 > 행정쟁송 > 「행정심판법」상 위원회 | 오답률 33.3% |

| 출제이력 | 2022, 2019, 2018 하

| LINK | 소방기본서 행정법총론 p. 687~688

① (○) 중앙행정심판위원회의 비상임위원은 제7조 제4항 각 호의 어느 하나에 해당하는 사람 중에서 중앙행정심판위원회 위원장의 제청으로 국무총리가 성별을 고려하여 위촉한다(「행정심판법」 제8조 제4항).

② (×) 중앙행정심판위원회의 회의(제6항에 따른 소위원회 회의는 제외한다)는 위원장, 상임위원 및 위원장이 회의마다 지정하는 비상임위원을 포함하여 총 9명으로 구성한다(동법 제8조 제5항).

③ (○) 위원장은 제척신청이나 기피신청을 받으면 제척 또는 기피 여부에 대한 결정을 하고, 지체 없이 신청인에게 결정서 정본(正本)을 송달하여야 한다(동법 제10조 제6항).

④ (○) 중앙행정심판위원회는 위원장 1명을 포함하여 70명 이내의 위원으로 구성하되, 위원 중 상임위원은 4명 이내로 한다(동법 제8조 제1항).

07 ④

| 행정작용법 > 그 밖에 행정의 주요행위형식 > 행정계획 | 오답률 20.0% |

| 출제이력 | 2020

| LINK | 소방기본서 행정법총론 p. 365~369

① (○) 국립공원지정처분과 달리 경계측량과 표지설치는 처분이 아니다.

국립공원지정처분의 경계측량의 법적 성질과 지형도 수정행위의 신뢰보호 위반 여부
- 경계측량과 표지설치행위의 처분성 여부
건설부장관이 행한 국립공원지정처분은 그 결정 및 첨부된 도면의 공고로써 그 경계가 확정되는 것이고, 시장이 행한 경계측량 및 표지의 설치 등은 공원관리청이 공원구역의 효율적인 보호, 관리를 위하여 이미 확정된 경계를 인식, 파악하는 사실상의 행위로 봄이 상당하며, 위와 같은 사실상의 행위를 가리켜 공권력행사로서의 행정처분의 일부라고 볼 수 없고, 이로 인하여 건설부장관이 행한 공원지정처분이나 그 경계에 변동을 가져온다고 할 수 없다(대판 1992.10.13. 92누2325).
- 경계측량 이후에 지형도를 수정한 행위가 신뢰보호에 위반되는지 여부
실제의 공원구역과 다르게 경계측량 및 표지를 설치한 십수년 후 착오를 발견하여 지형도를 수정한 조치가 신뢰보호의 원칙에 위배되거나 행정의 자기구속의 법리에 반하는 것이라 할 수 없다(대판 1992.10.13. 92누2325).

② (○) 「행정절차법」상 행정지도의 방식에 대한 규정이다.

「행정절차법」 제49조 【행정지도의 방식】 ① 행정지도를 하는 자는 그 상대방에게 그 행정지도의 취지 및 내용과 신분을 밝혀야 한다.
② 행정지도가 말로 이루어지는 경우에 상대방이 제1항의 사항을 적은 서면의 교부를 요구하면 그 행정지도를 하는 자는 직무 수행에 특별한 지장이 없으면 이를 교부하여야 한다.

③ (○) 조례가 집행행위의 개입 없이도 그 자체로서 직접 국민의 구체적인 권리의무나 법적 이익에 영향을 미치는 등의 법률상 효과를 발생하는 경우 그 조례는 항고소송의 대상이 되는 행정처분에 해당한다(대판 1996.9.20. 95누8003).

교수님 TIP

조례가 항고소송의 대상이 되는 경우(처분조례)의 피고적격은 지방의회가 아닌 지방자치단체의 장임을 유의하여야 한다(단, 교육이나 학예와 관련된 경우에는 시도교육감이 됨).

④ (×) 행정계획은 상당의 장기적 목표를 설정하는 행정작용으로서 사회적·경제적 여건과 상황을 고려하여 장래를 예측하여 수립한다. 이러한 계획이 진행되는 중에 예측하지 못한 돌발적 상황 등에 따라 변화될 수 있는 가변성이 행정계획에는 내재되어 있다(이러한 계획의 가변성과 신뢰보호는 충돌하는 경우가 많아 계획의 변경에는 신뢰보호와의 형량이 필요하다).

08 ②

| 행정법총칙 > 행정법 > 행정법의 일반원칙 | 오답률 21.7% |

| 출제이력 | 2021(유사)

| LINK | 소방기본서 행정법총론 p. 40~68

① (○) 원고가 단지 1회 훈령에 위반하여 요정 출입을 하다가 적발된 것만으로는 공무원의 신분을 보유케 할 수 없을 정도로 공무원의 품위를 손상케 한 것이라 단정키 어려운 한편, 이 사건 파면처분은 이른바 비례의 원칙에 어긋난 것으로서 심히 그 재량권의 범위를 넘어서 한 위법한 처분이라고 아니할 수 없다(대판 1967.5.2. 67누24).

교수님 TIP

① 선지는 2018 하반기 행정법총론 16번에서 출제된 바 있는 판례이다.

② (×) 수입 녹용 중 전지 3대를 절단부위로부터 5cm까지의 부분을 절단하여 측정한 회분함량이 기준치를 0.5% 초과하였다는 이유로 수입 녹용 전부에 대하여 전량 폐기 또는 반송처리를 지시한 처분은 재량권을 일탈·남용한 경우에 해당하지 않는다(대판 2006.4.14. 2004두3854).

③ (○) 청소년유해매체물로 결정·고시된 만화인 사실을 모르고 있던 도서대여업자가 그 고시일로부터 8일 후에 청소년에게 그 만화를 대여한 것을 사유로 그 도서대여업자에게 금 700만 원의 과징금이 부과된 경우, 그 과징금 부과처분은 재량권을 일탈·남용한 것으로서 위법하다(대판 2001.7.27. 99두9490).

④ (○) 「사법시험령」 제15조 제2항이 사법시험의 제2차 시험에서 '매과목 4할 이상'으로 과락 결정의 기준을 정한 것을 두고 과락점수를 비합리적으로 높게 설정하여 지나치게 엄격한 기준에 해당한다고 볼 정도는 아니므로, 비례의 원칙 내지 과잉금지에 위반하였다고 볼 수 없다(대판 2007.1.11. 2004두10432).

09 ③

행정절차·정보공개·개인정보 보호 >
정보공개와 개인정보 보호 > 단체소송　　　오답률 **36.7%**

| 출제이력 | 2022, 2019

| LINK | 소방기본서 행정법총론 p. 446

① (○) 단체소송의 원고는 변호사를 소송대리인으로 선임하여야 한다(「개인정보 보호법」 제53조).

② (○) 단체소송에 관하여 「개인정보 보호법」에 특별한 규정이 없는 경우에는 「민사소송법」을 적용한다(동법 제57조 제1항).

③ (×) 단체소송은 개인정보처리자가 집단분쟁조정을 거부하는 경우와 조정결과를 수락하지 않을 경우에 법원의 허가로 이루어진다.

> 「개인정보 보호법」 제55조 【소송허가요건 등】 ① 법원은 다음 각 호의 요건을 모두 갖춘 경우에 한하여 결정으로 단체소송을 허가한다.
> 1. 개인정보처리자가 분쟁조정위원회의 조정을 거부하거나 조정결과를 수락하지 아니하였을 것
> 2. 제54조(소송허가신청)에 따른 소송허가신청서의 기재사항에 흠결이 없을 것

④ (○) 단체소송의 절차에 관하여 필요한 사항은 대법원규칙으로 정한다(동법 제57조 제3항).

10 ①

행정법총칙 > 행정법 > 행정법의 일반원칙　　TOP3　오답률 **48.3%**

| 출제이력 | 2019 승진(유사)

| LINK | 소방기본서 행정법총론 p. 40~68

① (○) 민중소송 및 기관소송은 법률이 정한 경우에 법률에 정한 자에 한하여 제기할 수 있다(「행정소송법」 제45조).

② (×) 현행 「행정소송법」에는 작위의무이행소송은 인정하고 있지 않다(대법원도 부정하고 있다).

> 「행정심판법」 제4조 제3호가 의무이행심판청구를 인정하고 있고 항고소송의 제1심 관할법원이 행정청의 소재지를 관할하는 고등법원으로 되어 있다고 하더라도, 「행정소송법」상 행정청의 부작위에 대하여는 부작위위법확인소송만 인정되고 작위의무의 이행이나 확인을 구하는 행정소송은 허용될 수 없다(대판 1992.11.10. 92누1629).

③ (×) 항고소송에는 취소소송·무효등 확인소송·부작위위법확인소송 3가지만 규정되어 있다.

> 「행정소송법」 제4조 【항고소송】 항고소송은 다음과 같이 구분한다.
> 1. 취소소송: 행정청의 위법한 처분등을 취소 또는 변경하는 소송
> 2. 무효등 확인소송: 행정청의 처분 등의 효력 유무 또는 존재 여부를 확인하는 소송

> 3. 부작위위법확인소송: 행정청의 부작위가 위법하다는 것을 확인하는 소송

④ (×) 민중소송에 대한 내용이다. 기관소송은 국가 또는 공공단체의 기관 상호간에 있어서의 권한의 존부 또는 그 행사에 관한 다툼이 있을 때에 이에 대하여 제기하는 소송을 말한다.

> 「행정소송법」 제3조 【행정소송의 종류】 행정소송은 다음의 네 가지로 구분한다.
> 3. 민중소송: 국가 또는 공공단체의 기관이 법률에 위반되는 행위를 한 때에 직접 자기의 법률상 이익과 관계없이 그 시정을 구하기 위하여 제기하는 소송
> 4. 기관소송: 국가 또는 공공단체의 기관 상호간에 있어서의 권한의 존부 또는 그 행사에 관한 다툼이 있을 때에 이에 대하여 제기하는 소송. 다만, 「헌법재판소법」 제2조의 규정에 의하여 헌법재판소의 관장사항으로 되는 소송은 제외한다.

11 ③

행정구제법 > 행정상 손해전보 > 국가배상　　오답률 **27.1%**

| 출제이력 | 2020, 2019

| LINK | 소방기본서 행정법총론 p. 582~603

① (○) 「자동차손해배상 보장법」의 입법취지에 비추어 볼 때, 같은 법 제3조는 자동차의 운행이 사적인 용무를 위한 것이건 국가 등의 공무를 위한 것이건 구별하지 아니하고 「민법」이나 「국가배상법」에 우선하여 적용된다고 보아야 한다. …(중략)… 공무원이 직무상 자동차를 운전하다가 사고를 일으켜 다른 사람에게 손해를 입힌 경우에는 그 사고가 자동차를 운전한 공무원의 경과실에 의한 것인지 중과실 또는 고의에 의한 것인지를 가리지 않고, 그 공무원이 「자동차손해배상 보장법」 제3조 소정의 '자기를 위하여 자동차를 운행하는 자'에 해당하는 한 「자동차손해배상 보장법」상의 손해배상책임을 부담한다(대판 1996.3.8. 94다23876).

② (○) 「국가배상법」 제2조 제1항 단서는 헌법 제29조 제1항에 의하여 보장되는 국가배상청구권을 헌법 내재적으로 제한하는 헌법 제29조 제2항에 직접 근거하고, 실질적으로 내용을 같이하는 것이므로 헌법에 위반되지 아니한다(헌재결 2001.2.22. 2000헌바38).

③ (×) 생명·신체의 침해로 인한 국가배상을 받을 권리는 양도하거나 압류하지 못한다(「국가배상법」 제4조).

④ (○) 「국가배상법」 제5조 제1항의 영조물의 설치·관리상의 하자로 인한 손해가 발생한 경우 같은 법 제3조 제1항 내지 제5항의 해석상 피해자의 위자료 청구권이 반드시 배제되지 아니한다(대판 1990.11.13. 90다카25604).

12 ④

행정구제법 > 행정쟁송 > 당사자소송　　오답률 **23.7%**

| 출제이력 | 2020, 2019

| LINK | 소방기본서 행정법총론 p. 780~783

① (○) 관리처분계획안에 대한 조합 총회결의에 대한 소송은 당사자소송이다.

② (○) 「국가를 당사자로 하는 계약에 관한 법률」에 따라 국가가 당사자가 되는 이른바 공공계약은 사경제 주체로서 상대방과 대등한 위치에서 체결하는 사법상 계약으로서 본질적인 내용은 사인 간의 계약과 다를 바가 없으므로, 그에 관한 법령에 특별한 정함이 있는 경우를 제외하고는 사적 자치와 계약자유의 원칙 등 사법의 원리가 그대로 적용된다(대판 2020.5.14. 2018다298409).

③ (○) (구) 「국유재산법」 제51조 제1항, 제4항, 제5항에 의한 변상금 부과·징수권은 민사상 부당이득반환청구권과 법적 성질을 달리하므로, 국가는 무단점유자를 상대로 변상금 부과·징수권의 행사와 별도로 국유재산의 소유자로서 민사상 부당이득반환청구의 소를 제기할 수 있다(대판 2014.7.16. 2011다76402).

④ (×) 지방공무원의 보수에 관한 법률관계는 사법상 근로계약관계가 아닌 공법상의 법률관계로서 이에 따른 보수지급청구소송은 당사자소송에 의한다.

> 지방자치단체와 그 소속 경력직 공무원인 지방소방공무원 사이의 관계, 즉 지방소방공무원의 근무관계는 사법상의 근로계약관계가 아닌 공법상의 근무관계에 해당하고, 그 근무관계의 주요한 내용 중 하나인 지방소방공무원의 보수에 관한 법률관계는 공법상의 법률관계라고 보아야 한다. 지방소방공무원의 초과근무수당 지급청구권은 법령의 규정에 의하여 직접 그 존부나 범위가 정하여지고 법령에 규정된 수당의 지급요건에 해당하는 경우에는 곧바로 발생한다고 할 것이므로, 지방소방공무원이 자신이 소속된 지방자치단체를 상대로 초과근무수당의 지급을 구하는 청구에 관한 소송은 「행정소송법」 제3조 제2호에 규정된 당사자소송의 절차에 따라야 한다(대판 2013.3.28. 2012다102629).

| SUMMARY | 관리처분계획안의 인가 여부에 따른 소송 유형

> • 관리처분계획안에 대한 조합의 총회결의에 대한 소송 – 당사자소송
> 「도시 및 주거환경정비법」상 행정주체인 주택재건축정비사업조합을 상대로 관리처분계획안에 대한 조합 총회결의의 효력 등을 다투는 소송은 행정처분에 이르는 절차적 요건의 존부나 효력 유무에 관한 소송으로서 그 소송결과에 따라 행정처분의 위법 여부에 직접 영향을 미치는 공법상 법률관계에 관한 것이므로, 이는 「행정소송법」상의 당사자소송에 해당한다(대판 2009.9.17. 2007다2428).
>
> • 관리처분계획에 대한 소송 – 항고소송
> 「도시재개발법」에 의한 재개발조합은 조합원에 대한 법률관계에서 적어도 특수한 존립목적을 부여받은 특수한 행정주체로서 국가의 감독하에 그 조합 목적인 특정한 공공사무를 행하고 있다고 볼 수 있는 범위 내에서는 공법상의 권리의무관계에 서 있는 것이므로 분양신청 후에 정하여진 관리처분계획의 내용에 관하여 다툼이 있는 경우에는 그 관리처분계획은 토지 등의 소유자에게 구체적이고 결정적인 영향을 미치는 것으로서 조합이 행한 처분에 해당하므로 항고소송의 방법으로 그 무효확인이나 취소를 구할 수 있다(대판 2002.2.10. 2001두6333).

13 ①

| 출제이력 | 2018 하

| LINK | 소방기본서 행정법총론 p. 268~269

① (○) 일반적으로 처분이 주체·내용·절차와 형식의 요건을 모두 갖추고 외부에 표시된 경우에는 처분의 존재가 인정된다(대판 2019.7.11. 2017두38874).

② (×) 행정의사가 외부에 표시되어 행정청이 자유롭게 취소·철회할 수 없는 구속을 받게 되는 시점에 처분이 성립하고, 그 성립 여부는 행정청이 행정의사를 공식적인 방법으로 외부에 표시하였는지를 기준으로 판단해야 한다(대판 2019.7.11. 2017두38874).

③ (×) 「행정절차법」 제14조 제4항에 의하면 송달이 불가능한 경우에도 공고방법으로 송달이 가능하다.

> 「행정절차법」 제14조 【송달】 ④ 다음 각 호의 어느 하나에 해당하는 경우에는 송달받을 자가 알기 쉽도록 관보, 공보, 게시판, 일간신문 중 하나 이상에 공고하고 인터넷에도 공고하여야 한다.
> 1. 송달받을 자의 주소 등을 통상적인 방법으로 확인할 수 없는 경우
> 2. 송달이 불가능한 경우

④ (×) 상대방 있는 행정처분은 특별한 규정이 없는 한 의사표시에 관한 일반법리에 따라 상대방에게 고지되어야 효력이 발생하고, 상대방 있는 행정처분이 상대방에게 고지되지 아니한 경우에는 상대방이 다른 경로를 통해 행정처분의 내용을 알게 되었다고 하더라도 행정처분의 효력이 발생한다고 볼 수 없다(대판 2019.8.9. 2019두38656).

14 ②

| 출제이력 | 2021 승진(유사)

| LINK | 소방기본서 행정법총론 p. 467~480

① (○) 행정대집행에 대한 일반법으로 「행정대집행법」이 있으며, 개별법적 근거를 두고 있다.

② (×) 대집행요건이 충족된 이후에 대집행 실행에 대한 재량 여부는, 「행정대집행법」상 규정인 "~할 수 있다."는 내용에 대해 학설의 다툼이 있으나 일반적인 견해와 판례는 재량으로 보고 있다.

> • 「행정대집행법」 제2조 【대집행과 그 비용징수】 법률(법률의 위임에 의한 명령, 지방자치단체의 조례를 포함한다. 이하 같다)에 의하여 직접명령되었거나 또는 법률에 의거한 행정청의 명령에 의한 행위로서 타인이 대신하여 행할 수 있는 행위를 의무자가 이행하지 아니하는 경우 다른 수단으로써 그 이행을 확보하기 곤란하고 또한 그 불이행을 방치함이 심히 공익을 해할 것으로 인정될 때에는 당해 행

정청은 스스로 의무자가 하여야 할 행위를 하거나 또는 제삼자로 하여금 이를 하게 하여 그 비용을 의무자로부터 징수할 수 있다.

• 관련 판례

건물 중 위법하게 구조변경을 한 건축물 부분은 제반 사정에 비추어 그 원상복구로 인한 불이익의 정도가 그로 인하여 유지하고자 하는 공익상의 필요 또는 제3자의 이익보호의 필요에 비하여 현저히 크므로, 그 건축물 부분에 대한 대집행계고처분은 재량권의 범위를 벗어난 위법한 처분이다(대판 1996.10.11. 96누8086).

③ (○) 대집행 계고 이후의 제2차, 제3차 계고는 새로운 행정처분이 아니고 계고의 단순연기에 불과하다는 것이 대법원의 입장이다.

건물의 소유자에게 위법건축물을 일정기간까지 철거할 것을 명함과 아울러 불이행할 때에는 대집행한다는 내용의 철거대집행 계고처분을 고지한 후 이에 불응하자 다시 제2차, 제3차 계고서를 발송하여 일정기간까지의 자진철거를 촉구하고 불이행하면 대집행을 한다는 뜻을 고지하였다면 「행정대집행법」상의 건물철거의무는 제1차 철거명령 및 계고처분으로서 발생하였고 제2차, 제3차의 계고처분은 새로운 철거의무를 부과한 것이 아니고 다만 대집행기한의 연기통지에 불과하므로 행정처분이 아니다(대판 1994.10.28. 94누5144).

④ (○) 하자의 승계는 선행처분의 위법을 이유로 후행처분에 대해 소송을 청구하여 다투는 것이다. 반대로 후행처분의 하자를 선행처분의 소송에서 다투는 것은 인정되지 않는다.

계고처분의 후속절차인 대집행에 위법이 있다고 하더라도, 그와 같은 후속절차에 위법성이 있다는 점을 들어 선행절차인 계고처분이 부적법하다는 사유로 삼을 수는 없다(대판 1997.2.14. 96누15428).

15 ③

행정작용법 > 행정행위 > 행정행위의 성립과 효력   오답률 24.1%

| 출제이력 | 2020

| LINK | 소방기본서 행정법총론 p. 354~357

① (○) "행정지도"란 행정기관이 그 소관 사무의 범위에서 일정한 행정목적을 실현하기 위하여 특정인에게 일정한 행위를 하거나 하지 아니하도록 지도, 권고, 조언 등을 하는 행정작용을 말한다(「행정절차법」 제2조 제3호).

② (○) 행정지도에 작용법적 근거가 필요한지에 대해 긍정설, 부정설, 절충설이 있다. 부정설이 대법원과 일반적인 입장이지만, 절충설에 의하면 규제적 성질을 강하게 갖는 행정지도는 법적 근거가 있어야 한다고 한다.

③ (×) 교육인적자원부장관의 대학총장들에 대한 이 사건 학칙시정요구는 「고등교육법」 제6조 제2항, 동법 시행령 제4조 제3항에 따른 것으로서 그 법적 성격은 대학총장의 임의적인 협력을 통하여 사실상의 효과를 발생시키는 행정지도의 일종이지만, 그에 따르지 않을 경우 일정한 불이익조치를 예정하고 있어 사실상 상대방에게 그에 따를 의무를 부과하는 것과 다를 바 없으므로 단순한 행정지도로서의 한계를 넘어 규제적·구속적 성격을 상당히 강하게 갖는 것으로서 헌법소원의 대상이 되는 공권력의 행사라고 볼 수 있다(헌재결 2003.6.26. 2002헌마337).

④ (○) 행정지도가 강제성을 띠지 않은 비권력적 작용으로서 행정지도의 한계를 일탈하지 아니하였다면, 그로 인하여 상대방에게 어떤 손해가 발생하였다 하더라도 행정기관은 그에 대한 손해배상책임이 없다(대판 2008.9.25. 2006다18228).

16 ①

실효성 확보수단 > 행정강제 > 행정조사   오답률 44.1%

| 출제이력 | 2020, 2019, 2018 하

| LINK | 소방기본서 행정법총론 p. 500~511

㉠ (×) 행정조사는 정기조사를 원칙으로 한다.

「행정조사기본법」 제7조 【조사의 주기】 행정조사는 법령 등 또는 행정조사운영계획으로 정하는 바에 따라 정기적으로 실시함을 원칙으로 한다. 다만, 다음 각 호 중 어느 하나에 해당하는 경우에는 수시조사를 할 수 있다.
1. 법률에서 수시조사를 규정하고 있는 경우
2. 법령 등의 위반에 대하여 혐의가 있는 경우
3. 다른 행정기관으로부터 법령 등의 위반에 관한 혐의를 통보 또는 이첩 받은 경우
4. 법령 등의 위반에 대한 신고를 받거나 민원이 접수된 경우
5. 그 밖에 행정조사의 필요성이 인정되는 사항으로서 대통령령으로 정하는 경우

㉡ (×) 「행정절차법」에는 행정조사절차에 대한 규정이 없다.

㉢ (○) 「국세기본법」상의 금지된 재조사에 기하여 과세처분하는 것은 위법하다(위법한 행정조사를 토대로 행해진 처분은 위법).

(구) 「국세기본법」 제81조의4 제2항에 따라 금지되는 재조사에 기하여 과세처분을 하는 것은 단순히 당초 과세처분의 오류를 경정하는 경우에 불과하다는 등의 특별한 사정이 없는 한 그 자체로 위법하고, 이는 과세관청이 그러한 재조사로 얻은 과세자료를 과세처분의 근거로 삼지 않았다거나 이를 배제하고서도 동일한 과세처분이 가능한 경우라고 하여 달리 볼 것은 아니다(대판 2017.12.13. 2016두55421).

㉣ (○) 행정조사는 원칙적으로 영장 없이 가능하다.

우편물 통관검사절차에서 이루어지는 우편물의 개봉, 시료채취, 성분분석 등의 검사는 수출입물품에 대한 적정한 통관 등을 목적으로 한 행정조사의 성격을 가지는 것으로서 수사관의 강제처분이라고 할 수 없으므로, 압수·수색영장 없이 우편물의 개봉, 시료채취, 성분분석 등 검사가 진행되었다 하더라도 특별한 사정이 없는 한 위법하다고 볼 수 없다(대판 2013.9.26. 2013도7718).

교수님 TIP

「행정조사기본법」은 소방행정법에서 매년(2018년, 2019년, 2020년 참고) 유사하게 계속 출제되고 있으므로 정확히 알아두자.

17 ③

| 출제이력 | 2022, 2021 승진(유사)

| LINK | 소방기본서 행정법총론 p. 212~215

① (○) 부관 중 부담은 그 자체로서 독립된 처분의 성질을 갖게 되어 항고소송의 대상이 된다.

> 행정행위의 부관은 행정행위의 일반적인 효력이나 효과를 제한하기 위하여 의사표시의 주된 내용에 부가되는 종된 의사표시이지 그 자체로서 직접 법적 효과를 발생하는 독립된 처분이 아니므로 현행 행정쟁송제도 아래서는 부관 그 자체만을 독립된 쟁송의 대상으로 할 수 없는 것이 원칙이나 행정행위의 부관 중에서도 행정행위에 부수하여 그 행정행위의 상대방에게 일정한 의무를 부과하는 행정청의 의사표시인 부담의 경우에는 다른 부관과는 달리 행정행위의 불가분적인 요소가 아니고 그 존속이 본체인 행정행위의 존재를 전제로 하는 것일 뿐이므로 부담 그 자체로서 행정쟁송의 대상이 될 수 있다(대판 1992.1.21. 91누1264).

② (○) 현역입영대상자로서는 현실적으로 입영을 하였다고 하더라도, 입영 이후의 법률관계에 영향을 미치고 있는 현역병입영통지처분 등을 한 관할 지방병무청장을 상대로 위법을 주장하여 그 취소를 구할 소송상의 이익이 있다(대판 2003.12.26. 2003두1875).

③ (×) 행정청에게 부여된 재량의 범위를 일탈한 경우나 행정법의 일반원칙에 반하는 재량의 남용은 위법한 처분이다. 하지만 일탈이나 남용이 없는 범위 내에서 공익적 판단(합목적성)을 그르친 경우에는 부당에 해당될 뿐 위법한 처분은 아니다.

④ (○) 허가기준에 대한 신청 시의 법령과 처분 시 법령이 상이한 경우 정당한 사유 없이 심사를 지연한 경우가 아닌 한 처분 시 법령에 따라 허가 여부를 판단한다.

> • 「행정기본법」 제14조 【법 적용의 기준】 ① 새로운 법령 등은 법령 등에 특별한 규정이 있는 경우를 제외하고는 그 법령 등의 효력 발생 전에 완성되거나 종결된 사실관계 또는 법률관계에 대해서는 적용되지 아니한다.
> ② 당사자의 신청에 따른 처분은 법령 등에 특별한 규정이 있거나 처분 당시의 법령 등을 적용하기 곤란한 특별한 사정이 있는 경우를 제외하고는 처분 당시의 법령 등에 따른다.
> • 관련 판례: 허가 등의 행정처분은 원칙적으로 처분 시의 법령과 허가기준에 의하여 처리되어야 하고 허가신청 당시의 기준에 따라야 하는 것은 아니며, 비록 허가신청 후 허가기준이 변경되었다 하더라도 그 허가관청이 허가신청을 수리하고도 정당한 이유 없이 그 처리를 늦추어 그 사이에 허가기준이 변경된 것이 아닌 이상 변경된 허가기준에 따라서 처분을 하여야 한다(대판 1996.8.20. 95누10877).

18 ④

| 출제이력 | 2022, 2020, 2019

| LINK | 소방기본서 행정법총론 p. 287~289

① (○) 과세대상이 되지 않는 법률관계나 사실관계에 대하여 이를 과세대상이 되는 것으로 오인할 만한 객관적인 사실이 있는 경우에 이것이 과세대상이 되는지 여부가 그 사실관계를 정확히 조사하여야 비로소 밝혀질 수 있는 경우라면 이를 오인한 하자가 중대한 경우라도 외관상 명백하다 할 수 없으므로 이를 오인한 과세처분을 당연무효라 할 수 없다(대판 1984.2.28. 82누154).

② (○) 조례 제정권의 범위를 벗어나 국가사무를 대상으로 한 무효인 서울특별시 행정권한위임조례의 규정에 근거하여 구청장이 건설업영업정지처분을 한 경우, 그 처분은 결과적으로 적법한 위임 없이 권한 없는 자에 의하여 행하여진 것과 마찬가지가 되어 그 하자가 중대하나, 지방자치단체의 사무에 관한 조례와 규칙은 조례가 보다 상위규범이라고 할 수 있고, 또한 헌법 제107조 제2항의 "규칙"에는 지방자치단체의 조례와 규칙이 모두 포함되는 등 이른바 규칙의 개념이 경우에 따라 상이하게 해석되는 점 등에 비추어 보면 위 처분의 위임과정의 하자가 객관적으로 명백한 것이라고 할 수 없으므로 이로 인한 하자는 결국 당연무효사유는 아니라고 봄이 상당하다(대판 1995.7.11. 94누4615).

③ (○) 「병역법」상 공익근무요원소집처분이 보충역편입처분을 전제로 하는 것이기는 하나 각각 단계적으로 별개의 법률효과를 발생하는 독립된 행정처분이라고 할 것이므로, 따라서 보충역편입처분의 기초가 되는 신체등위 판정에 잘못이 있다는 이유로 이를 다투기 위하여는 신체등위 판정을 기초로 한 보충역편입처분에 대하여 쟁송을 제기하여야 할 것이지, 보충역편입처분에 하자가 있다고 할지라도 그것이 당연무효라고 볼만한 특단의 사정이 없는 한 그 위법을 이유로 공익근무요원소집처분의 효력을 다툴 수 없다(대판 2002.12.10. 2001두5422).

④ (×) 부동산매매계약이 해제되어 소유권의 취득요건이 구비되지 못한 경우에 취득세 신고는 무효에 해당하는 하자에 해당한다.

> 취득세 신고행위는 납세의무자와 과세관청 사이에 이루어지는 것으로서 취득세 신고행위의 존재를 신뢰하는 제3자의 보호가 특별히 문제되지 않아 그 신고행위를 당연무효로 보더라도 법적 안정성이 크게 저해되지 않는 반면, 과세요건 등에 관한 중대한 하자가 있고 그 법적 구제수단이 국세에 비하여 상대적으로 미비함에도 위법한 결과를 시정하지 않고 납세의무자에게 그 신고행위로 인한 불이익을 감수시키는 것이 과세행정의 안정과 그 원활한 운영의 요청을 참작하더라도 납세의무자의 권익구제 등의 측면에서 현저하게 부당하다고 볼 만한 특별한 사정이 있는 때에는 예외적으로 이와 같은 하자 있는 신고행위가 당연무효라고 함이 타당하다(대판 2009.2.12. 2008두11716).

19 ②

| 출제이력 | 2020, 2019

| LINK | 소방기본서 행정법총론 p. 582~603

① (○) 「국가배상법」은 공무원의 피해자에 대한 배상규정이 없다.

② (×) 직무관련성의 판단은 실질적인 직무행위 여부나 직무를 집행할 의사여부 등에 의하지 않고 객관적인 외관으로 직무집행 여부를 판단한다.

> 인사업무담당 공무원이 다른 공무원의 공무원증 등을 위조한 행위에 대하여 실질적으로는 직무행위에 속하지 아니한다 할지라도 외관상으로 「국가배상법」 제2조 제1항의 직무집행관련성을 인정한다(대판 2005.1.14. 2004다26805).

③ (○) 「군행형법」과 「군행형법 시행령」이 군교도소나 미결수용실(이하 '교도소 등'이라 한다)에 대한 경계 감호를 위하여 관련 공무원에게 각종 직무상의 의무를 부과하고 있는 것은, 일차적으로는 그 수용자들을 격리보호하고 교정·교화함으로써 공공 일반의 이익을 도모하고 교도소 등의 내부 질서를 유지하기 위한 것이라 할 것이지만, 부수적으로는 그 수용자들이 탈주한 경우에 그 도주과정에서 일어날 수 있는 2차적 범죄행위로부터 일반 국민의 인명과 재화를 보호하고자 하는 목적도 있다고 할 것이므로, 국가공무원들이 위와 같은 직무상의 의무를 위반한 결과 수용자들이 탈주함으로써 일반 국민에게 손해를 입히는 사건이 발생하였다면, 국가는 그로 인하여 피해자들이 입은 손해를 배상할 책임이 있다(대판 2003.2.14. 2002다62678).

④ (○) 공동불법행위자 등이 부진정연대채무자로서 각자 피해자의 손해 전부를 배상할 의무를 부담하는 공동불법행위의 일반적인 경우와 달리 예외적으로 민간인은 피해 군인 등에 대하여 그 손해 중 국가 등이 민간인에 대한 구상의무를 부담한다면 그 내부적인 관계에서 부담하여야 할 부분을 제외한 나머지 자신의 부담부분에 한하여 손해배상의무를 부담하고, 한편 국가 등에 대하여는 그 귀책부분의 구상을 청구할 수 없다고 해석함이 상당하다 할 것이고, 이러한 해석이 손해의 공평·타당한 부담을 그 지도원리로 하는 손해배상제도의 이상에도 맞는다 할 것이다(대판 2001.2.15. 96다42420).

20 ③

| 출제이력 | 2020

| LINK | 소방기본서 행정법총론 p. 582~603

① (○) 지방자치단체가 비탈사면인 언덕에 대하여 현장조사를 한 결과 붕괴의 위험이 있음을 발견하고 이를 붕괴위험지구로 지정하여 관리하여 오다가 붕괴를 예방하기 위하여 언덕에 옹벽을 설치하기로 하고 소외 회사에게 옹벽시설공사를 도급 주어 소외 회사가 공사를 시행하다가 깊이 3m의 구덩이를 파게 되었는데, 피해자가 공사현장 주변을 지나가다가 흙이 무너져 내리면서 위 구덩이에 추락하여 상해를 입게 된 사안에서, 위 사고 당시 설치하고 있던 옹벽은 소외 회사가 공사를 도급받아 공사 중에 있었을 뿐만 아니라 아직 완성도 되지

아니하여 일반 공중의 이용에 제공되지 않고 있었던 이상 「국가배상법」 제5조 제1항 소정의 영조물에 해당한다고 할 수 없다(대판 1998. 10.23. 98다17381).

② (○) 김포공항에서 발생하는 소음 등으로 인근 주민들이 입은 피해는 사회통념상 수인한도를 넘는 것으로서 김포공항의 설치·관리에 하자가 있다(대판 2005.1.27. 2003다49566).

③ (×) 가변차로에 설치된 두 개의 신호등에서 서로 모순되는 신호가 들어오는 오작동이 발생하였고 그 고장이 현재의 기술수준상 부득이한 것이라고 가정하더라도 그와 같은 사정만으로 손해발생의 예견가능성이나 회피가능성이 없어 영조물의 하자를 인정할 수 없는 경우라고 단정할 수 없다(대판 2001.7.27. 2000다56822).

④ (○) 영조물 설치의 '하자'라 함은 영조물의 축조에 불완전한 점이 있어 이 때문에 영조물 자체가 통상 갖추어야 할 완전성을 갖추지 못한 상태에 있음을 말한다고 할 것인바 그 '하자' 유무는 객관적 견지에서 본 안전성의 문제이고 그 설치자의 재정사정이나 영조물의 사용목적에 의한 사정은 안전성을 요구하는 데 대한 정도 문제로서 참작사유에는 해당할지언정 안전성을 결정지을 절대적 요건에는 해당하지 아니한다 할 것이다(대판 1967.2.21. 66다1723).

2020 | 행정법총론 A형

일반 공무원 시험에 비하면 여전히 수월하게 풀리지만, 2019년에 비하면 난이도가 상승했다. 난이도 '상(上)'에 해당하는 문항은 1문항에 불과하지만, 난이도가 '중(中)'의 수준인 문항이 대부분이었다. 문제의 유형으로는 법령문제가 줄고 '이론＋판례'의 혼합문제와 '판례'문제가 늘어, 판례의 비중이 커져가고 있음을 분명하게 느낄 수 있다.

문항분석

문항	정답	오답률	영역
1	④	29.2%	행정작용법 > 행정행위 > 기속행위와 재량행위
2	③	25.0%	행정절차·정보공개·개인정보 보호 > 행정절차 > 의견청취절차
3	②	22.9%	행정구제법 > 행정쟁송 > 사정판결
오답률 TOP2 4	③	35.4%	행정구제법 > 행정쟁송 > 취소소송
5	④	33.3%	행정작용법 > 행정행위 > 행정행위의 하자
6	①	10.6%	실효성 확보수단 > 행정강제 > 행정조사
7	①	27.7%	행정작용법 > 그 밖에 행정의 주요행위형식 > 공법상 계약
오답률 TOP1 8	①	40.4%	행정작용법 > 행정입법 > 법규명령
9	④	8.5%	실효성 확보수단 > 행정강제 > 강제집행
10	①	23.4%	행정법총칙 > 행정법 > 행정법의 일반원칙
11	③	17.0%	행정구제법 > 행정쟁송 > 행정소송의 대상적격
12	④	25.5%	행정법총칙 > 행정법상의 법률요건과 법률사실 > 시효
13	③	4.3%	행정작용법 > 그 밖에 행정의 주요행위형식 > 행정지도
14	②	29.8%	실효성 확보수단 > 행정벌 > 「질서위반행위규제법」
15	④	25.5%	행정작용법 > 행정행위 > 특허
16	②	6.4%	행정작용법 > 그 밖에 행정의 주요행위형식 > 행정지도
17	③	10.6%	행정법총칙 > 행정법 > 행정법의 일반원칙
오답률 TOP3 18	③	34.0%	행정작용법 > 행정행위 > 행정행위의 부관
19	②	29.8%	실효성 확보수단 > 행정강제 > 즉시강제
20	②	17.0%	행정구제법 > 행정상 손해전보 > 국가배상

영역별 평균 오답률

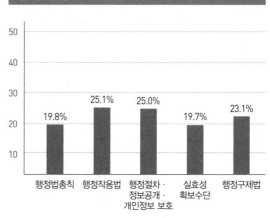

*2020년 20문항 기준 평균 오답률

출제 트렌드

구분	행정법 총칙	행정 작용법	행정절차·정보공개·개인정보 보호	실효성 확보수단	행정 구제법
2022	3문항	8문항	4문항	1문항	4문항
2021	2문항	7문항	2문항	4문항	5문항
2020	3문항	8문항	1문항	4문항	4문항

전 영역에서 고르게 출제

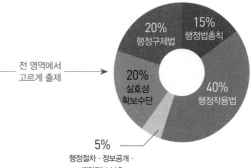

01 ④

행정작용법 > 행정행위 > 기속행위와 재량행위　　오답률 **29.2%**

| 출제이력 | 2018 승진(유사)

| LINK | 소방기본서 행정법총론 p. 208~217

① (×) 일반적으로 기속행위나 기속적 재량행위에는 부관을 붙일 수 없고, 가사 부관을 붙였다 하더라도 무효이다(대판 1988.4.27. 87누1106).

교수님 TIP

최근 제정·시행된 「행정기본법」 제17조 제2항에 따라 기속에는 법령에 근거가 없으면 부관을 붙일 수 없다는 규정이 있다.

> 「행정기본법」 제17조【부관】① 행정청은 처분에 재량이 있는 경우에는 부관(조건, 기한, 부담, 철회권의 유보 등을 말한다. 이하 이 조에서 같다)을 붙일 수 있다.
> ② 행정청은 처분에 재량이 없는 경우에는 법률에 근거가 있는 경우에 부관을 붙일 수 있다.

② (×) 건축허가를 하면서 일정 토지를 기부채납하도록 하는 내용의 허가조건은 부관을 붙일 수 없는 기속행위 내지 기속적 재량행위인 건축허가에 붙인 부담이거나 또는 법령상 아무런 근거가 없는 부관이어서 무효이다(대판 1995.6.13. 94다56883).

③ (×) 이 사건 건축불허가처분의 사유로 삼은 것은 관계 법규에서 정하는 건축허가의 제한사유에 해당하지 아니하고, 인근 주민 내지 기존 주유소 사업자들의 반대 그 자체가 건축허가 여부를 판단함에 있어 적법한 기준이 될 수 없으며, 이 사건 주유소 건축으로 인한 기존 주유소 사업자들의 영업상 손실을 공익상의 손실로 보기 어려운 점 등에 비추어 보면, 기존 주유소 사업자의 생계 위협 및 위험시설물인 주유소 설치에 따른 집단민원 발생이 이 사건 주유소의 건축허가를 제한할 만한 중대한 공익상의 필요에 해당한다고 보기 어려우므로, 이 사건 건축불허가처분은 위법하다(대판 2012.11.22. 2010두22962).

④ (○) 실권리자명의 등기의무를 위반한 명의신탁자에 대하여 부과하는 과징금의 감경에 관한 「부동산 실권리자명의 등기에 관한 법률 시행령」제3조의2 단서는 임의적 감경규정임이 명백하므로, 그 감경사유가 존재하더라도 과징금 부과관청이 감경사유까지 고려하고도 과징금을 감경하지 않은 채 과징금 전액을 부과하는 처분을 한 경우에는 이를 위법하다고 단정할 수는 없으나, 위 감경사유가 있음에도 이를 전혀 고려하지 않았거나 감경사유에 해당하지 않는다고 오인한 나머지 과징금을 감경하지 않았다면 그 과징금 부과처분은 재량권을 일탈·남용한 위법한 처분이라고 할 수밖에 없다(대판 2010.7.15. 2010두7031).

02 ③

행정절차·정보공개·개인정보 보호 > 행정절차 >　　오답률 **25.0%**
의견청취절차

| 출제이력 | 2021, 2019

| LINK | 소방기본서 행정법총론 p. 401~408

① (×) 행정청은 처분을 할 때 필요하다고 인정하는 경우에 청문을 한다.

> 「행정절차법」 제22조【의견청취】① 행정청이 처분을 할 때 다음 각 호의 어느 하나에 해당하는 경우에는 청문을 한다.
> 　1. 다른 법령 등에서 청문을 하도록 규정하고 있는 경우
> 　2. 행정청이 필요하다고 인정하는 경우
> 　3. 다음 각 목의 처분을 하는 경우
> 　　가. 인허가 등의 취소
> 　　나. 신분·자격의 박탈
> 　　다. 법인이나 조합 등의 설립허가의 취소

② (×) 공청회 개최사유에 대한 내용이다.

> 「행정절차법」 제22조【의견청취】② 행정청이 처분을 할 때 다음 각 호의 어느 하나에 해당하는 경우에는 공청회를 개최한다.
> 　1. 다른 법령 등에서 공청회를 개최하도록 규정하고 있는 경우
> 　2. 해당 처분의 영향이 광범위하여 널리 의견을 수렴할 필요가 있다고 행정청이 인정하는 경우
> 　3. 국민생활에 큰 영향을 미치는 처분으로서 대통령령으로 정하는 처분에 대하여 대통령령으로 정하는 수 이상의 당사자 등이 공청회 개최를 요구하는 경우

③ (○) 행정청이 당사자에게 의무를 부과하거나 권익을 제한하는 처분을 할 때 제1항(청문) 또는 제2항(공청회)의 경우 외에는 당사자 등에게 의견 제출의 기회를 주어야 한다(「행정절차법」 제22조 제3항).

④ (×) 이유 제시를 생략할 수 있는 사유에 대한 내용이다.

> 「행정절차법」 제23조【처분의 이유 제시】① 행정청은 처분을 할 때에는 다음 각 호의 어느 하나에 해당하는 경우를 제외하고는 당사자에게 그 근거와 이유를 제시하여야 한다.
> 　1. 신청 내용을 모두 그대로 인정하는 처분인 경우
> 　2. 단순·반복적인 처분 또는 경미한 처분으로서 당사자가 그 이유를 명백히 알 수 있는 경우
> 　3. 긴급히 처분을 할 필요가 있는 경우
> ② 행정청은 제1항제2호 및 제3호의 경우에 처분 후 당사자가 요청하는 경우에는 그 근거와 이유를 제시하여야 한다.

03 ②

행정구제법 > 행정쟁송 > 사정판결　　오답률 **22.9%**

| 출제이력 | 신규출제

| LINK | 소방기본서 행정법총론 p. 762~763

① (×) 행정소송에서의 입증이나 주장책임은 원고나 피고 각자가 자신에게 유리한 것을 부담하게 된다. 따라서 재량의 일탈이나 남용에 대한 주장이나 입증책임은 원고가 부담한다.

> 법원은 해당 심사기준의 해석에 관한 독자적인 결론을 도출하지 않은 채로 그 기준에 대한 행정청의 해석이 객관적인 합리성을 결여하여 재량권을 일탈·남용하였는지 여부만을 심사하여야 하고, 행정청의 심사기준에 대한 법원의 독자적인 해석을 근거로 그에 관한 행정청의 판단이 위법하다고 쉽사리 단정하여서는 아니 된다. 한편 이러한 재량권 일탈·남용에 관하여는 그 행정행위의 효력을 다투는 사람이 주장·증명책임을 부담한다(대판 2019.1.10. 2017두43319).

문제는 사정판결에 대한 설명을 묻고 있는데, ① 선지는 문제와 무관한 재량의 일탈·남용에 대한 선지에 해당한다.

② (○) 법원이 제1항의 규정에 의한 판결을 함에 있어서는 미리 원고가 그로 인하여 입게 될 손해의 정도와 배상방법 그 밖의 사정을 조사하여야 한다(「행정소송법」 제28조 제2항).

③ (×) 원고의 청구가 이유 있다고 인정하는 경우에도 처분 등을 취소하는 것이 현저히 공공복리에 적합하지 아니하다고 인정하는 때에는 법원은 원고의 청구를 기각할 수 있다. 이 경우 법원은 그 판결의 주문에서 그 처분 등이 위법함을 명시하여야 한다(동법 제28조 제1항).

④ (×) 원고는 피고인 행정청이 속하는 국가 또는 공공단체를 상대로 손해배상, 제해시설의 설치 그 밖에 적당한 구제방법의 청구를 당해 취소소송 등이 계속된 법원에 병합하여 제기할 수 있다(동법 제28조 제3항).

04 ③

행정구제법 > 행정쟁송 > 취소소송	오답률 35.4%

| 출제이력 | 2021 승진(유사)

| LINK | 소방기본서 행정법총론 p. 752~755

① (×) 취소소송은 처분 등을 대상으로 한다. 다만, 재결취소소송의 경우에는 재결 자체에 고유한 위법이 있음을 이유로 하는 경우에 한한다(「행정소송법」 제19조).

② (×) 금전적 보상을 과도하게 요하는 경우는 해당하지 않는다.

> 회복하기 어려운 손해란 사회통념상 그 원상회복이나 금전배상이 불가능하다고 인정되는 손해를 의미한다. 이는 특별한 사정이 없는 한 금전으로 보상할 수 없는 손해로서 금전보상이 불가능한 경우뿐만 아니라 금전보상으로는 사회관념상 행정처분을 받은 당사자가 참고 견딜 수 없거나 또는 참고 견디기가 현저히 곤란한 경우의 유형·무형의 손해를 일컫는다(대결 1992.4.29. 92두7).

③ (○) 취소소송은 처분 등이 있은 날부터 1년(제1항 단서의 경우는 재결이 있은 날부터 1년)을 경과하면 이를 제기하지 못한다. 다만, 정당한 사유가 있는 때에는 그러하지 아니하다(동법 제20조 제2항).

④ (×) 제2항의 집행정지 규정에 의한 집행정지의 결정을 신청함에 있어서는 그 이유에 대한 소명이 있어야 한다(동법 제23조 제4항).

집행정지의 요건을 묻는 문제는 출제빈도가 높으므로 섬세한 이해와 암기가 필요하다.

05 ④

행정작용법 > 행정행위 > 행정행위의 하자	오답률 33.3%

| 출제이력 | 2022, 2021, 2019

| LINK | 소방기본서 행정법총론 p. 302~306

① (×) 행정행위의 하자 치유에 대해 대법원은 원칙적으로 법치주의에 반한다고 하여 부정하고 있으나, 일부 국민의 권익침해 없이 능률행정을 위해 쟁송제기 이전까지 치유를 인정한다고 하여 제한긍정설의 입장을 취하고 있다.

> 행정행위의 성질이나 법치주의의 관점에서 볼 때 하자 있는 행정행위의 치유는 원칙적으로 허용될 수 없는 것일 뿐만 아니라, 이를 허용하는 경우에도 국민의 권리와 이익을 침해하지 않는 범위에서 구체적 사정에 따라 합목적적으로 가려야 한다고 할 것이다(대판 1983.7.26. 82누420).

② (×) 행정소송에서 행정처분의 위법 여부는 행정처분이 있을 때의 법령과 사실상태를 기준으로 하여 판단하여야 하고, 처분 후 법령의 개폐나 사실상태의 변동에 의하여 영향을 받지는 않는다고 할 것이고, 하자 있는 행정행위의 치유는 행정행위의 성질이나 법치주의의 관점에서 볼 때 원칙적으로 허용될 수 없는 것이고, 예외적으로 행정행위의 무용한 반복을 피하고 당사자의 법적 안정성을 위해 이를 허용하는 때에도 국민의 권리나 이익을 침해하지 않는 범위에서 구체적 사정에 따라 합목적적으로 인정하여야 한다(대판 2002.7.9. 2001두10684).

③ (×) 행정청이 어느 법률관계나 사실관계에 대하여 어느 법률의 규정을 적용하여 행정처분을 한 경우에 그 법률관계나 사실관계에 대하여는 그 법률의 규정을 적용할 수 없다는 법리가 명백히 밝혀져 그 해석에 다툼의 여지가 없음에도 불구하고 행정청이 위 규정을 적용하여 처분을 한 때에는 그 하자가 중대하고도 명백하다고 할 것이나, 그 법률관계나 사실관계에 대하여 그 법률의 규정을 적용할 수 없다는 법리가 명백히 밝혀지지 아니하여 그 해석에 다툼의 여지가 있는 때에는 행정관청이 이를 잘못 해석하여 행정처분을 하였더라도 이는 그 처분 요건사실을 오인한 것에 불과하여 그 하자가 명백하다고 할 수 없는 것이다(대판 2004.10.15. 2002다68485).

④ (○) 이 사건 변경인가처분은 이 사건 설립인가처분 후 추가동의서가 제출되어 동의자 수가 변경되었음을 이유로 하는 것으로서 조합원의 신규가입을 이유로 한 경미한 사항의 변경에 대한 신고를 수리하는 의미에 불과하므로 이 사건 설립인가처분이 이 사건 변경인가처분에 흡수된다고 볼 수 없고, 또한 이 사건 설립인가처분 당시 동의율을 충족하지 못한 하자는 후에 추가동의서가 제출되었다는 사정만으로 치유될 수 없다(대판 2013.7.11. 2011두27544).

06 ①

실효성 확보수단 > 행정강제 > 행정조사	오답률 10.6%

| 출제이력 | 2021, 2019, 2018 하

| LINK | 소방기본서 행정법총론 p. 500~511

① (×) 행정조사는 법령 등의 위반에 대한 처벌보다는 법령 등을 준수하도록 유도하는 데 중점을 두어야 한다(「행정조사기본법」 제4조 제4항).

② (○) 행정기관은 법령 등에서 행정조사를 규정하고 있는 경우에 한하여 행정조사를 실시할 수 있다. 다만, 조사대상자의 자발적인 협조를 얻어 실시하는 행정조사의 경우에는 그러하지 아니하다(동법 제5조).

③ (○) 행정기관의 장은 법령 등에서 규정하고 있는 조사사항을 조사대상자로 하여금 스스로 신고하도록 하는 제도를 운영할 수 있다(동법 제25조 제1항).

④ (○) 조사원이 조사목적의 달성을 위하여 시료채취를 하는 경우에는 그 시료의 소유자 및 관리자의 정상적인 경제활동을 방해하지 아니하는 범위 안에서 최소한도로 하여야 한다(동법 제12조 제1항).

07 ①

행정작용법 > 그 밖에 행정의 주요행위형식 > 공법상 계약 오답률 **27.7%**

| 출제이력 | 2021, 2019

| LINK | 소방기본서 행정법총론 p. 340~341

① (○) 정보화지원사업을 위한 중소기업기술정보진흥원장과 중소기업의 협약은 공법상 계약에 해당되고 계약의 해지와 계약상의 환수통보는 항고소송 대상인 처분이 아니어서 당사자소송에 의한다.

> 중소기업기술정보진흥원장이 갑 주식회사와 중소기업 정보화지원사업 지원대상인 사업의 지원에 관한 협약을 체결하였는데, 협약이 갑 회사에 책임이 있는 사업실패로 해지되었다는 이유로 협약에서 정한 대로 지급받은 정부지원금을 반환할 것을 통보한 사안에서, 협약의 해지 및 그에 따른 환수통보는 공법상 계약에 따라 행정청이 대등한 당사자의 지위에서 하는 의사표시로 보아야 하고, 이를 행정청이 우월한 지위에서 행하는 공권력의 행사로서 행정처분에 해당한다고 볼 수는 없다(대판 2015.8.27. 2015두41449).

② (×) 「행정절차법」에는 공법상 계약에 관한 규정이 없으므로, 계약을 해지함에 있어 「행정절차법」을 준수할 수 없다.

> 계약직 공무원에 관한 현행 법령의 규정에 비추어 볼 때, 계약직 공무원 채용계약해지의 의사표시는 일반공무원에 대한 징계처분과는 달라서 항고소송의 대상이 되는 처분 등의 성격을 가진 것으로 인정되지 아니하고, 일정한 사유가 있을 때에 국가 또는 지방자치단체가 채용계약관계의 한쪽 당사자로서 대등한 지위에서 행하는 의사표시로 취급되는 것으로 이해되므로, 이를 징계해고 등에서와 같이 그 징계사유에 한하여 효력 유무를 판단하여야 하거나, 행정처분과 같이 「행정절차법」에 의하여 근거와 이유를 제시하여야 하는 것은 아니다(대판 2002.11.26. 2002두5948).

③ (×) 행정대집행을 포함한 행정강제는 행정상의 의무를 불이행한 경우를 대상으로 한다. 여기에서의 의무는 권력적 작용으로서 법규상의 의무나 처분에 의해 부여된 의무를 말하며, 행정주체와 상대방이 대등한 지위에 있는 계약상의 의무를 의미하지 않는다.

④ (×) 공법상 계약에 관하여는 행정기본법에 규정되어 있다.

> 「행정기본법」 제27조 【공법상 계약의 체결】 ① 행정청은 법령 등을 위반하지 아니하는 범위에서 행정목적을 달성하기 위하여 필요한 경우에는 공법상 법률관계에 관한 계약(이하 "공법상 계약"이라 한다)을 체결할 수 있다. 이 경우 계약의 목적 및 내용을 명확하게 적은 계약서를 작성하여야 한다.
> ② 행정청은 공법상 계약의 상대방을 선정하고 계약 내용을 정할 때 공법상 계약의 공공성과 제3자의 이해관계를 고려하여야 한다.

08 ①

행정작용법 > 행정입법 > 법규명령 오답률 **40.4%**

| 출제이력 | 2022

| LINK | 소방기본서 행정법총론 p. 159~175

㉠ (○) 위임 규정에서 사용하고 있는 용어의 의미를 넘어 범위를 확장하거나 축소함으로써 위임 내용을 구체화하는 단계를 벗어나 새로운 입법을 한 것으로 평가할 수 있다면, 이는 위임의 한계를 일탈한 것으로서 허용되지 않는다(대판 2016.8.17. 2015두51132).

㉡ (×) 법률이 자치적인 사항을 정관에 위임할 경우 원칙적으로 헌법상의 포괄위임입법금지원칙이 적용되지 않는다.

㉢ (×) 상급행정기관이 하급행정기관에 대하여 업무처리지침이나 법령의 해석적용에 관한 기준을 정하여 발하는 이른바 '행정규칙이나 내부지침'은 일반적으로 행정조직 내부에서만 효력을 가질 뿐 대외적인 구속력을 갖는 것은 아니므로 행정처분이 그에 위반하였다고 하여 그러한 사정만으로 곧바로 위법하게 되는 것은 아니다(대판 2009.12.24. 2009두7967).

09 ④

실효성 확보수단 > 행정강제 > 강제집행 오답률 **8.5%**

| 출제이력 | 2018 하

| LINK | 소방기본서 행정법총론 p. 466~493

① (×) 개발제한구역 내의 건축물에 대하여 허가를 받지 않고 한 용도변경행위에 대한 형사처벌과 「건축법」 제83조 제1항에 의한 시정명령 위반에 대한 이행강제금의 부과는 그 처벌 내지 제재대상이 되는 기본적 사실관계로서의 행위를 달리하며, 또한 그 보호법익과 목적에서도 차이가 있으므로 이중처벌에 해당한다고 할 수 없다(대결 2005.8.19. 자 2005마30).

② (×) 양벌규정에 의한 영업주의 처벌은 금지위반 행위자인 종업원의 처벌에 종속하는 것이 아니라 독립하여 그 자신의 종업원에 대한 선임감독상의 과실로 인하여 처벌되는 것이므로 종업원의 범죄성립이나 처벌이 영업주 처벌의 전제조건이 될 필요는 없다(대판 2006.2.24. 2005도7673).

③ (×) 「도로교통법」 제118조에서 규정하는 경찰서장의 통고처분은 행정소송의 대상이 되는 행정처분이 아니므로 그 처분의 취소를 구하는 소송은 부적법하고 「도로교통법」상의 통고처분을 받은 자가 그 처분에 대하여 이의가 있는 경우에는 통고처분에 따른 범칙금의 납부를 이행하지 아니함으로써 경찰서장의 즉결심판청구에 의하여 법원의 심판을 받을 수 있게 될 뿐이다(대판 1995.6.29. 95누4674).

④ (○) 행정청이 행정대집행의 방법으로 건물철거의무의 이행을 실현할 수 있는 경우에는 건물철거 대집행 과정에서 부수적으로 건물의 점유자들에 대한 퇴거조치를 할 수 있고, 점유자들이 적법한 행정대집행을 위력을 행사하여 방해하는 경우 「형법」상 공무집행방해죄가 성립하므로, 필요한 경우에는 「경찰관 직무집행법」에 근거한 위험발생 방지조치 또는 「형법」상 공무집행방해죄의 범행방지 내지 현행범체포의 차원에서 경찰의 도움을 받을 수도 있다(대판 2017.4.28. 2016다213916).

철거과정의 행정대집행에서 점유자를 퇴거시키는 행위는 허용되지만, 건물 점유자의 점유배제를 목적으로 한 행정대집행은 허용되지 않는다.

| SUMMARY | 시설물 철거 대집행계고처분 취소

도시공원시설인 매점의 관리청이 그 공동점유자 중의 1인에 대하여 소정의 기간 내에 위 매점으로부터 퇴거하고 이에 부수하여 그 판매 시설물 및 상품을 반출하지 아니할 때에는 이를 대집행하겠다는 내용의 계고처분은 그 주된 목적이 매점의 원형을 보존하기 위하여 점유자가 설치한 불법 시설물을 철거하고자 하는 것이 아니라, 매점에 대한 점유자의 점유를 배제하고 그 점유이전을 받는 데 있다고 할 것인데, 이러한 의무는 그것을 강제적으로 실현함에 있어 직접적인 실력행사가 필요한 것이지 대체적 작위의무에 해당하는 것은 아니어서 직접강제의 방법에 의하는 것은 별론으로 하고 「행정대집행법」에 의한 대집행의 대상이 되는 것은 아니다(대판 1998.10.23. 97누157).

10 ①

행정법총칙 > 행정법 > 행정법의 일반원칙   오답률 23.4%

| 출제이력 | 2018 하

| LINK | 소방기본서 행정법총론 p. 40~68

① (×) 판례는 일반적으로 신뢰보호를 포함하여 행정법의 일반원칙을 위반하는 경우에 주로 취소로 보고 있다.

② (○) 행정주체가 행정작용을 함에 있어서 실질적 관련이 없는 행정을 결부하여 행하는 경우 부당결부금지원칙에 반하여 위법하다.

부당결부금지의 원칙이란 행정주체가 행정작용을 함에 있어서 상대방에게 이와 실질적인 관련이 없는 의무를 부과하거나 그 이행을 강제하여서는 아니 된다는 원칙을 말한다(대판 2009.2.12. 2005다65500).

③ (○) 「행정절차법」의 규정 유무와 상관없이 적정한 절차를 준수하지 않는 행정은 위법하다.

헌법상 적법절차의 원칙은 형사소송절차뿐만 아니라 국민에게 부담을 주는 행정작용에서도 준수되어야 하므로, 그 기본 정신은 과세처분에 대해서도 그대로 관철되어야 한다. 행정처분에 처분의 이유를 제시하도록 한 「행정절차법」이 과세처분에 직접 적용되지는 않지만(「행정절차법」 제3조 제2항 제9호, 「행정절차법 시행령」 제2조 제5호), 그 기본 원리가 과세처분의 장면이라고 하여 본질적으로 달라져서는 안 되는 것이고 이를 완화하여 적용할 하등의 이유도 없다(대판 2012.10.18. 2010두12347 전합).

④ (○) 자기구속의 원칙을 위반하는 행정처분은 평등이나 신뢰보호에 반하여 위법하다.

재량권 행사의 준칙인 행정규칙이 그 정한 바에 따라 되풀이 시행되어 행정관행이 이루어지게 되면 평등의 원칙이나 신뢰보호의 원칙에 따라 행정기관은 그 상대방에 대한 관계에서 그 규칙에 따라야 할 자기구속을 받게 되므로, 이러한 경우에는 특별한 사정이 없는 한 그를 위반하는 처분은 평등의 원칙이나 신뢰보호의 원칙에 위배되어 재량권을 일탈·남용한 위법한 처분이 된다(대판 2009.12.24. 2009두7967).

11 ③

행정구제법 > 행정쟁송 > 행정소송의 대상적격   오답률 17.0%

| 출제이력 | 2022, 2019

| LINK | 소방기본서 행정법총론 p. 736~743

㉠ (×) 국가기관인 소방청장도 다른 국가기관으로부터 일정한 의무를 부과하는 내용의 조치요구를 받은 것에 항고소송을 청구할 수 있는 원고적격이 인정된다.

행정기관인 국민권익위원회가 행정기관의 장에게 일정한 의무를 부과하는 내용의 조치요구를 한 것에 대하여 그 조치요구의 상대방인 행정기관의 장이 다투고자 할 경우에 법률에서 행정기관 사이의 기관소송을 허용하는 규정을 두고 있지 않으므로 이러한 조치요구를 이행할 의무를 부담하는 행정기관의 장으로서는 기관소송으로 조치요구를 다툴 수 없고, 위 조치요구에 관하여 정부 조직 내에서 그 처분의 당부에 대한 심사·조정을 할 수 있는 다른 방도도 없으며, 국민권익위원회는 헌법 제111조 제1항 제4호에서 정한 '헌법에 의하여 설치된 국가기관'이라고 할 수 없으므로 그에 관한 권한쟁의심판도 할 수 없고, 별도의 법인격이 인정되는 국가기관이 아닌 소방청장은 「질서위반행위규제법」에 따른 구제를 받을 수도 없는 점, 「부패방지 및 국민권익위원회의 설치와 운영에 관한 법률」은 소방청장에게 국민권익위원회의 조치요구에 따라야 할 의무를 부담시키는 외에 별도로 그 의무를 이행하지 않을 경우 과태료나 형사처벌까지 정하고 있으므로 위와 같은 조치요구에 불복하고자 하는 '소속 기관 등의 장'에게는 조치요구를 다툴 수 있는 소송상의 지위를 인정할 필요가 있는 점에 비추어, 처분성이 인정되는 국민권익위원회의 조치요구에 불복하고자 하는 소방청장으로서는 조치요구의 취소를 구하는 항고소송을 제기하는 것이 유효·적절한 수단으로 볼 수 있으므로 소방청장은 예외적으로 당사자 능력과 원고적격을 가진다(대판 2018.8.1. 2014두35379).

㉡ (○) 건축허가를 하면서 일정 토지를 기부채납하도록 하는 내용의 허가조건은 부관을 붙일 수 없는 기속행위 내지 기속적 재량행위인 건축허가에 붙인 부담이거나 또는 법령상 아무런 근거가 없는 부관이어서 무효이다(대판 1995.6.13. 94다56883).

㉢ (○) 취소소송은 처분 등이 있음을 안 날부터 90일 이내에 제기하여야 한다. 다만, 제18조 제1항 단서에 규정한 경우와 그 밖에 행정심판청구를 할 수 있는 경우 또는 행정청이 행정심판청구를 할 수 있다고 잘못 알린 경우에 행정심판청구가 있은 때의 기간은 재결서의 정본을 송달받은 날부터 기산한다(「행정소송법」 제20조 제1항).

㉣ (×) 과태료는 행정형벌이 아니다. 행정질서벌로서 「질서위반행위규제법」이 적용된다.

12 ④

행정법총칙 > 행정법상의 법률요건과 법률사실 > 시효   오답률 25.5%

| 출제이력 | 신규출제

| LINK | 소방기본서 행정법총론 p. 114~119

① (○) 「관세법」 제22조의 규정의 내용이다.

「관세법」 제22조 【관세징수권 등의 소멸시효】 ① 관세의 징수권은 이를 행사할 수 있는 날부터 다음 각 호의 구분에 따른 기간 동안 행사하지 아니하면 소멸시효가 완성된다.

1. 5억 원 이상의 관세(내국세를 포함한다. 이하 이 항에서 같다):
   10년
2. 제1호 외의 관세: 5년

② 납세자의 과오납금 또는 그 밖의 관세의 환급청구권은 그 권리를 행사할 수 있는 날부터 5년간 행사하지 아니하면 소멸시효가 완성된다.

② (○) 조세부과처분이 당연무효임을 전제로 하여 이미 납부한 세금의 반환을 청구하는 것은 민사상의 부당이득반환청구로서 민사소송절차에 따라야 한다(대판 1995.4.28. 94다55019).

③ (○) (구)「예산회계법」(1989.3.31. 법률 제4102호로 개정 전) 제71조의 금전이 급부를 목적으로 하는 국가의 권리라 함은 금전의 급부를 목적으로 하는 권리인 이상 금전급부의 발생원인에 관하여는 아무런 제한이 없으므로 국가의 공권력의 발동으로 하는 행위는 물론 국가의 사법상의 행위에서 발생한 국가에 대한 금전채무도 포함하고 동법 제71조에서 타법률에 운운 규정은 타법률에 동법 제71조에 규정한 5년의 소멸시효 기간보다 짧은 기간의 한 본건 제2항은 「예산회계법」 제71조에서 말하는 타법률에 규정한 경우에 해당하지 아니한다(대판 1967.7.4. 67다751).

④ (×) 공법에 특별한 규정이 없으면 시효에 대한 중단이나 정지에 대해 「민법」 규정을 준용한다.

> 「민법」 제168조【소멸시효의 중단사유】소멸시효는 다음 각 호의 사유로 인하여 중단된다.
> 1. 청구
> 2. 압류 또는 가압류, 가처분
> 3. 승인

13 ③

행정작용법 > 그 밖에 행정의 주요행위형식 > 행정지도   오답률 4.3%

| 출제이력 | 2022

| LINK | 소방기본서 행정법총론 p. 350~357

① (○) 행정기관은 행정지도의 상대방이 행정지도에 따르지 아니하였다는 것을 이유로 불이익한 조치를 하여서는 아니 된다(「행정절차법」 제48조 제2항).

② (○) 행정절차에 드는 비용은 행정청이 부담한다. 다만, 당사자 등이 자기를 위하여 스스로 지출한 비용은 그러하지 아니하다(동법 제54조).

③ (×) 행정지도의 상대방은 해당 행정지도의 방식·내용 등에 관하여 행정기관에 의견 제출을 할 수 있다(동법 제50조).

④ (○) 행정지도는 그 목적 달성에 필요한 최소한도에 그쳐야 하며, 행정지도의 상대방의 의사에 반하여 부당하게 강요하여서는 아니 된다(동법 제48조 제1항).

| SUMMARY | 「행정절차법」

> 제48조【행정지도의 원칙】① 행정지도는 그 목적 달성에 필요한 최소한도에 그쳐야 하며, 행정지도의 상대방의 의사에 반하여 부당하게 강요하여서는 아니 된다.
> ② 행정기관은 행정지도의 상대방이 행정지도에 따르지 아니하였다는 것을 이유로 불이익한 조치를 하여서는 아니 된다.

> 제49조【행정지도의 방식】① 행정지도를 하는 자는 그 상대방에게 그 행정지도의 취지 및 내용과 신분을 밝혀야 한다.
> ② 행정지도가 말로 이루어지는 경우에 상대방이 제1항의 사항을 적은 서면의 교부를 요구하면 그 행정지도를 하는 자는 직무 수행에 특별한 지장이 없으면 이를 교부하여야 한다.

> 제50조【의견 제출】행정지도의 상대방은 해당 행정지도의 방식·내용 등에 관하여 행정기관에 의견 제출을 할 수 있다.

> 제51조【다수인을 대상으로 하는 행정지도】행정기관이 같은 행정목적을 실현하기 위하여 많은 상대방에게 행정지도를 하려는 경우에는 특별한 사정이 없으면 행정지도에 공통적인 내용이 되는 사항을 공표하여야 한다.

14 ②

실효성 확보수단 > 행정벌 > 「질서위반행위규제법」   오답률 29.8%

| 출제이력 | 2021, 2019

| LINK | 소방기본서 행정법총론 p. 520~532

① (○) 고의 또는 과실이 없는 질서위반행위는 과태료를 부과하지 아니한다(「질서위반행위규제법」 제7조).

교수님 TIP

고의와 과실을 묻는 문제는 과태료뿐 아니라 행정형벌, 제재적 처분(과징금 등), 가산세 등이다. 별개로 정리하면 오히려 혼란스러울 수 있으니 같이 정리해야 한다.

② (×) 질서위반행위의 성립은 행위 시의 법률을 따르고, 과태료 처분도 행위 시의 법률에 따른다.

> 「질서위반행위규제법」 제3조【법 적용의 시간적 범위】① 질서위반행위의 성립과 과태료 처분은 행위 시의 법률에 따른다.
> ② 질서위반행위 후 법률이 변경되어 그 행위가 질서위반행위에 해당하지 아니하게 되거나 과태료가 변경되기 전의 법률보다 가볍게 된 때에는 법률에 특별한 규정이 없는 한 변경된 법률을 적용한다.

③ (○) 합리적 의심이 있는 경우의 질서위반행위 조사에 대한 내용이다.

> 「질서위반행위규제법」 제22조【질서위반행위의 조사】① 행정청은 질서위반행위가 발생하였다는 합리적 의심이 있어 그에 대한 조사가 필요하다고 인정할 때에는 대통령령으로 정하는 바에 따라 다음 각 호의 조치를 할 수 있다.
> 1. 당사자 또는 참고인의 출석 요구 및 진술의 청취
> 2. 당사자에 대한 보고 명령 또는 자료 제출의 명령
> ② 행정청은 질서위반행위가 발생하였다는 합리적 의심이 있어 그에 대한 조사가 필요하다고 인정할 때에는 그 소속 직원으로 하여금 당사자의 사무소 또는 영업소에 출입하여 장부·서류 또는 그 밖의 물건을 검사하게 할 수 있다.

④ (○) 과태료는 질서벌로서 형벌이 아니다. 형법총칙을 적용하지 않는다.

15 ④

행정작용법 > 행정행위 > 특허　　오답률 25.5%

| 출제이력 | 2021, 2019

| LINK | 소방기본서 행정법총론 p. 229~232

① (○) 귀화허가는 (인위적인)포괄적 신분을 설정하는 강학상 특허(설권행위)이다.

> 국적은 국민의 자격을 결정짓는 것이고, 이를 취득한 사람은 국가의 주권자가 되는 동시에 국가의 속인적 통치권의 대상이 되므로, 귀화허가는 외국인에게 대한민국 국적을 부여함으로써 국민으로서의 법적 지위를 포괄적으로 설정하는 행위에 해당한다(대판 2010.7.15. 2009두19069).

② (○) 공무원 임명은 인위적인 법률상의 지위를 부여하는 설권행위로서 특허에 해당된다.

③ (○) 개인택시운송사업면허는 특정인에게 권익을 부여하는 강학상 설권행위로 특허에 해당한다.

> 「자동차운수사업법」에 의한 개인택시운송사업면허는 특정인에게 권리나 이익을 부여하는 행정행위로서 법령에 특별한 규정이 없는 한 재량행위이고, 그 면허를 위하여 필요한 기준을 정하는 것도 역시 행정청의 재량에 속하는 것이므로, 그 설정된 기준이 객관적으로 합리적이 아니라거나 타당하지 않다고 볼 만한 다른 특별한 사정이 없는 이상 행정청의 의사는 가능한 한 존중되어야 한다(대판 1996.10.11. 96누6172).

④ (×) 사립학교 이사선임의 승인행위는 강학상 보충행위로서 인가에 해당하나, 사립학교 법인이사의 선임행위는 행정작용이 아니라 인가의 대상이 되는 기본적인 법률행위를 말한다.

> (구) 「사립학교법」(2005.12.29. 법률 제7802호로 개정되기 전의 것) 제20조 제1항, 제2항은 학교법인의 이사장·이사·감사 등의 임원은 이사회의 선임을 거쳐 관할청의 승인을 받아 취임하도록 규정하고 있는바, 관할청의 임원취임승인행위는 학교법인의 임원선임행위의 법률상 효력을 완성케 하는 보충적 법률행위이다(대판 2007.12.27. 2005두9651).

16 ②

행정작용법 > 그 밖에 행정의 주요행위형식 > 행정지도　　오답률 6.4%

| 출제이력 | 2021

| LINK | 소방기본서 행정법총론 p. 350~357

① (○) 행정지도는 행정목적을 위해 일정한 행위를 하거나 하지 않도록 임의적 협력을 요하는, 희망을 표시하는 비권력적 사실행위이다.

> 「행정절차법」 제2조 【정의】
> 3. "행정지도"란 행정기관이 그 소관 사무의 범위에서 일정한 행정목적을 실현하기 위하여 특정인에게 일정한 행위를 하거나 하지 아니하도록 지도, 권고, 조언 등을 하는 행정작용을 말한다.

② (×) 행정지도를 하는 자는 그 상대방에게 그 행정지도의 취지 및 내용과 신분을 밝혀야 한다(「행정절차법」 제49조 제1항).

③ (○) 행정지도는 그 목적 달성에 필요한 최소한도에 그쳐야 하며, 행정지도의 상대방의 의사에 반하여 부당하게 강요하여서는 아니 된다(동법 제48조 제1항).

④ (○) 행정지도는 비권력적 사실행위로 법률의 근거 없이 가능하다. 일부 견해에 의하면 지도가 강제성을 띠는 경우에는 법률의 근거가 필요하다고 한다.

> **교수님 TIP**
>
> 13번 문제에서 이미 행정지도에 관한 문제가 있었는데 본 문제에서도 동일하게 「행정절차법」상 내용을 묻고 있다. 이런 경우는 다른 시험에서는 매우 드문 일이다. 행정지도 단원이 중요성이 높지 않고 공부할 분량이 많지도 않으며 비교적 적은 부분임을 감안해 보면 소방행정법의 특징으로 보인다.

17 ③

행정법총칙 > 행정법 > 행정법의 일반원칙　　오답률 10.6%

| 출제이력 | 2018 하

| LINK | 소방기본서 행정법총론 p. 40~68

① (×) LPG는 석유에 비하여 화재 및 폭발의 위험성이 훨씬 커서 주택 및 근린생활시설이 들어설 지역에 LPG충전소의 설치금지는 불가피하다 할 것이고 석유와 LPG의 위와 같은 차이를 고려하여 연구단지 내 녹지구역에 LPG충전소의 설치를 금지한 것은 위와 같은 합리적 이유에 근거한 것이므로 이 사건 시행령 규정은 평등원칙에 위배된다고 볼 수 없다(헌재결 2004.7.15. 2001헌마646).

② (×) 행정행위를 한 처분청은 그 행위에 하자가 있는 경우에는 별도의 법적 근거가 없더라도 스스로 이를 취소할 수 있고, 다만 수익적 행정처분을 취소할 때에는 이를 취소하여야 할 공익상의 필요와 그 취소로 인하여 당사자가 입게 될 기득권과 신뢰보호 및 법률생활 안정의 침해 등 불이익을 비교·교량한 후 공익상의 필요가 당사자가 입을 불이익을 정당화할 만큼 강한 경우에 한하여 취소할 수 있다(대판 2008.11.13. 2008두8628).

③ (○) 이 사건 처분에 의하여 피고가 달성하려는 학생들의 교육환경과 인근 주민들의 주거환경 보호라는 공익은 이 사건 처분으로 인하여 원고들이 입게 되는 불이익을 정당화할 만큼 강한 경우에 해당한다고 할 것이므로, 같은 취지에서 원고들의 각 숙박시설 건축허가신청을 반려한 이 사건 처분은 신뢰보호의 원칙에 위배되지 않는다(대판 2005.11.25. 2004두6822).

④ (×) 옥외집회·시위에 대한 사전신고 이후 기재사항의 보완, 금지통고 및 이의절차 등이 원활하게 진행되기 위하여 늦어도 집회가 개최되기 48시간 전까지 사전신고를 하도록 규정한 것이 지나치다고 볼 수 없다(헌재결 2014.1.28. 2011헌바174).

18 ③

TOP3

| 행정작용법 > 행정행위 > 행정행위의 부관 | 오답률 34.0% |

| 출제이력 | 2022

| LINK | 소방기본서 행정법총론 p. 253~266

① (○) 사후부관은 일정한 경우에 허용될 수 있다는 것이 대법원의 입장이며, 최근 시행되고 있는 「행정기본법」의 내용이다.

> • 「행정기본법」 제17조 【부관】 ② 행정청은 처분에 재량이 없는 경우에는 법률에 근거가 있는 경우에 부관을 붙일 수 있다.
> ③ 행정청은 부관을 붙일 수 있는 처분이 다음 각 호의 어느 하나에 해당하는 경우에는 그 처분을 한 후에도 부관을 새로 붙이거나 종전의 부관을 변경할 수 있다.
> 1. 법률에 근거가 있는 경우
> 2. 당사자의 동의가 있는 경우
> 3. 사정이 변경되어 부관을 새로 붙이거나 종전의 부관을 변경하지 아니하면 해당 처분의 목적을 달성할 수 없다고 인정되는 경우
>
> • 관련 판례: 부관의 사후변경은, 법률에 명문의 규정이 있거나 그 변경이 미리 유보되어 있는 경우 또는 상대방의 동의가 있는 경우에 한하여 허용되는 것이 원칙이지만, 사정변경으로 인하여 당초에 부담을 부가한 목적을 달성할 수 없게 된 경우에도 그 목적 달성에 필요한 범위 내에서 예외적으로 허용된다(대판 1997.5.30. 97누2627).

② (○) 부관 중 (강학상) 조건은 장래의 성취 불확실한 사실에 의해 처분의 효력이 발생하거나 소멸하는 것으로 장래의 성취 불확실한 사실에 의해 처분의 효력이 발생하면 정지조건, 장래의 성취 불확실한 사실에 의해 처분의 효력이 소멸하면 해제조건이 된다.

③ (×) 법률효과 일부배제에 대해 부관으로 인정할 것인지에 대한 다툼이 있으나 대법원은 부관의 일종으로 보고 있다.

> 행정청이 한 공유수면매립준공인가 중 매립지 일부에 대하여 한 국가귀속처분은 매립준공인가를 함에 있어서 매립의 면허를 받은 자의 매립지에 대한 소유권취득을 규정한 「공유수면매립법」 제14조의 효과 일부를 배제하는 부관을 붙인 것이므로 이러한 행정행위의 부관에 대하여는 독립하여 행정소송의 대상으로 삼을 수 없다(대판 1991.12.13. 90누8503).

④ (○) 조건과 달리 부담은 부담을 이행하지 않아도 주된 처분의 효력이 처음부터 발생하고, 이행하지 않았다는 이유로 주된 처분의 효력이 바로 소멸하지 않는다. 따라서 부관이 조건인지 부담인지 모호한 경우에는 국민에게 유리한 부담으로 해석한다는 것이 일반적인 견해이다.

19 ②

| 실효성 확보수단 > 행정강제 > 즉시강제 | 오답률 29.8% |

| 출제이력 | 2019

| LINK | 소방기본서 행정법총론 p. 494~499

① (○) 행정기관은 법령 등에서 행정조사를 규정하고 있는 경우에 한하여 행정조사를 실시할 수 있다. 다만, 조사대상자의 자발적인 협조를 얻어 실시하는 행정조사의 경우에는 그러하지 아니하다(행정조사기본법 제5조).

② (×) 즉시강제는 목전에 급박한 위해를 제거하기 위한 행정작용으로 최후수단(보충성)으로 실행된다. 하지만 즉시강제는 법적 근거가 있어야 한다. 제시된 화재진압을 위한 불법주차차량의 제거는 「소방기본법」 제25조(강제처분) 제3항의 규정이다.

③ (○) 「행정대집행법」 제4조 제1항의 내용이다.

> 「행정대집행법」 제4조 【대집행의 실행 등】 ① 행정청(제2조에 따라 대집행을 실행하는 제3자를 포함한다. 이하 이 조에서 같다)은 해가 뜨기 전이나 해가 진 후에는 대집행을 하여서는 아니 된다. 다만, 다음 각 호의 어느 하나에 해당하는 경우에는 그러하지 아니하다.
> 1. 의무자가 동의한 경우
> 2. 해가 지기 전에 대집행을 착수한 경우
> 3. 해가 뜬 후부터 해가 지기 전까지 대집행을 하는 경우에는 대집행의 목적 달성이 불가능한 경우
> 4. 그 밖에 비상시 또는 위험이 절박한 경우

④ (○) 「건축법」 제69조의2 제6항, 「지방세법」 제28조, 제82조, 「국세징수법」 제23조의 각 규정에 의하면, 이행강제금 부과처분을 받은 자가 이행강제금을 기한 내에 납부하지 아니한 때에는 그 납부를 독촉할 수 있으며, 납부독촉에도 불구하고 이행강제금을 납부하지 않으면 체납절차에 의하여 이행강제금을 징수할 수 있고, 이때 이행강제금 납부의 최초 독촉은 징수처분으로서 항고소송의 대상이 되는 행정처분이 될 수 있다(대판 2009.12.24. 2009두14507).

20 ②

| 행정구제법 > 행정상 손해전보 > 국가배상 | 오답률 17.0% |

| 출제이력 | 2021

| LINK | 소방기본서 행정법총론 p. 582~603

① (○) 「성폭력범죄의 처벌 및 피해자보호 등에 관한 법률」 제21조는 성폭력범죄의 수사 또는 재판을 담당하거나 이에 관여하는 공무원에 대하여 피해자의 인적사항과 사생활의 비밀을 엄수할 직무상 의무를 부과하고 있고, 이는 주로 성폭력범죄 피해자의 명예와 사생활의 평온을 보호하기 위한 것이므로, 성폭력범죄의 수사를 담당하거나 수사에 관여하는 경찰관이 위와 같은 직무상 의무에 반하여 피해자의 인적사항 등을 공개 또는 누설하였다면 국가는 그로 인하여 피해자가 입은 손해를 배상하여야 한다(대판 2008.6.12. 2007다64365).

② (×) 음주운전으로 적발된 주취운전자가 도로 밖으로 차량을 이동하겠다며 단속 경찰관으로부터 보관 중이던 차량열쇠를 반환 받아 몰래 차량을 운전하여 가던 중 사고를 일으킨 경우, 국가배상책임이 인정된다(대판 1998.5.8. 97다54482).

③ (○) 「국가배상법」 제6조 제1항은 같은 법 제2조, 제3조 및 제5조의 규정에 의하여 국가 또는 지방자치단체가 손해를 배상할 책임이 있는 경우에 공무원의 선임·감독 또는 영조물의 설치·관리를 맡은 자와 공무원의 봉급·급여 기타의 비용 또는 영조물의 설치·관리의 비용을 부담하는 자가 동일하지 아니한 경우에는 그 비용을 부담하는 자도 손해를 배상하여야 한다고 규정하고 있으므로 교통신호기를 관리하는 지방경찰청장 산하 경찰관들에 대한 봉급을 부담하는 국가도 「국가배상법」 제6조 제1항에 의한 배상책임을 부담한다(대판 1999.6.25. 99다11120).

④ (○) (구) 「농지확대개발촉진법」 제24조와 제27조에 의하여 농수산부 장관 소관의 국가사무로 규정되어 있는 개간허가와 개간허가의 취소 사무는 같은 법 제61조 제1항, 같은 법 시행령 제37조 제1항에 의하여 도지사에게 위임되고, 같은 법 제61조 제2항에 근거하여 도지사로부터 하위 지방자치단체장인 군수에게 재위임되었으므로 이른바 기관위임사무라 할 것이고, 이러한 경우 군수는 그 사무의 귀속 주체인 국가 산하 행정기관의 지위에서 그 사무를 처리하는 것에 불과하므로, 군수 또는 군수를 보조하는 공무원이 위임사무처리에 있어 고의 또는 과실로 타인에게 손해를 가하였다 하더라도 원칙적으로 군에는 국가배상책임이 없고 그 사무의 귀속 주체인 국가가 손해배상책임을 지는 것이며, 다만 「국가배상법」 제6조에 의하여 군이 비용을 부담한다고 볼 수 있는 경우에 한하여 국가와 함께 손해배상책임을 부담한다(대판 2000.5.12. 99다70600).

> 「국가배상법」 제6조 【비용부담자 등의 책임】 ① 국가나 지방자치단체가 손해를 배상할 책임이 있는 경우에 공무원의 선임·감독 또는 영조물의 설치·관리를 맡은 자와 공무원의 봉급·급여, 그 밖의 비용 또는 영조물의 설치·관리 비용을 부담하는 자가 동일하지 아니하면 그 비용을 부담하는 자도 손해를 배상하여야 한다.

2019 | 행정법총론 A형

전반적으로 문장의 길이가 짧고 쉽게 출제되었다. 난이도 '하(下)'에 해당하는 문항이 20문항 중 8문항으로, 국민권익위원회를 묻는 1문항(난이도 上)을 제외하고는 아주 수월하게 풀이했으리라 생각된다. 출제유형은 과년도에 비해 '법령'문제가 더 늘어나 절반가량이 '법령' 복합문제로 쏠림현상이 나타났다.

문항분석

문항	정답	오답률	영역
1	④	27.0%	행정구제법 > 행정쟁송 > 사정재결
2	②	32.4%	행정구제법 > 행정쟁송 > 민중소송과 기관소송
3	①	43.2%	행정구제법 > 일반론적 구제수단 > 국민권익위원회
4	③	35.1%	실효성 확보수단 > 행정강제 > 즉시강제
5 [오답률 TOP2]	②	51.4%	행정절차·정보공개·개인정보 보호 > 정보공개와 개인정보 보호 > 단체소송
6	③	29.7%	행정구제법 > 행정쟁송 > 항고소송의 대상
7	④	16.2%	행정작용법 > 행정행위 > 행정행위의 하자
8	②	24.3%	행정구제법 > 행정쟁송 > 심판청구의 제기기간
9	①	27.0%	행정법총칙 > 행정상 법률관계 > 공법과 사법
10	③	21.6%	행정절차·정보공개·개인정보 보호 > 정보공개와 개인정보 보호 > 정보공개법
11	②	13.9%	실효성 확보수단 > 행정강제 > 행정조사
12	③	25.0%	행정작용법 > 행정행위 > 행정행위의 내용
13	①	25.0%	행정작용법 > 행정행위 > 행정행위의 내용
14	②	19.4%	행정구제법 > 행정상 손해전보 > 국가배상
15 [오답률 TOP3]	③	44.4%	행정구제법 > 행정쟁송 > 행정소송의 대상적격
16	①	44.4%	행정구제법 > 행정상 손해전보 > 손실보상
17 [오답률 TOP1]	②	69.4%	행정작용법 > 행정행위 > 행정행위의 내용
18	③	16.7%	행정법총칙 > 행정법 > 신뢰보호의 원칙
19	④	41.7%	행정절차·정보공개·개인정보 보호 > 행정절차 > 「행정절차법」
20	①	19.4%	행정구제법 > 행정상 손해전보 > 「국가배상법」상 공무원

영역별 평균 오답률

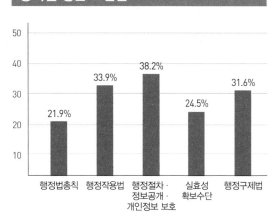

행정법총칙 21.9%
행정작용법 33.9%
행정절차·정보공개·개인정보 보호 38.2%
실효성 확보수단 24.5%
행정구제법 31.6%

*2019년 20문항 기준 평균 오답률

출제 트렌드

구분	행정법총칙	행정작용법	행정절차·정보공개·개인정보 보호	실효성확보수단	행정구제법
2022	3문항	8문항	4문항	1문항	4문항
2021	2문항	7문항	2문항	4문항	5문항
2020	3문항	8문항	1문항	4문항	4문항
2019	2문항	4문항	3문항	2문항	9문항

행정구제법 영역에서 집중적으로 9문항이나 출제

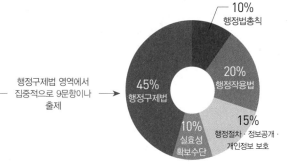

10% 행정법총칙
20% 행정작용법
15% 행정절차·정보공개·개인정보 보호
10% 실효성 확보수단
45% 행정구제법

01 ④

| 행정구제법 > 행정쟁송 > 사정재결 | 오답률 27.0% |

| 출제이력 | 2022, 2021

| LINK | 소방기본서 행정법총론 p. 708~709

① (○) 중앙행정심판위원회는 위원장 1명을 포함하여 70명 이내의 위원으로 구성하되, 위원 중 상임위원은 4명 이내로 한다(「행정심판법」제8조 제1항).

② (○) 행정소송과 달리 행정심판은 위법 또는 부당이 심판대상이 된다.

> **「행정심판법」제5조【행정심판의 종류】** 행정심판의 종류는 다음 각 호와 같다.
> 1. 취소심판: 행정청의 위법 또는 부당한 처분을 취소하거나 변경하는 행정심판
> 2. 무효등확인심판: 행정청의 처분의 효력 유무 또는 존재 여부를 확인하는 행정심판
> 3. 의무이행심판: 당사자의 신청에 대한 행정청의 위법 또는 부당한 거부처분이나 부작위에 대하여 일정한 처분을 하도록 하는 행정심판

③ (○) 부작위는 처분이 존재하지 않아 행정심판청구기간에 제한이 없다.

> **「행정심판법」제27조【심판청구의 기간】** ① 행정심판은 처분이 있음을 알게 된 날부터 90일 이내에 청구하여야 한다.
> ② 청구인이 천재지변, 전쟁, 사변(事變), 그 밖의 불가항력으로 인하여 제1항에서 정한 기간에 심판청구를 할 수 없었을 때에는 그 사유가 소멸한 날부터 14일 이내에 행정심판을 청구할 수 있다. 다만, 국외에서 행정심판을 청구하는 경우에는 그 기간을 30일로 한다.
> ③ 행정심판은 처분이 있었던 날부터 180일이 지나면 청구하지 못한다. 다만, 정당한 사유가 있는 경우에는 그러하지 아니하다.
> ④ 제1항과 제2항의 기간은 불변기간(不變期間)으로 한다.
> ⑤ 행정청이 심판청구 기간을 제1항에 규정된 기간보다 긴 기간으로 잘못 알린 경우 그 잘못 알린 기간에 심판청구가 있으면 그 행정심판은 제1항에 규정된 기간에 청구된 것으로 본다.
> ⑥ 행정청이 심판청구 기간을 알리지 아니한 경우에는 제3항에 규정된 기간에 심판청구를 할 수 있다.
> ⑦ 제1항부터 제6항까지의 규정은 무효등확인심판청구와 부작위에 대한 의무이행심판청구에는 적용하지 아니한다.

④ (×) 사정재결은 무효등확인심판에서 적용되지 않을 뿐 취소심판이나 의무이행심판에는 사정재결을 할 수 있다.

> **「행정심판법」제44조【사정재결】** ① 위원회는 심판청구가 이유가 있다고 인정하는 경우에도 이를 인용(認容)하는 것이 공공복리에 크게 위배된다고 인정하면 그 심판청구를 기각하는 재결을 할 수 있다. 이 경우 위원회는 재결의 주문(主文)에서 그 처분 또는 부작위가 위법하거나 부당하다는 것을 구체적으로 밝혀야 한다.
> ② 위원회는 제1항에 따른 재결을 할 때에는 청구인에 대하여 상당한 구제방법을 취하거나 상당한 구제방법을 취할 것을 피청구인에게 명할 수 있다.
> ③ 제1항과 제2항은 무효등확인심판에는 적용하지 아니한다.

02 ②

| 행정구제법 > 행정쟁송 > 민중소송과 기관소송 | 오답률 32.4% |

| 출제이력 | 2021, 2019 승진(유사)

| LINK | 소방기본서 행정법총론 p. 721~722

① (○) 무효등 확인소송은 행정청의 처분 등의 효력 유무 또는 존재 여부를 확인하는 소송이다(「행정소송법」제4조).

② (×) 선지의 내용은 민중소송에 대한 내용이다.

> **「행정소송법」제3조【행정소송의 종류】**
> 3. 민중소송: 국가 또는 공공단체의 기관이 법률에 위반되는 행위를 한 때에 직접 자기의 법률상 이익과 관계없이 그 시정을 구하기 위하여 제기하는 소송
> 4. 기관소송: 국가 또는 공공단체의 기관 상호간에 있어서의 권한의 존부 또는 그 행사에 관한 다툼이 있을 때에 이에 대하여 제기하는 소송. 다만, 「헌법재판소법」제2조의 규정에 의하여 헌법재판소의 관장사항으로 되는 소송은 제외한다.

③ (○) 민중소송과 기관소송은 객관적 소송으로 남소폐단의 우려가 있어 「행정소송법」에 열기주의로 규정하고 있다.

> **「행정소송법」제45조【소의 제기】** 민중소송 및 기관소송은 법률이 정한 경우에 법률에 정한 자에 한하여 제기할 수 있다.

④ (○) 당사자소송에 관하여 법령에 제소기간이 정하여져 있는 때에는 그 기간은 불변기간으로 한다(동법 제41조).

03 ①

| 행정구제법 > 일반론적 구제수단 > 국민권익위원회 | 오답률 43.2% |

| 출제이력 | 신규출제

| LINK | 소방기본서 행정법총론 p. 566~572

① (×) 18세 이상의 국민은 공공기관의 사무처리가 법령 위반 또는 부패행위로 인하여 공익을 현저히 해하는 경우 대통령령으로 정하는 일정한 수 이상의 국민의 연서로 감사원에 감사를 청구할 수 있다. 다만, 국회·법원·헌법재판소·선거관리위원회 또는 감사원의 사무에 대하여는 국회의장·대법원장·헌법재판소장·중앙선거관리위원회 위원장 또는 감사원장(이하 "당해 기관의 장"이라 한다)에게 감사를 청구하여야 한다(「부패방지 및 국민권익위원회의 설치와 운영에 관한 법률」제72조 제1항).

② (○) 국민권익위원회는 「행정심판법」에 따른 중앙행정심판위원회의 운영에 관한 사항을 수행한다(동법 제12조 제19호).

③ (○) 누구든지 부패행위를 알게 된 때에는 이를 위원회에 신고할 수 있다(동법 제55조).

④ (○) 위원장과 위원의 임기는 각각 3년으로 하되 1차에 한하여 연임할 수 있다(동법 제16조 제2항).

국민권익위원회에 대한 문제는 행정법 시험의 일반적인 범위가 아니다. 출제가 되지 않는다고 못 박을 수는 없지만 10년에 한 번 출제될 수도, 그렇지 않을 수도 있는 부분이다(거의 출제가 없다). 이 문제가 출제되었으니 이 단원을 무시할 수는 없으나 추측하건대 난이도 상에 해당되는 출제지침에 의해 출제되었으리라 생각된다.

04 ③

실효성 확보수단 > 행정강제 > 즉시강제　　오답률 **35.1%**

| 출제이력 | 2021, 2020

| LINK | 소방기본서 행정법총론 p. 494~499

① (○) 「소방기본법」 제25조의 강제처분은 긴급한 소방활동을 위해 의무부과의 전제 없이 이루어지는 즉시강제에 해당한다.

> 「소방기본법」 제25조【강제처분 등】 ① 소방본부장, 소방서장 또는 소방대장은 사람을 구출하거나 불이 번지는 것을 막기 위하여 필요할 때에는 화재가 발생하거나 불이 번질 우려가 있는 소방대상물 및 토지를 일시적으로 사용하거나 그 사용의 제한 또는 소방활동에 필요한 처분을 할 수 있다.

② (○) 즉시강제는 권력적 사실행위로서 일반적으로 처분이라 인정한다. 하지만 즉시강제는 단시간에 종료되는 경우가 많아 실질적으로 소익이 없는 경우가 대부분이다.

③ (×) 즉시강제는 의무부과(= 하명) 없이 목전에 급박한 위해를 제거하기 위해 신체나 재산에 실력을 행사하는 행정강제의 하나이다. 제시된 내용은 영업소 폐쇄명령을 받은 자가 영업을 계속하는 경우의 폐쇄조치로서 강제집행 중 직접강제에 해당한다.

④ (○) 헌법재판소는 즉시강제의 사전영장에 대해 소극설의 입장을 취하고 있고 대법원은 절충설적 입장을 취하고 있다. 따라서 즉시강제에서의 영장은 지극히 예외적인 경우에 한하여 인정된다.

> **즉시강제에서 영장필요성에 대한 헌법재판소와 대법원의 입장**
> • **헌법재판소의 입장**
> 이 사건 법률조항이 영장 없는 수거를 인정한다고 하더라도 이를 두고 헌법상 영장주의에 위배되는 것으로는 볼 수 없고, 위 (구) 「음반·비디오물 및 게임물에 관한 법률」 제24조 제4항에서 관계공무원이 당해 게임물 등을 수거한 때에는 그 소유자 또는 점유자에게 수거증을 교부하도록 하고 있고, 동조 제6항에서 수거 등 처분을 하는 관계공무원이나 협회 또는 단체의 임·직원은 그 권한을 표시하는 증표를 지니고 관계인에게 이를 제시하도록 하는 등의 절차적 요건을 규정하고 있으므로, 이 사건 법률조항이 적법절차의 원칙에 위배되는 것으로 보기도 어렵다(헌재결 2002.10.31. 2000헌가12).
> • **대법원의 입장**
> 사전영장주의를 고수하다가는 도저히 행정목적을 달성할 수 없는 지극히 예외적인 경우에는 형사절차에서와 같은 예외가 인정되므로, (구) 「사회안전법」(1989.6.16. 법률 제4132호에 의해 「보안관찰법」이란 명칭으로 전문 개정되기 전의 것) 제11조 소정의 동행보호 규정은 재범의 위험성이 현저한 자를 상대로 긴급히 보호할 필요가 있는 경우에 한하여 단기간의 동행보호를 허용한 것으로서 그 요건

을 엄격히 해석하는 한, 동 규정 자체가 사전영장주의를 규정한 헌법규정에 반한다고 볼 수는 없다(대판 1997.6.13. 96다56115).

05 ②

　　　　　　　　　　　　　　　　　　　　　　　　　　　　TOP2

행정절차·정보공개·개인정보 보호 >　　오답률 **51.4%**
정보공개와 개인정보 보호 > 단체소송

| 출제이력 | 2022, 2021

| LINK | 소방기본서 행정법총론 p. 446

① (○) 개인정보자기결정권의 보호대상이 되는 개인정보는 개인의 신체, 신념, 사회적 지위, 신분 등과 같이 인격주체성을 특징짓는 사항으로서 개인의 동일성을 식별할 수 있게 하는 일체의 정보를 의미하며, 반드시 개인의 내밀한 영역에 속하는 정보에 국한되지 않고 공적 생활에서 형성되었거나 이미 공개된 개인정보까지도 포함한다(대판 2016.3.10. 2012다105482).

② (×) 집단분쟁조정 중 다수의 일부가 소송을 청구한 경우에 조정절차를 중지하지 않고 소를 제기한 일부만 집단분쟁조정절차에서 제외한다.

> 「개인정보 보호법」 제49조【집단분쟁조정】 ⑥ 제48조 제2항에도 불구하고 분쟁조정위원회는 집단분쟁조정의 당사자인 다수의 정보주체 중 일부의 정보주체가 법원에 소를 제기한 경우에는 그 절차를 중지하지 아니하고, 소를 제기한 일부의 정보주체를 그 절차에서 제외한다.

③ (○) 위원장은 위원 중에서 공무원이 아닌 사람으로 보호위원회 위원장이 위촉한다(「개인정보 보호법」 제40조 제4항).

④ (○) 동법 제71조와 제72조의 벌칙에 해당하는 규정이다.

06 ③

행정구제법 > 행정쟁송 > 항고소송의 대상　　오답률 **29.7%**

| 출제이력 | 2022

| LINK | 소방기본서 행정법총론 p. 198

① (○) 부담 이외의 부관은 주된 행정처분과 불가분적 관계에 있어 독립된 처분의 성질을 갖지 못하여 소송대상이 되지 않는다. 따라서 부담 외의 부관에 하자가 있는 경우에 전체 쟁송을 제기하는 방법이나 또는 행정청에 부관 없는 처분을 신청하여 행정청에 거부가 있는 경우에 거부처분에 대한 소송을 통해 구제가 가능할 뿐이다.

> 행정행위의 부관은 행정행위의 일반적인 효력이나 효과를 제한하기 위하여 의사표시의 주된 내용에 부가되는 종된 의사표시이지 그 자체로서 직접 법적 효과를 발생하는 독립된 처분이 아니므로 현행 행정쟁송제도 아래서는 부관 그 자체만을 독립된 쟁송의 대상으로 할 수 없는 것이 원칙이나 행정행위의 부관 중에서도 행정행위에 부수하여 그 행정행위의 상대방에게 일정한 의무를 부과하는 행정청의 의사표시인 부담의 경우에는 다른 부관과는 달리 행정행위의 불가분적인 요소가 아니고 그 존속이 본체인 행정행위의 존재를 전제로 하는 것일 뿐이므로 부담 그 자체로서 행정쟁송의 대상이 될 수 있다(대판 1992.1.21. 91누1264).

② (○) 교도소장이 수형자 甲을 '접견 내용 녹음·녹화 및 접견 시 교도관 참여대상자'로 지정한 사안에서, 위 지정행위는 수형자의 구체적 권리의무에 직접적 변동을 가져오는 행정청의 공법상 행위로서 항고소송의 대상이 되는 '처분'에 해당한다(대판 2014.2.13. 2013두20899).

③ (×) 「병역법」상 신체등위판정은 행정청이라고 볼 수 없는 군의관이 하도록 되어 있으며, 그 자체만으로 바로 「병역법」상의 권리의무가 정하여지는 것이 아니라 그에 따라 지방병무청장이 병역처분을 함으로써 비로소 병역의무의 종류가 정하여지는 것이므로 항고소송의 대상이 되는 행정처분이라 보기 어렵다(대판 1993.8.27. 93누3356).

④ (○) 건축물대장의 작성은 건축물의 소유권을 제대로 행사하기 위한 전제요건으로서 건축물 소유자의 실체적 권리관계에 밀접하게 관련되어 있으므로 건축물대장 소관청의 작성신청 반려행위는 국민의 권리관계에 영향을 미치는 것으로서 항고소송의 대상이 되는 행정처분에 해당한다(대판 2009.2.12. 2007두17359).

07 ④

행정작용법 > 행정행위 > 행정행위의 하자   오답률 **16.2%**

| 출제이력 | 2022, 2021, 2020

| LINK | 소방기본서 행정법총론 p. 302~305

① (○) 무효는 행정행위의 각종 효력(공정력, 불가쟁력, 불가변력, 구속력 등)이 인정되지 않는다.

② (○) 이미 처분의 근거법이 위헌결정을 받았음에도 행정청의 이에 근거한 처분은 중대하고 명백한 하자로서 당연무효에 해당한다.

> 조세 부과의 근거가 되었던 법률규정이 위헌으로 선언된 경우, 비록 그에 기한 과세처분이 위헌결정 전에 이루어졌고, 과세처분에 대한 제소기간이 이미 경과하여 조세채권이 확정되었으며, 조세채권의 집행을 위한 체납처분의 근거규정 자체에 대하여는 따로 위헌결정이 내려진 바 없다고 하더라도, 위와 같은 위헌결정 이후에 조세채권의 집행을 위한 새로운 체납처분에 착수하거나 이를 속행하는 것은 더 이상 허용되지 않고, 나아가 이러한 위헌결정의 효력에 위배하여 이루어진 체납처분은 그 사유만으로 하자가 중대하고 객관적으로 명백하여 당연무효라고 보아야 한다(대판 2012.2.16. 2010두10907).

③ (○) 적법한 건축물에 대한 철거명령은 그 하자가 중대하고 명백하여 당연무효라고 할 것이고, 그 후행행위인 건축물철거 대집행계고처분 역시 당연무효라고 할 것이다(대판 1999.4.27. 97누6780).

④ (×) 하자 있는 행정행위에 있어서 하자의 치유는 행정행위의 성질이나 법치주의의 관점에서 원칙적으로 허용될 수 없고, 행정행위의 무용한 반복을 피하고 당사자의 법적 안정성을 보호하기 위하여 국민의 권익을 침해하지 아니하는 범위 내에서 예외적으로만 허용된다(대판 2001.6.26. 99두11592).

08 ②

행정구제법 > 행정쟁송 > 심판청구의 제기기간   오답률 **24.3%**

| 출제이력 | 2019 승진(유사)

| LINK | 소방기본서 행정법총론 p. 693~696

(가) 행정소송에 관하여 이 법에 특별한 규정이 없는 사항에 대하여는 「법원조직법」과 「민사소송법」 및 「민사집행법」의 규정을 준용한다(「행정소송법」 제8조 제2항).

(나) 취소소송은 처분 등이 있은 날부터 1년(제1항 단서의 경우는 재결이 있은 날부터 1년)을 경과하면 이를 제기하지 못한다. 다만, 정당한 사유가 있는 때에는 그러하지 아니하다(동법 제20조 제2항).

(다) 행정심판은 처분이 있었던 날부터 180일이 지나면 청구하지 못한다. 다만, 정당한 사유가 있는 경우에는 그러하지 아니하다(「행정심판법」 제27조 제3항).

| SUMMARY | 행정심판과 행정소송의 제기기간

> 「행정심판법」 제27조 【심판청구의 기간】 ① 행정심판은 처분이 있음을 알게 된 날부터 90일 이내에 청구하여야 한다.
> ② 청구인이 천재지변, 전쟁, 사변(事變), 그 밖의 불가항력으로 인하여 제1항에서 정한 기간에 심판청구를 할 수 없었을 때에는 그 사유가 소멸한 날부터 14일 이내에 행정심판을 청구할 수 있다. 다만, 국외에서 행정심판을 청구하는 경우에는 그 기간을 30일로 한다.
> ③ 행정심판은 처분이 있었던 날부터 180일이 지나면 청구하지 못한다. 다만, 정당한 사유가 있는 경우에는 그러하지 아니하다.
> ④ 제1항과 제2항의 기간은 불변기간(不變期間)으로 한다.
> ⑤ 행정청이 심판청구 기간을 제1항에 규정된 기간보다 긴 기간으로 잘못 알린 경우 그 잘못 알린 기간에 심판청구가 있으면 그 행정심판은 제1항에 규정된 기간에 청구된 것으로 본다.
> ⑥ 행정청이 심판청구 기간을 알리지 아니한 경우에는 제3항에 규정된 기간에 심판청구를 할 수 있다.
> ⑦ 제1항부터 제6항까지의 규정은 무효등확인심판청구와 부작위에 대한 의무이행심판청구에는 적용하지 아니한다.
>
> 「행정소송법」 제20조 【제소기간】 ① 취소소송은 처분 등이 있음을 안 날부터 90일 이내에 제기하여야 한다. 다만, 제18조 제1항 단서에 규정한 경우와 그 밖에 행정심판청구를 할 수 있는 경우 또는 행정청이 행정심판청구를 할 수 있다고 잘못 알린 경우에 행정심판청구가 있은 때의 기간은 재결서의 정본을 송달받은 날부터 기산한다.
> ② 취소소송은 처분 등이 있은 날부터 1년(제1항 단서의 경우는 재결이 있은 날부터 1년)을 경과하면 이를 제기하지 못한다. 다만, 정당한 사유가 있는 때에는 그러하지 아니하다.
> ③ 제1항의 규정에 의한 기간은 불변기간으로 한다.

09 ①

행정법총칙 > 행정상 법률관계 > 공법과 사법   오답률 **27.0%**

| 출제이력 | 2021, 2020

| LINK | 소방기본서 행정법총론 p. 80~87

① (×) 토지보상법상의 토지 등의 협의취득은 사법상 계약에 해당한다.

> (구) 「공공용지의 취득 및 손실보상에 관한 특례법」(2002.2.4. 법률 제6656호로 폐지되기 전의 것)은 사업시행자가 토지 등의 소유자로부터 토지 등의 협의취득 및 그 손실보상의 기준과 방법을 정한 법으로서, 이에 의한 협의취득 또는 보상합의는 공공기관이 사경제주체로서 행하는 사법상 매매 내지 사법상 계약의 실질을 가진다(대판 2004.9.24. 2002다68713).

② (○) 공공하수도의 이용관계는 공법관계라고 할 것이고 공공하수도 사용료의 부과징수관계 역시 공법상의 권리의무관계라 할 것이지만, 법 제21조 제1항, 법 시행령 제14조의2 제2항, 울산광역시하수도사용조례 제19조 등 관계규정을 종합하면…(후략)(대판 2003.6.24. 2001두8865).

③ (○) 단원으로 위촉되기 위하여는 일정한 능력요건과 자격요건을 요하고, 계속적인 재위촉이 사실상 보장되며, 「공무원연금법」에 따른 연금을 지급받고, 단원의 복무규율이 정해져 있으며, 정년제가 인정되고, 일정한 해촉사유가 있는 경우에만 해촉되는 등 서울특별시립무용단원이 가지는 지위가 공무원과 유사한 것이라면, 서울특별시립무용단 단원의 위촉은 공법상의 계약이라고 할 것이고, 따라서 그 단원의 해촉에 대하여는 공법상의 당사자소송으로 그 무효확인을 청구할 수 있다(대판 1995.12.22. 95누4636).

④ (○) 공무원연금관리공단이 퇴직연금 중 일부 금액에 대하여 지급거부의 의사표시를 하였다고 하더라도 그 의사표시는 퇴직연금 청구권을 형성·확정하는 행정처분이 아니라 공법상의 법률관계의 한쪽 당사자로서 그 지급의무의 존부 및 범위에 관하여 나름대로의 사실상·법률상 의견을 밝힌 것일 뿐이어서, 이를 행정처분이라고 볼 수는 없고, 이 경우 미지급퇴직연금에 대한 지급청구권은 공법상 권리로서 그의 지급을 구하는 소송은 공법상의 법률관계에 관한 소송인 공법상 당사자소송에 해당한다(대판 2004.7.8. 2004두244).

10 ③

행정절차 · 정보공개 · 개인정보 보호 >   오답률 21.6%
정보공개와 개인정보 보호 > 정보공개법

| 출제이력 | 2022, 2018 하

| LINK | 소방기본서 행정법총론 p. 420~437

① (○) 심의회의 위원은 소속 공무원, 임직원 또는 외부 전문가로 지명하거나 위촉하되, 그중 3분의 2는 해당 국가기관 등의 업무 또는 정보공개의 업무에 관한 지식을 가진 외부 전문가로 위촉하여야 한다. 다만, 제9조 제1항 제2호 및 제4호에 해당하는 업무를 주로 하는 국가기관은 그 국가기관의 장이 외부 전문가의 위촉 비율을 따로 정하되, 최소한 3분의 1 이상은 외부 전문가로 위촉하여야 한다(「공공기관의 정보공개에 관한 법률」 제12조 제3항).

② (○) 공공기관이 보유·관리하는 정보는 공개 대상이 된다. 다만, 공개될 경우 부동산 투기, 매점매석 등으로 특정인에게 이익 또는 불이익을 줄 우려가 있다고 인정되는 정보는 공개하지 아니할 수 있다(동법 제9조 제1항 제8호).

③ (×) 「학교폭력예방 및 대책에 관한 법률」 제21조 제1항, 제2항, 제3항 및 같은 법 시행령 제17조 규정들의 내용, 「학교폭력예방 및 대책에 관한 법률」의 목적, 입법 취지, 특히 「학교폭력예방 및 대책에 관한 법률」 제21조 제3항이 학교폭력대책자치위원회의 회의를 공개하지 못하도록 규정하고 있는 점 등에 비추어, 학교폭력대책자치위원회의 회의록은 「공공기관의 정보공개에 관한 법률」 제9조 제1항 제1호의 '다른 법률 또는 법률이 위임한 명령에 의하여 비밀 또는 비공개 사항으로 규정된 정보'에 해당한다(대판 2010.6.10. 2010두2913).

④ (○) 청구인은 제18조에 따른 이의신청 절차를 거치지 아니하고 행정심판을 청구할 수 있다(임의적 절차)(동법 제19조 제2항).

11 ②

실효성 확보수단 > 행정강제 > 행정조사   오답률 13.9%

| 출제이력 | 2021, 2020, 2018 하

| LINK | 소방기본서 행정법총론 p. 500~511

① (○) 납세의무자로 하여금 개개의 과태료 처분에 대하여 불복하거나 조사 종료 후의 과세처분에 대하여만 다툴 수 있도록 하는 것보다는 그에 앞서 세무조사결정에 대하여 다툼으로써 분쟁을 조기에 근본적으로 해결할 수 있는 점 등을 종합하면, 세무조사결정은 납세의무자의 권리·의무에 직접 영향을 미치는 공권력의 행사에 따른 행정작용으로서 항고소송의 대상이 된다고 할 것이다(대판 2011.3.10. 2009두23617·23624).

② (×) 행정기관의 장은 제1항에 따른 시료채취로 조사대상자에게 손실을 입힌 때에는 대통령령으로 정하는 절차와 방법에 따라 그 손실을 보상하여야 한다(「행정조사기본법」 제12조 제2항).

③ (○) 「행정절차법」에는 처분, 신고, 확약, 위반사실 등의 공표, 행정계획, 행정입법예고, 행정예고, 행정지도의 절차에 대해 규정하고 있다. 행정조사에 대한 규정은 없다.

> 「행정절차법」 제3조 【적용 범위】 ① 처분, 신고, 확약, 위반사실 등의 공표, 행정계획, 행정상 입법예고, 행정예고 및 행정지도의 절차(이하 "행정절차"라 한다)에 관하여 다른 법률에 특별한 규정이 있는 경우를 제외하고는 이 법에서 정하는 바에 따른다.

④ (○) 우편물 통관검사절차에서 이루어지는 우편물의 개봉, 시료채취, 성분분석 등의 검사는 수출입물품에 대한 적정한 통관 등을 목적으로 한 행정조사의 성격을 가지는 것으로서 수사기관의 강제처분이라고 할 수 없으므로, 압수·수색영장 없이 우편물의 개봉, 시료채취, 성분분석 등 검사가 진행되었다 하더라도 특별한 사정이 없는 한 위법하다고 볼 수 없다(대판 2013.9.26. 2013도7718).

> **교수님 TIP**
>
> 이 문제는 선지의 순서만 변경되었을 뿐, 2018 하반기 행정법총론 4번 문제와 동일하다.

12 ③

행정작용법 > 행정행위 > 행정행위의 내용   오답률 25.0%

| 출제이력 | 2021

| LINK | 소방기본서 행정법총론 p. 218~252

① (○) 사립학교법인의 임원선임 승인은 보충행위인 강학상 인가에 해당한다. 인가는 제3자의 법률행위를 완성시켜 주는 형성적 행정행위의 하나이다.

> 「사립학교법」 제20조 제2항에 의한 학교법인의 임원에 대한 감독청의 취임승인은 학교법인의 임원선임행위를 보충하여 그 법률상의 효력을 완성케 하는 보충적 행정행위이므로 기본행위인 학교법인의 임원선임행위가 불성립 또는 무효인 경우에는 비록 그에 대한 감독청의 취임승인이 있었다 하여도 이로써 무효인 그 선임행위가 유효한 것으로 될 수는 없는 것이다(대판 1987.8.18. 86누152).

② (○) 조합의 정관변경허가(또는 인가)는 기본적 법률행위를 보충하는 강학상 인가에 해당한다.

> (구) 「도시 및 주거환경정비법」(2012.2.1. 법률 제11293호로 개정되기 전의 것) 제20조 제3항은 조합이 정관을 변경하고자 하는 경우에는 총회를 개최하여 조합원 과반수 또는 3분의 2 이상의 동의를 얻어 시장·군수의 인가를 받도록 규정하고 있다. 여기서 시장 등의 인가는 그 대상이 되는 기본행위를 보충하여 법률상 효력을 완성시키는 행위로서 이러한 인가를 받지 못한 경우 변경된 정관은 효력이 없고, 시장 등이 변경된 정관을 인가하더라도 정관변경의 효력이 총회의 의결이 있었던 때로 소급하여 발생한다고 할 수 없다(대판 2014.7.10. 2013도11532).

③ (×) 법률관계의 존부를 확인하는 행위는 준법률행위적 행정행위로서 확인에 해당한다. '공유수면사용에 대한 허가'는 공물의 수익사용에 대한 허가로서 강학상 특허에 해당한다.

> (구) 「공유수면관리법」(2002.2.4. 법률 제6656호로 개정되기 전의 것)에 따른 공유수면의 점·사용허가는 특정인에게 공유수면 이용권이라는 독점적 권리를 설정하여 주는 처분으로서 그 처분의 여부 및 내용의 결정은 원칙적으로 행정청의 재량에 속한다고 할 것이고, 이와 같은 재량처분에 있어서는 그 재량권 행사의 기초가 되는 사실인정에 오류가 있거나 그에 대한 법령 적용에 잘못이 없는 한 그 처분이 위법하다고 할 수 없다(대판 2004.5.28. 2002두5016).

④ (○) 인가의 대상인 기본적 법률행위가 무효이거나 성립되지 않은 경우에 이에 대한 인가도 무효에 해당한다.

13 ①

행정작용법 > 행정행위 > 행정행위의 내용	오답률 25.0%

| 출제이력 | 2021

| LINK | 소방기본서 행정법총론 p. 281~283

㉠ (○) 건축허가는 물건의 시설이나 설비, 또는 구조를 기준으로 행하는 대물적 행정행위이다.

> 비록 건축허가가 대물적 허가로서 그 허가의 효과가 허가대상 건축물에 대한 권리변동에 수반하여 이전된다고 하더라도, 양수인의 권리의무에 직접 영향을 미치는 것으로서 취소소송의 대상이 되는 처분이라고 하지 않을 수 없다(대판 1992.3.31. 91누4911).

㉡ (○) 횡단보도의 설치는 통행방법에 대한 규제로서 행정처분이다.

> 「도로교통법」 제10조 제1항의 취지에 비추어 볼 때, 지방경찰청장이 횡단보도를 설치하여 보행자의 통행방법을 규제하는 것은 행정청이 특정사항에 대하여 의무의 부담을 명하는 행위이고 이는 국민의 권리의무에 직접 관계가 있는 행위로서 행정처분이라고 보아야 할 것이다(대판 2000.10.27. 98두8964).

㉢ (×) 현행 「행정절차법」에는 불가쟁력이 발생한 처분에 대하여 재심사 청구를 규정하고 있지 않다.

교수님 TIP

신설된 「행정기본법」 제37조(2023.3.24. 시행 예정)에 처분의 재심사에 대한 규정을 두고 있다.

「행정기본법」 제37조 【처분의 재심사】 ① 당사자는 처분(제재처분 및 행정상 강제는 제외한다. 이하 이 조에서 같다)이 행정심판, 행정소송 및 그 밖의 쟁송을 통하여 다툴 수 없게 된 경우(법원의 확정판결이 있는 경우는 제외한다)라도 다음 각 호의 어느 하나에 해당하는 경우에는 해당 처분을 한 행정청에 처분을 취소·철회하거나 변경하여 줄 것을 신청할 수 있다.
1. 처분의 근거가 된 사실관계 또는 법률관계가 추후에 당사자에게 유리하게 바뀐 경우
2. 당사자에게 유리한 결정을 가져다주었을 새로운 증거가 있는 경우
3. 「민사소송법」 제451조에 따른 재심사유에 준하는 사유가 발생한 경우 등 대통령령으로 정하는 경우
② 제1항에 따른 신청은 해당 처분의 절차, 행정심판, 행정소송 및 그 밖의 쟁송에서 당사자가 중대한 과실 없이 제1항 각 호의 사유를 주장하지 못한 경우에만 할 수 있다.
③ 제1항에 따른 신청은 당사자가 제1항 각 호의 사유를 안 날부터 60일 이내에 하여야 한다. 다만, 처분이 있은 날부터 5년이 지나면 신청할 수 없다.
④ 제1항에 따른 신청을 받은 행정청은 특별한 사정이 없으면 신청을 받은 날부터 90일(합의제행정기관은 180일) 이내에 처분의 재심사 결과(재심사 여부와 처분의 유지·취소·철회·변경 등에 대한 결정을 포함한다)를 신청인에게 통지하여야 한다. 다만, 부득이한 사유로 90일(합의제행정기관은 180일) 이내에 통지할 수 없는 경우에는 그 기간을 만료일 다음 날부터 기산하여 90일(합의제행정기관은 180일)의 범위에서 한 차례 연장할 수 있으며, 연장 사유를 신청인에게 통지하여야 한다.
⑤ 제4항에 따른 처분의 재심사 결과 중 처분을 유지하는 결과에 대해서는 행정심판, 행정소송 및 그 밖의 쟁송수단을 통하여 불복할 수 없다.
⑥ 행정청의 제18조에 따른 취소와 제19조에 따른 철회는 처분의 재심사에 의하여 영향을 받지 아니한다.
⑦ 제1항부터 제6항까지에서 규정한 사항 외에 처분의 재심사의 방법 및 절차 등에 관한 사항은 대통령령으로 정한다.
⑧ 다음 각 호의 어느 하나에 해당하는 사항에 관하여는 이 조를 적용하지 아니한다.
1. 공무원 인사 관계법령에 따른 징계 등 처분에 관한 사항
2. 「노동위원회법」 제2조의2에 따라 노동위원회의 의결을 거쳐 행하는 사항
3. 형사, 행형 및 보안처분 관계법령에 따라 행하는 사항
4. 외국인의 출입국·난민인정·귀화·국적회복에 관한 사항
5. 과태료 부과 및 징수에 관한 사항
6. 개별 법률에서 그 적용을 배제하고 있는 경우

㉣ (×) 철회권이 유보된 경우에도 철회의 일반원칙이 적용되어 중대·공익 등의 사유 없이 철회할 수 없다(다만 신뢰보호의 적용은 배제된다).

> 해무청장이 '침몰선박을 3개월 내에 완전 해제하여 인양하지 못하거나 해무청장의 지시에 위반한 때에는 침몰선박의 해제·인양허가를 취소한다'고 철회권의 유보를 하였더라도, 침몰장소의 악조건과 해무청장의 작업중지명령 때문에 기한 내에 해제·인양치 못하였음에도

불구하고 동 허가를 철회한 것은 철회할 공익상의 필요 없이 철회권을 행사하여 철회권을 남용한 것이다(대판 1962.2.22. 4293행상42).

14 ②

행정구제법 > 행정상 손해전보 > 국가배상　　　　오답률 **19.4%**

| 출제이력 | 2021, 2020

| LINK | 소방기본서 행정법총론 p. 582~603

① (○) 이 법은 외국인이 피해자인 경우에는 해당 국가와 상호 보증이 있을 때에만 적용한다(「국가배상법」 제7조).

② (×) 가해 공무원에게 고의나 중과실의 위법이 있다면 공무원에게도 배상책임 부담이 있으나, 공무원에게 경과실의 위법만 있다면 국가에게 배상책임이 있고, 공무원에게는 배상책임이 없다.

> 공무원이 직무수행 중 불법행위로 타인에게 손해를 입힌 경우에 국가 등이 국가배상책임을 부담하는 외에 공무원 개인도 고의 또는 중과실이 있는 경우에는 불법행위로 인한 손해배상책임을 진다고 할 것이지만, 공무원에게 경과실뿐인 경우에는 공무원 개인은 손해배상책임을 부담하지 아니한다고 해석하는 것이 헌법 제29조 제1항 본문과 단서 및 「국가배상법」 제2조의 입법취지에 조화되는 올바른 해석이라고 할 것이다(대판 1996.2.15. 95다38677).

③ (○) 이 법에 따른 손해배상의 소송은 배상심의회(이하 "심의회"라 한다)에 배상신청을 하지 아니하고도 제기할 수 있다(동법 제9조).

④ (○) 제1항 본문의 경우에 공무원에게 고의 또는 중대한 과실이 있으면 국가나 지방자치단체는 그 공무원에게 구상(求償)할 수 있다(동법 제2조 제2항).

| SUMMARY | 「국가배상법」상의 공무원

판례상 공무원으로 인정한 경우	판례상 공무원임을 부정한 경우
• 시의 청소차 운전수	• 시영버스운전수
• 소집 중인 예비군	• 의용소방대원
• 철도건널목의 간수	• 공무집행에 자진하여 협력한 사인
• 전입신고서에 확인인을 찍는 통장	• 우체국에서 아르바이트를 하는 자
• 파출소에 근무하는 방범대원	• 단순 노무자 등
• 미군부대 카투사	• 부동산등기에 관한 보증인
• 조세원천징수의무자	
• 집행관(구 집달관)	
• 소방대원	
• 교통할아버지	
• 철도차장 등	

15 ③

행정구제법 > 행정쟁송 > 행정소송의 대상적격　　　　오답률 **44.4%**

| 출제이력 | 2022

| LINK | 소방기본서 행정법총론 p. 736~743

① (×) 어업권면허에 선행하는 우선순위결정은 행정청이 우선권자로 결정된 자의 신청이 있으면 어업권면허처분을 하겠다는 것을 약속하는

행위로서 강학상 확약에 불과하고 행정처분은 아니므로, 우선순위결정에 공정력이나 불가쟁력과 같은 효력은 인정되지 아니하며, 따라서 우선순위결정이 잘못되었다는 이유로 종전의 어업권면허처분이 취소되면 행정청은 종전의 우선순위결정을 무시하고 다시 우선순위를 결정한 다음 새로운 우선순위결정에 기하여 새로운 어업권면허를 할 수 있다(대판 1995.1.20. 94누6529).

② (×) 계약직 공무원에 관한 현행 법령의 규정에 비추어 볼 때, 계약직 공무원 채용계약해지의 의사표시는 일반공무원에 대한 징계처분과는 달라서 항고소송의 대상이 되는 처분 등의 성격을 가진 것으로 인정되지 아니하고, 일정한 사유가 있을 때에 국가 또는 지방자치단체가 채용계약관계의 한쪽 당사자로서 대등한 지위에서 행하는 의사표시로 취급되는 것으로 이해되므로, 이를 징계해고 등에서와 같이 그 징계사유에 한하여 효력 유무를 판단하여야 하거나, 행정처분과 같이 「행정절차법」에 의하여 근거와 이유를 제시하여야 하는 것은 아니다(대판 2002.11.26. 2002두5948).

③ (○) 행정규칙에 의한 '불문경고조치'가 비록 법률상의 징계처분은 아니지만 위 처분을 받지 아니하였다면 차후 다른 징계처분이나 경고를 받게 될 경우 징계감경사유로 사용될 수 있었던 표창공적의 사용 가능성을 소멸시키는 효과와 1년 동안 인사기록카드에 등재됨으로써 그 동안은 장관표창이나 도지사표창 대상자에서 제외시키는 효과 등이 있다는 이유로 항고소송의 대상이 되는 행정처분에 해당한다(대판 2002.7.26. 2001두3532).

④ (×) 당연퇴직의 인사발령은 법률상 당연히 발생하는 퇴직사유를 공적으로 확인하여 알려주는 이른바 관념의 통지에 불과하고 공무원의 신분을 상실시키는 새로운 형성적 행위가 아니므로 행정소송의 대상이 되는 독립한 행정처분이라고 할 수 없다(대판 1995.11.14. 95누2036).

16 ①

행정구제법 > 행정상 손해전보 > 손실보상　　　　오답률 **44.4%**

| 출제이력 | 2022

| LINK | 소방기본서 행정법총론 p. 628~665

① (×) 헌법 제23조 제3항에서 규정한 "정당한 보상"이란 원칙적으로 피수용재산의 객관적인 재산가치를 완전하게 보상하여야 한다는 완전보상을 뜻하는 것이지만, 공익사업의 시행으로 인한 개발이익은 완전보상의 범위에 포함되는 피수용토지의 객관적 가치 내지 피수용자의 손실이라고는 볼 수 없다(헌재결 1990.6.25. 89헌마107).

② (○) 수용 대상 토지의 보상액을 산정함에 있어 해당 공익사업의 시행을 직접 목적으로 하는 계획의 승인, 고시로 인한 가격변동은 이를 고려함이 없이 재결 당시의 가격을 기준으로 하여 적정가격을 정하여야 하나, 해당 공익사업과는 관계없는 다른 사업의 시행으로 인한 개발이익은 이를 포함한 가격으로 평가하여야 하고, 개발이익이 해당 공익사업의 사업인정고시일 후에 발생한 경우에도 마찬가지이다(대판 2014.2.27. 2013두21182).

③ (○) 동일한 소유자에게 속하는 일단의 토지의 일부가 협의에 의하여 매수되거나 수용됨으로 인하여 잔여지를 종래의 목적에 사용하는 것이 현저히 곤란할 때에는 해당 토지소유자는 사업시행자에게 잔여지

를 매수하여 줄 것을 청구할 수 있으며, 사업인정 이후에는 관할 토지 수용위원회에 수용을 청구할 수 있다. 이 경우 수용의 청구는 매수에 관한 협의가 성립되지 아니한 경우에만 할 수 있으며, 사업완료일까지 하여야 한다(「공익사업을 위한 토지 등의 취득 및 보상에 관한 법률」 제74조 제1항).

④ (O) 이주대책은 공익사업의 시행에 필요한 토지 등을 제공함으로 인하여 생활의 근거를 상실하게 되는 이주대책대상자들에게 종전 생활상태를 원상으로 회복시키면서 동시에 인간다운 생활을 보장하여 주기 위하여 마련된 제도이므로, 사업시행자의 이주대책 수립·실시의무를 정하고 있는 (구) 공익사업법 제78조 제1항은 물론 이주대책의 내용에 관하여 규정하고 있는 같은 조 제4항 본문 역시 당사자의 합의 또는 사업시행자의 재량에 의하여 적용을 배제할 수 없는 강행법규(기속)이다(대판 2011.6.23. 2007다63089·63096).

17 ②

행정작용법 > 행정행위 > 행정행위의 내용   오답률 69.4%   **TOP1**

| 출제이력 | 2021, 2019(유사)

| LINK | 소방기본서 행정법총론 p. 218~252

① (O) 체류자격 변경허가는 신청인에게 당초의 체류자격과 다른 체류자격에 해당하는 활동을 할 수 있는 권한을 부여하는 일종의 설권적 처분의 성격을 가지므로, 허가권자는 신청인이 관계법령에서 정한 요건을 충족하였더라도, 신청인의 적격성, 체류 목적, 공익상의 영향 등을 참작하여 허가 여부를 결정할 수 있는 재량을 가진다(대판 2016.7.14. 2015두48846).

② (×) 유기장영업허가는 설권행위인 특허가 아니라 강학상 허가에 해당한다.

> 유기장영업허가는 유기장영업권을 설정하는 설권행위가 아니고 일반적 금지를 해제하는 영업자유의 회복이라 할 것이므로 그 영업상의 이익은 반사적 이익에 불과하고 행정행위의 본질상 금지의 해제나 그 해제를 다시 철회하는 것은 공익성과 합목적성에 따른 당해 행정청의 재량행위라 할 것이다(대판 1985.2.8. 84누369).

③ (O) 한의사면허는 경찰금지를 해제하는 명령적 행위(강학상 허가)에 해당하고, 한약조제시험을 통하여 약사에게 한약조제권을 인정함으로써 한의사들의 영업상 이익이 감소되었다고 하더라도 이러한 이익은 사실상의 이익에 불과하고 「약사법」이나 「의료법」 등의 법률에 의하여 보호되는 이익이라고는 볼 수 없으므로, 한의사들이 한약조제시험을 통하여 한약조제권을 인정받은 약사들에 대한 합격처분의 무효확인을 구하는 당해 소는 원고적격이 없는 자들이 제기한 소로서 부적법하다(대판 1998.3.10. 97누4289).

④ (O) 「여객자동차 운수사업법」에 의한 개인택시운송사업면허는 특정인에게 권리나 이익을 부여하는 행정행위로서 법령에 특별한 규정이 없는 한 재량행위이고, 그 면허를 위하여 정하여진 순위 내에서의 운전경력 인정방법의 기준설정 역시 행정청의 재량에 속한다 할 것이다(대판 2010.1.28. 2009두19137).

18 ③

행정법총칙 > 행정법 > 신뢰보호의 원칙   오답률 16.7%

| 출제이력 | 2022

| LINK | 소방기본서 행정법총론 p. 51~61

① (O) 신뢰보호에 대해 규정하고 있는 현행법은 「행정절차법」, 「행정기본법」, 「국세기본법」 등이다.

> 「행정절차법」 제4조【신의성실 및 신뢰보호】 ② 행정청은 법령 등의 해석 또는 행정청의 관행이 일반적으로 국민에게 받아들여졌을 때에는 공익 또는 제3자의 정당한 이익을 현저히 해칠 우려가 있는 경우를 제외하고는 새로운 해석 또는 관행에 따라 소급하여 불리하게 처리하여서는 아니 된다.
> 「행정기본법」 제12조【신뢰보호의 원칙】 ① 행정청은 공익 또는 제3자의 이익을 현저히 해칠 우려가 있는 경우를 제외하고는 행정에 대한 국민의 정당하고 합리적인 신뢰를 보호하여야 한다.

② (O) 행정상 법률관계에서 신뢰보호의 원칙이 적용되기 위해서는 ㉠ 행정청이 개인에 대하여 신뢰의 대상이 되는 공적인 견해를 표명하여야 하고, ㉡ 행정청의 견해표명이 정당하다고 신뢰한 데 대하여 개인에게 귀책사유가 없어 그 신뢰가 보호가치 있는 것이어야 하며, ㉢ 개인이 견해표명을 신뢰하고 이에 따라 어떠한 행위를 하였어야 하고, ㉣ 행정청이 견해표명에 반하는 처분을 함으로써 견해표명을 신뢰한 개인의 이익이 침해되는 결과가 초래되어야 하는 것인데…(후략)(대판 1997.9.26. 96누10096).

③ (×) 과세관청의 공적인 견해표명은 원칙적으로 일정한 책임 있는 지위에 있는 세무공무원에 의하여 명시적 또는 묵시적으로 이루어짐을 요하나, 신의성실의 원칙 내지 금반언의 원칙은 합법성을 희생하여서라도 납세자의 신뢰를 보호함이 정의, 형평에 부합하는 것으로 인정되는 특별한 사정이 있는 경우에 적용되는 것이다(대판 2019.1.17. 2018두42559).

④ (O) 행정청의 공적 견해표명이 있었는지의 여부를 판단하는 데 있어 반드시 행정조직상의 형식적인 권한분장에 구애될 것은 아니고 담당자의 조직상의 지위와 임무, 당해 언동을 하게 된 구체적인 경위 및 그에 대한 상대방의 신뢰가능성에 비추어 실질에 의하여 판단하여야 한다(대판 1997.9.12. 96누18380).

19 ④

행정절차·정보공개·개인정보 보호 > 행정절차 >   오답률 41.7%
「행정절차법」

| 출제이력 | 2021, 2020

| LINK | 소방기본서 행정법총론 p. 388~394

①, ②, ③ (×) 「행정절차법」을 적용하지 않는 사항이다.

> 「행정절차법」 제3조【적용 범위】 ② 이 법은 다음 각 호의 어느 하나에 해당하는 사항에 대하여는 적용하지 아니한다.
> 1. 국회 또는 지방의회의 의결을 거치거나 동의 또는 승인을 받아 행하는 사항
> 2. 법원 또는 군사법원의 재판에 의하거나 그 집행으로 행하는 사항
> 3. 헌법재판소의 심판을 거쳐 행하는 사항

4. 각급 선거관리위원회의 의결을 거쳐 행하는 사항
5. 감사원이 감사위원회의의 결정을 거쳐 행하는 사항
6. 형사(刑事), 행형(行刑) 및 보안처분 관계법령에 따라 행하는 사항
7. 국가안전보장·국방·외교 또는 통일에 관한 사항 중 행정절차를 거칠 경우 국가의 중대한 이익을 현저히 해칠 우려가 있는 사항
8. 심사청구, 해양안전심판, 조세심판, 특허심판, 행정심판, 그 밖의 불복절차에 따른 사항
9. 「병역법」에 따른 징집·소집, 외국인의 출입국·난민인정·귀화, 공무원 인사 관계법령에 따른 징계와 그 밖의 처분, 이해 조정을 목적으로 하는 법령에 따른 알선·조정·중재(仲裁)·재정(裁定) 또는 그 밖의 처분 등 해당 행정작용의 성질상 행정절차를 거치기 곤란하거나 거칠 필요가 없다고 인정되는 사항과 행정절차에 준하는 절차를 거친 사항으로서 대통령령으로 정하는 사항

④ (○) 3사관 생도의 퇴학처분에 대해 「행정절차법」의 적용이 배제되는 법리는 공무원 등의 징계와 동일하게 적용된다. 따라서 「행정절차법」 적용이 곤란하거나, 거칠 필요 없거나 준하는 절차를 거치는 경우에만 배제될 뿐이다.

> 「행정절차법 시행령」 제2조 제8호는 '학교·연수원 등에서 교육·훈련의 목적을 달성하기 위하여 학생·연수생들을 대상으로 하는 사항'을 「행정절차법」의 적용이 제외되는 경우로 규정하고 있으나, 이는 교육과정과 내용의 구체적 결정, 과제의 부과, 성적의 평가, 공식적 징계에 이르지 아니한 질책·훈계 등과 같이 교육·훈련의 목적을 직접 달성하기 위하여 행하는 사항을 말하는 것으로 보아야 하고, 생도에 대한 퇴학처분과 같이 신분을 박탈하는 징계처분은 여기에 해당한다고 볼 수 없다(대판 2018.3.13. 2016두33339).

20 ①

행정구제법 > 행정상 손해전보 > 「국가배상법」상 공무원   오답률 **19.4%**

| 출제이력 | 2021, 2020

| LINK | 소방기본서 행정법총론 p. 583~584

① (×) 의용소방대원은 「국가배상법」상의 공무원이 아니라는 것이 대법원의 입장이다(학설은 「국가배상법」상의 공무원으로 볼 수 있다는 견해가 있다).

> 「소방법」 제63조의 규정에 의하여 시, 읍, 면이 소방서장의 소방업무를 보조하게 하기 위하여 설치한 의용소방대를 국가기관이라고 할 수 없음은 물론 또 그것이 이를 설치한 시, 읍, 면에 예속된 기관이라고도 할 수 없다(대판 1978.7.11. 78다584).

② (○) 서울시 산하 구청 소속의 청소차량 운전원이 지방잡급직원규정에 의하여 단순노무제공만을 행하는 기능직 잡급직원이라면 이는 「지방공무원법」 제2조 제2항 제7호 소정의 단순한 노무에 종사하는 별정직 공무원이다(대판 1980.9.2. 80다1051).

③ (○) 국가나 지방자치단체에 근무하는 청원경찰은 「국가공무원법」이나 「지방공무원법」상의 공무원은 아니지만, 다른 청원경찰과는 달리 그 임용권자가 행정기관의 장이고, 국가나 지방자치단체로부터 보수를 받으며, 「산업재해보상보험법」이나 「근로기준법」이 아닌 「공무원연금법」에 따른 재해보상과 퇴직급여를 지급받고, 직무상의 불법행위

에 대하여도 「민법」이 아닌 「국가배상법」이 적용되는 등의 특질이 있으며 그 외 임용자격, 직무, 복무의무 내용 등을 종합하여 볼 때, 그 근무관계를 사법상의 고용계약관계로 보기는 어려우므로 그에 대한 징계처분의 시정을 구하는 소는 행정소송의 대상이지 민사소송의 대상이 아니다(대판 1993.7.13. 92다47564).

④ (○) 지방자치단체가 '교통할아버지 봉사활동 계획'을 수립한 후 관할 동장으로 하여금 '교통할아버지'를 선정하게 하여 어린이 보호, 교통안내, 거리질서 확립 등의 공무를 위탁하여 집행하게 하던 중 '교통할아버지'로 선정된 노인이 위탁받은 업무 범위를 넘어 교차로 중앙에서 교통정리를 하다가 교통사고를 발생시킨 경우, 지방자치단체가 「국가배상법」 제2조 소정의 배상책임을 부담한다(대판 2001.1.5. 98다39060).

2018 | 하반기 행정법총론 A형

특별히 난이도 '상(上)'에 해당한다고 할 만한 문항이 없으며, 난이도 '중(中)'에 해당하는 문항들도 문장이 짧아 풀이에 큰 지장이 없었으리라 생각된다. 행정법총론을 선택한 수험생들은 시간이 절약되는 아주 쉽고 편한 문제 구성이었다. 출제유형은 일반 공무원 시험보다 '법령'문제의 비중이 높고 '판례'문제의 비중은 적은 편이었다.

문항분석

문항	정답	오답률	영역
1	④	11.8%	행정구제법 > 행정쟁송 > 행정소송의 대상적격
2	③	17.6%	실효성 확보수단 > 행정벌 > 「질서위반행위규제법」
3	③	32.4%	실효성 확보수단 > 행정강제 > 강제징수
4	②	20.6%	실효성 확보수단 > 행정강제 > 행정조사
5	②	14.7%	행정구제법 > 행정상 손해전보 > 국가배상
6	④	26.5%	행정작용법 > 그 밖에 행정의 주요행위형식 > 행정계획
7	②	32.4%	실효성 확보수단 > 행정벌 > 통고처분
8	①	17.6%	행정절차·정보공개·개인정보 보호 > 행정절차 > 행정상 입법예고
9	①	29.4%	행정절차·정보공개·개인정보 보호 > 정보공개와 개인정보 보호 > 정보공개법
10	④	11.8%	행정법총칙 > 행정법 > 통치행위
11	③	38.2%	행정법총칙 > 행정법상의 법률요건과 법률사실 > 사인의 공법행위
오답률 TOP1 12	②	44.1%	행정구제법 > 행정쟁송 > 행정소송의 대상적격
오답률 TOP1 13	②	44.1%	행정구제법 > 행정쟁송 > 행정소송의 대상적격
14	④	14.7%	실효성 확보수단 > 행정강제 > 이행강제금
15	③	29.4%	행정작용법 > 행정행위 > 행정행위의 효력
16	④	20.6%	행정법총칙 > 행정법 > 행정법의 일반원칙
17	③	35.3%	행정법총칙 > 행정법상의 법률요건과 법률사실 > 행정법상의 신청
18	②	14.7%	행정법총칙 > 행정법상의 법률요건과 법률사실 > 사인의 공법행위
19	①	23.5%	행정법총칙 > 행정법 > 행정법의 법원(法源)
오답률 TOP3 20	④	41.2%	행정작용법 > 행정입법 > 법규명령의 통제

영역별 평균 오답률

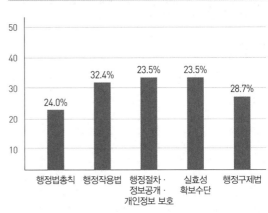

*2018년 하반기 20문항 기준 평균 오답률

출제 트렌드

구분	행정법 총칙	행정 작용법	행정절차· 정보공개· 개인정보 보호	실효성 확보수단	행정 구제법
2022	3문항	8문항	4문항	1문항	4문항
2021	2문항	7문항	2문항	4문항	5문항
2020	3문항	8문항	1문항	4문항	4문항
2018 하	6문항	3문항	2문항	5문항	4문항

행정법총칙 영역에서 비교적 다수 출제 →

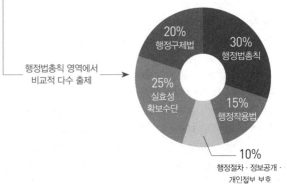

01 ④

행정구제법 > 행정쟁송 > 행정소송의 대상적격　　오답률 11.8%

| 출제이력 | 2022, 2019

| LINK | 소방기본서 행정법총론 p. 736~743

① (○) 행정쟁송법(「행정심판법」, 「행정소송법」)에 공무수탁사인은 행정청으로 규정되어 있고, 공무수탁사인의 행위는 공권력 행사로서 행정처분이 될 수 있다.

> 「행정심판법」 제2조 【정의】
> 4. "행정청"이란 행정에 관한 의사를 결정하여 표시하는 국가 또는 지방자치단체의 기관, 그 밖에 법령 또는 자치법규에 따라 행정권한을 가지고 있거나 위탁을 받은 공공단체나 그 기관 또는 사인(私人)을 말한다.

② (○) 법규효력을 갖는 고시(행정규칙)는 그 자체로서 국민의 법률효과에 영향을 주는 경우 처분성이 인정된다.

> 어떠한 고시가 일반적·추상적 성격을 가질 때에는 법규명령 또는 행정규칙에 해당할 것이지만, 다른 집행행위의 매개 없이 그 자체로서 직접 국민의 구체적인 권리의무나 법률관계를 규율하는 성격을 가질 때에는 행정처분에 해당한다고 할 것이다(대판 2006.12.21. 2005두16161).

③ (○) 청소년유해매체물 결정·고시는 불특정 다수인을 대상으로 하는 일반처분의 성질을 갖는다.

> (구) 「청소년 보호법」(2001.5.24. 법률 제6479호로 개정되기 전의 것)에 따른 청소년유해매체물 결정 및 고시처분은 당해 유해매체물의 소유자 등 특정인만을 대상으로 한 행정처분이 아니라 일반 불특정 다수인을 상대방으로 하여 일률적으로 표시의무, 포장의무, 청소년에 대한 판매·대여 등의 금지의무 등 각종 의무를 발생시키는 행정처분이다(대판 2007.6.14. 2004두619).

교수님 TIP

청소년유해매체물 결정·고시와 관련한 문제의 출제빈도는 높다. 주로 출제되는 내용은 처분인지 여부, 이해관계인이 처분을 안 날은 언제인지, 이해관계인에게 처분 전에 행정절차를 준수하여야 하는지 등에 대한 것으로 종합적인 정리가 필요하다.

④ (×) 국가인권위원회의 성희롱결정과 이에 따른 시정조치의 권고는 불가분의 일체로 행하여지는 것인데 국가인권위원회의 이러한 결정과 시정조치의 권고는 성희롱 행위자로 결정된 자의 인격권에 영향을 미침과 동시에 공공기관의 장 또는 사용자에게 일정한 법률상의 의무를 부담시키는 것이므로 국가인권위원회의 성희롱결정 및 시정조치권고는 행정소송의 대상이 되는 행정처분에 해당한다고 보지 않을 수 없다(대판 2005.7.8. 2005두487)

02 ③

실효성 확보수단 > 행정벌 > 「질서위반행위규제법」　　오답률 17.6%

| 출제이력 | 2022, 2021

| LINK | 소방기본서 행정법총론 p. 520~532

① (○) 고의 또는 과실이 없는 질서위반행위는 과태료를 부과하지 아니한다(「질서위반행위규제법」 제7조).

② (○) 당사자와 검사는 과태료 재판에 대하여 즉시항고를 할 수 있다. 이 경우 항고는 집행정지의 효력이 있다(동법 제38조 제1항).

③ (×) 신분에 의하여 성립하는 질서위반행위에 신분이 없는 자가 가담한 때에는 신분이 없는 자에 대하여도 질서위반행위가 성립한다(동법 제12조 제2항).

④ (○) 신분에 의하여 과태료를 감경 또는 가중하거나 과태료를 부과하지 아니하는 때에는 그 신분의 효과는 신분이 없는 자에게는 미치지 아니한다(동법 제12조 제3항).

03 ③

실효성 확보수단 > 행정강제 > 강제징수　　오답률 32.4%

| 출제이력 | 2018 승진(유사)

| LINK | 소방기본서 행정법총론 p. 487~493

① (○) 국세납부의무를 불이행한 경우에 강제징수는 「국세징수법」이 일반적 규정이다.

② (○) 독촉은 압류의 전제요건이고 소멸시효를 중단시키는 효과가 있다.

③ (×) 국세징수와 관련된 불복은 「국세기본법」에 의해 이의신청(임의적 절차)을 할 수 있고, 심사청구나 심판청구 중 어느 하나를 거쳐 행정소송을 청구할 수 있다. 모두 거치는 것이 아니라 선택적 청구이다.

> 「국세기본법」 제55조 【불복】 ③ 제1항과 제2항에 따른 처분이 국세청장이 조사·결정 또는 처리하거나 하였어야 할 것인 경우를 제외하고는 그 처분에 대하여 심사청구 또는 심판청구에 앞서 이 장의 규정에 따른 이의신청을 할 수 있다.
>
> 제56조 【다른 법률과의 관계】 ② 제55조에 규정된 위법한 처분에 대한 행정소송은 「행정소송법」 제18조 제1항 본문, 제2항 및 제3항에도 불구하고 이 법에 따른 심사청구 또는 심판청구와 그에 대한 결정을 거치지 아니하면 제기할 수 없다.

④ (○) 공매는 법률행위적 행정행위로서 대리에 해당되는 처분이고, 공매로 재산을 매수한 자는 공매가 취소되면 그로 인해 권익을 침해받게 되어 소송을 청구할 수 있는 법률상 이익이 있다.

> 과세관청이 체납처분으로서 행하는 공매는 우월한 공권력의 행사로서 행정소송의 대상이 되는 공법상의 행정처분이며 공매에 의하여 재산을 매수한 자는 그 공매처분이 취소된 경우에 그 취소처분의 위법을 주장하여 행정소송을 제기할 법률상 이익이 있다(대판 1984.9.25. 84누201).

교수님 TIP

강제징수에 관한 일반법과 구제에 관한 규정이 서로 다름을 유의하여야 한다. 강제징수의 일반법은 「국세징수법」이지만 구제에 관한 법은 「국세기본법」이다.

04 ②

실효성 확보수단 > 행정강제 > 행정조사	오답률 20.6%

| 출제이력 | 2021, 2020, 2019

| LINK | 소방기본서 행정법총론 p. 500~511

① (○) 행정기관의 장은 제1항에 따른 시료채취로 조사대상자에게 손실을 입힌 때에는 대통령령으로 정하는 절차와 방법에 따라 그 손실을 보상하여야 한다(「행정조사기본법」 제12조 제2항).

② (×) 「행정절차법」에는 처분, 신고, 확약, 위반사실 등의 공표, 행정계획, 행정입법예고, 행정예고, 행정지도의 절차에 대해 규정하고 있다. 행정조사에 대한 규정은 없다.

> 「행정절차법」 제3조 【적용 범위】 ① 처분, 신고, 확약, 위반사실 등의 공표, 행정계획, 행정상 입법예고, 행정예고 및 행정지도의 절차(이하 "행정절차"라 한다)에 관하여 다른 법률에 특별한 규정이 있는 경우를 제외하고는 이 법에서 정하는 바에 따른다.

③ (○) 행정조사는 형사강제 등에 해당되지 않아 영장 없이 가능하다는 것이 대법원의 입장이다.

> 우편물 통관검사절차에서 이루어지는 우편물의 개봉, 시료채취, 성분분석 등의 검사는 수출입물품에 대한 적정한 통관 등을 목적으로 한 행정조사의 성격을 가지는 것으로서 수사기관의 강제처분이라고 할 수 없으므로, 압수·수색영장 없이 우편물의 개봉, 시료채취, 성분분석 등 검사가 진행되었다 하더라도 특별한 사정이 없는 한 위법하다고 볼 수 없다(대판 2013.9.26. 2013도7718).

④ (○) 납세의무자로 하여금 개개의 과태료 처분에 대하여 불복하거나 조사 종료 후의 과세처분에 대하여만 다툴 수 있도록 하는 것보다는 그에 앞서 세무조사결정에 대하여 다툼으로써 분쟁을 조기에 근본적으로 해결할 수 있는 점 등을 종합하면, 세무조사결정은 납세의무자의 권리·의무에 직접 영향을 미치는 공권력의 행사에 따른 행정작용으로서 항고소송의 대상이 된다고 할 것이다(대판 2011.3.10. 2009두23617·23624).

05 ②

행정구제법 > 행정상 손해전보 > 국가배상	오답률 14.7%

| 출제이력 | 2021, 2020

| LINK | 소방기본서 행정법총론 p. 582~611

① (○) 국가나 지방자치단체는 공무원 또는 공무를 위탁받은 사인(이하 "공무원"이라 한다)이 직무를 집행하면서 고의 또는 과실로 법령을 위반하여 타인에게 손해를 입히거나, 「자동차손해배상 보장법」에 따라 손해배상의 책임이 있을 때에는 이 법에 따라 그 손해를 배상하여야 한다(「국가배상법」 제2조 제1항).

② (×) 「국가배상법」 제2조 소정의 '공무원'이라 함은 「국가공무원법」이나 「지방공무원법」에 의하여 공무원으로서의 신분을 가진 자에 국한하지 않고, 널리 공무를 위탁받아 실질적으로 공무에 종사하고 있는 일체의 자를 가리키는 것으로서, 공무의 위탁이 일시적이고 한정적인 사항에 관한 활동을 위한 것이어도 달리 볼 것은 아니다(대판 2001. 1.5. 98다39060).

③ (○) 우리 헌법이 채택하고 있는 의회민주주의하에서 국회는 다원적 의견이나 각가지 이익을 반영시킨 토론과정을 거쳐 다수결의 원리에 따라 통일적인 국가의사를 형성하는 역할을 담당하는 국가기관으로서 그 과정에 참여한 국회의원은 입법에 관하여 원칙적으로 국민 전체에 대한 관계에서 정치적 책임을 질 뿐 국민 개개인의 권리에 대응하여 법적 의무를 지는 것은 아니므로, 국회의원의 입법행위는 그 입법 내용이 헌법의 문언에 명백히 위반됨에도 불구하고 국회가 굳이 당해 입법을 한 것과 같은 특수한 경우가 아닌 한 「국가배상법」 제2조 제1항 소정의 위법행위에 해당된다고 볼 수 없다(대판 1997.6.13. 96다56115).

④ (○) 기판력(실질적 확정력)이 발생한 확정판결에도 더 이상 시정조치 등의 불복절차가 없는 경우에는 국가배상이 인정될 수 있다는 것이 대법원의 입장이다.

> 재판에 대하여 불복절차 내지 시정절차 자체가 없는 경우에는 부당한 재판으로 인하여 불이익 내지 손해를 입은 사람은 국가배상 이외의 방법으로는 자신의 권리 내지 이익을 회복할 방법이 없으므로, 이와 같은 경우에는 배상책임의 요건이 충족되는 한 국가배상책임을 인정하지 않을 수 없다(대판 2003.7.11. 99다24218).

06 ④

행정작용법 > 그 밖에 행정의 주요행위형식 > 행정계획	오답률 26.5%

| 출제이력 | 2022(유사)

| LINK | 소방기본서 행정법총론 p. 365~369

① (○) 행정계획은 형성의 자유가 인정되어 행정청에게 광범위한 재량이 주어져 있다. 이에 실체적 하자 입증이 곤란하여 사법적 통제의 어려움이 따른다. 따라서 행정청이 계획재량을 행사함에 있어 형량의 하자(형량의 해태, 형량의 흠결, 오형량)가 있었는지 여부는 사법적 통제에 중요한 의미를 갖게 된다.

> **교수님 TIP**
>
> 계획법규의 구조적인 특성상 요건과 효과가 대부분 공백으로 법이 규정되어 있다. 따라서 행정계획의 실체적 통제가 어려워 절차적 통제의 중요성이 강조되고 있으나, 우리 「행정절차법」에는 행정계획에 대한 일반적 절차를 규정하고 있지 않아 많은 비판이 있다.

② (○) 행정계획도 행정작용의 일종이다. 광범위한 재량이 부여되었다 하여 법치행정의 예외가 될 수 없고 일정한 법적 한계가 있다.

③ (○) 계획재량을 행사함에 있어 공익과 공익, 공익과 사익, 사익과 사익 간의 필요한 이익형량을 공정하게 하여야 한다. 이러한 형량을 하지 않은 경우(= 형량의 해태), 주요형량을 누락시킨 경우(= 형량의 흠결), 형량에 객관성이나 공정성이 결여된 경우(= 오형량)에는 행정법의 일반원칙인 비례원칙에 반하여 위법하게 된다.

④ (×) 행정주체는 구체적인 행정계획을 입안·결정함에 있어서 비교적 광범위한 형성의 자유를 가진다고 할 것이지만, 행정주체가 가지는 이와 같은 형성의 자유는 무제한적인 것이 아니라 그 행정계획에 관련되는 자들의 이익을 공익과 사익 사이에서는 물론이고 공익 상호간과 사익 상호간에도 정당하게 비교교량하여야 한다는 제한이 있는 것이고, 따라서 행정주체가 행정계획을 입안·결정함에 있어서 이익형량을 전혀 행하지 아니하거나 이익형량의 고려 대상에 마땅히 포

함시켜야 할 사항을 누락한 경우 또는 이익형량을 하였으나 정당성과 객관성이 결여된 경우에는 그 행정계획결정은 형량에 하자가 있어 위법하다(대판 2007.1.25. 2004두12063).

07 ②

| 실효성 확보수단 > 행정벌 > 통고처분 | 오답률 32.4% |

| 출제이력 | 신규출제

| LINK | 소방기본서 행정법총론 p. 517~520

① (○) 통고처분은 모든 형사벌에 갈음되는 것은 아니고, 법에 규정된 경우에 한하여 부과할 수 있다. 현행법상 조세범, 관세범, 출입국사범, 경범죄사범, 교통사범 등에 인정되고 있다.

② (×) 통고처분은 벌금이나 과료 등의 재산형에 해당되는 형벌에 갈음하여 행정기관의 장이 부과하는 범칙금이다. 형벌이 아니다.

③ (○) 통고처분은 항고소송 대상인 처분이 아니다. 불복의 경우 통고된 내용의 범칙금을 납부하지 않으면 정식형사재판이나 즉결심판 등의 절차로 나아가게 된다.

> 「도로교통법」 제118조에서 규정하는 경찰서장의 통고처분은 행정소송의 대상이 되는 행정처분이 아니므로 그 처분의 취소를 구하는 소송은 부적법하고, 「도로교통법」상의 통고처분을 받은 자가 그 처분에 대하여 이의가 있는 경우에는 통고처분에 따른 범칙금의 납부를 이행하지 아니함으로써 경찰서장의 즉결심판청구에 의하여 법원의 심판을 받을 수 있게 될 뿐이다(대판 1995.6.29. 95누4674).

④ (○) 통고처분을 납부하게 되면 일사부재리의 효력이 발생하게 된다. 이는 통고처분의 납부에 확정판결과 같은 효력을 인정하는 취지로 볼 수 있다.

> 「도로교통법」 제119조 제3항은 그 법 제118조에 의하여 범칙금 납부통고서를 받은 사람이 그 범칙금을 납부한 경우 그 범칙행위에 대하여 다시 벌 받지 아니한다고 규정하고 있는바, 이는 범칙금의 납부에 확정재판의 효력에 준하는 효력을 인정하는 취지로 해석하여야 한다(대판 2002.11.22. 2001도849).

08 ①

| 행정절차 · 정보공개 · 개인정보 보호 > 행정절차 > 행정상 입법예고 | 오답률 17.6% |

| 출제이력 | 신규출제

| LINK | 소방기본서 행정법총론 p. 410~411

① (○) 법령 등을 제정·개정 또는 폐지(이하 "입법"이라 한다)하려는 경우에는 해당 입법안을 마련한 행정청은 이를 예고하여야 한다.

> 「행정절차법」 제41조 【행정상 입법예고】 ① 법령 등을 제정·개정 또는 폐지(이하 "입법"이라 한다)하려는 경우에는 해당 입법안을 마련한 행정청은 이를 예고하여야 한다. 다만, 다음 각 호의 어느 하나에 해당하는 경우에는 예고를 하지 아니할 수 있다.
> 1. 신속한 국민의 권리 보호 또는 예측 곤란한 특별한 사정의 발생 등으로 입법이 긴급을 요하는 경우
> 2. 상위 법령 등의 단순한 집행을 위한 경우
> 3. 입법 내용이 국민의 권리·의무 또는 일상생활과 관련이 없는 경우
> 4. 단순한 표현·자구를 변경하는 경우 등 입법 내용의 성질상 예고의 필요가 없거나 곤란하다고 판단되는 경우
> 5. 예고함이 공공의 안전 또는 복리를 현저히 해칠 우려가 있는 경우

| SUMMARY | 「행정절차법」상 행정입법예고를 하지 않아도 되는 경우 vs 행정예고를 하지 않아도 되는 경우

행정입법예고를 하지 않아도 되는 경우(제41조)	행정예고를 하지 않아도 되는 경우(제46조)
• 신속한 국민의 권리 보호 또는 예측 곤란한 특별한 사정의 발생 등으로 입법이 긴급을 요하는 경우 • 상위 법령 등의 단순한 집행을 위한 경우 • 입법 내용이 국민의 권리·의무 또는 일상생활과 관련이 없는 경우 • 단순한 표현·자구를 변경하는 경우 등 입법 내용의 성질상 예고의 필요가 없거나 곤란하다고 판단되는 경우 • 예고함이 공공의 안전 또는 복리를 현저히 해칠 우려가 있는 경우	• 신속하게 국민의 권리를 보호하여야 하거나 예측이 어려운 특별한 사정이 발생하는 등 긴급한 사유로 예고가 현저히 곤란한 경우 • 법령 등의 단순한 집행을 위한 경우 • 정책 등의 내용이 국민의 권리·의무 또는 일상생활과 관련이 없는 경우 • 정책 등의 예고가 공공의 안전 또는 복리를 현저히 해칠 우려가 상당한 경우

09 ①

| 행정절차 · 정보공개 · 개인정보 보호 > 정보공개와 개인정보 보호 > 정보공개법 | 오답률 29.4% |

| 출제이력 | 2022, 2019

| LINK | 소방기본서 행정법총론 p. 420~437

① (×) 공공기관은 제10조에 따라 정보공개의 청구를 받으면 그 청구를 받은 날부터 10일 이내에 공개 여부를 결정하여야 한다(「공공기관의 정보공개에 관한 법률」 제11조 제1항).

② (○) 정보의 공개 및 우송 등에 드는 비용은 실비(實費)의 범위에서 청구인이 부담한다(동법 제17조 제1항).

③ (○) 행정안전부장관은 전년도의 정보공개 운영에 관한 보고서를 매년 정기국회 개회 전까지 국회에 제출하여야 한다(동법 제26조 제1항).

④ (○) 지방자치단체는 그 소관 사무에 관하여 법령의 범위에서 정보공개에 관한 조례를 정할 수 있다(동법 제4조 제2항).

10 ④

| 행정법총칙 > 행정법 > 통치행위 | 오답률 11.8% |

| 출제이력 | 2019 승진(유사)

| LINK | 소방기본서 행정법총론 p. 19~22

① (○) 통치행위는 국가작용 중 고도의 정치적 행위이다. 따라서 정치적 중립의무가 있는 사법기관을 제외하고 정부나 국회에 의해서 이루어질 수 있다.

② (○) 일반사병의 이라크 파견 결정은 그 성격상 국방 및 외교에 관련된 고도의 정치적 결단을 요하는 문제로서, 헌법과 법률이 정한 절차

를 지켜 이루어진 것임이 명백하므로, 대통령과 국회의 판단은 존중되어야 하고 헌법재판소가 사법적 기준만으로 이를 심판하는 것은 자제되어야 한다. 이에 대하여는 설혹 사법적 심사의 회피로 자의적 결정이 방치될 수도 있다는 우려가 있을 수 있으나 그러한 대통령과 국회의 판단은 궁극적으로는 선거를 통해 국민에 의한 평가와 심판을 받게 될 것이다(헌재결 2004.4.29. 2003헌마814).

③ (○) 금융실명거래 및 비밀보장에 관한 긴급재정경제명령은 통치행위에 속한다고 할 수 있다(헌재결 1996.2.29. 93헌마186).

④ (×) 통치행위를 포함하여 모든 국가작용은 국민의 기본권적 가치를 실현하기 위한 수단이라는 한계를 반드시 지켜야 하는 것이고, 헌법재판소는 헌법의 수호와 국민의 기본권 보장을 사명으로 하는 국가기관이므로 비록 고도의 정치적 결단에 의하여 행해지는 국가작용이라고 할지라도 그것이 국민의 기본권 침해와 직접 관련되는 경우에는 당연히 헌법재판소의 심판대상이 된다(헌재결 1996.2.29. 93헌마186).

| SUMMARY | 통치행위

통치행위로 볼 수 있는 것	통치행위로 볼 수 없는 것
• 국회의원의 자격심사·징계·제명처분(헌법 제64조 제4항)	• 대통령·국회의원선거(합성행위)
• 대통령의 법률안거부권 행사	• 한국은행총재 임명(공법상 대리)
• 대통령의 임시회 소집 요구	• 국회공무원 징계행위(행정처분)
• 의회의 자율권에 속하는 사항	• 지방의회의원 제명(제소가능)
• 국무총리·국무위원의 해임건의	• 도시계획 결정·공고(행정행위인
• 국무총리 및 국무위원 임명	일반처분)
• 대통령의 국민투표회부권	• 대통령령 제정(행정입법)
• 비상계엄선포·긴급명령	• 서울시장의 국제협약 체결행위
• 영예수여권의 행사	• 헌법재판소의 위헌법률심사
• 대통령의 사면·복권행위	• 대법원장의 법관인사조치
• 전쟁선포·강화 등 군사에 관한 사항	• 대통령의 국회해산(학설상 인정되지만 현행법령상 부정)
• 외국정부의 승인·대사의 임명 등 외교에 관한 사항 등	• 국무총리의 부서거부행위, 국무총리의 총리령 제정행위
• 대통령의 외교에 관한 행위(조약의 체결·비준)	• 고등검찰청장의 파면
	• 계엄관련 집행행위

11 ③

행정법총칙 > 행정법상의 법률요건과 법률사실 >   오답률 38.2%
사인의 공법행위

| 출제이력 | 2022

| LINK | 소방기본서 행정법총론 p. 124~143

① (○) 정당한 신청권에 근거한 신청에 대해 행정청은 개별법이 정하는 바에 따라 처리기간 내에 처리하여야 할 의무가 있다(단, 신청한대로 처리할 의무는 없다).

② (○) 수리를 필요로 하지 않는 신고의 경우 법이 정한 요건을 갖추어 접수기간에 도달되면 신고의 효력이 발생한다. 따라서 법이 정한 형식적 요건을 갖추지 못한 경우에는 신고의 효력이 인정될 수 없으며 하자를 보정하여야 신고의 효력이 발생하게 될 것이다.

③ (×) 신고는 일정한 사실을 행정청에 알리는 행위로서 수리를 요하는 신고와 수리를 요하지 않는 신고로 나눌 수 있고, 양자는 원칙적으로

실질적 심사를 요하지 않으며 형식적 심사에 국한된다(일부 인허가의 제로서의 신고는 실질적 심사를 하는 경우가 있다).

• 허가대상 건축물의 양수인이 (구) 「건축법 시행규칙」(1992.6.1. 건설부령 제504호로 전문 개정되기 전의 것에) 규정되어 있는 형식적 요건을 갖추어 시장·군수에게 적법하게 건축주의 명의변경을 신고한 때에는 시장·군수는 그 신고를 수리하여야지 실체적인 이유를 내세워 신고의 수리를 거부할 수 없다(대판 1993.10.12. 93누883).

• 인·허가의제 효과를 수반하는 건축신고는 일반적인 건축신고와는 달리, 특별한 사정이 없는 한 행정청이 그 실체적 요건에 관한 심사를 한 후 수리하여야 하는 이른바 '수리를 요하는 신고'로 보는 것이 옳다(대판 2011.1.20. 2010두14954).

④ (○) 영업정지나 영업장폐쇄명령 모두 대물적 처분으로 보아야 할 이치이고, 공중위생영업자가 영업소를 개설한 후 시장 등에게 영업소개설사실을 통보하도록 규정하는 외에 공중위생영업에 대한 어떠한 제한규정도 두고 있지 아니한 것은 공중위생영업의 양도가 가능함을 전제로 한 것이라 할 것이므로, 양수인이 그 양수 후 행정청에 새로운 영업소개설통보를 하였다 하더라도, 그로 인하여 영업양도·양수로 영업소에 관한 권리의무가 양수인에게 이전하는 법률효과까지 부정되는 것은 아니라 할 것인바, 만일 어떠한 공중위생영업에 대하여 그 영업을 정지할 위법사유가 있다면, 관할 행정청은 그 영업이 양도·양수되었다 하더라도 그 업소의 양수인에 대하여 영업정지처분을 할 수 있다고 봄이 상당하다(대판 2001.6.29. 2001두1611).

12 ②

TOP1

행정구제법 > 행정쟁송 > 행정소송의 대상적격   오답률 44.1%

| 출제이력 | 2022, 2019

| LINK | 소방기본서 행정법총론 p. 736~743

① (○) 행정처분에 대한 무효확인과 취소청구는 서로 양립할 수 없는 청구로서 주위적·예비적 청구로서만 병합이 가능하고 선택적 청구로서의 병합이나 단순병합은 허용되지 아니한다(대판 1999.8.20. 97누6889).

② (×) 「행정소송법」상 항고소송의 피고는 행정청이다. 판례는 시·도선거관리위원장이 국민권익위원회를 상대로 한 소청구에서 당사자능력과 원고적격을 인정하였으나 대학교 총장의 원고적격은 부정하였다.

• 국민권익위원회의 시·도선관위원장에 대한 조치요구에 시·도선관위원장이 소를 청구할 수 있는 원고적격이 있는지 여부
甲이 국민권익위원회에 「부패방지 및 국민권익위원회의 설치와 운영에 관한 법률」에 따른 신고와 신분보장조치를 요구하였고, 국민권익위원회가 乙 시·도선거관리위원회 위원장에게 '甲에 대한 중징계요구를 취소하고 향후 신고로 인한 신분상 불이익처분 및 근무조건상의 차별을 하지 말 것을 요구'하는 내용의 조치요구를 한 사안에서, 국가기관인 乙에게 위 조치요구의 취소를 구하는 소를 제기할 당사자능력, 원고적격 및 법률상 이익을 인정한 원심판단은 정당하다(대판 2013.7.25. 2011두1214).

• 충북대학교 총장의 원고적격 인정 여부
총장의 소는, 원고 충북대학교 총장이 원고 대한민국이 설치한 충북대학교의 대표자일 뿐 항고소송의 원고가 될 수 있는 당사자능력이 없어 부적법하다(대판 2007.9.20. 2005두69350).

③ (○) 조례가 집행행위의 개입 없이도 그 자체로서 직접 국민의 구체적인 권리의무나 법적 이익에 영향을 미치는 등의 법률상 효과를 발생하는 경우 그 조례는 항고소송의 대상이 되는 행정처분에 해당하고, 이러한 조례에 대한 무효확인소송을 제기함에 있어서 피고적격이 있는 처분 등을 행한 행정청은, 행정주체인 지방자치단체 또는 지방자치단체의 내부적 의결기관으로서 지방자치단체의 의사를 외부에 표시한 권한이 없는 지방의회가 아니라, 지방자치단체의 집행기관으로서 조례로서의 효력을 발생시키는 공포권이 있는 지방자치단체의 장이다(대판 1996.9.20. 95누8003).

④ (○) 보건복지부 고시인 약제급여·비급여목록 및 급여상한금액표(보건복지부 고시 제2002-46호로 개정된 것)는 다른 집행행위의 매개 없이 그 자체로서 국민건강보험가입자, 국민건강보험공단, 요양기관 등의 법률관계를 직접 규율하는 성격을 가지므로 항고소송의 대상이 되는 행정처분에 해당한다(대판 2006.9.22. 2005두2506).

13 ②

행정구제법 > 행정쟁송 > 행정소송의 대상적격   오답률 44.1%   TOP 1

| 출제이력 | 2022, 2019

| LINK | 소방기본서 행정법총론 p. 736~743

㉠ (○) 목욕탕영업허가는 강학상 허가로서 이를 통해 얻어지는 이익은 반사적 이익에 해당된다. 경업자관계로서 원고적격이 인정될 수 없다.

> 원고가 이 사건 허가처분에 의하여 목욕장업에 의한 이익이 사실상 감소된다 하여도 이 불이익은 본 건 허가처분의 단순한 사실상의 반사적 결과에 불과하고 이로 말미암아 원고의 권리를 침해하는 것이라고는 할 수 없으므로, 원고는 목욕장업허가처분에 대하여 그 취소를 구할 법률상 이익이 없다(대판 1963.8.31. 63누101).

㉡ (○) 같은 학과 교수로서 교수회의 구성원만으로 구체적인 권익침해가 없어 법률상 이익이 인정될 수 없다.

> 소외인을 서울대학교 인문대학 언어학과 부교수로 신규임용한 피고의 이 사건 처분에 대하여, 원고가 같은 학과 교수로서 교수회의의 구성원이라는 사정만으로는 원고에게 그 취소를 구할 구체적인 법률상의 이익이 있다고 할 수 없다(대판 1995.12.12. 95누11856).

㉢ (○) 의원 등의 허가는 강학상 허가로서 이로 인한 이익은 반사적 이익에 해당되어 법률상 이익이 인정될 수 없다.

> 「의료법」상 의료인은 신고만으로 의원이나 치과의원을 개설할 수 있고 「건축법」 기타 건축관계법령상 의원 상호 간의 거리나 개소에 아무런 제한을 두고 있지 아니하므로 치과의원을 경영하는 원고로서는 그 치과의원과 같은 아파트단지 내에서 30미터 정도의 거리에 있는 건물에 대하여 당초에 상품매도점포로서의 근린생활시설로 되어 있던 용도를 원고와 경합관계에 있는 치과의원을 개설할 수 있도록 의원으로서의 근린생활시설로 변경한 서울특별시장의 용도변경처분으로 인하여 받게 될 불이익은 간접적이거나 사실적, 경제적인 불이익에 지나지 아니하여 그것만으로는 원고에게 위 용도변경처분의 취소를 구할 소익이 있다고 할 수 없다(대판 1990.5.22. 90누813).

㉣ (×) 교도소에 미결수용된 자는 소장의 허가를 받아 타인과 접견할 수 있으므로(이와 같은 접견권은 헌법상 기본권의 범주에 속하는 것이다)

구속된 피고인이 사전에 접견신청한 자와의 접견을 원하지 않는다는 의사표시를 하였다는 등의 특별한 사정이 없는 한 구속된 피고인은 교도소장의 접견허가거부처분으로 인하여 자신의 접견권이 침해되었음을 주장하여 위 거부처분의 취소를 구할 원고적격을 가진다(대판 1992.5.8. 91누7552).

14 ④

실효성 확보수단 > 행정강제 > 이행강제금   오답률 14.7%

| 출제이력 | 2020

| LINK | 소방기본서 행정법총론 p. 480~484

① (○) 순수히 건물의 명도나 인도의무를 목적으로 하는 행정대집행은 허용하지 않는다.

> 이러한 명도의무는 그것을 강제적으로 실현하면서 직접적인 실력행사가 필요한 것이지 대체적 작위의무라고 볼 수 없으므로 특별한 사정이 없는 한 「행정대집행법」에 의한 대집행의 대상이 될 수 있는 것이 아니다(대판 2005.8.19. 2004다2809).

② (○) 최초의 계고는 처분이지만 제2차, 제3차 계고는 처분이 아니고 단순히 계고를 연기함에 그친다.

> 건물의 소유자에게 위법건축물을 일정기간까지 철거할 것을 명함과 아울러 불이행할 때에는 대집행한다는 내용의 철거대집행 계고처분을 고지한 후 이에 불응하자 다시 제2차, 제3차 계고서를 발송하여 일정기간까지의 자진철거를 촉구하고 불이행하면 대집행을 한다는 뜻을 고지하였다면 「행정대집행법」상의 건물철거의무는 제1차 철거명령 및 계고처분으로서 발생하였고 제2차, 제3차의 계고처분은 새로운 철거의무를 부과한 것이 아니고 다만 대집행기한의 연기통지에 불과하므로 행정처분이 아니다(대판 1994.10.28. 94누5144).

③ (○) 이행강제금은 비대체적 작위의무와 부작위의무에 부과하는 행정강제이지만 대체적 작위의무에도 부과할 수 있다는 것이 헌법재판소의 입장이며, 또한 「건축법」 등 다수의 법에 규정되어 있다.

> 전통적으로 행정대집행은 대체적 작위의무에 대한 강제집행수단으로, 이행강제금은 부작위의무나 비대체적 작위의무에 대한 강제집행수단으로 이해되어 왔으나, 이는 이행강제금제도의 본질에서 오는 제약은 아니며, 이행강제금은 대체적 작위의무의 위반에 대하여도 부과될 수 있다. 현행 「건축법」상 위법건축물에 대한 이행강제수단으로 대집행과 이행강제금이 인정되고 있는데, 양 제도는 각각의 장단점이 있으므로 행정청은 개별사건에 있어서 위반 내용, 위반자의 시정의지 등을 감안하여 대집행과 이행강제금을 선택적으로 활용할 수 있으며, 이처럼 그 합리적인 재량에 의해 선택하여 활용하는 이상 중첩적인 제재에 해당한다고 볼 수 없다(헌재 2004.2.26. 2001헌바80).

④ (×) 이행강제금은 행정강제에 해당되고, 형벌은 제재에 해당되어 양자가 추구하는 보호법익이나 목적, 성질에 차이가 있어 병과할 수 있다.

> 개발제한구역 내의 건축물에 대하여 허가를 받지 않고 한 용도변경행위에 대한 형사처벌과 「건축법」 제83조 제1항에 의한 시정명령 위반에 대한 이행강제금의 부과는 그 처벌 내지 제재대상이 되는 기본적 사실관계로서의 행위를 달리하며, 또한 그 보호법익과 목적에서도 차이가 있으므로 이중처벌에 해당한다고 할 수 없다(대결 2005.8.19. 자 2005마30).

| SUMMARY | 병과가 가능한지 여부

행정벌은 타강제집행수단인 집행벌·징계벌과 병과할 수 있으나, 형사벌과는 병과할 수 없다.
- 행정벌과 징계벌: O
- 행정벌과 집행벌: O
- 행정형벌과 형사벌: X
- 행정질서벌과 형사벌(행정형벌): O (다만, 헌재와 다수설은 부정)

15 ③

행정작용법 > 행정행위 > 행정행위의 효력	오답률 29.4%

| 출제이력 | 2021

| LINK | 소방기본서 행정법총론 p. 280~284

① (O) 불가쟁력은 처분의 위법이나 적법 여부와 상관없이 쟁송기간이 경과하는 등의 더 이상의 불복절차가 없어 처분의 효력이 확정되는 효력이다. 처분의 실체적 내용과 상관없이 이에 확정되는 효력이라 하여 형식적 확정력, 절차적 효력 등이라 한다.

② (O) 불가변력은 법령에 규정이 있거나(⑪ 토지수용위원회의 수용재결) 법령에 규정이 없더라도 준사법적 행정작용, 수익적 행정행위에 인정되는 효력이다. 행정심판 재결은 준사법적 작용인 확인에 해당되는 처분으로서 불가변력의 효력이 인정된다.

③ (X) 불가쟁력은 쟁송기간이 경과되면 더 이상 쟁송을 제기할 수 없는 효력으로서 행정행위의 상대방이나 이해관계인에 대한 구속력이고, 불가변력은 특정의 행정행위는 행정청 자신도 취소나 변경 등을 할 수 없는 효력으로서 처분청 등이 구속되는 효력이다.

④ (O) 행정처분을 한 처분청은 그 행위에 하자가 있는 경우에는 원칙적으로 별도의 법적 근거가 없더라도 스스로 이를 직권으로 취소할 수 있는 것이고, 행정처분에 대한 법정의 불복기간이 지나면 직권으로도 취소할 수 없게 되는 것은 아니므로, 처분청은 토지에 대한 개별토지가격의 산정에 명백한 잘못이 있다면 이를 직권으로 취소할 수 있다(대판 1995.9.15. 95누6311).

16 ④

행정법총칙 > 행정법 > 행정법의 일반원칙	오답률 20.6%

| 출제이력 | 2020

| LINK | 소방기본서 행정법총론 p. 40~68

① (O) 단지 1회 훈령에 위반하여 요정 출입을 하다가 적발된 것만으로는 공무원의 신분을 보유케 할 수 없을 정도로 공무원의 품위를 손상케 한 것이라 단정하기 어려운 점 등에 비추어 총리 훈령에 위반하여 요정에서 음주한 공무원을 파면한 것은 비례의 원칙에 위반한 것이다(대판 1967.5.2. 67누24).

② (O) 행정의 자기구속의 법리는 대법원이나 헌재에 의하면 재량준칙이 평등이나 신뢰보호원칙에 따라 형성된 것으로 본다.

- **헌법재판소의 입장**
  행정규칙이라도 재량권행사의 준칙으로서 그 정한 바에 따라 되풀

이 시행되어 행정관행을 이루게 되면, 행정기관은 평등의 원칙이나 신뢰보호의 원칙에 따라 상대방에 대한 관계에서 그 규칙에 따라야 할 자기구속을 당하게 되는바, 이 경우에는 대외적 구속력을 가진 공권력의 행사가 된다(헌재결 2007.8.30. 2004헌마670).

- **대법원의 입장**
  재량권 행사의 준칙인 행정규칙이 그 정한 바에 따라 되풀이 시행되어 행정관행이 이루어지게 되면 평등의 원칙이나 신뢰보호의 원칙에 따라 행정기관은 그 상대방에 대한 관계에서 그 규칙에 따라야 할 자기구속을 받게 되므로, 이러한 경우에는 특별한 사정이 없는 한 그를 위반하는 처분은 평등의 원칙이나 신뢰보호의 원칙에 위배되어 재량권을 일탈·남용한 위법한 처분이 된다(대판 2009.12.24. 2009두7967).

③ (O) 부당결부금지원칙은 행정청이 공권력을 행사함에 있어 실질적 관련성이 없는 반대급부를 결부하여서는 안 된다는 원칙이다.

부당결부금지의 원칙이란 행정주체가 행정작용을 함에 있어서 상대방에게 이와 실질적인 관련이 없는 의무를 부과하거나 그 이행을 강제하여서는 아니 된다는 원칙을 말한다(대판 2009.2.12. 2005다65500).

④ (X) 「국세기본법」 제18조 제3항에 규정된 비과세관행이 성립하려면, 상당한 기간에 걸쳐 과세를 하지 아니한 객관적 사실이 존재할 뿐만 아니라, 과세관청 자신이 그 사항에 관하여 과세할 수 있음을 알면서도 어떤 특별한 사정 때문에 과세하지 않는다는 의사가 있어야 하며, 위와 같은 공적 견해나 의사는 명시적 또는 묵시적으로 표시되어야 하지만 묵시적 표시가 있다고 하기 위하여는 단순한 과세누락과는 달리 과세관청이 상당기간의 불과세 상태에 대하여 과세하지 않겠다는 의사표시를 한 것으로 볼 수 있는 사정이 있어야 한다(대판 1991.5.28. 90누8947).

17 ③

행정법총칙 > 행정법상의 법률요건과 법률사실 > 행정법상의 신청	오답률 35.3%

| 출제이력 | 신규출제

| LINK | 소방기본서 행정법총론 p. 140~143

① (X) 처분을 구하는 신청이나 일반민원의 신청은 문서가 원칙이다.

「행정절차법」 제17조 【처분의 신청】 ① 행정청에 처분을 구하는 신청은 문서로 하여야 한다. 다만, 다른 법령 등에 특별한 규정이 있는 경우와 행정청이 미리 다른 방법을 정하여 공시한 경우에는 그러하지 아니하다.

「민원 처리에 관한 법률」 제8조 【민원의 신청】 민원의 신청은 문서(「전자정부법」 제2조 제7호에 따른 전자문서를 포함한다. 이하 같다)로 하여야 한다. 다만, 기타 민원은 구술(口述) 또는 전화로 할 수 있다.

② (X) 행정청은 신청을 받았을 때에는 다른 법령 등에 특별한 규정이 있는 경우를 제외하고는 그 접수를 보류 또는 거부하거나 부당하게 되돌려 보내서는 아니 되며, 신청을 접수한 경우에는 신청인에게 접수증을 주어야 한다. 다만, 대통령령으로 정하는 경우에는 접수증을 주지 아니할 수 있다(「행정절차법」 제17조 제4항).

③ (O) 「민원사무처리규정」 제11조 제1항 소정의 보완 또는 보정의 대상이 되는 흠결은 보완 또는 보정할 수 있는 경우이어야 함은 물론이

고, 그 내용 또한 형식적, 절차적인 요건에 한하고 실질적인 요건에 대하여까지 보완 또는 보정요구를 하여야 한다고 볼 수 없으며, 또한 흠결된 서류의 보완 또는 보정을 하면 이미 접수된 주요 서류의 대부분을 새로 작성함이 불가피하게 되어 사실상 새로운 신청으로 보아야 할 경우에는 그 흠결서류의 접수를 거부하거나 그것을 반려할 정당한 사유가 있는 경우에 해당하여 이의 접수를 거부하거나 반려하여도 위법이 되지 않는다(대판 1991.6.11, 90누8862).

④ (✕) 신청인은 처분이 있기 전에는 그 신청의 내용을 보완·변경하거나 취하(取下)할 수 있다. 다만, 다른 법령 등에 특별한 규정이 있거나 그 신청의 성질상 보완·변경하거나 취하할 수 없는 경우에는 그러하지 아니하다(동법 제17조 제8항).

18 ②

행정법총칙 > 행정법상의 법률요건과 법률사실 > 사인의 공법행위	오답률 14.7%

| 출제이력 | 2022

| LINK | 소방기본서 행정법총론 p. 124~143

② (○) 행정청에 일정한 사항을 통지하면 의무가 끝나는 신고는 「행정절차법」상의 신고로서 자기완결적 신고에 해당한다. 현행 「행정절차법」에는 신고의 내용이 현저히 공익을 해치는 경우에 대한 규정은 없다.

> 「행정절차법」 제40조 【신고】 ① 법령 등에서 행정청에 일정한 사항을 통지함으로써 의무가 끝나는 신고를 규정하고 있는 경우 신고를 관장하는 행정청은 신고에 필요한 구비서류, 접수기관, 그 밖에 법령 등에 따른 신고에 필요한 사항을 게시(인터넷 등을 통한 게시를 포함한다)하거나 이에 대한 편람을 갖추어 두고 누구나 열람할 수 있도록 하여야 한다.
> ② 제1항에 따른 신고가 다음 각 호의 요건을 갖춘 경우에는 신고서가 접수기관에 도달된 때에 신고의무가 이행된 것으로 본다.
> 　1. 신고서의 기재사항에 흠이 없을 것
> 　2. 필요한 구비서류가 첨부되어 있을 것
> 　3. 그 밖에 법령 등에 규정된 형식상의 요건에 적합할 것

19 ①

행정법총칙 > 행정법 > 행정법의 법원(法源)	오답률 23.5%

| 출제이력 | 2019 승진(유사)

| LINK | 소방기본서 행정법총론 p. 32~39

① (○) 감사원규칙은 헌법에 규정이 없고 국회가 제정한 「감사원법」에 근거를 두고 제정되었다(헌법에 규정이 없어 법규명령의 효력이 인정될 수 있는지에 대해 다툼이 있으나 헌법상의 위임입법을 예시로 보는 것이 다수설과 헌법재판소의 입장이라서 감사원규칙은 일반적으로 법규명령으로 인정되고 있다. 최근 「행정기본법」에서 감사원규칙을 법규명령으로 정의하였다).

> 「행정기본법」 제2조 【정의】
> 　1. "법령 등"이란 다음 각 목의 것을 말한다.
> 　　가. 법령: 다음의 어느 하나에 해당하는 것
> 　　　1) 법률 및 대통령령·총리령·부령

　　2) 국회규칙·대법원규칙·헌법재판소규칙·중앙선거관리위원회규칙 및 감사원규칙

> 「감사원법」 제52조 【감사원규칙】 감사원은 감사에 관한 절차, 감사원의 내부 규율과 감사사무 처리에 관한 규칙을 제정할 수 있다.

교수님 TIP

이 문제는 행정법의 법원이라고 출제되어 있으나 행정입법과 연계된 지식을 묻고 있다. 헌법상에 규정된 위임입법의 형식을 알고 있는지 묻는 문제이다.

② (✕) 중앙선거관리위원회는 법령의 범위 안에서 선거관리·국민투표관리 또는 정당사무에 관한 규칙을 제정할 수 있으며, 법률에 저촉되지 아니하는 범위 안에서 내부규율에 관한 규칙을 제정할 수 있다(헌법 제114조 제6항).

③ (✕) 지방자치단체는 주민의 복리에 관한 사무를 처리하고 재산을 관리하며, 법령의 범위 안에서 자치에 관한 규정을 제정할 수 있다(동법 제117조 제1항).

④ (✕) 헌법 제75조와 제95조에 규정을 두고 있다.

제75조 – 대통령령	제95조 – 총리령, 부령
대통령은 법률에서 구체적으로 범위를 정하여 위임받은 사항과 법률을 집행하기 위하여 필요한 사항에 관하여 대통령령을 발할 수 있다.	국무총리 또는 행정각부의 장은 소관 사무에 관하여 법률이나 대통령령의 위임 또는 직권으로 총리령 또는 부령을 발할 수 있다.

20 ④

행정작용법 > 행정입법 > 법규명령의 통제	오답률 41.2%

| 출제이력 | 2022(유사)

| LINK | 소방기본서 행정법총론 p. 171~175

① (○) 명령·규칙 또는 처분이 헌법이나 법률에 위반되는 여부가 재판의 전제가 된 경우에는 대법원은 이를 최종적으로 심사할 권한을 가진다(헌법 제107조 제2항).

② (○) 유신헌법에 근거한 긴급조치는 국회의 입법권 행사라는 실질을 전혀 가지지 못한 것으로서, 헌법재판소의 위헌심판대상이 되는 '법률'에 해당한다고 할 수 없고, 긴급조치의 위헌 여부에 대한 심사권은 최종적으로 대법원에 속한다(대판 2010.12.16, 2010도5986).

③ (○) 행정소송에 대한 대법원판결에 의하여 명령·규칙이 헌법 또는 법률에 위반된다는 것이 확정된 경우에는 대법원은 지체 없이 그 사유를 행정안전부장관에게 통보하여야 한다(「행정소송법」 제6조 제1항).

④ (✕) 처분의 근거법령이 위헌이나 위법하다는 무효선언이 있기 이전에는 처분의 하자는 명백성이 없어 무효라 할 수 없다(취소사유에 해당된다).

> 일반적으로 시행령이 헌법이나 법률에 위반된다는 사정은 그 시행령의 규정을 위헌 또는 위법하여 무효라고 선언한 대법원의 판결이 선고되지 아니한 상태에서는 그 시행령 규정의 위헌 내지 위법 여부가 해석상 다툼의 여지가 없을 정도로 명백하였다고 인정되지 아니하는 이상 객관적으로 명백한 것이라 할 수 없으므로, 이러한 시행령에 근거한 행정처분의 하자는 취소사유에 해당할 뿐 무효사유가 되지 아니한다(대판 2007.6.14, 2004두619).

2021 | 소방위 행정법

행정법총론 전 영역에서 고르게 출제된 시험이었다. 전체적인 난이도는 중(中) 또는 중상(中上)에 해당한다. 평이한 문제가 3문항 정도 있었으나, 대부분의 선지가 길고 낯설어 문제풀이 시간이 상당히 소요됐을 것이라 생각한다. 한편 문제유형의 경우, 법령 3문항을 제외하고는 모두 판례문제이며, 신출판례 4∼5개 선지 외에는 대부분 기출판례로 구성되어 있다. 기본이론 과정부터 모의고사까지 차근차근 실력을 다진 학생들은 90점 이상이 가능했을 거라 판단된다.

문항분석

문항	정답	난이도	영역
1	②	중	행정구제법 > 행정쟁송 > 집행정지
2	③	하	행정법총칙 > 행정법 >「행정기본법」
3	③	중	행정법총칙 > 행정법 > 기간
4	③	중	행정구제법 > 행정쟁송 > 행정소송의 대상적격
5	①	하	실효성 확보수단 > 개관 > 실효성 확보수단의 종류
6	②	중	행정구제법 > 행정쟁송 > 소의 이익
7	③	중	행정작용법 > 그 밖에 행정의 주요행위형식 > 행정지도
8	④	중	행정작용법 > 행정행위 > 행정행위의 부관
9	①	하	행정법총칙 > 행정법 > 행정법의 법원(法源)
10	③	중	행정구제법 > 행정쟁송 > 고지제도
11	②	중	행정구제법 > 행정쟁송 > 행정소송 판결의 효력
12	④	중	행정작용법 > 그 밖에 행정의 주요행위형식 > 공법상 계약
13	③	중	행정구제법 > 행정상 손해전보 > 공용수용의 효과
14	①	중	실효성 확보수단 > 행정강제 > 이행강제금
고난도 15	②	상	행정절차·정보공개·개인정보 보호 > 정보공개와 개인정보 보호 >「개인정보 보호법」
16	①	중	실효성 확보수단 > 행정강제 > 대집행
17	②	중	실효성 확보수단 > 행정강제 > 행정조사
18	③	중	행정구제법 > 행정상 손해전보 > 직무관련 손해배상
19	①	중	행정작용법 > 행정행위 > 행정행위의 내용
20	④	중	행정절차·정보공개·개인정보 보호 > 행정절차 > 처분절차

합격예상 체크

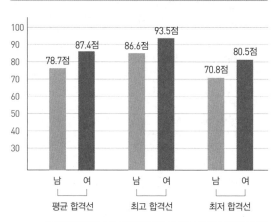

*에듀윌 2022년 소방 공채 합격예측 풀서비스 입력데이터에 근거함

출제 트렌드

구분	행정법총칙	행정작용법	행정절차·정보공개·개인정보 보호	실효성 확보수단	행정구제법
2022	3문항	8문항	4문항	1문항	4문항
2021	2문항	7문항	2문항	4문항	5문항
2020	3문항	8문항	1문항	4문항	4문항
2021 소방위	3문항	4문항	2문항	4문항	7문항

행정구제법 영역에서 다수 출제

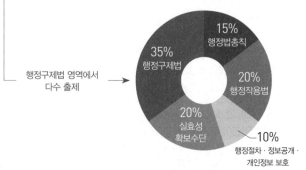

01 ②

| 출제이력 | 2019, 2019 승진(유사)

| LINK | 소방기본서 행정법총론 p. 701~703

① (○)「행정소송법」제23조 제1항의 규정이다.

>「행정소송법」제23조【집행정지】① 취소소송의 제기는 처분 등의 효력이나 그 집행 또는 절차의 속행에 영향을 주지 아니한다.

② (×) 동조 제2항에서 정하고 있는 효력정지 요건인 '회복하기 어려운 손해'란, 특별한 사정이 없는 한 금전으로 보상할 수 없는 손해로서 금전보상이 불가능한 경우 내지는 금전보상으로는 사회관념상 행정처분을 받은 당사자가 참고 견딜 수 없거나 참고 견디기가 현저히 곤란한 경우의 유형, 무형의 손해를 일컫는다. 그리고 '처분 등이나 그 집행 또는 절차의 속행으로 인하여 생길 회복하기 어려운 손해를 예방하기 위하여 긴급한 필요'가 있는지는 처분의 성질과 태양 및 내용, 처분상대방이 입는 손해의 성질·내용 및 정도, 원상회복·금전배상의 방법 및 난이 등은 물론 본안청구의 승소가능성 정도 등을 종합적으로 고려하여 구체적·개별적으로 판단하여야 한다.

>「행정소송법」제23조【집행정지】② 취소소송이 제기된 경우에 처분 등이나 그 집행 또는 절차의 속행으로 인하여 생길 회복하기 어려운 손해를 예방하기 위하여 긴급한 필요가 있다고 인정할 때에는 본안이 계속되고 있는 법원은 당사자의 신청 또는 직권에 의하여 처분 등의 효력이나 그 집행 또는 절차의 속행의 전부 또는 일부의 정지(이하 "執行停止"라 한다)를 결정할 수 있다. 다만, 처분의 효력정지는 처분 등의 집행 또는 절차의 속행을 정지함으로써 목적을 달성할 수 있는 경우에는 허용되지 아니한다.

③ (○)「행정소송법」제23조에 의한 집행정지결정의 효력은 결정 주문에서 정한 시기까지 존속하며 그 시기의 도래와 동시에 효력이 당연히 소멸하는 것이다(대결 2007.11.30. 자 2006무14).

④ (○) 행정처분의 효력정지나 집행정지 등을 구하는 신청사건에 있어서는 행정처분 자체의 적법 여부를 판단할 것이 아니고 그 행정처분의 효력이나 집행 등을 정지시킬 것인가의 여부에 대한「행정소송법」소정의 요건의 존부가 그 판단대상이 된다(대결 1986.3.21. 자 86두5).

>「행정소송법」제23조【집행정지】② 취소소송이 제기된 경우에 처분 등이나 그 집행 또는 절차의 속행으로 인하여 생길 회복하기 어려운 손해를 예방하기 위하여 긴급한 필요가 있다고 인정할 때에는 본안이 계속되고 있는 법원은 당사자의 신청 또는 직권에 의하여 처분 등의 효력이나 그 집행 또는 절차의 속행의 전부 또는 일부의 정지(이하 "執行停止"라 한다)를 결정할 수 있다. 다만, 처분의 효력정지는 처분 등의 집행 또는 절차의 속행을 정지함으로써 목적을 달성할 수 있는 경우에는 허용되지 아니한다.
>③ 집행정지는 공공복리에 중대한 영향을 미칠 우려가 있을 때에는 허용되지 아니한다.
>④ 제2항의 규정에 의한 집행정지의 결정을 신청함에 있어서는 그 이유에 대한 소명이 있어야 한다.
>⑤ 제2항의 규정에 의한 집행정지의 결정 또는 기각의 결정에 대하여는 즉시항고할 수 있다. 이 경우 집행정지의 결정에 대한 즉시항고에는 결정의 집행을 정지하는 효력이 없다.

>⑥ 제30조 제1항의 규정은 제2항의 규정에 의한 집행정지의 결정에 이를 준용한다.

교수님 TIP

대법원은 집행정지의 소극적 요건으로 이유 없음이 명백하지 않아야 한다는 입장이다. 따라서 본안청구의 승소가능성도 집행정지의 판단대상이 된다.

>행정처분의 효력정지나 집행정지제도는 신청인이 본안 소송에서 승소판결을 받을 때까지 그 지위를 보호함과 동시에 후에 받을 승소판결을 무의미하게 하는 것을 방지하려는 것이어서 본안 소송에서 처분의 취소가능성이 없음에도 처분의 효력이나 집행의 정지를 인정한다는 것은 제도의 취지에 반하므로 효력정지나 집행정지사건 자체에 의하여도 신청인의 본안청구가 이유 없음이 명백하지 않아야 한다는 것도 효력정지나 집행정지의 요건에 포함시켜야 한다(대결 2004.5.17. 자 2004무6).

02 ③

| 출제이력 | 2022

| LINK | 소방기본서 행정법총론 p. 69

㉠ (×) 행정에 관한 기간의 계산에 관하여는 이 법 또는 다른 법령 등에 특별한 규정이 있는 경우를 제외하고는「민법」을 준용한다(「행정기본법」제6조 제1항).

㉡, ㉣ (○) 동법 제7조 제2호·제3호 의 규정이다.

>「행정기본법」제7조【법령 등 시행일의 기간 계산】법령 등(훈령·예규·고시·지침 등을 포함한다. 이하 이 조에서 같다)의 시행일을 정하거나 계산할 때에는 다음 각 호의 기준에 따른다.
>1. 법령 등을 공포한 날부터 시행하는 경우에는 공포한 날을 시행일로 한다.
>2. 법령 등을 공포한 날부터 일정 기간이 경과한 날부터 시행하는 경우 법령 등을 공포한 날을 첫날에 산입하지 아니한다.
>3. 법령 등을 공포한 날부터 일정 기간이 경과한 날부터 시행하는 경우 그 기간의 말일이 토요일 또는 공휴일인 때에는 그 말일로 기간이 만료한다.

㉢ (×) 법령 등 또는 처분에서 국민의 권익을 제한하거나 의무를 부과하는 경우 권익이 제한되거나 의무가 지속되는 기간의 계산은 일, 주, 월 또는 연으로 정한 경우에는 기간의 첫날을 산입한다.

>「행정기본법」제6조【행정에 관한 기간의 계산】② 법령 등 또는 처분에서 국민의 권익을 제한하거나 의무를 부과하는 경우 권익이 제한되거나 의무가 지속되는 기간의 계산은 다음 각 호의 기준에 따른다. 다만, 다음 각 호의 기준에 따르는 것이 국민에게 불리한 경우에는 그러하지 아니하다.
>1. 기간을 일, 주, 월 또는 연으로 정한 경우에는 기간의 첫날을 산입한다.
>2. 기간의 말일이 토요일 또는 공휴일인 경우에도 기간은 그 날로 만료한다.

03 ③

행정법총칙 > 행정법 > 기간　　　　　　　　　　　중

| 출제이력 | 2020

| LINK | 소방기본서 행정법총론 p. 113~114

㉠ (○) 당연무효를 선언하는 취소소송이 취소소송의 요건을 구비하지 못하면 판결을 폐기한다. 행정처분의 당연무효를 선언하는 의미에서의 취소를 구하는 소송도 그것이 외견상 존재하는 행정처분에 권한 있는 기관에 의한 취소를 구하고 있는 점에서 하나의 항고소송인 이상,「행정소송법」상의 행정심판 전치절차 등「행정소송법」상 특유의 제소요건의 충족이 필요하며, 필요하지 않다고 한 종전의 판결을 폐기한다(대판 1976.2.24. 75누128 전합).

㉡ (×) 수익적 행정처분에 대한 취소권 등의 행사는 기득권의 침해를 정당화할 만한 중대한 공익상의 필요 또는 제3자의 이익보호의 필요가 있는 때에 한하여 허용될 수 있다는 법리는, 처분청이 수익적 행정처분을 직권으로 취소·철회하는 경우에 적용되는 법리일 뿐 쟁송취소의 경우에는 적용되지 않는다(대판 2019.10.17. 2018두104).

㉢ (×) 민사소송에 있어서 어느 행정처분의 당연무효 여부가 선결문제로 되는 때에는 이를 판단하여 당연무효임을 전제로 판단할 수 있고, 반드시 행정소송 등의 절차에 의하여 그 취소나 무효확인을 받아야 하는 것은 아니다(대판 1973.7.10. 70다1439).

㉣ (○) 상급 지방자치단체장이 하급 지방자치단체장에게 기간을 정하여 그 시정을 명하였음에도 이를 이행하지 아니하자「지방자치법」제157조 제1항에 따라 위 승진처분을 취소한 것은 적법하고, 그 취소권 행사에 재량권 일탈·남용의 위법이 있다고 할 수 없다(대판 2007.3.22. 2005추62 전합).

04 ③

행정구제법 > 행정쟁송 > 행정소송의 대상적격　　　　중

| 출제이력 | 2020

| LINK | 소방기본서 행정법총론 p. 736~743

① (○) 국가사무를 위임 또는 위탁받은 공공단체 또는 그 장이 피고인 경우에 취소소송은 대법원소재지 관할 행정법원에 제기할 수 있다(「행정소송법」제9조 제2항).

> 「행정소송법」제9조【재판관할】① 취소소송의 제1심관할법원은 피고의 소재지를 관할하는 행정법원으로 한다.
> ② 제1항에도 불구하고 다음 각 호의 어느 하나에 해당하는 피고에 대하여 취소소송을 제기하는 경우에는 대법원소재지를 관할하는 행정법원에 제기할 수 있다.
> 　1. 중앙행정기관, 중앙행정기관의 부속기관과 합의제행정기관 또는 그 장
> 　2. 국가의 사무를 위임 또는 위탁받은 공공단체 또는 그 장
> ③ 토지의 수용 기타 부동산 또는 특정의 장소에 관계되는 처분 등에 대한 취소소송은 그 부동산 또는 장소의 소재지를 관할하는 행정법원에 이를 제기할 수 있다.

② (○) 세무서장의 위임에 의하여 성업공사가 한 공매처분에 대하여 피고 지정을 잘못하여 피고적격이 없는 세무서장을 상대로 그 공매처분의 취소를 구하는 소송이 제기된 경우, 법원으로서는 석명권을 행사하여 피고를 성업공사로 경정하게 하여 소송을 진행하여야 한다(대판 1997.2.28. 96누1757).

③ (×) 甲이 국민권익위원회에「부패방지 및 국민권익위원회의 설치와 운영에 관한 법률」에 따른 신고와 신분보장조치를 요구하였고, 국민권익위원회가 乙 시·도선거관리위원회 위원장에게 '甲에 대한 중징계요구를 취소하고 향후 신고로 인한 신분상 불이익처분 및 근무조건상의 차별을 하지 말 것을 요구'하는 내용의 조치요구를 한 사안에서, 국가기관인 乙에게 위 조치요구의 취소를 구하는 소를 제기할 당사자능력, 원고적격 및 법률상 이익을 인정한 원심판단은 정당하다(대판 2013.7.25. 2011두1214).

> 국민권익위원회가 소방청장에게 인사와 관련하여 부당한 지시를 한 사실이 인정된다며 이를 취소할 것을 요구하기로 의결하고 그 내용을 통지하자 소방청장이 국민권익위원회 조치요구의 취소를 구하는 소송을 제기한 사안에서, 처분성이 인정되는 국민권익위원회의 조치요구에 불복하고자 하는 소방청장으로서는 조치요구의 취소를 구하는 항고소송을 제기하는 것이 유효·적절한 수단으로 볼 수 있으므로 소방청장이 예외적으로 당사자능력과 원고적격을 가진다(대판 2018.8.1. 2014두35379).

④ (○)「행정소송법」상 청구취지를 변경하여 구 소가 취하되고 새로운 소가 제기된 것으로 변경되었을 때에 새로운 소에 대한 제소기간 준수 여부의 판단은 원칙적으로 소의 변경이 있은 때를 기준으로 하여야 한다(대판 2019.7.4. 2018두58431).

05 ①

실효성 확보수단 > 개관 > 실효성 확보수단의 종류　　　하

| 출제이력 | 2020, 2018 하

| LINK | 소방기본서 행정법총론 p. 464~465

① (○) 직접강제는 의무부과와 그 의무불이행을 전제로 하나, 즉시강제는 목전의 긴급한 행정상의 장해를 제거하여야 할 필요가 있는 경우에 미리 의무를 명할 시간적 여유가 없거나, 성질상 미리 의무를 명하여서는 그 목적을 달성하기 곤란할 때에 직접 국민의 신체 또는 재산에 실력을 가하여 행정상 필요한 상태를 실현하는 작용으로서 의무불이행을 전제로 하지 않는다는 점에서 구별된다. 영업소의 강제폐쇄는 직접강제에 해당된다.

② (×)「가축전염병 예방법」상의 살처분은 즉시강제에 해당한다.

③, ④ (×)「출입국관리법」상의 외국인 강제퇴거 및 선박수색과「학원의 설립·운영 및 과외교습에 관한 법률」상의 학원 등에 대한 폐쇄는 직접강제에 해당한다.

06 ②

행정구제법 > 행정쟁송 > 소의 이익　　　　　　　중

| 출제이력 | 신규출제

| LINK | 소방기본서 행정법총론 p. 731~732

① (○) 행정청이 당초의 분뇨 등 관련영업 허가신청 반려처분의 취소를

구하는 소의 계속 중, 사정변경을 이유로 위 반려처분을 직권취소함과 동시에 위 신청을 재반려하는 내용의 재처분을 한 경우, 당초의 반려처분의 취소를 구하는 소는 더 이상 소의 이익이 없게 되었다(대판 2006.9.28. 2004두5317).

② (×) 파면처분취소소송의 사실심변론종결 전에 동원고가 허위공문서 등 작성죄로 징역 8월에 2년간 집행유예의 형을 선고받아 확정되었다면 원고는 「지방공무원법」 제61조의 규정에 따라 위 판결이 확정된 날 당연퇴직되어 그 공무원의 신분을 상실하고, 당연퇴직이나 파면이 퇴직급여에 관한 불이익의 점에 있어 동일하다 하더라도 최소한도 이 사건 파면처분이 있은 때부터 위 법 규정에 의한 당연퇴직일자까지의 기간에 있어서는 파면처분의 취소를 구하여 그로 인해 박탈당한 이익의 회복을 구할 소의 이익이 있다 할 것이다(대판 1985.6.25. 85누39).

③ (○) 행정처분의 무효확인 또는 취소를 구하는 소가 제소 당시에는 소의 이익이 있어 적법하였는데, 소송계속 중 해당 행정처분이 기간의 경과 등으로 그 효과가 소멸한 때에 처분이 취소되어도 원상회복이 불가능하다고 보이는 경우라도, 무효확인 또는 취소로써 회복할 수 있는 다른 권리나 이익이 남아 있거나 또는 그 행정처분과 동일한 사유로 위법한 처분이 반복될 위험성이 있어 행정처분의 위법성 확인 내지 불분명한 법률문제에 대한 해명이 필요한 경우에는 행정의 적법성 확보와 그에 대한 사법통제, 국민의 권리구제 확대 등의 측면에서 예외적으로 그 처분의 취소를 구할 소의 이익을 인정할 수 있다. 여기에서 '그 행정처분과 동일한 사유로 위법한 처분이 반복될 위험성이 있는 경우'란 불분명한 법률문제에 대한 해명이 필요한 상황에 대한 대표적인 예시일 뿐이며, 반드시 '해당 사건의 동일한 소송 당사자 사이에서' 반복될 위험이 있는 경우만을 의미하는 것은 아니다(대판 2020.12.24. 2020두30450).

④ (○) 처분상대방이 아닌 제3자가 당초의 양식어업면허처분에 대하여는 아무런 불복조치를 취하지 않고 있다가 도지사가 그 어업면허를 취소하여 처분상대방인 면허권자가 그 어업면허취소처분의 취소를 구하는 행정심판을 제기하고 이에 재결기관인 수산청장이 그 심판청구를 인용하는 재결을 하자 비로소 그 제3자가 행정소송으로 그 인용재결을 다투고 있는 경우, 수산청장의 그 인용재결은 도지사의 어업면허취소로 인하여 상실된 면허권자의 어업면허권을 회복하여 주는 것에 불과할 뿐 인용재결로 인하여 제3자의 권리이익이 새로이 침해받는 것은 없고, 가사 그 인용재결로 인하여 그 면허권자의 어업면허가 회복됨으로써 그 제3자에 대하여 사실상 당초의 어업면허에 따른 효과와 같은 결과를 초래한다고 하더라도 이는 간접적이거나 사실적·경제적인 이해관계에 불과하므로, 그 제3자는 인용재결의 취소를 구할 소의 이익이 없다(대판 1995.6.13. 94누15592).

07 ③

행정작용법 > 그 밖에 행정의 주요행위형식 > 행정지도   중

| 출제이력 | 2021, 2020

| LINK | 소방기본서 행정법총론 p. 350~357

① (○) 행정지도라 함은 행정주체가 일정한 행정목적을 실현하기 위하여 권고 등과 같은 비강제적인 수단을 사용하여 상대방의 자발적 협력 내지 동의를 얻어내어 행정상 바람직한 결과를 이끌어내는 행정활동

으로 이해되고, 따라서 적법한 행정지도로 인정되기 위하여는 우선 그 목적이 적법한 것으로 인정될 수 있어야 할 것이다(대판 1994.12.13. 93다49482).

② (○) 무효인 조례 규정에 터잡은 행정지도에 따라 스스로 납세의무자로 믿고 자진신고 납부하였다 하더라도, 신고행위가 없어 부과처분에 의해 조세채무가 확정된 경우에 조세를 납부한 자와의 균형을 고려하건대, 그 신고행위의 하자가 중대하고 명백한 것이라고 단정할 수 없다(대판 1995.11.28. 95다18185).

③ (×) 「건축법 시행령」 제64조 제1항의 규정에 비추어 행정관청이 건축허가 시마다 도로의 폭이 4미터가 되도록 행정지도를 해왔다는 점만으로는 동법 제2조 제15호 나목의 규정에 의한 도로의 지정이 있었던 것으로 볼 수 없다(대판 1987.7.7. 87누240).

④ (○) 주식매각의 종용이 정당한 법률적 근거 없이 자의적으로 주주에게 제재를 가하는 것이라면 이 점에서 벌써 행정지도의 영역을 벗어난 것이라고 보아야 할 것이고 만일 이러한 행위도 행정지도에 해당된다고 한다면 이는 행정지도라는 미명하에 법치주의의 원칙을 파괴하는 것이라고 하지 않을 수 없다(대판 1994.12.13. 93다49482).

08 ④

행정작용법 > 행정행위 > 행정행위의 부관   중

| 출제이력 | 2022, 2020

| LINK | 소방기본서 행정법총론 p. 253~266

① (○) 하천부지 점용허가 여부는 관리청의 재량에 속하고 재량행위에 있어서는 법령상의 근거가 없어도 부관을 붙일 것인가의 여부는 당해 행정청의 재량에 속하며, 또한 (구) 「하천법」(법률 제7101호로 개정되기 전의 것. 2004.1.20.) 제33조 단서가 하천의 점용허가에는 하천의 오염으로 인한 공해 기타 보건위생상 위해를 방지함에 필요한 부관을 붙이도록 규정하고 있으므로, 하천부지 점용허가의 성질의 면으로 보나 법 규정으로 보나 부관을 붙일 수 있음은 명백하다(대판 2008.7.24. 2007두25930·25947·25954).

② (○) 공익법인의 기본재산의 처분에 관한 「공익법인의 설립·운영에 관한 법률」 제11조 제3항의 규정은 강행규정으로서 이에 위반하여 주무관청의 허가를 받지 않고 기본재산을 처분하는 것은 무효라 할 것인데, 위 처분허가에 부관을 붙인 경우 그 처분허가의 법률적 성질이 형성적 행정행위로서의 인가에 해당한다고 하여 조건으로서의 부관의 부과가 허용되지 아니한다고 볼 수는 없고, 다만 구체적인 경우에 그것이 조건, 기한, 부담, 철회권의 유보 중 어느 종류의 부관에 해당하는지는 당해 부관의 내용, 경위 기타 제반 사정을 종합하여 판단하여야 할 것이다(대판 2005.9.28. 2004다50044).

③ (○) 하천부지 점용허가를 하면서 '점용기간 만료 또는 점용을 폐지하였을 때에는 즉시 원상복구할 것'이라는 부관을 붙인 사안에서, 위 부관의 의미는 하천부지에 대한 점용기간 만료시 그에 관한 개간비보상청구권을 포기하는 것을 조건으로 한 것이다(대판 2008.7.24. 2007두259300·25947·25954).

④ (×) 지방자치단체장이 도매시장법인의 대표이사에 대하여 위 지방자치단체장이 개설한 농수산물도매시장의 도매시장법인으로 다시 지정함에 있어서 그 지정조건으로 '지정기간 중이라도 개설자가 농수산물

유통정책의 방침에 따라 도매시장법인 이전 및 지정취소 또는 폐쇄 지시에도 일체 소송이나 손실보상을 청구할 수 없다.'라는 부관을 붙였으나, 그중 부제소특약에 관한 부분은 당사자가 임의로 처분할 수 없는 공법상의 권리관계를 대상으로 하여 사인의 국가에 대한 공권인 소권을 당사자의 합의로 포기하는 것으로서 허용될 수 없다(대판 1998.8.21. 98두8919).

09 ①

행정법총칙 > 행정법 > 행정법의 법원(法源)　　　　　하

| 출제이력 | 2018 하, 2019 승진(유사)

| LINK | 소방기본서 행정법총론 p. 32~39

① (×) 관습법은 객관적 사실로서의 오랜 관행과 주관적인 법적 확신으로 성립된다는 견해가 일반적인 입장이다(국가승인불요설 = 법적 확신설).

헌법재판소의 입장	대법원의 입장
관습법의 성립요건에 대한 통설인 법적 확신설에 의할 때, 행정관습법이 성립하기 위해서는 특정한 행위를 통한 행정관행이 존재하고, 이러한 행정관행이 오랜 기간동안 반복하여 존재하며, 이러한 행정관행에 대한 행정기관과 일반국민들의 법적 확신이 존재해야 한다."고 판시한 바 있다(헌재결 2004.9.23. 2000헌라2).	관습법이란 사회의 거듭된 관행으로 생성한 사회생활규범이 사회의 법적 확신과 인식에 의하여 법적 규범으로 승인·강행되기에 이른 것을 말하고, 사실인 관습은 사회의 관행에 의하여 발생한 사회생활규범인 점에서 관습과 같으나 사회의 법적 확신이나 인식에 의하여 법적 규범으로서 승인된 정도에 이르지 않은 것을 말한다(대판 1983.6.14. 80다3231).

② (○) '남북 사이의 화해와 불가침 및 교류협력에 관한 합의서'는 남북관계가 '나라와 나라 사이의 관계가 아닌 통일을 지향하는 과정에서 잠정적으로 형성되는 특수관계'임을 전제로, 조국의 평화적 통일을 이룩해야 할 공동의 정치적 책무를 지는 남북한 당국이 특수관계인 남북관계에 관하여 채택한 합의문서로서, 남북한 당국이 각기 정치적인 책임을 지고 상호간에 그 성의 있는 이행을 약속한 것이기는 하나 법적 구속력이 있는 것은 아니어서 이를 국가 간의 조약 또는 이에 준하는 것으로 볼 수 없고, 따라서 국내법과 동일한 효력이 인정되는 것도 아니다(대판 1999.7.23. 98두14525).

③ (○) 구체적 분쟁사건의 재판에 즈음하여 법률 또는 법률조항의 의미·내용과 적용 범위가 어떠한 것인지를 정하는 권한, 곧 법령의 해석·적용 권한은 사법권의 본질적 내용을 이루는 것이고, 법률이 헌법규범과 조화되도록 해석하는 것은 법령의 해석·적용상 대원칙이므로, 합헌적 법률해석을 포함하는 법령의 해석·적용 권한은 대법원을 최고법원으로 하는 법원에 전속한다. 따라서 헌법재판소가 법률의 위헌 여부를 판단하기 위하여 불가피하게 법원의 최종적인 법률해석에 앞서 법령을 해석하거나 그 적용 범위를 판단하더라도 헌법재판소의 법률해석에 대법원이나 각급 법원이 구속되는 것은 아니다(대판 2008.10.23. 2006다66272).

④ (○) 평등이나 비례원칙 등에 위반되는 법률은 위헌이다. 조리는 법률의 위헌 여부를 판단하는 기준으로 작용한다.

10 ③

행정구제법 > 행정쟁송 > 고지제도　　　　　중

| 출제이력 | 2021(유사)

| LINK | 소방기본서 행정법총론 p. 716~719

① (○) 항고소송에서 행정청이 처분의 근거사유를 추가하거나 변경하기 위한 요건인 '기본적 사실관계의 동일성' 유무의 판단 방법 및 이러한 법리가 행정심판 단계에서도 적용된다(대판 2014.5.16. 2013두26118).

② (○) 「행정심판법」 제48조 제4항의 규정이다.

> 「행정심판법」 제48조【재결의 송달과 효력 발생】 ④ 처분의 상대방이 아닌 제3자가 심판청구를 한 경우 위원회는 재결서의 등본을 지체 없이 피청구인을 거쳐 처분의 상대방에게 송달하여야 한다.

③ (×) 고지절차에 관한 규정은 행정처분의 상대방이 그 처분에 대한 행정심판의 절차를 밟는 데 있어 편의를 제공하려는 데 있으며 처분청이 고지의무를 이행하지 않았더라도 경우에 따라서는 행정심판의 제기기간이 연장될 수 있는 것에 그치고 이로 인하여 심판의 대상이 되는 행정처분에 어떤 하자가 수반된다고 할 수 없다(대판 1987.11.24. 87누529).

「행정심판법」상의 고지	「행정절차법」상의 고지
제58조(행정심판의 고지) ① 행정청이 처분을 할 때에는 처분의 상대방에게 다음 각 호의 사항을 알려야 한다. 1. 해당 처분에 대하여 행정심판을 청구할 수 있는지 2. 행정심판을 청구하는 경우의 심판청구 절차 및 심판청구 기간 ② 행정청은 이해관계인이 요구하면 다음 각 호의 사항을 지체 없이 알려 주어야 한다. 이 경우 서면으로 알려 줄 것을 요구받으면 서면으로 알려 주어야 한다. 1. 해당 처분이 행정심판의 대상이 되는 처분인지 2. 행정심판의 대상이 되는 경우 소관 위원회 및 심판청구 기간	제26조(고지) 행정청이 처분을 할 때에는 당사자에게 그 처분에 관하여 행정심판 및 행정소송을 제기할 수 있는지 여부, 그 밖에 불복을 할 수 있는지 여부, 청구절차 및 청구기간, 그 밖에 필요한 사항을 알려야 한다.

④ (○) 「행정심판법」 제50조의2 제6항의 규정이다.

> 「행정심판법」 제50조의2【위원회의 간접강제】 ⑥ 간접강제 결정에 기초한 강제집행에 관하여 이 법에 특별한 규정이 없는 사항에 대하여는 「민사집행법」의 규정을 준용한다. 다만, 「민사집행법」 제33조(집행문부여의 소), 제34조(집행문부여 등에 관한 이의신청), 제44조(청구에 관한 이의의 소) 및 제45조(집행문부여에 대한 이의의 소)에서 관할 법원은 피청구인의 소재지를 관할하는 행정법원으로 한다.

11 ②

행정구제법 > 행정쟁송 > 행정소송 판결의 효력　　　　　중

| 출제이력 | 신규출제

| LINK | 소방기본서 행정법총론 p. 764~767

① (O) 어떤 처분에 대한 취소소송에서 처분청이 당초 처분사유와 기본적 사실관계의 동일성이 인정되어 추가·변경할 수 있는 다른 사유를 사실심 변론종결 시까지 적극적으로 주장·증명하지 못하고 그 처분을 취소하는 판결이 확정된 경우, 처분청이 그 다른 사유를 근거로 다시 종전과 같은 내용의 처분을 할 수 없다(대판 2020.12.24. 2019두55675).

② (×) 취소 확정판결의 기속력은 판결의 주문 및 전제가 되는 처분 등의 구체적 위법사유에 관한 판단에도 미치나, 종전 처분이 판결에 의하여 취소되었더라도 종전 처분과 다른 사유를 들어서 새로이 처분을 하는 것은 기속력에 저촉되지 않는다(대판 2016.3.24. 2015두48235).

③ (O) 과세처분 취소소송의 피고는 처분청이므로 행정청을 피고로 하는 취소소송에 있어서의 기판력은 당해 처분이 귀속하는 국가 또는 공공단체에 미친다(대판 1998.7.24. 98다10854).

④ (O) 어떤 행정처분을 위법하다고 판단하여 취소하는 판결이 확정되면 행정청은 취소판결의 기속력에 따라 그 판결에서 확인된 위법사유를 배제한 상태에서 다시 처분을 하거나 그 밖에 위법한 결과를 제거하는 조치를 할 의무가 있다(대판 2019.10.17. 2018두104).

12   ④

행정작용법 > 그 밖에 행정의 주요행위형식 > 공법상 계약   중

| 출제이력 | 2021, 2020, 2019

| LINK | 소방기본서 행정법총론 p. 340~341

① (O) 「지방공무원법」 제73조의3과 「지방공무원 징계 및 소청 규정」 제13조 제4항에 의하여 지방계약직공무원에게도 「지방공무원법」 제69조 제1항 각 호의 징계사유가 있는 때에는 징계처분을 할 수 있다(대판 2008.6.12. 2006두16328).

② (O) 지방자치단체가 사경제의 주체로서 사인과 사법상의 계약을 체결함에 있어서 설사 지방자치단체와 사인 간에 사법상 계약 또는 예약이 체결되었다 하더라도 「국가를 당사자로 하는 계약에 관한 법률」 제7조·제11조에 따라 계약서를 따로 작성하는 등 그 요건과 절차를 이행해야 할 것이고, 법령상의 요건과 절차를 거치지 않은 계약 또는 예약은 그 효력이 없다(대판 2001.5.15. 2001다14023).

> 「행정기본법」 제27조 【공법상 계약의 체결】 ① 행정청은 법령 등을 위반하지 아니하는 범위에서 행정목적을 달성하기 위하여 필요한 경우에는 공법상 법률관계에 관한 계약(이하 "공법상 계약"이라 한다)을 체결할 수 있다. 이 경우 계약의 목적 및 내용을 명확하게 적은 계약서를 작성하여야 한다.
> ② 행정청은 공법상 계약의 상대방을 선정하고 계약 내용을 정할 때 공법상 계약의 공공성과 제3자의 이해관계를 고려하여야 한다.

교수님 TIP

공법상 계약에 「행정기본법」은 일반적 규정을 두고 있고 일정한 형식(계약서)에 의하여야 함을 유의하여야 한다.

③ (O) (구) 「공공용지의 취득 및 손실보상에 관한 특례법」(법률 제6656호로 폐지되기 전의 것. 2002.2.4.)은 사업시행자가 토지 등의 소유자로부터 토지 등의 협의취득 및 그 손실보상의 기준과 방법을 정한 법

으로서, 이에 의한 협의취득 또는 보상합의는 공공기관이 사경제주체로서 행하는 사법상 매매 내지 사법상 계약의 실질을 가진다(대판 2004.9.24. 2002다68713).

④ (×) 중소기업기술정보진흥원장이 갑 주식회사와 중소기업 정보화지원사업 지원대상인 사업의 지원에 관한 협약을 체결하였는데, 협약이 갑 회사에 책임이 있는 사업실패로 해지되었다는 이유로 협약에서 정한 대로 지급받은 정부지원금을 반환할 것을 통보한 사안에서, 협약의 해지 및 그에 따른 환수통보는 행정청이 우월한 지위에서 행하는 공권력의 행사로서 행정처분에 해당한다고 볼 수 없다(대판 2015.8.27. 2015두41449).

13   ③

행정구제법 > 행정상 손해전보 > 공용수용의 효과   중

| 출제이력 | 2021(유사)

| LINK | 소방기본서 행정법총론 p. 663~665

① (O) 제26조에 따른 협의가 성립되지 아니하거나 협의를 할 수 없을 때(제26조 제2항 단서에 따른 협의 요구가 없을 때를 포함한다)에는 사업시행자는 사업인정고시가 된 날부터 1년 이내에 대통령령으로 정하는 바에 따라 관할 토지수용위원회에 재결을 신청할 수 있다(「공익사업을 위한 토지 등의 취득 및 보상에 관한 법률」 제28조 제1항).

② (O) 사업인정고시가 된 후 협의가 성립되지 아니하였을 때에는 토지소유자와 관계인은 대통령령으로 정하는 바에 따라 서면으로 사업시행자에게 재결을 신청할 것을 청구할 수 있다(동법 제30조 제1항).

③ (×) 「공익사업을 위한 토지 등의 취득 및 보상에 관한 법률」 제85조 제1항 전문의 문언 내용과 같은 법 제83조, 제85조가 중앙토지수용위원회에 대한 이의신청을 임의적 절차로 규정하고 있는 점, 「행정소송법」 제19조 단서가 행정심판에 대한 재결은 재결 자체에 고유한 위법이 있음을 이유로 하는 경우에 한하여 취소소송의 대상으로 삼을 수 있도록 규정하고 있는 점 등을 종합하여 보면, 수용재결에 불복하여 취소소송을 제기하는 때에는 이의신청을 거친 경우에도 수용재결을 한 중앙토지수용위원회 또는 지방토지수용위원회를 피고로 하여 수용재결의 취소를 구하여야 하고, 다만 이의신청에 대한 재결 자체에 고유한 위법이 있음을 이유로 하는 경우에는 그 이의재결을 한 중앙토지수용위원회를 피고로 하여 이의재결의 취소를 구할 수 있다고 보아야 한다(대판 2010.1.28. 2008두1504).

④ (O) 「토지수용법」 제47조는 잔여지 보상에 관하여 규정하면서 동일한 소유자에 속한 일단의 토지의 일부 수용이라는 요건 외에 잔여지 가격의 감소만을 들고 있으므로, 일단의 토지를 일부 수용함으로써 잔여지의 가격이 감소되었다고 인정되는 한, 같은 법 제48조가 정하고 있는 잔여지 수용청구에서와는 달리 잔여지를 종래의 목적에 사용하는 것이 현저히 곤란한 사정이 인정되지 않는 경우에도 그에 대한 손실보상을 부정할 근거가 없다(대판 1999.5.14. 97누4623).

교수님 TIP

③ 선지는 2022년 소방직 문제에도 출제가 되었다. 따라서 손실보상의 절차와 소송대상 및 피고적격에 대한 정확한 이해와 암기가 필요하다.

14 ①

실효성 확보수단 > 행정강제 > 이행강제금　　　　중

| 출제이력 | 2020, 2018 하

| LINK | 소방기본서 행정법총론 p. 480~484

① (×) 「개발제한구역법」 제30조 제1항, 제30조의2 제1항 및 제2항의 규정에 의하면 시정명령을 받은 후 그 시정명령의 이행을 하지 아니한 자에 대하여 이행강제금을 부과할 수 있고, (중략) 따라서 이행강제금을 부과·징수할 때마다 그에 앞서 시정명령 절차를 다시 거쳐야 할 필요는 없다고 보아야 한다(대판 2013.12.12. 2012두19137).

> **교수님 TIP**
>
> 이행강제금을 반복 부과할 때 시정명령과 달리 계고는 거쳐야 한다.

② (○) 시정명령을 받은 의무자가 그 시정명령의 취지에 부합하는 의무를 이행하기 위한 정당한 방법으로 행정청에 신청 또는 신고를 하였으나 행정청이 위법하게 이를 거부 또는 반려함으로써 결국 그 처분이 취소되기에 이르렀다면, 특별한 사정이 없는 한 그 시정명령의 불이행을 이유로 이행강제금을 부과할 수는 없다(대판 2018.1.25. 2015두35116).

③ (○) 이행강제금의 본질상 시정명령을 받은 의무자가 이행강제금이 부과되기 전에 그 의무를 이행한 경우에는 비록 시정명령에서 정한 기간을 지나서 이행한 경우라도 이행강제금을 부과할 수 없다(대판 2018.1.25. 2015두35116).

④ (○) 「국토계획법」 및 「국토의 계획 및 이용에 관한 법률 시행령」이 정한 이행강제금의 부과기준은 단지 상한을 정한 것에 불과한 것이 아니라, 위반행위 유형별로 계산된 특정 금액을 규정한 것이므로 행정청에 이와 다른 이행강제금액을 결정할 재량권이 없다(대판 2014.11.27. 2013두8653).

15 ②

　　　　고난도

행정절차·정보공개·개인정보 보호 >　　　　상
정보공개와 개인정보 보호 > 「개인정보 보호법」

| 출제이력 | 2022, 2021, 2019

| LINK | 소방기본서 행정법총론 p. 448~446

① (○) 누구든지 불특정 다수가 이용하는 목욕실, 화장실, 발한실(發汗室), 탈의실 등 개인의 사생활을 현저히 침해할 우려가 있는 장소의 내부를 볼 수 있도록 영상정보처리기기를 설치·운영하여서는 아니 된다. 다만, 교도소, 정신보건 시설 등 법령에 근거하여 사람을 구금하거나 보호하는 시설로서 대통령령으로 정하는 시설에 대하여는 그러하지 아니하다(「개인정보보호법」 제25조 제2항).

② (×) 개인정보 처리위탁에 있어 수탁자는 위탁자로부터 위탁사무 처리에 따른 대가를 지급받는 것 외에는 개인정보 처리에 관하여 독자적인 이익을 가지지 않고, 정보제공자의 관리·감독 아래 위탁받은 범위 내에서만 개인정보를 처리하게 되므로, 「개인정보보호법」 제17조와 「정보통신망법」 제24조의2에 정한 '제3자'에 해당하지 않는다(대판 2017.4.7. 2016도13263).

「개인정보 보호법」상의 위탁	「개인정보 보호법」상의 제3자 제공
제26조(업무위탁에 따른 개인정보의 처리 제한) ① 개인정보처리자가 제3자에게 개인정보의 처리 업무를 위탁하는 경우에는 다음 각 호의 내용이 포함된 문서에 의하여야 한다. 1. 위탁업무 수행 목적 외 개인정보의 처리 금지에 관한 사항 2. 개인정보의 기술적·관리적 보호조치에 관한 사항 3. 그 밖에 개인정보의 안전한 관리를 위하여 대통령령으로 정한 사항 ② 제1항에 따라 개인정보의 처리 업무를 위탁하는 개인정보처리자(이하 "위탁자"라 한다)는 위탁하는 업무의 내용과 개인정보 처리 업무를 위탁받아 처리하는 자(이하 "수탁자"라 한다)를 정보주체가 언제든지 쉽게 확인할 수 있도록 대통령령으로 정하는 방법에 따라 공개하여야 한다.	제17조(개인정보의 제공) ① 개인정보처리자는 다음 각 호의 어느 하나에 해당되는 경우에는 정보주체의 개인정보를 제3자에게 제공(공유를 포함한다. 이하 같다)할 수 있다. 1. 정보주체의 동의를 받은 경우 2. 제15조 제1항 제2호·제3호·제5호 및 제39조의3 제2항 제2호·제3호에 따라 개인정보를 수집한 목적 범위에서 개인정보를 제공하는 경우 ② 개인정보처리자는 제1항 제1호에 따른 동의를 받을 때에는 다음 각 호의 사항을 정보주체에게 알려야 한다. 다음 각 호의 어느 하나의 사항을 변경하는 경우에도 이를 알리고 동의를 받아야 한다.

③ (○) 동법 제27조 제1항·제2항의 규정이다.

> 「개인정보보호법」 제27조 【영업양도 등에 따른 개인정보의 이전 제한】 ① 개인정보처리자는 영업의 전부 또는 일부의 양도·합병 등으로 개인정보를 다른 사람에게 이전하는 경우에는 미리 다음 각 호의 사항을 대통령령으로 정하는 방법에 따라 해당 정보주체에게 알려야 한다.
> 1. 개인정보를 이전하려는 사실
> 2. 개인정보를 이전받는 자(이하 "영업양수자 등"이라 한다)의 성명(법인의 경우에는 법인의 명칭을 말한다), 주소, 전화번호 및 그 밖의 연락처
> 3. 정보주체가 개인정보의 이전을 원하지 아니하는 경우 조치할 수 있는 방법 및 절차
> ② 영업양수자 등은 개인정보를 이전받았을 때에는 지체 없이 그 사실을 대통령령으로 정하는 방법에 따라 정보주체에게 알려야 한다. 다만, 개인정보처리자가 제1항에 따라 그 이전 사실을 이미 알린 경우에는 그러하지 아니하다.

④ (○) (구) 「개인정보보호법」은 제2조 제5호, 제6호에서 공공기관 중 법인격이 없는 '중앙행정기관 및 그 소속기관' 등을 개인정보처리자 중 하나로 규정하고 있으면서도, 양벌규정에 의하여 처벌되는 개인정보처리자로는 같은 법 제74조 제2항에서 '법인 또는 개인'만을 규정하고 있을 뿐이고, 법인격 없는 공공기관에 대하여도 위 양벌규정을 적용할 것인지 여부에 대하여는 명문의 규정을 두고 있지 않으므로, 죄형법정주의의 원칙상 '법인격 없는 공공기관'을 위 양벌규정에 의하여 처벌할 수 없고, 그 경우 행위자 역시 위 양벌규정으로 처벌할 수 없다고 봄이 타당하다(대판 2021.10.28. 2020도1942).

16 ①

실효성 확보수단 > 행정강제 > 대집행　　　　　중

| 출제이력 | 2021

| LINK | 소방기본서 행정법총론 p. 467~480

① (×) 철거명령의 대집행은 철거의무자인 원고가 그 철거의무를 이행하지 아니하는 경우 다른 수단으로써 그 이행을 확보하기 곤란하고, 또한 그 불이행을 방치함이 심히 공익을 해할 것으로 인정될 때에 한하여 허용됨은 「행정대집행법」 제2조의 규정상 명백하고, 이러한 행정대집행 요건의 충족에 관한 주장과 입증책임은 계고처분을 한 행정청에 있다 할 것이다(대판 1970.8.18. 70누84).

② (○) 「행정대집행법」 제3조 제1항의 규정이다.

> 「행정대집행법」 제3조 【대집행의 절차】 ① 전조의 규정에 의한 처분(이하 '대집행'이라 한다)을 하려함에 있어서는 상당한 이행기한을 정하여 그 기한까지 이행되지 아니할 때에는 대집행을 한다는 뜻을 미리 문서로써 계고하여야 한다. 이 경우 행정청은 상당한 이행기한을 정함에 있어 의무의 성질·내용 등을 고려하여 사회통념상 해당 의무를 이행하는 데 필요한 기간이 확보되도록 하여야 한다.

③ (○) 무허가증축부분으로 인하여 건물의 미관이 나아지고 위 증축부분을 철거하는 데 비용이 많이 소요된다고 하더라도 건물철거 대집행계고처분을 할 요건에 해당된다(대판 1992.3.10. 91누4140).

④ (○) 1차로 창고건물의 철거 및 하천부지에 대한 원상복구명령을 하였음에도 이에 불응하므로 대집행계고를 하면서 다시 자진철거 및 토사를 반출하여 하천부지를 원상복구할 것을 명한 경우, 「행정대집행법」상의 철거 및 원상복구의무는 제1차 철거 및 원상복구명령에 의하여 이미 발생하였다 할 것이어서, 대집행계고서에 기재된 자진철거 및 원상복구명령은 새로운 의무를 부과하는 것이라고 볼 수 없으며, 단지 종전의 철거 및 원상복구를 독촉하는 통지에 불과하므로 취소소송의 대상이 되는 독립한 행정처분이라고 할 수 없고(대판 2000.2.22. 98두4665 참조). 대집행계고서에 기재된 철거 및 원상복구의무의 이행기한은 「행정대집행법」 제3조 제1항에 따른 이행기한을 정한 것에 불과하다고 할 것이다(대판 2004.6.10. 2002두12618).

17 ②

실효성 확보수단 > 행정강제 > 행정조사　　　　　중

| 출제이력 | 2021, 2020, 2019, 2018 하

| LINK | 소방기본서 행정법총론 p. 500~511

① (○) 개별 법령 등에서 행정조사를 규정하고 있는 경우, 행정기관이 「행정조사기본법」 제5조 단서에서 정한 '조사대상자의 자발적인 협조를 얻어 실시하는 행정조사'를 실시할 수 있다(대판 2016.10.27. 2016두41811).

② (×) 세무조사가 과세자료의 수집 또는 신고내용의 정확성 검증이라는 본연의 목적이 아니라 부정한 목적을 위하여 행하여진 것이라면 이는 세무조사에 중대한 위법사유가 있는 경우에 해당하고 이러한 세무조사에 의하여 수집된 과세자료를 기초로 한 과세처분 역시 위법하다. 세무조사가 국가의 과세권을 실현하기 위한 행정조사의 일종으로서 과세자료의 수집 또는 신고내용의 정확성 검증 등을 위하여 필요불가결하며, 종국적으로는 조세의 탈루를 막고 납세자의 성실한 신고를 담보하는 중요한 기능을 수행하더라도 만약 남용이나 오용을 막지 못한다면 납세자의 영업활동 및 사생활의 평온이나 재산권을 침해하고 나아가 과세권의 중립성과 공공성 및 윤리성을 의심받는 결과가 발생할 것이기 때문이다(대판 2016.12.15. 2016두47659).

③ (○) 「행정조사기본법」 제13조 제2항의 규정이다.

> 「행정조사기본법」 제13조 【자료 등의 영치】 ② 조사원이 제1항에 따라 자료 등을 영치하는 경우에 조사대상자의 생활이나 영업이 사실상 불가능하게 될 우려가 있는 때에는 조사원은 자료 등을 사진으로 촬영하거나 사본을 작성하는 등의 방법으로 영치에 갈음할 수 있다. 다만, 증거인멸의 우려가 있는 자료 등을 영치하는 경우에는 그러하지 아니하다.

④ (○) 납세의무자로 하여금 개개의 과태료 처분에 대하여 불복하거나 조사 종료 후의 과세처분에 대하여만 다툴 수 있도록 하는 것보다는 그에 앞서 세무조사결정에 대하여 다툼으로써 분쟁을 조기에 근본적으로 해결할 수 있는 점 등을 종합하면, 세무조사결정은 납세의무자의 권리·의무에 직접 영향을 미치는 공권력의 행사에 따른 행정작용으로서 항고소송의 대상이 된다(대판 2011.3.10. 2009두23617·23624).

18 ③

행정구제법 > 행정상 손해전보 > 직무관련 손해배상　　　　　중

| 출제이력 | 2022, 2021

| LINK | 소방기본서 행정법총론 p. 582~611

① (○) 재판에 대하여 불복절차 또는 시정절차가 마련되어 있는 경우, 법관이나 다른 공무원의 귀책사유로 불복에 의한 시정을 구할 수 없었다거나 그와 같은 시정을 구할 수 없었던 부득이한 사정이 없는 한, 그와 같은 시정을 구하지 아니한 사람은 원칙적으로 국가배상에 의한 권리구제를 받을 수 없다(대판 2016.10.13. 2014다215499).

② (○) 공무원이 직무를 수행하면서 그 근거되는 법령의 규정에 따라 구체적으로 의무를 부여받았어도 그것이 국민의 이익과는 관계없이 순전히 행정기관 내부의 질서를 유지하기 위한 것이거나, 또는 국민의 이익과 관련된 것이라도 직접 국민 개개인의 이익을 위한 것이 아니라 전체적으로 공공 일반의 이익을 도모하기 위한 것이라면 그 의무에 위반하여 국민에게 손해를 가하여도 국가 또는 지방자치단체는 배상책임을 부담하지 아니한다(대판 2006.4.14. 2003다41746).

③ (×) 국회의원은 입법에 관하여 원칙적으로 국민 전체에 대한 관계에서 정치적 책임을 질 뿐 국민 개개인의 권리에 대응하여 법적 의무를 지는 것은 아니므로, 국회의원의 입법행위는 그 입법 내용이 헌법의 문언에 명백히 위배됨에도 불구하고 국회가 굳이 당해 입법을 한 것과 같은 특수한 경우가 아닌 한 「국가배상법」 제2조 제1항 소정의 위법행위에 해당한다고 볼 수 없고, 같은 맥락에서 국가가 일정한 사항에 관하여 헌법에 의하여 부과되는 구체적인 입법의무를 부담하고 있음에도 불구하고 그 입법에 필요한 상당한 기간이 경과하도록 고의 또는 과실로 이러한 입법의무를 이행하지 아니하는 등 극히 예외적인 사정이 인정되는 사안에 한정하여 「국가배상법」 소정의 배상책

임이 인정될 수 있으며, 위와 같은 구체적인 입법의무 자체가 인정되지 않는 경우에는 애당초 부작위로 인한 불법행위가 성립할 여지가 없다(대판 2008.5.29. 2004다33469).

> 입법부가 법률로써 행정부에게 특정한 사항을 위임했음에도 불구하고 행정부가 정당한 이유 없이 이를 이행하지 않는다면 권력분립의 원칙과 법치국가 내지 법치행정의 원칙에 위배되는 것으로서 위법함과 동시에 위헌적인 것이 되는바, (구) 「군법무관임용법」(법률 제1904호로 개정되어 2000.12.26. 법률 제6291호로 전문 개정되기 전의 것. 1967.3.3.) 제5조 제3항과 「군법무관임용 등에 관한 법률」(2000.12.26. 법률 제6291호로 개정된 것) 제6조가 군법무관의 보수를 법관 및 검사의 예에 준하도록 규정하면서 그 구체적 내용을 시행령에 위임하고 있는 이상, 위 법률의 규정들은 군법무관의 보수의 내용을 법률로써 일차적으로 형성한 것이고, 위 법률들에 의해 상당한 수준의 보수청구권이 인정되는 것이므로, 위 보수청구권은 단순한 기대이익을 넘어서는 것으로서 법률의 규정에 의해 인정된 재산권의 한 내용이 되는 것으로 봄이 상당하고, 따라서 행정부가 정당한 이유 없이 시행령을 제정하지 않은 것은 위 보수청구권을 침해하는 불법행위에 해당한다(대판 2007.11.29. 2006다3561).

교수님 TIP

> 국회 입법(또는 입법부작위)과 달리 행정입법부작위는 국가배상이 가능하다(군법무관보수규정 사건).

④ (○) 원고의 무죄를 입증할 수 있는 결정적인 증거에 해당하는데도 검사가 그 감정서를 법원에 제출하지 아니하고 은폐하였다면 검사의 그와 같은 행위는 위법하다고 보아 국가배상책임을 인정하였다(대판 2002.2.22. 2001다23447).

19 ①

행정작용법 > 행정행위 > 행정행위의 내용 　중

| 출제이력 | 2021, 2020

| LINK | 소방기본서 행정법총론 p. 218~252

① (×) 인가처분에 하자가 없다면 기본행위에 하자가 있다 하더라도 따로 그 기본행위의 하자를 다투는 것은 별론으로 하고 기본행위의 무효를 내세워 바로 그에 대한 행정청의 인가처분의 취소 또는 무효확인을 소구할 법률상의 이익이 없다(대판 1996.5.16. 95누4810 전합).

교수님 TIP

> 인가의 핵심은 '보충행위'이다. 따라서 기본행위에 하자가 있더라도 이를 이유로 보충행위에 대해 소송을 청구할 수 없다. 수정인가가 허용되지 않는 점과 더불어 인가의 성질을 잘 보여주는 부분으로서 이해와 암기가 필요하다.

② (○) (구) 「수도권대기환경특별법」 제14조 제1항에서 정한 대기오염물질 총량관리사업장 설치의 허가 또는 변경허가는 특정한 권리를 설정하여 주는 행위에 속한다(대판 2013.5.9. 2012두22799).

③ (○) 종전의 허가가 기한의 도래로 실효한 이상 원고가 종전 허가의 유효기간이 지나서 신청한 이 사건 기간연장신청은 그에 대한 종전의 허가처분을 전제로 하여 단순히 그 유효기간을 연장하여 주는 행정처분을 구하는 것이라기보다는 종전의 허가처분과는 별도의 새로운 허가를 내용으로 하는 행정처분을 구하는 것이라고 보아야 할 것이어서, 이러한 경우 허가권자는 이를 새로운 허가신청으로 보아 법의 관계 규정에 의하여 허가요건의 적합 여부를 새로이 판단하여 그 허가 여부를 결정하여야 할 것이다(대판 1995.11.10. 94누11866).

④ (○) 의제된 인허가는 통상적인 인허가와 동일한 효력을 가지므로, 적어도 '부분 인허가 의제'가 허용되는 경우에는 그 효력을 제거하기 위한 법적 수단으로 의제된 인허가의 취소나 철회가 허용될 수 있고, 이러한 직권 취소·철회가 가능한 이상 그 의제된 인허가에 대한 쟁송 취소 역시 허용된다(대판 2018.11.29. 2016두38792).

20 ④

행정절차·정보공개·개인정보 보호 > 행정절차 > 처분절차 　중

| 출제이력 | 2021, 2020, 2019

| LINK | 소방기본서 행정법총론 p. 394~412

① (○) (구) 「도시계획법」 제23조 제5항의 규정에 의한 사업시행자 지정처분을 취소함에 있어서 청문을 실시하지 아니한 경우, 그 절차를 결여한 지정처분의 취소처분은 위법한 처분으로서 취소사유에 해당한다(대판 2004.7.8. 2002두8350).

② (○) 퇴직연금의 환수결정은 당사자에게 의무를 과하는 처분이기는 하나, 관련 법령에 따라 당연히 환수금액이 정하여지는 것이므로, 퇴직연금의 환수결정에 앞서 당사자에게 의견진술의 기회를 주지 아니하여도 「행정절차법」 제22조 제3항이나 신의칙에 어긋나지 아니한다(대판 2000.11.28. 99두5443).

③ (○) 묘지공원과 화장장의 후보지를 선정하는 과정에서 서울특별시, 비영리법인, 일반 기업 등이 공동발족한 협의체인 추모공원건립추진협의회가 후보지 주민들의 의견을 청취하기 위하여 그 명의로 개최한 공청회는 행정청이 도시계획시설결정을 하면서 개최한 공청회가 아니므로, 위 공청회의 개최에 관하여 「행정절차법」에서 정한 절차를 준수하여야 하는 것은 아니다(대판 2007.4.12. 2005두1893).

④ (×) 처분 당시 당사자가 어떠한 근거와 이유로 처분이 이루어진 것인지를 충분히 알 수 있어서 그에 불복하여 행정구제절차로 나아가는 데에 별다른 지장이 없었던 것으로 인정되는 경우에는 처분서에 처분의 근거와 이유가 구체적으로 명시되어 있지 않았다고 하더라도 그로 말미암아 그 처분이 위법한 것으로 된다고 할 수는 없다(대판 2013.11.14. 2011두18571).

2020 | 소방위 행정법

압도적이라고 할 만큼 판례 중심의 출제였다. 일부 법령과 이론을 묻는 문제가 있기는 하였지만, 그러한 문제들에도 판례지문을 선지에 넣어 순수하게 법령이나 이론만을 묻지는 않았다. 판례 중심의 선지 구성으로 문장이 길어, 실제 시험장에서는 체감난도가 높았을 수 있으나 실제 난이도는 '상(上)'에 해당하는 문항이 2개, '하(下)'에 해당하는 문항이 1개로 출제되었다.

문항분석

문항	정답	오답률	영역
1	①	21.4%	행정법총칙 > 행정법상의 법률요건과 법률사실 > 사인의 공법행위로서 신고
2 (오답률 TOP 3)	①	53.6%	행정작용법 > 행정입법 > 행정규칙
3	③	50.0%	행정법총칙 > 행정상 법률관계 > 공법과 사법
4	④	42.9%	행정구제법 > 행정쟁송 > 재결의 효력
5	②	28.6%	실효성 확보수단 > 행정강제 > 강제집행
6	③	50.0%	실효성 확보수단 > 행정강제 > 이행강제금
7	①	21.4%	행정법총칙 > 행정법 > 행정법의 일반원칙
8	③	21.4%	행정구제법 > 행정쟁송 > 행정소송의 대상적격
9	②	48.1%	행정작용법 > 행정행위 > 행정행위의 부관
10 (오답률 TOP 1)	②	59.3%	행정구제법 > 행정쟁송 > 행정소송의 원고적격
11	③	33.3%	행정작용법 > 그 밖에 행정의 주요행위형식 > 행정계획
12	①	33.3%	행정작용법 > 행정행위 > 행정행위의 하자
13	④	37.0%	행정법총칙 > 행정법 > 행정법의 효력
14	②	29.6%	행정구제법 > 행정상 손해전보 > 국가배상
15	③	44.4%	행정절차·정보공개·개인정보 보호 > 행정절차 > 「행정절차법」
16	④	40.7%	행정법총칙 > 행정법상의 법률요건과 법률사실 > 사인의 공법행위로서 신고
17 (오답률 TOP 1)	③	59.3%	행정구제법 > 행정상 손해전보 > 손실보상
18	①	18.5%	행정절차·정보공개·개인정보 보호 > 정보공개와 개인정보 보호 > 정보공개법
19	③	14.8%	실효성 확보수단 > 행정강제 > 행정조사
20	④	26.9%	행정작용법 > 행정행위 > 행정행위의 내용

영역별 평균 오답률

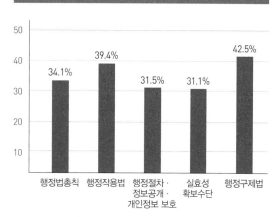

*2020년 소방위 행정법 복원 기출 20문항 기준 평균 오답률

출제 트렌드

구분	행정법총칙	행정작용법	행정절차·정보공개·개인정보 보호	실효성 확보수단	행정구제법
2022	3문항	8문항	4문항	1문항	4문항
2021	2문항	7문항	2문항	4문항	5문항
2020	3문항	8문항	1문항	4문항	4문항
2020 소방위	5문항	5문항	2문항	3문항	5문항

전 영역에서 고르게 출제

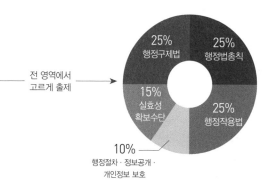

01 ①

| 출제이력 | 2022, 2018 하

| LINK | 소방기본서 행정법총론 p. 129~139

① (×) 대법원에 의하면 착공신고를 비롯한 건축신고는 수리를 요하지 않는 신고이지만 수리거부행위를 항고쟁송대상인 처분으로 인정하여 장래에 있을 분쟁을 미리 해결하는 것이 바람직하다는 입장이다.

> 착공신고 반려행위가 이루어진 단계에서 당사자로 하여금 반려행위의 적법성을 다투어 법적 불안을 해소한 다음 건축행위에 나아가도록 함으로써 장차 있을지도 모르는 위험에서 미리 벗어날 수 있도록 길을 열어 주고, 위법한 건축물의 양산과 철거를 둘러싼 분쟁을 조기에 근본적으로 해결할 수 있게 하는 것이 법치행정의 원리에 부합한다. 그러므로 행정청의 착공신고 반려행위는 항고소송의 대상이 된다(대판 2011.6.10. 2010두7321).

② (○) (구)「유통산업발전법」의 입법 목적 등과 아울러, (구)「유통산업발전법」 제12조의2 제1항, 제2항, 제3항은 기존의 대규모 점포의 등록된 유형 구분을 전제로 '대형마트로 등록된 대규모 점포'를 일체로서 규제 대상으로 삼고자 하는 데 취지가 있는 점, 대규모 점포의 개설등록은 이른바 '수리를 요하는 신고'로서 행정처분에 해당한다(대판 2015.11.19. 2015두295).

③ (○) 전입신고자가 거주의 목적 이외에 다른 이해관계에 관한 의도를 가지고 있는지 여부, 무허가 건축물의 관리, 전입신고를 수리함으로써 당해 지방자치단체에 미치는 영향 등과 같은 사유는 「주민등록법」이 아닌 다른 법률에 의하여 규율되어야 하고, 주민등록전입신고의 수리 여부를 심사하는 단계에서는 고려 대상이 될 수 없다(대판 2009.6.18. 2008두10997).

④ (○) 「건축법」 제14조 제2항에 의한 인·허가의제 효과를 수반하는 건축신고는, 행정청이 그 실체적 요건에 관한 심사를 한 후 수리하여야 하는 이른바 '수리를 요하는 신고'에 해당된다(대판 2011.1.20. 2010두14954).

교수님 TIP

대법원에 의하면 건축신고는 수리를 요하지 않는 신고이다. 하지만 수리거부는 처분에 해당한다는 사실을 암기하여야 한다. 또한 인·허가의제로서의 건축신고 역시 비교출제가 많이 된다.

02 ①

| 출제이력 | 2022, 2020, 2018 하

| LINK | 소방기본서 행정법총론 p. 176~187

① (×) 대법원에 의하면 시행령에 규정된 처분기준은 법규명령의 효력으로, 시행규칙에 규정된 처분기준은 행정규칙으로 보는 경향이다. 하지만 예외적으로 부령에 규정된 시외버스사업계획 변경에 관한 인가기준에 대해서는 법규로 인정하였다.

> (구)「여객자동차 운수사업법 시행규칙」(2000.8.23. 건설교통부령 제259호로 개정되기 전의 것) 제31조 제2항 제1호, 제2호, 제6호는 (구)「여객자동차 운수사업법」(2000.1.28. 법률 제6240호로 개정되기 전의 것) 제11조 제4항의 위임에 따라 시외버스운송사업의 사업계획변경에 관한 절차, 인가기준 등을 구체적으로 규정한 것으로서, 대외적인 구속력이 있는 법규명령이라고 할 것이고, 그것을 행정청 내부의 사무처리준칙을 규정한 행정규칙에 불과하다고 할 수는 없다(대판 2006. 6.27. 2003두4355).

② (○) 「자동차 운수사업법」 제31조 등의 규정에 의한 사업면허의 취소 등의 처분에 관한 규칙(1985.3.11 개정 교통부령 제811호)은 부령의 형식으로 되어 있으나 그 규정의 성질과 내용이 자동차운수사업면허의 취소처분 등에 관한 사무처리기준과 처분절차 등 행정청 내의 사무처리준칙을 규정한 것에 불과하므로 이는 교통부장관이 관계 행정기관 및 직원에 대하여 그 직무권한 행사의 지침을 정하여 주기 위해 발한 행정조직 내부에 있어서의 행정명령의 성질을 가지는 것이라 할 것이다(대판 1986.5.27. 86누89).

③ (○) 헌법이 인정하고 있는 위임입법의 형식은 예시적인 것으로 보아야 한다. 법률이 일정한 사항을 행정규칙에 위임하더라도 그 행정규칙은 위임된 사항만을 규율할 수 있으므로, 국회입법의 원칙과 상치되지 않는다. 다만 고시와 같은 행정규칙에 위임하는 것은 전문적·기술적 사항이나 경미한 사항으로서 업무의 성질상 위임이 불가피한 사항에 한정된다(헌재결 2016.3.31. 2014헌바382).

④ (○) (구)「청소년 보호법」에 따른 같은 법 시행령 제40조 [별표 6]의 위반행위의 종별에 따른 과징금 처분기준은 법규명령이기는 하나 모법의 위임규정의 내용과 취지 및 헌법상의 과잉금지의 원칙과 평등의 원칙 등에 비추어 같은 유형의 위반행위라 하더라도 그 규모나 기간·사회적 비난 정도·위반행위로 인하여 다른 법률에 의하여 처벌받은 다른 사정·행위자의 개인적 사정 및 위반행위로 얻은 불법이익의 규모 등 여러 요소를 종합적으로 고려하여 사안에 따라 적정한 과징금의 액수를 정하여야 할 것이므로 그 수액은 정액이 아니라 최고한도액이다(대판 2001.3.9. 99두5207).

| SUMMARY | 시행규칙에 규정된 처리기준에 대해 법규명령으로 본 대법원 판례

> 「공익사업을 위한 토지 등의 취득 및 보상에 관한 법률」(이하 '공익사업법'이라 한다) 제68조 제3항은 협의취득의 보상액 산정에 관한 구체적 기준을 시행규칙에 위임하고 있고, 위임 범위 내에서 「공익사업을 위한 토지 등의 취득 및 보상에 관한 법률 시행규칙」 제22조는 토지에 건축물 등이 있는 경우에는 건축물 등이 없는 상태를 상정하여 토지를 평가하도록 규정하고 있는데, 이는 비록 행정규칙의 형식이나 공익사업법의 내용이 될 사항을 구체적으로 정하여 내용을 보충하는 기능을 갖는 것이므로, 공익사업법 규정과 결합하여 대외적인 구속력을 가진다(대판 2012.3.29. 2011다104253).

03 ③

| 출제이력 | 2021, 2020, 2019

| LINK | 소방기본서 행정법총론 p. 80~87

① (O) 국유재산의 관리청이 그 무단 점유자에 대하여 하는 변상금부과 처분은 순전히 사경제 주체로서 행하는 사법상의 법률행위라 할 수 없고, 이는 관리청이 공권력을 가진 우월적인 지위에서 행한 것으로서 행정소송의 대상이 되는 행정처분이라고 보아야 한다(대판 1988.2.23. 87누1046).

② (O) 환매권은 재판상이든 재판 외이든 그 기간 내에 행사하면 이로써 매매의 효력이 생기고, 위 매매는 같은 조 제1항에 적힌 환매권자와 국가 간의 사법상의 매매라 할 것이다(대판 1992.4.24. 92다4673).

③ (×) 입찰보증금의 국고귀속조치는 국가가 사법상의 재산권의 주체로서 행위하는 것이지 공권력을 행사하는 것이거나 공권력작용과 일체성을 가진 것이 아니라 할 것이므로 이에 관한 분쟁은 행정소송이 아닌 민사소송의 대상이 될 수밖에 없다고 할 것이다(대판 1983.12.27. 81누366).

④ (O) 공유재산의 관리청이 행정재산의 사용·수익에 대한 허가는 순전히 사경제주체로서 행하는 사법상의 행위가 아니라 관리청이 공권력을 가진 우월적 지위에서 행하는 행정처분으로서 특정인에게 행정재산을 사용할 수 있는 권리를 설정하여 주는 강학상 특허에 해당한다(대판 1998.2.27. 97누1105).

04 ④

행정구제법 > 행정쟁송 > 재결의 효력　　　　오답률 **42.9%**

| 출제이력 | 2019(유사)

| LINK | 소방기본서 행정법총론 p. 706~715

① (O) 행정심판위원회의 의무이행심판의 청구에 대한 처분재결은 행정청의 별도 처분 없이 재결 자체로서 처분의 효력이 발생하여 형성재결의 성질을 갖게 되는데, 처분 이행명령의 재결을 하게 되면, 피청구인인 행정청은 이에 따라 처분을 이행하여야 할 의무가 발생하게 되어 이행재결의 성질을 갖게 된다.

② (O) 재결에 의하여 취소되거나 무효 또는 부존재로 확인되는 처분이 당사자의 신청을 거부하는 것을 내용으로 하는 경우에는 그 처분을 한 행정청은 재결의 취지에 따라 다시 이전의 신청에 대한 처분을 하여야 한다(「행정심판법」 제49조 제2항).

③ (O) 심판청구에 대한 재결이 있으면 그 재결 및 같은 처분 또는 부작위에 대하여 다시 행정심판을 청구할 수 없다(동법 제51조).

④ (×) 「행정심판법」 제37조 제2항, 같은 법 시행령 제27조의2 제1항의 규정에 따라 재결청이 직접처분을 하기 위하여는 처분의 이행을 명하는 재결이 있었음에도 당해 행정청이 아무런 처분을 하지 아니하였어야 하므로, 당해 행정청이 어떠한 처분을 하였다면 그 처분이 재결의 내용에 따르지 아니하였다고 하더라도 재결청이 직접처분을 할 수는 없다(대판 2002.7.23. 2000두9151).

| SUMMARY | 「행정심판법」상 직접처분에 대한 규정

제50조【위원회의 직접처분】① 위원회는 피청구인이 제49조 제3항에도 불구하고 처분을 하지 아니하는 경우에는 당사자가 신청하면 기간을 정하여 서면으로 시정을 명하고 그 기간에 이행하지 아니하면 직접처분을 할 수 있다. 다만, 그 처분의 성질이나 그 밖의 불가피한 사유로 위원회가 직접처분을 할 수 없는 경우에는 그러하지 아니하다.

② 위원회는 제1항 본문에 따라 직접처분을 하였을 때에는 그 사실을 해당 행정청에 통보하여야 하며, 그 통보를 받은 행정청은 위원회가 한 처분을 자기가 한 처분으로 보아 관계법령에 따라 관리·감독 등 필요한 조치를 하여야 한다.

05 ②

실효성 확보수단 > 행정강제 > 강제집행　　　　오답률 **28.6%**

| 출제이력 | 2021, 2020

| LINK | 소방기본서 행정법총론 p. 466~493

① (O) (구)「공공용지의 취득 및 손실보상에 관한 특례법」에 따른 토지 등의 협의취득은 공공사업에 필요한 토지 등을 그 소유자와의 협의에 의하여 취득하는 것으로서 공공기관이 사경제주체로서 행하는 사법상 매매 내지 사법상 계약의 실질을 가지는 것이므로, 이러한 철거의무는 공법상의 의무가 될 수 없고, 이 경우에도 「행정대집행법」을 준용하여 대집행을 허용하는 별도의 규정이 없는 한 위와 같은 철거의무는 「행정대집행법」에 의한 대집행의 대상이 되지 않는다(대판 2006.10.13. 2006두7096).

② (×) 토지나 건물의 인도 또는 명도의 의무는 직접강제의 대상은 될 수 있지만 행정대집행의 대상이 되지는 않는다.

도시공원시설인 매점의 관리청이 그 공동점유자 중의 1인에 대하여 소정의 기간 내에 위 매점으로부터 퇴거하고 이에 부수하여 그 판매 시설물 및 상품을 반출하지 아니할 때에는 이를 대집행하겠다는 내용의 계고처분은 그 주된 목적이 매점의 원형을 보존하기 위하여 점유자가 설치한 불법 시설물을 철거하고자 하는 것이 아니라, 매점에 대한 점유자의 점유를 배제하고 그 점유이전을 받는 데 있다고 할 것인데, 이러한 의무는 그것을 강제적으로 실현함에 있어 직접적인 실력행사가 필요한 것이지 대체적 작위의무에 해당하는 것은 아니어서 직접강제의 방법에 의하는 것은 별론으로 하고 「행정대집행법」에 의한 대집행의 대상이 되는 것은 아니다(대판 1998.10.23. 97누157).

③ (O) 행정청이 행정대집행의 방법으로 건물철거의무의 이행을 실현할 수 있는 경우에는 건물철거 대집행 과정에서 부수적으로 건물의 점유자들에 대한 퇴거조치를 할 수 있고, 점유자들이 적법한 행정대집행을 위력을 행사하여 방해하는 경우 「형법」상 공무집행방해죄가 성립하므로 필요한 경우에는 「경찰관 직무집행법」에 근거한 위험발생 방지조치 또는 「형법」상 공무집행방해죄의 범행방지 내지 현행범체포의 차원에서 경찰의 도움을 받을 수도 있다(대판 2017.4.28. 2016다213916).

④ (O) 건물을 철거하여 이 사건 공유수면을 원상회복하여야 할 의무는 대체적 작위의무에 해당하므로 행정대집행의 대상이 된다(대판 2017.4.28. 2016다213916).

06 ③

실효성 확보수단 > 행정강제 > 이행강제금　　　　오답률 **50.0%**

| 출제이력 | 2018 하

| LINK | 소방기본서 행정법총론 p. 484

① (○) 행정소송의 대상이 되는 행정처분은, 행정청 또는 그 소속 기관이나 법령에 의하여 행정권한의 위임 또는 위탁을 받은 공공기관이 국민의 권리의무에 관계되는 사항에 관하여 공권력을 발동하여 행하는 공법상의 행위를 말하며, 그것이 상대방의 권리를 제한하는 행위라 하더라도 행정청 또는 그 소속 기관이나 권한을 위임받은 공공기관의 행위가 아닌 한 이를 행정처분이라고 할 수 없다(대결 2010.11.26. 자 2010무137).

② (○) 이 사건 국가인권위원회의 각하결정은 법률상 신청권 있는 진정인의 권리행사에 중대한 지장을 초래하는 것으로서 항고소송의 대상이 되는 행정처분에 해당하므로 그에 대한 다툼은 우선 행정심판이나 행정소송에 따라 구제되어야 하는데(헌재결 2015.3.26. 2014헌마191 참조), 기록상 청구인이 이러한 구제절차를 거친 사실을 인정할 자료가 없으므로, 이 사건 심판청구는 「헌법재판소법」 제68조 제1항 단서가 정한 보충성 요건을 갖추지 못하였다(헌재결 2015.10.20. 2015헌마976).

③ (×) 행정청이 항고소송 대상이 아닌 행정작용을 항고소송 대상이라고 잘못 알린 경우라도 항고소송 대상인 처분이 될 수 없고, 행정법원의 관할이 생겨날 수 없다. 「농지법」상의 이행강제금은 「비송사건절차법」에 의한 불복절차가 규정되어 있어 항고소송 대상인 처분이 되지 않는다.

교수님 TIP

이행강제금은 개별법마다 불복절차가 다름을 유의하여야 한다. 항고소송의 대상이 되는 이행강제금으로는 「건축법」, 「장사 등에 관한 법률」 등이 해당되고, 「농지법」 등은 「비송사건절차법」에 의한 구제방법이다.

「농지법」 제62조 제1항에 따른 이행강제금 부과처분에 대한 불복절차는 「비송사건절차법」에 따른 재판이고 위 이행강제금 부과처분이 「행정소송법」상 항고소송의 대상이 될 수 없으며 관할청이 위 이행강제금 부과처분을 하면서 재결청에 행정심판을 청구하거나 관할 행정법원에 행정소송을 할 수 있다고 잘못 안내한 경우, 행정법원의 항고소송 재판관할이 생기지 않는다(대판 2019.4.11. 2018두42955).

④ (○) 항고소송의 대상이 되는 행정처분은 행정청의 공법상의 행위로서 특정사항에 대하여 법률에 의하여 권리를 설정하고 의무를 명하며, 기타 법률상 효과를 발생케 하는 등 국민의 권리의무에 직접 관계가 있는 행위이어야 하고, 다른 집행행위의 매개 없이 그 자체로서 국민의 구체적인 권리의무나 법률관계에 직접적인 변동을 초래케 하는 것이 아닌 일반적·추상적인 법령 등은 그 대상이 될 수 없다(대판 2007.4.12. 2005두15168).

07 ①

행정법총칙 > 행정법 > 행정법의 일반원칙   오답률 **21.4%**

| 출제이력 | 2020, 2018 하

| LINK | 소방기본서 행정법총론 p. 40~68

① (×) 1회용품은 생활·소비용품으로서 우리나라 쓰레기 수거 및 처리체계에 비추어 이를 수거하여 재활용하기가 매우 어려우므로 생산자보다는 이를 사용하는 특정의 사업자(음식점, 목욕탕, 백화점 등)에게 사용규제의무를 부과하는 것이 효과적인 반면, 포장재는 제품의 생산자나 수입자에게 감량이나 재활용의무를 부과하는 것이 보다 효율적인 점 등을 고려하면, 1회용품과 포장재 등을 서로 차별 취급함에는 합리적인 이유가 있다고 할 것이고, 또한 합성수지 컵과 합성수지 접시는 그 크기나 부피가 합성수지 도시락 용기에 비하여 매우 작고 배달 등의 경우에 사용될 가능성이 훨씬 낮은 점 등을 고려할 때 그와 같은 차별 취급에 합리적인 이유가 있다고 할 것이다(헌재결 2007.2.22. 2003헌마428).

② (○) 채석허가기준에 관한 관계법령의 규정이 개정된 경우, 새로이 개정된 법령의 경과규정에서 달리 정함이 없는 한 처분 당시에 시행되는 개정 법령과 그에서 정한 기준에 의하여 채석허가 여부를 결정하는 것이 원칙이고, 그러한 개정 법령의 적용과 관련하여서는 개정 전 법령의 존속에 대한 국민의 신뢰가 개정 법령의 적용에 관한 공익상의 요구보다 더 보호가치가 있다고 인정되는 경우에 그러한 국민의 신뢰를 보호하기 위하여 그 적용이 제한될 수 있는 여지가 있을 따름이다(대판 2005.7.29. 2003두3550).

③ (○) 재량권 행사의 준칙인 행정규칙이 그 정한 바에 따라 되풀이 시행되어 행정관행이 이루어지게 되면 평등의 원칙이나 신뢰보호의 원칙에 따라 행정기관은 그 상대방에 대한 관계에서 그 규칙에 따라야 할 자기구속을 받게 되므로, 이러한 경우에는 특별한 사정이 없는 한 그를 위반하는 처분은 평등의 원칙이나 신뢰보호의 원칙에 위배되어 재량권을 일탈·남용한 위법한 처분이 된다(대판 2009.12.24. 2009두7967).

④ (○) 행정안전부의 지방조직 개편지침의 일환으로 청원경찰의 인원감축을 위한 면직처분대상자를 선정함에 있어서 초등학교 졸업 이하 학력소지자 집단과 중학교 중퇴 이상 학력소지자 집단으로 나누어 각 집단별로 같은 감원비율 상당의 인원을 선정한 것은 합리성과 공정성을 결여하고, 평등의 원칙에 위배하여 그 하자가 중대하다 할 것이나, 그렇게 한 이유가 시험문제 출제 수준이 중학교 학력 수준이어서 초등학교 졸업 이하 학력소지자에게 상대적으로 불리할 것이라는 판단 아래 이를 보완하기 위한 것이었으므로 그 하자가 객관적으로 명백하다고 보기는 어렵다(대판 2002.2.8. 2000두4057).

08 ③

행정구제법 > 행정쟁송 > 행정소송의 대상적격   오답률 **21.4%**

| 출제이력 | 2022, 2019

| LINK | 소방기본서 행정법총론 p. 736~743

① (○) 감면불인정 통지가 이루어진 단계에서 신청인에게 그 적법성을 다투어 법적 불안을 해소한 다음 조사협조행위에 나아가도록 함으로써 장차 있을지도 모르는 위험에서 벗어날 수 있도록 하는 것이 법치행정의 원리에도 부합한다. 따라서 부당한 공동행위 자진신고자 등의 시정조치 또는 과징금 감면신청에 대한 감면불인정 통지는 항고소송의 대상이 되는 행정처분에 해당한다고 보아야 한다(대판 2012.9.27. 2010두3541).

② (○) 행정규칙에 의한 '불문경고조치'가 비록 법률상의 징계처분은 아니지만 위 처분을 받지 아니하였다면 차후 다른 징계처분이나 경고를 받게 될 경우 징계감경사유로 사용될 수 있었던 표창공적의 사용가능성을 소멸시키는 효과와 1년 동안 인사기록카드에 등재됨으로써

그 동안은 장관표창이나 도지사표창 대상자에서 제외시키는 효과 등이 있다는 이유로 항고소송의 대상이 되는 행정처분에 해당한다(대판 2002.7.26, 2001두3532).

③ (×) 당연퇴직의 통보는 법률상 당연히 발생하는 퇴직사유를 공적으로 확인하여 알려 주는 사실의 통보에 불과한 것이지 그 통보 자체가 징계파면이나 직권면직과 같이 공무원의 신분을 상실시키는 새로운 형성적 행위는 아니므로 항고소송의 대상이 되는 독립한 행정처분이 될 수는 없다(대판 1985.7.23, 84누374).

④ (○) 병무청장이 「병역법」 제81조의2 제1항에 따라 병역의무 기피자의 인적사항 등을 인터넷 홈페이지에 게시하는 등의 방법으로 공개한 경우 병무청장의 공개결정은 항고소송의 대상이 되는 행정처분으로 보아야 한다(대판 2019.6.27, 2018두49130).

| SUMMARY | 처분성 여부

- **처분성 부정(퇴직 인사명령)**
  「국가안전기획부직원법」이 위헌이라고 볼 만한 아무런 이유가 없는 이상, 국가안전기획부장이 같은 법률에 따라 계급정년으로 인한 퇴직인사명령을 한 것은 그들이 같은 법률상 계급정년자에 해당하여 당연히 퇴직하였다는 것을 공적으로 확인하여 알려 주는 사실의 통보에 불과한 것이지 징계파면이나 직권면직과 같이 공무원의 신분을 상실시키는 새로운 형성적 행위가 아니어서 항고소송의 대상이 되는 행정처분에 해당하지 않는다(대판 1994.12.27, 91누9244).

- **처분성 긍정(임용기간의 만료통지)**
  기간제로 임용되어 임용기간이 만료된 국·공립대학의 조교수는 교원으로서의 능력과 자질에 관하여 합리적인 기준에 의한 공정한 심사를 받아 위 기준에 부합되면 특별한 사정이 없는 한 재임용되리라는 기대를 가지고 재임용 여부에 관하여 합리적인 기준에 의한 공정한 심사를 요구할 법규상 또는 조리상 신청권을 가진다고 할 것이니, 임용권자가 임용기간이 만료된 조교수에 대하여 재임용을 거부하는 취지로 한 임용기간만료의 통지는 위와 같은 대학교원의 법률관계에 영향을 주는 것으로서 행정소송의 대상이 되는 처분에 해당한다(대판 2004.4.22, 2000두7735).

09 ②

행정작용법 > 행정행위 > 행정행위의 부관 　　오답률 **48.1%**

| 출제이력 | 2022, 2020

| LINK | 소방기본서 행정법총론 p. 253~266

① (×) 부관도 처분의 일부에 해당된다. 따라서 처분 시를 기준으로 부관이 적법하면 이후에 법이 개정되어 부관을 붙일 수 없다고 해도 적법하여 소멸하지 않는다.

행정청이 수익적 행정처분을 하면서 부가한 부담의 위법 여부는 처분 당시 법령을 기준으로 판단하여야 하고, 부담이 처분 당시 법령을 기준으로 적법하다면 처분 후 부담의 전제가 된 주된 행정처분의 근거 법령이 개정됨으로써 행정청이 더 이상 부관을 붙일 수 없게 되었다 하더라도 곧바로 위법하게 되거나 그 효력이 소멸하게 되는 것은 아니다. 따라서 행정처분의 상대방이 수익적 행정처분을 얻기 위하여 행정청과 사이에 행정처분에 부가할 부담에 관한 협약을 체결하고 행정청이 수익적 행정처분을 하면서 협약상의 의무를 부담으로 부가하였으나 부담의 전제가 된 주된 행정처분의 근거 법령이 개정됨으로써

행정청이 더 이상 부관을 붙일 수 없게 된 경우에도 곧바로 협약의 효력이 소멸하는 것은 아니다(대판 2009.2.12, 2005다65500).

② (○) 조건은 장래의 성취 불확실한 사실에 의해 처분의 존부가 좌우되는 부관이고, 기한은 성취 확실한 사실에 처분의 존부 여부가 이루어지는 부관이다. 따라서 부관에 표시된 사실의 발생에 따라 채무이행이 좌우되면 조건에 해당되고, 부관의 표시된 사실 발생과 상관없이 채무이행이 확정되면 기한으로 본다.

부관이 붙은 법률행위에 있어서 부관에 표시된 사실이 발생하지 아니하면 채무를 이행하지 아니하여도 된다고 보는 것이 상당한 경우에는 조건으로 보아야 하고, 표시된 사실이 발생한 때에는 물론이고 반대로 발생하지 아니하는 것이 확정된 때에도 그 채무를 이행하여야 한다고 보는 것이 상당한 경우에는 표시된 사실의 발생 여부가 확정되는 것을 불확정기한으로 정한 것으로 보아야 한다. 따라서 어떠한 법률행위에 불확정기한이 부관으로 붙여진 경우에는 특별한 사정이 없는 한 그 법률행위에 따른 채무는 이미 발생하여 있고 불확정기한은 그 변제기나 이행기를 유예한 것에 불과하다(대판 2014.10.15, 2012두22706).

③ (×) 행정행위의 부관은 부담의 경우를 제외하고는 독립하여 행정소송의 대상이 될 수 없는 것인바, 행정청이 한 공유수면매립준공인가 중 매립지 일부에 대하여 한 국가귀속처분은 매립준공인가를 함에 있어서 매립의 면허를 받은 자의 매립지에 대한 소유권취득을 규정한 「공유수면매립법」 제14조의 효과 일부를 배제하는 부관을 붙인 것이므로 이러한 행정행위의 부관에 대하여는 독립하여 행정소송의 대상으로 삼을 수 없다(대판 1991.12.13, 90누8503).

④ (×) 일반적으로 행정처분에 효력기간이 정하여져 있는 경우에는 그 기간의 경과로 그 행정처분의 효력은 상실되고, 다만 허가에 붙은 기한이 그 허가된 사업의 성질상 부당하게 짧은 경우에는 이를 그 허가 자체의 존속기간이 아니라 그 허가조건의 존속기간(=갱신기간)으로 보아 그 기한이 도래함으로써 그 조건의 개정을 고려한다는 뜻으로 해석할 수는 있지만, 그와 같은 경우라 하더라도 그 허가기간이 연장되기 위해서는 그 종기가 도래하기 전에 그 허가기간의 연장에 관한 신청이 있어야 하며, 만일 그러한 연장신청이 없는 상태에서 허가기간이 만료하였다면 그 허가의 효력은 상실된다(대판 2007.10.11, 2005두12404).

10 ②

[TOP1]

행정구제법 > 행정쟁송 > 행정소송의 원고적격 　　오답률 **59.3%**

| 출제이력 | 2019 승진

| LINK | 소방기본서 행정법총론 p. 736~743

① (○) 행정처분의 취소 또는 무효확인을 구하는 행정소송은 다른 법률에 특별한 규정이 없는 한 그 처분을 행한 행정청을 피고로 하여야 하며, 행정처분을 행할 적법한 권한 있는 상급행정청으로부터 내부위임을 받은 데 불과한 하급행정청이 권한 없이 행정처분을 한 경우에도 실제로 그 처분을 행한 하급행정청을 피고로 하여야 할 것이지 그 처분을 행할 적법한 권한 있는 상급행정청을 피고로 할 것은 아니다(대판 1994.8.12, 94누2763).

② (×) 기존의 행정처분을 변경하는 내용의 행정처분이 뒤따르는 경우, 후속처분이 종전처분을 완전히 대체하는 것이거나 주요 부분을 실질적으로 변경하는 내용인 경우에는 특별한 사정이 없는 한 종전처분은 효력을 상실하고 후속처분만이 항고소송의 대상이 되지만, 후속처분의 내용이 종전처분의 유효를 전제로 내용 중 일부만을 추가·철회·변경하는 것이고 추가·철회·변경된 부분이 내용과 성질상 나머지 부분과 불가분적인 것이 아닌 경우에는, 후속처분에도 불구하고 종전처분이 여전히 항고소송의 대상이 된다(대판 2015.11.19. 2015두295).

③ (○) 원천징수의무자에 대한 소득금액변동통지는 원천납세의무의 존부나 범위와 같은 원천납세의무자의 권리나 법률상 지위에 어떠한 영향을 준다고 할 수 없으므로 소득처분에 따른 소득의 귀속자는 법인에 대한 소득금액변동통지의 취소를 구할 법률상 이익이 없다(대판 2015.3.26. 2013두9267).

④ (○) 국민권익위원회가 소방청장에게 인사와 관련하여 부당한 지시를 한 사실이 인정된다며 이를 취소할 것을 요구하기로 의결하고 그 내용을 통지한 것에 대하여 소방청장으로서는 조치요구의 취소를 구하는 항고소송을 제기하는 것이 유효·적절한 수단으로 볼 수 있으므로 소방청장은 예외적으로 당사자능력과 원고적격을 가진다(대판 2018.8.1. 2014두35379).

11 ③

행정작용법 > 그 밖에 행정의 주요행위형식 > 행정계획   오답률 33.3%

| 출제이력 | 2022

| LINK | 소방기본서 행정법총론 p. 365~369

① (○) 장래 일정한 기간 내에 관계법령이 규정하는 시설 등을 갖추어 일정한 행정처분을 구하는 신청을 할 수 있는 법률상 지위에 있는 자의 국토이용계획변경신청을 거부하는 것이 실질적으로 당해 행정처분 자체를 거부하는 결과가 되는 경우에는 예외적으로 그 신청인에게 국토이용계획변경을 신청할 권리가 인정된다고 봄이 상당하므로, 이러한 신청에 대한 거부행위는 항고소송의 대상이 되는 행정처분에 해당한다(대판 2003.9.23. 2001두10936).

② (○) 비구속적 행정계획안이나 행정지침이라도 국민의 기본권에 직접적으로 영향을 끼치고, 앞으로 법령의 뒷받침에 의하여 그대로 실시될 것이 틀림없을 것으로 예상될 수 있을 때에는, 공권력행위로서 예외적으로 헌법소원의 대상이 될 수 있다(헌재결 2000.6.1. 99헌마538).

③ (×) 기관위임사무는 국가의 사무가 지방자치단체의 장에게 위임된 것이라서 국가는 지휘감독권의 입장에서 시정이나 취소를 할 수 있다. 취소소송의 제기는 인정되지 않는다.

> 건설교통부장관은 지방자치단체의 장이 기관위임사무인 국토이용계획 사무를 처리함에 있어 자신과 의견이 다를 경우 행정협의조정위원회에 협의·조정 신청을 하여 그 협의·조정 결정에 따라 의견불일치를 해소할 수 있고, 법원에 의한 판결을 받지 않고서도 「행정권한의 위임 및 위탁에 관한 규정」이나 (구) 「지방자치법」에서 정하고 있는 지도·감독을 통하여 직접 지방자치단체의 장의 사무처리에 대하여 시정명령을 발하고 그 사무처리를 취소 또는 정지할 수 있으며, 지방자치단체의 장에게 기간을 정하여 직무이행명령을 하고 지방자치단체의

장이 이를 이행하지 아니할 때에는 직접 필요한 조치를 할 수도 있으므로, 국가가 국토이용계획과 관련한 지방자치단체의 장의 기관위임사무의 처리에 관하여 지방자치단체의 장을 상대로 취소소송을 제기하는 것은 허용되지 않는다(대판 2007.9.20. 2005두6935).

④ (○) 도시계획의 결정을 하는 행정청이 선행 도시계획의 결정·변경 등에 관한 권한을 가지고 있지 아니한 경우에 선행 도시계획과 서로 양립할 수 없는 내용이 포함된 후행 도시계획결정을 하는 것은 아무런 권한 없이 선행 도시계획결정을 폐지하고, 양립할 수 없는 새로운 내용이 포함된 후행 도시계획결정을 하는 것으로서, 선행 도시계획결정의 폐지 부분은 권한 없는 자에 의하여 행해진 것으로서 무효이고, 같은 대상지역에 대하여 선행 도시계획결정이 적법하게 폐지되지 아니한 상태에서 그 위에 다시 한 후행 도시계획결정 역시 위법하고, 그 하자는 중대하고도 명백하여 다른 특별한 사정이 없는 한 무효라고 보아야 한다(대판 2000.9.8. 99두11257).

12 ①

행정작용법 > 행정행위 > 행정행위의 하자   오답률 33.3%

| 출제이력 | 2022, 2021, 2020, 2019

| LINK | 소방기본서 행정법총론 p. 285~310

① (×) 헌법재판소 위헌결정은 모든 국가기관을 구속한다. 따라서 법률에 대한 위헌결정이 있은 후 조세채권을 집행하고자 하는 행위는 중대·명백한 하자로서 무효에 해당한다.

> 같은 법 전부에 대한 위헌결정으로 위 제30조 규정 역시 그 날로부터 효력을 상실하게 되었고, 나아가 위헌법률에 기한 행정처분의 집행이나 집행력을 유지하기 위한 행위는 위헌결정의 기속력에 위반되어 허용되지 않는다(대판 2002.8.23. 2001두2959).

② (○) 절차상 또는 형식상 하자로 인하여 무효인 행정처분이 있은 후 행정청이 관계법령에서 정한 절차 또는 형식을 갖추어 다시 동일한 행정처분을 하였다면 당해 행정처분은 종전의 무효인 행정처분과 관계없이 새로운 행정처분이라고 보아야 한다(대판 2014.3.13. 2012두1006).

③ (○) 어느 행정처분에 대하여 그 행정처분의 근거가 된 법률이 위헌이라는 이유로 무효확인청구의 소가 제기된 경우에는 다른 특별한 사정이 없는 한 법원으로서는 그 법률이 위헌인지 여부에 대하여는 판단할 필요 없이 그 무효확인청구를 기각하여야 한다(대판 1994.10.28. 92누9463).

④ (○) 법률에 근거하여 행정처분이 발하여진 후에 헌법재판소에 의해 그 법률이 위헌으로 되었다면 결과적으로 그 행정처분은 법률의 근거가 없이 행하여진 것과 마찬가지가 되어 하자가 있는 것이 되나, 그 하자가 중대하기는 하나 헌법재판소의 위헌결정이 있기 전에는 객관적으로 명백한 것이라고 할 수는 없으므로, 헌법재판소의 위헌결정 전에 행정처분의 근거가 되는 당해 법률이 헌법에 위반된다는 사유는 특별한 사정이 없는 한, 그 행정처분의 취소소송의 전제가 될 수 있을 뿐 당연무효사유는 아니다(대판 2000.6.9. 2000다16329).

| SUMMARY | 처분의 근거법이 위헌인 경우에 대한 헌법재판소의 입장

- **원칙적 입장**

  행정처분의 근거법률이 헌법에 위반된다는 사정은 헌법재판소의 위헌결정이 있기 전에는 객관적으로 명백한 것이라고 할 수는 없으므로 특별한 사정이 없는 한 그러한 하자는 행정처분의 취소사유에 해당할 뿐 당연무효사유는 아니고, 제소기간이 경과한 뒤에는 행정처분의 근거법률이 위헌임을 이유로 무효확인소송 등을 제기하더라도 행정처분의 효력에는 영향이 없음이 원칙이다(헌재결 2014.1.28. 2011헌바38).

- **예외적 입장**

  행정처분 자체의 효력이 쟁송기간 경과 후에도 존속 중인 경우, 특히 그 처분이 위헌법률에 근거하여 내려진 것이고 그 행정처분의 목적달성을 위하여서는 후행(後行) 행정처분이 필요한데 후행(後行) 행정처분은 아직 이루어지지 않은 경우, 그 행정처분을 무효로 하더라도 법적 안정성을 크게 해치지 않는 반면에 그 하자가 중대하여 그 구제가 필요한 경우에 대하여서는 그 예외를 인정하여 이를 당연무효사유로 보아서 쟁송기간 경과 후에라도 무효확인을 구할 수 있는 것이라고 봐야 한다(헌재결 1994.6.30. 92헌바23).

13 ④

행정법총칙 > 행정법 > 행정법의 효력　　　　오답률 **37.0%**

| 출제이력 | 신규출제

| LINK | 소방기본서 행정법총론 p. 68~75

① (○) 구법을 개폐하는 신법이 제정된 경우에도 별도의 명문규정이 없는 이상 구법 시행 당시에 발생한 사유에 대하여는 개폐된 구법이 그대로 적용되어야 한다(대판 1994.3.11. 93누19719).

② (○) 법령이 폐지되거나 개정되기 이전에 종결된 사실에 대해서는 이전의 법률을 적용하는 것이 원칙이다.

> 조세법률주의의 원칙상 조세의무는 각 세법에 정한 과세요건이 완성된 때에 성립된다고 할 것이나, 조세법령이 일단 효력을 발생하였다가 폐지 또는 개정된 경우 조세법령이 정한 과세요건 사실이 폐지 또는 개정된 당시까지 완료된 때에는 다른 경과규정이 없는 한 그 과세요건 사실에 대하여는 종전의 조세법령이 계속 효력을 가지며, 조세법령의 폐지 또는 개정 후에 발생된 행위사실에 대하여만 효력을 잃는 것이라고 보아야 할 것이므로, 조세법령의 폐지 또는 개정 전에 종결된 과세요건 사실에 대하여 폐지 또는 개정 전의 조세법령을 적용하는 것이 조세법률주의의 원칙에 위배된다고 할 수 없다(대판 1993.5.11. 92누18399).

③ (○) 법령의 공포일과 시행일이 동일한 경우 통설과 판례는 최초구독가능시설을 취하고 있다. 그러나 양자가 다른 경우에는 관보가 실제로 인쇄된 날을 발행일, 즉 공포일로 본다(대판 1968.12.6. 68다1753).

④ (×) 행위가 종료되지 않고 계속 중인 경우에, 해당 행위에 대한 법이 개정되면 이때 적용될 법은 새로운 법이며, 이는 부진정소급에 해당되어 법률불소급원칙에 반하지 않는다.

> 법인세는 과세기간인 사업연도 개시와 더불어 과세요건이 생성되어 사업연도 종료 시에 완성하고, 그 때 납세의무가 성립하며 그 확정절차도 과세기간 종료 후에 이루어지므로, 사업연도 진행 중 세법이 개

정되었을 때에도 그 사업연도 종료 시의 법에 의하여 과세 여부 및 납세의무의 범위가 결정되는바, 이에 따라 사업연도 개시 시부터 개정법이 적용된다고 하여 이를 법적 안정성을 심히 해하는 소급과세라거나 「국세기본법」 제18조 제2항이 금하는 납세의무 성립 후의 새로운 세법에 의한 소급과세라 할 수 없고, 신의성실의 원칙에 위배되는 것이라 할 수도 없다(대판 1996.7.9. 95누13067).

14 ②

행정구제법 > 행정상 손해전보 > 국가배상　　　　오답률 **29.6%**

| 출제이력 | 2021, 2020

| LINK | 소방기본서 행정법총론 p. 582~603

① (○) 영조물의 설치나 관리상의 하자에 의한 국가배상은 손해의 원인에 대하여 책임을 질 자가 따로 있는 경우에는 구상권을 행사할 수 있다.

> **「국가배상법」 제5조 【공공시설 등의 하자로 인한 책임】** ① 도로·하천, 그 밖의 공공의 영조물(營造物)의 설치나 관리에 하자(瑕疵)가 있기 때문에 타인에게 손해를 발생하게 하였을 때에는 국가나 지방자치단체는 그 손해를 배상하여야 한다. 이 경우 제2조 제1항 단서, 제3조 및 제3조의2를 준용한다.
> ② 제1항을 적용할 때 손해의 원인에 대하여 책임을 질 자가 따로 있으면 국가나 지방자치단체는 그 자에게 구상할 수 있다.

② (×) 항고소송에서 처분이 취소된 경우 판결의 기판력에 의해 처분의 위법은 확정되고 이 판단에 모순되는 주장이나 판단은 할 수 없다. 따라서 이에 국가배상소송에서도 처분의 위법은 인정되지만 배상은 위법에 고의나 과실이 있는 경우에 비로소 가능하여, 고의·과실에 대한 판단에 의해 고의·과실이 없는 경우에는 국가배상이 인정되지 않는다(항고소송에서 처분의 위법함이 판단되었다고 해도 당연히 고의·과실까지 인정되지는 않는다).

> 어떠한 행정처분이 후에 항고소송에서 취소되었다고 할지라도 그 기판력에 의하여 당해 행정처분이 곧바로 공무원의 고의 또는 과실로 인한 것으로서 불법행위를 구성한다고 단정할 수는 없는 것이다(대판 2000.5.12. 99다70600).

③ (○) 국가배상책임은 공무원의 직무집행이 법령에 위반한 것임을 요건으로 하는 것으로서, 공무원의 직무집행이 법령이 정한 요건과 절차에 따라 이루어진 것이라면 특별한 사정이 없는 한 이는 법령에 적합한 것이고 그 과정에서 개인의 권리가 침해되는 일이 생긴다고 하여 그 법령 적합성이 곧바로 부정되는 것은 아니라고 할 것이다(대판 1997.7.25. 94다2480).

④ (○) 법관의 재판에 법령의 규정을 따르지 아니한 잘못이 있다 하더라도 이로써 바로 그 재판상 직무행위가 「국가배상법」 제2조 제1항에서 말하는 위법한 행위로 되어 국가의 손해배상책임이 발생하는 것은 아니고, 그 국가배상책임이 인정되려면 당해 법관이 위법 또는 부당한 목적을 가지고 재판을 하는 등 법관이 그에게 부여된 권한의 취지에 명백히 어긋나게 이를 행사하였다고 인정할 만한 특별한 사정이 있어야 한다고 해석함이 상당하다(대판 2001.4.24. 2000다16114).

| SUMMARY | 헌법재판소 재판관의 기산오류에 따른 국가배상 판례

헌법소원심판을 청구한 자로서는 헌법재판소 재판관이 일자 계산을 정확하게 하여 본안판단을 할 것으로 기대하는 것이 당연하고, 따라서 헌법재판소 재판관의 위법한 직무집행의 결과 잘못된 각하결정을 함으로써 청구인으로 하여금 본안판단을 받을 기회를 상실하게 한 이상, 설령 본안판단을 하였더라도 어차피 청구가 기각되었을 것이라는 사정이 있다고 하더라도 잘못된 판단으로 인하여 헌법소원심판 청구인의 위와 같은 합리적인 기대를 침해한 것이고 이러한 기대는 인격적 이익으로서 보호할 가치가 있다고 할 것이므로 그 침해로 인한 정신상 고통에 대하여는 위자료를 지급할 의무가 있다(대판 2003.7.11. 99다24218).

15 ③

행정절차 · 정보공개 · 개인정보 보호 > 행정절차 >
「행정절차법」   오답률 44.4%

| 출제이력 | 2021, 2020, 2019

| LINK | 소방기본서 행정법총론 p. 388~394

① (○) 산업기능요원 편입취소처분은 「행정절차법」상의 「병역법」에 의한 소집에 관한 사항이 아니어서 「행정절차법」상의 처분절차를 준수하여야 한다.

> 지방병무청장이 「병역법」 제41조 제1항 제1호, 제40조 제2호의 규정에 따라 산업기능요원에 대하여 한 산업기능요원 편입취소처분은 「행정절차법」의 적용이 배제되는 사항인 「행정절차법」 제3조 제2항 제9호, 같은 법 시행령 제2조 제1호에서 규정하는 '「병역법」에 의한 소집에 관한 사항'에는 해당하지 아니하므로, 「행정절차법」상의 '처분의 사전통지'와 '의견 제출 기회의 부여' 등의 절차를 거쳐야 한다(대판 2002.9.6. 2002두554).

② (○) '고시'의 방법으로 불특정 다수인을 상대로 의무를 부과하거나 권익을 제한하는 처분은 성질상 의견 제출의 기회를 주어야 하는 상대방을 특정할 수 없으므로, 이와 같은 처분에 있어서까지 (구) 「행정절차법」 제22조 제3항에 의하여 그 상대방에게 의견 제출의 기회를 주어야 한다고 해석할 것은 아니다(대판 2014.10.27. 2012두7745).

③ (×) 납세고지서에 세액산출근거 등의 기재사항이 누락되었거나 과세표준과 세액의 계산명세서가 첨부되지 않았다면 적법한 납세의 고지라고 볼 수 없으며, 위와 같은 납세고지의 하자는 납세의무자가 그 나름대로 산출근거를 알고 있다거나 사실상 이를 알고서 쟁송에 이르렀다 하더라도 치유되지 않는다(대판 2002.11.13. 2001두1543).

교수님 TIP

이유 제시의 구체적 조항이 명시되지 않아도 위법이 아니라는 판례가 있다. 이에 대한 대법원의 법리와 사실관계를 파악하고 있어야 한다.

④ (○) 신청에 따른 처분이 이루어지지 아니한 경우에는 아직 당사자에게 권익이 부과되지 아니하였으므로 특별한 사정이 없는 한 신청에 대한 거부처분이라고 하더라도 직접 당사자의 권익을 제한하는 것은 아니어서 신청에 대한 거부처분을 여기에서 말하는 '당사자의 권익을 제한하는 처분'에 해당한다고 할 수 없는 것이어서 처분의 사전통지 대상이 된다고 할 수 없다(대판 2003.11.28. 2003두674).

| SUMMARY | 법리문제 vs 사실문제

- **법리문제**

「행정절차법」 제23조 제1항은 행정청은 처분을 하는 때에는 당사자에게 그 근거와 이유를 제시하여야 한다고 규정하고 있는바, 일반적으로 당사자가 근거규정 등을 명시하여 신청하는 인 · 허가 등을 거부하는 처분을 함에 있어 당사자가 그 근거를 알 수 있을 정도로 상당한 이유를 제시한 경우에는 당해 처분의 근거 및 이유를 구체적 조항 및 내용까지 명시하지 않았더라도 그로 말미암아 그 처분이 위법한 것이 된다고 할 수 없다(대판 2002.5.17. 2000두8912).

- **사실문제**

행정청이 토지형질변경허가신청을 불허하는 근거규정으로 「도시계획법 시행령」 제20조를 명시하지 아니하고 「도시계획법」이라고만 기재하였으나, 신청인이 자신의 신청이 개발제한구역의 지정목적에 현저히 지장을 초래하는 것이라는 이유로 (구) 「도시계획법 시행령」(2000.7.1. 대통령령 제16891호로 전문 개정되기 전의 것) 제20조 제1항 제2호에 따라 불허된 것임을 알 수 있었던 경우, 그 불허처분은 위법하지 아니하다(대판 2002.5.17. 2000두8912).

16 ④

행정법총칙 > 행정법상의 법률요건과 법률사실 >
사인의 공법행위로서 신고   오답률 40.7%

| 출제이력 | 2022, 2018 하

| LINK | 소방기본서 행정법총론 p. 129~139

㉠ (○) 양도인이 그의 의사에 따라 양수인에게 영업을 양도하면서 양수인으로 하여금 영업을 하도록 허락하였다면 그 양수인의 영업 중 발생한 위반행위에 대한 행정적인 책임은 양도인에게 귀속된다고 보아야 할 것이다(대판 1995.2.24. 94누9146).

㉡ (×) 사업양도 · 양수계약이 무효이면 이에 따른 지위승계신고의 수리도 무효이다.

> 사업양도 · 양수에 따른 허가관청의 지위승계신고의 수리는 적법한 사업의 양도 · 양수가 있었음을 전제로 하는 것이므로 그 수리대상인 사업양도 · 양수가 존재하지 아니하거나 무효인 때에는 수리를 하였다 하더라도 그 수리는 유효한 대상이 없는 것으로서 당연히 무효라 할 것이고, 사업의 양도행위가 무효라고 주장하는 양도자는 민사쟁송으로 양도 · 양수행위의 무효를 구함이 없이 막바로 허가관청을 상대로 하여 행정소송으로 위 신고수리처분의 무효확인을 구할 법률상 이익이 있다(대판 2005.12.23. 2005두3554).

㉢ (○) (구) 「식품위생법」(1997.12.13. 법률 제5453호로 개정되기 전의 것) 제25조 제1항, 제3항에 의하여 영업양도에 따른 지위승계신고를 수리하는 허가관청의 행위는, 단순히 양도 · 양수인 사이에 이미 발생한 사법상의 사업양도의 법률효과에 의하여 양수인이 그 영업을 승계하였다는 사실의 신고를 접수하는 행위에 그치는 것이 아니라, 실질에 있어서 양도자의 사업허가를 취소함과 아울러 양수자에게 적법히 사업을 할 수 있는 권리를 설정하여 주는 행위로서 사업허가자의 변경이라는 법률효과를 발생시키는 행위라고 할 것이다(대판 2001.2.9. 2000도2050).

㉣ (×) 양도·양수에 의한 영업자지위승계신고가 수리되지 않은 경우라도, 양도인의 위법을 이유로 허가 등이 취소된 경우, 이를 양수한 양수인은 취소소송을 청구할 법률상 이익이 인정된다.

> 수허가자의 지위를 양수받아 명의변경신고를 할 수 있는 양수인의 지위는 단순한 반사적 이익이나 사실상의 이익이 아니라 산림법령에 의하여 보호되는 직접적이고 구체적인 이익으로서 법률상 이익이라고 할 것이고, 채석허가가 유효하게 존속하고 있다는 것이 양수인의 명의변경신고의 전제가 된다는 의미에서 관할 행정청이 양도인에 대하여 채석허가를 취소하는 처분을 하였다면 이는 양수인의 지위에 대한 직접적 침해가 된다고 할 것이므로 양수인은 채석허가를 취소하는 처분의 취소를 구할 법률상 이익을 가진다(대판 2003.7.11. 2001두6289).

17 ③

행정구제법 > 행정상 손해전보 > 손실보상   오답률 59.3%

TOP 1

| 출제이력 | 2022, 2019

| LINK | 소방기본서 행정법총론 p. 628~665

① (○) 도시계획사업허가의 공고 시에 토지세목의 고시를 누락하거나 사업인정을 함에 있어 수용 또는 사용할 토지의 세목을 공시하는 절차를 누락한 경우, 이는 절차상의 위법으로서 수용재결 단계 전의 사업인정 단계에서 다툴 수 있는 취소사유에 해당하기는 하나 더 나아가 그 사업인정 자체를 무효로 할 중대하고 명백한 하자라고 보기는 어렵고, 따라서 이러한 위법을 들어 수용재결처분의 취소를 구하거나 무효확인을 구할 수는 없다(대판 1988.12.27. 87누1141).

② (○) (구) 공익사업법 등에 규정된 재결절차를 거친 다음 그 재결에 대하여 불복이 있는 때에 비로소 (구)공익사업법 제83조 내지 제85조에 따라 권리구제를 받을 수 있을 뿐, 이러한 재결절차를 거치지 않은 채 곧바로 사업시행자를 상대로 손실보상을 청구하는 것은 허용되지 않는다(대판 2011.9.29. 2009두10963).

③ (×) 공공용물의 일반사용은 반사적 이익에 해당하여, 적법한 개발로 종전보다 일반사용이 제한을 받는다고 해도 보상대상이 되는 특별한 희생이 아니다.

> 일반 공중의 이용에 제공되는 공공용물에 대하여 특허 또는 허가를 받지 않고 하는 일반사용은 다른 개인의 자유이용과 국가 또는 지방자치단체 등의 공공목적을 위한 개발 또는 관리·보존행위를 방해하지 않는 범위 내에서만 허용된다 할 것이므로, 공공용물에 관하여 적법한 개발행위 등이 이루어짐으로 말미암아 이에 대한 일정범위의 사람들의 일반사용이 종전에 비하여 제한받게 되었다 하더라도 특별한 사정이 없는 한 그로 인한 불이익은 손실보상의 대상이 되는 특별한 손실에 해당한다고 할 수 없다(대판 2002.2.26. 99다35300).

교수님 TIP

공공용물은 일반대중이 이용할 수 있는 행정재산으로 일반사용과 특별사용으로 이용할 수 있다. 일반사용은 자유사용을 원칙으로 하여 이에 대한 이용은 반사적 이익에 불과하고 특별한 사정이 없으면 제한이 있더라도 보상대상이 아니다.

④ (○) (구) 「하천법」(1971.1.19. 법률 제2292호로 전문 개정된 것)의 시행으로 국유로 된 제외지 안의 토지에 대하여는 관리청이 그 손실을 보상하도록 규정하였고, … 위 각 규정들에 의한 손실보상청구권은 모두 종전의 「하천법」 규정 자체에 의하여 하천구역으로 편입되어 국유로 되었으나 그에 대한 보상규정이 없었거나 보상청구권이 시효로 소멸되어 보상을 받지 못한 토지들에 대하여, 국가가 반성적 고려와 국민의 권리구제 차원에서 그 손실을 보상하기 위하여 규정한 것으로서, 그 법적 성질은 「하천법」 본칙(本則)이 원래부터 규정하고 있던 하천구역에의 편입에 의한 손실보상청구권과 하등 다를 바가 없는 것이어서 공법상의 권리임이 분명하므로 그에 관한 쟁송도 행정소송절차에 의하여야 한다(대판 2006.5.18. 2004다6207).

18 ①

행정절차·정보공개·개인정보 보호 >   오답률 18.5%
정보공개와 개인정보 보호 > 정보공개법

| 출제이력 | 2022, 2019, 2018 하

| LINK | 소방기본서 행정법총론 p. 420~437

① (×) 직무를 수행한 공무원의 성명이나 직위는 공개 대상이 된다.

> 「공공기관의 정보공개에 관한 법률」 제9조 【비공개 대상 정보】 ① 공공기관이 보유·관리하는 정보는 공개 대상이 된다. 다만, 다음 각 호의 어느 하나에 해당하는 정보는 공개하지 아니할 수 있다.
> 6. 해당 정보에 포함되어 있는 성명·주민등록번호 등 「개인정보 보호법」 제2조 제1호에 따른 개인정보로서 공개될 경우 사생활의 비밀 또는 자유를 침해할 우려가 있다고 인정되는 정보. 다만, 다음 각 목에 열거한 사항은 제외한다.
> 라. 직무를 수행한 공무원의 성명·직위

② (○) 청구인은 제18조에 따른 이의신청 절차를 거치지 아니하고 행정심판을 청구할 수 있다(「공공기관의 정보공개에 관한 법률」 제19조 제2항).

③ (○) 국민의 정보공개청구권은 법률상 보호되는 구체적인 권리이므로, 공공기관에 대하여 정보의 공개를 청구하였다가 공개거부처분을 받은 청구인은 행정소송을 통하여 그 공개거부처분의 취소를 구할 법률상의 이익이 있고, 공개청구의 대상이 되는 정보가 이미 다른 사람에게 공개되어 널리 알려져 있다거나 인터넷 등을 통하여 공개되어 인터넷검색 등을 통하여 쉽게 알 수 있다는 사정만으로는 소의 이익이 없다거나 비공개결정이 정당화될 수 없다(대판 2010.12.23. 2008두13101).

④ (○) 정보공개제도는 공공기관이 보유·관리하는 정보를 그 상태대로 공개하는 제도로서 공개를 구하는 정보를 공공기관이 보유·관리하고 있을 상당한 개연성이 있다는 점에 대하여 원칙적으로 공개청구자에게 증명책임이 있다고 할 것이지만, 공개를 구하는 정보를 공공기관이 한 때 보유·관리하였으나 후에 그 정보가 담긴 문서 등이 폐기되어 존재하지 않게 된 것이라면 그 정보를 더 이상 보유·관리하고 있지 아니하다는 점에 대한 증명책임은 공공기관에게 있다(대판 2004.12.9. 2003두12707).

19 ③

| 실효성 확보수단 > 행정강제 > 행정조사 | 오답률 **14.8%** |

| 출제이력 | 2021, 2020, 2019, 2018 하

| LINK | 소방기본서 행정법총론 p. 500~511

① (○) 행정기관의 장이 제5조 단서에 따라 조사대상자의 자발적인 협조를 얻어 행정조사를 실시하고자 하는 경우 조사대상자는 문서·전화·구두 등의 방법으로 당해 행정조사를 거부할 수 있다(「행정조사기본법」 제20조 제1항).

② (○) 행정기관의 장은 법령 등에 특별한 규정이 있는 경우를 제외하고는 행정조사의 결과를 확정한 날부터 7일 이내에 그 결과를 조사대상자에게 통지하여야 한다(동법 제24조).

③ (×) 우편물 통관검사절차에서 이루어지는 우편물의 개봉, 시료채취, 성분분석 등의 검사는 수출입물품에 대한 적정한 통관 등을 목적으로 한 행정조사의 성격을 가지는 것으로서 수사기관의 강제처분이라고 할 수 없으므로, 압수·수색영장 없이 우편물의 개봉, 시료채취, 성분분석 등 검사가 진행되었다 하더라도 특별한 사정이 없는 한 위법하다고 볼 수 없다(대판 2013.9.26. 2013도7718).

④ (○) 납세자에 대한 부가가치세 부과처분은 종전의 부가가치세 경정조사와 같은 세목 및 같은 과세기간에 대하여 중복하여 실시된 위법한 세무조사에 기초하여 이루어진 것이어서 위법하다(대판 2006.6.2. 2004두12070).

20 ④

| 행정작용법 > 행정행위 > 행정행위의 내용 | 오답률 **26.9%** |

| 출제이력 | 2022, 2021 승진(유사)

| LINK | 소방기본서 행정법총론 p. 218~252

㉠ (○) 행정행위를 한 처분청은 비록 그 처분 당시에 별다른 하자가 없었고, 또 그 처분 후에 이를 철회할 별도의 법적 근거가 없다 하더라도 원래의 처분을 존속시킬 필요가 없게 된 사정변경이 생겼거나 또는 중대한 공익상의 필요가 발생한 경우에는 그 효력을 상실케 하는 별개의 행정행위로 이를 철회할 수 있다고 할 것이다(대판 2004.11.26. 2003두10251·10268).

㉡ (×) 공중보건의사 채용계약 해지의 의사표시에 대하여는 대등한 당사자 간의 소송 형식인 공법상의 당사자소송으로 그 의사표시의 무효확인을 청구할 수 있는 것이지, 이를 항고소송의 대상이 되는 행정처분이라는 전제하에서 그 취소를 구하는 항고소송을 제기할 수는 없다(대판 1996.5.31. 95누10617).

㉢ (○) 취소소송은 처분 등이 있음을 안 날부터 90일 이내에 제기하여야 하고, 처분 등이 있는 날부터 1년을 경과하면 제기하지 못하며(「행정소송법」 제20조 제1항·제2항), 청구취지를 변경하여 구 소가 취하되고 새로운 소가 제기된 것으로 변경되었을 때에 새로운 소에 대한 제소기간의 준수 등은 원칙적으로 소의 변경이 있은 때를 기준으로 하여야 한다(대판 2004.11.25. 2004두7023).

㉣ (×) 인가는 기본행위인 재단법인의 정관변경에 대한 법률상의 효력을 완성시키는 보충행위로서, 그 기본이 되는 정관변경 결의에 하자가 있을 때에는 그에 대한 인가가 있었다 하여도 기본행위인 정관변경 결의가 유효한 것으로 될 수 없다(대판 1996.5.16. 95누4810).

2019 | 소방위 행정법

난이도 '상(上)'에 해당하는 1문항을 제외하고는 난이도 '하(下)'에 해당하는 문항을 6개나 배치하였다. 특히 핵심적인 단원에서의 출제로, 익숙한 지문들로 구성되어 있었기 때문에 수월하게 풀이할 수 있었으리라 생각된다. 문제의 유형은 낮은 난이도의 법령문제가 6문항가량 출제되었고, 판례문제 역시 최신판례 없이 까다롭지 않은 판례들로 출제되었다.

문항분석

문항	정답	오답률	영역
1	①	35.0%	행정절차·정보공개·개인정보 보호 > 행정절차 > 「행정절차법」
오답률 TOP 1 2	①	85.0%	행정구제법 > 행정쟁송 > 심판청구의 제기기간
3	③	35.0%	행정구제법 > 행정쟁송 > 행정소송의 원고적격
4	④	35.0%	행정작용법 > 행정행위 > 위헌법령과 행정행위의 효력
5	②	55.0%	행정작용법 > 행정행위 > 행정행위 효력의 흠결
오답률 TOP 2 6	④	65.0%	행정절차·정보공개·개인정보 보호 > 정보공개와 개인정보 보호 > 「개인정보 보호법」
7	①	10.0%	행정절차·정보공개·개인정보 보호 > 정보공개와 개인정보 보호 > 정보공개법
8	②	60.0%	행정구제법 > 행정쟁송 > 집행정지
9	④	10.0%	행정작용법 > 행정행위 > 준법률행위적 행정행위
10	③	5.0%	실효성 확보수단 > 행정강제 > 대집행
11	③	15.0%	행정구제법 > 행정쟁송 > 행정심판
12	①	25.0%	행정법총칙 > 행정법상의 법률요건과 법률사실 > 사인의 공법행위로서 신고
13	④	25.0%	행정작용법 > 행정행위 > 행정행위의 부관
14	②	50.0%	행정작용법 > 행정행위 > 하자의 승계
15	①	35.0%	행정구제법 > 행정쟁송 > 행정심판
16	②	30.0%	실효성 확보수단 > 행정벌 > 「질서위반행위규제법」
17	③	15.8%	행정법총칙 > 행정법 > 통치행위
18	①	10.5%	행정구제법 > 행정상 손해전보 > 국가배상
오답률 TOP 3 19	③	63.2%	행정절차·정보공개·개인정보 보호 > 행정절차 > 처분절차
20	④	36.8%	행정법총칙 > 행정상 법률관계 > 공법과 사법

영역별 평균 오답률

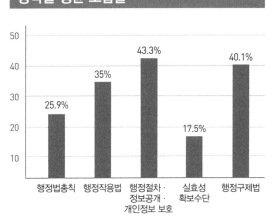

*2019년 소방위 행정법 복원 기출 20문항 기준 평균 오답률

출제 트렌드

구분	행정법 총칙	행정 작용법	행정절차· 정보공개· 개인정보 보호	실효성 확보수단	행정 구제법
2022	3문항	8문항	4문항	1문항	4문항
2021	2문항	7문항	2문항	4문항	5문항
2020	3문항	8문항	1문항	4문항	4문항
2019 소방위	3문항	5문항	4문항	2문항	6문항

행정절차·정보공개·개인정보 보호 영역에서 비교적 다수 출제

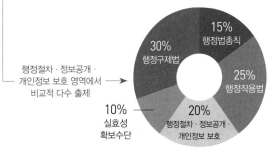

01 ①

행정절차·정보공개·개인정보 보호 > 행정절차 >
「행정절차법」   오답률 35.0%

| 출제이력 | 2021, 2020, 2019

| LINK | 소방기본서 행정법총론 p. 388~394

① (×) 행정청은 소속 직원 또는 대통령령으로 정하는 자격을 가진 사람 중에서 청문 주재자를 공정하게 선정하여야 한다(「행정절차법」 제28조 제1항).

② (○) 행정청은 청문이 시작되는 날부터 7일 전까지 청문 주재자에게 청문과 관련한 필요한 자료를 미리 통지하여야 한다(동법 제28조 제2항).

③ (○) 행정청은 처분을 할 때에 당사자 등이 제출한 의견이 상당한 이유가 있다고 인정하는 경우에는 이를 반영하여야 한다(동법 제27조의3 제1항).

④ (○) 청문 주재자는 직권으로 또는 당사자의 신청에 따라 필요한 조사를 할 수 있으며, 당사자 등이 주장하지 아니한 사실에 대하여도 조사할 수 있다(동법 제33조 제1항).

02 ①

행정구제법 > 행정쟁송 > 심판청구의 제기기간   오답률 85.0%

| 출제이력 | 2021

| LINK | 소방기본서 행정법총론 p. 693~696

① (○) 이 법에 의한 기간의 계산에 있어서 국외에서의 소송행위 추완에 있어서는 그 기간을 14일에서 30일로, 제3자에 의한 재심청구에 있어서는 그 기간을 30일에서 60일로, 소의 제기에 있어서는 그 기간을 60일에서 90일로 한다(「행정소송법」 제5조).

② (×) 토지의 수용 기타 부동산 또는 특정의 장소에 관계되는 처분 등에 대한 취소소송은 그 부동산 또는 장소의 소재지를 관할하는 행정법원에 이를 제기할 수 있다(동법 제9조 제3항).

③ (×) 법원은 당사자의 신청이 있는 때에는 결정으로써 재결을 행한 행정청에 대하여 행정심판에 관한 기록의 제출을 명할 수 있다(동법 제25조 제1항).

④ (×) 법원은 필요하다고 인정할 때에는 직권으로 증거조사를 할 수 있고, 당사자가 주장하지 아니한 사실에 대하여도 판단할 수 있다(동법 제26조).

교수님 TIP

불고불리원칙과 직권심리원칙을 혼동해서는 안 된다. 불고불리원칙은 청구하지 않은 것은 심리할 수 없다는 원칙으로서 법원의 소극적인 작용을 의미하나, 직권심리원칙은 소장의 기록범위 내에서는 주장하지 않아도 심리할 수 있다는 원칙이다.

03 ③

행정구제법 > 행정쟁송 > 행정소송의 원고적격   오답률 35.0%

| 출제이력 | 2020 승진

| LINK | 소방기본서 행정법총론 p. 736~743

① (○) 행정청이 당초의 분뇨 등 관련 영업 허가신청 반려처분의 취소를 구하는 소의 계속 중, 사정변경을 이유로 위 반려처분을 직권취소함과 동시에 위 신청을 재반려하는 내용의 재처분을 한 경우, 당초의 반려처분의 취소를 구하는 소는 더 이상 소의 이익이 없게 되었다(대판 2006.9.28. 2004두5317).

② (○) 과세관청이 직권으로 상대방에 대한 소득처분을 경정하면서 일부 항목에 대한 증액과 다른 항목에 대한 감액을 동시에 한 결과 전체로서 소득처분금액이 감소된 경우에는 그에 따른 소득금액변동통지가 납세자인 당해 법인에 불이익을 미치는 처분이 아니므로 당해 법인은 그 소득금액변동통지의 취소를 구할 이익이 없다(대판 2012.4.13. 2009두5510).

③ (×) 사증발급의 법적 성질, 「출입국관리법」의 입법 목적, 사증발급 신청인의 대한민국과의 실질적 관련성, 상호주의원칙 등을 고려하면, 우리 「출입국관리법」의 해석상 외국인에게는 사증발급 거부처분의 취소를 구할 법률상 이익이 인정되지 않는다(대판 2018.5.15. 2014두42506).

④ (○) 행정처분의 근거 법규 또는 관련 법규에 그 처분으로써 이루어지는 행위 등 사업으로 인하여 환경상 침해를 받으리라고 예상되는 영향권의 범위가 구체적으로 규정되어 있는 경우에는, 그 영향권 내의 주민들에 대하여는 당해 처분으로 인하여 직접적이고 중대한 환경피해를 입으리라고 예상할 수 있고, 이와 같은 환경상의 이익은 주민 개개인에 대하여 개별적으로 보호되는 직접적·구체적 이익으로서 그들에 대하여는 특단의 사정이 없는 한 환경상 이익에 대한 침해 또는 침해 우려가 있는 것으로 사실상 추정되어 법률상 보호되는 이익으로 인정됨으로써 원고적격이 인정되며, 그 영향권 밖의 주민들은 당해 처분으로 인하여 그 처분 전과 비교하여 수인한도를 넘는 환경피해를 받거나 받을 우려가 있다는 자신의 환경상 이익에 대한 침해 또는 침해 우려가 있음을 입증하여야만 법률상 보호되는 이익으로 인정되어 원고적격이 인정된다(대판 2009.9.24. 2009두2825).

04 ④

행정작용법 > 행정행위 > 위헌법령과 행정행위의 효력   오답률 35.0%

| 출제이력 | 2021, 2018 하

| LINK | 소방기본서 행정법총론 p. 293~296

① (○) 모든 국가기관은 헌법재판소 위헌결정에 기속된다. 위헌결정에 반하는 행위는 기속력 위반으로 무효가 된다.

> 같은 법 전부에 대한 위헌결정으로 위 제30조 규정 역시 그날로부터 효력을 상실하게 되었고, 나아가 위헌법률에 기한 행정처분의 집행이나 집행력을 유지하기 위한 행위는 위헌결정의 기속력에 위반되어 허용되지 않는다(대판 2002.8.23. 2001두2959).

② (○) 헌법재판소는 처분의 근거법이 위헌결정이 있게 된 경우, 처분의 효력이 존속되고 있고 행정목적을 위해서는 후행처분이 필요한데 아직 후행처분이 발령되지 않은 상태에서 처분을 무효로 하여도 행정청의 안정성은 해쳐지지 않는 반면 국민의 권익구제 필요성이 높은 경우에는 예외적으로 무효로 할 수 있다는 입장이다.

행정처분의 집행이 이미 종료되었고 그것이 번복될 경우 법적 안정성을 크게 해치게 되는 경우에는 후에 행정처분의 근거가 된 법규가 헌법재판소에서 위헌으로 선고된다고 하더라도 그 행정처분이 당연무효가 되지는 않음이 원칙이라고 할 것이나, 행정처분 자체의 효력이 쟁송기간 경과 후에도 존속 중인 경우, 특히 그 처분이 위헌법률에 근거하여 내려진 것이고 그 행정처분의 목적달성을 위하여서는 후행 행정처분이 필요한데 후행 행정처분은 아직 이루어지지 않은 경우와 같이 그 행정처분을 무효로 하더라도 법적 안정성을 크게 해치지 않는 반면에 그 하자가 중대하여 그 구제가 필요한 경우에 대하여서는 그 예외를 인정하여 이를 당연무효사유로 보아서 쟁송기간 경과 후에라도 무효확인을 구할 수 있는 것이라고 봐야 할 것이다(헌재결 1994.6.30. 92헌바23).

③ (○) 헌법재판소의 위헌결정의 효력은 위헌제청을 한 당해 사건만 아니라 위헌결정이 있기 전에 이와 동종의 위헌 여부에 관하여 헌법재판소에 위헌여부심판제청이 되어 있거나 법원에 위헌여부심판제청신청이 되어 있는 경우의 당해 사건과 별도의 위헌제청신청 등은 하지 아니하였으나 당해 법률 또는 법조항이 재판의 전제가 되어 법원에 계속된 모든 일반 사건에까지 미친다(대판 1992.2.14. 91누1462).

④ (×) 법률에 근거하여 행정처분이 발하여진 후에 헌법재판소에 의해 그 법률이 위헌으로 되었다면 결과적으로 그 행정처분은 법률의 근거가 없이 행하여진 것과 마찬가지가 되어 하자가 있는 것이 되나, 그 하자가 중대하기는 하나 헌법재판소의 위헌결정이 있기 전에는 객관적으로 명백한 것이라고 할 수는 없으므로, 헌법재판소의 위헌결정 전에 행정처분의 근거가 되는 당해 법률이 헌법에 위반된다는 사유는 특별한 사정이 없는 한, 그 행정처분의 취소소송의 전제가 될 수 있을 뿐 당연무효사유는 아니다(대판 2000.6.9. 2000다16329).

05 ②

행정작용법 > 행정행위 > 행정행위 효력의 흠결　오답률 55.0%

| 출제이력 | 2021, 2018 하

| LINK | 소방기본서 행정법총론 p. 272~273

㉠ (○) 내부위임(전결)의 경우 수임기관은 자신의 명의로 처분할 수 없으며 자신의 명의로 이루어진 처분은 무권한으로서 무효에 해당한다.

권한위임의 경우에는 수임관청이 자기의 이름으로 그 권한행사를 할 수 있지만 내부위임의 경우에는 수임관청은 위임관청의 이름으로만 그 권한을 행사할 수 있을 뿐 자기의 이름으로는 그 권한을 행사할 수 없는 것이므로 원심이 같은 취지에서 피고의 이 사건 처분이 권한 없는 자에 의하여 행하여진 위법무효의 처분이라고 판시한 것은 정당하고, 논지는 이유 없다(대판 1995.11.28. 94누6475).

㉡ (×) 전결과 같은 행정권한의 내부위임은 법령상 처분권자인 행정관청이 내부적인 사무처리의 편의를 도모하기 위하여 그의 보조기관 또는 하급 행정관청으로 하여금 그의 권한을 사실상 행사하게 하는 것으로서 법률이 위임을 허용하지 않는 경우에도 인정되는 것이므로, 설사 행정관청 내부의 사무처리규정에 불과한 전결규정에 위반하여 원래의 전결권자 아닌 보조기관 등이 처분권자인 행정관청의 이름으로 행정처분을 하였다고 하더라도 그 처분이 권한 없는 자에 의하여 행하여진 무효의 처분이라고는 할 수 없다(대판 1998.2.27. 97누1105).

㉢ (○) 5급 이상의 국가정보원 직원에 대한 의원면직처분이 임면권자인 대통령이 아닌 국가정보원장에 의해 행해진 것으로 위법하고, 나아가 국가정보원 직원의 명예퇴직원 내지 사직서 제출이 직위해제 후 1년여에 걸친 국가정보원장 측의 종용에 의한 것이었다는 사정을 감안한다 하더라도 그러한 하자가 중대한 것이라고 볼 수는 없으므로, 대통령의 내부결재가 있었는지에 관계없이 당연무효는 아니다(대판 2007.7.26. 2005두15748).

㉣ (×) 무효인 조례에 의해 이루어진 처분은 중대성은 있으나 명백성이 없어 무효라 할 수 없다(처분이 있은 후 조례의 무효가 확인된다).

무효인 서울특별시 행정권한위임조례의 규정에 근거한 관리처분계획의 인가 등 처분은 결과적으로 적법한 위임 없이 권한 없는 자에 의하여 행하여진 것과 마찬가지가 되어 그 하자가 중대하나, 위 처분의 위임과정의 하자가 객관적으로 명백한 것이라고 할 수 없으므로 결국 당연무효 사유는 아니라고 봄이 상당하다(대판 1995.8.22. 94누5694).

| SUMMARY | 무권한이지만 무효가 아닌 판례

- 세관출장소장의 관세 부과
세관출장소장에게 관세부과처분을 할 권한이 있다고 객관적으로 오인할 여지가 다분하다고 인정되므로 결국 적법한 권한 위임 없이 행해진 이 사건 처분은 그 하자가 중대하기는 하지만 객관적으로 명백하다고 할 수는 없어 당연무효는 아니라고 보아야 할 것이다(대판 2004.11.26. 2003두2403).

- 구청장의 택시운전 자격정지
구청장이 서울특별시 조례에 의한 적법한 위임 없이 택시운전자격정지처분을 한 경우, 그 하자가 비록 중대하다고 할지라도 객관적으로 명백하다고 할 수는 없으므로 당연무효 사유가 아니다(대판 2002.12.10. 2001두4566).

06 ④ TOP2

행정절차 · 정보공개 · 개인정보 보호 >　오답률 65.0%
정보공개와 개인정보 보호 > 「개인정보 보호법」

| 출제이력 | 2022, 2021, 2019

| LINK | 소방기본서 행정법총론 p. 438~446

① (○) 위원의 임기는 3년으로 하되, 한 차례만 연임할 수 있다(「개인정보 보호법」 제7조의4 제1항).

② (○) 위원에게 심의·의결의 공정을 기대하기 어려운 사정이 있는 경우 당사자는 기피 신청을 할 수 있고, 보호위원회는 의결로 이를 결정한다(동법 제7조의11 제2항).

③ (○) 개인정보처리자는 개인정보의 처리 목적에 필요한 범위에서 개인정보의 정확성, 완전성 및 최신성이 보장되도록 하여야 한다(동법 제3조 제3항).

④ (×) 제3자가 동의를 받는 것이 아니라 정보처리자가 정보주체로부터 동의를 받는 경우에는 제3자에게 개인정보를 제공할 수 있다.

「개인정보 보호법」 제17조【개인정보의 제공】① 개인정보처리자는 다음 각 호의 어느 하나에 해당되는 경우에는 정보주체의 개인정보를 제3자에게 제공(공유를 포함한다. 이하 같다)할 수 있다.
　1. 정보주체의 동의를 받은 경우

2. 제15조 제1항 제2호·제3호·제5호 및 제39조의3 제2항 제2호·제3호에 따라 개인정보를 수집한 목적 범위에서 개인정보를 제공하는 경우

07 ①

행정절차·정보공개·개인정보 보호 > 정보공개와 개인정보 보호 > 정보공개법   오답률 10.0%

| 출제이력 | 2022, 2019, 2018 하

| LINK | 소방기본서 행정법총론 p. 420~437

① (○) 공개청구자는 그가 공개를 구하는 정보를 공공기관이 보유·관리하고 있을 상당한 개연성이 있다는 점에 대하여 입증할 책임이 있으나, 공개를 구하는 정보를 공공기관이 한때 보유·관리하였으나 후에 그 정보가 담긴 문서들이 폐기되어 존재하지 않게 된 것이라면 그 정보를 더 이상 보유·관리하고 있지 않다는 점에 대한 증명책임은 공공기관에 있다(대판 2013.1.24. 2010두18918).

② (×) (구) 「공공기관의 정보공개에 관한 법률」(2013.8.6. 법률 제11991호로 개정되기 전의 것, 이하 정보공개법이라 한다) 제3조, 제5조 제1항, 제6조의 규정 내용과 입법 목적, 정보공개법이 정보공개청구권의 행사와 관련하여 정보의 사용 목적이나 정보에 접근하려는 이유에 관한 어떠한 제한을 두고 있지 아니한 점 등을 고려하면, 국민의 정보공개청구는 정보공개법 제9조에 정한 비공개 대상 정보에 해당하지 아니하는 한 원칙적으로 폭넓게 허용되어야 한다(대판 2014.12.24. 2014두9349).

③ (×) 권리능력 없는 사단이나 재단도 정보공개청구권이 있다. 이 경우 설립목적도 불문한다.

> 「공공기관의 정보공개에 관한 법률」에 "모든 국민은 정보의 공개를 청구할 권리를 가진다."고 규정하고 있는데, 여기에서 말하는 국민에는 자연인은 물론 법인, 권리능력 없는 사단·재단도 포함되고, 법인, 권리능력 없는 사단·재단 등의 경우에는 설립목적을 불문하며, 한편 정보공개청구권은 법률상 보호되는 구체적인 권리이므로 청구인이 공공기관에 대하여 정보공개를 청구하였다가 거부처분을 받은 것 자체가 법률상 이익의 침해에 해당한다(대판 2003.12.12. 2003두8050).

④ (×) 개인에 관한 정보는 비공개이다.

> 지방자치단체의 업무추진비 세부항목별 집행내역 및 그에 관한 증빙서류에 포함된 개인에 관한 정보는 '공개하는 것이 공익을 위하여 필요하다고 인정되는 정보'에 해당하지 않는다(대판 2003.3.11. 2001두6425).

08 ②

행정구제법 > 행정쟁송 > 집행정지   오답률 60.0%

| 출제이력 | 2021 승진

| LINK | 소방기본서 행정법총론 p. 701~703

① (○) 취소소송이 제기된 경우에 처분 등이나 그 집행 또는 절차의 속행으로 인하여 생길 회복하기 어려운 손해를 예방하기 위하여 긴급한 필요가 있다고 인정할 때에는 본안이 계속되고 있는 법원은 당사자의 신청 또는 직권에 의하여 처분 등의 효력이나 그 집행 또는 절차의 속행의 전부 또는 일부의 정지(이하 "집행정지"라 한다)를 결정할 수 있다(「행정소송법」 제23조 제2항).

② (×) 집행정지는 처분의 하자가 취소나 무효와 상관없다. 거부처분이나 부작위의 경우가 아니라면 무효인 하자의 경우에도 집행정지의 요건이 충족되면 가능하고, 또한 「행정소송법」에는 그러한 규정을 두고 있지 않다.

③ (○) 「행정소송법」 제23조 제2항에서 정하고 있는 집행정지 요건인 '회복하기 어려운 손해'란 특별한 사정이 없는 한 금전으로 보상할 수 없는 손해로서 이는 금전보상이 불능인 경우 내지는 금전보상으로는 사회관념상 행정처분을 받은 당사자가 참고 견딜 수 없거나 또는 참고 견디기가 현저히 곤란한 경우의 유형, 무형의 손해를 일컫는다 할 것이고, '처분 등이나 그 집행 또는 절차의 속행으로 인하여 생길 회복하기 어려운 손해를 예방하기 위하여 긴급한 필요'가 있는지 여부는 처분의 성질과 태양 및 내용, 처분 상대방이 입는 손해의 성질·내용 및 정도, 원상회복·금전배상의 방법 및 난이 등은 물론 본안청구의 승소 가능성의 정도 등을 종합적으로 고려하여 구체적·개별적으로 판단하여야 한다(대결 2010.5.14. 자 2010무48).

④ (○) 제2항의 규정에 의한 집행정지의 결정 또는 기각의 결정에 대하여는 즉시항고 할 수 있다. 이 경우 집행정지의 결정에 대한 즉시항고에는 결정의 집행을 정지하는 효력이 없다(동법 제23조 제5항).

교수님 TIP

> 집행정지결정(인용, 기각결정)에 불복하여 즉시항고할 수 있으나, 즉시항고에 의한 집행정지결정(인용, 기각결정)은 아무런 영향이 없다(집행 부정지).

| SUMMARY | 집행정지와 관련된 판례

- **본안소송이 취하될 경우에 집행정지 효력**
  행정처분의 집행정지는 행정처분집행 부정지의 원칙에 대한 예외로서 인정되는 일시적인 응급처분이라 할 것이므로 집행정지결정을 하려면 이에 대한 본안소송이 법원에 제기되어 계속 중임을 요건으로 하는 것이므로 집행정지결정을 한 후에라도 본안소송이 취하되어 소송이 계속하지 아니한 것으로 되면 집행정지결정은 당연히 그 효력이 소멸되는 것이고 별도의 취소조치를 필요로 하는 것이 아니다(대판 1975.11.11. 75누97).

- **집행정지와 인용 또는 기각이 확정된 경우, 행정청이 취할 조치**
  제재처분에 대한 행정쟁송절차에서 처분에 대해 집행정지결정이 이루어졌더라도 본안에서 해당 처분이 최종적으로 적법한 것으로 확정되어 집행정지결정이 실효되고 제재처분을 다시 집행할 수 있게 되면, 처분청으로서는 당초 집행정지결정이 없었던 경우와 동등한 수준으로 해당 제재처분이 집행되도록 필요한 조치를 취하여야 한다. …(중략)… 반대로, 처분 상대방이 집행정지결정을 받지 못했으나 본안소송에서 해당 제재처분이 위법하다는 것이 확인되어 취소하는 판결이 확정되면, 처분청은 그 제재처분으로 처분 상대방에게 초래된 불이익한 결과를 제거하기 위하여 필요한 조치를 취하여야 한다(대판 2020.9.3. 2020두34070).

09 ④

행정작용법 > 행정행위 > 준법률행위적 행정행위   오답률 **10.0%**

| 출제이력 | 2021 승진

| LINK | 소방기본서 행정법총론 p. 246~252

① (○) 토지대장은 토지에 대한 공법상의 규제, 개발부담금의 부과대상, 지방세의 과세대상, 공시지가의 산정, 손실보상가액의 산정 등 토지행정의 기초자료로서 공법상의 법률관계에 영향을 미칠 뿐만 아니라, 토지에 관한 소유권보존등기 또는 소유권이전등기를 신청하려면 이를 등기소에 제출해야 하는 점 등을 종합해 보면, 토지대장은 토지의 소유권을 제대로 행사하기 위한 전제요건으로서 토지 소유자의 실체적 권리관계에 밀접하게 관련되어 있으므로, 이러한 토지대장을 직권으로 말소한 행위는 국민의 권리관계에 영향을 미치는 것으로서 항고소송의 대상이 되는 행정처분에 해당한다(대판 2013.10.24. 2011 두13286).

> 토지대장 소유자명의 변경신청 거부 토지대장에 기재된 일정한 사항을 변경하는 행위는, 그것이 지목의 변경이나 정정 등과 같이 토지소유권 행사의 전제요건으로서 토지소유자의 실체적 권리관계에 영향을 미치는 사항에 관한 것이 아닌 한 행정사무집행의 편의와 사실증명의 자료로 삼기 위한 것일 뿐이어서, 그 소유자 명의가 변경된다고 하여도 이로 인하여 당해 토지에 대한 실체상의 권리관계에 변동을 가져올 수 없고 토지 소유권이 지적공부의 기재만에 의하여 증명되는 것도 아니다. 따라서 소관청이 토지대장상의 소유자명의변경신청을 거부한 행위는 이를 항고소송의 대상이 되는 행정처분이라고 할 수 없다(대판 2012.1.12. 2010두12354).

② (○) 관할관청이 무허가건물의 무허가건물관리대장 등재 요건에 관한 오류를 바로잡으면서 당해 무허가건물을 무허가건물관리대장에서 삭제하는 행위는 다른 특별한 사정이 없는 한 항고소송의 대상이 되는 행정처분이 아니다(대판 2009.3.12. 2008두11525).

③ (○) 지목은 토지소유권을 제대로 행사하기 위한 전제요건으로서 토지소유자의 실체적 권리관계에 밀접하게 관련되어 있으므로 지적공부 소관청의 지목변경신청 반려행위는 국민의 권리관계에 영향을 미치는 것으로서 항고소송의 대상이 되는 행정처분에 해당한다(대판 2004.4.22. 2003두9015).

교수님 TIP

③의 판례는 기존의 대법원이 처분성을 부정하였으나, 헌법재판소의 결정 이후에 대법원이 태도를 바꾸어 처분으로 인정한 경우이다. 따라서 출제가 많음을 유의하자.

④ (×) 당연퇴직의 통보는 법률상 당연히 발생하는 퇴직사유를 공적으로 확인하여 알려주는 사실의 통보에 불과한 것이지 그 통보 자체가 징계파면이나 직권면직과 같이 공무원의 신분을 상실시키는 새로운 형성적 행위는 아니므로 항고소송의 대상이 되는 독립한 행정처분이 될 수는 없다(대판 1985.7.23. 84누374).

10 ③

실효성 확보수단 > 행정강제 > 대집행   오답률 **5.0%**

| 출제이력 | 2021, 2021 승진(유사)

| LINK | 소방기본서 행정법총론 p. 467~480

① (○) 행정강제가 허용되는 경우에는 민사강제는 원칙적으로 허용될 수 없다. 따라서 행정대집행이 가능한 경우에는 행정청의 자력으로 의무이행을 강제하여야 한다.

> 「토지수용법」(1999.2.8. 법률 제5909호로 개정되기 전의 것) 제18조의2 제2항에 위반하여 공작물을 축조하고 물건을 부가한 자에 대하여 관리청은 이러한 위반행위에 의하여 생긴 유형적 결과의 시정을 명하는 행정처분을 하여 이에 따르지 않는 경우에는 행정대집행의 방법으로 그 의무 내용을 실현할 수 있는 것이고, 이러한 행정대집행의 절차가 인정되는 경우에는 따로 민사소송의 방법으로 공작물의 철거, 수거 등을 구할 수는 없다(대판 2000.5.12. 99다18909).

② (○) 최초의 계고는 항고소송 대상인 처분이지만, 반복된 계고는 처분이 아닌 단순한 계고의 연장이라 본다.

> 「행정대집행법」상의 건물철거의무는 제1차 철거명령 및 계고처분으로서 발생하였고 제2차, 제3차의 계고처분은 새로운 철거의무를 부과한 것이 아니고 다만 대집행기한의 연기통지에 불과하므로 행정처분이 아니다(대판 1994.10.28. 94누5144).

③ (×) 대법원에 의하면 대집행의 상대방이 위력으로 대집행 실행을 방해하는 경우에 행정청은 「경찰관 직무집행법」에 근거하여 경찰관의 도움을 받을 수 있다.

> 행정청이 행정대집행의 방법으로 건물철거의무의 이행을 실현할 수 있는 경우에는 건물철거 대집행 과정에서 부수적으로 건물의 점유자들에 대한 퇴거조치를 할 수 있고, 점유자들이 적법한 행정대집행을 위력을 행사하여 방해하는 경우 「형법」상 공무집행방해죄가 성립하므로 필요한 경우에는 「경찰관 직무집행법」에 근거한 위험발생 방지조치 또는 「형법」상 공무집행방해죄의 범행 방지 내지 현행범체포의 차원에서 경찰의 도움을 받을 수도 있다(대판 2017.4.28. 2016다213916).

④ (○) 장례식장의 사용중지의무는 부작위의무로서 대집행 대상인 대체적 작위의무가 아니다.

> 관계법령에 위반하여 장례식장 영업을 하고 있는 자의 장례식장 사용중지의무는 「행정대집행법」 제2조의 규정에 의한 대집행의 대상이 아니다(대판 2005.9.28. 2005두7464).

11 ③

행정구제법 > 행정쟁송 > 행정심판   오답률 **15.0%**

| 출제이력 | 2022, 2021, 2019

| LINK | 소방기본서 행정법총론 p. 701~703

① (○) 법인이 아닌 사단 또는 재단으로서 대표자나 관리인이 정하여져 있는 경우에는 그 사단이나 재단의 이름으로 심판청구를 할 수 있다(「행정심판법」 제14조).

② (○) 위원회는 심판청구가 적법하지 아니하나 보정(補正)할 수 있다고 인정하면 기간을 정하여 청구인에게 보정할 것을 요구할 수 있다. 다만, 경미한 사항은 직권으로 보정할 수 있다(동법 제32조 제1항).

③ (×) 행정심판에서 임시처분은 집행정지로 목적달성이 가능한 경우에는 허용하지 않는다(집행정지와의 보충성).

> 「행정심판법」제31조【임시처분】③ 제1항에 따른 임시처분은 제30조 제2항에 따른 집행정지로 목적을 달성할 수 있는 경우에는 허용되지 아니한다.

④ (○) 위원회는 필요하면 관련되는 심판청구를 병합하여 심리하거나 병합된 관련 청구를 분리하여 심리할 수 있다(동법 제37조).

12 ①

| 행정법총칙 > 행정법상의 법률요건과 법률사실 > 사인의 공법행위로서 신고 | 오답률 25.0% |

| 출제이력 | 2022, 2018 하
| LINK | 소방기본서 행정법총론 p. 129~139

① (×) 납골당설치 신고는 이른바 '수리를 요하는 신고'라 할 것이므로, 납골당설치 신고가 (구) 「장사법」 관련 규정의 모든 요건에 맞는 신고라 하더라도 신고인은 곧바로 납골당을 설치할 수는 없고, 이에 대한 행정청의 수리처분이 있어야만 신고한 대로 납골당을 설치할 수 있다. 한편 수리란 신고를 유효한 것으로 판단하고 법령에 의하여 처리할 의사로 이를 수령하는 수동적 행위이므로 수리행위에 신고필증 교부 등 행위가 꼭 필요한 것은 아니다(대판 2011.9.8. 2009두6766).

② (○) 골프장이용료 변경신고는 수리불요신고로서 법이 정한 요건을 구비하여 접수기관에 도달됨으로써 효력이 발생하는 것이지 행정청의 수리로써 신고효력이 발생하는 것은 아니다.

> 행정청에 대한 신고는 일정한 법률사실 또는 법률관계에 관하여 관계 행정청에 일방적으로 통고를 하는 것을 뜻하는 것으로서 법에 별도의 규정이 있거나 다른 특별한 사정이 없는 한 행정청에 대한 통고로서 그치는 것이고 그에 대한 행정청의 반사적 결정을 기다릴 필요가 없는 것이므로, 「체육시설의 설치·이용에 관한 법률」 제18조에 의한 변경신고서는 그 신고 자체가 위법하거나 그 신고에 무효사유가 없는 한 이것이 도지사에게 제출하여 접수된 때에 신고가 있었다고 볼 것이고, 도지사의 수리행위가 있어야만 신고가 있었다고 볼 것은 아니다(대결 1993.7.6. 자 93마635).

③ (○) (구) 「유통산업발전법」의 입법 목적 등과 아울러, (구) 「유통산업발전법」 제12조의2 제1항, 제2항, 제3항은 기존의 대규모점포의 등록된 유형 구분을 전제로 '대형마트로 등록된 대규모점포'를 일체로서 규제 대상으로 삼고자 하는 데 취지가 있는 점, 대규모점포의 개설 등록은 이른바 '수리를 요하는 신고'로서 행정처분에 해당한다(대판 2015.11.19. 2015두295).

④ (○) 「주민등록법」의 입법 목적에 관한 제1조 및 주민등록 대상자에 관한 제6조의 규정을 고려해 보면, 전입신고를 받은 시장·군수 또는 구청장의 심사 대상은 전입신고자가 30일 이상 생활의 근거로 거주할 목적으로 거주지를 옮기는지 여부만으로 제한된다고 보아야 한다(대판 2009.6.18. 2008두10997).

13 ④

| 행정작용법 > 행정행위 > 행정행위의 부관 | 오답률 25.0% |

| 출제이력 | 2022, 2020
| LINK | 소방기본서 행정법총론 p. 253~266

㉠ (○) 행정행위의 부관은 부담의 경우를 제외하고는 독립하여 행정소송의 대상이 될 수 없는 것인바, 행정청이 한 공유수면매립준공인가 중 매립지 일부에 대하여 한 국가귀속처분은 매립준공인가를 함에 있어서 매립의 면허를 받은 자의 매립지에 대한 소유권취득을 규정한 「공유수면매립법」 제14조의 효과 일부를 배제하는 부관을 붙인 것이므로 이러한 행정행위의 부관에 대하여는 독립하여 행정소송의 대상으로 삼을 수 없다(대판 1991.12.13. 90누8503).

㉡ (×) 행정행위의 부관은 부담인 경우를 제외하고는 독립하여 행정소송의 대상이 될 수 없는바, 기부채납 받은 행정재산에 대한 사용·수익허가에서 공유재산의 관리청이 정한 사용·수익허가의 기간은 그 허가의 효력을 제한하기 위한 행정행위의 부관으로서 이러한 사용·수익허가의 기간에 대해서는 독립하여 행정소송을 제기할 수 없다(대판 2001.6.15. 99두509).

㉢ (×) 행정처분과 부관 사이에 실제적 관련성이 있다고 볼 수 없는 경우 공무원이 위와 같은 공법상의 제한을 회피할 목적으로 행정처분의 상대방과 사이에 사법상 계약을 체결하는 형식을 취하였다면 이는 법치행정의 원리에 반하는 것으로서 위법하다고 보지 않을 수 없다(대판 2010.1.28. 2007도9331).

㉣ (○) 행정처분에 붙인 부담인 부관이 무효가 되면 그 부담의 이행으로 한 사법상 법률행위도 당연히 무효가 되는 것은 아니다(대판 2009.6.25. 2006다18174).

| SUMMARY | 부관이 무효가 아닌 취소사유인 경우, 이에 따른 사법상 법률행위를 취소할 수 있는지 여부

> 토지소유자가 토지형질변경행위허가에 붙은 기부채납의 부관에 따라 토지를 국가나 지방자치단체에 기부채납(증여)한 경우, 기부채납의 부관이 당연무효이거나 취소되지 아니한 이상 토지소유자는 위 부관으로 인하여 증여계약의 중요 부분에 착오가 있음을 이유로 증여계약을 취소할 수 없다(대판 1999.5.25. 98다53134).

14 ②

| 행정작용법 > 행정행위 > 하자의 승계 | 오답률 50.0% |

| 출제이력 | 2022, 2021, 2020, 2019
| LINK | 소방기본서 행정법총론 p. 307~310

① (×) 과세처분과 체납처분은 각각 별개의 법효과를 목적으로 하는 것이라서 하자승계를 인정할 수 없다.

> 일정한 행정목적을 위하여 독립된 행위가 단계적으로 이루어진 경우에 선행행위인 과세처분의 하자는 당연무효사유를 제외하고는 집행행위인 체납처분에 승계되지 아니한다(대판 1961.10.26. 4292행상73).

② (○) 개별공시지가결정과 양도소득세 부과처분은 예외적으로 하자의 승계가 인정된 판례지만 부정된 사례와 비교가 필요하다.

개별공시지가결정과 과세처분에 대한 하자승계 여부

• 긍정한 사례

위법한 개별공시지가결정에 대하여 그 정해진 시정절차를 통하여 시정하도록 요구하지 아니하였다는 이유로 위법한 개별공시지가를 기초로 한 과세처분 등 후행 행정처분에서 개별공시지가결정의 위법을 주장할 수 없도록 하는 것은 수인한도를 넘는 불이익을 강요하는 것으로서 국민의 재산권과 재판받을 권리를 보장한 헌법의 이념에도 부합하는 것이 아니라고 할 것이므로, 개별공시지가결정에 위법이 있는 경우에는 그 자체를 행정소송의 대상이 되는 행정처분으로 보아 그 위법 여부를 다툴 수 있음은 물론 이를 기초로 한 과세처분 등 행정처분의 취소를 구하는 행정소송에서도 선행처분인 개별공시지가결정의 위법을 독립된 위법사유로 주장할 수 있다고 해석함이 타당하다(대판 1994.1.25. 93누8542).

• 부정한 사례

개별토지가격 결정에 대한 재조사 청구에 따른 감액조정에 대하여 더 이상 불복하지 아니한 경우, 이를 기초로 한 양도소득세 부과처분 취소소송에서 다시 개별토지가격 결정의 위법을 당해 과세처분의 위법사유로 주장할 수 없다(대판 1998.3.13. 96누6059).

교수님 TIP

'재조사 청구에 따른 감액조정통지를 받고 불복하지 않았음'에 포인트를 두어야 하며, 이 문장이 들어가지 않으면 하자의 승계를 긍정한 것으로 보고 문제를 해결해야 한다.

③ (×) 표준공시지가와 개별공시지가는 각각 별개의 법효과를 목적으로 하여 하자승계가 부정된다.

표준지로 선정된 토지의 공시지가에 대하여 불복하기 위하여는 「지가 공시 및 토지 등의 평가에 관한 법률」 제8조 제1항 소정의 이의절차를 거쳐 처분청을 상대로 공시지가결정의 취소를 구하는 행정소송을 제기하여야 하고, 그러한 절차를 밟지 아니한 채 개별 토지가격 결정을 다투는 소송에서 개별 토지가격 산정의 기초가 된 표준지공시지가의 위법성을 다툴 수는 없다(대판 1996.5.10. 95누9808).

④ (×) 보충역편입처분의 기초가 되는 신체등위판정에 잘못이 있다는 이유로 이를 다투기 위해서는 신체등위판정을 기초로 한 보충역편입처분에 대하여 쟁송을 제기하여야 할 것이며, 그 처분을 다투지 아니하여 이미 불가쟁력이 생겨 그 효력을 다툴 수 없게 된 경우에는, 병역처분변경신청에 의하는 경우는 별론으로 하고, 보충역편입처분에 하자가 있다고 할지라도 그것이 당연무효라고 볼 만한 특단의 사정이 없는 한 그 위법을 이유로 공익근무요원 소집처분의 효력을 다툴 수 없다(대판 2002.12.10. 2001두5422).

15 ①

행정구제법 > 행정쟁송 > 행정심판　　　　오답률 **35.0%**

| 출제이력 | 2022, 2021, 2019

| LINK | 소방기본서 행정법총론 p. 701~703

① (×) 「행정심판법」에 규정된 행정심판의 종류에는 취소심판, 무효등확인심판, 의무이행심판으로 처분이나 처분에 부작위에 관한 항고심판만 규정되어 있을 뿐 행정소송과 달리 당사자심판은 규정되어 있지 않다.

「행정심판법」 제3조 【행정심판의 대상】 ① 행정청의 처분 또는 부작위에 대하여는 다른 법률에 특별한 규정이 있는 경우 외에는 이 법에 따라 행정심판을 청구할 수 있다.

「행정심판법」 제5조 【행정심판의 종류】 행정심판의 종류는 다음 각 호와 같다.

1. 취소심판: 행정청의 위법 또는 부당한 처분을 취소하거나 변경하는 행정심판
2. 무효등확인심판: 행정청의 처분의 효력 유무 또는 존재 여부를 확인하는 행정심판
3. 의무이행심판: 당사자의 신청에 대한 행정청의 위법 또는 부당한 거부처분이나 부작위에 대하여 일정한 처분을 하도록 하는 행정심판

② (○) 행정심판의 결과에 이해관계가 있는 제3자나 행정청은 해당 심판청구에 대한 제7조 제6항 또는 제8조 제7항에 따른 위원회나 소위원회의 의결이 있기 전까지 그 사건에 대하여 심판참가를 할 수 있다(「행정심판법」 제20조 제1항).

③ (○) 심판청구는 서면으로 하여야 한다(동법 제28조 제1항).

④ (○) 청구인이 경제적 능력으로 인해 대리인을 선임할 수 없는 경우에는 위원회에 국선대리인을 선임하여 줄 것을 신청할 수 있다(동법 제18조의2 제1항).

16 ②

실효성 확보수단 > 행정벌 > 「질서위반행위규제법」　　　오답률 **30.0%**

| 출제이력 | 2021, 2020, 2019

| LINK | 소방기본서 행정법총론 p. 520~532

① (○) 신분에 의하여 성립하는 질서위반행위에 신분이 없는 자가 가담한 때에는 신분이 없는 자에 대하여도 질서위반행위가 성립한다(「질서위반행위규제법」 제12조 제2항). 신분에 의하여 과태료를 감경 또는 가중하거나 과태료를 부과하지 아니하는 때에는 그 신분의 효과는 신분이 없는 자에게는 미치지 아니한다(동조 제3항).

② (×) 종래 대법원의 입장은 고의나 과실이 없어도 부과할 수 있다는 입장이었으나 「질서위반행위규제법」이 제정되어 고의나 과실이 없는 경우에는 부과할 수 없도록 규정하였다.

「질서위반행위규제법」 제7조 【고의 또는 과실】 고의 또는 과실이 없는 질서위반행위는 과태료를 부과하지 아니한다.

③ (○) 행정청이 질서위반행위에 대하여 과태료를 부과하고자 하는 때에는 미리 당사자(제11조 제2항에 따른 고용주 등을 포함한다. 이하 같다)에게 대통령령으로 정하는 사항을 통지하고, 10일 이상의 기간을 정하여 의견을 제출할 기회를 주어야 한다. 이 경우 지정된 기일까지 의견 제출이 없는 경우에는 의견이 없는 것으로 본다(동법 제16조 제1항).

④ (○) 행정청의 과태료 부과에 불복하는 당사자는 제17조 제1항에 따른 과태료 부과 통지를 받은 날부터 60일 이내에 해당 행정청에 서면으로 이의제기를 할 수 있다(동법 제20조 제1항). 제1항에 따른 이의제기가 있는 경우에는 행정청의 과태료 부과처분은 그 효력을 상실한다(동조 제2항).

수험생들의 많은 혼동 중의 하나가, 과태료에 대한 이의제기와 법원의 과태료결정에 대한 즉시항고의 효과이다. 행정청의 이의제기에 대한 효과는 과태료 효력의 상실이고, 법원의 과태료결정에 대한 즉시항고의 효력은 집행정지의 효력임을 구분하여야 한다.

17 ③

행정법총칙 > 행정법 > 통치행위   오답률 15.8%

| 출제이력 | 2018 하

| LINK | 소방기본서 행정법총론 p. 19~22

① (○) 헌법재판소는 헌법의 수호와 국민의 기본권 보장을 사명으로 하는 국가기관이므로 비록 고도의 정치적 결단에 의하여 행해지는 국가작용이라고 할지라도 그것이 국민의 기본권 침해와 직접 관련되는 경우에는 당연히 헌법재판소의 심판대상이 된다(헌재결 1996.2.29. 93헌마186).

② (○) 비상계엄선포나 확대가 국헌문란의 목적을 위한 경우에는 법원은 그 자체가 범죄행위에 해당하는지의 여부에 관하여 심사할 수 있다(대판 1997.4.17. 96도3376).

③ (×) 남북정상회담은 통치행위가 맞다. 하지만 남북정상회담을 위한 대북송금행위는 통치행위가 아니다.

> **통치행위의 여부**
>
> • **남북정상회담에서의 대북송금행위 – 부정**
>   남북정상회담의 개최는 고도의 정치적 성격을 지니고 있는 행위라 할 것이므로 특별한 사정이 없는 한 그 당부를 심판하는 것은 사법권의 내재적·본질적 한계를 넘어서는 것이지만 남북정상회담의 개최과정에서 북한 측에 사업권의 대가 명목으로 송금한 행위 자체는 헌법상 법치국가의 원리와 법 앞의 평등원칙 등에 비추어 볼 때 사법심사의 대상이 된다(대판 2004.3.26. 2003도7878).
>
> • **남북정상회담 – 긍정**
>   남북정상회담의 개최는 고도의 정치적 성격을 지니고 있는 행위라 할 것이므로 특별한 사정이 없는 한 그 당부를 심판하는 것은 사법권의 내재적·본질적 한계를 넘어서는 것이 되어 적절하지 못하다(대판 2004.3.26. 20003도7878).

④ (○) (구) 「상훈법」(2011.8.4. 법률 제10985호로 개정되기 전의 것) 제8조는 서훈취소의 요건을 구체적으로 명시하고 있고 절차에 관하여 상세하게 규정하고 있다. 그리고 서훈취소는 서훈수여의 경우와는 달리 이미 발생된 서훈대상자 등의 권리 등에 영향을 미치는 행위로서 관련 당사자에게 미치는 불이익의 내용과 정도 등을 고려하면 사법심사의 필요성이 크다. 따라서 기본권의 보장 및 법치주의의 이념에 비추어 보면, 비록 서훈취소가 대통령이 국가원수로서 행하는 행위라고 하더라도 법원이 사법심사를 자제하여야 할 고도의 정치성을 띤 행위라고 볼 수는 없다(대판 2015.4.23. 2012두26920).

18 ①

행정구제법 > 행정상 손해전보 > 국가배상   오답률 10.5%

| 출제이력 | 2021, 2020

| LINK | 소방기본서 행정법총론 p. 611~623

① (×) 「국가배상법」 제6조 제1항은 같은 법 제2조, 제3조 및 제5조의 규정에 의하여 국가 또는 지방자치단체가 손해를 배상할 책임이 있는 경우에 공무원의 선임·감독 또는 영조물의 설치·관리를 맡은 자와 공무원의 봉급·급여 기타의 비용 또는 영조물의 설치·관리의 비용을 부담하는 자가 동일하지 아니한 경우에는 그 비용을 부담하는 자도 손해를 배상하여야 한다고 규정하고 있으므로 교통신호기를 관리하는 지방경찰청장 산하 경찰관들에 대한 봉급을 부담하는 국가도 「국가배상법」 제6조 제1항에 의한 배상책임을 부담한다(대판 1999.6.25. 99다11120).

② (○) 매향리 사격장에서 발생하는 소음 등으로 지역 주민들이 입은 피해는 사회통념상 참을 수 있는 정도를 넘는 것으로서 사격장의 설치 또는 관리에 하자가 있었다고 본다(대판 2004.3.12. 2002다14242).

③ (○) 그 영조물의 결함이 영조물의 설치관리자의 관리행위가 미칠 수 없는 상황 아래에 있는 경우에는 영조물의 설치·관리상의 하자를 인정할 수 없다(대판 2007.9.21. 2005다65678).

④ (○) 소음 등 공해의 위험지역으로 이주하였을 때 위험의 존재를 인식하고 피해를 용인하면서 접근한 것으로 볼 수 있는 경우, 가해자의 면책을 인정할 수 있다(대판 2015.10.15. 2013다23914).

19 ③

TOP3

행정절차·정보공개·개인정보 보호 > 행정절차 > 처분절차   오답률 63.2%

| 출제이력 | 2021, 2020, 2019

| LINK | 소방기본서 행정법총론 p. 394~412

㉠ (×) 구청장이 사회복지법인에 특별감사 결과 지적사항에 대한 시정지시와 그 결과를 관계서류와 함께 보고하도록 지시한 경우, 그 시정지시는 비권력적 사실행위가 아니라 항고소송의 대상이 되는 행정처분에 해당한다(대판 2008.4.24. 2008두3500).

㉡ (○) 국세청이 국세체납을 이유로 토지를 압류한 후 공매처분한 경우, 그 소유권자는 국가 또는 매수인을 상대로 부당이득반환청구의 소나 소유권이전등기말소청구의 소를 제기하여 직접 위법상태를 제거할 수 있는지 여부에 관계없이 압류처분 및 매각처분에 대한 무효확인을 구할 수 있다(대판 2008.6.12. 2008두3685).

㉢ (×) 행정청이 당사자와 사이에 도시계획사업의 시행과 관련한 협약을 체결하면서 관계법령 및 「행정절차법」에 규정된 청문의 실시 등 의견청취절차를 배제하는 조항을 두었다고 하더라도, 국민의 행정참여를 도모함으로써 행정의 공정성·투명성 및 신뢰성을 확보하고 국민의 권익을 보호한다는 「행정절차법」의 목적 및 청문제도의 취지 등에 비추어 볼 때, 위와 같은 협약의 체결로 청문의 실시에 관한 규정의 적용을 배제할 수 있다고 볼 만한 법령상의 규정이 없는 한, 이러한 협약이 체결되었다고 하여 청문의 실시에 관한 규정 적용이 배제된다거나 청문을 실시하지 않아도 되는 예외적인 경우에 해당한다고 할 수 없다(대판 2004.7.8. 2002두8350).

② (○) 하자가 있는 법규명령의 내용 중에서 일부는 하자가 있지만, 일부는 상위법령의 내용과 일치하여 하자가 없다면, 하자가 있는 내용에 한해서만 무효가 된다.

20 ④

행정법총칙 > 행정상 법률관계 > 공법과 사법   오답률 **36.8%**

| 출제이력 | 2021, 2020, 2019

| LINK | 소방기본서 행정법총론 p. 80~87

① (○) 국유재산의 관리청이 그 무단 점유자에 대하여 하는 변상금부과처분은 순전히 사경제 주체로서 행하는 사법상의 법률행위라 할 수 없고, 이는 관리청이 공권력을 가진 우월적인 지위에서 행한 것으로서 행정소송의 대상이 되는 행정처분이라고 보아야 한다(대판 1988.2.23, 87누1046).

② (○) 「하천법」 부칙(1984.12.31.) 제2조와 '법률 제3782호 「하천법」 중 개정법률 부칙 제2조의 규정에 의한 보상청구권의 소멸시효가 만료된 하천구역 편입토지 보상에 관한 특별조치법' 제2조, 제6조의 각 규정들을 종합하면, 위 규정들에 의한 손실보상청구권은 1984.12.31. 전에 토지가 하천구역으로 된 경우에는 당연히 발생되는 것이지, 관리청의 보상금지급결정에 의하여 비로소 발생하는 것은 아니므로, 위 규정들에 의한 손실보상금의 지급을 구하거나 손실보상청구권의 확인을 구하는 소송은 「행정소송법」 제3조 제2호 소정의 당사자소송에 의하여야 한다(대판 2006.5.18. 2004다6207).

③ (○) 공유재산의 관리청이 행정재산의 사용·수익에 대한 허가는 순전히 사경제주체로서 행하는 사법상의 행위가 아니라 관리청이 공권력을 가진 우월적 지위에서 행하는 행정처분으로서 특정인에게 행정재산을 사용할 수 있는 권리를 설정하여 주는 강학상 특허에 해당한다(대판 1998.2.27. 97누1105).

④ (×) 조세부과처분이 당연무효임을 전제로 하여 이미 납부한 세금의 반환을 청구하는 것은 <u>민사상의 부당이득반환청구로서 민사소송절차</u>에 따라야 한다(대판 1995.4.28. 94다55019).

> **교수님 TIP**
>
> 행정상 법률관계에 있어 공적 권리로 해석하는 다수설과 달리, 대법원이 사적 권리로 인정하는 경우는 ㉠ 부당이득반환청구, ㉡ 손해배상청구, ㉢ 원상회복청구(결과제거청구), ㉣ 손실보상청구(예외적 판례 있음) 등이다. 이 4가지는 반드시 암기해야 한다.

2018 | 소방위 행정법

특별히 수험생들이 고민해야 할 어려운 문제없이 아주 평이한 출제였다. 기존에 출제되었던 지문의 구성으로, 길이 역시 적절한 문장으로 출제되어 아주 수월하게 풀이했으리라 생각된다. 출제유형은 판례문제가 대부분이며, 순수하게 법령과 이론을 묻는 문제가 간혹 있었다. 주요 영역에서 핵심 내용을 잘 이해하고 법령을 숙지한 수험생은 고득점했을 것으로 예상된다.

문항분석

문항	정답	오답률	영역
1	②	10.5%	행정작용법 > 행정행위 > 기속행위와 재량행위
2	④	26.3%	실효성 확보수단 > 행정강제 > 이행강제금
3	②	31.6%	실효성 확보수단 > 새로운 실효성 확보수단 > 과징금
4 (오답률 TOP1)	①	84.2%	행정구제법 > 행정상 손해전보 > 손실보상
5 (오답률 TOP2)	③	73.7%	행정구제법 > 행정쟁송 > 「행정심판법」
6 (오답률 TOP3)	①	68.4%	행정절차·정보공개·개인정보 보호 > 정보공개와 개인정보 보호 > 정보공개법
7	②	47.4%	행정법총칙 > 행정법 > 행정법의 법원(法源)
8	④	52.6%	행정절차·정보공개·개인정보 보호 > 행정절차 > 처분절차
9	②	0.0%	행정법총칙 > 행정법 > 행정법의 일반원칙
10	③	52.6%	행정작용법 > 그 밖에 행정의 주요행위형식 > 행정지도
11	②	63.2%	행정작용법 > 행정행위 > 행정행위의 하자
12	①	31.6%	행정작용법 > 행정행위 > 행정행위의 효력
13	③	15.8%	실효성 확보수단 > 행정벌 > 통고처분
14	③	10.5%	행정법총칙 > 행정법 > 부당결부금지원칙
15	①	21.1%	행정절차·정보공개·개인정보 보호 > 정보공개와 개인정보 보호 > 정보공개법
16	④	10.5%	행정구제법 > 행정상 손해전보 > 국가배상
17	②	21.1%	행정구제법 > 행정쟁송 > 행정소송의 대상적격
18	③	36.8%	실효성 확보수단 > 행정강제 > 즉시강제
19	③	21.1%	실효성 확보수단 > 행정벌 > 「질서위반행위규제법」
20	④	36.8%	행정작용법 > 행정행위 > 강학상 인가

영역별 평균 오답률

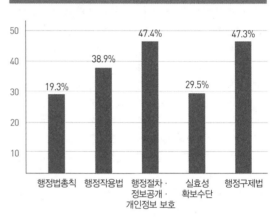

*2018년 소방위 행정법 복원 기출 20문항 기준 평균 오답률

출제 트렌드

구분	행정법 총칙	행정 작용법	행정절차·정보공개·개인정보 보호	실효성 확보수단	행정 구제법
2022	3문항	8문항	4문항	1문항	4문항
2021	2문항	7문항	2문항	4문항	5문항
2020	3문항	8문항	1문항	4문항	4문항
2018 소방위	3문항	5문항	3문항	5문항	4문항

전 영역에서 고르게 출제

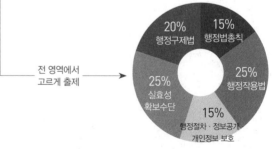

01 ②

행정작용법 > 행정행위 > 기속행위와 재량행위　　오답률 10.5%

| 출제이력 | 2020, 2018 승진(유사)

| LINK | 소방기본서 행정법총론 p. 208~217

① (○) 행정행위가 재량성의 유무 및 범위와 관련하여 이른바 기속행위 내지 기속재량행위와 재량행위 내지 자유재량행위로 구분된다고 할 때, 그 구분은 당해 행위의 근거가 된 법규의 체재·형식과 문언, 당해 행위가 속하는 행정 분야의 주된 목적과 특성, 당해 행위 자체의 개별적 성질과 유형 등을 모두 고려하여 판단하여야 한다(대판 2018.10.4. 2014두37702).

② (×) (구) 「문화재보호법」(1999.1.29. 법률 제5719호로 개정되기 전의 것) 제44조 제1항 단서 제3호의 규정에 의하여 문화체육부장관 또는 그 권한을 위임받은 문화재관리국장 등이 건설공사를 계속하기 위한 발굴허가신청에 대하여 그 공사를 계속하기 위하여 부득이 발굴할 필요가 있는지의 여부를 결정하여 발굴을 허가하거나 이를 허가하지 아니함으로써 원형 그대로 매장되어 있는 상태를 유지하는 조치는 허가권자의 재량행위에 속하는 것이므로, 행정청이 매장문화재의 원형보존이라는 목표를 추구하기 위하여 「문화재보호법」 등 관계법령이 정하는 바에 따라 내린 전문적·기술적 판단은 특별히 다른 사정이 없는 한 이를 최대한 존중하여야 한다(대판 2000.10.27. 99두264).

③ (○) 도시의 무질서한 확산을 방지하고 도시주변의 자연환경을 보전하여 도시민의 건전한 생활환경을 확보하기 위하여 지정되는 개발제한구역 내에서는 구역 지정의 목적상 건축물의 건축이나 그 용도변경은 원칙적으로 금지되고, 다만 구체적인 경우에 위와 같은 구역 지정의 목적에 위배되지 아니할 경우 예외적으로 허가에 의하여 그러한 행위를 할 수 있게 되어 있음이 위와 같은 관련 규정의 체재와 문언상 분명한 한편, 이러한 건축물의 용도변경에 대한 예외적인 허가는 그 상대방에게 수익적인 것에 틀림이 없으므로, 이는 그 법률적 성질이 재량행위 내지 자유재량행위에 속하는 것이라고 할 것이고, 따라서 그 위법 여부에 대한 심사는 재량권 일탈·남용의 유무를 그 대상으로 한다(대판 2001.2.9. 98두17593).

④ (○) 국토계획법이 정한 용도지역 안에서 토지의 형질변경행위·농지전용행위를 수반(의제)하는 건축허가는 「건축법」 제11조 제1항에 의한 건축허가와 위와 같은 개발행위허가 및 농지전용허가의 성질을 아울러 갖게 되므로 이 역시 재량행위에 해당한다(대판 2017.10.12. 2017두48956).

02 ④

실효성 확보수단 > 행정강제 > 이행강제금　　오답률 26.3%

| 출제이력 | 2020, 2018 하

| LINK | 소방기본서 행정법총론 p. 480~484

① (○) 이행강제금은 행정강제이고, 형벌은 제재에 해당되어 목적이나 성질 등이 다르므로 병과한다고 해도 이를 이중적 제재에 해당한다고 할 수 없다.

> 무허가건축행위에 대한 형사처벌과 시정명령 위반에 대한 이행강제금의 부과는 그 처벌 내지 제재대상이 되는 기본적 사실관계로서의 행위를 달리하며, 또한 그 보호법익과 목적에서도 차이가 있으므로 이중처벌에 해당한다고 할 수 없다(헌재결 2004.2.26. 2001헌바80).

② (○) 대체적 작위의무에 대집행, 이행강제금이 선택적으로 활용될 수 있다.

> 전통적으로 행정대집행은 대체적 작위의무에 대한 강제집행수단으로, 이행강제금은 부작위의무나 비대체적 작위의무에 대한 강제집행수단으로 이해되어 왔으나, 이는 이행강제금제도의 본질에서 오는 제약은 아니며, 이행강제금은 대체적 작위의무의 위반에 대하여도 부과될 수 있다(헌재결 2004.2.26. 2001헌바80).

③ (○) 「건축법」에 의하면 이미 이행강제금이 부과된 경우에는 의무를 이행한 경우에도 부과된 금액은 징수한다.

> 「건축법」 제80조 【이행강제금】 ⑥ 허가권자는 제79조(위반 건축물 등에 대한 조치 등) 제1항에 따라 시정명령을 받은 자가 이를 이행하면 새로운 이행강제금의 부과를 즉시 중지하되, 이미 부과된 이행강제금은 징수하여야 한다.

④ (×) 「건축법」상의 이행강제금은 간접강제의 일종으로서, 그 이행강제금 납부의무는 일신전속적인 성질의 것이므로 이미 사망한 사람에게 이행강제금을 부과하는 내용의 처분은 당연무효이다.

> (구) 「건축법」상의 이행강제금은 간접강제의 일종으로서 그 이행강제금 납부의무는 상속인 기타의 사람에게 승계될 수 없는 일신전속적 성질의 것이므로 이미 사망한 사람에게 이행강제금을 부과하는 내용의 처분이나 결정은 당연무효이고, 이행강제금을 부과 받은 사람의 이의에 의하여 「비송사건절차법」에 의한 재판절차가 개시된 후에 그 이의한 사람이 사망한 때에는 사건 자체가 목적을 잃고 절차가 종료한다(대결 2006.12.8. 자 2006마470).

교수님 TIP

이행강제금에 대한 불복에 대하여 「건축법」 등은 별도의 규정을 두고 있지 않다. 따라서 「행정소송법」상의 항고소송 대상이 되지만, 「농지법」상의 이행강제금은 「비송사건절차법」에 따른 규정을 두고 있어서 항고소송 대상인 처분이라 할 수 없다.

| SUMMARY | 「농지법」에 따른 이행강제금 부과처분에 대한 불복절차 및 「행정소송법」상 항고소송의 대상이 되는지 여부

「농지법」은 농지 처분명령에 대한 이행강제금 부과처분에 불복하는 자가 그 처분을 고지받은 날부터 30일 이내에 부과권자에게 이의를 제기할 수 있고, 이의를 받은 부과권자는 지체 없이 관할 법원에 그 사실을 통보하여야 하며, 그 통보를 받은 관할 법원은 「비송사건절차법」에 따른 과태료 재판에 준하여 재판을 하도록 정하고 있다(제62조 제1항, 제6항, 제7항). 따라서 「농지법」 제62조 제1항에 따른 이행강제금 부과처분에 불복하는 경우에는 「비송사건절차법」에 따른 재판절차가 적용되어야 하고, 「행정소송법」상 항고소송의 대상은 될 수 없다(대판 2019.4.11. 2018두42955).

03 ②

실효성 확보수단 > 새로운 실효성 확보수단 > 과징금　오답률 31.6%

| 출제이력 | 신규출제

| LINK | 소방기본서 행정법총론 p. 534~539

① (O) 실권리자명의 등기의무를 위반한 명의신탁자에 대하여 부과하는 과징금의 감경에 관한 「부동산 실권리자명의 등기에 관한 법률 시행령」 제3조의2 단서는 임의적 감경규정임이 명백하므로, 그 감경사유가 존재하더라도 과징금 부과관청이 감경사유까지 고려하고도 과징금을 감경하지 않은 채 과징금 전액을 부과하는 처분을 한 경우에는 이를 위법하다고 단정할 수는 없으나, 위 감경사유가 있음에도 이를 전혀 고려하지 않았거나 감경사유에 해당하지 않는다고 오인한 나머지 과징금을 감경하지 않았다면 그 과징금 부과처분은 재량권을 일탈·남용한 위법한 처분이라고 할 수밖에 없다(대판 2010.7.15. 2010두7031).

② (×) 정지나 취소, 철회에 갈음하는 과징금(=변형된 형태의 과징금)은 원칙적으로 행정청의 재량으로서 운영정지 대신 행정청은 이에 해당되는 과징금을 부과할 수 있다.

> (구) 「영유아보육법」 제45조 제1항 각 호의 사유가 인정되는 경우, 행정청에는 운영정지 처분이 영유아 및 보호자에게 초래할 불편의 정도 또는 그 밖에 공익을 해칠 우려가 있는지 등을 고려하여 어린이집 운영정지 처분을 할 것인지 또는 이에 갈음하여 과징금을 부과할 것인지를 선택할 수 있는 재량이 인정된다(대판 2015.6.24. 2015두39378).

③ (O) 자동차운수사업면허조건 등을 위반한 사업자에 대하여 행정청이 행정제재수단으로 사업 정지를 명할 것인지, 과징금을 부과할 것인지, 과징금을 부과키로 한다면 그 금액은 얼마로 할 것인지에 관하여 재량권이 부여되었다 할 것이므로 과징금 부과처분이 법이 정한 한도액을 초과하여 위법할 경우 법원으로서는 그 전부를 취소할 수밖에 없고, 그 한도액을 초과한 부분이나 법원이 적정하다고 인정되는 부분을 초과한 부분만을 취소할 수 없다(대판 1998.4.10. 98두2270).

④ (O) 공정거래법에서 형사처벌과 아울러 과징금의 병과를 예정하고 있더라도 이중처벌금지원칙에 위반된다고 볼 수 없으며, 이 과징금 부과처분에 대하여 공정력과 집행력을 인정한다고 하여 이를 확정판결 전의 형벌집행과 같은 것으로 보아 무죄추정의 원칙에 위반된다고도 할 수 없다(헌재결 2003.7.24. 2001헌가25).

04 ①

TOP 1

행정구제법 > 행정상 손해전보 > 손실보상　오답률 84.2%

| 출제이력 | 2022, 2019

| LINK | 소방기본서 행정법총론 p. 646~653

① (×) 주거용 건물의 거주자에 대하여는 주거 이전에 필요한 비용과 가재도구 등 동산의 운반에 필요한 비용을 산정하여 보상하여야 한다 (「공익사업을 위한 토지 등의 취득 및 보상에 관한 법률」 제78조 제6항).

② (O) 토지수용으로 인한 손실보상액을 산정함에 있어서는 당해 공공사업의 시행을 직접 목적으로 하는 계획의 승인·고시로 인한 가격변

동은 이를 고려함이 없이 수용재결 당시의 가격을 기준으로 하여 정하여야 한다(대판 2004.6.11. 2003두14703).

③ (O) 「하천법」 부칙(1984.12.31.) 제2조 제1항 및 '법률 제3782호 「하천법」 중 개정법률 부칙 제2조의 규정에 의한 보상청구권의 소멸시효가 만료된 「하천구역 편입토지 보상에 관한 특별조치법」' 제2조 제1항의 규정에 의한 손실보상금의 지급을 구하거나 손실보상청구권의 확인을 구하는 소송의 형태는 「행정소송법」 제3조 제2호의 당사자소송이다(대판 2006.5.18. 2004다6207).

④ (O) 위법한 표준지공시지가결정에 대하여 그 정해진 시정절차를 통하여 시정하도록 요구하지 않았다는 이유로 위법한 표준지공시지가를 기초로 한 수용재결 등 후행 행정처분에서 표준지공시지가결정의 위법을 주장할 수 없도록 하는 것은 수인한도를 넘는 불이익을 강요하는 것으로서 국민의 재산권과 재판받을 권리를 보장한 헌법의 이념에도 부합하는 것이 아니다. 따라서 표준지공시지가결정이 위법한 경우에는 그 자체를 행정소송의 대상이 되는 행정처분으로 보아 그 위법 여부를 다툴 수 있음은 물론, 수용보상금의 증액을 구하는 소송에서도 선행처분으로서 그 수용대상 토지 가격 산정의 기초가 된 비교표준지공시지가결정의 위법을 독립한 사유로 주장할 수 있다(대판 2008.8.21. 2007두13845).

05 ③

행정구제법 > 행정쟁송 > 「행정심판법」　오답률 73.7%

| 출제이력 | 2022, 2021, 2019

| LINK | 소방기본서 행정법총론 p. 683~684

① (O) 이 법에 따른 서류의 송달에 관하여는 「민사소송법」 중 송달에 관한 규정을 준용한다(「행정심판법」 제57조).

② (O) 심판청구에 대한 재결이 있으면 그 재결 및 같은 처분 또는 부작위에 대하여 다시 행정심판을 청구할 수 없다(동법 제51조).

> **교수님 TIP**
>
> 행정심판의 대상은 개괄주의로 특별히 법령에 규정이 없으면 심판대상이 된다. 하지만 「행정심판법」에는 2가지에 대해 심판청구를 할 수 없다고 규정하고 있어 암기가 필요하다.

> 「행정심판법」 제3조 【행정심판의 대상】 ① 행정청의 처분 또는 부작위에 대하여는 다른 법률에 특별한 규정이 있는 경우 외에는 이 법에 따라 행정심판을 청구할 수 있다.
> ② 대통령의 처분 또는 부작위에 대하여는 다른 법률에서 행정심판을 청구할 수 있도록 정한 경우 외에는 행정심판을 청구할 수 없다.
>
> 제51조 【행정심판 재청구의 금지】 심판청구에 대한 재결이 있으면 그 재결 및 같은 처분 또는 부작위에 대하여 다시 행정심판을 청구할 수 없다.

③ (×) 법제처가 아니라 관계 행정기관에 요청할 수 있다. 이 경우에 법제처장에게 통보하여야 한다.

> 「행정심판법」 제59조 【불합리한 법령 등의 개선】 ① 중앙행정심판위원회는 심판청구를 심리·재결할 때에 처분 또는 부작위의 근거가 되는 명령 등(대통령령·총리령·부령·훈령·예규·고시·조례·규칙 등

을 말한다. 이하 같다)이 법령에 근거가 없거나 상위 법령에 위배되거나 국민에게 과도한 부담을 주는 등 크게 불합리하면 관계 행정기관에 그 명령 등의 개정·폐지 등 적절한 시정조치를 요청할 수 있다. 이 경우 중앙행정심판위원회는 시정조치를 요청한 사실을 법제처장에게 통보하여야 한다.

④ (○) 위원회는 심판청구의 대상이 되는 처분 또는 부작위 외의 사항에 대하여는 재결하지 못한다(동법 제47조 제1항).

06 ①

TOP3

행정절차·정보공개·개인정보 보호 >   오답률 **68.4%**
정보공개와 개인정보 보호 > 정보공개법

| 출제이력 | 2022, 2019, 2018 하

| LINK | 소방기본서 행정법총론 p. 420~437

① (×) 부령에 규정된 경우에는 해당되지 않는다. 「공공기관의 정보공개에 관한 법률」에는 국회규칙·대법원규칙·헌법재판소규칙·중앙선거관리위원회규칙·대통령령 및 조례로 한정한다고 규정되어 있다.

> 「공공기관의 정보공개에 관한 법률」 제9조【비공개 대상 정보】① 공공기관이 보유·관리하는 정보는 공개 대상이 된다. 다만, 다음 각 호의 어느 하나에 해당하는 정보는 공개하지 아니할 수 있다.
> 1. 다른 법률 또는 법률에서 위임한 명령(국회규칙·대법원규칙·헌법재판소규칙·중앙선거관리위원회규칙·대통령령 및 조례로 한정한다)에 따라 비밀이나 비공개 사항으로 규정된 정보

② (○) 「공공기관의 정보공개에 관한 법률 시행령」 제2조 제1호가 정보공개의무를 지는 공공기관의 하나로 사립대학교를 들고 있는 것이 모법인 「공공기관의 정보공개에 관한 법률」의 위임범위를 벗어났다거나 사립대학교가 국비의 지원을 받는 범위 내에서만 공공기관의 성격을 가진다고 볼 수 없다. 따라서 사립대학교에 정보공개를 청구하였다가 거부되면 사립대학교 총장을 피고로 하여 취소소송을 제기할 수 있다(대판 2006.8.24. 2004두2783).

③ (○) 정보공개법은, 청구인이 정보공개방법도 아울러 지정하여 정보공개를 청구할 수 있도록 하고 있고, 전자적 형태의 정보를 전자적으로 공개하여 줄 것을 요청한 경우에는 공공기관은 원칙적으로 그 요청에 응할 의무가 있고, 나아가 비전자적 형태의 정보에 관해서도 전자적 형태로 공개하여 줄 것을 요청하면 재량판단에 따라 전자적 형태로 변환하여 공개할 수 있도록 하고 있다. 이는 정보의 효율적 활용을 도모하고 청구인의 편의를 제고함으로써 정보공개법의 목적인 국민의 알 권리를 충실하게 보장하려는 것이므로, 청구인에게는 특정한 공개방법을 지정하여 정보공개를 청구할 수 있는 법령상 신청권이 있다고 보아야 한다. 따라서 공공기관이 공개청구의 대상이 된 정보를 공개는 하되, 청구인이 신청한 공개방법 이외의 방법으로 공개하기로 하는 결정을 하였다면, 이는 정보공개청구 중 정보공개방법에 관한 부분에 대하여 일부 거부처분을 한 것으로 보아야 하고, 청구인은 그에 대하여 항고소송으로 다툴 수 있다고 보아야 한다(대판 2016.11.10. 2016두44674).

④ (○) 「공공기관의 정보공개에 관한 법률」 제5조 제1항에서 말하는 국민에는 자연인은 물론 법인, 권리능력 없는 사단·재단도 포함되고, 법인, 권리능력 없는 사단·재단 등의 경우에는 설립목적을 불문한다(대판 2003.12.12. 2003두8050).

07 ②

행정법총칙 > 행정법 > 행정법의 법원(法源)   오답률 **47.4%**

| 출제이력 | 2018 하, 2019 승진(유사)

| LINK | 소방기본서 행정법총론 p. 32~39

① (○) "입어"란 입어자가 마을어업의 어장(漁場)에서 수산동식물을 포획·채취하는 것을 말한다(「수산업법」 제2조 제10호).

② (×) 법률의 위헌결정은 법원과 그 밖의 국가기관 및 지방자치단체를 기속(羈束)한다(「헌법재판소법」 제47조 제1항).

③ (○) 행정법은 행정의 조직, 작용, 구제에 관한 법으로서 공통원리가 없는 것은 아니지만 통일된 법전은 없다.

> **교수님 TIP**
> 「행정기본법」이 제정되어(2021.3.23. 제정) 행정의 기본적인 기틀을 마련하였다.

④ (○) 우리는 성문법을 중심으로 하고 있어, 불문법은 성문법의 흠결을 보충하는 열후적 효력만을 인정하는 입장이 일반적인 견해이다.

08 ④

행정절차·정보공개·개인정보 보호 > 행정절차 > 처분절차 오답률 **52.6%**

| 출제이력 | 2021, 2020, 2019

| LINK | 소방기본서 행정법총론 p. 394~412

㉠ (○) 신청한 내용을 그대로 모두 인정하는 처분은 처분의 당사자가 요청하여도 이유 제시의 의무가 없다.

> 「행정절차법」 제23조【처분의 이유 제시】① 행정청은 처분을 할 때에는 다음 각 호의 어느 하나에 해당하는 경우를 제외하고는 당사자에게 그 근거와 이유를 제시하여야 한다.
> 1. 신청 내용을 모두 그대로 인정하는 처분인 경우
> 2. 단순·반복적인 처분 또는 경미한 처분으로서 당사자가 그 이유를 명백히 알 수 있는 경우
> 3. 긴급히 처분을 할 필요가 있는 경우
> ② 행정청은 제1항제2호 및 제3호의 경우에 처분 후 당사자가 요청하는 경우에는 그 근거와 이유를 제시하여야 한다.

㉡ (×) (구) 「군인사법」상 보직해임처분은 (구) 「행정절차법」 제3조 제2항 제9호, 같은 법 시행령 제2조 제3호에 의하여 당해 행정작용의 성질상 행정절차를 거치기 곤란하거나 불필요하다고 인정되는 사항 또는 행정절차에 준하는 절차를 거친 사항에 해당하므로, 처분의 근거와 이유 제시 등에 관한 (구) 「행정절차법」의 규정이 별도로 적용되지 아니한다고 봄이 상당하다(대판 2014.10.15. 2012두5756).

> 「군인사법」상의 보직해임처분과 더불어 공무원의 직위해제처분도 「행정절차법」이 적용되는지 여부
> 「국가공무원법」상 직위해제처분은 (구) 「행정절차법」(2012.10.22. 법률 제11498호로 개정되기 전의 것) 제3조 제2항 제9호, (구) 「행정절차법 시행령」(2011.12.21. 대통령령 제23383호로 개정되기 전의 것) 제2조 제3호에 의하여 당해 행정작용의 성질상 행정절차를 거치기 곤란하거나 불필요하다고 인정되는 사항 또는 행정절차에 준하는 절차

를 거친 사항에 해당하므로, 처분의 사전통지 및 의견청취 등에 관한 「행정절차법」의 규정이 별도로 적용되지 않는다(대판 2014.5.16. 2012두26180).

ⓒ (×) 「행정절차법」 규정에 의해 당사자에게 의무를 부과하거나 권익을 제한하는 처분은 사전통지대상이 된다. <u>상대방의 귀책사유 여부는 사전통지와 무관한 내용이다.</u>

ⓔ (○) 최근 「행정절차법」 개정에 따라 청문을 실시한다.

> 「행정절차법」 제22조 【의견청취】 ① 행정청이 처분을 할 때 다음 각 호의 어느 하나에 해당하는 경우에는 청문을 한다.
> 1. 다른 법령 등에서 청문을 하도록 규정하고 있는 경우
> 2. 행정청이 필요하다고 인정하는 경우
> 3. 다음 각 목의 처분을 하는 경우
>   가. 인허가 등의 취소
>   나. 신분·자격의 박탈
>   다. 법인이나 조합 등의 설립허가의 취소

09 ②

| 행정법총칙 > 행정법 > 행정법의 일반원칙 | 오답률 0.0% |

| 출제이력 | 2020, 2018 하

| LINK | 소방기본서 행정법총론 p. 40~68

② (○) 해당 내용은 「경찰관 직무집행법」상의 규정으로 비례원칙에 대한 규정이다.

> 과잉금지의 원칙이라 함은 국민의 기본권을 제한함에 있어서 국가작용의 한계를 명시한 것으로서 목적의 정당성·방법의 적정성·피해의 최소성·법익의 균형성 등을 의미하며 그 어느 하나에라도 저촉이 되면 위헌이 된다는 헌법상의 원칙을 말한다(헌재결 1997.3.27. 95헌가17).

10 ③

| 행정작용법 > 그 밖에 행정의 주요행위형식 > 행정지도 | 오답률 52.6% |

| 출제이력 | 2021, 2020

| LINK | 소방기본서 행정법총론 p. 350~357

① (○) 세무당국이 소외 회사에 대하여 원고와의 주류거래를 일정기간 중지하여 줄 것을 요청한 행위는 권고 내지 협조를 요청하는 권고적 성격의 행위로서 소외 회사나 원고의 법률상의 지위에 직접적인 법률상의 변동을 가져오는 행정처분이라고 볼 수 없는 것이므로 항고소송의 대상이 될 수 없다(대판 1980.10.27. 80누395).

② (○) 교육인적자원부장관의 대학총장들에 대한 이 사건 학칙시정요구는 「고등교육법」 제6조 제2항, 동법 시행령 제4조 제3항에 따른 것으로서 그 법적 성격은 대학총장의 임의적인 협력을 통하여 사실상의 효과를 발생시키는 행정지도의 일종이지만, 그에 따르지 않을 경우 일정한 불이익조치를 예정하고 있어 사실상 상대방에게 그에 따를 의무를 부과하는 것과 다를 바 없으므로 <u>단순한 행정지도로서의 한계를 넘어 규제적·구속적 성격을 상당히 강하게 갖는 것으로서 헌법</u>

소원의 대상이 되는 공권력의 행사라고 볼 수 있다(헌재결 2003.6.26. 2002헌마337, 2003헌마7).

③ (×) 행정기관이 같은 행정목적을 실현하기 위하여 많은 상대방에게 행정지도를 하려는 경우에는 특별한 사정이 없으면 행정지도에 공통적인 내용이 되는 사항을 공표하여야 한다(「행정절차법」 제51조).

④ (○) 행정기관은 행정지도의 상대방이 행정지도에 따르지 아니하였다는 것을 이유로 불이익한 조치를 하여서는 아니 된다(동법 제48조 제2항).

11 ②

| 행정작용법 > 행정행위 > 행정행위의 하자 | 오답률 63.2% |

| 출제이력 | 2022, 2021, 2020, 2019

| LINK | 소방기본서 행정법총론 p. 285~310

① (○) 원래 행정처분을 한 처분청은 그 처분에 하자가 있는 경우에는 원칙적으로 별도의 법적 근거가 없더라도 <u>스스로 이를 직권으로 취소할 수 있지만,</u> 그와 같이 직권취소를 할 수 있다는 사정만으로 이해관계인에게 처분청에 대하여 그 취소를 요구할 신청권이 부여된 것으로 볼 수는 없으므로, 처분청이 위와 같이 법규상 또는 조리상의 신청권이 없이 한 이해관계인의 복구준공통보 등의 취소신청을 거부하더라도, 그 거부행위는 항고소송의 대상이 되는 처분에 해당하지 않는다(대판 2006.6.30. 2004두701).

② (×) 세액산출근거가 누락된 납세고지서에 의한 과세처분의 <u>하자의 치유</u>를 허용하려면 늦어도 과세처분에 대한 불복 여부의 결정 및 불복신청에 편의를 줄 수 있는 상당한 기간 내에 하여야 한다고 할 것이므로 위 과세처분에 대한 전심절차가 모두 끝나고 상고심의 계류 중에 세액산출근거의 통지가 있었다고 하여 이로써 위 과세처분의 하자가 치유되었다고는 볼 수 없다(대판 1984.4.10. 83누393).

③ (○) 행정처분을 한 처분청은 처분의 성립에 하자가 있는 경우 별도의 법적 근거가 없더라도 직권으로 이를 취소할 수 있다고 봄이 원칙이므로, 「국민연금법」이 정한 수급요건을 갖추지 못하였음에도 연금 지급결정이 이루어진 경우에는 이미 지급된 급여 부분에 대한 환수처분과 별도로 지급결정을 취소할 수 있다(대판 2017.3.30. 2015두43971).

④ (○) 행정청이 청문서 도달기간을 다소 어겼다 하더라도 영업자가 이에 대하여 이의하지 아니한 채 <u>스스로 청문일에 출석하여 그 의견을 진술하고 변명하는 등 방어의 기회를 충분히 가졌다면 청문서 도달기간을 준수하지 아니한 하자는 치유되었다고 봄이 상당하다</u>(대판 1992.10.23. 92누2844).

교수님 TIP

> 행정행위의 하자 치유와 국민의 쟁송제기의 하자 치유시점은 다르다. 행정행위의 하자는 쟁송제기 이전까지이고, 국민의 쟁송제기에서 요건의 보완은 사실심 변론종결 이전까지이다.

12 ①

행정작용법 > 행정행위 > 행정행위의 효력　　　오답률 31.6%

| 출제이력 | 2021, 2018 하

| LINK | 소방기본서 행정법총론 p. 280~284

① (×) 불가변력은 특정한 행정처분에 행정청이 취소나 변경을 할 수 없다는 의미이지, 쟁송을 제기할 수 없다는 말은 아니다. 쟁송제기를 할 수 없는 것은 불가쟁력이다.

② (○) 불가쟁력은 처분의 상대방이나 이해관계인이 더 이상 처분의 효력을 다툴 수 없음을 의미하는 것으로 처분청은 이와 상관없이 직권취소가 가능하다.

> 소제기기간이 도과하여 불가쟁력이 발생하면 행정행위 상대방은 다툴 수 없으나 행정청은 불가변력이 발생하지 않는 한 당해 행정행위를 직권으로 취소할 수 있다(대판 1995.9.15. 95누6311).

③ (○) 처분의 기초가 된 사실관계나 법률적 판단의 확정은 확정판결의 효력이다(기판력). 불가쟁력에는 그러한 효력이 없다.

> 행정처분이나 행정심판 재결이 불복기간의 경과로 인하여 확정될 경우 그 확정력은, 그 처분으로 인하여 법률상 이익을 침해받은 자가 당해 처분이나 재결의 효력을 더 이상 다툴 수 없다는 의미일 뿐, 더 나아가 판결에 있어서와 같은 기판력이 인정되는 것은 아니어서 그 처분의 기초가 된 사실관계나 법률적 판단이 확정되고 당사자들이나 법원이 이에 기속되어 모순되는 주장이나 판단을 할 수 없게 되는 것은 아니다(대판 2004.7.8. 2002두11288).

④ (○) 과세처분이 이의신청에 의해 행정청이 직권으로 취소하면, 취소에 하자가 있다고 해도 이를 다시 취소하여 과세처분을 되살릴 수 없다. 따라서 과세처분이 행정청에 의해 직권으로 취소되면 확정적으로 과세처분의 효력은 소멸한다(불가변력).

> 과세처분에 관한 이의신청절차에서 과세관청이 이의신청 사유가 옳다고 인정하여 과세처분을 직권으로 취소한 이상 그 후 특별한 사유 없이 이를 번복하고 종전 처분을 되풀이하는 것은 허용되지 않는다(대판 2010.9.30. 2009두1020).

| SUMMARY | 불가쟁력 vs 불가변력

불가쟁력	불가변력
형식적 확정력, 절차적 효력	실질적 확정력, 실체적 효력
모든 행정행위	특정의 행정행위
상대방과 이해관계인 구속	국가기관

13 ③

실효성 확보수단 > 행정벌 > 통고처분　　　오답률 15.8%

| 출제이력 | 2022, 2021

| LINK | 소방기본서 행정법총론 p. 517~520

① (○) 다수설과 판례는 영업주에 대한 양벌규정은 자기책임설에 기반한다. 대위책임설에 의하면 종업원의 지위를 대신하여 종업원의 처벌

에 대해 영업주가 책임을 지는 것으로서 이 학설에 의하면 영업주의 처벌은 종업원의 처벌을 전제로 한다. 반면 자기책임설은 영업주는 종업원에 대한 관리나 감독상의 해태를 이유로 책임을 지게 된다. 따라서 종업원의 처벌을 전제로 하는 것은 아니다.

> 양벌규정에 의한 영업주의 처벌은 금지위반 행위자인 종업원의 처벌에 종속하는 것이 아니라 독립하여 그 자신의 종업원에 대한 선임감독상의 과실로 인하여 처벌되는 것이므로 종업원의 범죄성립이나 처벌이 영업주 처벌의 전제조건이 될 필요는 없다(대판 1987.11.10. 87도1213).

② (○) 행정청의 과태료 부과에 불복하는 당사자는 제17조 제1항에 따른 과태료 부과 통지를 받은 날부터 60일 이내에 해당 행정청에 서면으로 이의제기를 할 수 있다(「질서위반행위규제법」 제20조 제1항).

③ (×) 통고처분의 상대방이 범칙금을 납부하지 아니하여 즉결심판, 나아가 정식재판의 절차로 진행되었다면 당초의 통고처분은 그 효력을 상실한다 할 것이므로 이미 효력을 상실한 통고처분의 취소를 구하는 헌법소원은 권리보호의 이익이 없어 부적법하다(헌재결 2003.10.30. 2002헌마275).

> **통고처분이 헌법소원뿐 아니라 항고소송의 대상도 되는지 여부**
> 통고처분은 상대방의 임의의 승복을 그 발효요건으로 하기 때문에 그 자체만으로는 통고이행을 강제하거나 상대방에게 아무런 권리·의무를 형성하지 않으므로 행정심판이나 행정소송의 대상으로서의 처분성을 부여할 수 없고, 통고처분에 대하여 이의가 있으면 통고 내용을 이행하지 않음으로써 고발되어 형사재판절차에서 통고처분의 위법·부당함을 얼마든지 다툴 수 있다. 따라서 통고처분은 행정쟁송 대상으로서의 처분성이 없고 통고처분 그 자체가 위법·부당하여 이의가 있는 경우에 그 취소·변경을 구하는 행정쟁송을 제기할 수 없다고 할 것이다(헌재결 1998.5.28. 96헌바4).

④ (○) (구) 「대기환경보전법」(1992.12.8. 법률 제4535호로 개정되기 전의 것)의 입법목적이나 제반 관계 규정의 취지 등을 고려하면, 법정의 배출허용기준을 초과하는 배출가스를 배출하면서 자동차를 운행하는 행위를 처벌하는 위 법 제57조 제6호의 규정은 자동차의 운행자가 그 자동차에서 배출되는 배출가스가 소정의 운행 자동차 배출허용기준을 초과한다는 점을 실제로 인식하면서 운행한 고의범의 경우는 물론 과실로 인하여 그러한 내용을 인식하지 못한 과실범의 경우도 함께 처벌하는 규정이다(대판 1993.9.10. 92도1136).

14 ③

행정법총칙 > 행정법 > 부당결부금지원칙　　　오답률 10.5%

| 출제이력 | 2020, 2018 하

| LINK | 소방기본서 행정법총론 p. 63~68

① (○) 지방자치단체장이 사업자에게 주택사업계획승인을 하면서 그 주택사업과는 아무런 관련이 없는 토지를 기부채납하도록 하는 부관을 주택사업계획승인에 붙인 경우, 그 부관은 부당결부금지의 원칙에 위반되어 위법하지만, 지방자치단체장이 승인한 사업자의 주택사업계획은 상당히 큰 규모의 사업임에 반하여, 사업자가 기부채납한 토지가액은 그 100분의 1 상당의 금액에 불과한데다가, 사업자가 그 동안 그 부관에 대하여 아무런 이의를 제기하지 아니하다가 지방자치

단체장이 업무착오로 기부채납한 토지에 대하여 보상협조요청서를 보내자 그 때서야 비로소 부관의 하자를 들고 나온 사정에 비추어 볼 때 부관의 하자가 중대하고 명백하여 당연무효라고는 볼 수 없다(대판 1997.3.11. 96다49650).

② (○) 행정처분과 부관 사이에 실제적 관련성이 있다고 볼 수 없는 경우 공무원이 위와 같은 공법상의 제한을 회피할 목적으로 행정처분의 상대방과 사이에 사법상 계약을 체결하는 형식을 취하였다면 이는 법치행정의 원리에 반하는 것으로서 위법하다(대판 2009.12.10. 2007다63966).

③ (×) 처분 시 부관이 유효·적법하였다면 이후 근거법이 개정되어 부관을 붙일 수 없게 되었다고 해도 부관의 효력이 소멸하지 않고 부당결부금지원칙에 반한다고도 할 수 없다.

> 고속국도 관리청이 고속도로 부지와 접도구역에 송유관 매설을 허가하면서 상대방과 체결한 협약에 따라 송유관 시설을 이전하게 될 경우 그 비용을 상대방에게 부담하도록 하였고, 그 후 「도로법 시행규칙」이 개정되어 접도구역에는 관리청의 허가 없이도 송유관을 매설할 수 있게 된 사안에서, 위 협약이 효력을 상실하지 않을 뿐만 아니라 위 협약에 포함된 부관이 부당결부금지의 원칙에도 반하지 않는다(대판 2009.2.12. 2005다65500).

④ (○) 부당결부금지의 원칙이란 행정주체가 행정작용을 함에 있어서 상대방에게 이와 실질적인 관련이 없는 의무를 부과하거나 그 이행을 강제하여서는 아니 된다는 원칙을 말한다(대판 2009.2.12. 2005다65500).

15 ①

행정절차·정보공개·개인정보 보호 > 오답률 **21.1%**
정보공개와 개인정보 보호 > 정보공개법

| 출제이력 | 2022, 2019, 2018 하

| LINK | 소방기본서 행정법총론 p. 420~437

① (×) (구) 「공공기관의 정보공개에 관한 법률」(2013.8.6. 법률 제11991호로 개정되기 전의 것. 이하 정보공개법이라 한다) 제10조 제1항 제2호는 정보의 공개를 청구하는 자는 정보공개청구서에 '공개를 청구하는 정보의 내용' 등을 기재하도록 규정하고 있다. 청구인이 이에 따라 청구대상 정보를 기재할 때에는 사회일반인의 관점에서 청구대상 정보의 내용과 범위를 확정할 수 있을 정도로 특정하여야 한다(대판 2018.4.12. 2014두5477).

② (○) 국민의 정보공개청구권은 법률상 보호되는 구체적인 권리이므로, 공공기관에 대하여 정보의 공개를 청구하였다가 공개거부처분을 받은 청구인은 행정소송을 통하여 그 공개거부처분의 취소를 구할 법률상의 이익이 있다(대판 2010.12.23. 2008두13101).

③ (○) 「공공기관의 정보공개에 관한 법률」상 공개청구의 대상이 되는 정보란 공공기관이 직무상 작성 또는 취득하여 현재 보유·관리하고 있는 문서에 한정되는 것이기는 하나, 그 문서가 반드시 원본일 필요는 없다(대판 2006.5.25. 2006두3049).

④ (○) 공공기관은 전자적 형태로 보유·관리하는 정보에 대하여 청구인이 전자적 형태로 공개하여 줄 것을 요청하는 경우에는 그 정보의 성질상 현저히 곤란한 경우를 제외하고는 청구인의 요청에 따라야 한다(「공공기관의 정보공개에 관한 법률」 제15조 제1항).

16 ④

행정구제법 > 행정상 손해전보 > 국가배상 오답률 **10.5%**

| 출제이력 | 2022, 2019

| LINK | 소방기본서 행정법총론 p. 582~603

① (○) 재판에 대하여 불복절차 내지 시정절차 자체가 없는 경우에는 부당한 재판으로 인하여 불이익 내지 손해를 입은 사람은 국가배상 이외의 방법으로는 자신의 권리 내지 이익을 회복할 방법이 없으므로, 이와 같은 경우에는 배상책임의 요건이 충족되는 한 국가배상책임을 인정하지 않을 수 없다(대판 2003.7.11. 99다24218).

② (○) 법령에 대한 해석이 복잡, 미묘하여 워낙 어렵고, 이에 대한 학설, 판례조차 귀일되어 있지 않는 등의 특별한 사정이 없는 한 일반적으로 공무원이 관계 법규를 알지 못하거나 필요한 지식을 갖추지 못하고 법규의 해석을 그르쳐 행정처분을 하였다면 그가 법률전문가 아닌 행정직 공무원이라고 하여 과실이 없다고는 할 수 없다(대판 1981.8.25. 80다1598).

③ (○) 「국가배상법」 제2조 제1항의 '직무를 집행함에 당하여'라 함은 직접 공무원의 직무집행행위이거나 그와 밀접한 관련이 있는 행위를 포함하고, 이를 판단함에 있어서는 행위 자체의 외관을 객관적으로 관찰하여 공무원의 직무행위로 보여질 때에는 비록 그것이 실질적으로 직무행위가 아니거나 또는 행위자로서는 주관적으로 공무집행의 의사가 없었다고 하더라도 그 행위는 공무원이 '직무를 집행함에 당하여' 한 것으로 보아야 한다(대판 2005.1.14. 2004다26805).

④ (×) 「국가배상법」 제2조 소정의 '공무원'이라 함은 「국가공무원법」이나 「지방공무원법」에 의하여 공무원으로서의 신분을 가진 자에 국한하지 않고, 널리 공무를 위탁받아 실질적으로 공무에 종사하고 있는 일체의 자를 가리키는 것으로서, 공무의 위탁이 일시적이고 한정적인 사항에 관한 활동을 위한 것이어도 달리 볼 것은 아니다(대판 2001. 1.5. 98다39060).

| **SUMMARY** | 「국가배상법」상의 '공무원'에 대한 최신판례

> 대한변호사협회의 장(長)으로서 국가로부터 위탁받은 공행정사무인 '변호사등록에 관한 사무'를 수행하는 범위 내에서 「국가배상법」 제2조에서 정한 공무원에 해당하므로 경과실 공무원의 면책 법리에 따라 갑에 대한 배상책임을 부담하지 않는다(대판 2021.1.28. 2019다260197).

17 ②

행정구제법 > 행정쟁송 > 행정소송의 대상적격 오답률 **21.1%**

| 출제이력 | 2022, 2019

| LINK | 소방기본서 행정법총론 p. 736~743

㉠ (×) 정부의 수도권 소재 공공기관의 지방이전시책을 추진하는 과정에서 도지사가 도 내 특정시를 공공기관이 이전할 혁신도시 최종입지로 선정한 행위는 항고소송의 대상이 되는 행정처분이 아니다(대판 2007.11.15. 2007두10198).

㉡ (○) 교도소장이 수형자 갑을 '접견 내용 녹음·녹화 및 접견 시 교도관 참여대상자'로 지정한 사안에서, 위 지정행위는 수형자의 구체적 권리의무에 직접적 변동을 가져오는 행정청의 공법상 행위로서 항고소송의 대상이 되는 '처분'에 해당한다(대판 2014.2.13. 2013두20899).

ⓒ (×) 소관청이 토지대장상의 소유자명의변경신청을 거부한 행위는 이를 항고소송의 대상이 되는 행정처분이라고 할 수 없다(대판2012.1.12. 2010두12354).

ⓔ (×) 「형사소송법」 제258조 제1항의 처분결과 통지 내지 「형사소송법」 제259조의 공소불제기 이유고지를 별도의 독립한 처분으로 볼 수 없다(대판 2018.9.28. 2017두47465).

18 ③

| 실효성 확보수단 > 행정강제 > 즉시강제 | 오답률 **36.8%** |

| 출제이력 | 2018 하

| LINK | 소방기본서 행정법총론 p. 494~499

① (○) 대집행의 실행은 원칙적으로 일출 이후부터 일몰 이전까지 허용되지만 일몰 이전에 시작된 대집행은 일몰 이후에도 가능하다.

> 「행정대집행법」 제4조 【대집행의 실행 등】 ① 행정청(제2조에 따라 대집행을 실행하는 제3자를 포함한다. 이하 이 조에서 같다)은 해가 뜨기 전이나 해가 진 후에는 대집행을 하여서는 아니 된다. 다만, 다음 각 호의 어느 하나에 해당하는 경우에는 그러하지 아니하다.
> 1. 의무자가 동의한 경우
> 2. 해가 지기 전에 대집행을 착수한 경우
> 3. 해가 뜬 후부터 해가 지기 전까지 대집행을 하는 경우에는 대집행의 목적 달성이 불가능한 경우
> 4. 그 밖에 비상시 또는 위험이 절박한 경우

② (○) 대집행권한을 위탁받아 공무인 대집행을 실시하기 위하여 지출한 비용을 「행정대집행법」 절차에 따라 「국세징수법」의 예에 의하여 징수할 수 있음에도 민사소송절차에 의하여 그 비용의 상환을 청구한 사안에서, 「행정대집행법」이 대집행비용의 징수에 관하여 민사소송절차에 의한 소송이 아닌 간이하고 경제적인 특별구제절차를 마련해 놓고 있으므로, 위 청구는 소의 이익이 없어 부적법하다(대판 2011.9.8. 2010다48240).

③ (×) 즉시강제에도 법적 근거를 요한다. 권력적 작용으로 국민의 안정성과 예측가능성이 적어 법적 근거는 필요하다는 입장이 일반적인 견해이다. 다만 영장에 대해서는 논란이 있으나 헌재는 불요설의 입장이다.

> **즉시강제의 영장에 대한 헌법재판소의 입장**
> 이 사건의 법률조항[(구) 「음반·비디오물 및 게임물에 관한 법률」 제24조 제4항]은 앞에서 본바와 같이 급박한 상황에 대처하기 위한 것으로서 그 불가피성과 정당성이 충분히 인정되는 경우이므로, 이 사건 법률조항이영장 없는 수거를 인정한다고 하더라도 이를 두고 헌법상 영장주의에 위배되는 것으로는 볼 수 없고, 위 (구) 「음반·비디오물 및 게임물에 관한 법률」 제24조 제4항에서 관계 공무원이 당해 게임물 등을 수거한 때에는 그 소유자 또는 점유자에게 수거증을 교부하도록 하고 있고, 동조 제6항에서 수거 등 처분을 하는 관계 공무원이나 협회 또는 단체의 임·직원은 그 권한을 표시하는 증표를 지니고 관계인에게 이를 제시하도록 하는 등의 절차적 요건을 규정하고 있으므로, 이 사건 법률조항이 적법절차의 원칙에 위배되는 것으로 보기도 어렵다(헌재결 2002.10.31. 2000헌가12).

④ (○) 하나의 납세고지서에 의하여 본세와 가산세를 함께 부과할 때에는 납세고지서에 본세와 가산세 각각의 세액과 산출근거 등을 구분

하여 기재해야 하는 것이고, 또 여러 종류의 가산세를 함께 부과하는 경우에는 그 가산세 상호 간에도 종류별로 세액과 산출근거 등을 구분하여 기재함으로써 납세의무자가 납세고지서 자체로 각 과세처분의 내용을 알 수 있도록 하는 것이 당연한 원칙이다(대판 2012.10.18. 2010두12347).

19 ③

| 실효성 확보수단 > 행정벌 > 「질서위반행위규제법」 | 오답률 **21.1%** |

| 출제이력 | 2020, 2019

| LINK | 소방기본서 행정법총론 p. 520~532

① (○) 행정청의 과태료 처분이나 법원의 과태료 재판이 확정된 후 법률이 변경되어 그 행위가 질서위반행위에 해당하지 아니하게 된 때에는 변경된 법률에 특별한 규정이 없는 한 과태료의 징수 또는 집행을 면제한다(「질서위반행위규제법」 제3조 제3항).

② (○) 자신의 행위가 위법하지 아니한 것으로 오인하고 행한 질서위반행위는 그 오인에 정당한 이유가 있는 때에 한하여 과태료를 부과하지 아니한다(동법 제8조).

③ (×) 과태료의 부과·징수, 재판 및 집행 등의 절차에 관한 다른 법률의 규정 중 이 법의 규정에 저촉되는 것은 이 법으로 정하는 바에 따른다(동법 제5조).

④ (○) 하나의 행위가 2 이상의 질서위반행위에 해당하는 경우에는 각 질서위반행위에 대하여 정한 과태료 중 가장 중한 과태료를 부과한다(동법 제13조 제1항).

20 ④

| 행정작용법 > 행정행위 > 강학상 인가 | 오답률 **36.8%** |

| 출제이력 | 2022, 2021 승진(유사)

| LINK | 소방기본서 행정법총론 p. 203~239

① (×) 「민법」 제45조와 제46조에서 말하는 재단법인의 정관변경 "허가"는 법률상의 표현이 허가로 되어 있기는 하나, 그 성질에 있어 법률행위의 효력을 보충해 주는 것이지 일반적 금지를 해제하는 것이 아니므로, 그 법적 성격은 인가라고 보아야 한다(대판 1996.5.16. 95누4810).

② (×) 기본행위인 임시이사들에 의한 이사선임결의의 내용 및 그 절차에 하자가 있다는 이유로 이사선임결의의 효력에 관하여 다툼이 있는 경우, 그 보충행위인 임원취임승인처분의 무효확인이나 그 취소를 구할 법률상 이익이 없다(대판 2002.5.24. 2000두3641).

③ (×) 「도시재개발법」 제34조에 의한 행정청의 인가는 주택개량재개발조합의 관리처분계획에 대한 법률상의 효력을 완성시키는 보충행위이다(대판 2001.12.11. 2001두7541).

> **교수님 TIP**
>
> 토지 등 소유자들이 직접 사업을 시행하는 경우에서 사업시행인가는 강학상 특허에 해당되지만 조합이 시행하는 사업에 대한 사업시행인가는 보충행위에 해당한다.

> **조합이 수립한 사업시행계획에 대한 인가의 법적 성질**
> 「도시 및 주거환경정비법」(이하 '도시정비법'이라 한다)에 기초하여
> 주택재개발정비사업조합이 수립한 사업시행계획은 그것이 인가·고시
> 를 통해 확정되면 이해관계인에 대한 구속적 행정계획으로서 독립된
> 행정처분에 해당하므로(대결 2009.11.2. 자 2009마596 참조), 사업시
> 행계획을 인가하는 행정청의 행위는 주택재개발정비사업조합의 사업
> 시행계획에 대한 법률상의 효력을 완성시키는 보충행위에 해당한다
> (대판 2010.12.9. 2009두4913).

④ (○) 조합이 행하는 사업시행인가가 아닌 토지소유자들에 대한 사업
시행인가처분은 설권행위로서 특허에 해당한다.

> 토지 등 소유자들이 직접 시행하는 도시환경정비사업에서 토지 등 소
> 유자에 대한 사업시행인가처분은 단순히 사업시행계획에 대한 보충행
> 위로서의 성질을 가지는 것이 아니라 (구)도시정비법상 정비사업을 시
> 행할 수 있는 권한을 가지는 행정주체로서의 지위를 부여하는 일종의
> 설권적 처분의 성격을 가진다(대판 2013.6.13. 2011두19994).

┃편저자   이중희

現) 독한 에듀윌 소방학개론 · 소방관계법규 대표 교수
現) 에듀파이어 기술학원 소방기술사, 소방설비기사 강의
前) 윌비스 소방학개론 · 소방관계법규 강의
前) 부산과학기술대학 겸임교수(소방학과)

┃편저자   우성천

現) 동해안권경제자유구역청 건축위원회 위원
前) 소방공무원으로 25년간 근무(소방사~소방정)
前) 경기도 소방학교 교무과장 및 서무과장 역임
前) 초당대학교 소방행정학과 교수(학과장, 소방박물관장) 역임
前) 국립강원대학교 소방방재학부 교수(학부장, 주임 교수) 역임
前) 한국화재소방학회 총무이사 및 연구이사 역임
前) 전국소방공무원 필기시험 출제위원 및 검토위원 역임
前) 한국산업인력공단 필기시험 출제위원 및 검토위원 역임(소방설비기사 · 소방설비산업기사)

┃편저자   김용철

現) 에듀윌 공무원 행정법 대표 교수
법률저널, 공무원저널, 한국고시신문 행정법 자문위원
모의고사 출제위원

2023 에듀윌 소방공무원 7개년 기출PACK

발 행 일	2022년 9월 1일 초판
편 저 자	이중희, 우성천, 김용철
펴 낸 이	권대호
펴 낸 곳	(주)에듀윌
등록번호	제25100-2002-000052호
주 소	08378 서울특별시 구로구 디지털로34길 55
	코오롱싸이언스밸리 2차 3층

* 이 책의 무단 인용 · 전재 · 복제를 금합니다.   ISBN 979-11-360-1928-8 (13350)

www.eduwill.net
대표전화 1600-6700

**여러분의 작은 소리
에듀윌은 크게 듣겠습니다.**

본 교재에 대한 여러분의 목소리를 들려주세요.
공부하시면서 어려웠던 점, 궁금한 점,
칭찬하고 싶은 점, 개선할 점, 어떤 것이라도 좋습니다.

에듀윌은 여러분께서 나누어 주신 의견을
통해 끊임없이 발전하고 있습니다.

에듀윌 도서몰 book.eduwill.net
• 부가학습자료 및 정오표: 에듀윌 도서몰 → 도서자료실
• 교재 문의: 에듀윌 도서몰 → 문의하기 → 교재(내용, 출간) / 주문 및 배송

정답과 해설편

에듀윌 소방공무원

7개년 기출PACK 소방학개론/소방관계법규/행정법총론

합격자 수 **1.800%** 수직 상승 2017/2021 에듀윌 공무원 과정 최종 환급자 수 기준

4년 연속 **1위** 2022, 2021 대한민국 브랜드만족도 소방공무원 교육 1위 (한경비즈니스)
2020, 2019 한국브랜드만족지수 소방공무원 교육 1위 (주간동아, G밸리뉴스)

고객의 꿈, 직원의 꿈, 지역사회의 꿈을 실현한다

펴낸곳 (주)에듀윌 **펴낸이** 권대호 **출판총괄** 김형석
개발책임 윤대권, 진현주 **개발** 박경선
주소 서울시 구로구 디지털로34길 55 코오롱싸이언스밸리 2차 3층
대표번호 1600-6700 **등록번호** 제25100-2002-000052호
협의 없는 무단 복제는 법으로 금지되어 있습니다.

에듀윌 도서몰 book.eduwill.net
• 부가학습자료 및 정오표: 에듀윌 도서몰 → 도서자료실
• 교재 문의: 에듀윌 도서몰 → 문의하기 → 교재(내용, 출간) / 주문 및 배송

한국사능력검정시험 기본서/2주끝장/기출/우선순위50/초등

조리기능사 필기/실기

제과제빵기능사 필기/실기

SMAT 모듈A/B/C

ERP정보관리사 회계/인사/물류/생산(1, 2급)

전산세무회계 기초서/기본서/기출문제집

무역영어 1급 | 국제무역사 1급

KBS한국어능력시험 | ToKL

한국실용글쓰기

매경TEST 기본서/문제집/2주끝장

TESAT 기본서/문제집/기출문제집

운전면허 1종·2종

스포츠지도사 필기/실가구술 한권끝장

산업안전기사 | 산업안전산업기사

위험물산업기사 | 위험물기능사

토익 입문서 | 실전서 | 어휘서

컴퓨터활용능력 | 워드프로세서

정보처리기사

월간시사상식 | 일반상식

월간NCS | 매1N

NCS 통합 | 모듈형 | 피듈형

PSAT형 NCS 수문끝

PSAT 기출완성 | 6대 출제사 | 10개 영역 찍기출

한국철도공사 | 서울교통공사 | 부산교통공사

국민건강보험공단 | 한국전력공사

한수원 | 수자원 | 토지주택공사

행과연형 | 휴노형 | 기업은행 | 인국공

대기업 인적성 통합 | GSAT

LG | SKCT | CJ | L-TAB

ROTC·학사장교 | 부사관